Fritz Reuter
Autobiographische Romane

Aus der Franzosenzeit · Meine Vaterstadt Stavenhagen
Aus meiner Festungszeit · Drei Aufsatzentwürfe

Deutscher Taschenbuch Verlag

Aus dem Plattdeutschen übertragen von Friedrich und Barbara Minssen.
Mit Anmerkungen und einem Nachwort von
Friedrich Minssen.

Von Fritz Reuter
ist im Deutschen Taschenbuch Verlag erschienen:
Das Leben auf dem Lande (Ut mine Stromtid) (2019)

Vollständige, durchgesehene Ausgabe
November 1978
Deutscher Taschenbuch Verlag GmbH & Co. KG, München

Titel der Originalausgabe: ›Gezeiten des Lebens.
Die Romane der Erinnerung‹
ISBN 3-7844-1640-3
Umschlaggestaltung: Celestino Piatti unter Verwendung
einer Buchillustration zur ›Festungstid‹
Gesamtherstellung: C.H. Beck'sche Buchdruckerei, Nördlingen
Printed in Germany · ISBN 3-423-02051-2

INHALT

AUS DER FRANZOSENZEIT

Kapitel 1

Die Gesellschaft im Schloß

Ach ja, getauft wurde ich auch, versteht sich, und habe auch Paten gehabt, vier Stück. Und wenn meine vier Paten noch lebten und gingen mit mir über die Straße, dann würden die Leute wohl stehen bleiben und sagen: »Seht bloß, was sind das für tüchtige Kerle! Nein, nach dieser Sorte kann man heutzutage lang suchen – das sind doch noch Paten!«

Einer war darunter, der war einen Kopf länger als die anderen und blickte über sie hinweg wie Saul über seine Brüder. Das war unser alter Amtshauptmann Weber. Er ging einher in einem sauberen, blauen Rock, in einer gelblichen Hose und langen, blankgewichsten Stiefeln, und waren seine Züge auch von Pocken zerfressen und hatte der Teufel auch seine Erbsen darauf gedroschen, so daß es aussah, als habe er mit dem Gesicht auf einem Rohrstuhl gesessen – auf seiner breiten Stirn stand geschrieben, und in seinen blauen Augen konnte man es lesen: nicht Menschenfurcht, wohl aber Gottesfurcht. Er war ein Mann, wie er sein soll.

Des Morgens gegen elf, da saß er mitten in seinem Zimmer auf einem Stuhl. Seine liebe Frau band ihm dann eine weiße Schabracke um den Hals, was sie dazumal einen »Purgiermantel« zu nennen pflegten, stäubte ihn mit Puder ein, band ihm hinten die Haare zusammen und drehte ihm ein flottes Zöpfchen.

Dies war nun eigentlich nicht gerade etwas Besonderes, denn unsere Frauensleute drehen uns ja auch heute noch dann und wann hinterm Rücken manch flotten Zopf. Doch solches, wie es die Frau Amtshauptmännin flocht, solch Zöpfchen bringt unsere Art heutzutage nicht mehr zustande.

Wenn der alte Herr nämlich am Mittag unter den Kastanienbäumen im Schatten spazierenging, dann guckte der kleine Spitzbubenzopf so fidel und gescheit über den blauen Rockkragen hinüber und schien jedem, der es hören wollte, zu sagen: Ja, schau nur her, Klas Dummerjahn! Was du dir denkst? Ich bin bloß das äußerste Ende von seinem Kopf und wippe doch so schon kurios genug in die Welt hinein. Da kannst du dir mal richtig vorstellen, wie lustig es erst da drinnen aussieht!

Und wenn ich dann von meinem Vater eine Bestellung an den Herrn Amtshauptmann auszurichten hatte und kriegte es glatt heraus, dann patschte er mir auf den Kopf: »Fix, Jung, wie'n Feuerschloß! Das muß nicht lange

hacken und knarren und knacken – wenn du losdrückst, muß es auch blitzen. – Nu geh hin zu Mamsell Westfalen und laß dir nen Apfel geben!«
Zu meinem Vater sagte er dann: »Min Herzenskindting, nee wat denn? Sie freuen sich wohl auch, daß Sie nen Jungen haben? Jungs sind besser als Mädchen, Mädchen sind mir zu weimerlich. Gottlob, ich hab auch nen Jungen, ich meine meinen Joachim. – Nee, wat denn?«
Mein Vater sagte dann zu meiner Mutter: »Weißt, was unser Amtshauptmann sagt? Jungs sind besser als Mädchen.« Ich aber stand in der Kammer, hörte zu und sagte natürlich: »Jawoll«, sagte ich, »mein Pate hat immer recht. Jungs sind besser als Mädchen, und alles nach Verdienst und Würdigkeit.« Darauf griff ich mir das große Stück Topfkuchen, gab meiner Schwester das kleine und bildete mir nichts Geringes ein, denn ich wußte ja nun, daß ich das große Stück von einem kleinen Apfel war. Dies sollte aber nicht immer so bleiben; die Sache, die nahm einen Umschwung.

Eines Tages – es war zu der Zeit, als das Takelzeug, die Franzosen, aus Rußland zurückgekehrt war und als sich alles bei uns anfing zu regen – da klopfte jemand beim Herrn Amtshauptmann an die Zimmertür. »Herein!« rief der alte Herr, und eintrat der gute alte Müller Voß aus Gielow, mit dem verkehrten Ende zuerst. Er machte einen Diener, der ziemlich verdreht herauskam, als müsse er dem Herrn Amtshauptmann vorab erst einmal zeigen, aus welcher Sorte Zeug sein Hosenboden bestand. »Gu'n Dag, Herr Amtshauptmann!« sagte er. – »Gu'n Morrn, mein lieber Müller!« dankte der alte Herr.
Boten sie sich nun auch unterschiedliche Tageszeit, so hatten sie doch ein jeder auf seine Art recht, denn der Müller stand des Morgens um vier auf, und bei ihm war es Nachmittag, und beim Herrn Amtshauptmann war es früh am Morgen, denn er erhob sich um elf.
»Was will Er, mein lieber Müller?« – denn damals wurden die Müller noch mit »Er« angeredet. – »Je, Herr Amtshauptmann, ich komm zu Ihnen in einer großen Sache. Ich wollt Ihnen nur melden, ich wollt nu auch bankrott machen.« – »Was will Er, mein lieber Müller?« – »Bankrott machen, Herr Amtshauptmann.«
»Hm, hm!« brummte der alte Herr, »das ist ja eine verzweifelte Sache«, rieb sich den Kopf und ging in der Stube auf und ab. »Wie lange wohnt Er denn schon im Stavenhagener Amt?« – »Kommenden Johanni werden's dreiunddreißig Jahr.« – »Hm, hm«, brummte der Herr Amtshauptmann noch

einmal, »und wie alt ist Er, Müller?« – »In der Herbsternte werden's fünfundsechzig Jahre, können möglich auch sechsundsechzig sein. Denn was unser guter Pastor Hammerschmidt war, der war nicht sehr für die Kirchenbücher und für Schreiberei schon gar nicht. Und die Frau Pastorin, die das Anschreiben dann besorgte – lieber Gott, sie hatte auch sonst ihre Last –, ließ das immer auf drei Jahre zusammenkommen, damit sich die Schreiberei auch lohnen täte, und ging dann einmal am Nachmittag durchs Dorf und schrieb die Kinder an. Aber das ging dann auch immer mehr nach Größe und Fülligkeit als nach dem Alter, und meine Mutter sagte immer, die Frau Pastorin hätte mich um ein Jahr ins Nachteil gebracht, weil ich nur ein schmächtig Kind gewesen bin. Aber von fünfundsechzig brauch ich mir nichts abstreiten zu lassen, die bin ich gewiß.«
Der alte Herr Amtshauptmann ging unterdessen immerzu in der Stube auf und ab, hörte mit halbem Ohr zu, blieb dann vor dem Müller stehen, blickte ihm groß in die Augen und sagte dann barsch: »Müller Voß, dann ist Er viel zu alt für Sein Vorhaben.« – »Wieso denn?« fragte der Müller ganz verdutzt. – »Bankrottmachen ist ein schweres Geschäft, das schafft Er in Seinem Alter nicht mehr.« – »Meinen Sie, Herr Amtshauptmann?« – »Ja, das meine ich. Da sind wir beide zu alt zu, das müssen wir jungen Leuten überlassen. Bedenk Er mal, was würden die Leute sagen, wenn *ich* Bankrott machen wollte? Sie würden sagen: Der alte Amtshauptmann auf dem Schloß ist verrückt geworden« – dabei legte er ihm mit Nachdruck die Hand auf die Schulter –, »und sie hätten recht, Müller Voß. Nee, wat denn?«
Der Müller betrachtete seine Stiefelspitzen und kratzte sich hinter den Ohren: »Das stimmt, Herr!« – »Na«, fragte der alte Herr und rüttelte den Müller leicht an der Schulter, »wo drückt Ihn denn der Schuh? Was quält Ihn denn hauptsächlich?« – »Quälen, sagen Sie, Herr Amtshauptmann?« rief der Müller, und es war, als hätte ihn eine Biene hinterm Ohr gestochen, so kratzte er sich. »Schinden, Herr, sollten Sie sagen, schinden! – Der Jud'! Der verfluchtige Jud'! Und denn der Prinzeß, Herr Amtshauptmann! Der verfluchtige Prinzeß!«
»Sieht Er, Müller, das ist auch ein dummer Streich von Ihm, sich in Seinem Alter in einen Prozeß einzulassen.« – »Je, Herr, als ich mich darein begab, war ich noch in guten Jahren und dachte mir auch, den würd ich noch bei Lebzeiten ausfechten. Aber ich merk es wohl, so'n Prinzeß hat nen längeren Atem, als ne ehrliche Müllerlunge aushalten kann.« – »Er läuft nun aber, mein ich, stark aufs Ende zu.« – »Ja, Herr Amtshauptmann, und denn läuft er mich tot, denn meine Sache wird wohl schlimm stehn, und die Ad-

vokaten haben sie verbruddelt. Und was meinem Vaterbruder, dem alten Jochen Voß sein Sohn ist, der nun das Ganze erben tut, das soll so'n richtiges Schlitzohr sein, und die Leute sagen ja, er hätte nen Schwur drauf getan, daß er mich raussetzen will aus der Borchertschen Wirtschaft zu Malchin. Und, Herr Amtshauptmann, ich hab ne gerechte Sache, und wie ich zum Prinzeß gekommen bin, weiß ich heute noch nicht. Die alte Borcherten nämlich, als sie noch lebte, war die Tante von meiner Mutter Schwestertochter, und Jochen Voß, was mein Vetter war ...«

»Ich kenne die Geschichte«, bemerkte der Amtshauptmann, »und wenn ich Ihm raten soll, dann vergleich Er sich.« – »Das kann ich nicht, Herr! Unter der Hälfte tut es dem Jochen Voß sein Schlingel nicht, und wenn ich *die* rausgeben soll, bin ich ein Schnorrer. Nee, Herr Amtshauptmann, 's mag gehn, wohin's gehn will, geben tu ich mich nicht, ich geh bis an den Herzog. – So'n Schlingel, so'ne Rotznase, die mit Vaters Geld in der Tasche gehn und ziehn kann, wo er will und nicht weiß, wie's nem Menschen zumute ist, der in diesen schlechten Zeiten Hof und Haus erhalten soll, dem die gottverdammten Halunkenfranzosen sein Vieh nicht genommen und seine Gäule nicht aus dem Stall geholt und sein Haus nicht geplündert haben, der will sich mit mir anlegen? Herr Amtshauptmann, Sie erlauben's wohl, ich hust auf so'n Bengel. Und nehmen Sie's nicht übel, wenn ich unbescheiden bin.«

»Müller Voß«, versetzte der alte Herr, »ruhig, Müller Voß! Der Prozeß kommt ja auch mal zum Ende, denn er ist ja in vollem Gang.« – »Im Gang, Herr Amtshauptmann? Nee, er ist im Schwung, wie der Teufel sagte, da hatte er Gottes Wort an die Peitsche gebunden und schwenkte sie sich überm Kopf.« – »Stimmt, Müller Voß, stimmt schon! Aber, indessen, dies kann Ihn doch im Augenblick nicht so drücken.« – »Drücken? Klemmen, müssen Sie sagen, Herr Amtshauptmann! Der dreimal destillierte Jud'!« – »Welcher Jude ist es denn?« fragte der Amtshauptmann.

Da drehte der Müller seinen Hut in den Händen, blickte sich vorsichtig um, ob ihn auch keiner höre, schlich sich schleppend zu dem alten Herrn hinüber, legte die Hand an den Mund und flüsterte halblaut: »Der Itzig, Herr Amtshauptmann.« – »Pfui!« rief der alte Herr. »Wie kommt Er zu *dem* Kerl?« – »Herr Amtshauptmann, wie kommt der Esel zu seinen langen Ohren? Mancher geht Erdbeeren pflücken und verbrennt sich in den Nesseln, und der Küster von Gagelow glaubte, seine Schubkarre wäre voll heiliger Engel. Aber als er oben auf dem Berg war und glaubte, sie würden losschwirren, da hatte er des Teufels Großmutter in der Karre. Und die griente ihn an: ›Vadder, wir sprechen uns noch!‹ – In der größten Not, wie der

Feind mir alles genommen hatte, habe ich mir von Itzig zweihundert Taler geborgt, und seit zwei Jahren hab ich mich nu von Termin zu Termin immer unterschreiben gemußt, und die Schuld ist hochgekrochen bis auf fünfhundert Taler, und übermorgen soll ich sie bezahlen.«
»Müller, hat Er sich unterschrieben?« – »Ja, Herr Amtshauptmann.« – »Dann muß Er auch bezahlen: Was geschrieben, ist geschrieben.« – »Je, Herr Amtshauptmann, ich dachte...« – »Hilft Ihm nichts: was geschrieben, ist geschrieben.« – »Aber der Jud'...« – »Müller, was geschrieben, ist geschrieben.« – »Je, Herr Amtshauptmann, was soll ich denn da machen?«

Der alte Herr ging im Zimmer umher, rieb sich den Kopf und sah den Müller zwischendurch immer wieder ernst an, und der Müller sah ihn ebenso an. Endlich sagte der Amtshauptmann: »Müller, junge Leute kommen aus solchen Verlegenheiten besser heraus als alte – schick Er mir einen von seinen Jungs!«
Der Müller sah abermals auf seine Stiefelspitzen. Dann aber machte er eine halbe Wendung und sagte mit einer Stimme, die dem Amtshauptmann durch und durch ging: »Herr, wen soll ich schicken? Mein Jochen ist beim Mahlen zu Tode gekommen, Karl haben vergangen Jahr die Franzosen mitgenommen nach Rußland, und er ist nicht wiedergekommen.« – »Müller«, sagte der Amtshauptmann, strich ihm über den Rücken und faßte ihn unters Kinn, »hat Er denn gar keine Kinder?« – »Ja, Herr Amtshauptmann«, sagte der und fuhr sich über die Augen, »noch so'n klein Ding von Mädchen.« – »Na«, meinte der alte Herr, »Müller, ich bin nicht sehr für die Mädchen, Mädchen sind mir zu weimerlich!« – »Das sind sie, Herr! Sie sind zu weimerlich.« – »Und nützen können sie Ihm unter solchen Umständen auch nicht, Müller.« – »Was wird denn aus meiner Sache?« – »Exekution, alter Freund. Der Jude wird Ihm alles wegtragen lassen!« – »Na, Herr Amtshauptmann, das hat der Franzos schon zweimal getan, denn kann's der Jud' nu auch mal versuchen. Die Mühlsteine wird er ja liegen lassen. Und zum Bankrott, meinen Sie, bin ich zu alt?« – »Ja, mein lieber Müller.« – »Na, denn adjüs, Herr Amtshauptmann!« – Und damit ging er.
Der alte Herr stand noch eine Weile und blickte dem Müller nach, wie dieser über den Schloßhof schlich. Ihm ging es durch den Kopf: »'s ist ne schlimme Sache für *einen* alten Mann: zu sehen, wie der *andere* so langsam an schlechten Zeiten und an den noch schlechteren Menschen zugrunde geht. Doch wer kann ihm helfen? Das einzige ist, ihn Zeit gewinnen lassen. – Fünfhundert Taler! – Wer hat aber heutzutage fünfhundert Taler? Ich glaube, wenn man den alten Roggenbom zu Scharpzow ausnimmt, dann

könnte man das ganze Stavenhagener Amt auf den Kopf stellen und die Stadt dazu, und es würden keine fünfhundert Taler rausfallen. Und Roggenbom tut's nicht. An Ostern ginge es vielleicht, so lange aber wartet der Jude nicht. – Ja, ja! 's ist ne schlimme Zeit für alte Leute!«

Wie er noch so aus dem Fenster sah, wurde es draußen auf dem Hofe recht lebendig. Sieben französische Chasseurs ritten zum Tor hinein. Einer stieg ab, band sein Pferd an den Riegel von Mamsell Westfalens Hühnerstall, begab sich schnurstracks ins Zimmer des alten Herrn und fing hier an, ihm etwas vorzuzackermentern und mit den Armen zu fuchteln, wobei der alte Herr jedoch recht gelassen blieb und ihn unverwandt anblickte. Als es aber immer lebhafter damit wurde und der Franzose blank zog, griff der alte Herr zur Klingel und verlangte Fritz Sahlmann, der sein jugendliches Faktotum war und die laufenden Geschäfte zu besorgen hatte: »Fritz«, befahl er, »lauf mal runter zum Herrn Bürgermeister, ob er nicht gleich ein bißchen kommen könnte, mein Latein wär nämlich wieder mal am Ende.«

Fritz Sahlmann rannte also zu meinem Vater: »Herr Burmeister, kommen Sie fixing rüber zum Schloß, da geht's sonst mein Lebtag nicht gut!« – »Was ist denn da los?« fragte mein Alter. – »Auf dem Schloßhof halten sechs entfamtige französische Spitzbubenchasseurs, und was der Oberst von denen ist, der ist drin beim alten Herrn und hat allen Respekt vergessen, hat blank gezogen und fuchtelt ihm mit der nackten Plempe vor der Nase, und der alte Herr steht vor ihm groß da und rührt und regt sich nicht, denn er versteht so viel Französisch wie die Kuh vom Sonntag.« – »Das wär der Deuwel!« rief mein Alter und stürzte los, denn er war ein herzhafter, resolvierter Mann, und Furcht hatte er so wenig wie das Schwarze unterm Nagel. Er lief zum Schloß hinauf.

Wie mein Vater zum Herrn Amtshauptmann ins Zimmer kam, da tobte der Franzose dort herum wie ein wildes Tier, und aus seinem Mundwerk schäumte es heraus, als sei der Zapfen aus dem Faß gezogen. Der alte Herr aber stand ruhig vor ihm und hatte sein *dictionnaire de poche* zur Hand genommen. Wenn er ein Wort des Franzosen halbwegs verstand, dann schlug er nach, was Posch wohl dazu sagte. Wie er meines Vaters ansichtig wurde, fragte er gleich: »Min Herzenskindting, was will der Kerl? Nee, wat denn? – Fragen Sie den Kerl doch, was er will.« – Mein Vater fing also an, mit dem Mann zu parlieren, der aber stellte sich ungebärdig an, schimpfte und schandierte, so daß der brave Amtshauptmann noch einmal fragte: »Min Herzenskindting, was ereifert sich der Kerl?«

Schließlich hatte mein Vater den Franzosen so weit, daß er mit seinem Anliegen herausrückte. Wie er dem alten Herrn nun aber auseinandersetzte, der Franzose verlange fünfzehn fette Ochsen, eine Last Weizen, siebenhundert Ellen grünes Tuch, hundert Louisdor, und außerdem für sich und seine Leute noch vielen *»du vin«*, da sagte der alte Herr: »Min Herzenskindting, sagen Sie dem Kerl, wir wollen ihm brav...« – »Halt!« rief mein Vater, »Herr Amtshauptmann, dies Wort sagen Sie nicht! Das wird er in letzter Zeit schon öfter gehört haben, und er kann's womöglich verstehn. Nein, ich rate dazu, wir geben ihm den ›dü Wäng‹, dann mag ihm wohl das andere im Haar trocknen.«

Der Herr Amtshauptmann gab ihm recht und rief Fritz Sahlmann, er solle von Mamsell Westfalen Gläser und Wein besorgen, aber nicht vom besten. Nun, der Wein, der kam, und mein Vater schenkte dem Franzosen ein, und der Franzose schenkte meinem Vater ein, und so ging es immer abwechselnd, und mein Vater sagte: »Herr Amtshauptmann«, sagte er, »Sie müssen mit ran und müssen mir helfen, denn der ist einer von der Sorte, die keinen Boden im Leibe hat.« – »Min Herzenskindting«, erwiderte der alte Herr, »ich bin ein alter Mann und bin erster Herzoglicher Beamter im Stavenhagener Amt. Wie paßt sich das für mich, wenn ich mich mit dem Kerl in eine Zecherei einlasse?« – »Ach«, erwiderte mein Vater, »Not kennt kein Gebot, und hier geht's ums Vaterland.«

So setzte der alte Herr sich heran und wirkte mit nach Kräften. Doch nach einiger Zeit seufzte mein Vater: »Herr Amtshauptmann, der Kerl wird uns über. Es wäre ein Geschenk des Himmels, wenn er uns jetzt jemanden schickte, der einen guten Magen und einen festen Kopf hat.« Wie er dies aber aussprach, da klopfte etwas an der Tür: »Herein!« – »Gu'n Tag auch!« sagte Müller Voß aus Gielow und trat ein: »Gu'n Tag, Herr Amtshauptmann.« – »Guten Tag, mein lieber Müller.« – »Je, Herr, ich komme noch mal in meiner Sache.« – »Da ist heute keine Zeit für«, sagte der alte Herr, »denn Er sieht doch wohl, in was für Umständen wir uns befinden.«

Mein Vater aber rief: »Mein lieber Voß, komm Er her, tu Er ein christlich Werk, leg Er sich quer vor den Franzosen ins Geschirr und nehm Er ihn mal zu Protokoll, aber scharf.« – Müller Voß blickte meinen Vater und blickte den Herrn Amtshauptmann an, dachte sich sein Teil wie jener Truthahn und schien sich zu sagen: auf solchem Gerichtstag bin ich noch nicht gewesen, fand sich aber leicht in die Umstände.

Mein Vater flüsterte dem Herrn Amtshauptmann zu: »Herr Amtshauptmann, das ist unser Mann, der wird mit ihm fertig, den kenne ich.« – »Schön«, bemerkte der alte Herr, »min Herzenskindting. Wie werden wir aber mit den sechs Kerls hier draußen auf dem Schloßplatz fertig?« – »Das ist doch nur so'ne Marodeurs- und Stromerbande«, erwiderte mein Vater. »Lassen Sie mich man machen, ich jag' ihnen einen Schreck ein.« Er rief also Fritz Sahlmann: »Fritz, mein Sohn, geh hinten durch den Schloßgarten, daß dich keiner sieht, und lauf zum Uhrmacher Droz. Er soll stantepede seine Uniform anziehn mit den langen schwarzen Stiefeletten und der Bärenmütze, mit Ober- und Untergewehr, und soll sich durch die kleine grüne Pforte in den Garten schleichen bis unters Eckfenster, und dann soll er husten.«

Was nun den Uhrmacher Droz anbetrifft, so war er von Geburt aus Neufchâtel, hatte vielen Potentaten gedient, auch den Franzosen, und war später in meiner Vaterstadt hängengeblieben, indem er eine Wittib heiratete. Seine französische Uniform hatte er aufgehoben, und wenn er abends im Schummern zum Uhrenflicken nicht mehr genug sehen konnte, dann zog er sich seine Montur an und ging immerfort in seiner kleinen Kammer auf und ab, jedoch barhäuptig, denn mit der Bärenmütze ging das nicht, die stieß an die Decke. Und dann hielt er große Reden von *»la grande nation«* und *»le grand empereur«*, kommandierte das ganze Bataillon, ließ rechts einschwenken und links dreinhauen, so daß Frau und Kinder sich hinterm Bett verkrochen. Im übrigen war er ein gutmütiger Mensch und tat keiner Fliege etwas zuleide. Tagsüber lag *»la grande nation«* im Koffer – er reparierte Uhren, pustete und ölte sie durch, aß mecklenburgische Pellkartoffeln und stippte sie in mecklenburgischen Speck.

Während also der Uhrmacher sich die Stiefeletten zuknöpfte und die Bärenmütze aufsetzte, saß Müller Voß mit dem Franzosen beisammen und ließ es sich beim Rotwein des Herrn Amtshauptmann sauer werden. Der Franzose stieß mit dem Müller an: *»A vous!«* Darauf nahm der Müller sein Glas, trank und sagte: »Na nu!« Darauf stieß der Müller wieder mit dem Franzosen an, der Franzose bedankte sich mit *»Serviteur«*. Darauf trank auch der Müller und sagte: »Sett en vör de Dör!« Derart sprachen sie französisch und tranken miteinander.

Auf diese Weise war ihr gegenseitiger Umgang immer inniger geworden: der Franzose steckte seine blanke Plempe in die Scheide, und es dauerte nicht lange, da raschelte sein schwarzer Schnurrbart dem braven Müller unter der Stupsnase, und der Müller schmetterte ihm ein paar ins Gesicht, die waren, wie man zu sagen pflegt, nicht von schlechten Eltern, denn der alte Voß hatte ein Mundstück, als sei er mit einer Wurfschaufel aufgefüttert worden, und jeder einzelne von seinen Schmätzen gab so viel her wie drei gewöhnliche.

Gerade während dieser Vorgänge hustete es unter dem Eckfenster. Mein

Vater schlich sich hinaus und sagte dem Uhrmacher Bescheid, was zu tun sei. Der Herr Amtshauptmann aber ging andauernd auf und ab und überlegte sich, was Hohe herzogliche Kammer wohl dazu sagen würde, wenn sie dieses mit ansähe. Zwischendurch tröstete er den Müller: »Müller, verzag Er nicht, ich werd's Ihm gedenken.« Und der Müller verzagte denn auch nicht, trank vielmehr rüstig weiter.

Der Uhrmacher hatte sich unterdessen heimlich wieder durch den Schloßgarten zurückgeschlichen. Doch wie er danach auf dem gewöhnlichen Wege daherkam, der zum Schloß hinaufführt, da warf er sich in die Brust und stampfte gehörig auf, denn er war nun wieder *»grande nation«*, und strack und stramm marschierte er zum Schloßtor hinein, was ihm nicht schlecht gelang, dieweil er von Gesicht und Statur ein recht ansehnliches Mannsbild war.

Die sechs Chasseurs warteten bei ihren Pferden, wurden aber aufmerksam und flüsterten miteinander, und der eine ging hinüber und fragte den Uhrmacher nach dem »Woher« und »Wohin«. Droz aber betrachtete ihn ziemlich abschätzig über die Schulter und antwortete ihm kurz und barsch auf französisch, er sei Quartiermeister vom 73. Regiment, das etwa in einer halben Stunde von Malchin heranmarschiere, und er müsse zuerst mit *»Monsieur le bailli«* reden. Darauf wurde es dem Chasseur unbehaglich, und wie Droz ziemlich unmißverständlich auf Marodeurs anspielte und erzählte, sein Oberst habe gestern ein paar erschießen lassen, da verdrückte sich erst der eine und dann der andere, und wenn auch noch einige von ihnen zusammen parlierten und wegen ihres Kommandeurs auf das Schloß zeigten, so hatte doch keiner mehr rechte Zeit, lange zu warten, und im Handumdrehen war der Schloßhof leergefegt.

Unterm Brandenburger Tor standen wir Jungs und blickten hinter den sechs französischen Chasseurs her, wie sie den grundlosen Lehmweg hinuntergaloppierten, denn dies passierte gerade in der allerschönsten Jahreszeit für die damaligen mecklenburgischen Landwege: im Frühling nämlich, wenn das Tauwetter einsetzt.

Kapitel 2

Im Wald und in der Mühle

Wie der Schloßhof leer war, marschierte der Uhrmacher mit Obergewehr und Untergewehr in Mamsell Westfalens Speisekammer ein, und Fräulein Westfal, wie sie eigentlich hieß – sie wurde aber immer Mamsell Westfalen genannt – trocknete sich die Augen: »Herr Droi, Sie sind ein Engel der Rettung!« – Sie nannte ihn nämlich immer Droi statt Droz, weil sie glaubte, Droi wäre richtigeres Französisch, und die Leute versagten ihm die korrekte Aussprache.

Der Engel der Rettung stellte seinen »Schafschinken«, wie man das Gewehr zu nennen pflegte, an den Seifenbottich, hing sein Käsemesser an den Fleischhaken, stülpte seine Bärenmütze übers Butterfaß und nahm selber auf dem Hackklotz Platz. Er zog ein gewürfeltes Schnupftuch heraus, legte es sauber über seinen Knien zusammen und fuhr sich damit vorsichtig zweimal unter seiner krummen Nase hin und her. Darauf zog er eine große, runde Schnupftabakdose heraus und hielt sie Mamsell Westfalen entgegen: *»Plaît-il?«* – »Sehr wohl«, erwiderte die, »pläht'i mir das, Herr Droi. Ich habe nämlich schlechte Augen, und die sind seit letzten Herbst immer schwächer geworden. Ich hatte damals die große Krankheit, und die Doktors geben ihr nen hohen Namen. Aber, Herr Droi, ich sage, das war das gewöhnliche, miserablige Stoppelfieber, und dabei bleib ich. So«, sagte sie und tischte Herrn Droi eine schöne, gebratene Ente und eine Flasche Wein auf, freilich vom guten des Herrn Amtshauptmann, machte einen Knicks, als wenn sie im Wasser untertauchen wolle, und sagte ebenfalls: »Pläht'i?«

Dem Uhrmacher »plähtite« dies denn auch sehr, und ihm ward zumute, als sei er ein wirklicher Engel und Mamsell Westfalens Speisekammer gegen seine Pellkartoffeln mit Speck ein wirkliches Paradies. Wie er bei der zweiten Flasche Wein angelangt war, redete er viel von dem schönen *»Vin de Valangin«* und von »der ßöne Sweiz«. Und Mamsell Westfalen bekundete: »Sie haben recht, Herr Droi, Schweiß ist ne schöne Sache, vor allem beim Schnupfen: ich trink dann immer Fliedertee.« – »Ah«, begeisterte sich Herr Droi: *»Fierté! Oui, je suis fier* von meine Land. – Oh, Sie muß mal kommen in die Land, da singen die Vögel, und da brummen die Bachen.«

Inzwischen aber war es dunkel geworden, und Fritz Sahlmann warf einen Blick in die Speisekammer: »Na, das ist ja ne schöne Geschichte: der Amtshauptmann läuft ohne Hut bei dunkler Nacht im Garten rum und räsonniert vor sich hin, der Bürgermeister hat sich sachte aus dem Staub gemacht, Müller Vossens Friedrich hält nu schon ne Stunde vorm Tor und schimpft über die verfluchten Patriotten und über den Spitzbuben Dümurrjöh, und der Müller hält dem Franzosen die Faust unter die Nase und fragt, wo seine vier Gäule und seine sechs Ochsen geblieben sind, die ihm die Franzosen genommen haben, und der Franzose sitzt da, rührt und regt sich nicht und verdreht seine Augen.«

»Fritz Sahlmann«, fragte ihn Mamsell Westfalen, »rührt er sich wirklich *nicht*?« – »Nee, Mamselling.« – »Fritz Sahlmann, ich weiß, du hast es manchmal faustdick hinter den Ohren und schwindelst mich gern 'n bischen an. Ich frage dich auf Ehre und Gewissen: rührt er sich kein bißchen?« – »Nee, Mamselling, kein einziges bißchen.« - »Na, Herr Droi, denn kommen Sie, denn wollen wir raufgehn und da nach dem rechten sehn. Nehmen Sie sich aber was von Ihrem Geschirr zum Hauen und Stechen mit, und wenn Sie sehn, daß er mir zu Leibe will, denn stehn Sie mir bei. Und du, Fritz Sahlmann, lauf zu Müllers Friedrich und sag ihm, er soll die Pferde absträngen und soll reinkommen, denn besser ist besser, und was einem leicht fällt, wird zweien nicht sauer.«

Friedrich stieß also auch dazu, bekam einen starken Schnaps und schüttelte sich, wie sich das nach einem kräftigen Schluck gehört, und der Zug begab sich nun zum Zimmer des Herrn Amtshauptmann: Friedrich voran, danach Mamsell Westfalen, die sich beim Uhrmacher eingehängt hatte, und schließlich Fritz Sahlmann als Nachhut.

Bei ihrem Einzug saß der Müller am Tisch, hatte zwei gefüllte Gläser vor sich stehen, stieß mit dem einen am andern an und mit dem anderen an das eine, trank umschichtig für zwei und grinste vergnügt über sein ganzes breites Gesicht. Den Rock hatte er ausgezogen, weil ihm bei der Sache heiß geworden war, auf dem Kopf saß ihm der Helm des Franzosen mit dem langen Pferdeschweif, und über seinen dicken Bauch hatte er, so gut es ging, den französischen Säbel geschnallt. Der Chasseur aber lag lang ausgestreckt in einer Sofaecke, hatte die weiße, baumwollene Schlafmütze des Herrn Amtshauptmann auf und seinen rotgeblümten Schlafrock an, und der Spitzbube von Müller hatte ihm anstelle des Säbels einen großen Flederwisch in die Hand gedrückt, mit dem er wortlos in der Luft herumfuhrwerkte, denn zu reden war er gänzlich außerstande.

Als Mamsell Westfalen bei ihrem Eintritt diese Szenerie gewahrte, stemmte sie ihre Arme in die Seiten, wie sich dies für jede ordentliche, ältere Frauensperson, die auf rechten Wegen wandelt, eigentlich immer gehört:

»Müller Voß, was soll das? Was heißt das? Und was bedeutet das?« Der Müller wollte antworten, bekam aber das Lachen und brachte mit knapper Not heraus: »Komödienkram!« – »Was?« wunderte sich Mamsell Westfalen: »Ist das ne Antwort von nem Mann mit Frau und Kindern? Ist das Respekt vor Seinem Vorgesetzten, in seiner Studierstube solchen Schabernack zu treiben? Herr Droi, kommen Sie mit!« Damit trat sie an den Franzosen heran, riß ihm die Schlafmütze vom Kopf, schlug sie ihm zweimal um die Ohren und sagte dazu nur die wenigen Worte: »Die unschuldige Schlafmütze!« und: »Du Ferkel!« Darauf aber drehte sie sich um: »Und Er, Friedrich, komm Er und helf Er mir den Kerl aus dem alten Herrn seinen Rockelor heraus. Und Sie, Herr Droi, denn Sie werden sich darauf verstehen, nehmen Sie dem törichten Müller den Suppentopf vom Kopf und schnallen Sie ihn vom Säbel los.«

Und als dies geschehen war: »Und du, Fritz Sahlmann, du alter Quasselkopf, du Schnackfaß von der Ecke! Untersteh dich nicht und erzähl dem Herrn Amtshauptmann, was hier mit seinen Hausbequemlichkeiten passiert ist, denn sonst läßt er sie verbrennen, und was können Schlafrock und Schlafmütze dafür, daß alte Leute kindisch werden?« Dabei blickte sie dem völlig veralberten Müller scharf ins Gesicht, knallte den Pfropfen wieder in die Weinflasche, stemmte die Arme abermals in die Seiten und fragte: »Was nu?«

»Ich weiß«, sagte Friedrich, zog sein Klappmesser aus der Tasche, ließ es aufschnappen, ging auf den Franzosen los, riß ihm die Uniformjacke auf und fing an, ihn auf eine sehr sonderbare Weise unter den kurzen Rippen zu befingern.

»Herre Jesus, Friedrich!« rief Mamsell Westfalen und warf sich dazwischen. »Wie, plagt Ihn der Böse? Er wird hier doch keinen Mord begehn wollen?« – *»Diable!«* rief gleichfalls Herr Droi und riß Friedrichs Arm zurück, und Fritz Sahlmann, der unverständige Schlingel, riß das Fenster auf und schrie: »Herr Amtshauptmann, Herr Amtshauptmann! Jetzt geht's los!« – Unversehens hatte er einen Denkzettel hinter den Ohren, der ihm sehr bekannt vorkam, dieweil er täglich von Mamsell Westfalen von dieser Sorte Stücker drei bezog, freilich in Bausch und Bogen gerechnet, denn gezählt wurden sie nicht.

Doch Friedrich blieb unbewegt: »Wieso denn? Was meinen Sie? Denken Sie, daß ich Kinder fressen tu? – Ich will ihm doch bloß die Knöpfe von der Hose abschneiden. So haben wir's nämlich immer gemacht, wenn wir welche gefangen hatten, als ich noch in Holland gegen die verfluchten Patriotten diente und gegen den Spitzbuben Dümurrjöh, unterm Herzog von

Braunschweig in den neunziger Jahren.« Und wandte sich an Mamsell Westfalen: »Denn, Mamselling, denn können sie nicht echappieren, denn rutscht ihnen die Hose ins Knie.«

»Schäm' Er sich, Friedrich, mir das zu sagen! Was gehn mich denn dem Franzosen seine Hosen an und seine Knie? So was will ich hier nicht gesehn haben, und kein Mensch soll sagen, daß es hier in der Studierstube vom Herrn Amtshauptmann despektierlich zugegangen ist. Nee, lieberst wollen wir beraten, wo wir mit dem Kerl bleiben.«

Da jedoch drängte Müller Voß sich vor und wollte sich vor die Brust schlagen, schlug sich aber weiter unten vor den Magen: »Bleiben? Was bleiben? Wo ich bleibe, bleibt er auch. Wir beide haben Brüderschaft getrunken, und er ist nen richtigen Franzos, und ich'n richtigen Meckelnburger, und wer was davon wissen will, der soll nur kommen!« Und blickte sie alle der Reihe nach an, und wie keiner dazu etwas sagte, schlug er dem Franzosen kräftig auf die Schulter: »Bruder, ich nehm dich mit.« – »Das ist auch das beste«, entschied Mamsell Westfalen, »denn sind wir ihn los. – Herr Droi, fassen Sie an!« Und die eine *»grande nation«* packte die andere *»grande nation«* an den Beinen, Friedrich griff sich das Kopfende, Fritz Sahlmann trug das Licht, Mamsell Westfalen kommandierte das Ganze, und der Müller taumelte in einem kleinen Bogen hinterdrein.

»So«, befahl Friedrich, »nu man hinten rin in den Kasten! – So, da lieg du nur! – Fritz Sahlmann, sträng mir die Gäule an! Und Sie, Herr Droi, helfen Sie mir dem Müller rauf! Aber nehmen Sie sich in acht, daß er die Balance nicht verliert, denn ich kenn ihn, er überschlägt sich.«

Als der Müller oben saß, fragte Friedrich: »Na, alles an Bord?« – »Alles an Bord«, erwiderte Mamsell Westfalen. – »Na, denn man ›hüh‹«, rief Friedrich. Kaum war er aber ein paar Schritte gefahren, da rief der Uhrmacher hinterher: »'Alt! 'alt! Frederik! – Sie 'aben vergessen die *camarade* sein *cheval,* es stehn in die *logis* für die kleine *poules.«* – »Ja«, bestätigte Fritz Sahlmann, »es steht am Hühnerstall.« – »Na, denn hol's«, sagte Friedrich, »und bind's achtern an'n Wagen!«

Dies geschah, und wie sie noch damit zugange waren, war der Amtshauptmann von seinem Gang durch den Garten zurückgekehrt und erkundigte sich, was hier vorgefallen. »Nichts nicht«, entgegnete Mamsell Westfalen. »Müller Voß hat bloß den Franzosen eingeladen, mit ihm zu fahren und nachts in der Gielower Mühle zu bleiben.« – »Das ist denn eine andere Sache«, bemerkte der alte Herr. »Adjüs auch, Müller! Ich werd Ihm das gedenken.«

Der Müller brummte etwas vor sich hin über sehr schönes und fruchtbares

Wetter. Mamsell Westfalen flüsterte Fritz Sahlmann zu, er solle vorauslaufen und solle Säbel und Pferdeschwanz des Franzosen aus dem Zimmer des Herrn schaffen, damit ihm nichts auffiele. »Bring sie man auf meine Stube«, ordnete sie an, »und stell sie hinter mein Bett!«

Friedrich aber peitschte auf die Pferde ein und jagte den Schloßberg hinunter, in die Malchinerstraße hinein und dachte sich: Dies ist das Probestück. Bleibt der Müller bei diesem Geholper und Gejage auf dem Sack sitzen, dann kommt er heut abend auch alleine vom Wagen herunter. Wie er aber bei den Vorstadtscheunen angelangt war und sich umblickte, da lag der Müller zwischen dem vordersten und dem hintersten Sack, und Friedrich dachte bei sich: Ohne Hilfe kommt er nicht wieder hoch, holte ein paar Säcke heraus und deckte sie ihm über den Leib, um ihn vor Erkältung zu schützen.

Nun lagen die Scheunen hinter ihnen, und die Pferde zogen den Wagen langsam und gleichmäßig durch den tiefen Weg und die dunkle Nacht. Friedrich aber ging allerlei durch den Kopf. Zuerst fiel ihm die Müllersfrau ein, was die vordem gesagt, wenn der Müller allein in diesem Zustand heimgekehrt war, und was sie nun wohl sagen würde, wenn er derart zu zweien heimkäme, und was Müllers Fieken wohl dazu sagen würde. Er schüttelte den Kopf: »Keinen guten Gang geht das nicht.« Zum andern fiel ihm ein, daß es auch um die gleiche Jahreszeit in solch einer Nacht gewesen, als er vor etlichen Jahren aus Prenzlow von den Preußen desertiert war, und daß er dazumal, ehe er sich ins Stavenhagener Amt durchgeschlagen, im Freien übernachtet und sich mit einem Schlehdornbusch zugedeckt hatte.

Und drittens fiel ihm ein – und als ihm dies eingefallen war, knirschte er mit den Zähnen –, wie er unter dem Herzog von Braunschweig in Frankreich gewesen, nichts auf dem Leibe und nichts im Leibe als die rote Ruhr, wie ihn die Franzosen gejagt und bedrängt hatten, wie so viele seiner Kameraden an der Landstraße liegen geblieben, darunter auch sein bester Freund Krischan Kröger, und wie das Volk kein Erbarmen gezeigt: »Und die beiden schönen Braunen«, murmelte er, »haben sie mir auch genommen, und ich muß hier mit zwei alten, spatlahmen Schindern fahren? Und die sollen sich hier noch im tiefen Weg mit so'nem Karnalljenvogel von Marodeur abquälen, der nicht mal ein ordentlicher Soldat ist? – Verfluchte Patriotten! – Spitzbub! – Dümurrjöh!« Dies waren seine einzigen Flüche, wenn er wütend war.

»Prr, öh!« rief er, sprang vom Wagen, ging nach hinten, klinkte den Kasten auf, griff den Franzosen an den Beinen, zog ihn halb heraus, legte die Schulter unter, schleppte ihn über den Graben ins Stavenhäger Außenholz und legte ihn unter eine Buche.

»Je«, murmelte er, als der Franzose sich ein wenig zu rühren schien, »das ist dir wohl 'n bischen feucht, aber du bist ja auch von innen feucht, warum denn nicht auch von außen?« und blickte zum Himmel: »Für die letzten Februartage ist das eine sehr schöne, warme Nacht, und wenn auch just der Kuckuck nicht schreit, so hab ich ihn doch letzten Sommer unter den Buchen schreien hören, und – so Gott will, schreit er dies Jahr hier wieder.« Und wie es den Franzosen ein bißchen überlief, als wenn es ihn fröre: »Nicht wahr, Bruder, 's ist bischen kühl. Ich könnt dich hier ja schön mit nem guten Weidenstock zudecken, und da krähte nicht Hund noch Hahn danach. Aber ich will dir zeigen, daß ich ein Christenmensch bin«, ging zum Wagen, holte ein paar Arme voll Stroh und warf die ihm über: »Na, adjüs! Mitnehmen tu ich dich nicht, denn wozu sollen die Müllerfrau und Fiken sich über dich ärgern?« Stieg auf den Wagen und fuhr langsam nach Hause.

Nicht weit von der Mühle weckte er den Müller und munterte ihn auf: »Müller, richten Sie sich auf dem Sack auf, ich helf Ihnen nachher runter.« – Der Müller stemmte sich hoch: »Ich bedanke mich auch, Herr Amtshauptmann!« Er blickte sich verbiestert um, wo er sei, fragte auch, was das für ein Gaul wäre, der hinter dem Wagen hertrottete, und wie er sich heftig besonnen hatte, griff er hinter sich in den Kasten: »Friedrich, wo ist der Franzos?« – »Je, wo ist der denn bloß?« fragte Friedrich zurück, fuhr vorm Hause vor, sprang vom Wagen und half dem Müller herunter, bevor noch die Frauen mit Licht kamen. Sein Herr humpelte mühsam zur Diele hinan, und die Müllersfrau kam ihm entgegen: »Na, Vatting, wie ist's geworden?« Der Müller stolperte über die Türschwelle in die Stube, legte Hut und Handschuhe auf den Tisch, ging einige Male auf und ab, wobei er die Dielenritzen scharf ins Auge faßte und herausstotterte: »Das ist ein schwerer Gang!« – »Das seh ich«, erwiderte die Müllersfrau.

Fiken saß hinter dem Tisch und nähte Leinenzeug. Der Müller ging immer noch stolz auf und ab: »Seht ihr mir gar nichts an?« – »Genug«, sagte seine Frau. »Du hast wieder bei Bäcker Witt gesessen, hast deine bedrängten Umstände, hast Frau und Kind vergessen und dich in eine Kneiperei eingelassen.« – »So, meinst du? denn laß dir sagen: ein kluges Huhn legt auch vorbei. Nee, ich hab mit dem Herrn Amtshauptmann und dem Burmeister und nem französischen General oder so was Brüderschaft getrunken, und der Herr Amtshauptmann hat mir gesagt, er will's mir gedenken, denn dies

wär fürs Vaterland. Und, Fiken, dir sage ich, schmeiß dich nicht weg! Das hast du nicht nötig! Den Kaufmann aus Malchin hättest du meinetwegen freien können, aber du wolltest ja nicht!«
Fiken warf ihm von ihrer Näharbeit einen flüchtigen Blick zu: »Vatting, laß das doch, wenigstens heut abend!« – »Schön, min Döchting! Du hast recht, min Kindting. Süh, du bist ja mein einzigst. Denn wo sind Karl und Jochen? Ach, du lieber Gott! – Aber ich sage bloß: schmeiß dich nicht weg! und weiter sage ich nichts. – Und, Mutter, unsere Geldsache? – Was sagte der Herr Amtshauptmann? – ›Müller Voß, ich will Ihm das gedenken‹. Und denn der Franzos, Mutter, der Franzos! – Wo, Donnerwetter, ist der Franzos? Er lag doch im Kasten. Friedrich muß das wissen.« Und riß das Fenster auf und schrie: »Friedrich, Friedrich, hörst du nicht?«
Friedrich hörte ihn recht gut, aber er kniff ein Auge zu und murmelte: »Ja, schrei du man! Was soll ich da viel erzählen, was die Müllersfrau gut sehn kann? Ich werd mir die Finger nicht verbrennen.« Damit band er das Pferd des Franzosen an die Raufe, nahm das Sattelzeug ab und knurrte, als er den Mantelsack abnahm: »Deuwel! Ist *der* schwer!«, legte ihn in seine Futterkiste, schüttete seinen Pferden das Abendfutter hin, legte sich zu Bett und schlief, als sei ihm heute nichts widerfahren.
Als der Müller nun zu schelten anfangen wollte, weil Friedrich nicht kam, begütigte ihn seine liebe Frau: »Vatting, laß ihn, du bist müd, du hast dich den Tag über auf dem Wagen schütteln und hast es dir sauer werden lassen, komm zu Bett. Fiken soll dir 'n bischen Bier warm machen, damit dir die Nachtluft nicht schadet.« – »Mutting«, war seine Antwort, »du hast immer recht. Ich habe mich schändlich abstrapaziert, denn Geldsachen greifen an. Na, meine sind in der Reihe, so gut wie in der Reihe, der Herr Amtshauptmann hat gesagt: ›Müller Voß, ich werd Ihm das gedenken.‹ Und morgen früh muß ich wieder nach Stavenhagen.« Und damit ging er in seine Kammer, legte sich hin und war im Handumdrehen eingeschlafen.

Mutter und Fiken saßen noch eine Weile auf, und Fiken, still und in Gedanken, nähte eifrig weiter. »Ja«, sagte Mutter endlich, »Fiken, du bist fleißig, und ich leg die Hände auch nicht in den Schoß, und unser Vater hat sein Lebtag gewirkt und geschafft, was er nur konnte. Doch was hilft das alles? Die schlimmen Zeiten wachsen uns übern Kopf, und was uns die Franzosen gelassen haben, das nehmen uns die Advokaten und die Juden. Übermorgen sollen wir fünfhundert Taler an Itzig bezahlen, und wir haben nicht einen Schilling.« – »Vater tut ja doch so, als wär er mit allem durch.« – »Kehr dich heut abend an *den* nicht. Abendred' und Morgenred' sind zweierlei.

Aber in einer Sache hat er heut abend recht gehabt: hättest du man den Kaufmann aus Malchin genommen.«

»Mutting«, und Fiken legte sanft ihre Hand auf die ihrer Mutter und blickte ihr ruhig in die Augen: »Mutting, das war nicht der rechte.« – »Min Döchting, ganz nach ihrem freien Willen freien zur Stunde wenige in der Welt, irgendwas mengt sich da immer dazwischen. Sieh mal, der Kaufmann hat sein gutes Auskommen, und wüßten dein Vater und ich dich versorgt, denn wär uns ein großer Stein vom Herzen.« – »Mutting, Mutting, red nicht so! Ich soll euch verlassen, wenn ihr in Not seid? Und dies noch dazu auf unehrliche Weise?«

»Unehrlich, Fiken?« – »Ja, unehrlich, Mutting«, erwiderte Fiken, und man konnte ihr ansehen, daß es ihr unbehaglich war, »denn als der Kaufmann um mich anhielt, dachte er, bei uns hinge viel aus, und darum wollte er mich haben. Ich wollte ihn aber nicht betrügen, denn wenn du und Vater es mir in eurer Gutheit auch nicht gesagt habt, wie es mit uns steht und daß wir jetzt arme Leute sind, so hab ich's doch lang schon gemerkt. Nu wissen's die Leute so ziemlich alle, und wenn nu einer kommt und will mich haben, dann will er *mich* und nicht das Geld, und kann ja sein, er ist der rechte.« Damit stand sie auf, nahm ihr Nähzeug und gab ihrer Mutter einen Kuß: »Gu'n Nacht, Mutting!« und ging in ihre Schlafkammer. Die Müllerfrau saß noch eine Zeitlang still in Gedanken und seufzte: »Recht hat sie, und unser Herrgott möge alles zum besten regieren.« Sie ging dann auch schlafen, und alles lag in tiefer Ruhe.

Nur die Mühle, die drehte sich ohne Ruh und Rast und klapperte und lief, und die Arme griffen nach links und nach rechts in wilder Hast – wie ein Mensch, der in drückender Not sitzt und arbeitet und sich abquält, um heraus zu kommen aus dem staubigen Trott des täglichen Einerleis. Und von dem Mühlrad troff das Wasser herunter, als sei es bittersaurer Schweiß, und tief unten im Grunde, da rauschte der Bach mit einerlei Rede und einerlei Sang: Was hilft dir das? Was hilft dir das? Ich bin dein Herz. So lange ich fließe, Welle auf Welle, Wunsch auf Wunsch, so lange hast du keine Ruh. Kommt aber der Herbst und das Korn wird reif, dann wird meine Strömung gelinder, dann macht der Müller die Schütze zu, und dann steht alles still, und dann ist es Sonntag.

Kapitel 3

Im Himmelbett

Als der Müller den Schloßweg hinuntergefahren war, wollte der Herr Amtshauptmann auf sein Zimmer gehen, machte aber noch einmal kehrt und richtete an Herrn Droz die Frage: »Was bin ich Ihnen schuldig, mein lieber Droz?«

Der stammelte also, so gut er's vermochte: er habe es gern getan, denn die *Allemagne* sei nun seine *patrie,* und es wäre *tout* für die *patrie.* –»Dies meine ich nicht«, beschied ihn der alte Herr, »ich meine für meine Taschenuhr, die Sie mir repariert haben.« – Das sei alles bezahlt, erwiderte Herr Droz, die kleine *garçon,* die Fritz Sahlmann, hätte alles richtig gemakt. – »Das weiß ich wohl«, erwiderte der alte Herr, »aber, mein lieber Droz, den Uhrmacher muß man nicht nur dafür bezahlen, daß er an der Uhr etwas gemacht hat, sondern auch dafür, wenn er nichts daran gemacht hat, und weil sie dies *nicht* getan haben, darum *hier,* mein lieber Droz«, und drückte ihm zwei Taler in die Hand und ging ins Haus.

»Ach«, sagte Mamsell Westfalen, »lassen Sie'n nur! Er ist ein wunderlicher, alter Heiliger, doch er meint es gut. Aber, Herr Droi, nu kommen Sie mit rein und tauen Sie sich 'n bißchen in meiner Stube auf, denn bei diesem schrecklich grauligen Wetter kann einem ja die Seele im Leibe gefrieren.«

Herr Droi ging also mit. Kaum hatte er sich niedergelassen, da erschien Fritz Sahlmann mit dem Pferdeschweif des Franzosen auf dem Kopf, dem blanken Säbel in der Hand und einem Schnurrbart im Gesicht, den er sich in aller Geschwindigkeit mit einem verkohlten Lichtdocht angemalt hatte. Da hatte er aber schon einen von Mamsell Westfalens Denkzetteln an den Ohren: »Uhlenspiegel!« Sie riß ihm den Kübel vom Kopf, den Säbel aus der Hand und stellte beides hinter ihr Bett: »Uhlenspiegel! An solchem Abend, wo wir alle in Nöten sitzen, willst du deine Faxen treiben? – Geh lieber nach der lieben Frau vom Herrn Droi: ein Kompliment von mir. Sie soll sich nicht ängstigen. Herr Droi wär bei mir auf meiner Stube, und Gefahr hätte es hier gar nicht.«

Fritz Sahlmann trollte sich, und nun saßen die beiden und erzählten sich von alten und neuen Zeiten. Leider verstand Mamsell Westfalen nur sehr ungenau, was Herr Droi erzählte, und was Mamsell Westfalen erzählte, das verstand aber Herr Droi nun ganz und gar nicht. »Er sein *bon«,* bemerkte Droi und klimperte mit seinen beiden Talern in der Hand. – »Jawoll«, erwiderte Mamsell Westfalen, »die sind gut. Meinen Sie, daß der Herr Amtshauptmann Ihnen vielleicht falsches Geld gibt?« – »Ah, nicks falsch Geld! Ik meinen ihn *lui-même*«, entgegnete Herr Droi und zeigte mit den Fingern nach oben. – »Ach so, Sie meinen den Herrn Amtshauptmann! Jawoll, ist er bong. Aber je älter er wird, desto wunderlicher wird er. Er macht nämlich die Nacht zum Tage, Herr Droi. Sehn Sie, da muß ich sitzen und muß braten und brutzeln bis in die Nacht hinein, denn er ißt Abendbrot nachts Klock elf, und es wird wohl auch mal zwölf. Und wenn das gute Essen dann vertrocknet und angebrannt ist, denn schimpft er, und die Frau Amtshauptmännin ist man sehr weichherzig und kriegt dann das Heulen. Nu sag ich: ›Frau Amtshauptmännin, was weinen Sie? Können wir dafür, daß er lebt wie ein Unchrist? Lassen Sie das Heulen, wir haben ein gutes Gewissen!‹

Aber, Herr Droi, es wird mir sehr sauer, hier zu sitzen als ne einsame Person und zuzuhören, wie der Sturmwind ums Schloß braust, der Regen ans Fenster schlägt, die Eulen schreien und der Zugwind durch die Gänge heult, als wären die bösen Geister los. Nu hörn Sie bloß, was ist das wieder für'n Wetter! – Herr Droi, Ihnen graust wohl gar nicht?«

»Ah, non«, erwiderte Herr Droi, saß aber dann still und horchte nach dem Wetter draußen: *»Attendez, du tonnère!«* – »Was Pommdetähr?« fragte Mamsell Westfalen, »was hat das Wetter in dieser Jahreszeit mit Kartoffeln zu tun?« – »Ick meinen nich die kleinen *garçons* mit die graue Jack, ick meinen« – und dabei fuhr er mit dem Zeigefinger kreuz und quer durch die Luft – »ick meinen der helle Szick-Szack mit Rumpel, Pumpel, Rattetetah.«

»Denn haben Sie recht, Herr Droi, denn draußen geht das wirklich: Rumpel, Pumpel, Rattetetah.« – »Ah«, wieder Herr Droi, »das sein *des tambours,* das sein meine *camarades,* die *grenadiers«*, sprang auf und marschierte mit der Bärenmütze auf dem Kopf auf und ab, denn hier war es hoch genug dafür, und stand dann wieder still: »Hork! Sie marschir auf die *marché,* auf die Markt!« und: »Hork! Das sein die *grands canons,* die swere Geßütz!«

Mamsell Westfalen aber hatte die Hände im Schoß gefaltet, betrachtete ihn und wunderte sich: Wie das doch mal drinsitzt! Er ist doch sonst 'n ordentlicher Mensch, aber weswegen stellt er sich denn so wütig an? Das ist wie mit den alten Fuhrleuten: wenn sie nicht mehr fahren können, denn mögen sie noch immer mit der Peitsche knallen.

Es dauerte nun nicht lange, da erschien die Frau vom Weber Stahl – dies war Mamsell Westfalens tagtäglicher Apostel und Zuträger, der ihr das Neueste

aus der Stadt berichtete, und für jeden Mund voll Neuigkeiten, den sie aufs Schloß brachte, trug sie einen Henkeltopf mit Essen wieder hinunter.
Sie hatte den Rock über den Kopf geschlagen, tropfte wie eine Dachrinne und schüttelte sich erst einige Male: »Brr, was ist das für'n Wetter!« – »Das ist es wohl, Frau Meistern«, entgegnete die Mamsell – sie nannte sie immer »Frau Meistern«: »nicht um der Stahlschen ihretwillen«, sagte sie, »nein, um meinetwillen, denn was würden die Leute dazu sagen, wenn ich mich mit nem gewöhnlichen Frauensmenschen abgebe – nee! ich hab auch meinen Stolz!« – »Mamselling«, sprach die Frau Meistern, »ich komme von unten, und auf'm Markt wimmelt und grimmelt das von Franzosen, die haben nen großen Haufen Kanonen mitgebracht. Und der Burmeister hat nach meinem Mann geschickt. Der soll in diesem Wetter und in der dunklen Nacht auf den Dörfern rumlaufen und soll die Bauern und die Pächter zum Vorspann bestellen auf morgen mittag. Und passen Sie auf, *Sie* kriegen auch Einquartierung.« – »Das weiß der liebe Gott!« murmelte Mamsell Westfalen, ging zur Tür und rief Korlin und Fiek, sie sollten nebenan im blauen Zimmer Feuer machen und zwei Betten aufschlagen, denn der Deuwel würde bald so' nen großmäuligen französischen Oberst und so' ne sabbrige Kröte von Adjutant auf den Schloßberg karren. Darauf wandte sie sich wieder an ihre Gesellschaft: »Da können sie liegen! Und wenn das Gespenst in der blauen Stube 'n christliches Gespenst ist, dann werden sie just nicht viel Ruhe finden in der Nacht, und das gönn ich ihnen. Denn, Herr Droi«, fuhr sie fort, »hier nebenan spukt's. Glauben Sie auch an Spuk?« – Herr Droi verneinte.

Inzwischen war es draußen sehr laut geworden, und wie Mamsell Westfalen aus dem Fenster sah, betrat richtig ein französischer Oberst mit seinem Adjutanten das Schloß, und ein paar Ordonnanzen folgten hinterdrein. Sie wurden ins blaue Zimmer geführt, wo sie sich trockene Sachen anzogen. Dann gingen sie hinauf zum Herrn Amtshauptmann und aßen dort zu Abend.
Währenddessen saß Herr Droi in Gedanken versunken und fluchte einmal übers andere vor sich hin: *»diable!«* und *»diantre!«* Als die Damen ihn fragten, kam es schließlich heraus: Er sei in großen Schwulitäten, und es könne ihm schlimm ergehen. Wenn er nämlich in seiner Montur, mit Bärenmütze, Ober- und Untergewehr, das Schloß verließe und über die Straße ginge, könnte er der Ordonnanz oder einem Wachtposten oder einem herumstreunenden Franzosen auffallen. Die würden ihn nach dem »Wieso?« und

»Warum« befragen, und wenn er dann nicht Auskunft geben könne, dann könnte der Teufel sein Spiel treiben, die Geschichte von heute nachmittag würde herauskommen, und was *dann?*

»Herr Droi«, entschied Fräulein Westfal, »das ist eine *böse* Geschichte! Dem Schlingel Fritz Sahlmann seine Sachen können Sie nicht anziehen, denn wenn Sie auch Ihre schlanke Talje rinpremsen könnten, wo bleiben Sie mit den Enden? Und die Sachen vom Herrn Amtshauptmann? Nee, Herr Droi, solche Untat können Sie von mir nicht verlangen, das wäre ja gerade, als sollte ich mit eigener Hand das Schloß anstecken. Und anderes Mannsvolk haben wir, Gott sei Dank, hier nicht.

Aber, Herr Droi, Sie haben uns heute nachmittag aus großer Not errettet, und drum errett ich Sie wieder. Ihre Frau weiß ja, Sie sind hier oben unter Christenmenschen: Sie können diese Nacht in meinem Himmelbett schlafen. Ich lege Ihnen frische Laken auf, und ich schlafe beim Stubenmädchen. Frau Meistern, kommen Sie!«

Darauf verließ sie das Zimmer, und über ein kleines war sie wieder da, breitete ein frisches Laken über das Bett und fragte noch einmal: »Herr Droi, graulen Sie sich auch nicht?« – Herr Droi verneinte abermals. – »Das ist schön!« bemerkte sie. »Manchmal geht es nämlich hier nebenan auf eine merkwürdige Art um – ›tapp! tapp! tapp!‹ Aber hier kommt es nicht rein, denn ich habe über meine Tür ein Hufeisen nageln lassen. Nu hör bloß einer an! Nu hör bloß einer an! Nu gehn die Franzosen hier nebenan auch zu Bett. Nu hör bloß einer dies Geschnatter! – Herr Droi«, flüsterte sie, »können Sie das alles verstehn?« – *»Oui«*, flüsterte Herr Droi. – »Ich glaub's«, flüsterte sie zurück, »denn die Wand ist sehr dünn. Dies war erst ne große Stube, nu hat man aber zwei draus gemacht. – Na, gu'n Nacht auch, Herr Droi! Frau Meistern, kommen Sie!«

Herr Droi sagte seinerseits auch gute Nacht, auf französisch. Er sah aber so aus, als habe er noch etwas auf dem Herzen, was er nicht sagen könne oder nicht sagen wolle. Mamsell Westfalen beschied leise die Frau Meistern:

»Frau Meistern, Sie sind ne verheiratete Frau. Für mich paßt sich das nicht. Sagen Sie dem Mann Bescheid« und ging. Wie sie fort war, ging der Uhrmacher mit Frau Meistern ebenfalls nach draußen.

Wie sich nun alle entfernt hatten, da flitzte etwas über den Gang, den eine Nachtlampe trübe erleuchtete, und hinein in Mamsells Schlafstube. Es war der Lausbub Fritz Sahlmann. Unterm Arm trug er einen Klumpen Eis, groß wie ein Hutkopf, und wie eine Katze sprang er auf Mamsell Westfalens Bettlade und an den Gardinen in die Höhe, legte den Eisklumpen oben auf den Betthimmel und murmelte vor sich hin: »Wart', du alter Racker! Das ist für die Ohrfeigen, die ich gekriegt habe. Das wird dir die fliegenden Hitzen wohl kühlen!« und damit flitzte er wieder hinaus.

Nun kam auch Herr Droi wieder hinein, zog sich aus, legte *»la grande nation«* auf den Stuhl vors Bett, blies das Licht aus, legte sich nieder und streckte sich im schönen weichen Bett lang aus: *»Ah! c'est bon!«* Dann horchte er auf den Sturm draußen und auf den Regen, wie der herabschüttete, und auf das Räsonnieren der beiden Franzosen nebenan. Doch endlich hörte das Zackermentern auf, und Herr Droi befand sich auf der Grenze zwischen Schlafen und Wachen, als ein Geräusch vernehmlich wurde: »tapp-tapp-tapp«. »Aha«, dachte Herr Droi auf französisch, »das ist der Spuk von nebenan!« und horchte, was seine Landsleute wohl dazu sagen würden. Die aber rührten sich nicht, und »tapp-tapp-tapp« machte es ruhig weiter. Nun aber kam es Herrn Droi so vor, als spuke es in *seiner* Stube. Ja, doch, es spukte in seiner Stube, und geschah es in seiner Stube, dann war das Gespenst durch die Tür hineingekommen – wie sonst sollte es hereingekommen sein? Er griff also nach einem seiner Stiefel und warf ihn zur Tür hin. Laut polterte er gegen die Tür, und auf dem Gang hallte es wider, als habe es beim Gewitter eingeschlagen.

Die Franzosen nebenan fingen an, sich zu rühren und miteinander zu reden. Bald aber war es wieder still. Doch tapp-tapp-tapp machte es wieder, ganz dicht an Herrn Drois Bett. Herr Droi richtete sich auf und beugte sich vornüber, um das Geräusch genauer vernehmen zu können. Da fiel ihm unversehens ein Tropfen auf seinen kahlen Kopf und noch ein Tropfen auf seine krumme Nase, und wie er vor sich hingriff, da merkte er deutlich, daß sein Überbett langsam anfing durchzuweichen. *»Diantre«*, murmelte er, »das Dach ist nicht dicht, und es leckt durch die Zimmerdecke. Was nun?« Natürlich verfiel er sogleich auf den vernünftigsten Ausweg, auf den man unter derlei Umständen verfallen kann: er wollte mit seinem Bett umziehen. Er stand also auf und fing an, die schwere Bettlade vom Kopfende her weiterzuschieben, dachte dabei aber nicht an Helm und Säbel des Chasseurs, die in der Ecke standen und – hast du nicht gesehn! – schurrte es die Wand entlang klappernd und klirrend auf den Fußboden. Herr Droi erschrak nicht wenig, erstarrte, horchte und – richtig: die beiden Franzosen waren von dem Spektakel aufgewacht. Sie schimpften und wetterten. Immerhin meinte Herr Droi jetzt, dies müsse geholfen haben, und kroch wieder ins Bett.

Inzwischen aber war der Eisklumpen schon gehörig aufgetaut, und das Tauwasser rieselte denn auch in einem feinen Strahl auf natürliche Weise

bettwärts. Droi verhielt sich ein Weilchen still, aber es lief immer kräftiger. Allmählich wurde ihm kühl, denn das Wasser durchfeuchtete das Bett, und er überlegte – natürlich auf französisch: »Nun schlafen sie wohl. Wenn du das Fußende weiterschiebst, dann müßtest du eigentlich von der undichten Stelle freikommen.« Er stand also auf, rückte das Fußende weiter, doch da rutschte sein Obergewehr mit Karacho die Wand entlang auf den Fußboden, und hatte es erst nicht gedröhnt, so dröhnte es jetzt.
So stand also der unglückliche Uhrmacher im Schlafzimmer, biß sich auf die Lippen, kaute an seinen Nägeln und hielt die Luft an, als könne sein Atemholen die Franzosen aufwecken, die nebenan bereits mit voller Stimmgewalt schimpften und schandierten, *»silence!«* riefen und an die Wand klopften.
»Que faire?« murmelte er vor sich hin: »Die erste Not muß gekehrt werden, wie die alte Frau sagte, da schlug sie den Backtrog entzwei und hitzte damit das Sauerwasser« und kroch ins Bett zurück: »Gott sei Dank! Nun bin ich im Trocknen.« Aber er war aus dem Regen in die Traufe gekommen, denn nun sprudelte es machtvoll vom Betthimmel herunter und ergoß sich ins Bett hinein. Ihm wurde überaus kalt und wässrig zumute, als sei er ein Frosch zur Frühjahrszeit.
Es half ihm also alles nichts, er mußte wieder ins Freie und mußte abermals umziehen – aber ganz leise, um ja nirgends anzustoßen. Er zog also in die eine Ecke, dort war es doch vordem trocken gewesen. Er zog in die andere Ecke, dort war es doch ebenfalls trocken gewesen, und so fuhr er die schöne lange Nacht hindurch mit der Gardinenkutsche im Stübchen immer rundherum, leise, ganz leise – doch wo er auch hingeriet, da kam es feucht von oben herunter.
So stand er denn schließlich im bloßen Hemde mitten in der Stube und dachte lange und scharf nach, wie dies wohl sein und woran das wohl liegen könne, und schlug sich schließlich – auf französisch – mit der Hand vor den Kopf: »Ick Schafskopf!« Ihm war nämlich ein Licht aufgegangen, freilich nur im Kopf, denn im Zimmer war es dunkel, doch Licht mußte er haben. Er schlich sich also vorsichtig auf den Gang hinaus, und richtig! – da stand noch die Lampe. Er steckte sein Licht daran an, schlich zurück, leuchtete zum Betthimmel hinauf und sah dort oben etwas liegen. Er knurrte: *»Ah, canaille!«* und stieg auf die Bettlade, vermochte aber nicht hinaufzulangen. Er reckte und streckte sich nach Möglichkeit und tastete sich bis zum Eisklumpen vor – der aber war zu glatt und glitschig, er ließ sich nicht fassen. *Parbleu!* Einen halben Zoll zulegen. Er legte sich mit aller Gewalt ins Geschirr. Da aber knackte der Himmel, und Betthimmel und Eisklumpen und

Droi, alles zusammen knallte gegen die Wand der Franzosen, und da lag also Herr Droi unter den unschuldigen weißen Gardinen und strampelte mit seinen nackten Beinen in der Luft, als könnten die erzählen, wie es ihrem Herrn zumute war.

Mit einem Male ging die Tür auf, und herein trat der französische Oberst. Gegen die drohende Erkältung hatte er sich eine rote Woll- und Leinendecke umgelegt, und eine doppelläufige Pistole hielt er vor sich hin. Hinter ihm stand mit blankem Degen und noch einigen anderen blanken Einzelheiten sein Adjutant.

Herr Droi schälte sich aus dem Betthimmel heraus, stülpte sich die Bärenmütze über, nahm stramme Haltung an und legte seine Hand an die Mütze: *»Bon soir, mon colonel!«* Der Oberst blickte verwundert auf Herrn Droz, der Adjutant blickte auf den Obersten. Sie vernahmen, daß sie es mit einem Franzosen zu tun hätten. Sie sahen die schwarzen Stiefeletten und die ganze *»grande nation«* vorm Bett liegen, sie sahen Obergewehr und Untergewehr und – was am schlimmsten war – sie erblickten auch den Säbel und den Pferdeschwanz des Chasseurs. Was aber hatte das alles zu bedeuten?

Herr Droi stammelte auf seine Weise etwas zurecht. Herr Droi begann von Marengo und Jena zu erzählen. Herr Droi fing an zu lügen. Herr Droi log wunderschön, nur schade, sie glaubten ihm nicht.

In der Stube und auf dem Gang erhob sich nun ein Höllenlärm. Der Oberst schalt Herrn Droi einen Deserteur und Marodeur, der Adjutant rief nach den Ordonnanzen. Die Ordonnanzen stürmten von der einen Seite des Ganges in Hast und kurzem Unterzeug heran, als sei jemand ins Wasser gefallen und sie wollten ihm nachspringen, ohne sich die Hosen zu nässen. Von der anderen Seite rückte Mamsell Westfalen an, mit dem Stubenmädchen und der Köchin, und hielt eine große Stallaterne in der Hand, befand sich im übrigen jedoch ebenfalls in recht bedrängten Bekleidungsumständen. Sie hielt sich die Hand vor die Augen, als sei sie von der Stallaterne geblendet. Ihr über die Schulter blickte das Stubenmädchen und rief der Köchin zu: »Herre Je doch! Kiek, Korlin...« – »Schäm dich was«, rief Fräulein Westfal, »was soll *sie* kieken? Was hast *du* zu kieken? Und was ist hier überhaupt zu kieken? – Wir sind hier wegen unchristlichen Treibens zu nachtschlafender Zeit, und weil Herrn Drois Stimme uns angerufen hat aus Angst und Not. Und nu dreht euch um!«

Die beiden Mädchen und Fräulein Westfal drehten sich demgemäß um und zeigten den Franzosen ihre Kehrseiten. Das Fräulein fragte: »Herr französischer Oberst, was soll das? was ist das? was bedeutet das? Warum lassen Sie Herrn Droi in meiner Stube nicht ruhig schlafen? Dies ist ein christliches

Haus und ist ein ruhiges Haus, und solchen Spektakel sind wir hier nicht gewohnt.« Und setzte für sich halblaut hinzu: »Einer von dem aufdringlichen Gesindel wird mich ja wohl verstehen.«

Der französische Oberst warf einen Blick auf sich selber in seiner roten Decke, auf Herrn Droi mit der Bärenmütze auf dem Kopf und dann auf seinen spindelbeinigen Adjutanten, der in blindem Eifer umherhüpfte, endlich auf Mamsell Westfalens breite Kehrseite, und das Ganze kam ihm so närrisch vor, daß er laut anfing zu lachen. Er rief auf gut deutsch: Sie solle nur weitermachen. Er könne sie ganz gut verstehen, denn er sei Deutscher, er sei Westfale. – »So schreibe ich mich auch!« rief Mamsell Westfalen. Der Oberst sagte lachend, er sei bloß ein Westfale, heißen tue er »von Toll«. Mamsell Westfalen erwies ihm von rückwärts einen tiefen Knicks: »Um Vergebung zu fragen: gehören Sie vielleicht zur Freundschaft vom Herrn Postmeister und Gastwirt Toll hier unten in der Stadt?«

Das nun eigentlich nicht, erwiderte der Oberst. Aber ihm werde nachgerade kalt – die Ordonnanzen sollten bei Herrn Droi bleiben, denn der sei wohl ein französischer Deserteur, und sie sollten auch nachforschen, wo der französische Chasseur geblieben sei, dem Säbel und Helm gehörten.

Nun begann Herr Droi aufs neue zu lügen. Mamsell Westfalen schämte sich seiner in ihrer Seele und drehte vor Ärger sich sogar um: »Schämen Sie sich, Herr Droi, den Lehnstuhl fürs Alter mit Schlechtigkeiten polstern. Das gibt ein hartes Kissen fürs Gewissen. Und schämen Sie sich, Herr Droi – welches anständige Mannsbild setzt sich erst die Mütze auf und zieht sich dann erst die Hosen an!« Wandte sich zurück, und gewahrte dabei, daß das Stubenmädchen sich ebenfalls umgedreht hatte, knuffte sie ein bißchen in die Rippen: »Dumme Deern!«, vollführte abermals einen tiefen Knicks von rückwärts: »Meine Empfehlung, Herr Oberst von Toll!« und marschierte mit den beiden Mädchen ab. Die andern gingen ebenfalls, und bald war wieder alles still.

Einzig und allein der Herr Amtshauptmann hatte keine Ahnung davon, was sich im Schloß abgespielt hatte, denn er schlief den Schlaf des Gerechten.

Kapitel 4

Die Schlange

Am nächsten Morgen war dem Müller zumute, als schwirrten in seinem Kopf ein halbes Dutzend Sperlinge herum und schnappten nach Fliegen, und dies nicht nur der Getränke wegen am Abend zuvor, sondern vor allem wegen des Franzosen.

»Mutter«, sagte er, wie er sich die Stiefel anzog – dabei schwankte er mit dem Kopf hin und her und blickte angestrengt in seine Stiefelschäfte: »Rotwein des Abends ist ne schöne Sache, aber des Morgens kommt er mir auch nur vor wie Branntwein und Braunbier. Indessen, kommt einer über'n Hund, kommt er auch über'n Schwanz. Das ist aber bloß wegen dem Franzosen – im Kasten hat er gelegen, und Friedrich muß wissen, wo er geblieben ist.« – »Vatting«, beruhigte ihn seine Frau, »laß sein! Friedrich muß ja kommen, es ist ja Zeit fürs erste Frühstück.«

Der Müller ging in die Wohnstube und setzte sich hinter den Tisch, auf dem die Mehlsuppenschüssel stand. Als erster langte er mit dem Löffel in die Suppe, dann langte Mutter zu, dann Fiken und schließlich die beiden Dienstmädchen – denn so war es damals üblich, und von Kaffee hatte noch kein Müller je etwas vernommen.

Der Müller aß und legte den Löffel hin: »Wo Friedrich wohl bleibt?« Er aß weiter, legte wieder den Löffel hin, ging ans Fenster und rief über den Hof: »Friedrich!«

Kein Friedrich erschien. Die Schüssel ging zur Neige, die Mädchen trugen das Geschirr hinaus, und der Müller brummte: »Wenn ich nen Knecht gemietet habe, will ich keinen Herrn im Haus haben!« Eben wollte er nach draußen und den Knecht in Pflicht nehmen, da zeigte sich Friedrich im Türrahmen und trug etwas unter dem Arm.

»Wo bleibst du, Halunke?« fragte der Müller. – »Müller«, entgegnete Friedrich mit Würde, zog sein Klappmesser aus der Tasche und klemmte es unter den Türdrücker, »gewöhnen Sie sich solche Redensarten ab, das paßt sich nicht für Sie und nicht für mich. – Wenn Wildgänse in der Luft sind, ist schlecht Erbsen säen, und wenn schnattrige Deerns in der Stube sind, ist schlecht Geschichten erzählen. Drum hab ich so lange gewartet, bis die Mädchen draußen sind. Und hier!« damit warf er etwas auf den Tisch, so daß es inwendig klirrte und klingelte, »und hier, Müller Voß, ist zwar nicht der Fuchs selber und auch nicht sein Fell, aber sein Felleisen.«

»Was soll das?« fragte der Müller, fiel eifrig über den Mantelsack her und schnallte die Riemen auf. – »Was das soll?« entgegnete Friedrich. »Das mögen *Sie* sagen, das ist nicht meine Sache. *Mein* Teil hab ich mir genommen.« Der Müller schüttete den Mantelsack über dem Tisch aus. Ein Pack silberner Löffel fiel heraus, dann großes Silbergeld und schönes, rundes, gelbes Gold. Ein Schächtelchen kam zum Vorschein, und als die Müllerfrau es aufmachte, da lagen darin Ringe und Ohrringe, und zierliche Ketten aus Gold schlängelten sich dazwischen wie Nattern unter bunten Blumen. »Gott bewahr uns!« schrie sie auf und ließ das Schächtelchen fallen.
Fiken hatte daneben gestanden und alles mitangesehen. Ihre Hände legten sich über die Brust, ihre Augen wurden größer und größer, und blaß wie der Tod warf sie sich über den Tisch, über den Schatz von Gold und Silber, und breitete ihre Arme darüber: »Das gehört dem Franzosen! Das gehört dem Franzosen! Das gehört nicht uns!« Sie hob den Kopf und blickte auf ihren Vater mit Augen, als ginge ein Messer durch sie hindurch. Auf ihrem Gesicht lag Todesangst: »Vadding, Vadding!« rief sie. – Der Alte aber saß da, schob die Schlafmütze auf seinem Kopf hin und her, blickte auf Fiken in ihrer Angst und dann wieder auf das blanke Geld. Mit einem Male sprang er auf, so daß er fast den Tisch umstieß: »Gott im Himmel«, rief er. »Ich weiß von nichts. Ich weiß nicht, wo er geblieben ist. Er lag in meinem Wagen, das weiß ich!« und setzte leise und beklommen hinzu: »Das übrige muß Friedrich wissen.«
Fiken ließ das Geld liegen, stürzte auf Friedrich zu und schrie auf ihn ein: »Wo ist der Franzos geblieben?« – Friedrich aber blieb gelassen und blickte sie aus seinem alten, eisernen Gesicht unbewegt an: »Gott bewahr uns, dies wird ja wohl'n richtigen Gerichtstag? – Fiken! Fiken! Was denn? Seh ich denn aus wie'n Räuber und Mörder? – Den Franzosen hab ich mit meiner eignen Hand im Stavenhagener Außenholz unter'ne Buche gelegt, und wenn ihm die Nacht nicht zu kühl geworden ist, dann liegt er noch da wie'ne Ratte, denn er war steif duhn.« – »Das war er«, bestätigte der Müller.
Unterdessen hatte Fiken ihre Augen auf Friedrich und auch auf ihren Vater gerichtet. Der aber hörte Friedrich zu. Jetzt rief sie: »Friedrich, Friedrich! Was kann ich dafür? Er hat doch schon immer solche Reden geführt von Umbringen und Franzosentotschlagen!« Sie nahm die Schürze vors Gesicht, warf sich auf die Bank hinter dem Ofen und begann bitterlich zu weinen.
»Dümurrjöh!« knurrte Friedrich, »das *habe* ich! Und wenn ich dem ver-

dammten Patriottentakel mit der Hand das Genick umdrehen könnte, denn tät ich's. Aber nen Menschen, der sich nicht wehren kann, und dann noch um Geld und Gut?« Er brummte etwas vor sich hin, ging zur Tür, zog sein Taschenmesser unterm Drücker hervor und drehte sich vorm Hinausgehen noch einmal um: »Müller, die Luft ist rein, denn die beiden Mädchen gehn zum Miststreuen. Ihnen hab ich den Kram nun übergeben. Überlegen Sie sich die Sache gründlich. Wollen Sie's behalten – gut! Von mir aus, ich hab nichts dawider, denn nach meinem bißchen Verstand haben Sie ein Recht drauf – die Franzosen haben Ihnen mehr genommen als das. Und wollen Sie nicht, daß darüber gered't wird – *ich* für mein Teil kann schweigen. Wollen Sie's aber ans Amt abliefern und sollen Sie schwören, daß da nichts von abhanden gekommen ist, dann sagen Sie nur, *ich* hätte mein Teil genommen.«
»Friedrich, Friedrich«, mischte die Müllerfrau sich ein, »bring Er sich nicht in Ungelegenheiten, und uns auch nicht! In diesem Augenblick kommt Er mir vor wie die Schlange im Paradiesgarten.«
»Frau«, sagte Friedrich, »ein jeder muß wissen, was er zu tun hat: Vor zwei Jahren hatte ich eine Fuhre für Ratsherrn Krüger in Malchin mit Salz gefahren und war eingekehrt im Klockower Krug. Wie ich meine Zeche da bezahlen will und ein Achtgroschenstück auf den Tisch lege, springt so'n infamer Spitzbuben-Chasseur dazu und grabscht es mir weg, und wie ich mich dagegen wehre, fallen sie zu dreien über mich her und schlagen mir das Fell so mürbe, daß ich schon meinte, ich sollte am Leben verzagen. Die acht Groschen habe ich mir wiedergenommen, aber die Schläge haben sie noch bei mir zugute. Und hat's *der* Kerl auch nicht getan, dann hat's möglicherweise sein Bruder getan oder sein Kamerad, und denn bleibt's in der Freundschaft. – Die acht Groschen behalt ich!«
Und damit verließ er die Stube.
Der Müller war währenddessen auf und ab gegangen, hatte sich den Kopf gerieben und in den Haaren gekratzt, war dann wieder stehen geblieben und hatte das Geld betrachtet. Wie Friedrich draußen war, ging er an seinen Schrank, holte den Kalender von Adlers Erben in Rostock hervor, schaute nach, wo er schon hundertmal nachgeschaut hatte und seufzte vor sich hin: »Ja, morgen ist es soweit.« Seine Frau stand mit dem Rücken zur Standuhr, schlug einmal übers andere die Hände zusammen und wunderte sich, sagte aber kein Wort.
»Ja«, murmelte der Müller, »wenn wir's behalten, sind wir aus aller Not heraus.« – »Ach Gott, Vadding!« seufzte die Frau und sah verzagt zu ihm auf.« – »Und gestohlen hat es der Kerl«, fuhr der Müller fort. »Auf den silbernen Löffeln ist ein großes Wappen, und wenn sich auch herausfinden

läßt, wem die gehört haben, so ist das Geld doch von mancherlei Art, und die einzelnen Stücke werden nur knapp in die richtige Tasche zurückfinden.« – »Vadding«, rief seine Frau, »du wagst den Hals. Wenn der Kerl nun klagt, daß ihr's ihm genommen habt.« – »*Der* wird das Maul wohl halten, denn wenn der erzählen soll, wie er zu dem Geld gekommen ist, dann werden sie ihn auch nicht gerade sein Leben lang mit Rosinen und Mandelkernen füttern. – Und haben wir's denn gestohlen? – Die Mähre haben sie uns auf dem Schloß hinten am Wagen angebunden, die Mähre hat für Friedrich den Mantelsack gestern in den Stall getragen – wer sagt denn nu, daß ich's genommen habe?« Und damit fing er an, die Geldstücke auseinander zu sortieren und sie nach Art und Größe zu zählen.

»Je, gehören tut's uns aber nicht«, wandte seine Frau ein. – »Wem gehört's denn?« fragte der Müller. »Dem Franzosen gehört's auch nicht. Und wenn wir's ihm wieder zurückgeben wollen, wo ist er?« – »Friedrich sagt's ja: im Außenholz.« – »So«, fragte der Alte, »meinst du, daß der bei diesem Wetter von abends acht bis morgens neun dort liegen bleibt? Der wird schon lang seinen Weg gegangen sein. Und wer hat mir zu befehlen, daß ich hinter ihm her kutschieren und ihm sein Geld nachtragen soll?« Damit fuhr er im Geldzählen fort, und die Frau setzte sich hin, legte die Hände in den Schoß, blickte vor sich hin und seufzte: »Du mußt das wissen.« Fiken saß auf der Bank und weinte leise vor sich hin.

Der Müller zählte weiter das Geld und blickte ab und zu ein wenig unsicher zu Fiken hinüber; es hatte dann immer den Anschein, als müsse er sich vertun. Endlich war er fertig, stemmte die beiden Hände vor sich auf den Tisch und überblickte das Geld noch einmal: »Wenn ich die Dritteltalerstücke und das Gold nach preußischem Kurant rechne, dann sind es über hundert Taler. Nun sind wir aus all unserer Not heraus.«

Da aber stand Fiken auf und trocknete sich die Tränen ab. Ihr Gesicht war blaß und unbewegt. Sie sagte leise, wie für sich: »Unsere Not geht nun erst an.« – »Fiken, red nicht so!« erwiderte ihr Vater und blickte beiseite. – »Von nun an«, sagte sie, »essen wir ungesegnet Brot und schlafen ungesegneten Schlaf, und du kannst das Geld vergraben und vergräbst deinen ehrlichen Namen mit.« – »Von Vergraben ist keine Rede«, versetzte der Müller. »Nee, damit bezahl ich ehrlich meine Schulden.« – »Ehrlich, Vadding? Und wenn's auch schon so wäre, wie's nicht ist, wird der Herr Amtshauptmann nicht fragen, mit was für Geld du den Juden bezahlt hast, und werden die Franzosen nicht fragen, woher du das Pferd hast, und wer steht dir dafür, daß Friedrich seinen Mund hält?«

Der Alte machte ein Gesicht, halb verwundert und halb ärgerlich, und wollte eben loswettern, wie jemand, der von einem anderen bei einer Dummheit oder einer Unredlichkeit ertappt wird – er will sich dann inwendig das Gewissen wegräsonnieren, wie's die Kinder tun, wenn sie im Dunkeln singen und pfeifen, um sich die Angst vom Leibe zu halten.

Doch Fiken ließ es nicht dazu kommen. Sie warf sich unversehens ihrem Vater an die Brust, schlang die Arme um ihn und blickte ihm fest in die Augen: »Vadding! Vadding! Trag das Geld auf's Amt, gib's dem alten Amtshauptmann. Er hat gesagt, er will dir's gedenken, er wird dir dieses auch gedenken. – Wie oft hast du mir erzählt von deinem braven Vater, wie oft hast du mir von deiner Mutter gesagt, wie sie sich mit Spinnen hat ehrlich durchgeholfen bis an ihr Ende. Wie oft hast du mir erzählt, wie du auf deiner Wanderschaft die Geldbörse von einem andern Handwerksburschen gefunden und wie du ihm die zurückgegeben hast, wie der Mensch sich gefreut hat, und wie dir zumute gewesen ist!« – »Das war ja auch ganz was anderes«, wandte der Müller ein, »ich wußte ja, wem das Geld gehört, und hier weiß ich's nicht, und ich hab's ja auch nicht gestohlen und genommen. Ich habe ein gutes Gewissen.«

Da sprang die Müllerfrau mit einem Male auf: »Herr Jesus! Da geht ein fremder Mensch am Fenster vorbei und kommt ins Haus!« – »Halt die Tür zu!« rief der Müller, stürzte zum Geld und stieß dabei an den Tisch. Einige Häufchen fielen um, und einige Münzen rollten in die Stube.

»Ist das euer gutes Gewissen?« fragte Fiken und blickte auf ihren Vater und auf ihre Mutter: »Mudding, laß die Tür los! *Den* Menschen schickt uns Gott, der bringt uns Segen ins Haus.«

Die Müllerfrau gab die Türe frei und blickte schweigend vor sich hinunter. Der Müller ward über und über rot, drehte sich rasch um und blickte aus dem Fenster.

Von draußen klopfte es. »Herein!« rief Fiken. Herein trat ein junger, schmucker Kerl von zwanzig und einigen Jahren, sah sich ein wenig neugierig um, wie jemand, der schon lange gern hätte wissen mögen, wie es bei den und jenen Leuten aussieht, und erwies eine geziemende Verbeugung mit einem kleinen Kratzfuß: »Guten Morgen!« – »Schönen Dank!« sagte Fiken. Der Müller rührte sich nicht. Seine Frau hatte sich gebückt, um die Taler aufzusammeln, die in die Stube gerollt waren.

Wie die beiden Alten ihm nicht »schönen Dank« boten und er das Geld auf dem Tisch wahrnahm, sagte der junge Mensch: »Nichts für ungut! Ich komme Ihnen hier wohl ungelegen?« – »O nein doch!« entgegnete Fiken und setzte ihm einen Stuhl am Ofen zurecht. »Setzen Sie sich ein bißchen. Vadding ist gleich mit seinen Angelegenheiten fertig.« – »Ja, gleich!« sagte der Müller, riß das Fenster auf und rief nach draußen: »Friedrich! Schirr die Gäule an den kleinen Wagen und bind das Franzosenpferd hinten an! Wir fahren zum Amt.« Schloß das Fenster, drehte sich um und sagte zu Mutter und Fiken: »So! Mit *der* Sache sind wir durch. Nun packt den ganzen Kram hier in den Mantelsack, und Friedrich kann ihn nachher auf den Wagen werfen.« Darauf ging er auf den Fremden zu und streckte ihm die Hand entgegen: »Willkommen auch!« – »Müller Voß«, erwiderte der junge Mensch, ergriff die Hand des Müllers und stand auf, »lassen Sie sich in Ihren Geschäften nicht stören! Meine Sache hat Zeit. Und wenn ich auch in einer besonderen Angelegenheit komme, so hat die doch keine Eile, und die Hauptsache dabei ist doch: ich wollte meine Freundschaft mal begrüßen.« – »Freundschaft?« fragte der Müller und blickte ihn ungewiß an.

»Ja«, entgegnete der andere, »denn ich bin Jochen Vossens Sohn und Ihr Geschwisterkindeskind.« Und wie der Alte schwieg und seine Hand zurückzog, fügte er hinzu: »Vor vierzehn Tagen haben sie mich mündig gesprochen, und da dachte ich so bei mir: Schwestern und Brüder hast du nicht und auch keine Freundschaft hier in der Gegend. Sollst mal ins Stavenhagener Amt fahren und nachsehn, ob die dort noch was von Jochen Vossens Sohn wissen wollen.«

Damit ging er auf die Müllersfrau zu, drückte ihr die Hand und Fiken ebenfalls, und als der Müller noch immer ebenso unbewegt dastand und aussah, als hätten ihm, wie man zu sagen pflegt, die Mäuse die Butter vom Brot gefressen, fragte er: »Vetter, Ihnen liegt wohl unser Prozeß im Sinn? Lassen Sie den! Wir können trotzdem gute Freunde sein!« – »So?« versetzte der Müller, »und hast dich vor den Leuten berühmt, du willst mich raussetzen aus der Borchertschen Wirtschaft?« – »Was für Leute?« fragte Hinrich Voß. »Die Leute reden. Was kann *ich* dafür? – Mein Vater hat den Streit angefangen und glaubte auch, er hätte recht, und mein Vormund hat ihn weiter betrieben, und ich habe zugesehn. Aber das will ich ehrlich bekennen, ein schönes Stück Geld hat er mir schon aus den Fingern gerissen, und wenn wir uns einigen könnten, an mir soll's nicht fehlen.« – »Du willst auf den Busch klopfen. Dies Stück hat dir dein Advokat geraten.« – »Ich rate mir selbst, Vetter«, erwiderte der junge Mann und langte nach seinem Hut. »Wenn ich nämlich noch lange auf Advokatenrat hören wollte, dann könnte mir's Wasser knapp werden und meine Mühle könnte stillstehen. Bei Ihnen ist das freilich was anderes. Wer sein Felleisen so spicken kann, der kann noch lange braten, ehe es anbrennt«, und zeigte auf den Mantelsack, den Mutter und Fiken gerade fertig gepackt hatten.

»Das geht dich nen Quark an!« fuhr der Müller auf und drehte sich, dunkel

im Gesicht, rasch um. »Das Geld – das Geld, das gehört mir nicht.« – Fiken ging auf ihren Vater zu und legte ihm die Hand auf die Schulter: »Vadding, das war ja nicht bös gemeint.« – »Nein«, fiel Hinrich ein, »ich bin im guten gekommen und will auch im guten gehn. Mein Fuhrwerk steht draußen vorm Hof angebunden, und bis dahin sind's nur ein paar Schritte.« – »Halt!« rief Fiken, »Vetter Hinrich, nicht so hastig! Unser Vater hat heut früh seinen Kopf voll von ner Angelegenheit, die besorgt werden muß. Es würde ihn arg verdrießen, wenn Sie uns in Unfrieden verlassen wollten.« »Fiken«, sagte der Alte, drehte sich um und küßte seine Tochter auf die Stirn: »Du hast heute morgen schon zweimal recht gehabt, und ich zweimal unrecht. Du bist mein liebes Kind«, und streckte dem jungen Mann die Hand hin. »Und, Hinrich, es soll keiner von mir sagen, daß ich Jochen Vossens Sohn mit harten Worten aus dem Haus getrieben hätte. – Du willst von hier weggehn ohne Speis und Trank? Nein, mein Sohn, du bleibst mir hier, bis ich wiederkomme, denn ich muß aufs Amt in einer dringlichen Sache. – Sieh mal, Friedrich hält schon draußen. Na adjüs, mein Sohn, und wenn du's mit dem Einigen ehrlich gemeint hast, denn kann da was draus werden.
Adjüs, Mutter! Adjüs, Fiken!« Damit ging er nach draußen und stieg auf den Wagen.

Kapitel 5

»Suum cuique«

»Müller«, fragte Friedrich, als sie die Mühle hinter sich hatten und in den grundlosen Landweg eingebogen waren, »haben Sie schon mal ne alte Frau gesehn, wenn die nen Topf entzweigeschmissen hat und paßt denn die Stücke aneinander und sagt: ›So hat's gesessen‹?« – »Warum meinst du?« fragte der Alte. – »Oh, ich mein nur so«, erwiderte Friedrich und fuhr wie geistesabwesend mit der Peitsche über die Gäule hinweg, als sei es nun Sommer und Fliegenzeit. Der Müller saß in Gedanken.

Nach einer Weile fragte Friedrich abermals: »Müller, haben Sie mal nen Jungen gesehn, dem der Spatz aus der Hand geflogen ist und der dann in die leere Hand reinguckt und sagt: ›Oh!‹« – »Warum meinst du?« fragte der Müller. Friedrich sagte: »Oh, ich mein nur so.« Der Müller saß wieder schweigend. Er ließ sich allerlei durch den Kopf gehen und rechnete sich gerade ein schönes Regeldetribeispiel aus: Was wohl um Ostern herum der Scheffel Roggen kosten würde, wenn er morgen dem Juden das Geld nicht gäbe, und gelangte darüber arg in die Bruchrechnung.

Sie fuhren und fuhren. Endlich drehte sich Friedrich halb auf seinem Sack nach rückwärts: »Müller, kennen Sie wohl das Sprichwort: Gieß kein schmutzig Wasser aus, eh du nicht reines hast?«

Den Müller fing dies nun an zu ärgern, und wie er sich eine Weile überlegt hatte, was Friedrichs Fragen wohl eigentlich zu bedeuten hätten, stülpte er die Unterlippe vor: »Wie, dies sollen ja wohl Spitzen sein?« – »Spitzen?« fragte Friedrich zurück. »Bewahr uns! ich mein nur so. – Aber ich weiß noch ein anderes Sprichwort, das heißt: Was einer hat, das hat er. Und wir Preußen haben nen Adler im Wappen, und da steht ein lateinischer Vers drunter. Der hört sich beinah so an, als wenn man ein Ferkel in den Schwanz kneift. Was aber unser Feldwebel bei der Kompanie war, der war ein weggelaufener Student und verstand den Vers und übersetzte ihn: Halt fest, was du hast, und nimm, was du kriegen kannst. Der Spruch ist manchmal ganz nützlich, vor allem in Kriegszeiten. – Prr öh!« machte er und setzte sich wieder auf seinem Sack zurecht. »Müller Voß, verflucht soll der Schilling sein, den ich meinen Mitkollegen je gestohlen und genommen habe, und verflucht soll das Korn Hafer oder Roggen sein, das ich meinem Brotherrn veruntreut habe. Aber im Krieg ist das anders. Der Türke und der Franzos ist der Reichsfeind, und ein Reichsfeind ist um kein Haar besser als der Erzfeind, und unser Herrgott lacht übers ganze Gesicht, wenn einer dem Deuwel mal richtig auf die Hühneraugen tritt. Wie sagte unser alter Hauptmann von Restorf? ›Dem Feinde muß in jeder Weise Abbruch geschehn.‹ Müller Voß« – und er zeigte auf den Mantelsack – »dies wär denn wohl so'n Abbruch.« – »Laß das!« knurrte der Müller kurz angebunden, »die Sache ist abgemacht. Ich will nichts mit der Geschichte zu tun haben. Ich bringe das Geld zum Amt, und ich wollte, ich könnte den Franzosen mit hinbringen. Fiken meint auch, das könnte ein schlimmes Ende nehmen.« – »Mir nicht zuwider«, sagte Friedrich. »Jüh!« – und trieb die Gäule an. »Manche hören auf Mannsleut und manche auf Frauensleut. Ich bin nicht sehr für den Rat von Frauensleuten.« – »Ich sonst auch nicht«, bestätigte der Müller.

So fuhren sie langsam dahin, und Friedrich fragte nach einer Weile: »Müller, was war das für'n schmucker Kerl, der heute morgen in die Mühle kam?« – »Das war der Sohn von Jochen Voß, mit dem ich den Prinzeß habe. – Gefällt er dir?« – »Ich habe ihn bloß von hinten gesehn. – Ih, ja – das gibt nen Grenadier.« – »Er sagt ja, er will sich mit mir vergleichen.« – »Dann gefällt er mir schon ein ganz Teil besser. Ein magerer Vergleich ist besser als ein fetter Prozeß.« – »Er will auf mich warten, bis ich zurückkomme.« – »So?« bemerkte Friedrich und drehte sich wieder halb um: »Müller, wissen Sie was? Er soll sich lieber mit uns' Fiken vergleichen, das wär das beste.« – »Wie meinst du das?« fragte der Müller. – »Ich mein nur so«, sagte Friedrich.

Wie er sich aber wieder umgedreht hatte, lehnte er sich vornüber und blickte aufmerksam den Weg entlang. Mit einem Male drückte er dem Müller die Leine in die Hand, sprang vom Wagen, band das Chasseurpferd hinten vom Kasten los, und ehe der Müller noch recht wußte, wie ihm geschah, war Friedrich mit dem Gaul im großen Kölpiner Grenzgraben verschwunden, um eine Ecke gebogen und hatte das Tier an einem Dornbusch im Graben angebunden, so daß es für den Müller unsichtbar wurde. »Was hast du?« fragte der Müller, als Friedrich zurückkam. – »Was ich habe? – Ich habe nichts Gutes gesehn. Da hinten über die Stavenhäger Stadtäcker kamen zwei angeritten, und wie die Sonne so'n bischen rausguckte, da blitzte es so. Das sind Franzosen. Wenn die hier ein Chasseurpferd mit Sattel und Zaumzeug gesehen hätten, die hätten uns ganz schön die Meinung gesagt.« – »Stimmt«, sagte der Müller.

So kamen sie ans Stavenhagener Außenholz. Friedrich wies mit der Peitsche nach der Buche hinüber, wo das Stroh noch lag: »Da hab ich ihn hingelegt.« – »Wenn er doch noch daläge«, seufzte der Müller. – »Nicht zu verlangen,

Müller! Denn diese Nacht hat's Bindfäden geregnet, und in dieser Jahreszeit hält ne Buche nicht so recht dicht.« – »Stimmt«, sagte der Müller. Und wie sie noch darüber judizierten, kamen zwei Franzosen angeritten und fragten auf ihre Weise nach der Gielower Mühle, denn dies war ein Kreuzweg. Ehe aber der Müller noch antworten konnte, hatte sie Friedrich rechts ab nach dem Kummerower Holz gewiesen, und wie sie fragten: wie weit noch? erwiderte er: ne lütt *lieue*«, und die Franzosen ritten davon.

»Wie? Plagt er dich oder reitet er dich?« fragte der Müller und schüttelte den Kopf: »Wenn *die* so weiter reiten, dann können sie ihr Leben lang die Gielower Mühle mit dem Sterz ankucken. Wozu denn das?«

»Müller«, versetzte Friedrich, »*die* Sorte bringt einem nichts ins Haus, und ich habe keine Lust, alle Morgen zum ersten Frühstück aufgewärmten Kohl zu essen.« – »Wie meinst du das?« fragte der Müller. – »Oh, ich mein nur so. – Sehn Sie, Müller, wer weiß, ob die beiden, wenn sie zur Mühle gekommen wären, sich nicht in unsere Stine verliebt hätten. Es könnte ja möglich sein, daß sie ihr nach dem Kuhstall nachgehn, und daß es ihnen da im Stall ein bißchen beengt vorkommt, und hätten dann unsere letzten beiden Milchkühe herausgeführt, und wenn sie die dann draußen haben, hätten sie sie vielleicht in Gedanken vor sich hergetrieben. Und dann wär's mit der Milchsuppe am Morgen vorbei, und der Grünkohl wär drangewesen, und ich mag keinen Kohl.« – »Möglich wäre das«, stimmte der Müller zu.

»Möglich ist's auch, daß es nicht auf die Kühe geht«, sagte Friedrich. »Das waren ein paar von ihren Feldjägern, und die suchen wohl was anderes. Ich glaube, wir können von Glück sagen, daß wir aus der Mühle raus sind, denn – Müller, Müller, passen Sie auf! – die suchen den Franzosen – oder auch Sie selber. Wer weiß, was in Stavenhagen passiert ist! Da kann was ruchbar geworden sein, und wer weiß, ob Fiken nicht recht hatte. Nu wollt ich selber, wir hätten den Franzosen!« – »Das *sag* ich ja«, rief der Müller. »Das *sag* ich ja!« – »Hm«, meinte Friedrich, »gelegen hat er hier, aufgestanden ist er auch, hier hat er langgemacht. Das sind seine Spuren im tiefen Lehm. Sehn Sie, er hat das Stroh noch ein Stück mitgeschleppt, und nach Gülzow zu ist er gegangen. Nu will ich Ihnen das Pferd holen, und Sie fahren zum Amt, liefern Pferd und Mantelsack ab, und ich geh hinter dem Franzosen her und greif ihn.«

Gesagt, getan. Das Pferd ward angebunden, und Friedrich schlenderte durchs Außenholz in Richtung Gülzow und dachte bei sich: »Dümurrjöh! Ich hab dem guten Müller ganz schön was eingebrockt, und uns' Fiken is doch ne verteufelt nette Dirn. Und wenn der Franzose noch zwischen hier und Greifswald zu finden ist, *her* muß er!«

Der Müller saß auf dem Wagen und fuhr in Richtung Stavenhagen. Er kratzte sich den Kopf und zerbrach sich ihn nicht wenig – allerlei ging ihm mit Grundeis. »Herr du meines Lebens«, murmelte er, »wenn mein Klein-Fiken nicht gewesen wäre, so säße ich ja wohl schon in Block und Eisen. Und raus bin ich noch lange nicht, denn nun geht der Deuwel erst richtig an. Und regnen tut's nun auch schon, und das nicht schlecht.«

So gelangte er zu den Stavenhagener Scheunen. Der erste aber, der ihm in den Weg lief, war Bäcker Witt, der hielt mit einem Strohwagen vor seiner Scheune: »Gu'n Morgen, Gevatter. Wo Dunner? Wie kommst du zu nem Franzosenpferd?« – »Je, das sag nu mal!« erwiderte der Müller und berichtete in aller Kürze den Sachverhalt. »Das ist'n schlimmes Stück«, meinte Bäcker Witt. »Die ganze Stadt liegt nämlich voller Franzosen, und das Pferd kannst du nicht durchbringen, ohne daß sie's merken. Ich rate dir, stell's hier in mein leeres Scheunenfach.«

So geschah es. Bäcker Witt aber fuhr mit seinem verbogenen Messingkamm von vorne nach hinten durch sein graues Haar und schüttelte den Kopf: »Vadder, du hast dich da in was eingelassen, wo du viel Ungelegenheiten von haben kannst. Und auf dem Schloß scheint mir das auch schon gar nicht mehr richtig zu sein. Der alte Herr Amtshauptmann hat sich heute morgen sein Herrenbrot zum Kaffee schon um acht holen lassen, statt sonst um elf. Fritz Sahlmann sagt ja, Mamsell Westfalen ist feldflüchtig geworden, keiner weiß, wohin sie gestoben und geflogen ist. Und daß der Uhrmacher ins Bürgergewahrsam geschleppt wurde, habe ich selber gesehn, und die Leute reden ja von Standrecht und Totschießen.« – »Gott soll mich bewahren!« rief der Müller. »In was'n Bienenschwarm hab ich mich reingesetzt! Aber das hilft nicht, den Mantelsack muß ich dem alten Herrn aufs Schloß bringen. Und, Vadder, ich werd um die Stadt rumfahren bis zur grünen Pforte vom Schloßgarten, und da werd ich meine Gäule anbinden. Geh mir nach und bring das Fuhrwerk in Sicherheit! Und sollen sie mich in den Prison bringen, dann fahr raus zur Mühle und bring meiner Frau und Fiken das mit Glimpflichkeit bei. Und sag dem jungen Menschen, den du dort treffen wirst, er soll's seinem Vetter zu Gefallen tun und soll auf Mühle und Wirtschaft passen und die Frauenzimmer nicht verlassen.«

Bäcker Witt versprach ihm das, und der Müller fuhr um den Schloßgarten herum, band das Fuhrwerk an und wollte den Mantelsack aufs Schloß tragen. Da aber jagte Jehann Brümmer, der Kutscher vom alten Pächter Roggenbom, gerade durchs Tor und peitschte so auf seine vier Hellbraunen ein, daß sie hinten ausschlugen und ihm der Straßendreck in die Augen flog. Er rief: »Besser mir ins Gesicht als euch Striemen aufs Fell!«

Hinterdrein preschte der alte Zander aus Gülzow mit seinen beiden Falben und rief: »Na, das fehlte noch! Schinderbande!« und fuhr im Galopp über den Amtsanger.

»Ja«, knurrte der alte Ackersmann Adler aus Stavenhagen, der sich einen Sack über die Schulter geworfen hatte – denn so sahen damals die Regenhäute aus – und fuhr statt mit den Sporen mit seinen Füßen seiner alten schwarzen Sattelmähre in die Weichen, »Kanonenfahren? Nicht wahr, Alte, das wär ein Geschäft für uns? – Nee, ich bring euch ins Stavenhagener Stadtholz und bind euch in der Sandgrube an. Ist ganz egal: zu fressen habt ihr zu Hause auch nichts, aber regnen tut es ganz verflixt.«

Und wie der Müller den Schloßgarten erreichte, da hottete und trottete dort alles mit Gespannen umher hinter den Büschen und hinter dem Wall, und jeder wollte seine Pferde in Sicherheit bringen.

»Müller Voß«, rief der Sohn vom Schulzen Besserdich aus Gülzow, »bring Er seine Mähren beiseite! Wer nicht ganz dämlich ist, der macht sich den schönen Regen zunutze, denn die Franzosen haben sich untergestellt.«

Der Müller aber schritt unverdrossen weiter und trug seinen Mantelsack aufs Schloß.

Kapitel 6

Der Wirbelwind

Will einer eine Geschichte richtig erzählen, dann muß er es machen wie die Haker und Pflüger, wenn sie einen Acker bestellen. Er muß immer geradeaus pflügen, alles mitnehmen und darf keinen Balken stehen lassen. Doch wenn er dies auch alles befolgt, so bleibt doch hier und da noch ein Stückchen liegen, und er muß zurückpflügen, hier einen Keil ansetzen und dort eine Anwand nachholen. So geht es mir nun auch. Ich muß einen Streifen zurückpflügen und muß Herrn Drois und Mamsell Westfalens Ende heranholen, damit ich genau in der alten Richtung weiterackern kann.

An dem gleichen Morgen, als der Müller mit Kopfschmerzen in seine Stiefelschächte hineinsah, zog sich Mamsell Westfalen sorgfältig an, denn sie war ein sehr ordentliches Frauenzimmer. Als sie ihre Haube aufsetzen wollte, schien ihr die nicht mehr ganz in der richtigen Verfassung, denn Mamsell Westfalen war auch ein sehr adrettes Frauenzimmer. Sie begab sich also in ihre Stube und wollte sich eine frischgebügelte Haube holen, klopfte jedoch vorher an und fragte: »Herr Droi, sind Sie auch komplett angezogen?« – »*Oui*«, versicherte der Uhrmacher. – Sie öffnete also die Stubentür. Gott im hohen Himmel! – wie sah es dort nur aus! Derlei hatte sie ihr Lebtag noch nicht zu Gesicht bekommen, denn in der Nacht war sie nur bis auf den Gang gelangt und hatte keinen Blick in ihr Stübchen geworfen. Der ganze Betthimmel war niedergebrochen, und quer vor der Stubentür lag einer von den Franzosen in ihren weißen Wolkengardinen, rauchte aus einer Tonpfeife und hatte doch sogar ihren schönen weiß- und rotgestreiften Pfühl sich unter den Kopf gelegt. Der andere Franzose aber saß in ihrem Lehnstuhl und hatte sich die Beine mit ihrem neuen Überrock aus Ghinghan zugedeckt. Herr Droi aber hockte am Fußende des Bettes, und unter seiner Bärenmütze blickte ein Gesicht hervor, das zeugte von nichts als von Schmerz und Betrübnis.

Wie sah es nur in ihrem Zimmerchen aus! Es war immer ihr Stolz gewesen, ihr Putzkasten. Hier hatte sie stets auf eigene Hand regiert, hier hatte sie immer in purer Ordnung und Adrettheit gewaltet, hatte alles eigenhändig abgewischt und abgestaubt. Keiner durfte hier je etwas anfassen oder vom Platz rücken, selbst die Frau Meistern nicht: »Nee«, sagte sie, »die Frau Meistern ist schon ganz gut, aber seitdem sie einmal meine Bernsteinkorallen auf den Fußboden hat fallen lassen, seitdem trau ich ihr *nicht.*« –

Und nun! Nun war alles umgeworfen und umgestellt. Die Stube war blau von Tabaksqualm. Ihre Kleider waren aus dem Regal gerissen und lagen neben Herrn Drois Obergewehr und dem Pferdeschweif des Franzosen, und ihr Bett, ihr schönes Bett stand mitten in der Stube.

Das Bett war ihr persönliches Eigentum. Ihr Taufpate, der Tischler Reuß, der alte Reuß – nicht der junge – hatte ihr die Bettlade aus dem gleichen Kloben Holz gezimmert, aus dem er ihren Sarg hatte zimmern müssen. Das Garn zum Inlett hatte sie selber gesponnen, Meister Stahl hatte es dann gewebt, »ziemlich gut«, sagte sie, »aber jede Bahn zwei Finger breit zu schmal, und das ist ne Dummheit, denn ich bin ein was komplettes Frauenzimmer, und das muß er wissen.« Die Bettfedern hatte ihr die Frau Amtshauptmann schenken wollen. Sie hatte dies aber nicht angenommen und hatte sie ihr bar bezahlt, »denn« – sagte sie – »Frau Meistern, meine zeitliche und meine ewige Ruhe will ich mir *verdient* haben, denn das ist mein Stolz.« Und als nun das Bettgestell soweit war, da hatte sie sich zwei Bahnen schlohweißer Gardinen vom tauben Jud Hirsch gekauft, diese am Gestell ihres Himmelbetts befestigt, sich im Stübchen in drei Schritt Entfernung vom Bett hingestellt und genickt: »Frau Meistern, das ist die Krone vom Ganzen!«

Nun lagen die einzelnen Bett-Teile unordentlich umher, und die Krone vom Ganzen lag auf dem Fußboden. Anfänglich stand sie wie vom Donner gerührt und blickte nur stumm durch den Tabaksqualm hindurch wie der Vollmond durch Abendnebel. Dann aber ging sie einige Schritte auf Herrn Droi zu. Ihr Gesicht war dabei so gerötet wie in ihrer Küche der Boden des großen kupfernen Waschkessels, ihre Nachtmütze zitterte ihr vor Ärger auf dem Kopf, und alles, was sie sagte, war: »Was ist dies?«

Herr Droi stammelte etwas zusammen über dieses und jenes, doch sie blickte ihm nur streng ins Gesicht: »Lügen, Herr Droi! Sie haben diese Nacht gelogen, Sie lügen auch heute früh. Ich habe Ihnen aus Barmherzigkeit meine Schlafstatt, mein Bett eingeräumt, und das ist der Dank!«

Damit ging sie an ihre Kommode, holte sich ein sauber gebügeltes Morgenhäubchen aus der Schublade und wollte schon das Zimmer verlassen, ohne Herrn Droi eines Blickes zu würdigen. Da aber sah sie ihre schöne Matratze aus der Bettlade heraushängen, halb auf dem Fußboden, und dies jammerte sie denn doch zu sehr. Sie wollte sie aufheben, griff aber unglücklicherweise genau auf die feuchte Stelle, auf die es heruntergetropft hatte. Sie warf Herrn Droi die Worte an den Kopf: »Pfui! Auch das noch!« und rauschte davon. Von hinten bot sie einen so ehrenfesten und löblichen Anblick, als werde die Unschuld zum Richtplatz geführt.

Die beiden Franzosen verfielen in gröhlendes Gelächter, sie aber kehrte sich nicht daran. Wie sie den Gang hinuntersegelte, verließ der französische Oberst mit seinem Adjutanten in voller Uniform gerade das blaue Zimmer und erwies ihr eine höfliche Verbeugung. Ihr war freilich keineswegs gerade nach Höflichkeiten zumute, doch wie die Anfrage ergeht, so erfolgt auch die Antwort, und wie der Mann sich verhält, so muß die Wurst ihm gebraten werden. Sie tauchte also wieder mit einem tiefen Knicks unter: »Guten Morgen, Herr Oberst von Toll« und wollte an ihm vorbei. Der Oberst aber hielt sie auf: »Erlauben Sie, ich muß den Herrn Amtshauptmann sprechen. Wo ist er wohl zu finden?«

Mamsell Westfalen meinte, der Schlag rühre sie: »*Was* wollen Sie?« fragte sie völlig entgeistert. Der Oberst wiederholte sein Anliegen. »Wie wär das wohl möglich!« entfuhr es Mamsell Westfalen. »*Unsern* Herrn Amtshauptmann wollen *Sie* des Morgens halb acht sprechen?« Und wie der Franzose darauf bestand: »Herr Oberst von Toll, in meiner Stube wurde mir diese Nacht das oberste zu unterst gekehrt – leider Gottes muß ich mir das gefallen lassen –, aber keiner soll von mir sagen, ich hätte die Hand dazu gereicht, wenn die Weltordnung umgekehrt werden soll. Und wenn beim alten Herrn auch keine christliche Schlafordnung herrscht, so ist er doch *Herr* und kann schlafen wie ein Herr und tun, was ihm behagt. Kein König und kein Kaiser, und wäre es auch unser Herzog Friedrich Franz selber, sollen mich dazu bewegen, bei einer Rebellion gegen das häusliche Herkommen mitzumachen.«

Dann werde er dies selber besorgen, erwiderte der Oberst, schob Mamsell Westfalen höflich zur Seite und stieg die Treppe hinauf. »Gott soll mich bewahren!« rief das alte Fräulein, und ihr sackten die Hände am Leibe herunter: »Ich glaube, der Kerl tut's!« Und wie sie den Franzosen in die Stube des alten Herrn eintreten hörte: »Er tut's!« und als der Adjutant zu Herrn Droi in ihre Stube hineinging: »Krummbeiniges Ekel, du fehlst uns gerade noch!«

Sie entschwand in die Küche und setzte den beiden Mädchen auseinander: »Fik und Korlin, unserm Herrgott sein heutiger Tag fängt schlimm an, und wenn das so beibleibt, dann wird er selbst es am besten wissen, wie es damit enden wird. Morgen wird Wäsche eingeweicht, dafür habe ich meine Gründe. Heute geht jeder von uns an seine Arbeit und tut, als sei nichts geschehen!« Damit ergriff sie die Kaffeemühle und drehte und drehte, und die Kaffeemühle, die ratterte und ratterte, und als sie unten die kleine Schublade leeren wollte, da war nichts darin, denn sie hatte vergessen, oben die Bohnen einzuschütten.

Droben beim alten Herrn wurde es nun sehr lebendig, und sehr laut wurde dort gesprochen. Fritz Sahlmann, der unverständige Schlingel, der gerade dabei war, die Tonpfeifen des alten Herrn zu stopfen, hatte nun doch auch berichten wollen, was oben vor sich ging. Er kam mit seinem ganzen Pfeifengeschirr in der Hand zur Küche hineingestürzt, wo Fik ihr Ohr gerade andächtig an den Türpfosten gelegt hatte, um auch ein bißchen von dem Treiben zu profitieren. Bautz! stieß Fritz gegen Fik, klacks! lag die ganze Pfeifenbescherung am Boden und schepperte in der Küche umher. Mamsell Westfalens Hand jedoch erhob sich *nicht* gegen ihn. Ihre Hände lagen in ihrem Schoß, und sie sagte nur milde: »Ganz in der Ordnung! Wenn alles untergehn und zusammenbrechen soll, bricht eine Tonpfeife wohl als erstes. Wenn der Himmel einfällt, sind alle Spatzen tot: mich würde es nicht Wunder nehmen, wenn nun wer reinkommt und unser ganzes Porzellan aus dem Fenster wirft.«

Der Streit droben wurde lauter. Der Wortwechsel schallte über den Vorplatz hin. Der Herr Amtshauptmann stieg mit dem Oberst die Stufen hinunter zur Hausdiele. Der alte Herr bedeutete dem Franzosen kurz und barsch: er solle tun, was er nicht lassen könne, denn er habe ja die Macht. Der Oberst entgegnete: das wisse er. Bevor er aber von seiner Macht Gebrauch mache, wolle er erst noch untersuchen, wie die Sache stände, denn es könne nicht anders sein: hier seien Dinge geschehen, die vertuscht werden sollten.

Er habe nichts zu vertuschen, entgegnete der Amtshauptmann. Wenn hier etwas zu vertuschen sei, so hätten es die Franzosen zu vertuschen – oder ob solch übler Patron, wie der Chasseur es gewesen, bei ihnen in Ehre und Achtung stünde? Er für sein Teil wisse weiter nichts, als daß der Kerl wie ein Räuber zu ihm gekommen sei, sich wie ein Schweinehund betragen habe und daß seine Leute und der Uhrmacher Droz ihm gesagt hätten, der Müller aus Gielow habe ihn auf seinem Wagen und wolle ihn mitnehmen, denn gesehen habe er ihn nicht.

Wie denn aber der Uhrmacher Droz zu der französischen Uniform gelangt sei, fragte der Oberst. – Das kümmere ihn nicht, erwiderte der alte Herr, und er brauche dafür nicht aufzukommen, denn der Mann sei nicht amtssässig. Er habe nur gehört, daß der Mann sich manchmal zu seinem Vergnügen die Uniform anzöge. – Das seien Ausflüchte, widersprach der Oberst. – Da aber brauste der alte Herr auf, richtete sich in seiner vollen Höhe auf und warf auf den Franzosen einen indignierten Blick: »Ausflüchte sind Schwesterkinder von Lügen. Sie vergessen mein Alter und meinen Stand!« – Der Oberst ward heftiger: Kurz und gut, die Sache sei ihm unwahrscheinlich. – »So?« fragte der alte Herr, und unter seinen grauen Augenbrauen schoß ein Blick voller Haß und Groll heraus, wie wenn aus einer dunklen Donnerwolke ein Blitz über eine freundliche Landschaft hinwegzuckt: »Das scheint Ihnen unwahrscheinlich?« Er machte eine halbe Wendung und sah den Obersten seitlich über die Schulter hinweg an: »Warum soll sich der Franzose nicht zum Vergnügen eine französische Uniform anziehen, wenn so viele Deutsche darin zu ihrem Vergnügen herumspazieren?«

Feuerrot übergoß es den Obersten für einen kurzen Augenblick. Blaß wie der Tod trat er einige Schritte zurück und griff nach dem Degen – es war, als stünde eine schreckliche Gewalttat wie ein Gespenst hinter ihm und wolle ihm die Hand lenken – doch auch nur für einen kurzen Augenblick. Dann drehte er sich rasch um und ging mit starken Schritten den Gang hinunter – und Fik, die durch die Türritze in der Küche alles mitangesehen hatte, behauptete nachher immer, so etwas habe sie in ihrem ganzen Leben noch nicht zu sehen bekommen: »Er war ja nen schmucken Mann und hatte 'n freundlich Gesicht«, setzte sie hinzu, »aber, wie er den Gang so runterkam, da weiß ich nicht, fiel mir das mit nem Male ein – daß ich, als ich noch Gänse hüten mußte, mitten im Sommer einmal bei hellem Sonnenschein einen Wirbelwind erlebt habe, der im Handumdrehen an der schönen Eiche hinterm Pfarrgarten alle Zweige abriß, so daß alles durcheinander flog. Und so flog es auch über sein Gesicht!«

Der Oberst kehrte noch einmal zurück, machte einige Schritte auf den Amtshauptmann zu und sagte kalt und bestimmt: über diesen Punkt hätten sie wohl noch einmal zu reden. Seine Pflicht verlange es aber, der Sache auf den Grund zu gehen. – Warum der Uhrmacher diese Nacht auf dem Schloß geschlafen habe? – »Er hat hier nicht geschlafen«, versetzte der alte Herr. – Doch, bekräftigte der Oberst, er *habe* hier geschlafen, in *der* Stube habe er geschlafen – und zeigte auf Mamsell Westfalens Stübchen.

»Nicht möglich!« rief der alte Herr und hob die Stimme, als wolle er die reine Unschuld vor der ganzen Welt verteidigen: »Das ist Mamsell Westfalens Stube. Das alte Mädchen ist über zwanzig Jahre in meinem Hause, und die sollte nachts Mannsleute bei sich beherbergen?« – »Korlin«, rief Mamsell Westfalen in der Küche, »schlag mir dreimal kräftig ins Genick, denn mich treten die Ohnmachten an, und alles geht mit mir rund!«

Indes riß der Oberst die Tür auf, und da sah der Herr Amtshauptmann den Uhrmacher vor sich stehen, den unterdessen gerade der Adjutant ins Gebet genommen und der alles Mögliche erzählt hatte, nur nicht die Wahrheit,

daß nämlich mein Vater ihn als Vogelscheuche gegen die Franzosen bemüht hatte, und der ebenfalls Stein und Bein schwor, der Müller aus Gielow habe den Chasseur mitgenommen.
Der alte Herr war nicht wenig erschrocken, wie er den Uhrmacher vor sich sah. »Dies ist mir unerklärlich!« rief er.
Der Oberst lächelte höhnisch vor sich hin: er hoffe, dies solle nicht lange unerklärlich bleiben. Er wechselte ein paar leise Worte mit dem Adjutanten und forderte den Schlüssel zum Amtsgefängnis.
»Den gebe ich für diesen Gefangenen nicht heraus«, erklärte der Amtshauptmann, »denn der Mann hat keinen Anspruch aufs Amtsgefängnis. Er ist ein Bürger, und er gehört ins Bürgergewahrsam.« – Das sei schön, entgegnete der Oberst, und so sei es ihm auch lieber, denn so wisse er doch, daß es nicht so leicht zu Durchstechereien kommen könne.
Herr Droi erhielt also ein paar Soldaten zu seiner Bewachung – denn inzwischen wimmelte es schon von allerlei Franzosenvolks auf dem Schloßhof – und wurde zum Rathaus eskortiert. Der Oberst ging gleichfalls. In der Tür jedoch wandte er sich noch einmal um: Wenn er streng nach seiner Pflicht verfahre, müßte er den Herrn Amtshauptmann eigentlich ebenfalls arretieren lassen. Doch weil dieser ein alter Mann sei, vor allem aber, weil er ihm persönlich hier solch grausam-bitteres Wort gesagt habe, wolle er ihn in Frieden lassen, denn er beabsichtige in dieser Angelegenheit auch nicht den leisesten Schein auf sich zu laden, als wolle er sich für dieses Wort rächen. Aber das sage er: sollten des Herrn Amtshauptmanns und Mamsell Westfalens Erscheinen im Laufe der Untersuchung erforderlich werden, dann könne er's ihm nicht erlassen, er müsse für sich und Mamsell Westfalen einstehen. – Dies sagte der alte Herr ihm kalt und ruhig zu, und der Oberst ging, beorderte jedoch auf der Stelle einige Gendarmen nach der Gielower Mühle, wobei er den alten Herrn scharf anblickte.
Der alte Herr ging erst auf die Küche zu, und Fik verkroch sich auch schon und bog sich von ihrer Türspalte zurück, denn sie dachte, der Herr wolle eintreten. Der aber blieb mit einem Male stehen, drehte sich um und murmelte vor sich hin: »Was sagte der Kerl von Durchstecherei und von Schein auf sich laden? – Was solch französischer Oberst bloß reden kann, kann der Amtshauptmann Weber gut tun: ich will auch nicht den Schein auf mich laden, als hätte ich im Sinn, Durchstechereien zu betreiben.« Und er ging auf sein Zimmer.

Kapitel 7

Die Verschwörung

Als der Uhrmacher den Schloßberg hinuntergebracht wurde, war natürlich Fritz Sahlmann mit dabei, bloß um zu sehen, wie es dem Arrestanten erging und ob er nicht vielleicht ausrücken würde. Doch dies letztere geschah nicht. Der Zug bewegte sich langsam zum Rathaus hinunter, denn er mußte sich mit Mühe durch allerlei Gespann und Fuhrwerk hindurchwinden, das zum Transport von Gepäck und Maroden und zum Artillerievorspann aus den Dörfern ins Städtchen befohlen war und nun auf dem Schloßhof und auf dem Wege zum Schloß zusammengetrieben und mit Franzosen umstellt wurde, damit die schlauen Bauern nicht wieder echappieren konnten, denn darin waren sie nun schon mächtig gewitzt.

Der Uhrmacher schritt sanft wie ein Lamm und äußerlich unbewegt mit seinen beiden Wächtern durch die Menge. Wenn er anfänglich auch gewaltig erschrocken war und ihm die Sache über Nacht auch äußerst unangenehm und bedenklich schien, so war er doch während des Verhörs, das der Adjutant mit ihm anstellte, in eine Verfassung geraten, auf die die Redensart zutrifft: »Red du nur! Du kannst mir viel erzählen, bevor mir ein Wort davon gefällt!« und seine Antworten waren ungemein sparsam geblieben. Wenn er auch im Grunde kein wilder Draufgänger gegen alles und jedes war, so hatte er sich doch schon lange genug in der Welt herumgetrieben und schon oft genug in der Tinte gesessen, so daß er so leicht nicht verzagte. Er ließ die Dinge also an sich herankommen. »Wie das wohl wird?« fragte er sich, als er ins Rathaus gestoßen wurde.

»Fritz Sahlmann«, rief Ratsherr Herse, als der Junge wieder zum Schloß hinaufwollte, »was hat denn das zu bedeuten?« – Fritz berichtete also recht wichtigtuerisch die Ereignisse von gestern: wie Herr Droi im Stübchen von Mamsell Westfalen geschlafen und alles kurz und klein geschlagen hätte, und wie ihm selber die Pfeifen vom Herrn Amtshauptmann zerbrochen wären – er könne aber nichts dafür, denn Fik sei schuld daran gewesen –, und wie der Oberst den Herrn Amtshauptmann hatte totstechen wollen und wie Mamsell Westfalen in der Küche saß, ein Bild des Jammers. Von dem Eisklumpen aber erwähnte er nichts.

Nun war aber mein Onkel, der Ratsherr Herse, ein gewaltiger Patriot, wenn auch nur insgeheim. Und dies hatte seinen Grund. Wie er mir nämlich viele Jahre danach, als Bonaparte schon lange gestorben war, unter dem

Siegel der Verschwiegenheit anvertraute, hatte er um diese Zeit dem Tugendbund angehört. Und das will ich ihm glauben. Wenn er nämlich in Gesellschaft war, dann spielte er immer an einer langen Uhrkette von sehr hellen Haaren – Tante Herses Haare waren schwarz – und trug immer einen gefährlich großen eisernen Fingerring, mit dem er einmal einen Vagabunden, den Schlossergesellen Höpner nämlich, beinahe totgeschlagen hatte, als dieser sich in der Gerichtsstube sehr ungebührlich aufführte. »Fritz«, raunte er mir später zu, »dieses helle Haar stammt von einer heldenmütigen Jungfrau, die sich anno 13 ihren Kopf für's Vaterland hat scheren lassen, und der eiserne Ring hat mich meinen goldenen gekostet. Sprich aber nicht darüber, ich mag das nicht.« Onkel Herse war also um die Zeit, in der diese Geschichte spielt, aus gutem Grunde sehr für Heimlichkeiten. Und es kann auch sein, daß seine Eigenart, alles nur im großen Ganzen und von einem sehr hohen Gesichtspunkt her zu beurteilen, mit seinem geheimen Freundschaftsbund zusammenhing. Wenn mein Vater sich nämlich mit nichtswürdiger Plackerei und Schinderei bei Tag und bei Nacht abquälen mußte, um das klein-liebe, dürftige Stadtwesen gerade noch zusammenzuhalten und nicht gänzlich zugrunde gehen zu lassen, dann ließ Ratsherr Herse Kutusow rechts und Tschernitschew links aufmarschieren, belobigte Yorck und schimpfte auf Bülow, er verstünde seine Sache nicht, er hätte nämlich nicht auf Berlin, sondern weiter rechts auf Stavenhagen zu vorrücken und Bonaparte schärfer in der Flanke packen müssen. Kurz, er war so recht der Mann danach, aus einem herzhaften Niesen einen Donnerschlag zu fabrizieren: in jedem unschuldigen französischen Korporal sah er den korsikanischen Wüterich höchstselbst, und hatte Stadtdiener Luth an einem blauen Montag bei einer Prügelei unter Handwerkern ein paar Hiebe abgekriegt, dann führte Onkel Herse sich auf, als sei der Herzog von Mecklenburg in eigner Person mit Maulschellen traktiert worden.

»Halt den Mund, Jung«, flüsterte Ratsherr Herse sehr eindringlich, »willst du euer Todesurteil hier auf öffentlichem Markt ausschreien? – Für das Leben des Uhrmachers gebe ich keinen Groschen, denn das ist mal gewiß: der Müller und sein Friedrich haben den Chasseur totgeschlagen...« – »Der Müller *nicht*«, fiel Fritz ihm ins Wort, »der Müller war gestern nur noch Branntwein und Barmherzigkeit.« – »Na, dann sein Friedrich. Das ist ein Preuß. Weißt du, was das heißt: ein Preuß? Weißt du, was das zu bedeuten hat? Weißt du...? Dummer Jung, was guckst du mich an? Meinst du, ich werde dir meine Angelegenheiten auf die Nase binden? – Doch, was ich sagen wollte – den alten Amtshauptmann werden sie nach Bayonne in Frankreich verbringen, wo sie den Herodot, den Schimmelhengst vom Ivenacker Grafen schon hinverbracht haben, und Mamsell Westfalen wird – so weit mir die französischen Kriegsgesetze bekannt sind – wird wohl schlicht aufgeknüpft werden. Und du, mein Sohn, wirst für die Bestellung, die du ausgerichtet hast, wohl einen Buckel voll Schläge kriegen.«

Fritz Sahlmann blickte demnach einer düsteren Zukunft entgegen und machte ein entsprechendes Gesicht: »Herr Ratsherr, doch nicht auf dem öffentlichen Markt?« fragte er. – »Wo du gerade gehst und stehst. Darum heißt es ja Standrecht. Gelangt die Sache aber in die richtige Hand, so kann alles noch gut werden. – Kannst du schweigen?« – Fritz beteuerte, er könne ganz ausverschämt schweigen.

»Na, denn komm mal her, steck die beiden Hände in die Hosentaschen und pfeif mal. – So! Das geht schon! Und nun mach mal so'n gleichgültiges Gesicht, als wäre dir nicht nichts weg, wie du's im Sommer machst, wenn du im Schloßgarten nach Äpfeln im Baum wirfst und Mamsell Westfalen dir draufkommt. – Recht so! – Und nun merke dir jedes Wort, das ich dir sage: Nu gehst du mit diesem Gesicht und mit diesem schönen Schein kindlicher Unschuld durch die Franzosen und die Bauern hindurch aufs Schloß und in die Küche. Dann holst du dir Mamsell Westfalen alleine in eine Ecke und sagst ihr bloß die beiden Worte: ›Rettung naht!‹ Sollte das für sie nicht genügen, dann kannst du ihr ja in aller Glimpflichkeit erzählen, was ich vom Aufknüpfen gesagt habe. Sollte sie darüber aber ein bißchen erschrecken, so sagst du ihr, sie brauche noch lange nicht zu verzagen, denn *ich*, der Ratsherr Herse, hätte ihre Sache in die Hand genommen. Vor allem soll sie aber gleich die Küchentür abschließen und auch die Hintertür zum Garten hin, und sie und die beiden Mädchen und du sollen jeder was Ordentliches zur Hand nehmen und keinen Franzosen reinlassen und sollt euch wehren bis zum letzten Mann, bis *ich* komme. *Ich* aber käme gleich durch den Schloßgarten durch zur Hintertür – ich will mir nur erst nen Mantel holen, denn es regnet schon ganz infam – meine Parole wäre:›Wohl, wohl!‹ und mein Feldgeschrei wäre: ›Yorck!‹ Nee, das geht nicht, das versteht sie nicht. – Tja, was dann? Ist ja ganz egal – ganz egal. – Na, mein Feldgeschrei wäre – wäre: ›Sur Swinfleisch!‹ Das versteht sie. – Wenn also einer käme und riefe dieses Wort, denn soll sie die Hintertür aufmachen. – Hast alles behalten?« – »Ja, Herr Ratsherr.« – »Na, denn geh! Und keiner, auch der Amtshauptmann nicht, erfährt davon ein Wort!« – Fritz also ab, und auch der Herr Ratsherr.

Mein Onkel Herse hatte sich selbstverständlich, kaum war er Ratsherr geworden, die blaue Ratsuniform mit dem roten und goldenen Kragen anfertigen lassen. Weil er aber ein großer, starker, stattlicher Mann war, zog er sie auch sehr gerne an, wenn irgend Gelegenheit dazu war, zum Beispiel, wenn die Spritzen ausprobiert oder wenn im Mai die Kühe in die Koppel getrieben wurden oder wenn es Einquartierung gab, einzig und allein, um sich gehörigen Respekt zu verschaffen. Wenn dann mein Vater in seinem unscheinbaren grauen Röckchen *hinter* dem Gerichtstisch saß und schrieb, daß ihm die Finger knackten, stolzierte Ratsherr Herse *vor* dem Gerichtstisch auf und nieder und sorgte für Würde und Glanz, wobei es ihn dann sehr kitzelte, wenn ein Franzose ihn etwa mit »*Monsieur le maire*« anredete. Meinem Vater war dies auch nicht zuwider, denn meistenteils gab es bei derlei Geschäften auch etwas auszubaden, und dies überließ er dann mit dem Glanz zusammen dem Herrn Ratsherrn, und er übernahm die Plackerei. So hatten sie alles richtig eingeteilt.

Und wenn Ratsherr Susemihl sein schweres Amt als Beisitzer beim Gerichtstag sorgfältig versah und Stadtdiener Luth die Rennerei auf der Straße, wenn Stadtsprecher Dohmstreich nicht umfangreicher wurde, als er ohnehin war, so daß er doch noch dann und wann durch Feld und Wald spazierengehen und an einem weichen Grabenrand seinen Mittagsschlaf halten konnte, wenn dann die Stadtviertelsbeauftragten ab und zu die Spritzen ausprobierten, die Angelegenheiten des Gemeindebullen besorgten und Flurschütz Hirsch die Jungen aus den Erbsenschoten herausjagte – dann hätte ich nur mal sehen wollen, wo sich eine Stadt und eine Feldmark auftreiben ließen, die derart im Zuge und auf dem Damm war wie meine Vaterstadt Stavenhagen! Und dies alles schrieb sich nur davon her, daß Ratsherr Herse mit ganz besonderer Vorliebe in seiner Uniform paradierte.

Wie also Onkel Herse nun nach Hause gegangen war – es goß nämlich bereits in Strömen –, suchte er in seinem Kleiderschrank nach seinem grauen Mantel, und dabei geriet er an seine Uniform. »Sieh mal an«, ging es ihm durch den Kopf, »heute ist die Gelegenheit danach, und wer weiß, sie kann mir bei meinem Vorhaben vielleicht auch nützlich sein.« Er zog sie also an und setzte sich auch den schönen Dreimaster auf, den wir Jungs später immer als Kahn auf dem Teich vom alten Nahmacher haben schwimmen lassen. Zu dieser Zeit war der Dreimaster aber noch in seiner besten Verfassung.

Wie der Herr Ratsherr aus der Haustür schritt, schlug er den Mantelkragen hoch, damit der Hut nicht naß werde, und mein Onkel Herse sah nun bei hellerlichtem Tag wie ein französischer General bei Nacht aus, wenn er die feindlichen Posten observiert.

»Na also«, murmelte er, »und nun erkennt mich auch *kein Mensch*!« Er

schritt über den Markt und machte einen kleinen Umweg über den Bauhof, wo Pächter Nahmacher aus dem Eckfenster hinter seinen Gäulen dreinsah, die ihm die Franzosen aus dem Stall geholt hatten. »Gu'n Morrn, Herr Ratsherr!« rief der Pächter. »Min Herzing, was ist das für ne Zeit!« – »Still!« machte Onkel Herse und schritt weiter.
Hinter der Bauhofsscheune begegnete ihm Drechsler Schwertfeger: »Gu'n Morrn, Herr Ratsherr!« – »Halten Sie doch den Mund!« versetzte mein Onkel ärgerlich und ging hinten am Schloßgarten entlang. – »Gu'n Morrn, Herr Ratsherr!« rief der Bengel von Musikus Hartloff. Schwapp! hatte er einen Klaps mit der Rückhand am Schädel: »Dummer Jung! Siehst du nicht, daß ich nicht erkannt werden will?«
Und damit betrat er den Schloßgarten und war ärgerlich: »Das weiß der Deuwel! Solch öffentliches Amt liegt doch richtig wie ein Fluch auf einem!«

Kapitel 8

Auf der Flucht

Inzwischen war Fritz Sahlmann mit vorgeschriebenem Gesichtsausdruck, pfeifend und die Hände in den Taschen, aufs Schloß geschlendert. Doch wie er die Küche betrat, hatte er alle Vorschriften vergessen und setzte ein Gesicht auf, das ließ sich der Länge und der Breite nach betrachten und sah doch immer nur so aus wie Bileam, als sein Esel zu reden anfing. Aufgeregt flüsterte er Mamsell Westfalen ins Ohr: »Rettung naht!« – »Jung, Fritz Sahlmann!« rief Mamsell Westfalen. »Was ist dies? Was soll dies! Und was bedeutet dies?« – Fritz setzte ihr nun auseinander, was sie alles tun, daß sie sich in der Küche bis auf den letzten Mann halten und keinen Franzosen hineinlassen sollten, und daß Ratsherr Herse mit Parole und Feldgeschrei eintreffen und das Kommando übernehmen werde.
»Du lieber Gott!« jammerte Mamsell Westfalen, »was mach ich bloß? Dem Herrn Amtshauptmann kann ich unter diesen Umständen nicht unter die Augen, denn das litte mein Ruf nicht. Ich will mich also getrost dem Herrn Ratsherrn anvertraun und seinen Rat befolgen. Der wird schon richtig sein, wofür ist er sonst Ratsherr? – Fik und Korlin, ihr beide nehmt die Hintertür, Fritz Sahlmann und ich nehmen die Küchentür, und nun paßt gut auf, daß ihr die Parole auch richtig mitbekommt.«
Die Türen wurden abgeschlossen, Fik ergriff einen Reisigbesen, Korlin eine Kohlenschaufel, Fritz Sahlmann eine Füllkelle, und Mamsell Westfalen langte bereits nach einer Mörserkeule, ließ sie aber doch liegen: »Gott soll mich bewahren, daß ich meine Schuld mit Mord und Totschlag noch größer mache. Nee, ich weiß ein besseres Mittel.« Sie griff sich einen Aschenkasten, setzte ihn vor sich auf den Küchentisch, von wo aus sie die Hintertür und die Küchentür zugleich bestreichen konnte: »So, nun mit Gott! Nu laß sie man kommen! Wer aber von mir ne Salve ins Gesicht kriegt, der soll sich die Augen gut auswischen.«
Es dauerte denn auch nicht mehr allzu lange, da rief es an der Hintertür: »Wohl, wohl!« und über ein kleines rief die gleiche Stimme halblaut durchs Schlüsselloch: »Sur Swinfleisch!« – »Das ist der rechte«, flüsterte Mamsell Westfalen. »Korlin, mach die Tür mannsbreit auf, und wenn er drin ist, denn schnapp sie gleich wieder zu.«
Korlin machte die Tür also spaltbreit auf, und der Herr Ratsherr wollte sich gerade hindurchzwängen. Da aber schob sich sein Mantelkragen zurück,

und Dreimaster und roter Uniformkragen wurden sichtbar. »Huch!« kreischte Korlin und klemmte den Herrn Ratsherrn halb in der Tür fest, »ein Franzosenkerl! ein Franzosenkerl!« – Aber es war zu spät: Fik hatte ihm schon mit ihrem Staubbesen den Hut vom Kopf und die Haut vom Gesicht heruntergefegt, und Mamsell Westfalen hatte ihm schon zwei Hände voll Asche in die Augen gefeuert.

Onkel Herse stand da, hustete und prustete, schnaubte und fuchtelte mit den Händen vor sich her, wie wenn er »blinde Kuh« spielte, Nacht vor den Augen und helle Wut im Herzen. Sein ganzes Vorhaben war daneben gegangen, denn was ist schon eine Heimlichkeit, die zu einem Küchenspektakel wird? Was können bedeutende Gesichtszüge ausrichten, wenn sie mit dem groben Besen bearbeitet worden sind? Und wo bleibt aller Glanz, wenn sich Torfasche darüber breitet wie der Mehltau über die Blüte?

Die erste, die wieder zur Besinnung gelangte und merkte, wem denn eigentlich dies alles zugestoßen, war Fik. Mit einem Satz stürzte sie aus der Hintertür nach draußen in den Regen. Korlin folgte ihr hinterdrein, denn sie dachte bei sich: »Besser ein nasses Jahr von unserm Herrgott als eines von uns' Mamsell!« – Fritz Sahlmann aber rief: »Herrje, das ist ja der Herr Ratsherr!«

Mamsell Westfalen stand da wie Lots Weib – nur daß sie ein wenig korpulenter war als diese –, blickte auf den Herrn Ratsherrn, als verkörpere er Sodom und Gomorrha, und rief mit matter Stimme: »Allbarmherziger, wir wandeln alle in Finsternis!« – »Sie haben gut reden«, schnaubte Onkel Herse, »*Sie* können doch sehen. Aber *ich* kann die Augen nicht aufkriegen – Wasser her!«

Nun ging denn das Waschen und Wischen, das Bedauern und Wundern, das Schelten und Besänftigen an. Doch mein Onkel war zu ärgerlich und wetterte: Seinetwegen sollte man alle Schloßmamsells aufhängen, er werde sich künftig hüten, sich mit Frauenzimmern in eine geheime Verschwörung einzulassen.

Mamsell Westfalen aber nahm ihre Schürze vor die Augen und schluchzte herzbrechend: »Herr Ratsherr, raten Sie mir! Vater und Mutter hab ich nicht mehr, und dem Herrn Amtshauptmann kann ich mich unter diesen Umständen nicht zeigen. Sie sind doch mein einziger Trost!«

Onkel Herse hatte Herz, und ein gutes Herz. Onkel Herse hatte Gemüt, und ein weiches Gemüt. Als ihm die Asche nicht mehr in die Augen biß und ihm Mamsell Westfalen die Schrammen im Gesicht mit süßem Rahm gesalbt hatte, so daß sein freundliches, rotes Antlitz aussah wie ein prächtiger

Fliegenpilz zur Sommerszeit, sagte er milde: »Lassen Sie das Weinen man sein, ich helfe Ihnen schon heraus... Sie müssen feldflüchtig werden.« – »Feldflüchtig?« rief sie und musterte ungläubig von oben bis unten ihre Figur. »Herr Ratsherr, *ich* feldflüchtig!« Dabei dachte sie an die Feldflüchter, die oben in ihrem Taubenschlag saßen, und wäre ihre Lage nicht gar so betrüblich gewesen, hätte sie wohl laut losgelacht.

»Ja«, setzte ihr mein Onkel auseinander, »können Sie bei diesem Weg und Wetter wohl so an die drei bis vier Meilen in einer Tour marschieren? Denn ein Fuhrwerk ist nicht zu kriegen, ist auch nicht geheim genug.« – »Herr Ratsherr«, wandte Mamsell Westfalen ein, und das Lachen war ihr gänzlich vergangen, »sehn Sie meine Person an! Ich bin 'n bischen füllig angelegt, und das Treppensteigen wird mir auch schon was sauer.« – »Können Sie denn reiten?« – »*Was* sagen Sie?« – »Ich meine , ob Sie reiten können?« Da erhob sich die Mamsell und stemmte die Hände in die Seiten: »In Schande will ich nicht leben. Welcher Frauensmensch reitet? Ich habe nur *eine* gekannt, und das war ein Fräulein, aber die war auch danach.«

Ratsherr Herse stand nun ebenfalls auf und ging einige Male gedankenverloren in der Küche auf und ab. Endlich fragte er: »Trauen Sie sich's wohl zu, daß Sie sich bei dieser Witterung einen Tag und eine Nacht in unserem städtischen Torfmoor im Schilf verstecken können?« – »Herr Ratsherr«, erwiderte Mamsell Westfalen vorwurfsvoll, griff wieder nach der Schürze und trocknete sich die Augen, »sehn Sie, ich bin bereits in den Fünfzigern und habe auch letzten Herbst die große Krankheit gehabt...« – »Denn geht das auch nicht«, fiel ihr der Ratsherr ins Wort, »dann gibt es bloß noch zwei Wege, einen nach oben und einen nach unten. Flüchten müssen Sie, und zwar entweder auf den Boden oder in den Keller.«

»Herr Ratsherr«, rief da Fritz Sahlmann und kroch hinter dem Herd hervor: »Ich weiß was!« – »Junge«, knurrte mein Onkel, »bist du hier?« – »Ja«, erwiderte Fritz recht verlegen. – »Dann ist's wieder mit der ganzen Heimlichkeit nichts, denn was dreie wissen, weiß die Welt.« – »Herr Ratsherr«, beteuerte Fritz, »ich werde wahrhaftigen Gotts nichts weitersagen! Und, Mamselling, ich weiß 'n Versteck. Auf dem Räucherboden ist die eine Planke lose und läßt sich abbiegen. Wenn Sie sich 'n bischen dünn machen, denn können Sie sich da durchdrängeln, und dahinter ist unter den Dachsparren ein kleiner Verschlag, da find't Sie kein Deuwel nich.« – »Entfamter Schlingel«, fuhr Mamsell Westfalen auf und vergaß ihre ganze Angst und Trübsal, »dann bist du's gewesen, der mir immer die Mettwurst vom Boden gestohlen hat. Und, Herr Ratsherr, ich habe immer die unschuldigen Ratten in Verdacht gehabt.«

Mein Onkel aber rettete Fritz Sahlmann vor einer tüchtigen Tracht Prügel und beteuerte, nun sei es allerhöchste Zeit. Sie müsse flüchten, und dort oben sei es genau richtig.
Sie flüchteten demgemäß alle drei auf den Räucherboden hinauf. Nachdem Fritz Sahlmann das Geheimnis der losen Planke und des Verstecks dahinter offenbart hatte, ordnete Onkel Herse an: »So, Mamselling, nun setzen Sie sich hier auf den Räucherboden, denn sitzen müssen Sie nun mal. Ich werde hinter Ihnen zuschließen. Und wenn Sie hören, daß jemand hier vorne an die Tür kommt, dann kriechen Sie leise durch die Planke in den Verschlag. Und hüten Sie sich vor Husten und Niesen.« – »Sie haben gut reden, Herr Ratsherr, in diesem Rauch!« beklagte sich Mamsell Westfalen. – »Das werden wir schon kriegen!« sagte der Ratsherr und stieß die Luke auf.
Wie die beiden schon aufbrechen wollten, flehte die Mamsell noch Fritz Sahlmann an: »Mein Söhnchen, verlaß mich nicht! Und sag mir Bescheid, wie es um die Sache steht!«
»Unter keinen Umständen«, befahl Ratsherr Herse, »darf er nach oben auf den Boden. Das könnte jemand beobachten, und dann ist alles verraten.« – »Lassen Sie man, Mamselling«, tröstete sie Fritz Sahlmann, »ich krieg das schon hin«, und blinzelte ihr verschmitzt zu. Sie brachen also auf, und Mamsell Westfalen blieb trauervoll allein unter ihren Speckseiten, Schinken und Würsten zurück: »Was hilft uns all der liebe Gottessegen, wenn eine in meinen Jahren feldflüchtig werden muß!«

Als Onkel Herse Mamsell Westfalen in Sicherheit wußte, ging er noch einmal zur Küche hinunter und schärfte Fritz Sahlmann recht sorgfältig mit einem kleinen Handgriff an den Ohren Verschwiegenheit ein. In der Küche schlug er sich den grauen Kragen seines Mantels wieder über die gestickten Rockaufschläge und den Dreimaster und schlich sodann heimlich, wie die Katze aus dem Taubenschlag, zur Hintertür hinaus. Kaum aber hatte er sein Oberteil aus der Tür herausgebracht, da kreischte und juchte es draußen los, und Fik und Korlin, die geglaubt hatten, die Luft sei nun wieder rein und zurück in die Küche wollten, flatterten entsetzt auseinander wie ein Paar weißbunter Tauben, wenn der Habicht zwischen sie fährt.
»Seid doch still!« rief mein Onkel, »ich tu euch nichts!« – Doch was half es schon? Die Bauern, die im Garten noch bei ihren Pferden geblieben waren, blickten sich bei dem Gekreisch um. Als sie aber hinter sich den verkleideten französischen Offizier erblickten, den Onkel Herse darstellte, da rissen sie aus, alle zugleich in Richtung auf die grüne Pforte zu, und es dauerte

nicht lange, da war von dem ganzen Artillerievorspann kein Huf und keine Klaue mehr aufzufinden.

Der Herr Ratsherr schlug sich seitwärts in die Büsche. Wie er derart den schmalen, verdeckten Katzensteg entlang schlich, wer kommt ihm da entgegen? Der alte Voß mit seinem Mantelsack unter dem Arm: »Gu'n Morrn, Herr Ratsherr!« – »Das weiß doch der Deuwel!« brummte Ratsherr Herse. »Müller Voß, sehn Sie nicht, daß ich nicht erkannt werden will?« – »Na, mich verlangt auch nicht weiter danach«, versetzte der Müller. »Aber, Herr Ratsherr, Sie könnten mir nen Gefallen tun: an der grünen Pforte habe ich mein Fuhrwerk angebunden – bringen Sie mir das doch in Sicherheit! Ich tu Ihnen auch mal nen Gefallen. Sobald der Barsch im Mühlenteich beißt, laß ich Sie's wissen.« – »Will's besorgen«, sagte der Herr Ratsherr und ging zur grünen Pforte, und wie er des Müllers Fuhrwerk dort vorfand, band er es los, stieg auf den Wagen und wollte eben davonfahren. Da aber marschierte ihm ein Trupp Franzosen entgegen, an seiner Spitze der Kanonenoberst höchstpersönlich, auf dessen Befehl der ganze Vorspann angeordnet worden und der nun viele sah, die nicht da waren, denn so ziemlich alles hatte bereits das Weite gesucht.

Mein Onkel Herse wurde sogleich arretiert und vom Wagen gezerrt, und wie der Kanonenoberst seine Uniform gewahrte und mein Onkel andauernd beteuerte, er sei *conseiller d'état* – denn im Augenblick fiel ihm keine passendere französische Bezeichnung für einen Stavenhagener Ratsherrn ein –, da meinten die Franzosen, sie hätten einen guten Fang gemacht und sich den Oberhäuptling vom Ganzen geschnappt. Der Kanonenoberst fluchte und verschwor sich in einem sehr unchristlichen Französisch, an ihm wolle er ein Exempel statuieren. Vier Mann mußten meinen Onkel in ihre Mitte nehmen, und so wurde mein Onkel Herse, der in tiefster Heimlichkeit dahergekommen war, um ein gutes Werk zu vollbringen, zum öffentlichen Spektakel über den Bauhof zur Stadt zurückgeleitet, wo ihm womöglich noch übler mitgespielt werden sollte.

Als dies geschah, da stand dicht nebenbei, unter einem großen Kastanienbaum, der brave Bäcker Witt; er war nämlich ebenfalls gekommen, um das Fuhrwerk des Müllers in Sicherheit zu bringen. »Schaden kann es dem Ratsherrn nicht«, ging es ihm durch den Kopf. »Er kauft seine Semmeln bei Guhl, warum nicht bei mir? Na, er muß sich selber raten, und er kann es auch. Er ist ja mächtig klug. Aber das unschuldige, unvernünftige Vieh kann's nicht, dafür muß unsereins sorgen.«

Damit bestieg er den Wagen, fuhr langsam hinter den Franzosen her nach seiner Scheune und stellte die Pferde im Bansen unter.

Kapitel 9

Mark Aurel

Der Herr Amtshauptmann schritt in seiner Stube auf und ab und ärgerte sich, denn wenn er auch nicht zu den Jähzornigen gehörte, so war er doch ein alter Herr, der ans Kommandieren gewöhnt war und seine eigenen Ansichten besaß. Nun sollte er sich kommandieren lassen und hatte morgens Punkt acht aufstehen müssen – was ihm gegen die Natur ging –, Kaffee hatte er auch nicht bekommen, und als er, um munter zu werden, eine Tonpfeife sich hatte ins Gesicht stecken wollen, da gab es keine Pfeifen mehr.

Er klingelte einmal, Fritz Sahlmann erschien nicht. Er klingelte zweimal, Fik erschien auch nicht. Er zog also seine Schnupftabaksdose aus der Tasche, nahm eine Prise und schneuzte sich so nachdenklich, wie jemand, der sich auf alles mögliche Ungemach gefaßt machen will. Er zog dann das Lorgnon aus der Westentasche und blickte ins Wetter hinaus. Draußen regnete es Bindfäden, und in den hohen, nackten Zweigen der Rüstern saßen die Krähen still und geduckt, als seien ihnen die Flügel zusammengeklebt, und das Wasser lief an ihnen herunter wie beim alten Kugler, als er einmal des Abends bis zur Hutkrempe in den Dorfteich geraten war.

»Auch kein Vergnügen!« ging es dem alten Herrn durch den Kopf. »Aber wo gibt es heutigen Tages noch Vergnügen in deutschen Landen? Mit dem Weltregiment ist es doch eine sonderbare Sache! Gott läßt es zu, daß *ein* solcher Hundsfott die ganze Welt durcheinanderbringt. Für einen Christenmenschen ist das schwer zu begreifen. Zwar trifft auch Hohe Herzogliche Kammer mitunter Erlasse und Verordnungen, die für jeden Christen und Beamten unbegreiflich sind. Aber Hohe Domänenkammer ist doch auch nur ein armer Sünder, dem von Anfang an bei allen hohen Eigenschaften die Dummheit in die eine Rockschoßhälfte mit eingeknüpft ist, und das wissen wir und finden uns darein, wenn auch mit gelindem Ärger und Verdruß. Hier aber, bei allem christlichen Glauben an das göttliche Weltregiment, den Nutzen von dem Hundsfott Bonaparte zu begreifen, das ist denn doch, das ist...«, und er nahm seine Schlafmütze ab und hielt sie sich an die drei Zoll über den Kopf. »Unser Herrgott mag mir die Sünde verzeihen! Ich habe gegen keinen Menschen einen Haß gehegt, gegen keinen Menschen Feindschaft, auch nicht gegen Hohe Kammer mit ihren ßackermentschen Monitorien, aber nun habe ich einen Haß«, und er warf die Schlafmütze zu

Boden und setzte den Fuß darauf: »Nun habe ich einen! Und ich will ihn auch behalten!«

Hierbei mochte er wohl ein wenig laut geworden sein, denn seine liebe Frau schlüpfte recht verängstigt ins Zimmer: »Weber! Weber! was ist mit dir? Hat Fritz Sahlmann oder Fik...« – »Nee, Neiting«, fiel er ihr ins Wort und hob die Schlafmütze auf, »*die* nicht, bloß Bonaparte.« – »Gott im Himmel«, rief sie, »schon wieder! – Was willst du dich über den ärgern?«, ging an des Herrn Amtshauptmanns Bücherschrank und holte ein Buch heraus: »Da, Weber, lies in deinem Buch!«

Dies war nun das Buch des Mark Aurel, und daraus pflegte der Herr Amtshauptmann, wenn er in Ärger geriet, ein Kapitel, und wenn es schlimmer wurde, zwei zu lesen. Er nahm also das Buch zur Hand und las darin, und seine liebe Frau band ihm den weißen Purgiermantel um und kämmte ihm das gute graue Haar, flocht ihm das listige kleine Zöpfchen und stäubte ihm still und sanft den weißen Puder über den Kopf. Auch Mark Aurel verrichtete das Seinige, und alle ärgerlichen Runzeln waren von der ehrenfesten Stirn des Amtshauptmanns verschwunden, als sie ihm mit dem silbernen Rasiermesserchen den Puder aus dem Gesicht schabte. – »Denn den muß sie ihm immer abschaben«, pflegte Fik zu sagen, wenn sie darauf zu sprechen kam, »und waschen kann er sich denn nicht, weil ihm sonst das Weizenmehl die Augen zukleistern würde.«

»Neiting«, sagte der Herr Amtshauptmann, als er von Kopfes wegen dazu imstande war, »sieh doch mal, wenn's dir paßt, in die Wirtschaft da unten. Es ist doch sonderbar – Fik kommt nicht, Fritz Sahlmann kommt nicht, die gottverd... – wollt ich sagen – das gottlose Franzosentakel hat anscheinend das ganze Haus durcheinandergebracht. – Nee, wat denn?«

Die Frau Amtsmännin war eine kleine, gute Frau, ein bißchen schwächlich von Statur, dabei aber durchaus nicht verdrießlich und stets bereit, freundlichen Gemüts die Wunderlichkeiten des alten Herrn zu ertragen. Sie hatten einen Sohn, ihren Joachim, der war schon in der Fremde, und so waren die beiden alten Leute in dem alten, großen Schloß ganz alleine auf sich selber angewiesen und trugen in Treue und Ehrbarkeit gemeinsam Leid und Lust. Wollte sich die Langeweile bei ihnen einschleichen, so geschah es zum Glück immer wieder, daß der Amtshauptmann genau zur richtigen Stunde auf einen neuen wunderlichen Einfall geriet, und aus dem Gähnen wurde dann ein recht gesundes Sonnenniesen, das die Liebe wieder auffrischte. Mit der Liebe ist es nämlich wie mit einem Baum: je mehr der Wind in der Krone und in den Blättern rauscht, desto kräftiger bildet er seine Wurzeln aus.

Was der Herr Amtshauptmann aber an diesem Morgen von seiner lieben Frau verlangte, daß sie sich einmal um die Wirtschaft kümmern solle, war nun nicht gerade ein wunderlicher Einfall, und deshalb fuhr die Frau Amtsmännin auch nicht sofort auf, obwohl manche wohlerzogene Frau das heutigentags vielleicht tun würde. Die Frau Amtshauptmann war gerade unterwegs, als der alte Voß mit seinem Felleisen eintrat.
»Gu'n Morrn, Herr Amtshauptmann«, sagte der Müller und erwies seinen Diener. »Mit Verlaub!« und legte das Felleisen auf den Tisch. »Da ist es!«
»Was ist da?« fragte der alte Herr. – »Herr, was weiß ich? Ich weiß was, ich weiß viel, ich weiß gar nichts: doch soviel weiß ich, Spitzbubenkram ist es.« – »Müller Voß, wie kommt Er zu Spitzbubenkram?« – »Wie kommt der Hund in die Koppel, Herr Amtshauptmann? Wie kam jenes Mädchen zum Kind? – Ich weiß bloß, daß dies dem Franzosen sein Felleisen ist und daß der Deuwel mir den Franzosen gestern abend auf den Wagen und mein Friedrich ihn nachher wieder abgeladen hat.« Und dann erzählte der Müller die ganze Geschichte.
Der alte Herr ging unterdessen in der Stube auf und ab und brummte etwas vor sich hin von »übler Sache«. Er blieb dann wieder vor dem Müller stehen, blickte ihm scharf in die Augen und fragte, als dieser geendet hatte:
»Na, Müller Voß, das ist aber doch nun gewiß, daß der Franzose noch lebt?« – »Je, Herr Amtshauptmann, was weiß ich? – Sehn Sie, ich mache mir meinen Rechnungsüberschlag so: kalt war's für ne Nacht in dieser Jahreszeit gerade nicht, aber geregnet hat es die ganze Nacht über. Und wenn wir beide, Herr Amtshauptmann, Sie oder ich, nachts da gelegen hätten, wir wären möglicherweise erfroren. Aber ich rechne auch so: so'n Volk ist das Rumliegen besser gewohnt als wir. Und hat ihm das in Rußland nicht geschadet, so mag ihm das hier ja wohl auch nicht geschadet haben. Und weggegangen ist er ja später, Friedrich ist ihm ja nach. Wenn ihm denn danach noch was zugestoßen ist, so ist es nicht unsere Schuld.« – »Müller, Müller«, sagte der alte Herr und schüttelte den Kopf, »das ist eine üble Geschichte! Wenn Sein Friedrich den Franzosen nicht wieder beibringt, kann Ihm das an den Kragen gehen.« – »Gott soll mich bewahren!« rief der Müller, »in was für Geschichten laß ich mich in meinen alten Tagen ein! Herr Amtshauptmann, ich bin doch unschuldig, und ich hab doch auch das Felleisen nicht behalten, und das Pferd steht in Bäcker Witts Scheune!« – »Das ist auch Sein Glück, Müller. Das ist Sein großes Glück, denn dies kann ich Ihm bezeugen. Und lauter Gold und Silber ist in dem Felleisen, sagt Er?« –

»Lauter Gold und Silber, preußisch Kurant und Drittel und Louisdors und silberne Löffel!« Und damit schnallte er das Felleisen auf und wies die Bescherung vor.
Der Amtshauptmann riß die Augen auf. »Gott bewahre uns«, rief er, »das ist ja ein Schatz!« – »Je, das sagen Sie mal, Herr Amtshauptmann! Meine Frau redet sonst nicht viel, aber wie sie dies gesehn, schlug sie die Hände zusammen und sagte rein gar nichts.« – »Das ist alles gestohlen, Müller. Hier auf dem Silber, das ist das Örtzensche Wappen, das kenne ich. Die Löffel hat der Spitzbube hier in der Nachbarschaft gestohlen. – Aber dadurch wird Seine Sache nicht besser.«
Der Müller bot einen Anblick, als sei sein letztes Stündlein gekommen. Der Herr Amtshauptmann ging schweigend in der Stube auf und ab und rieb sich den Kopf. Endlich trat er zum Müller und legte ihm die Hand auf die Schulter: »Müller Voß, ich habe Ihn immer für einen ehrlichen Menschen gehalten, aber diese Ehrlichkeit unter diesen Umständen? Er kann nicht von einem Tag zum anderen kommen, und doch gibt Er aus eigenen Antrieb so viel Geld zurück, von dem eigentlich keiner weiß, wem es gehört?« – Der Müller wurde über und über rot und blickte auf seine Stiefelspitzen. – »Ja, Müller«, fuhr der Amtshauptmann fort, »das ist ein besonderes Benehmen von Ihm – denn von dem, was hier passiert ist, kann Er keine Kenntnis haben. Aber dank Er Seinem Schöpfer! Es ist nämlich möglich, daß Ihm dies das Leben rettet.«
Die Gefahr, in der er sich wähnen mußte, das unverdiente Lob, das ihn so wohlig ankam, wie wenn sich einer im Lehnstuhl zurechtsetzt, auf den seine Frau ein Nadelkissen gelegt hat, die Aussicht, aus diesem schlimmen Handel mit Gottes Hilfe noch durch ein kleines Schlupfloch hinauszugelangen, und daß ihm dies alles unverdient in den Schoß fiel, setzten dem alten Müller hart zu. Er schlug die Augen zu Boden, wand sich ein wenig, drehte seinen Hut rascher und rascher und knüllte ihn schließlich mit beiden Händen zusammen, so daß er ganz seine Fasson verlor: »Hol der Deuwel die ganze Franzosengeschichte und mich dazu, Herr Amtshauptmann! Wenn unser Herrgott Gnade für Recht ergehen lassen will und mir aus dieser Trübsal hilft, denn will ich auch nicht auf Ungerechtigkeit gegen ihn bestehn. Nee, was wahr ist, muß wahr bleiben! Wenn nämlich mein Klein-Fiken nicht gewesen wär, dann läge das infame Franzosengeld in meinem Schrank, und ich hinge heute abend am Galgen.« Und nun berichtete er, wie alles gekommen war.
»Müller«, sagte der Amtshauptmann, als er die Umstände erfahren hatte, »ich bin nicht sehr für Mädchen, Jungs sind besser. Mädchen sind mir zu

weimerlich, aber mit Seiner Fiken ...? Das ist denn doch eine andere Sache. Müller, Ihm und Seiner Frau gereicht es zur Ehre, das Kind auf diese Weise erzogen zu haben. – Müller, hör Er, wenn Er einmal wieder zum Amt kommt, bring Er Seine Fiken mal mit. Ich – das heißt, meine Frau wird sich darüber freuen. Nee, wat denn?

Und nun nehm Er das Felleisen und trag Er's runter zum Rathaus und melde Er sich dort, denn die Franzosen werden da wohl schon so eine Art Gerichtstag halten – wird wohl auch danach sein. Und frage Er zuerst nach dem Bürgermeister! Das ist ein wohlmeinender Mann und kann auch Französisch. Und bei kleinem werde ich dort sein, und, was irgend möglich, werde *ich* für Ihn tun.« – »Schönen Dank auch, Herr Amtshauptmann! Mir ist ein ganz Teil leichter ums Herz. – Und mit der anderen Geschichte, mit dem Bankrottmachen, meinen Sie ...?« – »Daß Er ein alter Narr ist, sich in seinen alten Tagen auf noch mehr Weitläufigkeiten einzulassen.« – »Schön, Herr Amtshauptmann! Na, denn adjüs!«

Und damit ging der Müller.

Kapitel 10

Das Aktenbündel

Nach kurzer Zeit kam die Frau Amtshauptmann wieder herein: »Weber, was soll denn das bedeuten? Fritz Sahlmann ist nicht da. Mamsell Westfalen ist nicht da. Bei ihr im Zimmer sieht's aus, als hätten dort Türken und Heiden gehaust. Und die Mädchen, die sagen, sie wissen von nichts, als daß Ratsherr Herse zur Hintertür hineingeschlichen kam, und Fik hat ihm aus Versehen mit nem stumpfen Besen das Gesicht bearbeitet. Und Mamsell Westfalen hat ihm ein paar Hände voll Torfasche in die Augen gefeuert, auch nur aus Versehen. Und dann sind Fritz Sahlmann und Mamsell Westfalen verschwunden. Und keiner weiß, wo sie sind.« – »Dies ist doch eine besondere Sache«, wunderte sich der alte Herr. »Was tut Ratsherr Herse in meiner Küche? Ich mag den Mann eigentlich wohl leiden, Neiting. Er ist ein pläsierlicher Mann. Aber er steckt seine Nase in jeden Quark, und was Vernünftiges ist noch nie dabei herausgekommen.

Sag mal, Neiting, welche von den Mädchen hältst du wohl für die Verständigste?« – »Weber, was redst du? – von Verstand kann bei der Sorte eigentlich nicht die Rede sein.« – »Na, dann die Klügste, die Pfiffigste.« – »Oh, dann wohl Fik Besserdich, denn die Augen gehen ihr ganz schön fix im Kopf herum, und ihr Mundwerk ist noch viel besser.« – »Dann ruf mir die doch mal rein.«

Dies geschah, und Fik erschien. Fik Besserdich war eine nette, fixe Dirn, so wach und munter, wie eine Schulzentochter aus Gülzow nur sein kann – denn dazumal dienten die Schulzentöchter noch. Nun aber, vor dem Herrn Amtshauptmann, schlug sie die Augen nieder und knüllte an ihrem Schürzenband, denn sie hatte es im Gefühl, daß dies wohl eine Art von Gerichtstag werden sollte.

»Also«, begann der alte Herr, »zur Wahrheit ermahnt und so weiter – Fik Besserdich, was weißt du von Mamsell Westfalen? Fang doch mit gestern abend an.« – Fik erzählte nun, was sie wußte und was wir wissen. »Also«, sagte der alte Herr, »sie hat bei *dir* geschlafen und nicht in der Kammer mit Herrn Droi.« – »Weber, was redst du?« fiel die Frau Amtshauptmann ein. – »Neiting, jeder Umstand ist wichtig, wenn die Unschuld ans Licht kommen soll. – Und du meinst nicht«, wandte er sich an Fik, »daß sie mit dem Ratsherrn weggelaufen ist?« – »Nee, Herr, flüchtig ist sie, das glaub ich, aber nicht mit dem Herrn Ratsherrn. Denn der ist mir nachher allein an der

Hintertür begegnet, als ich von meinem Bruder gekommen bin, denn der war hier im Garten, Herr Amtshauptmann, mit unsern Pferden zum Vorspann, aber –« und hier schlug sie die Augen auf, und aus dem frischen Gesicht leuchtete es spitzbübisch: »aber, Herr Amtshauptmann, er ist den Franzosen entwischt.« – »So?« fragte der alte Herr, »er ist also entwischt?« – »Ja, Herr«, sagte Fik und lächelte verschmitzt, »er hat die ganze Ausreißerei angestiftet und hat den andern die grüne Pforte gewiesen.« – »Das ist ein dummer Streich von ihm, und wenn die Franzosen ihn kriegen, werden sie ihn aufknüpfen. Ihr seid ne naseweise Sorte, ihr Besserdichs. – Neiting, hilf mir und erinnere mich doch an den Schlingel Fritz Besserdich. – Und wo ist Fritz Sahlmann?«

Da aber war Fik nun wieder sehr verlegen, und was nun kam, das floß nur sehr dünn und tropfenweise: »Je, Herr Amtshauptmann, heute morgen hat er alle Ihre Pfeifen zerteppert, und dann sagte er, ich hätt's getan. Und, Herr Amtshauptmann, ich konnte da nicht für, denn ich wollte bloß so um die Ecke gucken, wie der französische Oberst da rumtobte. Da kam er mir mit den Pfeifen in die Quere, und nu liegen die Scherben in der Küche.« – »Und weiter hast du ihn heute früh nicht gesehn?« – »Doch, Herr, als sie den Uhrmacher abgeführt haben, lief er mit, und als er dann wiederkam, da redete er mit Mamsell hochdeutsch, und dann flüsterten sie zusammen.«

»Hochdeutsch? Fritz Sahlmann hochdeutsch? Was hat der Bengel hochdeutsch zu reden? Was hat er denn gesagt?« – »Er hat gesagt: ›Rettung naht‹.« – »So? und dann kam der Herr Ratsherr?« – »Ja, Herr Amtshauptmann, und ich fuhr ihm mit dem Besen übers Gesicht, aber ich kann da auch nicht für.«

»Dies ist doch eine besondere Sache«, bemerkte der alte Herr, ging auf und ab, griff sich unters Kinn, betrachtete den Estrich und blickte an die Decke. Endlich blieb er stehen: »Neiting, die Sache ist mir klar. Das alte Wurm, die Westfalen, hat es mit der Angst bekommen. Der Ratsherr hat sich eingemischt und hat irgend was Verdrehtes angestellt. Du wirst sehn, sie hat sich versteckt.« – »Denn laß sie, Weber!« – »Das geht nicht, Neiting. Sie muß *her*, denn sie muß für den Uhrmacher und für den Müller Zeugnis ablegen. Es kann den beiden sonst an den Kragen gehn. – Wenn ich bloß wüßte, wo der Schlingel Fritz Sahlmann steckt, der weiß über das Ganze Bescheid. – Du weißt nicht, wo er ist, Fik?« – »Nee, Herr.« – »Na, dann kannst du gehn.«

Wie Fik sich gerade umdrehte, fielen ihre Augen aufs Eckfenster. Da aber ihre Augen ungemein hell und wach waren, gingen sie auch durch das Fenster hindurch und sahen, was weiter hinten vor sich ging. Sie drehte sich rasch wieder um: »Herr Amtshauptmann, nu weiß ich, wo er ist.« – »Na, wo denn?« – »Sehn Sie, da sitzt er.« – »Wo?« fragte der alte Herr, nahm als Vorspann sein Lorgnon vors Auge und blickte überall hin, nur nicht dorthin, wo Fritz Sahlmann saß. – »Dort, Herr Amtshauptmann, dort in unserm Kantapfelbaum, an der Ecke vor der Küche.« – »Wahrhaftig! Ja! – Dies ist doch eine besondere Sache! – Neiting, im Winter! – Wenn es im Herbst wäre, wenn Äpfel am Baum sind. Aber, Neiting, im Winter!« – »Ach, Weber«, sagte seine liebe Frau, »er übt sich wohl nur ein bißchen.« – »Fik Besserdich, du hast scharfe Augen. Was tut er denn da?« fragte der alte Herr und schob das Lorgnon vor seinen Augen hin und her.

»Je, Herr, er hat da eine lange Stange, aber was er damit vorhat, das kann ich nicht sehen. Er hantiert damit vor der Räucherbodenluke.« – »Neiting, vor unserem Räucherboden! Was mag er dort hantieren, Neiting?« – »Ich weiß nicht, Weber. Aber wundern würd es mich nicht, wenn morgen wieder Würste fehlen.« – »Sieh mal an! sieh man an! – Ih, das wär ja nett! – Das ist ja ein prächtiger Baum für meinen Fritz Sahlmann! Im Sommer Äpfel und im Winter Würste!« Damit öffnete er das Fenster und rief: »Fritz Sahlmann! Fritz, komm dort runter, mein Sohn! Du könntest dich da im Regen erkälten.«

Es soll ein Tier geben, das man Faultier nennt. Es braucht sieben Tage, bis es in den Baum gelangt, und sieben Tage, bis es wieder herunterkommt. Ganz so lange brauchte Fritz Sahlmann nun nicht, wie er vom Apfelbaum herunterkletterte, doch dauerte es lange genug. Es war wohl nicht so sehr wegen seiner Hosen, daß er so bedächtig herabstieg, denn als er unten war, wurde es offenbar, daß er heftig darüber nachsann, ob er kommen oder durchbrennen sollte. Jedoch Fritz Sahlmann war ein braver Junge, er kam schon, nur zögerte er dies manchmal ein bißchen hinaus.

»Fik, was macht er da hinter dem Stachelbeerstrauch?« fragte der alte Herr. – »Je, Herr, da hat er wohl was hingeworfen.« – »So? Das ist denn eine andere Sache. – Na, Fritz, komm nur durch die Küchentür hinein! Und du, Fik, geh hin und paß mir auf, daß er durch die Vordertür nicht wieder echappiert.« – Fik ging, und Fritz kam, so langsam, wie die Zeit der Not einherschleicht, doch er kam.

»Fritz Sahlmann, mein Sohn, soviel Verstand mußt du schon haben, daß es für die Gesundheit nicht gut ist, bei Regenwetter im Freien zu sitzen. Nimm dir also künftig nen Regenschirm mit, wenn du im Freien sitzen willst. Und soviel Verstand mußt du auch schon haben, daß es für die Hosen nicht gut ist, wenn man bei Regenwetter in die Bäume klettert. Such dir also künftig ne trockene Jahreszeit dafür aus. Und nun sag mir mal: was hattest du auf dem Baum zu suchen?« – »Oh, Herr Amtshauptmann, doch nur so.« – »Hm«, sagte der alte Herr, »der Grund läßt sich hören. Aber was ich eigentlich fragen wollte: Hast du nichts von Mamsell Westfalen gesehn?«

Fritz Sahlmann hatte sich auf eine ganz andere Frage gefaßt gemacht. Er lebte also offensichtlich wieder auf und antwortete ganz munter: »Nee, Herr Amtshauptmann.« – »Tja, mein Sohn, wie sollst du auch von einer Sache wissen, von der keiner was weiß. Nun tu mir aber mal den Gefallen und sieh mir mal genau in die Augen.«

Fritz Sahlmann erwies ihm den Gefallen, doch sein Blick war ein falscher Groschen. Der alte Herr mochte diesen wohl nicht für ganz vollgültig nehmen, denn er fuhr fort: »Fritz Sahlmann, hier hast du ein Messer. Geh mal in den Garten und schneide mir mal aus den Haselbüschen – du weißt ja, wo sie stehn, – so'n Stöckchen, so wie nen – so wie nen – na, wie dein Mittelfinger dick. Und dann, mein Sohn, hast du hinter dem Stachelbeerstrauch im Garten etwas verloren. Ruf dir Fik Besserdich, die soll dir suchen helfen, damit du wieder zu dem Deinigen gelangst. – Aber hörst du: Fik Besserdich soll mit.«

Fritz Sahlmann sah nun also unter sehr bedrängten Umständen in eine trübe Zukunft. Er vertraute jedoch auf zwei Dinge, auf die Menschen in ihren Verlegenheiten zumeist bauen, nämlich einmal auf den Himmel, daß dieser noch zur rechten Zeit dem alten Herrn bei seinem Vorhaben einen Stein in den Weg werfen werde, sodann auf seine früheren Erfahrungen bei derlei Unzuträglichkeiten. Zudem aber verfügte er noch über ein Hilfsmittel in Notfällen, auf das Menschen für gewöhnlich nicht kommen: dies war ein kleines Aktenbündel, das er sich in bedenklichen Fällen unter die Weste zu praktizieren pflegte. Damit hatte er also heute auch vorgesorgt.

So ging er denn ruhigen Herzens in den Garten, in der stillen Hoffnung, Fik, die ihn begleitete, werde den richtigen Stachelbeerstrauch verfehlen. Doch wie er gerade damit beschäftigt war, sich die passende Gattung von Haselruten auszusuchen, bemerkte er, und es begann ihm inwendig zu grausen, daß das Mädchen genau auf den richtigen Busch zusteuerte und dort etwas aufhob, das ihm aus der Entfernung einige Ähnlichkeit mit einer Wurst zu haben schien. Er mußte sich also anders zu helfen suchen. So schnitt er fürs erste ein paar kaum merkliche Kerben in die Haselrute, was nicht zu ihrer Haltbarkeit beitrug, und versuchte dann Fik ihren Fund abzuschwatzen. Dies gelang ihm aber nicht, denn Fik hatte keine Lust, ein zweites Verhör vor dem Herrn Amtshauptmann zu bestehen, und zudem fiel ihr ein, es könne vielleicht Fritz Sahlmann gewesen sein, der ihr vor etwa acht Tagen eine Handvoll kurzgeschnittener Schweineborsten ins Bett gestreut hatte. Derart erschienen denn nun Fritz Sahlmann mit einem Stock und Fik mit einer hübschen kleinen Mettwurst abermals vor dem Herrn Amtshauptmann.

»Fik«, sagte der Herr Amtshauptmann und nahm ihr die Wurst ab, »du kannst nun gehen, min Dochter. – Neiting«, wandte er sich zu seiner lieben Frau und hielt ihr die Wurst entgegen, »dies nennen wir ein *corpus delicti.*« – »Möglich, Weber, daß sie auf lateinisch so heißt. Wir nennen sie aber Mettwurst.« – »Schön, Neiting! Sag' mal, kannst du bezeugen, daß dies eine von unseren Mettwürsten ist?« – »Ja, Weber, ich kenn sie am Band.« – »Fritz Sahlmann, wie bist du zu der Mettwurst gekommen?«

Dies war nun eine ganz niederträchtige Frage, die ihm der Herr Amtshauptmann gestellt hatte. Der Himmel legte sich augenscheinlich nicht ins Mittel, und seine Erfahrungen ließen Fritz im Stich. Der Amtshauptmann stand vor ihm, in der einen Hand die Wurst, in der anderen den Stock, und der Stock war kaum zwei Fuß von seinem Rücken entfernt. Er war also ganz und gar auf das Aktenbündelchen angewiesen, und das war auch nur soso: Der Herr Amtshauptmann hätte es allemal schon am Klatschen gemerkt.

Er gab sich also verloren, fing laut an zu schluchzen und rief: »Ich hab sie geschenkt gekriegt.« – »Das lügst du!« fuhr die Frau Amtshauptmann auf, »du hast sie mit dem Staken vom Räucherboden geholt.« – »Neiting, still! Keine Suggestivfragen! – Fritz, wer hat dir die Wurst geschenkt?« – »Mamsell Westfalen.« – »Fritz, wie das?« – »Wie ich im Baum saß.« – »Saß sie da neben dir?« – »Nee, sie saß auf dem Räucherboden, und dann hat sie mir die Wurst auf den Stock gesteckt, ich hatte da nen Nagel eingeschlagen.« – »Du hast mir doch eben gesagt, du wüßtest nicht, wo Mamsell Westfalen ist. Fritz Sahlmann, du hast also gelogen.« – »Herr Amtshauptmann, Herr Amtshauptmann! Schlagen Sie mich nicht, ich kann da ja nicht für! Ich und der Ratsherr Herse, wir haben uns verschworen, und ich hab ihm heilig versprechen müssen, keinem Menschen, auch Ihnen nicht, zu sagen, wo Mamsell Westfalen ist.« – »Stehst du beim Herrn Ratsherrn in Lohn und Brot oder bei mir? Du hast gelogen, Fritz, und wenn du lügst, dann kriegst du Schläge, so steht es in unserm Kontrakt.« Damit ergriff der Herr Amtshauptmann Fritz am Kragen und hob den Stock, und wenn der Himmel sich noch ins Mittel legen wollte, dann war es nun die allerhöchste Zeit – und – der Himmel erbarmte sich.

Von draußen wurde geklopft, und herein kam der Stadtdiener Luth: Empfehlung vom Herrn Bürgermeister. Und die Sache stünde sehr böse für den Uhrmacher und den Müller, und der Herr Amtshauptmann möge doch so gefällig sein und gleich runterkommen – vor allem aber Mamsell Westfalen mitbringen, denn ihr Zeugnis sei hauptsächlich von Wichtigkeit. – »Ich komme gleich, mein lieber Luth. – Neiting, die Sache ist pressant. Fritz Sahlmann, hol mir meinen Rock, und du, Neiting, geh auf den Räucherboden zu dem Unglückswurm und hol sie runter.«

Wie rasch brachte Fritz Sahlmann den Rock! Wie eilig hatte er es, dem Herrn Amtshauptmann aus den Augen zu kommen: »Frau Amtshauptmännin, ich muß mit. Wenn Sie allein sind, macht sie nicht auf. Eigentlich sitzt sie gar nicht auf dem Räucherboden, sie sitzt dahinter in einem Versteck, das nur ich weiß.« So lief er denn voran, und Frau Amtshauptmann folgte ihm, aber langsamer.

Fritz klopfte an die Tür: »Mamselling, machen Sie auf, ich bin's!« – Keine Antwort. – »Mamselling: ›Wohl, wohl: Sur Swinfleisch‹!« – Keine Antwort. – »Mamselling, die Franzosen sind weg!«

Darauf ließ sich etwas hören, und eine betrübte Stimme wurde vernehmlich: »Fritz Sahlmann, du bist deines Namens ein Lügner. – Führe mich nicht in Versuchung!« – Inzwischen rief nun auch die Frau Amtshauptmann: »Westfalen, machen Sie auf! Ich bin es, die Frau.« – »Ich kann mich nicht vor Ihnen sehen lassen«, rief die Stimme, »ich bin ne Sünderin, ne arge Sünderin!« – »Machen Sie nur auf, es kommt alles wieder in Ordnung.«

Nach langem Bitten und Drängen schloß Mamsell Westfalen denn endlich die Bodentür auf und trat in Erscheinung, feuerroten Gesichts, und die hellen Tränen liefen ihr die Wangen hinunter. Und bis zum heutigen Tage weiß es niemand: waren es Tränen der Rührung oder kam es vom Rauch? Weshalb aber ihre Tränen auch immer strömten – wenn sich dies von einer korpulenten, älteren Jungfrau sagen ließe, so würde ich fast behaupten, sie stand da wie ein geknicktes Rohr.

»Frau Amtshauptmännin«, bekannte sie, »ich kann Ihnen nicht unter die Augen treten. Ich bin tief gesunken. Über zwanzig Jahre bin ich in Ihrem gesegneten Hause, und mein Lebtag habe ich Sie nicht um das Schwarze unterm Nagel betrogen. Eine böse Stunde hat alles geändert: ich habe mich an dem Ihrigen vergriffen.« – »Ih, Westfalen, lassen Sie doch. Kommen Sie man nur mit runter!« – »Keinen Schritt, Frau Amtshauptmännin! Erst ein volles Geständnis:

Sehn Sie, Sie wissen, ich bin auf der Flucht. Ratsherr Herse hat mir flüchten helfen, und dieser Schlingel, dieser Fritz Sahlmann. Und nun sitze ich hier

in Kummer und Schmerz und denke ans Schicksal von Herrn Droi und all das andere. Und ich denke auch, dieser Schlingel Fritz Sahlmann wird mir Nachricht bringen, wie's um die Sache steht. Da höre ich draußen vor der Luke was husten, und dann ruft es meinen Namen und wie ich mich heranschleiche an die Luke und nach draußen sehe, da denk ich doch, mich rührt der Schlag. Denn denken Sie sich nur, Frau Amtshauptmännin, das Unglückskind ist in den Kantapfelbaum gestiegen, ist an den langen Ästen entlanggerutscht und schwebt da überm Abgrund wie ne Krähe. ›Jung‹, sag ich, ›Fritz Sahlmann, willst du wohl aus dem Baum!‹ Da grient der Junge mich an. ›Jung‹, ruf ich, ›ich kann das vor deinem Vater nicht verantworten, dich in solcher Gefahr zu wissen!‹ Sehn Sie, Frau Amtshauptmännin, da lacht der Junge laut los und sagt: ›Ich will Ihnen bloß Nachricht bringen: der Uhrmacher wird aufgehängt, und den Ratsherrn Herse haben die Franzosen geschnappt, der liegt in Ketten, und ein ganzes Bataillon ist unterwegs, Sie zu suchen.‹
Frau Amtshauptmännin, dies war keine tröstliche Nachricht, und meine Angst war groß. Aber ich kann mir das Zeugnis geben, meine Angst um den Jungen war größer. ›Jung‹, rufe ich, ›steig runter vom Baum!‹ – Sehn Sie, da grient er mich an wie'n Affe auf dem Kamel: ›Ja, wenn Sie mir 'ne Wurst geben‹, sagt er, und damit fängt er an, allerlei dumme Streiche zu machen, und hüpft auf den Ästen herum wie ein Karnickel im Kohlgarten, so daß mir grün und gelb vor Augen wird. Da, Frau Amtshauptmännin, da dachte ich mir, was ist ne Mettwurst? Und was ist ein Menschenleben? Und in meiner Angst habe ich mich an Ihrem Eigentum vergriffen. Er hielt die Stange hin, und ich steckte ihm die Wurst darauf. Da aber wird er vom Herrn Amtshauptmann gerufen, und wie er herunterklettert, da ruft er mir leise zu, er hat mir was vorgeflunkert, es ist alles nicht wahr. Darum sage ich, er ist ein Lügner, Frau Amtshauptmännin, und dabei bleib ich.« – »Lassen Sie man, Westfalen. Er hat auch bei meinem Mann noch nen Schinken im Salz. Er wird seinem Richter nicht entgehen.«

Mit Mühe bekam die Frau Amtshauptmännin die alte Dame vom Boden herunter. Wie sie unten angelangt waren, ging der Herr Amtshauptmann mit energischen Amtsschritten in kompletter Amtstracht auf und ab und wartete bereits. Es war nun aber nicht leicht, Fräulein Westfal dazu zu bewegen, mit dem alten Herrn zum Rathaus zu gehen – »in den offnen Löwenrachen«, nannte sie es. Sie wolle erleiden, was sie in ihrem Unverstand verdient habe, obschon dies in keiner bösen Absicht und in Ehren geschehen sei. Doch vor all dem fremden Mannsvolk zu stehen und sich wegen

Herrn Droi verteidigen zu müssen, das ginge über ihre Kräfte als ordentlicher Frauensmensch. Und wenn der Herr Amtshauptmann doch darauf bestünde, so müßten Fik und Korlin auch mit, denn die müßten wiederum für sie bezeugen, daß sie die Nacht bei ihnen geschlafen habe.

In diesem Punkte mußte der Herr Amtshauptmann also nachgeben. Als Mamsell Westfalen in ihr Stübchen gegangen war, um sich in aller Geschwindigkeit ein Tuch und eine Haube zu holen, ging der alte Herr mit großen Schritten gedankenvoll auf und ab und schlug mit seinem Jenenser Ziegenhainer Quinten und Quarten in die Luft – ohne diesen Stock ging er nämlich nie aus. Endlich meinte er: »Neiting, sie hat recht. Die Mädchen können uns nichts schaden. Aber, Neiting«, und hier schnüffelte er ein bißchen in der Luft umher, »hier riecht es ja nach Spickaal. Ist der alte Neils aus Gülzow mit seinen Aalen hier gewesen?« – »Was redest du, Weber, das ist doch von ihr. Sie hat seit über einer Stunde auf dem Räucherboden gesessen.« – »Das ist denn eine andere Sache!« bemerkte der alte Herr, und seine Frau mußte die beiden Mädchen rufen.

Als auch Fräulein Westfal eingetroffen war, da war die Prozession vollständig und zog ab, nachdem die Mamsell von der Frau Amtshauptmann noch einen Abschied auf Leben und Sterben genommen hatte. Niemand sprach ein Wort. Nur als sie ans Schloßtor gelangten, drehte die Mamsell sich noch einmal um: »Fik«, sagte sie, »wenn wir auf den Markt kommen, dann lauf rüber nach Doktor Lukow: Er soll sich einfinden in meinem Unglück. Mir könnte was Menschliches zustoßen – mich könnten die Ohnmachten antreten.«

Kapitel 11

Aufruhr

Ging es auf dem Schloß schon recht lebhaft her, so sah es in der Stadt noch wesentlich bunter aus. Freilich, wenn massenhafte Einquartierung über solch kleine Stadt hereinbricht, wenn die Bauern vom Lande und die Bürger in der Stadt zu Hand- und Spanndiensten zusammengetrommelt werden, wenn hier Kummer und Herzeleid weint und klagt und dort der Übermut sich breitmacht, dann kann es dort so still nicht hergehen wie in der Kirche. Als jedoch 1806 Murat und Bernadotte und Davoust hinter dem alten Blücher herjagten und er ihnen bei Speck und Waaren die Zähne zeigte, als von Berlin das saubere Stichwort ausging: »Ruhe ist die erste Bürgerpflicht«, da ging es weniger aufrührerisch her als zu dieser Zeit. Damals war nur von Befehl und Gehorsam die Rede. Damals plünderten und brandschatzten die Herren Franzosen nach Herzenslust, und das Volk duckte sich. Einer nahm hinter dem anderen Deckung, und die offenbare Gemeinheit machte allenthalben sich breit. Ein jeder nämlich dachte nur an sich selbst und seine eigene Habe, und Meister Kähler in Malchow bedeutete seiner Frau und seinen Kindern: »Ich muß mich retten. An *euch* ist nichts gelegen. *Ihr* bleibt hier, wenn die Franzosen kommen«, lief ins Erlenbruch und kroch ins Schilfrohr. – Faul und anrüchig war damals alles von oben bis unten. Die Zeiten sollten sich ändern. Not lehrt beten, aber sie lehrt auch sich wehren. Schill brach los, und der Herzog von Braunschweig. In ganz Niederdeutschland begann es zu spuken – keiner wußte, woher es kam, keiner wußte, wohin es führen sollte. Schill zog quer durch Mecklenburg nach Stralsund. Auf Befehl von Bonaparte mußten ihm die Mecklenburger den Durchzug bei Damgarten und Tribsees verlegen. Sie kriegten Prügel, denn sie schlugen sich hundsföttisch schlecht. Ein Schillscher Husar nahm eine ganze Korporalschaft langer mecklenburgischer Grenadiere gefangen. »Kinner«, rief er ihnen zu, »seid ihr alle gefangen?« – »Nee«, rief der brave Korporal zurück, »uns hat niemand was gesagt.« – »Na, denn kommt man mit!« – Und sie gingen mit.

War es Feigheit? War es Furcht? Wer unsere Landsleute 1813 und 1814 gesehen, wer etwas vom Strelitzer Husarenregiment vernommen hat, der urteilt anders. Wenn *ein* Stamm in Deutschland das Zeug dazu hat, auf dem Schlachtfeld seinen Mann zu stehen, dann ist es der Mecklenburger.

Nein, es war nicht Feigheit – es war der Unwille, gegen das anzustreiten, was sie selber im tiefsten Herzen trugen und wünschten. Das war es, was in Mecklenburg spukte, und als es in Preußen losbrach, war Mecklenburg das erste Land in Deutschland, das Folge leistete. So ist es gewesen, und so muß es auch bleiben.

Aber die Zeiten waren anders, sie waren wahrhaftig anders geworden. Unser Herrgott hatte im russischen Winter dem Franzosen seine goldschimmernde Schlangenhaut abgestreift. Der gleiche Franzose, der sonst immer als Herr aufgetrumpft hatte, kam nun als Pracher und Schnorrer zurück und appellierte ans deutsche Erbarmen, und diese schöne deutsche Gottesgabe bekam die Oberhand über den grimmigen Haß. Keiner wollte die Hand aufheben gegen den Menschen, der von Gott geschlagen: das Mitleid ließ vergessen, was er verschuldet hatte. Kaum war aber die frosterstarrte Schlange im warmen deutschen Bette wieder zu sich gekommen, da begann sie schon wieder ihren Stachel zu zeigen, und die Schinderei sollte aufs neue losgehen. Doch der Spuk in Niederdeutschland war zum Schatten geworden, und der Schatten bekam Fleisch und Blut und erhielt einen Namen, und dieser Name wurde laut auf den Straßen ausgeschrien: »Aufstand gegen den Menschenschlächter!«

Dies war das Feldgeschrei. Doch dieses Feldgeschrei blieb keine Tagesparole. Nicht ein Grüppchen unerfahrener junger Leute, nicht der Janhagel auf den Straßen hatte damit angefangen. Vielmehr fanden die Besten und die Verständigsten sich zusammen, nicht zu einer Verschwörung mit Messer und Gift, sondern zu einer Verbrüderung mit Wort und Wehr gegen widerfahrene Gewalt. Die Alten sprachen das Wort, und die Jungen schafften die Wehr. Nicht auf offener Straße schoß die Flamme zuerst hoch: wir Niederdeutschen leiden kein Feuer auf der Straße. Nein, ein jeder zündete das Feuer still im eigenen Hause an, und der Nachbar kam zum Nachbarn und wärmte sich an der Glut. Nicht wie ein Flackerfeuer aus Tannenholz und Stroh, von dem schließlich nur ein Häufchen Asche übrig bleibt, stieg dann die Flamme zum Himmel empor. Nein, wir Niederdeutschen sind hartes Holz: es fängt nur langsam Feuer, gibt dann aber auch Hitze. Und zur damaligen Zeit war ganz Niederdeutschland ein großer Kohlenmeiler, der in sich glühte und schwelte, heimlich und still, bis die Kohlen weißglühend wurden. Und als sie rein geworden waren von Rauch und Flackerflamme, da warfen wir unser Eisen hinein und schmiedeten uns Waffe und Wehr. Der Haß gegen den Franzosen war der Schleifstein, der machte sie scharf, und was dann geschah, das weiß jedes Kind auf der Straße, und sollte es das nicht wissen, dann ist es deutsche Mannespflicht für seinen Vater, ihm das so einzuprägen, daß er's sein Lebtag nicht mehr vergißt.

Auch in unserer Gegend rauchte und schwelte der Kohlenmeiler, und die Franzosen witterten es in der Luft. Sie fühlten es bei jedem Schritt und Tritt, daß der Boden, auf dem sie marschierten, unter ihnen zu schwanken begann wie eine dünne Tragschicht über dem Moor. Sie mußten erfahren, daß die Beamten- und Magistratspersonen, die sonst so willfährig gewesen waren, anfingen sich zu winden und sträuben und halsstarrig zu werden. Sie sahen, daß Bürger und Bauern widerspenstig geworden waren, und ihre Hand legte sich schwerer auf das Land. Dies war nun aber nicht gerade das rechte Mittel, die Widersetzlichen sanfter zu stimmen, und das Volk wurde immer aufsässiger. Die Befehle, die von den und für die Franzosen ergingen, wurden mit Absicht falsch aufgefaßt: was sonst glatt gegangen war, wurde nun beschwerlich und umständlich. Zäh wie Leder wehrte das Volk sich mit Listen von allerlei Art, und die Franzosen, die wohl merken mochten, daß ihr Regiment hier bald seinem Ende entgegen ging, nahmen, was sie mit den Zähnen noch wegtragen konnten, denn der Soldat wußte, daß seine Offiziere es nicht besser machten.

So rasch, wie es dann wirklich geschah, hatten sie freilich den offenen Aufruhr nicht erwartet. Hätten sie aber verstanden, in den Gesichtern zu lesen, zum Beispiel nur im Gesicht des alten Witt, als er, vom Fuhrwerk des Müllers in seiner Scheune nach Hause gekommen, nun über seine Halbtür gelehnt sein Pfeifchen Tabak schmauchte, dabei ausspuckte und den Franzosen verkniffen hinterhersah, so hätten sie sich gehütet, den Bogen zu überspannen. Zumindest hätte jener Franzose, der eben an Bäcker Witt vorbeipassierte, ihm den mit Silber beschlagenen Meerschaumkopf aus den Zähnen riß und in seinem Übermut ruhig daraus weiterrauchte, sich rascher auf die Beine gemacht, denn der Alte hatte kaum den Ruck in den Zähnen gespürt, als er auch schon aus der Tür schoß, einen kleinen, kaum faustgroßen Stein ergriff und ihn dem Franzosen ein wenig unsanft ins Genick legte, so ...ß dieser mit dem Kopf zuerst und mit dem Pfeifenkopf hinterdrein in den Rinnstein schlug. Und just, wie der Herr Amtshauptmann mit seiner Weiberprozession auf dem Markt eintraf, hieben Bäckergesellen und Franzosen und Franzosen und Nachbarsleute mit scharfen und stumpfen Gegenständen aufeinander ein, bis ein Offizier dazwischen trat und sie auseinander brachte. Der alte Witt wurde mit blutendem Kopf zum Rathaus geschleppt, denn er hatte sich an der *grande nation* vergriffen, und was er auch immer beteuerte, daß nämlich die *grande nation* sich an seinem Pfeifenkopf vergriffen habe, nichts half ihm: er mußte mit.

Auf dem Rathaus saß der französische *auditeur* und verhörte den alten Voß wegen des abhandengekommenen Franzosen; der Mantelsack mit dem Geld lag auf dem Tisch. Der Oberst von Toll und mein Vater als Bürgermeister waren bei dem Verhör zugegen. Mein Vater hatte die Umstände, soweit sie ihm bekannt geworden, völlig wahrheitsgemäß berichtet. Nur, daß der Uhrmacher auf seinen Befehl hin den Franzosen hatte Angst einjagen sollen, hatte er verschwiegen, denn er dachte bei sich: wozu denn? Der Uhrmacher wird es wohl selber erwähnen, oder, wenn er es nicht zur Sprache bringt, dann muß er durch Mamsell Westfalens Aussage jedenfalls freikommen.

Für den Müller stand die Sache aber schlimmer: er von allen, die an der Affäre beteiligt waren, war der letzte gewesen, der den Franzosen gesehen. Er hatte ihn mitnehmen wollen nach seiner Mühle, aber der Mann war nicht mehr aufzufinden. Für den Müller sprach freilich, daß er betrunken gewesen und daß er aus freien Stücken das Geld abgeliefert hatte, auch daß das Pferd des Chasseurs von ihm ohne weiteres als in Bäcker Witts Scheune befindlich nachgewiesen wurde. Als er seine Aussage gemacht und dabei aus den Fragen meines Vaters entnommen hatte, daß sein Rausch ihm nützen könne, lieferte er eine schrecklich umständliche Beschreibung des Vorgangs und blieb dabei, auf alle Fragen zu erwidern, er wisse von nichts, denn er sei rechtschaffen betrunken gewesen. Sie sollten doch den Knecht Friedrich fragen, der müsse alles wissen.

So stand es, als draußen auf dem Markt die Schlägerei mit Bäcker Witt ihren Anfang nahm. Mein Vater war hinausgestürzt, um dort nach dem rechten zu sehen, als der alte Witt auch schon angeschleppt wurde, wobei er denn ab und zu einige Knüffe mit seiner Begleitung wechselte und für seine »Spitzbuben und Räuber« einige *»bougres«* und *»sacres«* eintauschte. Indem nun der Bäcker in die Gerichtsstube hineingestoßen wurde, ward es dort drinnen auch nicht gerade weniger laut. Der alte Witt schimpfte und randalierte, und mein Vater hatte überreichlich zu tun, ihn nur halbwegs zur Raison zu bringen.

»Mein Pfeifenkopf, Herr Burmeister, ein Erbteil von meinem Vater! Was? Und mir den vor meinen sichtlichen Augen aus den Zähnen zu reißen! Was? Bin ich ein Stavenhagener Bürger oder nicht?« Dazwischen wetterten und fluchten die Franzosen. Oberst von Toll war nach draußen gegangen.

Der Gerichtsbeamte befahl, den Bäcker zu binden, auf den Wagen zu werfen und mitzunehmen. Das Weitere werde sich finden, er habe sich an einem Franzosen vergriffen, und das genüge. Da aber mischte mein Vater sich ein und protestierte: der Bäcker sei ein ehrlicher Mann, er habe Lasten

und Kriegskontributionen getragen und sich nicht gegen das französische Regime, sondern nur gegen einen ganz gewöhnlichen Spitzbuben zur Wehr gesetzt – oder ob die Franzosen nun etwa schon silberbeschlagene Pfeifenköpfe als Kriegskontribution betrachteten?
Dies aber stieg dem Franzosen zu Kopf. Er schnauzte meinen Vater an und machte ihm begreiflich, daß er selbst sich keineswegs in allzu großer Sicherheit befinde.
Mein Vater war ein kratzbürstiger Mann, und wenn er einmal etwas als Recht ansah, konnte er so halsstarrig werden, wie es nur ein richtiger Mecklenburger zuwege bringt. Das wisse er bereits, sagte er, daß gegenwärtig kein ehrlicher Mensch in seinem eigenen Lande sicher sei. Er für sein Teil hielte es jedoch für seine Pflicht, seinen Bürgern in einer gerechten Sache beizustehen, und das werde er tun, und wenn auch noch so viele Franzosen im Lande wären, so daß man die Schweine damit füttern könne.
Der Franzose schäumte vor Wut. Er schnaubte den Befehl heraus, meinen Vater umgehend zu arretieren und aus dem Gericht zu führen. Wie es aber damit seinen Anfang nehmen sollte, der Bäcker meinem Vater beizustehen versuchte, mehrmals einige seiner »Schnorrer und Spitzbuben« dazwischen feuerte, und auch Müller Voß schon dabei war, sein Faust- und Maulregister ins Spiel zu bringen, kam Oberst von Toll wieder herein. Als er erfahren hatte, um was es ging, gab er sein Urteil dahin ab: der Bäcker habe in der Pfeifenkopfaffäre recht, er habe sich draußen erkundigt, und die ganze Geschichte sei eine Bagatelle. Der Bäcker jedoch sei der gleiche Mann, der das Pferd des Chasseurs in seiner Scheune stehen habe, und ihm komme es doch so vor, als gehe es hier um einen Mord und um ein großes Komplott, und dabei sah er forschend meinen Vater an. Dies aber müsse geklärt werden, dafür setze er sein Leben zum Pfande. Und sei es hier nicht herauszukriegen, dann wisse er einen Ort, wo es wohl herauskommen werde, und der Ort heiße Stettin.

Mein Vater, Müller Voß und Bäcker Witt wurden dann nach draußen beordert und in einem anderen Raum unter Wache gehalten, und der Herr Amtshauptmann wurde hereingerufen. Der alte Herr wurde in der Tür sichtbar, gerade aufgerichtet und so stattlich, wie sich das für den ersten Beamten und ein gutes Gewissen gehört, mit seinem Ziegenhainer in der Hand. Der eine Franzose wollte die Tür hinter ihm schließen, doch das ging nicht so ohne weiteres. Mamsell Westfalen hatte sich stämmig dazwischen geklemmt, und hinter ihr her schoben sich Fik und Korlin in ihrer breiten Fahrrinne mit hinein, denn auch sie wollten nicht, wie sie beteuerten, zum öffentlichen Spektakel zwischen all den dämlichen Franzosenkerls auf der offenen Diele herumstehen. Mamsell Westfalen rief, wie sie sich hineinschob: »Musjöh Franzos, parduhn! Wo der Herr Amtshauptmann bleibt, bleibe ich auch, denn er ist mein Schutz.«

Beim Eintreten des alten Herrn wandte der Oberst sich ab und blickte aus dem Fenster. Der Auditor befragte nun den Herrn Amtshauptmann durch den Dolmetscher, wer er sei und wie er heiße. – »Ich bin erster Beamter hier im Stavenhagener Amt, mein Name ist Joachim Weber, und damit legte er Hut und Stock auf einen Stuhl. Bei dem Namen »Joachim Weber« schien der französische Oberst plötzlich hellhörig zu werden. Er wandte sich halb um und blickte den alten Herrn an, und es war, als wolle er ihn etwas fragen, doch unterließ er es und sah wieder aus dem Fenster.

Dem Herrn Amtshauptmann wurde nun bedeutet, er solle sich setzen. »Ich danke Ihnen«, sagte er. »Zu meiner Bequemlichkeit bin ich nicht hergekommen, und verhört zu werden, ist für mich zu ungewohnt, als daß ich es im Sitzen abmachen könnte.«

Er berichtete nun auf Befragen über das erste Auftreten des Chasseurs und von allem, was er darüber wissen konnte. Und, schloß er seine Aussage, wenn einer dem Müller es als Verbrechen anlasten wolle, daß er geholfen habe, den Chasseur betrunken zu machen, dann stände er selber in eigener Person hier zur Anklage, denn auf *sein* Geheiß habe der Müller diesen Dienst übernommen, und er sei dessen Vorgesetzter.

Hier fing der Auditor höhnisch an zu lachen und meinte, es sei doch spaßig, wenn der Bürgermeister erst für seinen Bäcker und der Amtshauptmann dann für seinen Müller eintrete.

»Und da lachen Sie drüber?« fragte der alte Herr so gelassen, als habe er's mit Fritz Sahlmann zu tun. »Ist das in Frankreich denn nicht so? Sind in Ihrem Lande die Beamten bloß dazu da, den Leuten das Fell über die Ohren zu ziehen? Müssen sie ihnen nicht in einer gerechten Sache beistehen? Und ist es nicht eine gerechte Sache, wenn man sich einen Räuber und Spitzbuben, der die Gewalt hat, mit ein paar Flaschen Wein vom Halse schafft?«

Damit war denn natürlich das Kalb vors Auge geschlagen. Räuber und Spitzbuben und ein französischer Chasseur, das waren zweierlei Dinge, die sich nicht miteinander reimen konnten oder besser: durften. Der Oberst hatte sich vom Fenster abgewandt und ging mit großen Schritten hinter dem alten Herrn auf und ab, den der Auditor mit groben Worten anherrschte. Der Amtshauptmann aber blieb unbewegt. Er ging an den Tisch, holte aus dem Mantelsack des Franzosen einen silbernen Löffel heraus und hielt ihn dem Auditor entgegen: »Sehn Sie hier, dieses Wappen! Ich kenne es und

kenne auch die Leute, die es führen. Diese Art von Leuten verkauft ihre silbernen Löffel nicht. Nach meiner Meinung hat ein ehrlicher Soldat auch was anderes zu tun, als mit silbernen Löffeln zu handeln.«
Hier war nun nicht viel gegen zu sagen. Der Auditor änderte also geschickt seine Taktik und kam auf den Uhrmacher zu sprechen. Er befragte den alten Herrn, wie der in die französische Uniform gelangt sei, und was er über Nacht auf dem Schloß zu suchen gehabt.
»Da fragen Sie mich zuviel!« entgegnete der Amtshauptmann. »Ich habe ihn das nicht geheißen. Ich habe ihn nur an dem Abend, als der Müller mit dem Chasseur fort fuhr, flüchtig gesehen, und daß er die Nacht auf dem Schloß geblieben ist, geschah gegen meinen Willen und mein Wissen.« Der Auditor mochte wohl einsehen, daß mit dem alten Herrn nicht viel anzustellen war. Er brach das Verhör ab und bedeutete dem Herrn Amtshauptmann, er könne gehen, dürfe sich aber nicht aus dem Rathaus entfernen.
»Schön«, sagte der Alte und drehte sich um. »Also bis auf ausgemachte Sache.«
Wie er aber Hut und Stock ergreifen wollte, hielt der französische Oberst seinen Stock in der Hand und blickte darauf überrascht und gleichzeitig so unsicher, wie jemand, der in der Zeitung seine Nummer mit dem großen Los entdeckt hat. Und auf dem Stock war wirklich allerlei zu lesen, denn er stammte aus der Jenenser Studentenzeit des alten Herrn, und unzählige Namen waren darauf eingekerbt. Der Herr Amtshauptmann blickte den Oberst einen Augenblick an und erwies ihm darauf eine flüchtige, ein wenig hochmütige Verbeugung: »Mit Verlaub, Herr Oberst, meinen Stock.«
Der Oberst fuhr ein wenig zusammen, gab den Stock zurück, und wie der alte Herr das Zimmer verließ, ging der Oberst ihm nach. Mamsell Westfalen wollte nun ebenfalls nach draußen, und Fik und Korlin schickten sich auch dazu an, aber »Alt! Alt!« schrie der Auditor, und wer also nicht hinaus durfte, waren die drei Frauenzimmer.
Mamsell Westfalen hat später oft und oft dieses Verhör und ihre Gefühle dabei beschrieben. Doch immer fing sie so an: ihr sei zumute gewesen, als stände sie auf dem Stavenhagener Kirchturm, wo die Glocken hängen, und alle Glocken, große und kleine, hätten ihr in die Ohren gedröhnt. Wie aber der Herr Amtshauptmann sie verlassen habe, sei ihr gewesen, wie wenn ihr eine weiße Taube aus dem Schalloch davongeflattert wäre: sie habe ihr nachspringen wollen auf Leben und Sterben. Der Kerl aber, den sie einen Auditör zu schimpfen pflegten, habe sie am Rocksaum festgehalten, »und«, setzte sie hinzu, »Frau Meistern, ich habe ein gutes Dutzend von Auditers gekannt, die dem Herrn Amtshauptmann alle zusammen an Gelehrsamkeit

nicht das Wasser reichen konnten, und es waren alles lustige Vögel. Doch solch bunter Vogel und solch Galgenvogel wie dieser französische Auditer war nicht darunter, denn sehn Sie, Frau Meistern, der Kerl hatte nen bunten Livree-Rock an, und der Galgen stand ihm ins Gesicht geschrieben.«

Mamsell Westfalen erging es wie vielen ehrlichen Seelen: sie ängstigte sich sehr vor einer Gefahr, die aus der Ferne droht. Sind sie aber erst einmal mitten darin, dann spielen sie mit ihr. Sie sind wie die Mücken: den Rauch können sie nicht vertragen, aber die Flamme lockt sie an.

Wie sie sah, daß alle Brücken hinter ihr abgebrochen waren und daß es nun zum Schwur kommen sollte, stemmte sie die Hände in die Seiten, begab sich nach vorn und stellte sich auf genau den gleichen Platz, den der Herr Amtshauptmann eingenommen hatte. »Denn«, sagte sie später, »ich hatte gesehn, daß er stolz dort gestanden hatte, und sein Geist kam über mich.«

Der Auditor fragte nun, was sie von dem Uhrmacher wisse. – »Ich weiß von ihm nur, daß er ein Deutschverderber ist, der zum Brot ›düh päng‹ und zum Wein ›düh wäng‹ sagt, das ist alles.« – Wie er in die französische Uniform gekommen sei? – »Ich weiß nicht, wie er hineinkommt und weiß auch nicht, wie er herauskommt. Er wird das wohl genauso machen, wie alle andern Mannsleut.« – Warum er abends aufs Schloß gekommen sei? – »Aufs Schloß kommen viele Leute, und lauter ehrliche Leute, mit Ausnahme von denen, die die Gendarmen bringen. Und wenn ich mich darum kümmern sollte, was die alle wollen, dann könnte mich der Herzog zum Amtshauptmann machen, und der Herr Amtshauptmann könnte dann die Küche besorgen.« – Warum der Uhrmacher am Abend nicht nach Hause gegangen sei? – »Weil das ein Wetter war, wo einer keinen Hund vor die Tür jagt, viel weniger einen Christenmenschen. Und ich halte den Mann vorläufig noch für einen Christen, wenn auch für keinen richtigen, denn wie ich nur gehört habe, geht er des Nachts auf die Hasenjagd – warum nicht bei Tage wie andere Leute? –, und dort benutzt er sogar einen Hocker mit einem Bein, den er sich hinterwärts anschnallt, und jeder andere Christenmensch sitzt auf einem Hocker mit drei Beinen, und er hat unsere Korlin zu dieser verdrehten Mode auf dem Melkplatz verführen wollen. Sie hat ihn aber bedient: wenn das in seinem Lande so Mode sei, könne er ja mit dem Pfahl hinten raus rumlaufen, sie aber wolle nicht auf dem Melkplatz den Uhlenspiegel machen.«

Warum sie aber den Uhrmacher heimlich in ihre Stube aufgenommen habe? – Hier verschlug es Mamsell Westfalen die Sprache – das Blut schoß ihr glühend ins Gesicht über die Unverschämtheit des französischen Kerls: Dies war die Frage, die sie in die Flucht und auf den Räucherboden getrieben hatte. Wie sie aber in ihrer aufrichtigen Herzensnot nach einer Antwort rang, wurde ihr Hilfe zuteil. Fik Besserdich und Korlin drängten sich an ihre Seite und legten nun los: dies seien Lügen, dies seien ausgestunkene Lügen! Und sie wollten's beschwören. Ihr Mamselling hätte bei *ihnen* geschlafen, und sie wollten's dem Herrn Amtshauptmann sagen. Und wenn es *so* anfangen sollte, dann sollten sie nur kommen.

Es wurde entsetzlich laut, und kaum hatte der Auditor ein wenig Ruhe gestiftet, da legten sie von neuem los mit spitzigen Redensarten, bis schließlich die ganze Gesellschaft nach draußen gebracht wurde.

»Frau Meistern«, berichtete Mamsell Westfalen später der Weberfrau Stahl, »Sie wissen, ich habe mich immer geärgert über Fik Besserdichs loses Mundwerk, aber kein Gottesengel konnte mir in diesem Augenblick getreulicher zur Seite stehen als sie mit ihrem Gekeife. Frau Meistern, der Mensch soll nicht verachten, was ihm zu Zeiten unbequem ist – wer weiß, wozu er's brauchen kann. Und dazu gehört ein gutes Mundwerk, und dabei bleib ich. Aber gedenken will ich's dem Mädchen.«

Kapitel 12

Der Ehrentag

Als der Amtshauptmann die Gerichtsstube verließ, ging er schnurstracks zur anderen Seite der Diele hinüber an einen Platz, wohin er sich vorher und nachher häufig begeben hat. Es war das Zimmer meiner lieben Mutter – denn wir wohnten im Rathaus.

Meine Mutter saß und nähte, und wir Kinder spielten um sie herum, denn was brauchen Kinder schon viel? Sie aber ängstigte sich und war traurig. Still saß sie da und hörte vielleicht nicht einmal den Lärm, den wir in ihrer Gegenwart machten. Sie wußte vielleicht noch gar nichts von dem schlimmen Handel, in den mein Vater verstrickt war, denn seine Sache war es nicht, seine Kümmernisse vorzeitig auszubreiten. Aber mit einer guten Frau hat es eine eigene Bewandtnis: weiß ein tüchtiger Mann sehr rasch, woher der Wind weht, so weiß eine gute Frau schon lange vorher, daß etwas in der Luft liegt.

Der alte Herr trat also bei ihr ein: »Gu'n Morrn, min Herzenskindting! Wie geht es Ihnen? Viel Unruhe mit dem dämlichen Franzosenvolk! Nee, wat denn?« – Meine Mutter streckte ihm die Hand entgegen, denn sie hielt viel von dem alten, ehrenwerten Mann, der so manche Stunde bei ihr saß, dabei weise und gerecht abwägend die Erfahrungen seiner grauen Haare vor ihr ausbreitete, und der sich doch wiederum lebhaft und heiter gab, so daß es dann und wann ein wenig wie Puder dazwischenstäubte, wenn er von seiner Jenenser Studentenzeit erzählte, wie er und sein Bruder Adolf-Dietrich – »der Professor *iuris utriusque* in Rostock, min Herzenskindting« – es damals lustig im Amicistenorden getrieben hatten.

Meine Mutter streckte ihm nur ihre Hand entgegen, denn aufstehen konnte sie nicht. Sie war nach einer schweren Krankheit gelähmt, und ich habe sie nicht anders gekannt, als daß sie in ihren guten Zeiten auf einem Stuhl saß und nähte, so fleißig, so fleißig, als seien ihre armen, schwachen Hände gesund, und daß sie in ihren schlimmen Zeiten zu Bette lag und unter Schmerzen in den Büchern las. Was das für Bücher waren, weiß ich nicht mehr. Aber Romane waren es *nicht*, und so viel weiß ich immerhin, daß des alten Herrn Amtshauptmann Mark Aurel dabei mit unterlief, denn ich mußte ihn hin- und zurücktragen.

Frauensleuten das Herz schwer zu machen, war nun die Sache des alten Herrn gerade nicht. Anstatt also von dem schlimmen Treiben in der Gerichtsstube zu reden, fing er lieber vom schlechten Wetter an und gab eine kurzweilige Beschreibung der Pfützen auf dem Stavenhagener Marktplatz – denn der war damals noch nicht gepflastert –, als die Tür aufging und der französische Oberst eintrat. Er erwies meiner Mutter eine knappe Reverenz und wandte sich an den Herrn Amtshauptmann. Wir Gören ließen unsere Spiele sein und drängten uns in der Ofenecke zusammen wie die Hühner, wenn der Habicht in der Luft ist, und mögen uns wohl gedacht haben: »Wie das wohl wird?«

Das gleiche dachte wohl auch meine Mutter, denn sie blickte auf den alten Herrn ein wenig ängstlich, dieweil sein Gesicht eine ungemein ernsthafte, vornehme Miene annahm, die sie an ihm nicht gewohnt war. Der Franzose wirkte aber keineswegs unhöflich, und seine Stimme klang freundlich und liebenswürdig, wie er den alten Herrn fragte: »Um Vergebung, ich hörte eben in der Gerichtsstube den Namen Weber. Heißen Sie Weber?« – »Joachim Hinrich Weber«, entgegnete der Alte kurz angebunden und stand kerzengerade. – »Haben Sie nicht einen Bruder, der Adolf-Dietrich heißt?« – »Adolf-Dietrich, Professor in Rostock«, erwiderte der alte Herr und rührte sich nicht. – »Herr Amtshauptmann«, sagte der Franzose und streckte ihm beide Hände entgegen, »lassen Sie's vergessen sein, was heute morgen zwischen uns vorgefallen ist! Sie gehen mich mehr an, als Sie glauben. Ich habe auf Ihrem Stock einen Namen gelesen, der mir ins Herz geschrieben ist. Sehen Sie hier: ›Renatus von Toll‹.« – »Und den Mann kennen Sie?« fragte der alte Herr, und es war, wie wenn helles Morgenrot sein Antlitz überzog.

»Wie sollte ich nicht!« nickte der Oberst, »es ist ja mein Vater.« – »Mann!« rief der alte Herr, »Mann! Nee, wat denn? wat denn?«, schob den Obersten ein Stück von sich ab und blickte ihm in die Augen: »Sie der Sohn von Renatus von Toll?« – »Ja, und er hat mir oft und viel von seinen besten Freunden erzählt, von den beiden Webers, von den beiden langen Mecklenburgern.« – »Min Herzenskindting«, rief der alte Herr und wandte sich an meine Mutter, » von wem habe *ich* Ihnen erzählt, am meisten erzählt? Nee, wat denn? Von dem braven Westfalen, von dem Renatus.«

Meine Mutter senkte ihren Kopf, denn die Freude des alten Herrn hatte etwas an sich, das ihr die Tränen in die Augen trieb, und wir dummen Gören krochen nun auch hinterm Ofen hervor und wurden zutraulicher, und es war uns zumute, als sei Mutters Brudersohn ins Haus gekommen.

»Jüngschen, Jüngschen!« rief der alte Herr, »ich hätte Sie kennen müssen, wenn die verdammte französische Uniform... nee, lassen Sie sein! Das wollte ich nicht sagen!« setzte er rasch hinzu, als er sah, wie dem Oberst das

Blut ins Gesicht schoß. »Sagen Sie mal, Kindting, hat Ihr Vater noch die hellen, braunen Augen? Nee, wat denn? Hat er noch die krausen, braunen Haare? Nee, wat denn? Ein prächtiger Mensch, min Herzenskindting!« sagte er zu meiner Mutter, »ein Mensch, dem unser Herrgott den Mann auf die Stirn geschrieben hat!«

Der Oberst berichtete also, die braunen Augen wären wohl noch da, aber die braunen Haare seien nun auch schon ein wenig heller geworden. »Wahr! Wahr!« rief der Herr Amtshauptmann. »Das muß wohl so sein. Adolf-Dietrich hat auch schon graues Haar. – Aber nu, min Herzenskindting, nun kommen Sie mit mir ins Schloß hinauf und bleiben ein Weilchen bei mir. Weiß Gott, das ist das erste Mal, daß ich einen französischen Offizier einlade, bei mir zu bleiben. Doch Sie sind ja eigentlich kein französischer Offizier, Sie sind ja Deutscher. Der Sohn von Renatus von Toll kann nur ein braver Deutscher sein, min Herzenskindting« – und dabei wandte er sich an meine Mutter – »nee, wat denn?«

Meine Mutter sah, wie es den Obersten bei den Worten des alten Herrn heiß und kalt überlief. Sie winkte dem Amtshauptmann leise und blinzelte ihm zu, doch vergebens. Wie er nun bei der letzten Frage näher an sie herantrat, zupfte sie ihn vorsichtig am Rock, er solle doch schweigen. Der alte Herr aber wandte sich kurz um: »Min Herzenskindting, was zupfen Sie mich?« und nun war die Reihe, rot zu werden, an meiner Mutter.

Der Oberst hatte sich währenddessen aber gefaßt. Er erwies meiner Mutter eine halbe Verbeugung und sagte mit fester, ernster Stimme: »Herr Amtshauptmann, Ihre Einladung muß ich ausschlagen, denn in einer halben Stunde muß ich marschieren. Und was diese Uniform anbetrifft, die Ihnen nicht gefällt, auch nicht gefallen kann – ich will das zugeben –, so kann ich sie nicht entehren, indem ich sie ausziehe in der Stunde der Gefahr. Sie sagen, ich bin ein Deutscher, meines Vaters Sohn muß ein Deutscher sein – Sie haben recht –, doch wenn Sie es mir als Verbrechen anrechnen wollen, daß ich auf der anderen Seite stehe, so schieben Sie nicht mir das ins Gewissen, sondern meinem Landesherrn. Als ich Soldat wurde, stand der Kurfürst von Köln im Bündnis mit dem Kaiser, und als ich vor vier Jahren nach Spanien gehen mußte, lag ganz Deutschland mit allen seinen Fürsten Napoleon zu Füßen. Seit drei Wochen bin ich aus Spanien zurück und finde Deutschland anders, als es war. Was mir durch Kopf und Herz geht, ist meine Sache. Und wenn ich darüber mit einer Menschenseele reden sollte, dann könnte es nur mein Vater sein. Für den besten Jugendfreund meines Vaters muß das genügen. Es ist das mehr, als ich zu einem anderen Menschen je in dieser Sache gesagt habe.«

Der alte Herr stand währenddessen vor ihm, blickte ihm fest in die Augen und schüttelte dann und wann seinen Kopf. Doch als er gewahr wurde, daß aus dem Gesicht des Obersten Ernst und Glaubwürdigkeit sprachen, da suchten sich seine Augen einen anderen Punkt.

»Das ist denn eine andere Sache!« sagte er, als der Oberst geendet hatte. Er wandte sich an meine Mutter: »Min Herzenskindting, nee, wat denn? Der Mann hat recht. Der Sohn von Renatus von Toll hat recht. Schade nur, daß er recht hat!« – und ergriff seine Hand: »Mein lieber junger Freund, und hier bleiben können Sie nicht?« Als der Oberst ihm versicherte, dies sei unmöglich, rief er mich heran: »Fritz«, sagte er, »Jung, du kannst schon einen Auftrag übernehmen. Lauf zu Neiting, zur Frau Amtshauptmann, und sag ihr, sie soll rasch herkommen. Hier wäre ein erfreuliches Ereignis eingetreten, hörst du, ein *erfreuliches* Ereignis. Sonst ängstigt sie sich, min Herzenskindting«, sagte er zu meiner Mutter.

Ich rannte denn nun auch, was ich konnte, zum Schloß hinauf, und es dauerte nicht lange, da ging die Frau Amtshauptmännin neben mir her, wortlos und bedächtig, wie es ihre Art war, und ich hüpfte wie eine Bachstelze um sie herum, so daß sie alle Hände voll zu tun hatte, um mich vor Pferden und Wagen zu hüten.

Wie wir über den Markt gingen, rüsteten die Franzosen schon stark zum Aufbruch. Die Kanonen standen dort mit Vorspann, das Bataillon hatte in Reih und Glied Aufstellung genommen, und es war ersichtlich, daß der Abmarsch bevorstand.

Die Frau Amtsmännin betrat das Rathaus. Sie sollte aber nicht weit kommen, denn schon auf der Diele wurde sie von Mamsell Westfalen und den beiden Mädchen fest in Beschlag genommen, und ehe sie sich dessen versah, stand sie inmitten jenes Knäuels von Mördern und Totschlägern, bei Bäcker Witt, Droi und Müller Voß, und jeder erzählte ihr seine Geschichte. In dieses Knäuel verwickelten sich nun auch noch Frau und Kinder Droi mit Flehen und lautem Weinen. Frau Meistern Stahl hatte Mamsell Westfalen hinten am Rockgürtel gepackt und führte sich auf, als wolle das alte Fräulein ins Wasser springen und sie solle sie vom Selbstmord zurückhalten. Bäcker Witt feuerte dann und wann noch einen Spitzbuben ab, doch er hatte nur noch eine halbe Pulverladung auf der Pfanne. Wie er dann aber des Gejammers der Uhrmacherfrau gewahr wurde, fiel ihm sein eigener Hausstand ein, und er rief mich heran: »Fritzing«, sagte er, »lauf rüber zu meinem Haus, min Jünging! Sollst auch nen Zuckerkringel haben! Und ruf meinen Jehann und meine Tochter, was die Strüwingsche ist, und sag ihnen, sie sollten herkommen. Denn die Spitzbubenfranzosen werden mich wohl nun

auch mitnehmen in ihr gottvergessenes Land, wie sie es vordem schon mit meinem fünfjährigen braunen Fohlen gemacht haben.«
Ich entledigte mich also meines Auftrags. Wie ich mit Jehann, mit der Strübingschen und mit dem Zuckerkringel zurückkehrte, war gerade Müller Vossens Hinrich, mit der alten Müllerfrau und Fiken, vorm Rathaus auf Hinrichs Wagen vorgefahren, denn die Armeegendarmen hatten sich schließlich doch richtig zur Gielowschen Mühle durchgefragt und hatten dort das ganze Nest ausgenommen.
Nun fing es von neuem an mit dem Jammern und dem lauten Geschrei, und die einzige, die sich gefaßt verhielt, war Fiken. Sie fragte leise ihren Vater: »Hast du das Geld abgegeben?« – Der Alte zeigte auf die Gerichtsstube: »Da liegt es.« – »Vadding, denn sei getrost, unser Herrgott wird dich nicht verlassen.«

Mein Vater war in dieser ganzen Zeit schweigend und allein auf der Diele auf und ab gegangen. In ihm mochte es wohl unruhig zugehen, denn er blieb oft stehen und fuhr sich durchs Haar, wenn das Jammern der Frauen lauter wurde. Zwischendurch trat er zu Herrn Droi und beruhigte ihn: er solle sich nicht ängstigen, für ihn werde es halb so schlimm. Herr Droi nickte zum Einverständnis und sagte: *»Bon!«*, wurde einen guten Zoll größer, streckte ein Bein voran und stemmte zuversichtlich die Arme in die Seiten.
Eigentlich schien alles auch wieder in Ordnung zu kommen, denn der Adjutant rief den Obersten aus der Stube meiner Mutter heraus, und als er uns verließ, hatte er eine sehr viel freundlichere Miene angenommen. Er trat zusammen mit dem Herrn Amtshauptmann zu den Gefangenen und ordnete an, Mamsell Westfalen und die beiden Mädchen sollten freigelassen werden. Mamsell Westfalen tauchte daraufhin dreimal tief unter und sagte mit Rührung: »Ich bedanke mich auch, Herr Oberst von Toll!«
Der Herr Amtshauptmann bekam dann auch inmitten des Knäuels seine liebe Frau zu Gesicht und befreite sie gleichfalls. Während er ihr den Obersten vorstellte und berichtete, was sich begeben, kommandierte der Adjutant: »Marsch!« und Müller Voß, Bäcker Witt und Herr Droi sollten hinausgebracht werden. Müllers Fiken hielt ihren Vater am Arm gepackt und wollte nicht von ihm lassen. Als sie mit Gewalt von ihm getrennt wurde, blieb sie doch sehr gelassen: »Vadding, wo sie dich auch hinbringen, ich bleibe doch bei dir.«
Mit dem alten Bäcker verlief es leichter. Er spuckte dreimal kurz aus, feuerte auf Gewinn und Verlust einige Spitzbuben in die Luft, sagte Jehann

kurz über die Wirtschaft Bescheid und verließ den Raum. Mit dem Uhrmacher aber ging es nicht so glatt. Seine Frau und seine kleinen Kinder hingen an ihm und jammerten auf deutsch und auf französisch, so daß es einen Stein hätte erbarmen mögen. Das aber konnte mein Vater nun nicht länger mehr ertragen. Er trat vor und stellte die Frage, weshalb der Uhrmacher als Gefangener fortgeführt werden solle – der Mann sei ein hierorts ansässiger Bürger, der sich noch nie etwas habe zuschulden kommen lassen. Daraus, daß er oben im Schloß übernachtet habe, könne man ihm kein Verbrechen anlasten, denn der Herr Oberst und der Herr Adjutant hätten ja ebenfalls im Schloß geschlafen, und daß er eine französische Uniform besitze, sei nur natürlich, weil er unter den Franzosen gedient habe. Daß er sie dann und wann anzöge, müßten die Franzosen ihm eigentlich hoch anrechnen, denn der Mann gebe dadurch zu verstehen, daß er noch mit Lust und Liebe an die Zeit zurückdenke, als er sie in ihren Reihen getragen habe. – Er habe die Uniform mißbraucht, unterbrach ihn der Adjutant. – »Das ist nicht wahr!« rief mein Vater. Es sei kein Mißbrauch, wenn jemand durch eine unschuldige List sich Räuber und Spitzbuben vom Leibe halte, und der Beweis, daß sie es mit dieser Gattung zu tun gehabt hätten, liege im Mantelsack des Chasseurs.

Der Adjutant schoß darauf einen derart verkniffenen und giftigen Blick auf meinen Vater, als wolle er ihm am liebsten eins mit dem Degen versetzen. Der Oberst, auf dessen Gesicht ein richtiges Gewitter aufzuziehen schien, trat hinzu und machte eine Handbewegung, den Uhrmacher abzuführen. Doch da stürzte mein Vater vor, dessen schroffe, redliche Art nun unverhüllt zum Vorschein kam. »Halt!« rief er, »der Mann ist unschuldig! Wenn hier einer schuld hat, dann bin *ich* es, denn er hat auf mein Geheiß und Befehl gehandelt. Wenn hier einer arretiert werden muß, dann ich!« – »Kann geschehen!« bemerkte der Oberst kalt. »Laßt den Mann los und nehmt diesen hier!« – »Min Herzenskindting«, rief der Amtshauptmann, »was tun Sie?« – »Meine Pflicht, Herr Amtshauptmann«, erwiderte der Oberst und reichte ihm die Hand. »Leben Sie wohl, Herr Amtshauptmann, meine Zeit ist um!« Damit verließ er uns.

Das Ganze ging so rasch vor sich, daß den meisten gar nicht bewußt wurde, was eigentlich vorgefallen war – mir am allerwenigsten, denn ich war nur erst ein kleiner Dummbart. So viel aber verstand ich doch schon: mein Vater hatte sich da etwas eingebrockt und saß nun ganz schön in der Tinte. Natürlich fing ich nun auch an, laut loszuheulen, und wie die kleinen Drois ihre Tränen schon getrocknet hatten, strömten meine noch die Backen hinunter. Ich drängelte mich hinter meinem Vater her, als sie ihn auf die Straße hinauszerrten; auch der Herr Amtshauptmann folgte den Gefangenen. »Herr Amtshauptmann«, rief mein Vater, »trösten Sie meine arme Frau! Und du, Fritz«, rief er mir zu, »hol mir meinen Hut.« – Ich lief ins Haus und holte den Hut, und wie ich ihn anbrachte, nahm mein Vater mich auf, gab mir einen Kuß und flüsterte mir ins Ohr: »Sag Mudding, ich wär bald wieder da.«

So brach der Trupp auf, zwei Mann vorne, zwei Mann hinten, und in der Mitte Müller Voß, Bäcker Witt und mein Vater. Wie sie am Spritzenhaus vorübermarschierten, öffnete sich das Tor, und wer trat heraus? Mein Onkel Herse, ebenfalls von zwei Mann eskortiert, denn ihn hatte der Kanonenoberst dort vorläufig einsperren lassen, weil die Bauern fast alle ausgerissen waren.

»Mein Gott!« wunderte sich mein Vater, »Herr Ratsherr, wofür müssen Sie denn büßen?« – »Für's Vaterland, Herr Bürgermeister«, erwiderte Onkel Herse. »Ich habe mit Mamsell Westfalen eine Verschwörung angezettelt, und nun hat mich der korsikanische Lindwurm in seinen Krallen. Aber eigentlich ist es wegen Müller Vossens Fuhrwerk und wegen der dämlichen, schlitzohrigen Bauern.«

Sie tauschten in aller Eile ihre Erfahrungen aus, und Onkel Herse stolzierte mit seinem Dreimaster und seinem bunten Kragen so stattlich einher, als kommandiere er das Ganze. Mein Onkel Herse war kein Angsthase; er fürchtete sich keineswegs, er sah dies vielmehr für seinen größten Ehrentag an. Als sei er nach dem Regen in der Nacht noch zwei Zoll gewachsen, marschierte er danach hoch aufgereckt die Brandenburger Straße hinunter und grüßte nach rechts und nach links, Juden wie Christen, kniff das eine Auge zu und bedeutete Spritzenmeister Tröpner, er solle ja nicht verraten, was er wisse, und legte den Zeigefinger auf den Mund, als er bei Jud Salomon vorbeipassierte, zum Zeichen, daß dieser schweigen solle.

Kaum waren sie aber zum Tor hinaus, da verbreitete die brave Weberfrau Stahl schon allenthalben, den Herrn Ratsherrn hätten die Franzosen mitgenommen, sie wollten ihn zum General machen. Die anderen aber würden wohl aufgehängt werden.

Kapitel 13

Auf den Stufen des Thrones

Nachdem unsere Gefangenen durch das Brandenburger Tor hindurchpassiert waren, zogen sie mit ihren zwei Mann Eskorte vorn und zwei Mann Eskorte hinten an der Amtskoppel vorbei die alte Brandenburgische Straße hinunter – denn Chausseen gab es dazumal in Mecklenburg noch nicht. Wie sie den zum Mühlenberg hinaufführenden Hohlweg erreicht hatten, den die Stavenhäger Bürger den »Pferdetod« oder wohl auch »das Hals- und Beinstück« zu nennen pflegten, kommandierte die Wachmannschaft »Halt!« – denn hier ging es nun auf gar keine Weise mehr weiter. Der ganze Kanonenfuhrpark stak im Hohlweg und kam nicht voran: selbst wenn alle Pferde aus Amt und Stadt, die nun *nicht* da waren, als Vorspann zur Stelle gewesen wären – diesen Klumpen Trübsal hätten sie aus dem tiefen Lehm doch nicht herauszuzerren vermocht. Da saßen nun die Franzosen fest und fluchten und wetterten. Aus der Stadt und von der Amtskoppel wurden Tagelöhner mit Hacken und Schaufeln herangetrieben, frischer Vorspann wurde von den ritterschaftlichen Gütern, aus Jürgenstorf und Klockow, herangeführt, und dabei goß es in Strömen, so daß niemand mehr einen trockenen Faden am Leibe hatte.

»Vadder Voß«, seufzte Bäcker Witt, »was ist das nur für'n Regen!« – »Schön Wetter für die Wintergerste«, erwiderte der Müller, »wenn man schon welche im Boden hat.« – »Ich kann mein Hemd schon auswringen«, klagte der Bäcker. – »Und mir laufen bei kleinem die Stiebeln voll«, bestätigte der Müller. – »Herr Bürgermeister, gehn Sie hinter meinem Mantel in Deckung«, schlug Onkel Herse vor und machte sich noch ein bißchen breiter als von Natur schon, »ich freue mich nur, daß diese Tyrannenknechte auch durch und durch naß werden.« – Mein Vater nahm hinter dem Mantel Aufstellung, sagte jedoch nichts, denn ein Umstand hatte seine Aufmerksamkeit erregt.

Oben am Rande des Hohlwegs stand allerlei Volks: Tagelöhner, Knechte und Bürger aus Stavenhagen, die trotz Regen und Unwetter aus Neugierde und Mitgefühl hinter dem Zug hermarschiert waren, und inmitten dieses Häufleins schlich Fritz Sahlmann in gebückter Haltung hin und her und berichtete dem einen oder dem anderen, der es noch nicht wußte, vom Ablauf der Ereignisse. Wie mein Vater auf ihn aufmerksam wurde, stand Fritz gerade neben dem alten Nicolai aus Jürgenstorf, der als Inspektor hergeritten

war und sich wohl oder übel den Franzosen anschließen mußte, wollte er noch einmal seine Hofpferde wiedersehen.
Inspektor Nicolai war ein sehr guter Freund meines Vaters, und als Fritz Sahlmann ihm seinen Vers hergebetet hatte, nahm mein Vater deutlich wahr, wie ihm der alte Inspektor zunickte und dabei dem Jungen etwas ins Ohr flüsterte. Fritz Sahlmann steckte daraufhin die Hände in die Taschen und pfiff sich eins. Er pfiff sich bis an den Rand des Hohlwegs heran, pfiff sich die Böschung hinunter, und als er beinahe unten war, stolperte er recht geschickt über die Wurzel einer alten Weide und taumelte in aller Natürlichkeit auf den Gefangenentrupp zu. Wie er ganz dicht bei meinem Vater war, fiel er, als könne es gar nicht anders sein, hinein in den tiefen Lehm. Mein Vater bückte sich ein wenig und half ihm wieder auf. »Passen Sie auf das Pferd!« flüsterte der Junge, wurde aber auch gleich von den Franzosen weggejagt und kletterte die Böschung wieder hinan.
Hatte mein Vater schon vordem auf den Inspektor und den Jungen geachtet, so wurde er jetzt richtig aufmerksam. Er sah, wie der alte Nikolai abstieg, mit seiner Reitpeitsche durch die Luft fuhr und sie Fritz Sahlmann übergab, und wie der Junge das Pferd zu führen begann, immer auf und ab, immer dichter an den Hohlweg heran, bis er endlich unter einer alten Weide einhielt, als wolle er dort Schutz vor dem Regen suchen. Von hier aus machte er meinem Vater ein Zeichen, und der, im Schutz von Onkel Herses breitem Rücken stehend, tat so, als wolle er sich das Wasser von der Hutkrempe schütteln und schwenkte dreimal deutlich seinen Hut.
Dies hatte einige Zeit in Anspruch genommen. Dann näherte sich von der Biegung, wo der Weg von Ivenack her in die Neubrandenburger Landstraße einmündet, eine große Kutsche; in ihr saß ein General, der die Nacht über beim Ivenacker Grafen in Quartier gelegen hatte. Die Kutsche fuhr den Hohlweg hinan, und als sie an die Stelle gelangte, wo der Transport verhielt, entstand unter den Soldaten eine Bewegung: sie mußten der Kutsche Platz machen. Kaum hatte mein Vater dies wahrgenommen, da stürzte er, wie aus der Pistole geschossen, hinter dem Mantel des Ratsherrn hervor, auf die andere Seite der Kutsche hinüber, die Böschung hinan, unter die alte Weide, riß Fritz Sahlmann Peitsche und Zügel aus der Hand, rauf auf den Gaul und – hast du nicht gesehn! – den Berg hinunter.
»Feu! feu!« schrien die Franzosen, »knack!« machten die Hähne, und »Kasten!« sagten die alten Feuerschlösser, denn das Pulver war durchgeweicht und zu Wasser geworden, wie Stahlschens, der Weberfrau, Kaffeesatz.
Für einen kurzen Augenblick hatte es fast den Anschein, als wollten die Stavenhäger Bürger ihrem Bürgermeister, wie sie ihn im Galopp über Fel-

der und Gräben hinwegfegen sahen, ein donnerndes »Hurrah!« hinterherschicken, und Schuster Bank hatte auch schon angesetzt: »Uns Herr Burmeister viv...«, da traf ihn ein französischer Flintenkolben zwischen den Schulterblättern, so daß er instandgesetzt wurde, diesem Wink flugs nachzukommen und mit beträchtlicher Geschwindigkeit unten am Berge anzulangen. Die anderen folgten ihm schleunigst, und im Handumdrehen war die Böschung leergefegt – bis auf Herrn Inspektor Nicolai, der an einer Weide lehnte und dort in aller Gemütsruhe sein Pfeifchen Tabak schmauchte. Ob es nun niemand bemerkt hatte, daß er ursprünglich beritten gewesen, oder ob im Gegenteil die Franzosen nur allzu genau wußten, daß er mit der ganzen Geschichte auch nicht das Geringste zu tun hatte, dieweil er von seinem Pferde ja sehr entfernt stand – genug, er erhielt kein böses Wort. Die drei übriggebliebenen Gefangenen aber erhielten doppelte Wachen und wurden aus dem Hohlweg aufs freie Feld verbracht, von dort aber, weil es da doch ein bißchen arg feucht war, unter die alte Bockmühle, von der der Berg seinen Namen führt.

Hier saßen sie nun Rücken an Rücken auf einem Mühlstein und ergingen sich in Mutmaßungen. »Für den Burmeister ist's gut«, bemerkte der alte Witt und kämmte sich mit dem Messingkamm sein nasses Haar nach hinten, »daß er auf diese Manier entwischt ist. Er hätte uns am Ende doch wohl noch freigekriegt.« – »Je, Vadder, wie sollt das nicht!« bestätigte der brave Müller Voß und nickte Inspektor Nicolai zu, der ebenfalls Anstalten traf, sich an der Mühle unterzustellen.

»Hm!« warf Onkel Herse ein, »Meister Witt, in städtischen Angelegenheiten weiß Er Bescheid, das streit ich Ihm nicht ab. Aber in Kriegsangelegenheiten, was das Militärische anbetrifft, da hat Er sich sein Lebtag nicht drum gekümmert, da weiß Er gerade so viel von wie... wie...« – »Wie Sie und ich, Herr Ratsherr«, warf Müller Voß ein, ohne sich weiter dabei viel zu denken. – »Müller Voß«, entgegnete ihm der Herr Ratsherr und richtete sich auf, »jeder rede von sich und nicht von den anderen. Was Sie davon verstehen, das wissen Sie seit gestern nachmittag, denn Sie und der alte Amtshauptmann und der Bürgermeister haben uns in die Sache hineinverwickelt, und hätte ich mich nicht eingemischt, dann säße die gute Mamsell Westfalen auch hier auf dem Mühlstein und klapperte mit den Zähnen. Was *ich* davon verstehe, daß will ich Ihnen bald weisen. Kennen Sie Jahn?« – »Meinen Sie den alten Jahn aus der Peenegegend, der meiner Frau die Töpfe mit Drahtmaschen bestrickt?« – »Ih, wo! Den Turn-Jahn mein ich, der jetzt in Berlin ist, Kollow in Lokow sein Schwager.« – »Nee, der Mann ist mir nicht bekannt.« – »Na, denn hören Sie. Dieser Turn-Jahn geht mal in Berlin mit nem Studenten die Straße hinunter und kommt zum Brandenburger Tor – denn die Berliner haben ebenso gut ein Brandenburger Tor wie wir Stavenhagener – und zeigt da nach oben hinauf, wo die Siegesgöttin sonst stand, die die Franzosen mitgenommen haben, und fragt den Studenten, was der sich wohl dabei denkt. – ›Nicks‹, sagt der – ›Schwabb‹ gibt Jahn ihm eins hinter die Ohren.«

»Das war dreist«, meinte Müller Voß. – »Ja, Herr Ratsherr«, bemerkte der alte Witt, »mir sitzt das Handgelenk ja auch verflixt lose, aber...« – »So laßt mich doch zu Ende erzählen«, murrte Onkel Herse: »›Musche Nüdling‹, sagt Turnvater Jahn zu dem Studenten, als der sich über die Ohrfeige stark verwunderte, ›dies ist ein Denkzettel fürs Nichtdenken. Du hättst dir nämlich denken müssen, daß wir uns die Siegesgöttin aus Paris zurückholen müssen.‹« – »Ja, aber...«, wandte Witt ein. – »Das ist denn doch, aberst...«, bemerkte der Müller.

Der Ratsherr ließ sie aber nicht zu Wort kommen und wandte sich an den Müller: »Nun frage ich Sie, Müller Voß, wenn Sie sich diese Mühle so ansehn, was denken Sie sich dabei?« – »Herr Ratsherr«, erwiderte Müller Voß, stand auf und stellte sich ein Stückchen abseits, »Herr Ratsherr, Sie werden mich doch nicht *so* traktieren?« – »Ich frage nur, Müller Voß, was denken Sie sich dabei?« – »Je«, meinte der Müller und blickte an der Mühle hoch, »was soll ich mir dabei denken? Ich denk mir, daß das ne alte Hucke ist und daß sie zum Frühjahr neue Flügel haben muß und daß, wenn die Steine da oben nicht besser sind als der, der hier unten liegt, die Stavenhäger verdammt viel Sand mit ihrem Mehl werden verzehren müssen.« – »Und darin hast du recht, Vadder«, pflichtete ihm der Bäcker bei. – »Und darin hat er unrecht«, rief Onkel Herse. »Hätte er richtig geantwortet, dann hätte er sagen müssen: ›sie muß angesteckt werden.‹ Und sie wird angesteckt werden. Alle Mühlen im ganzen Lande müssen angesteckt werden.« Und damit stand er auf und umkreiste mit großen Schritten den Mühlstein.

»Gott soll uns bewahren!« rief Müller Voß, »wer sollte solche Schandtat begehen?« – *»Ich!«* rief mein Onkel, schlug sich vor die Brust und trat näher an die beiden heran, die gar nicht wußten, wie ihnen geschah. Nun flüsterte er: »Wenn der Landsturm losbricht, dann stecken wir alle Mühlen als Feuerzeichen an. Ein Fanal nennt man das, und der beste Beweis, daß ihr nichts vom Kriege versteht, ist, daß ihr nicht mal wißt, was ein Fanal ist.« – »Herr Ratsherr«, wandte Müller Voß ein, »es ist mir ganz egal, ob das ein Fanal oder ein Kanal oder sonst 'n Aal ist. Wer mir meine Wassermühle ansteckt, der kann sich auf was gefaßt machen.« – »Bockmühlen, Windmühlen, meine ich, Müller Voß. Wer sagt denn was von Wassermühlen? Wassermühlen liegen unten im Grunde und brennen nicht. Und nun frage ich euch, hat der Bürgermeister wohl die Kenntnisse und die Courage, in Kriegszeiten so zu handeln wie *ich*?« – »Daß er Mühlen anstecken will, hat er nicht gesagt«, erwiderte der Bäcker und blickte den Ratsherrn ein bißchen sehr unsicher an, als wisse er nicht, ob es Spaß oder Ernst sei. – »Mein lieber Witt, Sie kucken mich an wie die Kuh das neue Tor. Sie wundern sich über mich und denken: Was will so'n Stavenhäger Ratsherr? was weiß der schon von Kriegskunst? Mein lieber Witt, *Sie* kneten Ihren Teig mit den Fäusten im Backtrog, *ich* knete meinen mit Überlegung im Kopf.

Wenn man mich hinstellte, wo ich hingehöre, dann stünde ich vorm König von Preußen und würde mit dem Mann reden: ›Majestät‹, würde ich sagen, ›Sie sind wohl ein bißchen sehr in Verlegenheit?‹ – ›Was sollt ich nicht, Herr Ratsherr‹, sagt er, ›das Geld ist mir zur Stunde mächtig knapp.‹ – ›Weiter nichts?‹ frage ich. ›Das ist ne Kleinigkeit! Geben Sie mir bloß ne Vollmacht, daß ich tun kann, was ich will – *licentia poetica* heißt das auf lateinisch, Müller Voß – und ein Regiment Garde-Grenadiere.‹ – ›Die sollen Sie haben, mein lieber Ratsherr‹, sagt der König. Und *ich* lasse dann die ganze Judenschaft aus allen seinen Staaten auf dem Schloßhof zu Berlin zusammenkommen, besetze das Schloß mit meinen Gardegrenadieren, stelle mich an die Spitze einer Kompanie und marschiere damit in den Schloßhof. ›Seid ihr nun alle da?‹ frage ich die Juden. – ›Ja‹, sagen die. – ›Wollt ihr nun freiwillig‹, sage ich zu den Juden, ›die Hälfte von eurem Vermögen auf dem Altar des Vaterlandes opfern?‹ – ›Das können wir nicht‹, sagt der eine, ›denn sind wir ruiniert.‹ – ›Wollt ihr oder wollt ihr nicht?‹ frage ich. ›Achtung!‹ kommandiere ich. – ›Herr Ratsherr‹, sagt ein anderer, ›nehmen Sie 'n Viertel!‹ – ›Keinen Groschen unter der Hälfte‹, sage ich. ›Fertig machen!‹ – ›Wir wollen ja!‹ schreien die Juden. – ›Schön‹, sage ich, ›denn geh nu jeder einzeln rauf nach dem Weißen Saal, da sitzt des Königs Majestät auf dem Thron, und dort lege ein jeder sein Geld vor die Stufen des Thrones.‹

Wenn sie alle oben gewesen sind, gehe ich auch rauf: ›Na‹, sage ich, ›Majestät, wie ist's denn nun?‹ – ›Wunderschön, mein lieber Herr Ratsherr!‹ sagt er, ›wenn das andere man auch schon so wäre!‹ – ›Das wollen wir wohl kriegen‹, sage ich. ›Geben Sie mir bloß so Stücker zwanzig Regimenter Infanterie, zehn Regimenter Kavallerie und so viel Kanonen, wie Sie im Moment gerade entbehren können.‹ – ›Die sollen Sie haben‹, sagt der König. – ›Schön!‹ sage ich und marschiere mit meinen Soldaten ab, immer durch Wiesen und Moore und junge Tannenschonungen, Flanken immer gedeckt. Ich werfe mich auf Hamburg. Den Prinzen Eckmühl überfalle ich, er wird vor mich gebracht. ›Baut mir mal nen recht hohen Galgen‹, sage ich. –

›Gnade!‹ winselt er. – ›Nichts da‹, sage ich, ›von Gnade! Das ist dafür, daß du hast Herzog von Mecklenburg werden wollen.‹

»Ich bitt Sie um Gottes Willen, Herr Ratsherr«, unterbrach ihn Müller Voß, »reden Sie sich und uns nicht um Kopf und Kragen! Bedenken Sie doch, wenn die Kerls was davon verstünden!« – »Das wär der Deuwel!« bestätigte mein Onkel Herse, blickte die Franzosen der Reihe nach an, und wie er feststellte, daß sie ihm keine Beachtung schenkten, sagte er: »Sie sind ne alte Bangbüx, Müller! Die Kerls verstehn kein Deutsch. – Also: ich häng ihn auf und zieh mich links ins Hannöversche hinein und falle ihm selber, dem korsikan... – na, ihr wißt ja, wen ich meine – in den Rücken. Alles andere ist dummes Zeug: in den Rücken fallen ist die Hauptsache. – Eine große Schlacht! Fünfzehntausend Gefangene! Er schickt mir einen Trompeter: ›Waffenstillstand!‹ – ›Kann nichts draus werden‹, sage ich, ›zum Spaß sind wir nicht hier.‹ – ›Frieden!‹ läßt er mir bestellen. – ›Schön!‹ sage ich, ›Rheinland und Westfalen, ganz Elsaß und dreiviertel Lothringen.‹ – ›Kann ich nicht!‹ sagt er, ›mein Bruder muß davon leben.‹

Also wieder vorwärts! Ich ziehe nach rechts und beruhige Belgien und Holland. Mit einmal schwenke ich links ein. ›Weiß der Deuwel!‹ sagt er. ›Da hat das Unglück den verflixten Ratsherrn wieder in mein Achterquartier geführt!‹ – ›Erstes Grenadier-Regiment, fällt's Bajonett!‹ kommandiere ich – die Batterie wird genommen. ›Zweites Husarenregiment vor!‹ – Er wagt sich mit seinem Generalstab zu weit vor: Schwupp! haben die Husaren ihn beim Schlafittchen. ›Hier ist mein Degen!‹ sagt er. – ›Schön!‹ sage ich. ›Nun kommen Sie man mit. Und ihr, Kinnings, könnt nu ruhig nach Haus gehn. Die Sache ist ausgestanden.‹

Ich bringe ihn nun gefesselt an die Stufen des Thrones: ›Majestät von Preußen, hier ist er!‹ – ›Herr Ratsherr‹, sagt der König, ›bitten Sie sich ne Gnade aus.‹ – ›Majestät‹, sage ich, ›Kinder habe ich keine. Wollen Sie aber was übriges an mir tun, denn geben Sie meiner Frau, wenn ich aus der Welt gehn sollte, ne kleine Pension. Im übrigen wünsche ich wieder in meinen Privatstand als Stavenhäger Ratsherr zurückzutreten.‹ – ›Wie Sie wollen‹, sagt der König. ›Das merken Sie sich aber: Wenn Sie mal wieder nach Berlin kommen sollten, ein Couvert ist für Sie immer gedeckt.‹ – Ich mache meine Verbeugung: ›Adjüs auch!‹ und gehe zurück nach Stavenhagen.«

»Das ist brav von Ihnen«, meinte Bäcker Witt. »Jedoch aber, was hilft uns die ganze schöne Kriegskunst? Die Sache ist diesmal am verkehrten Ende ausgebrütet. Sie haben *ihn* nicht, er hat *Sie* und uns dazu, und wenn wer gefesselt an die Stufen des Thrones gebracht wird, denn sind *wir* das. Ich glaube, der Herr Burmeister ist doch wohl der klügste von uns gewesen,

denn der ist nu schon über alle Berge und sitzt im Trocknen, und uns klappern die Zähne im Rachen, wie wenn man nen Beutel mit Haselnüssen schüttelt.« – »Ach was!« erwiderte mein Onkel, »das ist keine Kunst, so vor allen sichtlichen Augen davonzujagen – nee, mein Rat ist: wir machen's feiner, mit ner Kriegslist. Also präparier' sich jeder ein paar Kriegslisten zurecht, dann können wir uns ja später die beste davon aussuchen.«
Der Müller hatte währenddessen geschwiegen. Er beobachtete, so gut das im Regen ging, die Landstraße, die unten am Berge vorbeiführte. »Mein Gott!« rief er mit einem Male, »das ist ja wohl rein unmöglich! Das sind doch meine Fiken und Jochen Vossens Hinrich, die dort angefahren kommen.«
Und so war es.

Kapitel 14

Die gute Nachricht

Dies war, so weit auch immer ich zurückdenken kann, wohl der traurigste Tag in meinen ganzen Kinderjahren. Du lieber Gott! wie sah es im Stübchen meiner Mutter aus!

Meine Mutter hatte wohl schon lange gemerkt, daß irgend etwas vorging, das nichts Gutes verhieß. Und wenn sie auch einen sehr beweglichen Geist und eine lebhafte Phantasie besaß, die ihr alles rasch vors Auge brachten und ins rechte Licht rückten, so hatten Krankheit und Leid sie doch daran gewöhnt, die Fassung nicht zu verlieren und, was kommen mußte, in Ergebung zu tragen. Doch Ungewißheit in einer solchen Lage ist schlimm, und noch schlimmer ist es, wenn keine Möglichkeit besteht, sich Gewißheit zu verschaffen. Als meine Mutter das laute Sprechen meines Vaters auf dem Vorplatz, die heftigen Worte des Franzosen und den kurzen Befehl des Obersten vernahm, da ahnte sie, was sich dort abspielte, ohne daß sie die Worte verstand. Angst ergriff sie, und niemand war um sie, kein Mensch hörte ihr Klingeln. Ihre Hilflosigkeit und die bittere Einsicht, nicht helfen zu können, nicht dort zu stehen, wo sie hätte stehen müssen, an der Seite meines Vaters, übermannten sie, und als der Amtshauptmann ihr Zimmer betrat, war sie in Ohnmacht gefallen und lag wie tot in ihrem Krankenstuhl.

Der alte Herr war mit dem allerschönsten Trostspruch aus seinem Mark Aurel auf den Lippen eingetreten. Doch als er den Zustand meiner Mutter gewahrte, verlor er völlig seine Contenance und rief ein übers andere Mal: »Nee, wat denn? Min Herzenskindting! Was ist Ihnen? Was ist Ihnen?«

Der alte Herr, sonst nicht so leicht aus der Ruhe zu bringen, war diesmal anscheinend ganz und gar durcheinander. Ihn beherrschte allein noch das dumpfe Gefühl, hier müsse etwas geschehen. Wie ich tränenüberströmt ins Zimmer stürzte, stand er mit einer Waschschüssel in der Hand, in der kein Wasser war, vor meiner Mutter und seufzte: »Dies ist doch eine sehr sonderbare Sache!«

Endlich kamen auf mein Geschrei die Frau Amtshauptmännin und Mamsell Westfalen zu Hilfe. Ich hatte mich an meine Mutter geklammert und rief ein übers andere Mal: »Mudding, min leiw Mudding, er kommt wieder. Ich soll dir sagen, er ist bald wieder hier!«

Endlich, endlich gelangte sie wieder zu sich, und was anfänglich Angst gewesen war, wurde nun Kummer und Herzeleid.

Trösten ist ein sehr leichtes Geschäft für den, der mit freundlichen Redensarten ohne innere Anteilnahme einem Trauernden den Beweis seines Mitgefühls liefern will. Doch ist es ein sehr schwieriges Geschäft, wenn jemand die Zuneigung, die sein Herz bis an den Rand erfüllt, einem anderen bedürftigen Herzen mitteilen möchte und dabei spürt, daß alle Liebe, die er zu bieten vermag, nicht ausreicht, jenes arme Herz zu neuer Hoffnung zu beleben. Ganz und gar unmöglich aber wird dieses, wenn der Tröster an seinen eigenen Trost nicht glaubt. Doch, Gott Lob und Dank! so war es hier keineswegs. Die treuesten Herzen standen uns bei, und so gelang es dem alten Herrn und seiner guten Frau allmählich doch auch, meiner Mutter in ihrem Jammer Linderung zu verschaffen. Und als sie nur erst für Gründe zugänglich geworden, da sollte es daran nicht fehlen! Gab es nämlich einen Menschen auf der Welt, der Gründe anzubieten hatte, so war es der Herr Amtshauptmann, und heute sparte er nicht mit ihnen.

Bei mir verschlugen die Gründe weniger, aber darum war ich doch noch eher getröstet als meine Mutter. Mich hatte Mamsell Westfalen auf ihren Schoß genommen, und während die Tränen ihren Augen entströmten, eröffnete sie mir die prächtigsten Aussichten auf die allerschönsten Äpfel, und das wirkte Wunder bei mir. Ein Kinderherz ist bald getröstet: verlangt ein Baum nach einem kräftigen Regenguß, so ist ein Grashalm schon nach einem Tautropfen frisch.

Kaum war der erste Kummer abgeklungen, erschien Stadtdiener Luth und meldete dem Herrn Amtshauptmann, Müller Vossens Fiken stehe draußen und hätte ihn gern gesprochen. »Min Herzenskindting«, sagte der alte Herr, »das ist ein braves Mädchen, das weiß ich gewiß. Und sie wird sich auch um ihren Vater ängstigen. Ich denke, wir hören uns an, was das arme Wurm will. Wie sagt Horaz: *est solamen miseris socios habuisse malorum.* Ich übersetze Ihnen das später. – Luth, mein lieber Mann, laß Er das Mädchen reinkommen.«

Fiken erschien. Sie war ein zierliches, feingliedriges Mädchen, aber Gesundheit lag über ihren frischen Wangen, und wenn ihre Augen auch im Augenblick betrübt vor sich hinblickten, so spürte man doch, daß sie zuzeiten lustig in die Welt hineinzulachen vermochten. Ihre ganze Erscheinung verriet, daß sie in allen Weltdingen ein gewandtes und kundiges Mädchen war, das sich von ihrem Vorhaben so leicht nicht abbringen ließ. Auf ihrem offenen Gesicht stand zu lesen, daß sie sich nicht mit Unternehmungen abgab, die sie nicht für richtig hielt.

Wegen des Regens hatte sie über ihre dreistöckige Landmädchenhaube ein rotes Tuch gebunden und präsentierte sich nun in ihrem rot und grün gestreiften Woll- und Leinenrock so ansehnlich vor dem alten Herrn, daß der sich zu seiner Frau umdrehte und ihr zuflüsterte: »Nee, wat denn, Neiting?«

Als Fiken vor ihm ihren Knicks gemacht hatte, ging sie nacheinander zur Frau Amtshauptmännin, zu meiner Mutter und zu Mamsell Westfalen, machte vor ihnen auch einen und reichte ihnen die Hand. So verlangte es die gute, alte, biedere Zeit.

»Herr Amtshauptmann«, sagte Fiken, »mein Vater und unsere Bauern haben immer viel Gutes von Ihnen erzählt, und darum bin ich so dreist, in meiner Drangsal zu Ihnen zu kommen.« – »Was hast du denn wohl auf deinem Herzen, min Döchting?« fragte freundlich der alte Herr und legte ihr seine Hand auf den Kopf: »Nee, wat denn?« – »Herr, mein Vater ist unschuldig«, fuhr sie fort und blickte dem Alten vertrauensvoll ins Gesicht. – »Daß er das ist, weiß ich, min Kindting«, erwiderte der alte Herr und nickte freundlich. – »Und darum habe ich auch keine Angst, daß er nicht bald freikommen muß«, sagte Fiken. – »Hm! Ja! Das heißt, das wäre nicht mehr als recht. Aber heutzutage geht Gewalt vor Recht, und ist es schon in ruhigen Zeiten für den Menschen auch beim besten Willen schwierig, zwischen Unschuldigen und Schuldigen zu unterscheiden, so ist das in Kriegszeiten noch schwieriger, vor allem, wenn der gute Wille fehlt.« – »Davor ist mir nicht bange«, fiel Fiken rasch ein, »frei muß er kommen, und das bald. Aber mein Vater ist ein alter Mann. Ihm kann etwas zustoßen, und dann hat er niemanden um sich. Darum will ich zu ihm.« – »Min Döchting«, sagte der alte Herr und schüttelte seinen Kopf, »du bist jung, und Soldaten sind rauhe Gäste. Es kann für deinen Vater kein Trost sein, wenn er dich in dieser Gesellschaft weiß.« – »Herr, ich will auch nicht alleine gehen. Mein Vetter Hinrich, was Jochen Vossens Sohn ist, der will mit. Wir dachten uns, wenn Sie uns ein Schreiben, so als Schutzbrief, mitgeben, dann könnt uns nichts passieren.« – »Einen Schutzbrief?« fragte der alte Herr und schüttelte stärker den Kopf: »Min Döchting, *das* Volk wird sich kaum an einen Schutzbrief von einem Stavenhäger Amtshauptmann kehren. – Und doch, min Herzenskindting«, und er wandte sich an meine Mutter, »wenn ich ihr einen solchen Brief an den Obersten Toll mitgebe – nee, wat denn? – Neiting, er müßte nicht der Sohn von Renatus von Toll sein, wenn er dieses junge Ding ohne Schutz ließe. – Und du sagst«, wandte er sich wieder an Fiken, »dein Vetter Hinrich will mit dir gehn?« – »Ja, Herr, er steht hier auf der Diele.« – »Ruf ihn mal rein!«

Hinrich trat ein. Er war ein stattlicher Kerl, breit in den Schultern und rank in den Hüften, blau von Auge und hell von Haar, von der Sorte, die man bei uns zur Erntezeit von morgens sechs bis abends neun den Sensenbaum regieren sieht, als sei es nur eine Schreibfeder, mit der ein jeder sein Tagwerk verzeichnet.

»Und du, mein Sohn«, fragte der alte Herr, »du willst Fiken begleiten?« – »Ja, Herr.« – »Und du willst ihr Beschützer sein und willst sie nicht verlassen?« – »Ja, Herr! Und ich habe mein Pferd und Wagen hier, und ich dachte so, wenn das Franzosenzeugs nichts dawider hätt, könnten ja die Gefangenen mit Fiken fahren, und ich ginge denn nebenher.« – »Herr Amtshauptmann«, warf meine Mutter ein, »helfen Sie ihm doch bei seinem Vorhaben! Das ist sicher die einzige Gelegenheit, meinem Mann das Notwendigste nachzuschicken. Sie haben ihn ja, wie er ging und stand, auf die Straße gezerrt, und das in diesem Wetter!« – »Wahr, min Herzenskindting, wahr! Ja, ich will dir den Brief schreiben, Fiken. Und, Neiting, den alten Müller haben sie auch ohne Kledasche abgeführt, sorg doch dafür. Meinen Mantel, Mamsell Westfalen, und auch eine Schlafmütze, denn ich weiß, er trägt welche. Und, min Herzenskindting«, sagte er zu meiner Mutter, »wer sich einmal dran gewöhnt hat, für den ist's schlimm, wenn er's missen soll.« – »Fritz«, rief mir die Frau Amtshauptmann zu, »lauf rüber zum Bäkker Witt, ob die Strüwing ihrem Vater nicht auch was mitschicken will.«

Und damit ging es also ans Packen. Im Umsehen war es besorgt, und als alles auf dem Wagen lag, kam die Strüwingsche noch und trug einen großen Korb mit Butterwecken und Mettwurst herbei. Fiken saß schon auf dem Wagen, der Herr Amtshauptmann hatte seinen Brief fertig, und als er ihn Fiken übergeben hatte, nahm er Hinrich beiseite: »Also du bist Jochen Vossens Sohn, der mit dem Müller so lange im Prozeß gelegen hat?« – »Ja, Herr Amtshauptmann, nehmen Sie's nicht übel, aber mein Vater war auch ein bißchen eigensinnig und hat sich darin verbissen. Aber ich bin deswegen hergekommen, hab auch mit dem Müller schon geredet und danach auch mit Fiken, und wenn's nach mir ginge, dann kommt die Sache in Ordnung.« – »Mein Sohn«, sagte der alte Herr, gab ihm die Hand und schüttelte sie kräftig, »erstens will ich dir was sagen: du gefällst mir. Aber zweitens will ich dir auch was sagen: du hast versprochen, Fiken zu beschützen – läßt du mir dem Mädchen ein Haar krümmen, dann komm mir nicht wieder unter die Augen.« Damit drehte er sich um, ging ins Zimmer meiner Mutter zurück und gab sein Urteil ab: »Ein prächtiges Mädchen, min Herzenskindting!«

»Was hat der Amtshauptmann zu dir gesagt?« fragte Fiken, als Hinrich an ihrer Seite saß und das Fuhrwerk sich in Bewegung setzte. »Oh, er meinte nur so«, entgegnete Hinrich. »Aber du wirst dich erkälten!« setzte er hinzu, wickelte sie in den Mantel des alten Herrn und fuhr rasch die Straße hinunter.

Als sie gerade das Tor hinter sich hatten, kamen ihnen die Stavenhagener entgegen, die die Franzosen und die Gefangenen noch ein Stück begleitet hatten, allen voran natürlich Fritz Sahlmann. Wie sah der Junge bloß aus! Als hätte er den ganzen Tag in einer Ziegeleigrube und auf dem Lehmtrad verbracht. »Der Burmeister ist ausgerissen!« schrie er, wie er die Straße entlang rannte. »Auf dem alten Nicolai seinem Braunen ist der Burmeister ausgekniffen. Ich hab ihm einen Wink gegeben, und heidi! fort war er.« – »Jung, was redst du?« rief Schuster Banks Frau, die aus der zur Hälfte geöffneten zweiteiligen Haustür hinauslehnte und nach ihrem Mann Ausschau hielt. – »Ja, Frau Nachbarin«, bestätigte Spritzenmeister Tröpner, der nun herankam, »der Burmeister ist ihnen entwischt. Aber deinem Mann haben sie nen Denkzettel verpaßt. Koch ihm mal 'n bißchen Safran und Roggenmehl und leg ihm das zwischen die Schulterblätter, wo ihn der Franzose mit dem Flintenkolben gekitzelt hat.«

Wie ein Lauffeuer ging die Nachricht durch die Stadt: »Der Burmeister ist den Franzosen auf Nicolais Braunem durch die Lappen gegangen!« Stadtdiener Luth stürzte ins Zimmer meiner Mutter und machte ein Gesicht, wie wenn Pfingsten und Ostern auf einen Tag gefallen wären und ihm selber sei es beschieden, das ganze Vergnügen, das an beiden Feiertagen auf die Stavenhagener Bürger verteilt wurde, für sich alleine zu genießen: »Frau Burmeistern!« rief er, »verjagen Sie sich nicht! – Herr Amtshauptmann, 's ist was Gutes! – 's ist was Gutes, Frau Amtshauptmännin! – Mamsell Westfalen, wie ist's möglich! – Uns' Herr ist den Franzosen entwischt!«

Ach du lieber Gott! Was wurde das für eine Aufregung! Meine Mutter zitterte an Händen und Füßen, der Herr Amtshauptmann vergaß sein Alter und seine Amtsstellung, ergriff den Stadtdiener am Rockkragen und schüttelte ihn nach Kräften: »Luth, Mann, besinn Er sich! Uns ist hier nicht nach Späßen zumute.« – Die Frau Amtshauptmann nahm in ihrer Besorgnis neben meiner Mutter Platz. Nur Mamsell Westfalen blieb stur und steif sitzen: »Mit Verlaub zu sagen, Herr Amtshauptmann, der ist nen Hanswurst!« – »Herr Amtshauptmann, Herr Amtshauptmann!« rief Luth und ließ sich schütteln, »glauben Sie mir das doch zu, Fritz Sahlmann hat's ja mit angesehn und hat's mir erzählt.« – »Fritz Sahlmann? *mein* Fritz Sahlmann?« fragte der alte Herr und ließ den Stadtdiener los. – »Herr Amtshauptmann«, bemerkte Mamsell Westfalen völlig ungerührt, »wie der eine heißt, so sieht der andere aus. Fritz Sahlmann und die Wahrheit, das ist doch wie Kuckuck und Siebengestirn.« – »Wo ist der Junge?« fragte der alte Herr. – »Hier draußen auf der Diele steht er«, rief Luth.

Mit großen Schritten ging der alte Herr zur Tür und rief nach draußen: »Fritz! Fritz Sahlmann, komm hier mal rein!«

Fritz Sahlmann erschien. In seiner Brust lagen zwei Mächte im Streit: der Drang, von seinen Heldentaten zu berichten, und seine Angst vor einem nassen Jahr wegen seines ramponierten Aussehens. Das eine trieb ihn voran, das andere hielt ihn zurück. Das eine mochte ihn wohl stärker nach links, das andere nach rechts ziehen, genug, er kam jedenfalls verquer zur Tür hinein, mit seiner guten Seite zuerst. Er hatte sich aber doch vertan, denn er hatte nicht darauf geachtet, daß dabei sein natürlicher Schwerpunkt, auf den er sich im Hohlweg niedergelassen, der Frau Amtshauptmann und Mamsell Westfalen als erstes allsogleich ins Auge springen mußte.

»Fritz Sahlmann«, fragte der alte Herr, »was soll das bedeuten?«

Fritz Sahlmann, der eigentlich doch mit einer Art von Stolz einmarschiert war, ließ den Kopf hängen und betrachtete sein Unterteil: »Oh, nichts, Herr Amtshauptmann. Bloß 'n bischen reiner Lehm.« – »Gott bewahr uns!« rief die Frau Amtshauptmann, »wie sieht der Junge aus! Wer soll den wieder sauber kriegen?« – »Da müssen Fik und Korlin, jede mit nem Strohbesen drüber«, entschied unbewegt Mamsell Westfalen. – »Jung«, fragte eindringlich der Herr Amtshauptmann, »nun sag mir gleich die reine Wahrheit: Ist der Bürgermeister flüchtig oder nicht?« – »Ja, Herr Amtshauptmann«, erwiderte Fritz und blickte wieder auf, »er ist ihnen echappiert.« – »Lügen!« warf Mamsell Westfalen wie geistesabwesend ein. »Wie soll aus solch unreinem Gefäß die reine Wahrheit kommen?« – »Erzähle, Fritz«, sagte der Alte. Und Fritz erzählte.

Es geschieht im Leben oft, daß jemand zuviel Ehre einheimsen will und darüber auch *jener* verlustig geht, die ihm von Rechts wegen zusteht. So erging es Fritz jetzt. Wie er auf *seinen* Anteil bei der Geschichte zu sprechen kam, legte er diesen so ausführlich dar, schilderte seinen natürlichen Hinfall so anschaulich und machte derart viele Redensarten, um seine Tat ins rechte Licht zu setzen, daß er mit seinem Bericht noch lange nicht am Ende war, als Luth mit Spritzenmeister Tröpner hereinkam und der Herr Amtshauptmann sich an letzteren wandte: »Mein lieber Meister, was wissen *Sie* von der Sache?«

Meister Tröpner fühlte bei dieser hochdeutsch gestellten Frage richtig her-

aus, daß er von dem alten Herrn als gebildeter Mensch taxiert wurde, und so beschloß er, sich auch als ein gebildeter Mensch zu betragen. Er antwortete also korrekt auf hochdeutsch: »Ich hätte es von Ur tau Enn mitangesehn.« Und darauf erzählte er die ganze Geschichte noch einmal von vorn, ließ Fritz Sahlmanns Anteil aber ganz weg und schloß seinen Bericht mit den Worten: »Un somit sprung de Herr Burmeister achter den Herrn Ratsherrn sinen Mantäng heraus, fuhr um die Ekklipage rum, krawwelte sich fixing den Äuwer in die Höchte, sprung achter die holle Weide, riß Fritzen vor Gewalt die Tägel aus die Hände, swung sich in den Sadel, un als er man erst die Fühlung von den Braunen unter sich hatte, bädelte er plängschaß den Berg hendal, ümmer auf die Pribbenowschen Dannen zu, was't Tüg hollen wull.« – »Und die Franzosen?« fragte der alte Herr. – »Oh, Herr Amtshauptmann, die wären halb verklamt, un als sie schießen wollten, gung nichts nich los von wegen der Nassigkeit. Sie schmissen sich also in ihrer Zornigkeit auf uns Unschuldswürm von bloße Zuschauer und hätten den Schustermeister Bank aus der Bramborgsch Strat mit den Kolben mang die Schullerbläder ramponiert, worauf wir alle uns exküsierten, indem daß wir den Barg 'run lepen.« – »Min Herzenskindting«, rief der alte Herr, »dieser kleine Bürgermeister ist 'n Kerl wie'n Ohrwürmchen. Das ist'n Kerl, fix wie'n Feuerschloß, min Herzenskindting!«
Doch *die,* für die diese Rede bestimmt war, hörte ihn nicht: meine Mutter lag zurückgelehnt in ihrem Stuhl und weinte bitterlich. Als die Rede aufs Schießen gekommen war, hatte sie den Arm der guten Frau Amtshauptmann so fest an sich gedrückt, als wolle sie sich daran festhalten gegen die Anwandlung von Schwindel, die sie befiel, doch als es endlich für gewiß feststand, daß mein Vater heil und gesund davongekommen war, da flossen ihre Tränen noch heftiger. Sie deckte ihr Tuch übers Gesicht und weinte still vor sich hin.
Waren es Freudentränen? Wer weiß es? Wer kann sagen, wo Freude und Kummer sich scheiden? Allzu wunderlich spielen sie im Menschenherzen eines ins andere hinein. Sie sind Aufzug und Einschlag, und wohl dem, für den aus beiden ein festes Gewebe wird. Die Träne, die aus Herzeleid geboren wurde, hat so gut ihren Einschlag von Hoffnung wie die Freudenträne ihren Einschlag von Furcht. Die überstandene Angst um meinen Vater und die Ungewißheit um seine Zukunft vereinten sich in meiner Mutter zu einem freudigen Dankgefühl, und die Träne, die zu Boden fiel, war keine reine Freudenträne. Fallen auf unserer Erde wohl überhaupt reine Tränen der Freude?
Ganz still war es geworden. Ein Engel flog durchs Zimmer, doch nur für

kurze Zeit; die Engel verweilen nicht lange bei uns – ich weiß es, denn ich stand, den Kopf an unsere Standuhr gelehnt, schluchzte und horchte auf das Ticken des Perpendikels –, eine ganz kurze Zeit.

Ich blickte auf. Der alte Herr sah aus dem obersten Fensterteil in den grauen Himmel hinaus, meine Mutter und die Frau Amtshauptmännin weinten still vor sich hin, Mamsell Westfalen gleichfalls. Sie hatte Fritz Sahlmann an die Hand genommen, und beim letzten Flügelschlag des Engels sagte sie: »Fritz, min Söhning, geh zum Schloß und zieh dich trocken an, Fik soll dir dein Sonntagszeug geben.«

»Und ich, Herr Amtshauptmann«, sagte Luth, »will nach Gülzow, und Tröpner kann nach Pribbenow gehn, damit wir den Herrn Bürgermeister nicht verfehlen.«

Der alte Herr nickte sein Einverständnis und trat zu meiner Mutter, an deren Knie ich mich angeschmiegt hatte: »Sie und der Junge hier haben heute alle Ursache, unserm Herrgott zu danken, min Herzenskindting.«

Kapitel 15

Vater und Kind

Als Fiken mit Hinrich zum Mühlenberg gelangt war, blickten ihre Augen unruhig in alle Richtungen, und es dauerte auch nicht lange, da hatte sie ihren Vater in der Gesellschaft, die dort unter der Bockmühle saß, entdeckt. »Da ist mein Vater«, sagte sie zu Hinrich.

»Na«, sagte Hinrich, »denn wollen wir hier rechts vom Hohlweg über den gepflügten Acker zur Mühle hin abbiegen. Es wird man schlecht gehn, aber durch den Hohlweg ist nicht durchzukommen. Du kannst ja dann mit deinem Vater reden.« – »Halt«, rief Fiken, »nicht rechts zur Mühle hin, nein, bieg links von der Mühle vom Weg ab! Ich will nicht mit ihm reden. – Lieber Gott! Nu hat er uns schon gesehen, nu winkt er.«

»Fiken«, fragte Hinrich, als er nach ihrer Weisung fuhr, »was soll das heißen? Warum gehst du deinem Vater aus dem Weg?« – »Weil ich ihm nichts nützen kann, ehe ich den Brief bestellt habe. Wer weiß, wie die Franzosen es aufnehmen, wenn ich mit ihm rede? Es kann Lärm und Streit daraus entstehen, und wenn wir in *der* Art vor den Obersten kommen, wird er uns gerade nicht freundlich empfangen. Und dann, wozu soll ich meinem Vater Hoffnungen machen, die noch im weiten Felde liegen? Für den Augenblick reicht es, daß er weiß, wir sind um ihn.«

Inzwischen waren die Kanonen aus dem Hohlweg hochgewunden und ausgegraben worden, und der Zug setzte sich wieder in Bewegung. Die Gefangenen wurden auf der einen Seite des Hohlwegs entlang eskortiert, und Hinrich fuhr auf dem anderen, so rasch er in Pächter Nahmachers flach gepflügtem Acker vorankam. Fiken hielt nach dem Obersten Ausschau.

»Wenn ich ihn seh, kenn ich ihn wieder«, sagte sie zu Hinrich. »Er hatte ein gut Gesicht, wenn's auch hart aussah, wie er den Burmeister wegbringen ließ.«

So kamen sie an den Kanonen vorüber und an zahlreichen Trüppchen von Franzosen, die auf dem grundlosen Wege langsam vorantrotteten. Schließlich, dicht vor dem Bremsenkrug, erblickte sie den Oberst, der von einigen seiner Offiziere begleitet in langsamem Schritt daherritt. – »Hinrich«, sagte Fiken, »hier jag voraus, und auf der Anhöhe bleib stehn. Ich will dann absteigen.«

So geschah es. Wie der Oberst heranritt, stand Fiken auf dem Fußsteig auf seinem Wege. Sie ging ihm ein paar Schritte entgegen und übergab ihm den Brief: »Herr, ich hab einen Brief für Sie.«

Der Oberst hielt an, nahm den Brief und richtete auf Fiken einen leicht verwunderten Blick: »Von wem, mein Kind?« – »Von unserm Herrn Amtshauptmann Weber.« – Der Oberst erbrach den Brief und las. Ein Zug von Mitleid flog über sein Gesicht, aber als er den Brief beendet hatte, schüttelte er schweigend den Kopf. Fiken hatte ihn währenddessen mit großer Angst nicht aus den Augen gelassen. Sie las die Antwort in den Mienen des Obersten, und wie er traurig den Kopf schüttelte, stürzten ihr die hellen Tränen aus den Augen: »Herr, 't is min oll Vadder, un ick bün sin einzigst Kind!« rief sie.

Sie hätte alles Mögliche vorbringen können, die schönste Rede und den kräftigsten Bibelspruch – nichts hätte auf diesen beherzten Mann so gewirkt wie diese wenigen Worte auf plattdeutsch. Auch er hatte einen alten Vater und war dessen einziges Kind. Sein Vater saß auf einem hohen Schloß im Lande Westfalen, doch vereinsamt, grollend um sein Volk und Vaterland. Zeit und Weltlauf hatten viele Steine zwischen diesen Vater und seinen einzigen Sohn aufgeschichtet, bis daraus eine hohe Mauer geworden war, über die hinweg die beiden sich kaum mehr verständigen konnten. Mißverstehen und Unfriede waren daraus erwachsen, und wo die sind, da meldet sich in stillen Stunden auch das Gewissen. Wie oft hatte es aus seinem Inneren zu ihm gesprochen: »'t is din oll Vadder, un du büst sin einzigst Kind!« – Lust und Drangsal, Kanonendonner und Feldschlacht hatten die Stimme zu Zeiten wohl zu übertönen vermocht, doch immer kam die wunde Stelle in seinem Herzen wieder zum Vorschein, unauslöschlich wie ein Blutfleck auf dem Estrich. Heute zum ersten Mal hatte er diese Worte von fremden Lippen vernommen, zum ersten Male in der Sprache seiner Kindheit, und ihm war, als sei in diesen Worten kein Vorwurf mehr, so weich hatten sie sich angehört. Ihm klangen sie leise ins Ohr, wie Verzeihung, und als er das arme Kind vor sich stehen sah, mit seinem bangen, bekümmerten Gesicht, da wurde ihm heiß. Er mußte sich abwenden, und es dauerte geraume Zeit, ehe er mit ihr wieder zu reden vermochte.

Schließlich hatte er sich gefaßt und sagte zu ihr mit der Herzenswärme, die dieser Augenblick in ihm aufsteigen ließ: »Mein liebes Kind, freilassen kann ich deinen Vater nicht; es wird aber wohl später geschehen. Du und deine Liebe zum Vater sollen aber bei mir nicht umsonst angeklopft haben. Du sollst bei ihm bleiben, und er soll mit dir auf deinem Wagen fahren. – Und wenn wir in Brandenburg sind, dann melde dich bei mir.« Darauf ordnete er das Nötige an und ritt mit seinen Offizieren davon.

Hinrich fuhr nun mit seinem Wagen heran und sprang ab: »Fiken, wie ist's? – Aber, was frag ich noch lange? Du siehst ja aus, als läge dir's Herz auf der Zunge. Nicht wahr, er hat Vater freigelassen?« Und er schlang den Arm um sie: »Komm, Fiken, steig auf den Wagen, da kommt wieder so'n Haufen Volks, dem wollen wir aus dem Wege.«

»Die tun uns nichts«, erwiderte Fiken, stieg höher die Grabenböschung hinauf und blickte den Weg entlang: »Freigelassen hat er ihn nicht. Aber er hat mir versprochen, ich darf um ihn bleiben, und mit mir sollen sie fahren. Hinrich, du kannst ja nun zu Hause nach der Mühle sehn und Mudding beistehen.«

Hinrich band die Leine an einer Weide fest, bückte sich, schnallte am Geschirr herum und strich dann seinem Sattelpferd mit der Hand den glatten, feuchten Rücken entlang. – »Du hast recht, Hinrich«, sagte Fiken. »Es macht dir Sorge, dein Fuhrwerk zurückzulassen. Aber das kann ja Inspektor Nicolai aus Bramborg mitbringen, der tut uns gerne den Gefallen.« – »Fiken«, sagte Hinrich, »ans Fuhrwerk habe ich nicht gedacht – ich dachte an *dich* und daran, was der Herr Amtshauptmann mir gesagt hat.« – »Was war denn das?« fragte sie. – »Wenn ich dir ein Haar krümmen ließe, dann sollt ich ihm nicht wieder vor Augen kommen. Und, Fiken, ich hab ihm versprochen, für dich zu sorgen jederzeit, und wie ich ihm das versprochen habe«, – und er trat an sie heran, nahm ihre Hand und blickte ihr voll ins Gesicht – »da waren noch zwei zugegen, die haben's mitangehört, und keiner weiß davon als ich allein. Es waren unser Herrgott, Fiken, und mein eigenes Herz.«

Fiken wurde rot wie eine Rose. Wie er seinen Arm um sie legte, wand sie sich heraus: »Hier nicht, Hinrich! Heute nicht, Hinrich! Gott im Himmel! Da kommt mein Vater!« Und damit ging sie von ihm fort, ihrem Vater entgegen, und Hinrich stand erstorben wie ein Baum zur Winterszeit, wenn die grünen Blätter abgefallen sind und die Vögel in seinen Zweigen nicht mehr von Lust und Liebe singen. Wie sie sich aber umwandte, wie sie ihm noch einmal entgegenschritt: »Hinrich! Hinrich!« und die hellen Tränen ihr aus den Augen stürzten, und sie danach eilends wieder zu ihrem Vater zurückkehrte, da war es, als schieße aus dem erstorbenen Baum Blatt auf Blatt, und Lieder von Lust und Liebe erklangen in seinen Zweigen, und der Frühling ging für ihn auf, der einzige Frühling, der durchs ganze Leben, in Sommerhitze, in Herbststurm und Winterkälte vorhalten muß, wenn es ein richtiger Frühling und ein richtiges Leben sein soll.

»Fiken«, rief der Müller, »wie kommst du her?« Und wie Fiken ihm um den Hals fiel und ihm mit feuchten Augen die Umstände auseinandersetzte, da schalt der Alte und sagte, Hinrich hätte alleine kommen können, und dies seien Angelegenheiten, bei denen Frauenzimmer von wegbleiben sollten. Doch Ratsherr Herse verkündete, von derlei Angelegenheiten verstünde der Müller rein gar nichts, und Fikens Einfall mit dem Wagen sei so großartig, wie er selber es gar nicht besser hätte ausdenken können. Seine leichten Stiefel nämlich seien durchlässig wie Postpapier und auch von Schuster Bank eigens nur für Ratssitzungen angefertigt worden und nicht für einen Marsch von vier Meilen über mecklenburgische Landwege zu dieser Jahreszeit. Bäcker Witt aber, als er von dem Korb mit Mettwurst und Wecken vernahm, schlug sich vor den Bauch und sagte: Fiken wäre sein bestes Patchen, und wenn er auch zu der Sorte gehöre, die ihre Futterkiste gewöhnlich bei sich trüge, so veränderten Umstände doch die Sache, und bei solchem Wetter müsse auch im besten Backofen ab und zu nachgelegt werden.

Der französische Sergeant hatte der Wachtmannschaft inzwischen den Befehl des Obersten überbracht, und die Gesellschaft bestieg Hinrichs Wagen und richtete es sich so bequem und behaglich ein, wie es jeder vermochte. Onkel Herse eignete sich die für meinen Vater bestimmten Kleidungsstücke an, weil er als Kollege doch der nächste dazu war, und zog über die schmächtigen Leute im allgemeinen und über meinen Vater im besonderen her. Von der Länge, bekundete er, wolle er nichts sagen, denn die könne keiner sich geben oder nehmen, aber für die richtige Weite könne jeder vernünftige Mensch im Laufe der Zeit selber aufkommen: »Sehn Sie mal, Meister Witt, dies soll ein Rock für einen ausgewachsenen und durchwachsenen Mann sein!« und damit hielt er das Röckchen meines Vaters zur allgemeinen Belustigung in die Höhe. – »Herr Ratsherr«, schlug Bäcker Witt vor, »fahren Sie doch von vorn mit Ihren beiden Armen in die Ärmel rein, damit dem Bürgermeister sein Rückenblatt auf Ihr Brustblatt zu sitzen kommt. Hier ist noch ein Rock, den hänge ich Ihnen achtern über, und so machen wir aus zwei kleinen einen ausgewachsenen. Der Mensch muß sich nur zu helfen wissen.«

Dies geschah, und Onkel Herse nahm sich aus wie eine schöne fette Auster, die sich schon eine Zeitlang auf Reise befindet: hinten und vorn war die Schale noch ganz schön fest, doch an den Seiten klaffte es dann und wann auseinander. Bäcker Witt hatte einen Seidenrock von seiner verstorbenen Frau entdeckt, und er band ihn sich mit dem Kaninchenfell nach außen um, denn, sagte er, um das Seidenzeug sei's in solchem Wetter eigentlich schade. Aber die Felle könnten's vertragen, denn soviel er wisse, liefen die Kaninchen doch auch sonst mit den Haaren nach außen.

Bei diesen beiden ging der Maskenball im ganzen noch einigermaßen antstandslos vonstatten. Doch beim Müller geriet er beträchtlich ins Stocken, denn als er vernahm, daß der Mantel mit den sieben Krägen, der für ihn bestimmt war, von Rechts wegen dem Herrn Amtshauptmann zustehe, bekam er es anfänglich mit dem Respekt und machte einen Diener nach dem anderen, als stünde der alte Herr vor ihm und wolle in der Tür ihm den Vortritt lassen. Danach kriegte er es mit der Rührung, dieweil der alte Herr seiner Blöße gedacht hatte, und beteuerte, er sei dessen aber gar nicht wert. Als Fiken ihm in den einen Ärmel hineingeholfen hatte, bekümmerte ihn, daß die Leute ihn für einen vornehmen Herrn erachten könnten. »Aber, Vadder«, wandte er sich an Witt, »wenn ich nu an zu reden fange, und wenn denn die Eselsohren aus den sieben Krägen rausgucken, was denn?« – »Ja, Vadder«, meinte der Bäcker, »damit hast du recht: aus einem Schweinsohr kann man keinen Seidenbeutel machen. Doch du kannst ja das Maul halten, oder aber red hochdeutsch, du kannst es ja.« – »Können kann ich es wohl, aber es ist auch danach«, seufzte der Müller und setzte sich auf den vordersten Sack.

Sie hatten nun alle ihren Sitzplatz, nur Hinrich nicht. »Hinrich!« rief Müller Voß ihm zu, »wie? Du wirst doch auf deinem eignen Wagen zu sitzen kommen? Fiken, rück was ran und mach dem Vetter Platz!« Doch Hinrich ließ dies nicht zu. Er schlug Fiken die Pferdedecke über die Knie und blieb dabei, er wolle zu Fuß gehen.

Dies geschah, und wie er nun dahinschritt und hier über einen Graben sprang und dort wieder zurück, immer gerade so weit voraus, um Fiken noch in die Augen blicken zu können, flüsterte Müller Voß: »Herr Ratsherr, 's is mein Vetter, Jochen Vossens Sohn, ist er nicht 'n schieren Kerl?« Und Ratsherr Herse bestätigte: »Das ist er, Müller, er ist 'n schmucker Kerl.« – Und Bäcker Witt sagte: »Er is nen tüchtigen Kerl.« – Fiken sagte nichts, aber immerhin dachte sie: »Er ist ein guter Kerl und ein treuer Kerl«, und sie hätte möglicherweise noch mehr über ihn nachgedacht, doch Hinrich stand mit einem Male neben ihr, blickte ihr liebevoll in die Augen und fragte, ob ihr auch nicht kalt sei. Da war es mit dem Denken vorbei, und sie gab ihm die Hand: »Faß sie bloß an, ich bin ganz warm.«

Bäcker Witt griff nun in den Wurst- und Semmelkorb hinein und gab jedem sein Teil. Wie aber der Ratsherr seine Butterwecken sehr belobigte, da ging es dem Bäcker durch den Kopf: »Sieh mal den Racker, sonst kauft er von Guhl. Aber wenn man nichts anderes hat, ist auch die Eule ein Vogel.« Der Herr Ratsherr bog sich zum Bäcker hinüber und flüsterte ihm halblaut ins Ohr: »Meister Witt, da vor uns liegt der Bremsenkrug. Wenn in den

Schergen des korsikanischen Wüterichs noch eine Spur von menschlichen Gefühlen lebt, dann haben sie sicher nichts dagegen, wenn wir uns dort vom alten Haker zu unseren Semmeln nen Schluck einschenken lassen.« Dabei hatte er aber seine eigene Semmel außer acht gelassen und sie mitsamt der Wurst ein wenig über den Leiterbaum hinausgehalten. Auf einmal spürte er, wie sich da etwas zwischen seinen Fingern bewegte, und als er sich umblickte, sah er, wie einer von den korsikanischen Schergen gerade in seine Wurst und in seine Buttersemmel hineinbiß, und als er daraufhin mit kräftigen Worten gegen schamlose Marodeure zu Felde ziehen wollte, da griff ein anderer Marodeur hinten über das Wagenbrett und holte sich den ganzen Korb heraus.

»Gott soll mich bewahren!« rief mein Onkel, »so schlimm habe ich mir die Zustände in unserem Vaterland denn doch nicht vorgestellt!« – »Entfamte Spitzbuben«, schoß es dem alten Witt wieder heraus, und der Müller, der kutschierte, hatte in des Herrn Amthauptmanns warmen Mantel seine Lage so ganz und gar vergessen, daß er die Peitsche schon aufhob, um dem Franzosen eins überzuziehen, als ihm Fiken in den Arm fiel: »Um Gottes Willen! Vadding, was tust du?« – »Hm! – Ja!« sagte der Müller und besann sich, »Fiken, du hast wieder recht«, und drehte sich zu dem Franzosen um: »Nehmen Sie's nicht für übel, ich hab nur so getan.«

Nun, die nahmen es offensichtlich auch nicht übel, sondern fouragierten munter unter den Würsten und Semmeln einher, so daß dem Herrn Ratsherrn vor Ärger und Neid Gift und Galle in den leeren Magen traten und sie sich alle ihrer Lage wieder bewußt wurden, die ihnen in der warmen Behaglichkeit ihres Wagens eine Zeitlang abhanden gekommen war. So fuhren sie in den grauenden Abend hinein nach Neubrandenburg zu, und wo vordem der Semmelkorb stand, im hinteren Wagenteil, hatten sich nun Bedenken, Sorge und Trauer eingenistet, und sie flüsterten ihnen mancherlei Schauergeschichten ins Ohr. Als einmal ein Zug Krähen über sie hinwegflog, sagte Onkel Herse: »Je, was kennt ihr für Not, ihr könnt gut lachen!«, der Bäcker meinte: »Die Sorte gibt keine Heuer und keine Steuer«, und der Müller seufzte: »Ich wollt, ich wär ne Kräh!«

Aber in zwei Herzen fand die Sorge keinen Eingang. Dort war die Liebe eingezogen mit ihrem Hofstaat von heimlichen Wünschen, von Hoffnung und Vertrauen. Und die heimlichen Wünsche liefen wie flinke Brautjungfern durchs ganze Haus und alle seine Kammern, räumten auf, was im Wege stand, wischten den Staub vom Tisch und von den Bänken und putzten die Fenster, so daß man weit hinaussehen konnte ins schöne Lebensland, deckten den Tisch im hellen Saal, richteten das Bett in der stillen

Kammer und hingen frische Kränze von Laub und Blumen über Tür und Fenster und an die Wände die allerbuntesten Bilder. Und die Hoffnung steckte ihre tausend Lichter an und setzte sich dann heimlich-still ins Eck, als sei sie's gar nicht gewesen, als habe es ihre Stiefschwester getan, die Wirklichkeit. Und das Vertrauen stand an der Tür und ließ keinen hinein, der kein Hochzeitskleid anhatte, und sagte zur Sorge, als sie nach Fiken fragte: »Geh deiner Wege, der gute Müller tanzt auf unserer Hochzeit«, und sagte zum Zweifel, als er nach Hinrich sich erkundigte: »Geh deiner Wege, es hat alles seine Richtigkeit.«

Kapitel 16

Die Wette

Sollte eines der kleinen Fräulein, die dieses Buch lesen, daran Anstoß nehmen, wenn dieses Kapitel mit einem Müllerknecht anhebt und nicht mit einer Prinzessin, so möge sie doch bitte erwägen, daß Prinzessinnen ganz unmöglich auf der Welt leben könnten, gäbe es dort keine Müllerknechte, und daß unter Umständen ein Müllerknecht sogar mehr wert sein kann als eine Prinzessin, zum Beispiel in diesem Augenblick für mich. Denn wenn ich den französischen Chasseur wieder einfangen will, so kann ich doch bei diesem Weg und Wetter ihm keine Prinzessin in Krinoline und in Batist- und Musselinschuhen durchs Gülzower Holz hinterherschicken. Dazu eignet sich ein Müllerknecht weitaus besser, vor allem aber Müller Vossens Friedrich.

»Dümurrjöh!« knurrte Friedrich, wie er den Fußspuren des Franzosen folgte. »Wenn der Franzos zwischen hier und Greifswald zu finden ist, *her* muß er!«

Friedrich spürte also dem Chasseur nach durchs Stavenhagener Außenholz und durchs Gülzower Holz, und so gelangte er auf den Weg nach Gülzow. Aber dort war es zu Ende, da hatte ne Eule gesessen, und Spuren gab es da keine mehr. Hatte der Kerl sich nach links oder nach rechts gewandt? – Eine Weile stand Friedrich ratlos und verwundert an dieser Stelle und wußte sich nicht zu helfen. Bald aber wurden ihm die Gedanken wieder geschmeidig; er sagte sich: Wäre der Kerl nach Stavenhagen zu marschiert, so müßte ich ihm das doch zu purem Unverstand anrechnen. Nee, der Racker ist nach Gülzow zu. – Und er folgte ihm.

In Gülzow stand Bauer Freier gerade an seiner Hecke und warf Steine, groß wie Hutstumpen, in ein tiefes Loch des Landwegs und verrichtete somit, was man in Mecklenburg mancherorts »Wegebessern« nennt. – »Gu'n Morgen, Freier! Hast du hier nicht heut früh nen Franzosen rumlaufen sehen?« fragte Friedrich. – »Nen Franzosen?« fragte Freier. – »Ja«, sagte Friedrich, »nen französischen Chasseur.« – »Nen Chasseur?« fragte Freier. – »Ja, in ner grünen Montur«, sagte Friedrich. – »Zu Pferde?« fragte Freier. – »Nee, zu Fuß«, sagte Friedrich. – »Was soll der?« fragte Freier. – »Was er soll?« fragte Friedrich. – »Nichts soll er. Ich will bloß mal mit ihm reden.« – »Was hast du mit nem Franzosen zu reden?« – »Dümurrjöh!« knurrte

Friedrich. »Was hast du Döskopp danach zu fragen? Ich frag ja bloß, ob du den Kerl gesehn hast?« – »In ner grünen Montur?« wiederholte Freier. – »Ja«, bestätigte Friedrich. – »Mit nem Tschako?« fragte Freier. – »Nee, in Haaren.« – »In Haaren? Und denn heut morgen im Regen?« – »Ja, du hörst ja!« rief Friedrich ärgerlich. »So antworte doch: hast du den Kerl gesehn?« »Warte mal! Haben wir heut nicht Donnerstag?« – »Ja«, sagte Friedrich. – »Nee, heute nicht, aber am Montag«, berichtete Freier, »da waren hier flugs welche, aber mit blauer Montur und zu Pferde, und heute ist mein Samuel mit Vorspann nach Stavenhagen.« – »Freier«, sagte Friedrich, »den Vorspann hättst du nicht nach Stavenhagen schicken sollen, den kannst du selber besser brauchen, vor allem, wenn du Leuten Auskunft geben sollst.« – »Wieso?« fragte Freier. – »Und denn, Freier«, sagte Friedrich, »denn weiß ich ein gutes Geschäft für dich. Du könntest Krebse nach Berlin treiben. Ein Kerl wie du, der kommt damit voran.« – »Wie meinst du das?« fragte Freier verwundert. – »Oh, ich meine nur«, sagte Friedrich. »Und nu gu'n Morrn, Freier. – Und wenn der Franzos kommt, den ich suche, sag ihm, ich hätte gesagt, du hättst gesagt, deine Großmutter hätt dir gesagt, wenn er sagte, was sie sagt, sollst du ihm sagen, hätt ich gesagt, er soll nicht Schafskopp zu dir sagen. – Un nu adjüs, Freier.« – »Was?« staunte Freier und blickte ihm nach, wie er durchs Dorf ging, und drehte einen Stein, an die dreißig Pfund schwer, in den Händen: »Was? Er hat gesagt, ich hätte gesagt? – Was? – Du hättst gesagt, soll ich sagen, er soll nicht Schafskopp zu mir sagen? Was?« Und er nahm den Stein und warf ihn mit aller Gewalt unter die anderen: »Entfamter preußischer Spitzbube! So macht er das ümmer!«

Friedrich marschierte weiter. Der gute alte Schulze Besserdich lehnte über der Halbtür seines Hauses. »Schulze, hat Er heut früh hier keinen Franzosen laufen sehn?« – »Nen Franzosen?« fragte der Schulze zurück. »Na, *die* Sorte ist zur Stunde nicht gerade knapp. Aber heute morgen, sagst du?« – »Na, nun fang Er auch noch an zu fragen«, murrte Friedrich. »Ich werd Ihm lieber die Geschichte erzählen, das geht schneller.«
Er erzählte nun alles. »Und«, schloß er seine Rede, »*her* muß er!« – »Das muß er, Friedrich«, bestätigte der Schulze. »Und ich will mit dir gehn, denn ich bin ja nu einmal dazu gesetzt, und unser Herr Amtshauptmann hat noch neulich zu mir gesagt: ›Schulze‹, hat er gesagt, ›auf ihm beruht das Ganze in Gülzow‹, und gab mir einen Bogen Papier und sagte: ›Die Sache ist pressant.‹ Na, ich ließ mir das dann vom Landreiter vorlesen, und als der's fertig hatte, sagte er: ›Schulze, die Sache hat aber Eile.‹ – ›Nee‹ sage ich, ›das weiß

ich besser. Der Herr Amtshauptmann hat mir gesagt, die Sache ist pressant, und wenn er das vordem gesagt hat, denn hab ich immer noch gut vier Wochen gewartet und bin immer noch zu rechter Zeit gekommen. Und so war es auch diesmal. Aber, Friedrich, deine Sache ist nicht pressant, die hat Eile. Ich will mir man noch meinen Hut holen, und denn kann's losgehn.«
Der Schulze holte seinen Hut, und sie marschierten ab. Als sie das Dorf hinter sich hatten, sagte der Schulze: »Friedrich, mein Hanne – du kennst den Jungen ja, ist nun im sechzehnten, und ich dachte, ich wollt ihn noch 'n Jahr so rumlaufen lassen –, er hütet die Schafe hier auf dem Roggen – denn, siehst du, ich habe mir gedacht, das Futter ist dir knapp, und in dieser Jahreszeit vertreten die sich schon ne Mahlzeit auf den Feldern, und so jagte ich sie denn raus – sieh, der Junge kann möglich den Kerl gesehn haben.« Sie fragten also Hanne, und der Junge hatte den Mann auch richtig gesehen: Er sei nach Pinnow zu gegangen. In Pinnow traten sie beim Schulmeister unter und fragten, ob er den Franzosen nicht gesehen habe.
Der Schulmeister hieß Sperling, sie nannten ihn aber stets »Buchfink«. Manche sagten, weil er so schön singen konnte, manche, weil er immer Hans Dampf in allen Gassen war und mit jedem seine Possen trieb. Der gute Alte ließ sich denn auch richtig vom Buchfink an der Nase herumführen, doch Friedrich hatte bald spitz, wie es gemeint war, und wie er wahrnahm, daß der Buchfink seiner Frau zublinzelte, sie solle mit ihm in eine Kerbe hauen, dachte er sich: Wart mal, das soll dir daneben gehn! stand auf und gab zu verstehen, er wolle sich für seine Pfeife eine Kohle aus der Küche holen.
Der Buchfink schwatzte also dem Alten allerlei sonderbares Zeug vor, und wenn der Schulze auch einmal zu Worte kam und fragte, ob er den Franzosen nicht gesehen habe, dann sagte der Buchfink: nee, und seine Frau sagte ebenfalls: nee. Wie sie noch dabei waren, den guten Alten auf den Arm zu nehmen, kam Friedrich: »Frau, in Ihrer Rauchfleischkammer ist wohl was passiert: da liegt eine Stange mit Wurst an der Erde.« Darauf stürzte die Frau nach draußen und kam aufgeregt mit der Stange wieder zurück: »Süh! Das haben wir davon: der verfluchte Kerl hat uns die Wurst gestohlen.« – »Was für'n Kerl?« fragte Friedrich. – »Der Franzosenkerl, wonach Ihr fragt.« – »Na also, ist er doch hiergewesen«, stellte Friedrich fest. – »Wie soll er nicht? Und Sperling hat ihm noch Schnaps und Butterbrot gegeben und hat ihm den Weg nach Demzin gezeigt.« – »Na, denn adjüs!« sagte Friedrich. »Schulze, komm Er! Weiter wollten wir ja nichts wissen.«
»Schulze«, erkundigte sich Friedrich, wie Pinnow und der Buchfink ein

Stück hinter ihnen lagen. »Er ist doch ne Art von Gerichtsperson und muß das wissen. Was steht eigentlich als Strafe auf ne Wurst?« – »Je, Friedrich«, beschied ihn der Schulze, »mit Wurst bin ich in der Art nicht so bewandert. Was auf ne Speckseite steht, das weiß ich wohl, denn als der lahme alte Schuster mir damals eine vom Rauchboden gestohlen hat, ließ ihn der Herr Amtshauptmann vierzehn Tage sitzen, und dazu bekam er Stücker zwölf auf die Jack.« – »Das wäre just nicht so gefährlich«, bemerkte Friedrich, »wenn man danach nämlich berechnet, was auf ne Wurst kommt, dann ist das blitzwenig.« – »Wieso?« – »Na, Schulze, sag Er mal: wenn Er sieben Schweine geschlachtet hat, wieviel Speckseiten kriegt Er denn?« – »Vierzehn«, erwiderte der Schulze. – »Das ist nicht wahr«, versetzte Friedrich, »Ihr kriegt nur dreizehn, eine kommt in die Wurst.« – »Da hast du recht«, räumte der Schulze ein. – »Und wieviel Wurst macht denn Seine Frau nun wohl von sieben Schweinen? Doch wohl an Stücker dreißig. Also kommen dreißig Würste auf ne Speckseite, und auf eine Wurst käme also, in Bausch und Bogen berechnet, höchstens ein halber Tag und ein halber Schlag, und das estimier ich für ein richtig und gnädig Gericht. Er kann mir also gleich hier auf frischer Tat den halben Schlag ins Genick geben, und den halben Tag will ich am nächsten Sonntagnachmittag in seinem Haus hinterm Ofen absitzen, denn, seh Er her! ich habe dem Buchfink die Wurst gestohlen.« – »Wie, dich plagt wohl der Deuwel!« rief der Schulze. – »Der nicht, aber der Hunger«, und Friedrich zog die Wurst aus der Tasche und säbelte ein Stück ab: »Schulze, hier! Die Wurst ist gut, die kann man auch ohne Brot essen.« – »Nee«, lehnte der Schulze ab, »mit gestohlenem Gut will ich nichts zu schaffen haben.« – »Wieso gestohlen?« fragte Friedrich. »Dies ist ne *Fouragierung,* wie wir beim Herzog von Braunschweig sagten, oder ein *Mundraub,* wie Ihr sagt. Und, Schulze, Er ist doch gewiß auch oft beim Pfarrer in die Äpfel gestiegen?« – »Weiß der Deuwel, was du heute hast? Ja, das bin ich, wie ich ein unverständiger Jung war, aber nu hab ich große Kinder und soll ihnen denn mit nem Beispiel vorangehn.« – »Stimmt«, sagte Friedrich, »und was sich für den einen schickt, das schickt sich nicht für den andern.

Schulze«, sagte er nach einer Weile, »wie alt ist Seine Fik?« – »Je«, entfuhr es dem Schulzen, und seine Augen fingen an zu leuchten, »Friedrich, die Deern, ich sage dir, die Deern! Alt ist sie nicht, sie wird erst achtzehn. Aber ich sage dir, klug ist sie, wie ne Imme.« – »Das weiß ich«, bestätigte Friedrich. »Ich hab noch gestern abend auf dem Stavenhäger Schloß neben ihr gesessen, und ich kann wohl sagen, sie hat mir behagt, so daß ich im-

stande wäre, mich ihr zu Gefallen zu verändern.« – »Na hör mal, du gehst gut!« rief der Schulze und musterte Friedrich von oben bis unten. – »Ja«, fuhr Friedrich fort, »und ich dachte, für Seinen Fritz findet sich auch wohl was anders. Er selber wird schon alt, und wenn Er sich denn so aufs Altenteil begibt, denn könnte Er uns den Hof überlassen, denn hätten Fik und ich ne schöne Brotstätte, und Er könnte viel Freude an uns erleben.«
»Gott soll mich bewahren«, ereiferte sich der Schulze, »du meinst das doch nicht im Ernst?« – »Warum nicht?« entgegnete Friedrich und ging noch aufgereckter. »Seh ich aus wie Spaß?« – »Was!« schrie der Schulze und rückte ihm zu Leibe: »'n alter Schnorrer, wie du bist, der will ne Schulzentochter freien? *Meine* Tochter! Ne junge Deern von achtzehn Jahren?« – »Schulze«, warnte ihn Friedrich, »seh Er auf Seine Worte! – Alt, sagt Er? Seh Er mich an. Ich bin in meinen besten Jahren: zwischen zwanzig und fünfzig. – Schnorrer, sagt Er! Ich habe Ihn noch um keine Pfeife Tabak angegangen. Aber wahr ist's, Seine Fik ist im ganzen jünger als ich. Doch mach ich mir nichts draus. Ich nehme sie doch, denn sie ist klug. Sie weiß, daß so'n Kerl wie ich, der die Welt gesehn hat, mehr gilt als so'n Bauernbursche mit dickem rotem Kopf und Flachshaar, der einen Diener macht wie'n Klappmesser und den Leuten in die Stube spuckt.« – »Hast du mir dem Mädchen schon Raupen in den Kopf gesetzt?« schrie der Alte und hob den Stock gegen ihn. – »Halt, Schulze!« rief Friedrich. »Den Stock beiseite! Was würden die Leute sagen, wenn's heißt, ich hätte mich mit meinem Schwiegervater schon vor der Hochzeit auf der Landstraße geprügelt.« – Der Schulze nahm den Stock wieder herunter. – »Schulze«, beteuerte Friedrich, »ich bin wohl imstande, dem Buchfink ne Wurst zu strietzen, aber niemals nicht dazu, ein liebes, junges Blut um ihr Glück zu betrügen. Ich habe Seiner Fik keine Raupen in den Kopf gesetzt.«
Der Schulze blickte ihn mißtrauisch von der Seite an, als wolle er sagen: Dir mag der Deuwel trauen – sagte aber nichts. Darauf setzten sie ihren Weg fort, aber zwischen ihnen war es aus.
Als sie sich Demzin näherten, stand dort ein junger Wirtschafter. Friedrich ging zu ihm: »Um Vergebung, haben Sie hier keinen Franzosen gesehn?« und so weiter und so fort. Der junge Mann bestätigte: ja, vor einer halben Stunde sei so'n Mensch bei ihm vorbeigekommen. Wie sie durchs Dorf kamen, hatte am Dorfende eine alte Frau den Chasseur gleichfalls gesehen. »Nun haben wir ihn bald!« stellte Friedrich fest. Doch wie sie ein wenig weiterhin auf dem Acker einem alten Mann begegneten, der Weiden am Wege kappte, wollte der von keinem Franzosen was wissen: hier sei der Mann seit sechs Uhr früh jedenfalls nicht vorbeigekommen.

Was nun? Den Weg wieder zurücklaufen? Das wäre eine richtige Wildegänsejagd geworden. Doch aus dem Dorfe war der Mann richtig hinausgelangt, nur, wo war er geblieben? Der Schulze kratzte sich den Kopf, Friedrich sah sich nach allen Seiten um, prüfte die Lage und gelangte zu dem Schluß: »Schulze, weiter geht es hier nicht. Die Spur ist zu Ende. Wollen uns die Sache ein wenig überlegen. Hier kommt es aber mächtig kalt über das Feld gezogen. Wollen uns dort hinter den Backofen setzen.« – So geschah es denn auch.

»Was bin ich für ein Narr«, seufzte der Schulze, »hier bei dem Weg und Wetter hinter nem Franzosen herzulaufen!« – »Schwiegervater, laß Er den Franzosen«, begütigte Friedrich, »den kriegen wir immer noch.« – »Fängst du schon wieder an mit deinem Schwiegervater, du preußischer Spitzbub?« – »Schulze, was Er nicht ist, kann Er ja noch werden. Ich hab so manchen gekannt, der hat für diesen Namen seine Tochter und dazu noch viel Geld gegeben.« – »Denn hat er auch einen anderen Schwiegersohn dafür bekommen, als du bist.« – »Seh Er mich mal an, Schulze«, sagte Friedrich und stellte sich vor dem Schulzen sehr gerade und aufrecht in Positur, »ein Advokat bin ich nicht und ein Doktor auch nicht. Aber ich habe gesunde Knochen, und seh Er meine Hand an, die kann von Arbeit reden. Und wenn Er seinen eigenen Augen nicht traut, denn kann Er ja meinen Müller fragen.« – »Je, weißt, was der sagt? Der sagt, du wärst wohl 'n tüchtgen Kerl und verstündest ne Sache auch anzupacken. Aber du hättest Redensarten an dir, unnützige Redensarten, mit denen man keinen Hund hinterm Ofen vorlocken kann.« – »Daß ich das kann, das will ich Ihm nachher weisen. Aber nu, Schulze, will Er mir seine Fik geben?« – »Donnerwetter!« ereiferte sich der Schulze, »ich dachte erst, das soll Spaß sein, und nun glaub ich, du Rakker willst hier Ernst brauchen.« – »Schulze«, lenkte Friedrich ein, »mit dem Hof und dem Altenteil, das war Spaß, denn Sein Fritz muß den Hof kriegen, und Er braucht noch nicht aufs Altenteil. Aber mit Seiner Fik, das ist Ernst, und nen Hof krieg ich leicht.« – »Du Prahlhans!« versetzte der Schulze, »süh, dies ist eine von deinen Redensarten, wie ich schon sagte: mit der lockst du keinen Hund hinterm Ofen vor.«

»Das will ich Ihm weisen!« rief Friedrich. – »Angeber!« sagte der Schulze nur und stand auf. »Ich geh nach Hause, und du, geh nach ner Hundeleiter oder greif deinen Franzosen!« – »Den hab ich«, sagte Friedrich. – »Prahlhans!« rief der Schulze. – »Schulze«, fragte ihn Friedrich, »wenn in drei Minuten der Franzos vor Ihm steht und ich mit meinen Redensarten nen Hund hinterm Ofen vorlocke, will Er mir dann Seine Fik geben?« und hielt ihm die Hand hin, »denn schlag Er ein!« – »Du Lügenbalg!« rief der Schul-

ze. »Bloß um dich mit der Nase drauf zu stoßen, daß du 'n Prahlhans bist. – Ja!« und er schlug ein.
Friedrich grinste ein bißchen spöttisch vor sich hin und beugte sich zum Backofenloch herunter: *»Monsieur, allons! Ici! – Allons! Ici!«* Und wer kam herausgekrochen? – der französische Chasseur!
»Gotts ein Dunner ...« rief der Schulze. – *»Pardon! Monsieur!«* rief der Franzose. – »Schulze, wer hat die Wette gewonnen?« fragte Friedrich. »Hier ist der Franzos, und hier ist auch der Hund! Wer kriegt nun Seine Fik?« – »Preußscher Halunk!« schrie der Schulze und erhob wieder den Stock, »du willst mich hier zum besten halten? Du meine Fik! Lieber will ich ja doch ...« – »Schulze«, begütigte ihn Friedrich, »leg Er den Stock beiseite, der Franzos kriegt Angst. Komm Er lieber her und helf Er mir beim Arretierungsgeschäft. Über die Wette reden wir später.« – *»Pardon!«* hörte man zwischendurch den Franzosen schreien. – »Was hier, was da? *Pardon!«* rief Friedrich. »Was läufst du mir unter der Buche fort, wo ich dich hingelegt habe? Diesmal will ich dich nach meiner Art traktieren, Mamsell Westfalen ist hier ja nicht zugange«, und damit schnitt er ihm die Knöpfe ab: »Und nu: *Allons! Avant!«* Und so marschierten die drei nun ab, durch Demzin hindurch, in Richtung Pinnow.
Der Schulze trottete unter dem Platzregen schweigend neben den beiden her und ärgerte sich, am meisten über sich selber. Wollte er Friedrich Schuld geben, so mußte er immerhin zugestehen: »Ein Halunke ist er, aber ein verteufelter Kerl ist er doch! Woher er das wohl wußte, daß der Franzose im Backofen hockte? Und dann das mit dem Knöpfeabschneiden! Na, die Sache will ich mir merken.«

Als sie sich Gülzow näherten, fragte Friedrich: »Schulze, wer zum Deuwel kommt da quer über Ihren Acker zu jagen? Was hat der dort zu jagen? Dem Regen jagt er doch nicht aus dem Weg.« – »Was Donner!« rief der Schulze, »das ist ja dem Inspektor Nicolai sein Brauner, und der darauf sitzt, ist ja wohl gar der Stavenhäger Burmeister?« – Und so war es.
Mein Vater ritt heran, und wie er Friedrich und den Franzosen erblickte, meinte er, nun werde sich wohl alles einrenken. »Aber«, setzte er hinzu, »Schulze, nun wollen wir zu Ihnen nach Hause, denn mir friert die Seele im Leibe, und ich bin durchnäßt bis auf die Knochen.« – »Das sag ich man, Herr, und wir sind auch schön durchgeweicht.«
Als sie im Schulzenhaus eingetroffen waren, schleppte die Schulzenfrau allerlei überzähliges Zeug herbei, doch langte dies nur knapp, denn die schlimmen Zeiten hätten auch in der Kleiderkammer des Schulzen ihren

Spuk getrieben, und jeder war dankbar, wenn er noch irgend etwas fand, das ihm halbwegs auf den Leib paßte. Der Schulze vermochte keine andere Unterkunft zu finden als in seiner eigenen Hose. Friedrich nahm sich recht stattlich in Fritzens Gottestischrock aus, und mein Vater, als der kleinste, mußte sich mit Jehanns kurzem Jäckchen begnügen, was natürlich dem Schulzen nicht recht war und worüber er mancherlei Entschuldigungen vorbrachte.

Ist man aber aus einer verdrießlichen Lage in Sicherheit und aus dem Regen ins Trockene gelangt, dann überfällt einen leicht die Heiterkeit, und mein Vater mußte über seine Ausstaffierung so lachen, daß ihm die Augen tränten. »Lieber Gott«, fiel es ihm ein, und er wurde unversehens sehr ernsthaft, »wir lachen hier, und unter uns sitzt ein Mensch, den schüttelt nicht nur der Frost, den schüttelt auch die Angst. Wir sollten ihm doch zumindest zugute kommen lassen, was uns möglich ist. Frau, Sie muß dem Franzosen auch ein bißchen unter die Arme greifen.« Dies war allerdings nicht ganz leicht, denn weil fast alles schon verbraucht war, was sich irgendwie verwenden ließ, mußte schließlich doch der Wollrock der guten Schulzen-Mutter das größte Loch stopfen helfen.

»Bruder, iß tüchtig!« ermunterte Friedrich den Franzosen, als sie am vollbesetzten Vespertisch saßen, und schob ihm ein Stückchen Pökelfleisch von etwa drei Pfund hinüber. – »Iß, Bruder! So lang der Mensch ißt, so lange lebt er noch.« – Meinen Vater aber jammerte der Mensch, und er sprach zu ihm französische Worte in einem tröstlichen Ton, und der arme Sünder antwortete so kummervoll und de- und wehmütig, daß es dem Schulzen, obwohl er nichts davon verstand, doch ans Herz griff und er sich zu meinem Vater herüberbeugte: »Herr Burmeister, wollen den Kerl wieder laufen lassen.« – Nein, sagte mein Vater, so ginge es denn doch nicht. Der Müller und der Bäcker säßen in großer Not und hätten eine gerechte Sache, und der Franzose säße zwar auch in Not, habe aber eine ungerechte Sache, und was Recht sei, müsse Recht bleiben.

Dann war Schulzens Fritz mit seines Vaters Pferden auf den Hof geritten und kam in die Stube: »Gu'n Abend, Vadder! Ich bin den Franzosen entwischt!« Er gab seinem Alten die Hand, ging dann zu meinem Vater hinüber, der ihm den Rücken zuwandte, und versetzte ihm einen kräftigen Schlag ins Genick: »Gu'n Abend, Hanne! Kannst deinem Bruder die Tageszeit nicht bieten?«

Mein Vater fuhr in die Höhe und wandte sich um, und Fritz stand nun starr wie eine Salzsäule. – »Gott soll mich bewahren!« rief der Schulze. »Kommt

hier rein und prügelt mir in meinem eigenen Hause den Stavenhäger Burmeister! Und der Schlingel will mal Schulze werden!« – »Laßt ihn!« versetzte mein Vater. »Dafür soll er heute abend aber noch nicht Feierabend machen. Er soll uns heute abend noch alle nach Stavenhagen fahren.« – »Durch die ganze Welt, Herr Burmeister«, stammelte Fritz. – »Was kommst du aber so spät nach Hause?« fragte der Schulze. – »Je, Vadder, ich dacht so, wenn sie dich kriegen, denn wird die Sache schlimm, und darum stellte ich die Gäule ins Holz und legte mich auf die Lauer und wollte warten bis zum Abend. Und wie ich so lauere, da kommt der Stadtdiener Luth an zu gehen, und der sagte, die Franzosen wären schon lange weg, und der Herr Burmeister wär den Franzosen auch entwischt, und er suchte nach ihm.« – »Wo ist er denn geblieben?« fragte mein Vater. – »Er wird gleich kommen«, erwiderte Fritz, »er fragt nur noch beim Schulmeister nach.«
Und Luth tauchte mittlerweile denn auch auf, und wie er sich nach meinem Vater erkundigte und der vor ihm in seinem knappen Jäckchen aufkreuzte, da war es mit Luths ganzer Amtswürde vorbei. Er vergaß alles, was er sagen sollte oder wollte und fing laut an zu wiehern. Mein Vater aber wurde ärgerlich, denn er hatte seine Kostümierung ganz vergessen, dachte an meine Mutter und an zu Hause und fuhr dem Stadtdiener an den Kragen: »Luth, ist Er närrisch geworden? Was machen meine Frau und meine Kinder?« – »Prächtig zuwege, Herr Burmeister! Hahaha! – Und der Herr Amtshauptmann liest der Frau Burmeister was aus den Büchern vor, und Mamsell Westfalen stopft Fritzing mit Äpfeln und Kringeln voll. Aber – hahaha! nehmen Sie's nicht übel, ich muß mich lachen.«
Und Friedrich fing auch an zu lachen und der alte Schulze ebenfalls, und Fritz auch. Schulzenmutter aber behauptete ganz atemlos, der Herr Burmeister sähe doch heil spaßig aus.
Meinem Alten war es aber ums Herz nun doch leichter geworden, und er stimmte in das Gelächter mit ein. »Luth, lach Er tüchtig«, sagte er, »doch lach Er auch fix! Denn für Ihn hab ich noch was Eiliges zu besorgen. – Nicht wahr, die Franzosen haben den Mantelsack mit dem Silberzeug und dem Geld mitgenommen?« – »Ja, Herr. Ich hab's gesehn, wie sie's fortgetragen haben.«
»So sput er sich. Im Stall steht der Braune von Inspektor Nicolai. Den nehm Er sich und jag, was Er nur kann, nach Kittendorf zum Herrn Landrat von Oertzen – denn von dort kamen gestern die Chasseurs, und da werden auch wohl die Löffel herstammen –, und dann erzähl Er dem Herrn Landrat, wie's uns in Stavenhagen ergangen ist, und bitte ihn, er solle Ihm einen zuverlässigen Menschen mitgeben, der auf die Löffel einen Eid ablegen kann.

Auf die Manier könnte er vielleicht sein Eigentum wiederbekommen. – Und nun fort mit Ihm! Und du, Fritz, spann fixing an!«

Es dauerte wie nichts, da saßen sie alle auf dem Wagen. Nur den Schulzen wollte Mutter nicht fortlassen: »Du hast da nichts zu suchen, du kannst zu Hause bleiben.« – »Mudder«, erwiderte der Schulze, setzte den einen Fuß aufs Rad, den andern auf die Radachse und blickte von oben auf sie herunter, »das ist gegen unsere Abmachung. Du bist Herr im Haus, und ich bin Herr in meinem Schulzengeschäft, und einen Gefangenen zu transportieren ist ein Schulzengeschäft.«

Und darauf klemmte er sich mit Friedrich und dem Franzosen auf *einen* Sack: »So, Fritz, nu man jüh!«

Kapitel 17

Das Affenjäckchen

Vor dem Stavenhagener Rathaus hielt der Wagen an. Mit einem Satz war mein Vater von seinem Sack herunter. Er hieß die anderen noch ein wenig sitzen bleiben, bis er sie riefe.

Als er die Diele betrat, kam ihm Marik Wienke, die damals unser Dienstmädchen war, mit Licht entgegen, denn es war mittlerweile schon dunkel geworden. Marik hätte das Licht beinahe fallen lassen und wollte schon loskreischen, als sie meinen Vater in Hannes' Röckchen erkannte. Er aber zog sie rasch in sein Zimmer: »Halt den Mund, Marik! Du bist ja ein verständig Mädchen!«

Marik war eigentlich ein bißchen düsig. Nichts aber hilft der Dummheit besser auf, als wenn man sie für klug ausgibt. In Mariks Kopf wurde es denn auch gleich ein gut Teil heller.

»Ist der Herr Amtshauptmann noch im Hause?« fragte mein Vater. – »Ja, Herr.« – »Dann setz das Licht hierhin, geh ins Wohnzimmer und laß dir vor meiner Frau nichts merken. Sag aber dem Herrn Amtshauptmann: Draußen wäre jemand, der ihn sprechen wollte, und dann bring ihn zu mir.«

Dies geschah also, und der alte Herr sagte beim Eintreten: »Gu'n Abend, mein Sohn. Was willst du, und was tust du hier im Zimmer vom Herrn Bürgermeister?« – »Herr Amtshauptmann, was machen meine Frau und die Kinder?« – »Min Jüngschen, was weiß ich von deiner Frau und den Kindern? Wie kommst du zu Frau und Kindern?« – »Himmel Herrgott!« rief mein Vater, »kennen Sie mich denn nicht? Ich bin doch der Bürgermeister!« – »Das ist denn eine andere Sache!« rief der alte Herr. »Das ist ja eine ganz besondere Sache! Nee, wat denn? Consul Stavenhageniensis im Affenjäckchen! – Doch was sagt Horaz? *Nil admirari,* sagt er! vor allem in solchen Zeiten, min Herzenskindting.« – »Herr Amtshauptmann, meine Frau?« –

»Weiß, daß Sie frei sind, min Herzenskindting, und wird sich sehr freuen.« – »Aber...?« – »Nee, es schad't ihr nicht. Auch nicht, wenn sie Sie in dem Affenjäckchen sieht. Kommen Sie man!«

Doch alle Überraschungen taugen nun einmal ganz und gar nichts, nicht einmal die guten. Wenn die Freude dem Menschen urplötzlich in die Ohren dröhnt, wie wenn zwei Dutzend Musikanten auf einmal hinter einem Gebüsch dicht neben ihm losfiedeln, dann fährt es ihm schmerzhaft durch Kopf und Herz, und aus dem schönsten Lied wird eitel Kummer und Klage. Nein, ich lobe mir die Freude, wenn sie sich ankündigt wie ein schöner Singvogel im kühlen Wald, wenn sie von Zweig zu Zweig näher kommt, bis sie allgemach vom allernächsten Busch aus ihr Lied volltönend mir ins Ohr singt.

Die Freude drang auf meine Mutter anfangs wohl ein wenig heftig ein, doch das ward überstanden. Nun näherte sie sich immer mehr, von Zweig zu Zweig, und wie mein Vater bei ihr eintrat, da sang sie ihr Lied volltönend ihr ins Ohr, und wie er schließlich selber und noch dazu in seinem kurzen Jäckchen ihr vor Augen trat, da schien es ihr fast, als wolle der Vogel im Gebüsch vor ihr seine allerzierlichsten Sprünge vollführen, so daß sie herzlich darüber lachen mußte.

Die Erinnerung an diesen Tag aber ist in unserem Hause lebendig geblieben bis in die spätesten Zeiten. Wenn mein Vater bei aller Mühe und Sorge einmal recht lustig nach Hause kam, dann hieß es unter uns: »Vadding hat heute sein Affenjäckchen an.«

Als sich die Freude halbwegs gelegt hatte, erkundigte sich der alte Herr: »Und den Franzosen haben Sie gleich mitgebracht, min Herzenskindting?« – »Ich nicht«, sagte mein Vater, »Müllers Friedrich hat wohl das Beste dazu getan, und der Schulze aus Gülzow hat ihm dabei geholfen.« – »Min Herzenskindting, dieser Friedrich muß ein verteufelter Kerl sein, ein resolvierter Mensch. Wollen ihn mal reinkommen lassen.«

Friedrich erschien, mit ihm der Schulze. »Hör mal, mein Sohn, bist du das, der den Franzosen vom Wagen geworfen hat?« – Friedrich dachte sich anscheinend: »Wie? Dies soll ja wohl wieder ein Gerichtstag werden?« und weil er jene Frage mit »ja« beantworten mußte, setzte er sich auch stracks auf die Hinterbeine und ließ es ruhig an sich herankommen. »Ja, Herr«, sagte er. – »Weißt du denn wohl auch, daß du den Müller in große Verlegenheit gebracht hast?« – »Verlegenheit? – Er ist Verlegenheiten gewohnt, und eine mehr wird ihm nicht schaden.« – »Bist du das, der den Mantelsack von dem Franzosenpferd abgeschnallt hat?« – »Ja, Herr.« – »Hast du dich dabei nicht mit acht Groschen an dem Eigentum des Franzosen vergriffen?« – »Ich habe mir meine acht Groschen bloß wiedergenommen«, erwiderte Friedrich und erzählte seine Geschichte.

»Du hast sie dir gegen Gesetz und Recht genommen. Und wie nennt man einen, der das tut?« – Friedrich blickte dem alten Herrn offen ins Gesicht, sagte aber kein Wort. – »Schulze Besserdich, wie nennt man solchen Menschen?« – »Mit Verlaub, Herr Amtshauptmann, nen Spitzbuben!« brach es aus dem Schulzen heraus. »Und das ist er, Herr. Er hat auch heute noch der alten Buchfink eine Wurst aus dem Rauch gestohlen! Und so'n Kerl will meine Fik heiraten?« – »Was will er?« – »Meine Fik, Herr, die bei Ihnen dient, Herr, die will er freien, Herr.« – »So? So?« sagte der Herr Amtshauptmann und betrachtete Friedrich von oben bis unten, »das ist denn eine andere Sache! – Mein Sohn, denn kannst du rausgehen. Aber ich werde dir den gestrigen und den heutigen Tag gedenken.«

Friedrich verließ das Zimmer und wetterte inwendig über den Schulzen und den Amtshauptmann: »Was will er mir gedenken?« fragte er sich, wie er auf dem Vorplatz stand. Hätte er aber gewußt, was dieses Wort für den alten Herrn bedeutete, dann hätte er wohl nicht so gefragt, denn im bösen gedachte der alte Herr einer Sache oder eines Menschen nie. Das Böse lief von ihm ab, es blieb an ihm nicht hängen, und er machte drei Kreuze hinter ihm her. Trat ihm jedoch das Gute entgegen, dann sagte er sich, er könne es vielleicht zu rasch wieder vergessen, und so hieß es denn: »Neiting, Fritz Sahlmann, Westfalen, Kinnings, helft mir daran denken.«

Als Friedrich draußen war, wandte der alte Herr sich den anderen zu und lachte herzlich: »Neiting, Fritz Sahlmanns Wurst von heute früh bist du nun doch los. Die kriegt die Buchfink in Pinnow, und wenn dieser Kerl, der Friedrich, Fik Besserdich heiraten soll, dann müssen wir ihn doch erst wieder ehrlich machen.« – »Ja«, rief mein Vater und legte ein Achtgroschenstück auf den Tisch, »hier ist das Geld, das er dem Franzosen weggenommen hat.« – »Na, und nun, Schulze, wann wird denn nun die Hochzeit sein?« fragte der alte Herr lachend.

Der brave Schulze zog dabei ein Gesicht, als sei ihm unversehens eine Brille aus Schuhsohlen aufgesetzt worden; er wußte nicht, wie ihm geschah. »Herr Amtshauptmann«, knurrte er endlich, » der Kerl ist ja aberst ein Schnorrer.« – »Schulze«, entgegnete der alte Herr, »die Sache kann sich ändern. Im Amt sind gegenwärtig Bauernhöfe frei geworden, und wer weiß, wie Hohe Herzogliche Kammer darüber denkt.« – »Ja, er ist doch aber auch ein Spitzbube, Herr.«

»Schulze, das wollte ich bloß noch einmal von Ihm hören. Als der Mann sich heute früh die acht Groschen aus dem Felleisen genommen hat, hätte er da nicht auch das Ganze behalten können? Wer hätte da was von gewußt? – Hätte er's auf den Buckel genommen und wäre damit über die preußische Grenze gegangen, welcher Hund und welcher Hahn hätte danach gekräht? – Nee, wat denn?« – »Je, Herr, aber mit den acht Groschen und mit der Wurst?« – »Das eine hat er in seinem Unverstand für sein Recht gehalten, und das andere für einen Spaß.« – »Je, Herr«, sagte der Schulze und kratzte sich am Kopf, »wenn das auch alles so ist, meine Fik ist doch zu jung für den alten Kerl.«

»Mit Verlaub, Herr Amtshauptmann«, fiel hier Mamsell Westfalen ein, »daß ich mich hier in Gerichtssachen und Bauernangelegenheiten einmische. – Schulze Besserdich, das ist ein dummer Schnack von Ihm. Denn wenn Seine Fik noch ne junge, dumme Deern ist, dann ist es gut, wenn sie einen erfahrenen Mann kriegt, denn das hat immer seine Art gehabt. Und, Herr Amtshauptmann, nehmen Sie's nicht übel, er ist ein resoluter Kerl und in dieser Zeit gut zu brauchen, und gestern abend – ich will nichts gegen Herrn Droi sagen, denn er muß wissen, wann's Zeit ist, mit Obergewehr und Untergewehr auf einen Menschen loszugehn –, aber gestern ging Friedrich als einziger auf den Franzosen los, und wenn seine Redensarten auch für Ihr Zimmer und meine Ohren nicht ganz sauber waren, so habe ich mir doch gesagt: das ist ein Kerl, der hat's mit dem Tun. Und, Friedrich Schulz und Fik Besserdich, die beiden passen zusammen, denn was er im Tun hat, das hat sie im Reden. Und, Herr Amtshauptmann, sie kann sich nen Kerl vom Leibe halten, denn sie hat ein gottgesegnetes Mundwerk, und das sag *ich*.«

Der Schulze blickte auf Mamsell Westfalen und dann wieder auf den Herrn Amtshauptmann. Er war völlig entgeistert. Alle Einwendungen, die er vorgebracht hatte, waren ihm aus der Hand geschlagen. Er suchte nach neuen und fand keine, bis ihm endlich das einfiel, was einem schließlich *immer* einfällt. Er kratzte sich also hinter den Ohren und sagte: »Je, Herr Amtshauptmann, ich muß erst hören, was Mutter dazu sagt.« – »Recht, mein lieber Schulze! Vor allem muß Er aber erst hören, was Seine Fik dazu sagt. Ich für mein Teil habe Ihm nur klarmachen wollen, daß dieser Friedrich kein Spitzbube ist.«

Somit war denn diese Angelegenheit einstweilen auf den Sankt-Nimmerleinstag verschoben. Die Frau Amtshauptmännin war mit Mamsell Westfalen schon aufs Schloß hinaufgegangen, und bei der anderen Gesellschaft war die Müdigkeit eingekehrt. Da traf der Stadtdiener Luth von seiner Fahrt nach Kittendorf ein und bestellte, der Herr Landrat ließe sich bestens empfehlen und habe wegen des Silberzeugs seinen eigenen Kammerdiener mitgeschickt.

So war denn alles wieder in die allerschönste Ordnung gekommen. Der Herr Amtshauptmann schrieb noch einen Brief an den französischen Oberst, mein Vater setzte Luth genau auseinander, was er zu machen und zu sagen habe, Friedrich und Luth nahmen den Chasseur zwischen sich auf den Wagen, der Herr Kammerdiener und Fritz Besserdich setzten sich auf die Vordersitze, und fort ging es in dunkler Nacht auf dem grundlosen Landweg in Richtung Neubrandenburg.

»Ja«, dachte der brave Schulze, als er allein in der Nacht nach Gülzow zurückmarschierte, »ihr habt gut reden! So'n Amtshauptmann und Burmeister und Mamsell auf dem Schloß, das sind vornehme Leute und haben keinen über sich. Aber so'n Schulzen kommandiert jedwedereiner. Ja, wenn Mutter nicht wäre! Und wäre der Kerl keine Spitzbube, und wär er an die zehn Jahre jünger, und hätte er eine Bauernstelle, und meine Fik wollte ihn, ja, denn – denn – kriegte er die Deern doch lange noch nicht, denn Mutter ließe es nicht zu.«

Kein Mensch wird es mir nun verdenken, wenn ich beim Erzählen einer heiteren Geschichte wenig Lust verspüre, schreckliche Geschehnisse mit einzumengen. Darum berichte ich nicht mehr über den französischen Chasseur als nötig. Ich sage nichts davon, wie ihm zumute war, als er in Neubrandenburg einfuhr. Nichts davon, wie er vorm Kriegsgericht stand. Nichts davon, wie ihm die Angst, die Todesangst, immer näher und näher rückte, bis er seinen bösen Lohn erhielt. Und wenn ich's auch wollte, so könnte ich's nicht, denn ich berichte nur Dinge, die ich weiß, und dieses weiß ich nicht. Ich habe es mein Lebtag nicht übers Herz zu bringen vermocht, einen armen Sünder auf seinem letzten Gang neugierig zu beäugen und zuzusehen, wie *ein* Sünder den *anderen* kraft menschlichen Gerichts vorschnell vors himmlische Gericht und vor unsern Herrgott bringt. Doch dies war nun einmal so, und dies geschah auch so. Und als sein blutiger Leichnam auf dem Sande lag, hat wohl keiner daran gedacht, daß die Kugeln weit hinten in Frankreich ein Herz viel grausamer getroffen haben als sein eigenes – ich meine das Herz seiner alten Mutter.

Ich will darum nur berichten, daß infolge der Überstellung des Franzosen bei lebendigem Leibe der Mordverdacht gegen den Müller und den Bäcker fallen gelassen wurde, daß durch das Geständnis des Chasseurs und durch die Zeugenaussagen von Inspektor Nicolai und des Herrn Kammerdieners der Landrat von Oertzen wieder in den Besitz seines Eigentums zurückgelangte, und daß der Oberst von Toll, als der Auditor das Bargeld als herrenloses Gut einziehen wollte, sich erhob und in aller Entschiedenheit bekundete: mit Raub und Diebstahl wolle sich sein Regiment nicht beflecken. Damit ging er von seinem Platz, ergriff das Felleisen und wandte sich an Luth: »Mein lieber Freund, Sie scheinen mir ein vernünftiger Mann zu sein.

Nehmen Sie hier den versiegelten Mantelsack und übergeben Sie ihn dem Herrn Amtshauptmann Weber. Er soll damit tun, was hierzulande rechtens ist.« Luth erhielt ein Schreiben darüber, und so war die Angelegenheit erledigt.

Doch nun tauchte noch eine Schwierigkeit auf, an die keiner gedacht hatte: was sollte mit meinem Onkel Herse geschehen? Als der Müller und der Bäcker und die anderen alle den Gerichtsraum schon verlassen hatten und von dannen gegangen waren, bot Onkel Herse fast den Anblick eines prächtigen, einsamen Eichbaums, den der Förster im abgeholzten Revier seiner Stattlichkeit wegen verschont hat.
Der Oberst richtete auf ihn einen verwunderten Blick: »Was stehen Sie hier noch?« – Bei Onkel Herse rührte es sich nun im Geäst, und seinem dunkelroten Gesicht konnte man ansehen, daß in seinem Wipfel der Sturmwind zu brausen begann. »Das möchte ich *Sie* fragen«, war seine Antwort.
Wäre in diesem Augenblick ein Fremder dazugekommen, er hätte sicherlich nicht gewußt, wer der Oberst und wer der Ratsherr war. Stattliche Uniformen trugen sie beide, und beide zeigten sie vornehme, stolze Mienen, und beide hatten sie diese angenommen, weil sie das Kommandieren gewohnt waren. Maß der Oberst einige Zoll mehr in der Länge, so maß mein Onkel einen halben Fuß mehr in der Breite. Trug der Oberst das Martialische unter der Nase, so mein Onkel es über sein ganzes Gesicht, denn er hatte sich einige Tage nicht rasieren lassen. Der alte Barbier, den sie Dr. Metz nannten, hatte vorgestern seines Amtes nicht walten können, und was an den Tagen zuvor, gestern und heute nachgewachsen war, wog gut ebenso viel wie der Schnurrbart des französischen Offiziers.
»Wer sind Sie?« fragte der Franzose. – »Ich bin ein *Ratsherr*, ein *Stavenhagener* Ratsherr«, versetzte mein Onkel. Dies schien dem Franzosen denn doch Eindruck zu machen. Er ging auf und ab und blieb schließlich vor meinem Onkel stehen: »Ich vermag keinen Vorteil für Kaiser Napoleon darin zu erblicken, noch länger mit Ihnen im Lande herumzuziehen. Sie können gehen.«
Derlei war mein Onkel nun doch nicht gewohnt: »Herr«, rief er, »diese Behandlung...!« – »Ich bedaure aufrichtig«, fiel ihm der Oberst ins Wort, »daß man Sie überhaupt inkommodiert hat. Man muß Sie schier aus Versehen mitgenommen haben.«
Dies aber war für meinen Onkel denn doch zuviel. Er hatte sich während der ganzen Fahrt und der langen Winternacht damit getröstet, er sei ein auserlesenes Opfer des korsikanischen Lindwurms, und nun sollte das Ganze

ein bloßes Versehen gewesen sein? Er hatte in seiner Einfalt zumindest mit einer öffentlichen Ehrenerklärung vor der Front eines ganzen französischen Regiments gerechnet, und nun gab ihm – mit Respekt zu sagen – der französische Oberst einen Fußtritt vor den Allerwertesten und bedeutete ihm: er könne nun gehen.
»Einen Mann wie mich«, rief er, »aus Versehen mitzunehmen!« – »Sie können noch von Glück sagen«, erwiderte der Oberst und schlug ihm freundlich lächelnd auf die Schulter, »im Krieg kommt es manchmal noch schlimmer. Da wird manch einer aus Versehen sogar totgeschossen. Betrachten Sie die Sache doch einfach als himmlische Prüfung.« – »Wenn das ne Prüfung sein soll«, versetzte mein Onkel, »dann ist es man eine sehr dumme.« Der Oberst fing an zu lachen und faßte meinen Onkel unterm Arm: »Kommen Sie, Herr Ratsherr! Ich bin eigentlich ganz froh darüber, daß die Sache auf diese Weise aus der Welt gekommen ist und ich dem Herrn Amtshauptmann zu willen sein konnte. Ich hätte wohl auch noch ein Wörtchen insgeheim unter vier Augen mit Ihnen zu reden.« »Insgeheim« und »unter vier Augen«, das waren aber Wendungen, denen Onkel Herse nicht so leicht zu widerstehen vermochte. Er folgte ihm also.
»Herr Ratsherr«, sagte der Oberst, als sie draußen auf dem Markt vor dem Gasthof »Zum goldenen Knopf« standen – denn im »Goldenen Knopf« lag des Obersten Hauptquartier –, »Herr Ratsherr, sagen Sie dem braven alten Herrn Amtshauptmann, ich ließe ihn noch vielmals grüßen. Und wenn *ich* zum Glück seine Bitte habe erfüllen können, so solle er zusehen, daß *er* auch meine erfüllte, und meine Bitte wäre: er solle, wenn dies von Rechts wegen möglich sei, das herrenlose Geld dem jungen Mädchen zuwenden, das mir gestern unterwegs den Brief von ihm überbracht hat. Und, Herr Ratsherr, Sie sehen doch ein, daß dies geheim bleiben muß? – denn sonst könnte der Herr Amtshauptmann darüber in Verdacht geraten.«
Nun war Onkel Herse wieder in seinem richtigen Fahrwasser: »Sie meinen doch Fiken?« fragte er eifrig. »Müller Vossens Fiken, die dort steht?« und zeigte auf Fiken, die ein wenig abseits mit ihrem Vater stand, ihn umarmt hielt und sich vor Freude an seiner Brust ausweinte. »Die meine ich«, sagte der Oberst und schritt auf das Paar zu.
Fiken löste den Arm vom Nacken ihres Vaters, doch den Tränen konnte sie nicht wehren. Wie sich der Oberst ihr näherte, war es ihr, als müsse sie noch mehr weinen, und wie der Oberst ihr die Hand gab, machte sie stillschweigend einen Knicks: sie konnte kein Wort herausbringen. Solange die Not wie eine dunkle Nacht über ihr gelegen, war sie ruhig und still, ohne nach links und rechts zu blicken, ihren Weg gegangen, und nur ihr Vertrauen auf

Gott hatte ihr geleuchtet wie ein schöner Stern. Nun aber, als die Sonne aufgegangen war, hielt sie inne. Ihr Herz blühte empor wie eine schöne Rose, die sich dem Licht zuwendet, der frische Morgenwind spielt in ihren Blättern, ihr Blick ging frei nach rechts und nach links, nach vorwärts und nach rückwärts, und der Morgentau fiel zur Erde.

Auch der Müller stand schweigend vor dem Offizier. Doch als dieser fragte, ob er der Vater des jungen Mädchens sei, da brach es richtig aus ihm heraus. »Ja«, sagte er, »Herr, und wenn's auch wahr ist, was unser Herr Amtshauptmann sagt, daß Jungens besser und Mädchen zu weimerlich sind, denn das sind sie, Herr, wie Sie an Fiken sehen können« – dabei wischte er sich selber eine Träne aus dem Auge –, »so hab ich doch für Sie, der Sie so gut zu uns gewesen sind, keinen anderen Wunsch, als daß unser Herrgott Ihnen mal solch lütt Dirnchen schenken möchte, wie es meine lütte Fiken ist.«

Der Oberst mochte wohl Ähnliches denken, doch er sagte es nicht. Er wandte sich rasch zu Fiken um: »Min leiw Döchting, kannst du schreiben?« – »Ja, Herr«, sagte Fiken und machte einen Knicks. – »Sie kann alles«, sagte der Müller, »sie kann geschriebene Schrift lesen und kann schreiben wie ein Schulmeister, denn sie muß ja all mein Schriftzeug besorgen.« – »Na, denn, min lütt Dirning«, sagte der Oberst, »schreib mir hier mal deinen Namen und den Ort hin, wo du her bist, aewer plattdütsch.«

Und Fiken schrieb ins Taschenbuch des Obersten: »Fiken Vossen up de Gielowsche Mühl in't Stemhäger Amt«.

Der Oberst las es, klappte sein Buch zu und reichte ihr und ihrem Vater seine Hand zum Abschied: »Adjüs! Und wi treffen moegliche Wis noch einmal wedder tausam.«

Kapitel 18

Julius Caesar

Nach etwa einer halben Stunde fuhren aus dem Treptower Tor zu Neubrandenburg zwei Wagen in Richtung Stavenhagen hinaus. Auf dem ersten Wagen saßen die Alten: der Ratsherr, der Bäcker und der Müller, und als Respektsperson der Herr Kammerdiener. Auf dem zweiten saßen Fritz Besserdich mit Luth auf dem vordersten Sack, auf dem nächsten Hinrich mit Fiken, und Friedrich hatte es sich hinten am Kastenende bequem gemacht.

Wie sie ein Stück gefahren waren, nahm mein Onkel Herse die Unterhaltung auf: »So!« sagte er, »aus *der* Klemme wären wir richtig heraus.« – »Ja woll, Herr Ratsherr«, erwiderte Bäcker Witt, »und das haben wir denn wohl dem Herrn Amtshauptmann und unserm Burmeister, vor allem aber wohl Müller seinem Friedrich zu danken.« – »Wie man das ansieht, Meister Witt«, bemerkte mein Onkel. »Ich für meine Person habe nichts gegen die drei, und daß der Chasseur an Ort und Stelle gebracht wurde, das hat uns gute Dienste geleistet. Doch die Freiheit gegeben hat uns das nicht. Haben Sie nicht gesehn, wie der französische Oberst mit mir vor dem Hause unter vier Augen gesprochen hat?« – »Ja, Herr.« – »Na, denn lassen Sie sich mal gesagt sein, wenn mir der französische Oberst nicht einen geheimen Auftrag anvertraut hätte, dann wären wir aus Brandenburg wohl durch ein anderes Tor als dieses hinausgefahren.« – »Das wär der Deuwel!« rief der Bäcker und sah den Herrn Ratsherrn ein wenig von der Seite an.

Mein Onkel sagte nichts. Er blinzelte sehr ernsthaft mit einem Auge und blickte dann seitwärts über die kahlen Felder hinweg, als wolle er erst seine Worte auf den Bäcker richtig einwirken lassen. Dies aber schlug ihm fehl. Mit dem Kopf des alten Witt stand es nämlich wie mit dem Schenkmaß, in dem er sein Getränk verzapfte. War es erst einmal randvoll, dann nahm es auch nichts mehr auf, und was noch hinzu kam, das troff auf den Boden. Gegenwärtig aber war sein Kopf randvoll von all dem, was er erlebt hatte, so daß die Worte des Herrn Ratsherrn ganz und gar daneben gingen: er sagte kein Wort. – »Meister Witt«, begann der Ratsherr nach einiger Zeit von neuem, »ich wollte, ich wäre in Stavenhagen.« – Dieses Tröpfchen ging noch gerade ins Schenkmaß hinein, der Bäcker sagte also: »Das wollt ich auch, denn das wird sich mächtig lange hinziehen.« – »Das meine ich nicht«, versetzte der Herr Ratsherr, »ich meine wegen unseres Empfangs mit ner Ehrenpforte.« – Nun aber strömte es aus dem Schenkmaß richtig zu Boden: »Empfang? – Ehrenpforte? – Wieso? – Kommt denn unser Herzog?« – »Meister Witt, *der* kommt nicht, aber wir kommen.«

Da aber wurde es dem alten Witt doch beinahe zumute, als habe ihn jemand beim Einmessen kräftig angestoßen, als sei die Hälfte des Inhalts zu Boden geflossen, der Rest aber völlig durcheinander geschüttelt. Dies war ein Glück, denn so gab es doch wieder Raum für die Erläuterungen des Herrn Ratsherrn: »Meister Witt, ich sage, *wir* kommen. Sollen die Bürger einer Stadt, wie es *unsere* Stadt ist, für ihre Mitbürger und Magistratspersonen, die fürs Vaterland gelitten haben, nicht ebensogut eine Ehrenpforte hinstellen können wie für nen Herzog? Aber wer soll das machen? Der Bürgermeister? Der Amtshauptmann? Die denken ja gar nicht daran! – Oder meinen Sie vielleicht der alte Rektor, weil er mal so eine Art von Transparent zustande gebracht hat? Na, das war doch auch danach! Oder der alte Metz? Der hat's bloß mit Worten, Meister Witt, wie der Eichkater mit'm Schwanz. Oder der alte Zoch? Vom Turm kann er blasen, weiter nichts – ja, wenn *ich* dort wäre!« – »Aber, Herr Ratsherr«, erwiderte der Bäcker, bei dem die Wogen im Schenkmaß nachgerade anfingen sich zu glätten, »in dieser Jahreszeit! Wo wollen Sie denn Grünzeug und Blumen herbekommen?« – »Blumen? Wozu handeln denn Heimann Kasper und der alte Leip und die andern Juden mit rotem und gelbem Band? Und Grünzeug? Wozu hat Stavenhagen im Stadtholz die Tannenschonung angelegt?« – »Das ist wahr«, sagte Witt, denn nun war das Schenkmaß wieder voll.

»Was sagen Sie, Müller Voß?« erkundigte sich der Herr Ratsherr. – »Ich sage gar nichts, Herr Ratsherr«, sagte der Müller und drehte sich zum hintersten Sack mit einem Gesicht so voller Runzeln, als blicke ein zusammengeschnurrter Tabaksbeutel über seine Schulter, »ich sage gar nichts. Ich denke bloß, wie ich gestern nach Bramborg zufuhr, war mir nicht gut zumut, und heute, wie ich wieder von Bramborg zurückfahr, hab ich doch auch wieder Leibschmerzen im Kopf.« – »Wie denn das?« fragte mein Onkel, und der Müller berichtete ihm über seine Schwierigkeiten mit Itzig.

»Hm«, bemerkte mein Onkel und strich sich mit der Hand sanft über sein Gesicht von oben abwärts bis ans Kinn – weiter gelangte seine Hand nicht, sie blieb dort wegen des üppigen Bartes hängen –, das Kinn sank nach unten, der Mund öffnete sich, und er blickte ein Weilchen starr in die Landschaft. Er wiederholte den Versuch noch mehrere Male, aber es blieb immer das Gleiche: über den Bart gelangte er nicht hinaus.

Nun besaß mein Onkel wohl einen struppigen Bart, doch er besaß auch ein

weiches Gemüt, und öffnete sich sein Mund weit, so konnte sich auch sein Herz weit auftun. Als er nun ein letztes Mal mit seinen gutmütigen Augen die grauen Wolken betrachtete, da bemerkte er dort eine zarte, hellblaue Stelle, und es war, als fiele ein Stückchen des blauen Himmels durch seine Augen in sein weit geöffnetes Herz: er mußte ein gutes Werk verrichten. »Meister Witt«, verkündete er, »setzen Sie sich auf den vordersten Sack und lassen Sie den Müller hier sitzen. Ich habe mit ihm zu reden.«
Das geschah also, und Bäcker Witt redete auf dem vordersten Sack sehr laut mit dem Herrn Kammerdiener, und der Ratsherr sprach auf dem hintersten Sack sehr leise auf den Müller ein: »Müller Voß«, sagte mein Onkel, »ich helfe Ihnen aus der Patsche. Morgen laß ich Itzig kommen. Passen Sie auf, wie gefällig er sein wird. Ich weiß nämlich was von ihm, etwas Heimliches, das keinen weiter was angeht, aber was Sauberes ist es nicht. Der Kerl soll Ihnen bis Ostern Zeit lassen, und ich will mich für Sie verbürgen. Und morgen komme ich heraus und sehe alle Ihre Papiere nach, nehme die Sache in die Hand, denn sehn Sie«, und damit holte er das Petschaft an seiner Uhrkette heraus, »ich bin dazu berechtigt und gesetzt. Hier steht's. Können Sie wohl lateinische Schrift verkehrt rum lesen?« – Der Müller bekannte, daß er sie weder richtig noch verkehrt rum lesen könne. – »Na, macht auch nichts. Hier steht: *Not. Pub. Im. Caes.*, das heißt, ich bin *Notarius publicus,* und *Im. Caes.*, das heißt so viel wie: ich kann in jedem Prozeß um Rat gefragt werden. – Also, Müller, ich helfe Ihnen! – Doch eine Bedingung habe ich: Sie sagen zu keinem Menschen was von meiner Bürgschaft und zu keinem von unserer Abmachung, vor allem nicht dem Amtshauptmann. Die Sache bleibt geheim.« – Der Müller versprach dies denn auch. Auf dem zweiten Wagen war es in einer Hinsicht genauso wie auf dem ersten: auf dem vordersten Sack wurde sehr laut geredet und auf dem hintersten, auf dem Fiken und Hinrich saßen, sehr leise, und ich brauche nicht zu berichten, was sie einander erzählten, denn Friedrich lag ja hinten im Krett und hörte es Wort für Wort; er wird damit wohl zur rechten Zeit herausplatzen.

Etwa drei Stunden, nachdem dies alles besprochen worden, lief der Schlingel Fritz Sahlmann durch die Straßen der guten Stadt Stavenhagen und schrie: »Sie kommen, sie kommen!« Er hatte auf dem Mühlenberg schon zwei Stunden lang Posto gestanden, und der Herr Amtshauptmann hatte in dieser Zeit schon siebenmal nach ihm geklingelt und war zuletzt aus Ärger nach unten zu meiner Mutter gegangen.
»Sie kommen!« schrie der Schlingel. – »Ist's wahr, Jung?« fragte der alte Rickert, der den Glockendienst auf dem Kirchturm machte. – »Ja, Vadder

Rickert, sie sind schon auf dem Anger.« – Der brave Rickert dachte sich: »Dann hilft das nicht, dann muß ich das Meinige tun!«, lief zum Turm, und weil er das ganze Geläute alleine doch nicht hätte schaffen können, zog er die Sturmglocke. Da kam denn nun alles auf die Beine und an die Türen: »Sie kommen!« – »Wer kommt?« – »Der Ratsherr und Bäcker Witt und der Müller und alle die anderen!« – »Hurrah!« rief Schuster Bank und schwenkte den Arm in der Luft, hatte jedoch vergessen, daß dieser mit einem Stiefel bewaffnet war. – »Hurrah!« rief Schlosser Tröpner und stürzte im Schurzfell auf die Straße: »Aber, Kinder, alles in Ordentlichkeit und Manierlichkeit!« und stieß der Weberfrau Stahl den Henkelpott aus der Hand, den sie von Mamsell Westfalen vom Schloß bekommen hatte und gerade nach Hause brachte. »Hurrah!« rief Herr Droi, stürzte in der Bärenmütze auf die Straße, im übrigen aber leicht geschürzt. Hinter ihm standen seine kleinen französischen Gören und schrien: *»Vive l'Empereur!«*, als der Herr Ratsherr auf dem ersten Wagen durch die Menge hindurchfuhr.
Der aber saß steif aufgerichtet auf seinem Sack, hielt die ganze Straße entlang die Hand an seinem Hut und wandte sein würdiges Antlitz nach rechts und nach links. Doch in seine Würde mengte sich Rührung, und er flüsterte dem Müller zu: »Voß, dies läßt die Ehrenpforte vergessen.« Und der gute Müller beobachtete den Herrn Ratsherrn, wie der das wohl machte, und er machte es ebenso und erwiderte meinem Onkel: »Ja, Herr, und mich Itzig.«

Der Herr Kammerdiener beugte sich andauernd auf seiner Seite zum Wagen herunter und strapazierte seinen Hut aufs unmenschlichste, und auf der anderen Seite rief der alte Witt aufs allermenschlichste vom Wagen herunter: »Gu'n Dag, Vadder! – Gu'n Dag, Bank, was macht dein Buckel? – Gu'n Dag, Jehann! – Gu'n Dag, Strüwingken! – Na? – Allens woll? – Wat maken de Swin'?«

Wie sie auf den Markt gelangten, da wedelte Tante Herse mit der halben weißen Gardine aus dem Fenster heraus und entfachte damit im Herzen von Onkel Herse einen richtigen Sturmwind, so daß sein Gefühl in großen Wellen und Wogen zu schlagen begann und ihm das Wasser bis in die Augen spritzte. »Tanten!« sprach er halblaut und gerührt vor sich hin, »Tanten!« – denn er nannte seine eigene Frau »Tanten«, und sie nannte ihn dafür »Unkel« – »Tanten, ich kann deinem Winken nicht nachkommen, denn in diesen beiden Tagen habe ich als öffentliche Person und nicht als häusliche, habe ich als Ratsherr und nicht als Unkel meine Pflicht tun müssen, und so muß es auch zum Ende gebracht werden. – Bäcker Witt«, rief er, und dabei drückte er sich den Dreimaster in die Augen: »Auf zum Rathaus!«

Der Ratsherr hatte über den Hausvater und Unkel den Sieg davongetragen.

Ach, was wurde dies doch auf dem Rathaus für ein schöner Abend! Alles, was in Küche und Keller vor den Franzosen versteckt worden war, wurde hervorgeholt, und was etwa fehlte, das kam vom Schloß. Marik Wienke deckte einen langen, langen Tisch, und an den Tisch wurden immer wieder neue Platten zum Verlängern eingesetzt, und als die großen Tische nicht reichten, kamen die kleinen dran, und als auch die nicht reichten, wurde für uns Gören auf einem Stuhl gedeckt. Mamsell Westfalen stand am Eckschrank und drückte Zitronen auf Zucker aus, und darauf wurde aus allerlei Flaschen allerlei aufgegossen, und der Teekessel pendelte immerzu von der Küche in die Stube und aus der Stube in die Küche, und der Herr Amtshauptmann stand daneben, probierte unausgesetzt und schüttelte den Kopf, goß dann noch einmal etwas zu, und schließlich nickte er und sagte: »Mamsell Westfalen, so ist's recht! Dies ist eine andere Sache!« und zu meiner Mutter wandte er sich um: »Min Herzenskindting, in *einer* Sache lassen Sie mir nun meinen Willen, – den Punsch spendiere *ich.*«
Mein Vater hantierte mit dem Pfropfenzieher, Luth besorgte den Ausschank, und der Herr Kammerdiener stand am Ofen, schüttelte zu all diesen Verrichtungen nur andauernd den Kopf und wollte Luth zeigen, wie er zu servieren habe, und wie Luth es auch so machen wollte, da goß er Mamsell Westfalen ein Glas Punsch in den Schoß.
Ja, es war ein schöner Abend! Friedrich stand an der Tür, trank stramm aufgerichtet wie ein Grenadier und rührte und regte sich nicht, nur daß er trank. Und Fritz Besserdich stand neben ihm, rührte und regte sich auch nicht, bloß daß er gleichfalls trank und daß er dann und wann nach draußen ging, um sich auf der Diele die Nase zu schnauben. Fiken Voß aber saß neben meiner Mutter. Meine Mutter drückte ihr die Hände und strich ihr über das zarte Gesicht, und als ich zu ihr kam, herzte sie mich auch und sagte: »Wirst du auch so viel von mir halten?«
Der Herr Amtshauptmann rief Hinrich Voß in eine Ecke und redete mit ihm heimlich – was hatte der Herr Amtshauptmann mit Hinrich Voß Heimliches zu reden, und warum klopfte er ihm immerzu auf die Schulter? Der alte Voß befragte sich im stillen auch darüber, und als er es herausbekommen hatte, daß es wohl um seinen Prozeß ging, sagte er zu Witt: »So! Mit dem Prinzeß bin ich nun auch durch. Nun bleibt mir man noch der Jud, und den will ich mir heut abend in den Punsch stippen.« – »Du bringst mich auf nen Gedanken«, sagte der Bäcker, ging nach draußen und kam nach einem Weilchen zurück, in der einen Hand einen Henkelkorb, an der ande-

ren die Strüwingk. »Mit Verlaub, Herr Burmeister, daß ich doch auch mein Teil zum Traktement trage, und hier sind ein paar Zuckerkringel, und hier, Frau Burmeistern, ist meine Strüwingk, nehmen Sie's nicht übel, sie hatte zu dieser Gesellschaft so'ne große Lust.«

Was will dies aber alles bedeuten gegenüber dem Glanz und der Ehre, die um Onkel Herse aufgingen wie die Sonne. Er hatte seinen Mantel abgenommen und präsentierte sich nun in seiner glitzernden Uniform, und alles stand um ihn herum und bedankte sich bei ihm: mein Vater, daß er ihm den Schutz seines Mantels gegönnt, und meine Mutter, daß er meinem Vater dadurch zur Flucht verholfen hatte. Mamsell Westfalen tauchte dreimal tief unter und beteuerte, sie werde niemals vergessen, was er an ihr getan habe, und Müller Voß bezeugte: eigentlich wären sie in Bramborg bloß durch den Herrn Ratsherrn freigekommen. Und als der alte Witt dies ebenfalls bekräftigte, da gelobte die Strüwingksche in ihrem Herzen meinem Onkel einen großen Kaffeekuchen an. Sein schönes, rotes Gesicht schimmerte und glänzte vor Lust und Behagen, und er beugte sich zu meiner Mutter herab und sagte: »Ich weiß gar nicht, wo meine Tante bleibt.«

Bei den Worten des Müllers war Onkel Herse der Franzosen-Auftrag eingefallen, und er ging zum Herrn Amtshauptmann hinüber: »Herr Amtshauptmann, ich habe mit Ihnen ein Wörtchen unter vier Augen zu reden, in einer besonders geheimen Angelegenheit«, und damit zog er den Amtshauptmann in eine Zimmerecke.

Wir wissen, wovon die Rede sein sollte, doch wenn jene Ecke reden könnte und erzählen würde, was der Ratsherr dort berichtet hat, wir müßten wohl bekennen, wir wüßten von gar nichts. Schließlich oblag es meinem Vater, den Herrn Amtshauptmann denn doch zu erlösen. Er nahm meinen Onkel und setzte ihn obenan auf den Ehrenplatz, und zu keiner Zeit ist ein Menschenkind je so rechtzeitig auf seinen richtigen Platz gesetzt worden wie mein Onkel Herse.

Kaum saß er nämlich, da ging die Tür auf, und es trat Tante Herse ein, in einem schwarzen Seidenkleid, und hinter diesem Kleide stand der alte Barbier, den sie Dr. Metz nannten, der Vater des jetzigen alten Metz, und hinter ihm der jetzige »raiche« Joseph Kaspar, der damals ein kleiner Judenjunge war. Und Tante Herse trug einen Kranz von grünen Lorbeerblättern in der Hand, die hatte der alte Metz von seinem Lorbeerbaum gepflückt, von dem er gewöhnlich nur Lorbeer pflückte, wenn seine liebe Frau Brassen kochte, und der Kranz war mit einem langen, rotseidenen Bande zusammengebunden. Das hatte Joseph Kaspar besorgt, und dafür hatte Tante ihn mitgenommen.

Tanten stürzte Unkel entgegen, gab ihm einen Kuß und drückte ihm von hinten den Kranz auf den Kopf, so daß die roten Bänder ihm den Rücken hinunterflatterten, und sagte einige treffliche Worte, die keiner vernommen hat, denn Bäcker Witt brach vorzeitig mit seinem »Hurrah!« los, und der Müller mit »Vivat hoch!« und alles stimmte mit ein und stieß mit den Gläsern an.
Ja, es war ein schöner Abend. Und noch viele Jahre danach, wenn ich ein Bild von Julius Caesar sah, fiel mir mein Onkel Herse ein, denn genauso kleidete ihn der Lorbeerkranz – nur daß mein Onkel ein gut Teil freundlicher und fülliger war als der sauertöpfige, knochentrockene Römer. Und noch viele Jahre danach, wenn ich den schönsten Kuchen vor mir hatte, gedachte ich noch der Zuckerkringel von Bäcker Witt mit Rührung, und ich lobe sie auch heute noch, denn man konnte große Mengen davon essen und bekam keine Leibschmerzen.

Kapitel 19

Der Kontrakt

Als Müller Voß in seiner Mühle zu Gielow am nächsten Morgen aus dem Bett gefunden hatte, saß er darauf abermals mit dem Kopf in der Hand und blickte nachdenklich in seine Stiefelschäfte: »Mudder«, fragte er endlich, »hab ich mich gestern mit Hinrich erzürnt, oder hat mir das geträumt?«

»Ih wo, Vadding«, sagte seine Frau, »du hast ihn ja immerzu geküßt und ihn immer deinen lieben Sohn genannt. Friedrich hast du viel Geld versprochen, wenn du erst nen reichen Mann wirst, und das sollte nun nicht mehr so lange dauern.« – »Mudding, denn hab ich sehr dumm angegeben.« – »Das hab ich dir schon gestern abend gesagt, aber da wolltest du das ja nicht wahrhaben.« – »Gott soll mich bewahren!« rief der Müller, »ich komm ja aus den Dummheiten gar nicht mehr raus!«

Friedrich kam herein: »Gu'n Morrn, Müller! Gu'n Morrn, Frau! Ich komm bloß rein, Müller, und will Ihnen sagen, ich hab mir die Sache überlegt. Ich will das Geld, das Sie mir gestern abend versprochen haben, noch ne Zeitlang bei Ihnen auf Zinsen stehen lassen, bis ich's notwendig brauche.« – »Hm«, machte der brave Müller und rutschte auf dem Stuhl hin und her. – »Ja«, fuhr Friedrich fort, »aber ich hätte wohl ne andre Bitte: Wollen Sie mich nicht zu Ostern ziehen lassen, obschon das außer der Zeit ist?« – »Wozu? Was hast du vor?« – »Ich will heiraten.« – »Was? Du heiraten?« – »Ja, Müller, ich heirate Schulz Besserdichs Fik, die auf dem Schloß dient. Wenn Hinrich Voß unsere Fiken heiratet, und wenn unsere beiden Schwiegereltern nichts dawider haben sollten, denn, hab ich mir so gedacht, können wir ja an *einem* Tag Hochzeit machen.«

Dies war für den Alten doch ein bißchen viel auf einmal: »Du Schnorrer!« ... sprang er hoch und griff nach einem Stiefel. – »Halt, Müller!« sagte Friedrich und richtete sich auf. »*Die* Redensart paßt sich nicht für mich und nicht für Sie. Wie das mit mir steht, weiß ich seit drei Tagen. Wie es mit Hinrich und unserer Fiken steht, weiß ich seit gestern nachmittag. Ich lag hinter den beiden im Wagen und hab alles mit angehört.« – »Vadding«, rief die Müllerfrau, »dies wär das Beste!« – »Das verstehst du nicht!« brummte der Alte und quengelte in der Stube herum. – »Na, Müller«, sagte Friedrich und schickte sich an, das Zimmer zu verlassen, »überlegen Sie sich die Sache. Was *mein* Schwiegervater ist, der läuft herum und überlegt sich die Sa-

che seit vorgestern abend.« – »Du kannst deinen Schein kriegen«, rief der Müller hinter ihm her, »aber erst zu Johanni.«
Warum aber war der Müller denn so unwirsch? Er mochte doch Hinrich gern leiden. Er hatte in den letzten Tagen selber daran gedacht, daß Hinrich und seine Fiken eigentlich ganz gut zueinander paßten. Er selber hatte ihn gestern »seinen lieben Sohn« genannt – doch das war es eben. Gestern abend hatte ihn der Punsch zum reichen Mann gemacht, und heute blickte er als Habenichts in seine Stiefelschäfte, und wenn Itzig sich auch noch bis Ostern hinhalten ließ, so war das doch nur eine Galgenfrist.
»Vadding«, sagte die Müllerfrau, »dies ist das Beste, was uns' Fiken und uns passieren kann.« – »Mudder«, versetzte der Alte, und es war ein Glück, daß er noch keine Stiefel anhatte, er hätte sonst vor Ärger mit den Füßen aufgestampft, »ich sage dir, das verstehst du nicht! – Was? – Ich soll Jochen Vossens Sohn, der mit mir im Prinzeß liegt und der mit nem großen Beutel Geld im Land rumzieht, mein Kind geben – mein liebstes, bestes Kind! – und soll zu ihm sagen: da hast du sie, aber mitgeben kann ich ihr nichts, denn ich bin ein Schnorrer? – Nee, Mudder, nee! Ich soll die Fetzen borgen, worin mein einzig Kind, meine Klein-Fiken, vorm Altar steht? Nee, nee, erst muß ich wieder zu Rande kommen!«
So geht es oft zu in der weiten Welt: Ein großes Glück hängt dicht zum Zulangen vor einem, und wenn man die Hand ausstrecken will und will es greifen, dann ist die Hand mit Ketten festgebunden, und die Ketten wurden in lang vergangenen Zeiten geschmiedet, ohne daß man es gewahr wurde, und sie sind irgendwo weit hinten festgemacht, wohin man nicht langen kann. Des Müllers Ketten waren sein Prozeß und wohl auch sein schlechtes Wirtschaften in der Vergangenheit. Als er nun nach dem Glück greifen wollte, hinderten ihn die Ketten daran, und er mühte und ärgerte sich vergebens. Er hätte sie wohl auch mit stumpfer Gewalt zerbrechen können, hätte dann aber zeitlebens das Kettenende wie ein entlaufner Zuchthäusler durch die Welt schleppen müssen, und das ließ seine Ehre nicht zu.

Der Alte konnte einen jammern. Er ging allen aus dem Wege und hantierte für sich allein in Mühle und Stall herum, als wolle er an diesem Tag alles nachholen, was er seit langen Jahren versäumt hatte. Endlich aber wurde er erlöst, denn mein Onkel Herse traf ein, heute freilich in bürgerlicher Aufmachung: »Guten Tag, Voß. Na, unsere Sache ist in Richtigkeit.«
Doch dem Alten mangelte es heute an Zuversicht, und er versetzte nur kurz: »Ja, wer's glaubt, Herr Ratsherr.« – »Wenn *ich's* sage, Müller Voß«, bedeutete ihm der Herr Ratsherr, holte ein Bündel mit Akten aus dem Wa-

gen und ging mit dem Müller ins Haus, »dann muß man es glauben, denn heute bin ich hier als Notarius publicus.«

»Mudder«, ordnete der Müller an, »laß uns allein! Und du, Fiken, steck uns erst ein Licht an!« Dies war eigentlich nicht gerade erforderlich, denn es war heller Tag. Jedoch hatte der Alte gesehen, daß der Herr Amtshauptmann beim Gerichtstag immer einen Wachsstock brennen ließ, und er wollte es nicht anders haben, denn dies schien ihm sicherer, weil zum richtigen Ablauf gehörig. Darauf ging er an seinen Wandschrank, holte seine Brille heraus und setzte sie auf, was auch nicht erforderlich war, denn er konnte geschriebene Schrift nicht lesen. Aber ihm war doch so, als könne ihm die Brille genauso zur besseren Einsicht verhelfen. Und dann setzte er einen Tisch mitten in die Stube und daran zwei Stühle.

Wie nun die beiden für sich um den Tisch und das Licht saßen, las der Herr Ratsherr mit sehr deutlicher Stimme ein Dokument vor, laut welchem der Jude auf die Bürgschaft des Herrn Ratsherrn hin bis Ostern stillhalten wollte. Als er dies vorgelesen hatte, legte Onkel Herse das Papier neben sich und blickte den Müller mit einem Ausdruck auf seinem Gesicht an, der zu sagen schien: »Was sagste nu, Flesch?«

Der Müller stammelte aber nur mit »hm« und »je« und »aber« einiges daher und kratzte sich hinter den Haaren. – »Müller Voß«, sagte mein Onkel sehr ärgerlich, »was soll das Herumgestammel? Hier steht mein Siegel darunter – sehn Sie, hier: ein Hirsestengel, weil ich ›Herse‹ heiße. Ich hätte mir auch ein Fallgitter stechen lassen könne, weil dies auf französisch ›*herse*‹ heißt, aber ich bin nicht für die Franzosen. Und drum herum ist meine Amtskompetenz verzeichnet: *Not. Pub. Im. Caes.*, und hier steht die Unterschrift des Juden: Itzig – und was geschrieben, ist geschrieben.« – »Das sagt der Herr Amtshauptmann auch«, und dabei hellte das Gesicht des Müllers sich auf, »was geschrieben, ist geschrieben.« – »Was *der* sagt, ist mir ganz einerlei. *Ich*, Müller Voß, *ich* bin durch mein Amt dazu gesetzt, geschriebene Verträge und Abmachungen durch mein Siegel rechtskräftig zu machen. Durch dieses Dokument sind Sie bis Ostern aus aller Verlegenheit.« – »Ja, Herr, und ich bedanke mich auch. Aber was *denn*?«

Nun war die Reihe zu stammeln an meinem Onkel. »Hm! Was *dann*? – Je – Na! – Na, Müller Voß«, und sein braves, gutmütiges Gesicht gab seiner Amtsmiene als Notarius publicus den Abschied. Er setzte sich statt dessen die Brille der Menschenfreundlichkeit auf seine hübsche Nase und blickte zuversichtlich auf den Müller und die ganze Welt: »Na, Müller Voß, habe ich bis Ostern Luft geschafft, kann ich ja auch weiter Rat schaffen. Ich bin hergekommen, um reinen Tisch zu machen. Dazu ist es aber nötig, daß Sie mir Ihre Verhältnisse genau auseinandersetzen und alle Ihre Papiere zeigen.«

Dies leuchtete dem Müller ein. Er erzählte und erzählte, und dies in einer Art, daß ein anderer Kopf als der meines Onkels wohl ganz durcheinandergeraten wäre, und er holte derart viele Papiere heraus, daß einem anderen angst und bange geworden wäre. Mein Onkel jedoch war ungemein pingelig in seinen Geschäften, er mochte gerne Rätsel lösen und Bindfäden aufdröseln. Er hörte und las also alles mit großer Geduld; freilich war dies nicht immer gerade zum Vorteil für seine Absichten und Pläne.

»Müller Voß«, fragte er endlich, »ist dies alles?« – »Ja, Herr«, erwiderte der Müller und ließ die Ohren hängen wie die Kartoffelstauden, wenn der Nachtfrost darüber hinweggegangen ist. »Und hier ist auch noch mein Kontrakt mit dem Stavenhäger Amt.«

Mein Onkel nahm den Vertrag und las ihn so ziemlich geistesabwesend durch. Auch er hatte eine Miene aufgesetzt, als sei ihm, wie man zu sagen pflegt, die Petersilie verhagelt. Mit einem Male aber sprang er auf: »Was ist denn das? – Damit haben wir's geschafft, Müller! – In wenigen Jahren sind Sie Millionär! – Das ganze Stavenhagener Amt ist mahlpflichtig, und die Stadt Stavenhagen dazu. Hier steht's in Paragraph vier, und was sagt Paragraph fünf: Für jeden Scheffel, den der Müller mahlt, kann er rechtlich einen Scheffel als Mahllohn beanspruchen.«

»Ne Metze, Herr Ratsherr!« rief der Alte und sprang nun auch auf, »von jedem Scheffel ne Metze!« – »Nee, 'n Scheffel! – Hier steht: für jeden *Scheffel* einen *Scheffel* als Mahllohn, und was geschrieben, ist geschrieben. Hier hat der Herr Amtshauptmann ja auch das Amtssiegel druntergesetzt.« – »Herr Ratsherr, Herr Ratsherr, mir brummt der Kopf, das ist ja doch nur ein Versehen.« – »Versehn ist auch verspielt, und was geschrieben, ist geschrieben, das hat der Herr Amtshauptmann Ihnen ja selber gesagt.« – »Das hat er, Herr«, bekräftigte der Müller, »ja, das hat er, das kann ich beschwören.«

Und nun schien es dem Alten, als winke ihm Erlösung von seiner Schuldenlast, und als winkten ihm Einnahmen aus vielen, vielen Scheffeln Korn und viele, viele blanke Taler, denn das ganze Amt war ja mahlpflichtig – das mußte ihm ja zufallen. »Herr«, rief er, »damit kann man sich ja behelfen! – Aber... aber...« – »Voß«, rief mein Onkel ärgerlich, »was haben Sie mit Ihren Einwendungen? Die Sache ist klipp und klar.« – »Ja, Herr, aber ich meine nur, wie wird denn das aber mit den Säcken?« – »Mit den Säcken? Mit was für Säcken?« – »Mit den Säcken, worin mir das Korn gebracht wird. Das Korn kriege ich schon, aber wer kriegt die Säcke?« – »Hm«, erwiderte mein Onkel, »das ist eine schwere juristische Frage, Müller. Daran habe ich noch gar nicht gedacht, und in dem Kontrakt steht nichts darüber. Wenn ich Ihnen aber raten soll, dann behalten Sie die vorläufig, denn was sagt das Lübsche Recht: ›*beati possedentes*‹, das heißt auf deutsch: ›Was einer hat, das hat er.‹ – Müller, ich habe Ihnen nun aus aller Not herausgeholfen, aber eines beding ich mir aus: Reinen Mund! Über die Sache wird zu keinem Menschen gesprochen – Hören Sie! – zu keinem Menschen! – Mit Itzig werde ich reden, der muß Korn statt Geld annehmen, und bis Ostern ist denn alles klar, und dann, Müller Voß ...« – »Und denn, Herr Ratsherr?« – »Dann kommt der bare Überschuß. – Aber, Müller, die Sache bleibt geheim!«

Der Müller versprach es, und der Herr Ratsherr reiste wieder ab. Hinrich und Fiken konnten noch sehen, wie er vom Wagen herunter dem Alten zunickte und einen Zeigefinger auf den Mund legte.

»Fiken«, sagte Hinrich, »Heimlichkeit ist nicht meine Sache. Ich muß reinen Tisch machen. Ich geh zu deinem Vater und red mit ihm.« – »Tu das«, sagte Fiken. Hätte sie aber gewußt, wie es mit ihrem Vater stand, sie hätte ihn wohl noch geheißen zu warten.

Mit dem Alten stand es nun aber rein wunderlich. Heute morgen war er ein Habenichts und wollte sein einziges Kind nicht ohne Mitgift verheiraten, heute abend aber war er ein reicher Mann, und sein einziges Kind brauchte nicht den ersten besten zu nehmen. Sie konnte ne Madam werden, so gut wie irgend eine.

Für seinen Kopf war der Umschwung zu rasch eingetreten. Er wußte noch gar nicht recht, wie ihm geschehen war. Zudem drückte ihn die heimliche Sorge, daß vielleicht doch nicht alles so sei, wie es sollte, und dazu die Gewissensangst, daß das, was nun geschehen würde, nicht recht sei. »Aber«, sagte er sich dann, »der Amtshauptmann hat selber gesagt, was geschrieben, ist geschrieben, und was recht ist, muß der Ratsherr besser wissen als ich.«

Fiel es ihm schon in ruhigeren Zeiten schwer, einen Entschluß zu fassen, so war ihm das in diesem Augenblick ganz und gar unmöglich. Als Hinrich sein Anliegen vorgebracht hatte, begann er vom Prozeß zu reden und sagte, Hinrich solle ja nicht glauben, er sei ein ruinierter Mann. Ihn hätten schon viele in den Fingern gehabt, die ihn hätten unterkriegen wollen, aber noch schwimme er oben. Hinrich erwiderte daraufhin, ihm sei das nicht ganz unbekannt. Er habe sich das so gedacht: die beiden Schwiegereltern sollten bis an ihr seliges Ende in Ruhe und Frieden bei ihnen wohnen, und der Müller sollte ihm seine Fiken anvertrauen, seinen Pachtkontrakt solle er ihm verkaufen. Da aber fuhr der Alte auf: das wolle er gern glauben! Dazu könne Hinrich wohl Lust haben! Aber niemand solle eher »Halt den Fisch!« rufen, ehe er einen hätte. Er ließe sich auch nicht bedrängen und auch nicht überfahren, noch dazu von solchem jungen Burschen wie Hinrich es sei. Seinen Kontrakt! Seinen Kontrakt wolle er behalten, und wenn ein König um seine Fiken freite.

Auf solche Worte war Hinrich, nach allem, was vorangegangen war, nicht gefaßt. Ihm stieg ebenfalls das Blut zu Kopf, und er rief erregt, der Müller solle ja oder nein sagen, ob er ihm seine Tochter geben wolle oder nicht. Der Müller wandte sich abrupt um, sah zum Fenster hinaus und sagte: »Nee!«

Hinrich drehte sich gleichfalls um und ging nach draußen. Eine halbe Stunde darauf hielt Friedrich mit Hinrichs Wagen auf dem Müllerhof, und als er nach Hinrich rief, kam der mit Fiken aus dem Garten, und Fiken sah sehr blaß, doch auch sehr gefaßt aus: »Hinrich«, sagte sie, »das Wort, das ich dir gegeben habe, das halte ich, und du hältst es auch!« Er nickte und drückte ihr die Hand, ging zur Müllerfrau, die vor der Tür stand, sagte ihr einige Worte zum Abschied, stieg auf den Wagen und fuhr langsam vom Müllerhof.

Als die Mühle ein Stück hinter ihm lag, hörte er jemanden nach ihm rufen, und wie er sich umblickte, sah er Friedrich quer über einen Streifen Roggensaat zu ihm hinlaufen: »Hinrich, wohin fahren Sie?« – »Nach Stavenhagen.« – »Bleiben Sie über Nacht dort?« – »Ja, ich dachte, ich wollte bei Bäkker Witt bleiben, denn ich wollte noch erst mit dem Herrn Amtshauptmann reden.« – »Das nenn ich nen verständgen Einfall, Hinrich. Ich hab aber heute abend auf dem Schloß in Stavenhagen auch noch was zu erledigen. Womöglich hab ich auch noch mit Ihnen zu reden, und drum, Hinrich, fahren Sie nicht eher ab, als bis ich dort gewesen bin. Ich komme aber erst spät, wenn ich hier mit allem fertig bin.« Hinrich versprach, er wolle auf ihn warten, und fuhr nach Stavenhagen.

Unterwegs begegnete ihm Bäcker Witt, der mit einem Scheffel Weizen zur Mühle unterwegs war: »Na, Hinrich, kommen Sie mal bei mir vorbei! So gegen Abend bin ich wieder zu Hause. Dann schnacken wir ein bißchen mitnander.«

Je, ja, je, ja! Es war schon längst Abend geworden, und der Bäcker war schon längst zu Hause, doch Hinrich war immer noch auf dem Schloß beim alten Herrn. Friedrich war auch schon eingetroffen und aufs Schloß gegan-

gen, und der alte Witt sagte zur Strüwing: »Strüwing, auf der Mühle sind Geschichten passiert, du wirst sehn! Daß die Alte sitzt und flennt, das hat nicht gerade viel auf sich, denn die Tränen sitzen ihr was locker. Aber daß Fiken bei den Quengeleien und den Flausen des Alten still rumgeht und gar nichts sagt, das will mir nicht gefallen. Der Alte hat heut wieder seine richtigen Schrullen, aus dem ist nicht klug zu werden. Wie ich den frage: ›Vadder, wann kann ich mir denn das Mehl holen?‹, sagt er: ›Muß ich erst meinen Kontrakt nach fragen.‹ Und als ich sage: ›Ich brauch das Mehl notwendig kommende Woche‹, sagt er, das wär ihm ganz egal, er ginge nach seinem Kontrakt. Und wie ich wegfahre, ruft er mir nach, wenn mir mit dem Mehl ne wunderliche Sache passieren sollte, denn sollt ich mal nach Ratsherrn Herse gehen, der würd mir wohl die Sache auseinandersetzen, wenn er's für gut hält.« – »Das ist ja närrisch«, sagte die Strüwingsche.
Darauf kam Hinrich Voß ins Haus und sah sehr still und einerlei aus. Wie der Bäcker von der Mühle anfing und daß ihm dort sonderbare Dinge widerfahren seien, unterbrach Hinrich ihn kurzerhand: »Meister Witt, wollen Sie mir wohl nen Gefallen tun?« – »Warum das nicht?« meinte der Bäkker. – »Zu Ihnen kommen viele Leute, und Sie haben auch Stallraum. Ich will mein Pferd und Wagen verkaufen, wollen Sie mir dabei nicht behilflich sein?« – »Warum das nicht?« fragte Bäcker Witt. »Aber, Hinrich«, setzte er nach einiger Zeit hinzu, und man konnte ihm beinahe ansehen, wie er innerlich die Gedanken sammelte und sie miteinander zu einem Faden verknüpfte, weil er die Unterhaltung weiterspinnen wollte, »aber Hinrich, das hat ja Zeit. – Die Gäule – die Gäule – sieh, nun sind sie wohlfeil, warum? – Je, was weiß ich! – Wohl darum, weil keiner sicher ist, daß ihm der Franzos sie nicht über Nacht aus dem Stall holt. Aber die Gäule – du wirst sehn – sie werden teuer – denn – du sollst sehn, noch bevor ein paar Wochen vorbei sind, marschiert alles gegen den Franzosen.«
»Das hab ich eben von nem Mann gehört, der das besser weiß als wir beide, Meister Witt. Aber darum gerade will ich sie lossein.« – »Ja«, fiel Friedrich ein, der unter den Worten des Bäckers die Stube betrat, »ja, die Gäule werden teurer, und die Frauensleute wohlfeil. Nach den Gäulen wird viel Nachfrage sein, wenn's losgeht, nach den Frauensleuten wenig. Wenn's aber vorbei ist und die Hälfte von den jungen Leuten totgeschossen ist, noch weniger. Und los geht's! Gestern in Bramborg kriegt mich einer beiseite, der sah aus, als hätte er die blauen Bohnen schon mal probiert, und der sagte mir, so wie ich aussehe, hätt ich mich auch schon mal mit dem Schafschinken abgeschleppt, und wenn ich Lust hätte, so wüßte er eine Stelle für mich. – Ich sagte, ich wollte mir's überlegen, aber gestern ist nicht

heut, heute brauche ich mir's nicht mehr zu überlegen. Ich bin bei den Preußen desertiert, aber bloß, weil ich Kinder wiegen sollte bei meinem Hauptmann. Und gestern hab ich's mir nur überlegt, weil ich meinte, ich würde mal meine eigenen Kinder wiegen. Und heute überleg ich mir's nicht mehr und gehe gegen den Franzosen. – Und, Meister Witt, ich habe keinen auf der Welt, der nach dem Meinigen sieht. Wenn Sie hören, daß ich nicht mehr auf der Mühle bin, dann sehn Sie nach meiner Lade. Nun adjüs, ich muß diese Nacht noch zurück.« Damit ging er.

Hinrich folgte ihm: »Friedrich, was soll das heißen?« – »Was das heißen soll?« fragte Friedrich zurück. »Das will ich Ihnen sagen: wie der eine heißt, sieht der andre aus. Uns ist beiden dasselbe passiert. Bloß daß Ihre Fiken weint, und meine Fik lacht. Ich bin ihr nicht jung genug. Na, schadet auch nichts! Dem Mann in Bramborg war ich nicht zu alt, und was dem einen sin Uhl, ist dem annern sin Nachtigall.«

»Friedrich«, sagte Hinrich leise, »red nicht so laut. Du willst Soldat werden und ich auch.« – »Was, Sie?« – »Still! – Ja, ich auch. Ich habe keine Freundschaft weit und breit und steh allein in der Welt. Nun hab ich mit dem Herrn Amtshauptmann geredet. Der hat mir versprochen, ein Auge auf mein Eigentum zu werfen. Meine Mühle in der Parchimschen Gegend kann ich jeden Augenblick verpachten und mein Pferd und Wagen jederzeit verkaufen.« – »Hurrah!« rief Friedrich, »Hand her, Kamerad! – Dümurrjöh! Ich sah dir das gleich am ersten Morgen an, in dir steckt ein Soldat.« – »Ja«, sagte Hinrich, »ist ja alles recht gut. Den Willen habe ich, aber wo bleibt das Vollbringen?« – »Bruder, wenn einer was Schlechtes im Sinn hat, ist der Teufel gleich parat, ihm den Weg zu weisen. Unser Herrgott wird sich vom Teufel nicht lumpen lassen, er wird uns den richtigen Weg schon weisen, denn es geht ums Vaterland.

Sieh mal, ich kann noch nicht. Bis Ostern muß ich bleiben. Aber du, fahr du morgen gleich nach Bramborg und frag in dem Wirtshaus, wo wir gewesen sind, nach einem stattlichen Mann mit einem grauen Schnurrbart und einer Narbe über der rechten Backe, du wirst ihn wohl finden. Und bei dem meldest du dich und mich an: Friedrich Schultz, und hat schon gedient, brauchst aber nicht zu sagen, daß ich mal wegen Kinderwiegen desertiert bin. Und wenn du's in Richtigkeit hast, dann gib mir Order, dann komm ich.«

»Das soll gelten!« rief Hinrich. »Und, Friedrich, du grüß eure Fiken von mir und sag ihr, sie soll sich nicht ins Bockshorn jagen lassen. Was ich ihr gesagt habe, das halte ich.« – »Das will ich bestellen, und nun gu'n Nacht!« – »Gu'n Nacht!«

Und als Hinrich noch dastand und Friedrichs Schritten nachhorchte, da hörte er's noch einmal von der Apothekenecke her: »Dümurrjöh! Verfluchte Patriotten!«

Kapitel 20

Sturmglocken

Die Franzosen kamen nicht wieder in unsere Gegend, aber darum wurde es dort nicht ruhiger: Der Landsturm brach los.

Der Herr Amtshauptmann kommandierte das Ganze, und unter ihm kommandierte Hauptmann Grischow. Aber ihre Männer hatten nur Piken – bloß Rektor Schäfer hatte sich von Schlosser Tröpner eine Hellebarde anfertigen lassen. Mein Onkel Herse stellte ein Schützenkorps von einundzwanzig Schrotflinten auf, und die jungen Landleute saßen hoch zu Pferde und trugen große Schleppsäbel an ihrer Seite.

Das ist zum Lachen, sagen die neunmalklugen Herren. Ich sage, es ist zum Weinen, daß nämlich solche Zeit so selten in deutschen Landen wiederkehrt und daß solche Zeit keine anderen Folgen nach sich zog, als die letzten vierzig Jahre sie aufzuweisen hatten.

Ein einziges französisches Regiment hätte den ganzen Schwindel auseinandergejagt, sagen die Neunmalklugen. Das mag sein, sage ich, aber den Geist hätten sie nicht vertreiben können. Über das Einzelne mochte man wohl lächeln, über das Ganze lächelte dazumal keiner, selbst Bonaparte nicht.

An ein und demselben Tage, da erging durch ganz Niederdeutschland, von der Weichsel bis zur Elbe, von der Ostsee bis nach Berlin der Ruf: »Die Franzosen kommen!« – Heutzutage behaupten sie, dies sei absichtlich veranstaltet worden, um festzustellen, wie Niederdeutschland sich verhalten würde. Wenn dies wahr sein sollte, so hat man es zu sehen bekommen: Niederdeutschland bestand die Prüfung. Allenthalben, weit und breit, gingen die Sturmglocken. Kein Dorf blieb zu Hause. Allerwegen wurde marschiert, hierhin und dorthin, so daß *ein* französisches Regiment hätte lange Beine haben müsse, hätte es überall zugleich löschen wollen.

Die Stavenhagener marschierten nach Ankershagen: der Franzose sollte in Neustrelitz sein. Die Malchiner marschierten nach Stavenhagen: der Franzose sollte in Stavenhagen sein. Ja, es war ein buntes Durcheinander!

Auf dem Markt wurden die Pikenträger in Züge und Kompanien eingeteilt. Herr Droi und Müllers Friedrich sollten die Sache in Schwung bringen, dieweil sie allein davon etwas verstünden, doch die Bürger hörten nicht auf ihr Kommando, weil der eine ein Franzose war, und der andere ein Knecht. Im zweiten Glied wollte niemand stehen: Schuster Deichert nicht, weil

Schuster Bank im ersten stand, Steuereinnehmer Groth nicht, weil Weber Stahl von vorn beim Bajonettfällen ihm immer mit dem stumpfen Ende seiner Pike in die kurzen Rippen fuhr, und das konnte er nicht vertragen.
Voller Feuer exerzierte Onkel Herse in der Pferdekoppel mit den einundzwanzig Schrotflinten, immer mit der ganzen Einheit. Sein Hauptkommando war: »Druff! Druff!« Dann mußten sie alle auf einmal Feuer geben, anfänglich mit losem Pulver, danach mit scharfer Ladung. Als beim zweiten Mal jedoch Doktor Lukows weißbunte Kuh ihr Leben lassen mußte, ward das Feuer eingestellt. Später behaupteten alle, Schneider Zachow hätte es getan, es ist dies aber nie genau ausgemittelt worden.
Schließlich standen sie alle schön in Reih und Glied, und als Hauptmann Grischow »Links schwenkt!« kommandiert hatte, trafen sie alle auch richtig in der Brandenburger Straße ein und marschierten in ansehnlicher Formation auch wieder hinaus. Draußen vor der Stadt angekommen, suchte sich jeder einen halbwegs trockenen Fußpfad, und so marschierte einer hinter dem anderen her wie die Gänse in der Gerste.
Beim Eulenberg wurde haltgemacht. Sie erwarteten dort ihren Kommandanten, den Herrn Amtshauptmann. Der Herr Amtshauptmann war zum Gehen zu alt, und reiten konnte er nicht, er *fuhr* also in den Krieg. Stattlich präsentierte er sich auf seinem langen, hohen Korbwagen, und neben ihm auf der Bank lag sein Degen.
Wie der Kommandeur eintraf, empfing ihn ein kräftiges »Vivat« seiner Truppen, und darauf hielt er folgende Ansprache: »Kinnings! Soldaten sind wir nicht, und Torheiten werden wir machen, das schad't aber nichts. Wer daran seinen Spaß haben will, dem sei das unbenommen. Wir wollen aber unsere Pflicht und Schuldigkeit tun, und die ist: den Franzosen zu zeigen, daß wir unseren Mann zu stehen wissen. Schlimm ist es nur, daß ich nichts von der Kriegskunst verstehe. Darum will ich mich beizeiten nach einem Mann umsehen, der darin bewandert ist.
Herr Droz, steigen Sie zu mir auf den Wagen, und wenn der Feind kommt, dann sagen Sie mir Bescheid, was ich zu tun habe. Verlassen, Kinnings, tu ich euch nicht. Und nun vorwärts fürs Vaterland!« – »Hurrah!« rief sein Volk, und fort ging es gegen den Feind.
Die Bauern aus Pribbenow, die Tagelöhner aus Jürnsdorf und aus Kittendorf stießen mit Forken, Heugabeln und anderem Kriegsgerät zur Truppe und schlossen sich an. »Hanning Heinz«, raunte Onkel Herse seinem Adjutanten zu, »dies sind unsere Freischärler. Manchmal ist solch irreguläre Truppe gut zu verwenden, wie man's bei den Kosaken sehen konnte. Aber sie bringen leicht die Kampftruppen in Verwirrung. Darum bleibt immer

schön auf einem Haufen beisammen. Und wenn's losgeht, dann immer ›Druff!‹«

Die Kavallerie wurde zum Rekognoszieren ausgesandt und ritt voran. Der alte Inspektor Nicolai und der Wirtschafter aus Ivenack besaßen Pistolen. Die schossen sie ab und zu in die Luft, vermutlich, um die Franzosen einzuschüchtern. Sie stießen bis nach Ankershagen vor, doch auf die Franzosen stießen sie dabei nicht. Als sie diese Meldung dem Herrn Amtshauptmann überbrachten, meinte der: »Kinnings, mir scheint, für heut ist's genug. Und wenn wir nun umdrehen, dann kommen wir noch bei Tage nach Haus. Nee, wat denn?«

Der Einfall war gut. Hauptmann Grischow kommandierte »Kehrt!« und alles marschierte nach Hause, bis auf eine halbe Kompanie Piken und zwei Schrotflinten, die im Krug zu Kittendorf einfielen und dort Wunderdinge verrichteten.

Als sie auf dem Rückmarsch begriffen waren, begab sich Weber Stahl zum Herrn Amtshauptmann und fragte: »Mit Verlaub, Herr Amtshauptmann, kann ich meine Pike nur 'n bischen in Ihren Wagen legen?« – »Recht gern, mein lieber Meister.«

Und es kam Schuster Deichert, und es kam Schneider Zutow, und es kamen viele, und sie kamen alle mit der gleichen Bitte, und als der Herr Amtshauptmann durchs Stavenhagener Stadttor einfuhr, da hatte sein braver friedlicher Korbwagen ganz das Aussehen einer Kriegsmaschine oder eines Sichelwagens aus Perser- oder Römerzeiten.

Ratsherr Herse ließ noch dreimal nach dem Kommando »Druff!« auf dem Markt Salven abfeuern, und jeder ging zufrieden nach Hause. Nur mein Onkel war verdrießlich: »Hanning Heinz«, sagte er zu seinem Adjutanten, »da kann nichts draus werden. Warum läßt mich der Alte, der Amtshauptmann, nicht erst die Blockmühle anstecken?«

Ging es auf diese Weise kreuzbunt draußen in der Welt daher, so verlief es auf der Gielower Mühle nicht viel anders. Die Leute brachten Korn und bekamen kein Mehl. Die Mühle stand still, und das Korn ward auf dem Mühlenboden aufgeschüttet. Jud Itzig kam und holte Sack nach Sack ab, und jedes Mal, wenn er vom Müllerhof fuhr, rechnete der Müller sich aus: »Gott sei Dank, schon wieder dreißig oder vierzig Taler abbezahlt!«, je nach Ladung. Doch heiter war es dem Müller darum nicht ums Herz. Er wurde eher kleinmütig, und nur wenn der Herr Ratsherr Herse bei ihm gewesen und ihm frischen Mut zugesprochen hatte, dann saß er hoch zu Roß und redete von dem vielen guten Gelde. Wenn seine Frau still vor sich hinweinte und Fiken mit ihrem verschlossenen Gesicht um ihn herumstrich, dann ward ihm freilich wieder sehr unbehaglich zumute, und er mußte sich dann mit lautem Reden die Furcht vom Leibe halten. Und wenn Fiken, was öfters geschah, seine Hand ergriff oder ihm um den Hals fiel und ihn mit nassen Augen sehr eindringlich befragte: »Vadding, was ist dir eigentlich? Was hat denn das alles zu bedeuten?«, dann fielen seine Antworten unterschiedlich aus, je nachdem, wie ihm zumute war. Hatte er seine Wohlstandsanfälle, dann küßte er seine Tochter und sagte, sie solle nur warten, es werde sich für sie alles aufs schönste richten. Hatte er seine Angstanfälle, dann schob er sie von sich ab und sprach hart und barsch: seine Angelegenheiten wären nicht für Frauenzimmer, und er müsse am besten wissen, was er zu tun habe.

So herrschte dort allenthalben heimliche Qual und heimliche Angst. Doch endlich mußte einmal alles ans Licht kommen, als nämlich Bäcker Witt sein Weizenmehl haben wollte. Er hatte darum geschickt, er hatte darum geschrieben. Nun kam er selber, und es entstand ein groß Gelärme und Geschimpfe, und als der Bäcker vom Hof fuhr, feuerte er seine »Spitzbuben« ab und drohte mit Klage.

Jeder Tag brachte nun ein neues Ärgernis. Ostern kam heran. Von den Höfen und aus den Bauerndörfern traf viel Getreide ein, das bis zum Osterfest gemahlen sein sollte. Des Müllers Weizen blühte also, doch viel, viel Unkraut blühte dazwischen. Der Landreiter kam auf den Hof geritten, um sich nach der Angelegenheit zu erkundigen. Der Müller schwatzte unverständliches Zeug über seinen Kontrakt und über sein Recht. Am Tage vor Ostern erschien Itzig und holte die letzte Fuhre Korn ab, und wie der Müller zum Mittagessen kam, sagte er zu seiner Frau und zu Fiken: »So! Mit dem sind wir auseinander. Der hat sein Geld.«

Seine Frau und seine Fiken sagten kein Wort, und dem Müller war wenig österlich ums Herz, denn ein froher Glaube an eine gesicherte Zukunft wollte in ihm nicht auferstehen.

Am Tage nach Ostern war der Landreiter wiederum da und bestellte den Müller für den nächsten Tag zum Amt; er fragte auch nach Friedrich. Wie der herbeikam, bedeutete ihm der Landreiter, er solle auch zum Amt kommen. »Falls mir's paßt«, erwiderte Friedrich und drehte sich rasch um, denn ihm war das Wort des Amtshauptmanns eingefallen: »Das will ich dir gedenken!« – »Wenn du nicht kommst«, sagte der Landreiter, »dann geschieht's auf deine eigene Gefahr.« – »Die Herren meinen immer«, entgegnete Friedrich spöttisch, »wenn ihre Zwetschgen reif sind, soll unsereins sie pflücken. Aber ich will morgen sowieso nach Stavenhagen, denn meine Zeit beim Müller ist um.« – »Du sollst dich wohl schicken!« brummte der Müller. »Bis Johanni stehst du im Lohn.«

Am Tage darauf fuhr der Müller mit Friedrich nach Stavenhagen. Keiner sprach ein Wort. Wie sie auf den Markt gelangt waren, wollte Friedrich zu Bäcker Witt abbiegen. »Halt!« rief der Müller, »da will ich nicht hin. Ich kehr bei Guhl ein.« – »Na, Müller«, murrte Friedrich, sprang vom Wagen und warf ihm die Leine zu, »denn fahren Sie man selber hin. *Ich* kehre bei Witt ein.« Damit verließ er ihn.

In guten Tagen hätte der Müller sich dies wohl nicht gefallen lassen. Er hätte seinem Knecht den Kopf ganz schön zurechtgesetzt, und wäre es auch Friedrich gewesen. Heute sagte er kein Wort; er war der alte Müller nicht mehr. Er seufzte tief auf, fuhr bei Guhl vor, ohne bei ihm abzusteigen, und ging hinüber ins Haus des Herrn Ratsherrn.

Kaum hatte der Wagen den Müllerhof verlassen, da ging Fiken, angetan mit ihrem Sonntagsstaat, in die Stube zu ihrer Mutter, die hinter dem Ofen saß und weinte: »Mudding, ich kann mir nicht helfen, ich kann den Gedanken nicht loswerden: Heute steht uns mancherlei bevor. Heute wird sich's zeigen, ob wir die Mühle behalten können oder nicht. Vadding hat etwas angestellt, und was immer das ist...« – »Er hat's in seiner Dummheit getan!« warf die Müllersfrau ein. – »Drum will ich ihm nach. Ich will den Herrn Amtshauptmann bitten oder die Frau Amtshauptmännin oder sonst wen – ich weiß ja auch nicht recht –, unser Herrgott wird mir wohl die Wege weisen und mich die Worte lehren.« – »Geh, Fiken«, sagte ihre Mutter.

Fiken machte sich auf den Weg. Sie konnte vor sich den Wagen noch sehen. Sie erreichte Stavenhagen und ging, wie gewöhnlich, zu Bäcker Witt ins Haus. Sie fragte nach dem Bäcker, der war aber schon zum Amt. Sie ging in die Stube. Dort saß Friedrich und sprach mit einem Soldaten, der trug eine grüne Jacke und hatte ihr den Rücken zugekehrt. Friedrich sprang auf: »Dümurrjöh! Fiken, wo kommen Sie her?« – Der Soldat sprang auch auf. Lieber Gott! Was war das? Dies war ja wohl Hinrich?

Ja, er war es. Er nahm sie in den Arm: »Fiken, min leiw lütt Fiken! Kennst du mich denn nicht mehr?«

Ach, sie kannte ihn wohl. Laut rief sie: »Hinrich, Hinrich, du unter den Soldaten?« – »Na«, mischte Friedrich sich ein, »Fiken, Sie sind gut! Wo gehört denn heutzutage ein tüchtiger Kerl wohl anders hin als unter die Soldaten?«

Fiken hörte nicht auf seine Worte. Sie hatte mit ihren eigenen Gedanken zu schaffen, und so kam es aus ihr heraus: »Ach Gott, und auch daran ist mein

Vater schuld. Was hat es mit ihm nur auf sich? Was ist nur mit ihm?« – »Fiken«, erwiderte Hinrich, »um mich braucht er sich kein Gewissen zu machen. Und wenn ich anfangs auch nur fortwollte, gleichviel wohin und wozu, nun ist das anders geworden. Jetzt weiß ich erst, wofür ich Soldat geworden bin und wofür man ins Feld zieht. Jetzt weiß ich erst, was es heißt, wenn ein Kamerad zum Kameraden hält und wenn ein ganzes Regiment mit Leib und Leben fürs Vaterland ins Feld zieht.

Sieh mal, du weißt, was du mir bist. Aber wenn du mir auch heut deine Hand reichen würdest, ich könnte sie nicht annehmen. Ich muß mit ins Feld. Doch dein Herz nehme ich mit.«

»Wer so spricht, ist ein rechter Kerl!« rief Friedrich. – »Gut, Hinrich«, sagte Fiken, »du hast recht. So geh denn also: Aber wenn du zurückkommst, darfst du uns hier nicht mehr suchen. Über uns bricht Unglück herein, und wer weiß, wie lange uns die Mühle noch Dach und Fach gibt.«

»Ach was, Fiken«, rief Friedrich, »der Alte hat sich was eingebrockt. Er ist bis an den Hals im Wasser, aber darum brauchen ihm die Wellen noch nicht überm Kopf zusammenzuschlagen. Er hat noch gute Freunde, die ihm die Hand reichen können.« – »Wer kann ihm noch helfen?« fragte Fiken, setzte sich hin und ließ die Hände in den Schoß fallen, »niemand weiß, was er sich in den Kopf gesetzt hat.« – »Oh«, sagte Friedrich, »*etwas* weiß Hinrich schon. Er hat heut früh ein Vögelchen davon singen hören. Aber das lassen Sie sich mal von ihm erzählen. Ich muß nämlich auch zum Amt.«

Kapitel 21

Vetter Michel

Friedrich ging davon, und Hinrich und Fiken blieben allein zurück. Auf dem Schloß aber saß der alte Herr Amtshauptmann in seinem Puderstuhl, den Pudermantel umgetan, und war verdrießlich.

»Neiting«, murrte er, »der Mantel schnürt mich.« – »Was, Weber, wie kann er dich schnüren?« – »Neiting, er schnürt mich ein, und ich bin kein türkischer Pascha und möchte nicht ausprobieren, wie das ist, wenn man sich mit der seidenen Schnur erwürgt.« – »Na, ist es *so* gut?« – »Hm, ja. Aber da ist noch ne verdrießliche Sache.« – »Was denn, Weber?« – »Mit dem Müller aus Gielow. Der Alte ist anscheinend ganz durchgedreht – so möchte ich es nennen, obwohl die Sache einen sehr üblen Beigeschmack hat.«

»Was hat er denn?« – »Ja, was hat er? Alles Korn, das ihm die Leute zum Mahlen gebracht haben, hat er behalten, und dann soll er's an Itzig verkauft haben. Was siehst du da draußen, Neiting?« – »Oh, ich seh da eben den Müller mit Ratsherr Herse herkommen.« – »Mit Ratsherr Herse, Neiting?« rief der alte Herr, stand auf und blickte gleichfalls aus dem Fenster. »Was will Ratsherr Herse, Neiting?« – »Er spricht mit dem Müller.« – »Und recht angelegentlich spricht er mit ihm, Neiting«, sagte der alte Herr und auf seinem Gesicht wurde es ein wenig heller, und ein belustigtes Lächeln glitt über seine Züge. »Gott sei Dank, nun werde ich den Müller vonBöswilligkeit freisprechen können. Es wird auf ne Torheit hinauslaufen, denn sicher hat das mit dem Herrn Ratsherrn etwas zu tun.« – »Der Ratsherr ist doch solch guter, ehrlicher Mensch.« – »Das ist er, Neiting. Aber er stellt Sachen an – Sachen stellt er an!« Und damit begab sich der Herr Amtshauptmann in seine Gerichtsstube.

Vor dieser Gerichtsstube standen Pächter Roggenbom, Bäcker Witt, Schulze Besserdich und noch ein Dutzend anderer, die alle den Müller verklagt hatten. Als der nun mit dem Herrn Ratsherrn in ihrer Mitte erschien und seine besten Freunde als Kläger vor sich sah, rutschte ihm das Herz in die Hosen. Und wie sie ihm alle aus dem Wege gingen und er an ihren Augen seine Schande ablesen konnte, wurde ihm schwach. Er mußte sich auf den Arm des Herrn Ratsherrn stützen und flüsterte ihm zu: »Mein lieber Herr Ratsherr, mein lieber Herr Ratsherr, mir wird übel.«

Derartiges steckt an. Auch meinem Onkel wurde leicht unwohl. Zum ersten Male, seitdem die Sache so spielte, überkam ihn eine dunkle Ahnung, daß er sich wahrscheinlich in die Nesseln setzen werde.

Alles, was er zu Gunsten des Müllers vorbringen wollte, wurde zu einem großen Durcheinander, und wie der Müller zur Vernehmung aufgerufen wurde und er ihn begleitete, war bei ihm alles, mit Ausnahme seines würdigen Aussehens, aus den Fugen geraten. Und auch dieses begann zu wanken, als der alte Herr ihm mit großem Ernst die Frage stellte: »Was verschafft mir die Ehre, Herr Ratsherr?«

Zwar waren richtige Antworten Onkel Herses Stärke, doch man mußte ihm Zeit dazu lassen. Er mußte immer erst einen großen Bogen schlagen, ehe er an den Kern der Sache herankam. Diese Frage war ihm zu direkt, und die Miene des alten Herrn war ihm zu amtlich. Er brachte also einiges über den Notarius publicus und dessen Rolle als Rechtsbeistand für den Müller stammelnd über seine Lippen. »Rechtsbeistand?« fragte der alte Herr, und in seinem Gesicht leuchtete es sonderbar auf. »Schön, Herr Ratsherr, nehmen Sie gefälligst Platz und hören Sie zu.«

Onkel Herse setzte sich also. Dies war ein Glück für ihn, denn im Sitzen konnte er besser nachdenken und sich auch besser fangen. So dachte er denn nach und fing sich.

»Müller Voß«, fragte der alte Herr, »hat Er von dem und dem und dem Korn zum Mahlen bekommen? Nee, wat denn?« – »Ja, Herr Amtshauptmann.« – »Wo ist das Korn geblieben?« – »Das habe ich an Itzig verkauft. Aber die Säcke liegen bei mir zu Hause, die will ich dem Gericht abliefern.«

»So? das ist ja recht nett. Aber weiß Er auch, daß Er sich in bedeutende Rechtswidrigkeiten eingelassen hat, und daß dies doch sehr nach Betrug aussieht?« – »Herr Amtshauptmann«, erwiderte der Müller, »ich bin in meinem Recht«, und wischte sich mit dem Handrücken den Angstschweiß von der Stirn. – »Ja«, wollte Onkel Herse eingreifen und stand auf, »wir sind ...« – »Herr Ratsherr«, beschied ihn der Amtshauptmann, »ich habe in meiner Gerichtsstube meine eigenen Bräuche. Bleiben Sie sitzen und hören Sie zu.«

Warum aber war Onkel Herse auch aufgestanden? Nun hatte er wieder seine Fassung verloren und mußte sich abermals setzen, um sich aufs neue zu fangen.

»Müller Voß, was redet Er von Seinem Recht?« – »Ja, Herr, Sie haben mir selber gesagt: ›Was geschrieben, ist geschrieben‹, und in meinem neuen Kontrakt vom vergangenen Jahr steht geschrieben, daß ich von jedem

Scheffel einen Scheffel Mahllohn bekommen soll.« – »Wo ist Sein Kontrakt?« – »Hier!« entgegnete der Müller, und er überreichte den Vertrag. Der alte Herr las und schüttelte den Kopf: »Hm, hm! Das ist ja eine sonderbare Sache«, ergriff die Klingel und schellte: »Fritz Sahlmann soll doch mal reinkommen!«

Fritz erschien. »Fritz, komm hier mal ein bißchen näher!« Fritz näherte sich. Der Herr Amtshauptmann ergriff ihn beim Ohrläppchen und geleitete ihn so zum Tisch, auf dem aufgeschlagen der Kontrakt lag: »Fritz, was habe ich dir immer gesagt: du richtest noch einmal mit deiner Flüchtigkeit allerlei Unheil an, und nun ist es richtig soweit. Nun hast du ein paar Erwachsene zu Torheiten verleitet, die ihnen teuer zu stehen kommen könnten, wenn ich nicht wüßte, daß es eben bloß Torheiten sind. Nimm die Feder und streich hier ›Scheffel‹ durch und schreib ›Metze‹ darüber.«

Fritz tat, wie ihm geheißen, und der Amtshauptmann nahm den Kontrakt und übergab ihn dem Müller: »So, Müller Voß, nun ist alles in Richtigkeit.«

»Aber, Herr Amtshauptmann...« rief der Müller. – »Müller«, unterbrach ihn der alte Herr, »ich werde mit den Klägern reden, daß sie Ihm acht Tage Frist geben. Dann muß Er aber das Korn oder das Geld dafür beibringen, sonst geht's nicht gut.« – »Aber Herr Amtshauptmann«, rief Onkel Herse und stand auf. Der Amtshauptmann warf einen Blick auf ihn: mein Onkel war augenscheinlich wieder aus der Fassung geraten. »Herr Ratsherr, setzen Sie sich und hören Sie zu«, sagte der alte Herr mit Nachdruck. »Herr Ratsherr, Sie haben nicht Kind und nicht Kegel, und haben so viel, daß Sie gut *so* leben können. Geben Sie den Notarius publicus auf, und können Sie davon nicht lassen, dann bleiben Sie damit gefälligst aus dem Amtsbereich. Segen kommt für uns dabei nicht heraus.«

Damit wandte er dem Herrn Ratsherrn den Rücken, klingelte und ordnete an: »Der Müllerknecht Friedrich Schultz soll hereinkommen.«

Der Müller hatte sich, ein geschlagener und gebrochener Mensch, der Tür genähert; mein Onkel war ihm nachgegangen. Doch es war augenfällig, daß es in seinem Kopf gewaltig brauste und schäumte. Im Türrahmen faßte mein Onkel Posto und reckte beschwörend beide Arme nach vorne. Noch sagte er nichts, aber nun – nun betrat Friedrich den Raum und schob ihn ein Stück beiseite und aus dem Türrahmen hinaus. Onkel Herse warf einen verärgerten Blick auf Friedrich. Der brave Amtsdiener Ferge machte die Tür hinter ihm zu, und so war dies der allerletzte Blick, der meinem Onkel Herse in Rechtssachen noch vergönnt war, denn danach hängte er den Notar an den Nagel.

»Mein Sohn«, begrüßte der Amtshauptmann den Knecht, »komm mal ein bißchen näher! Du bist ja wohl der, der meine Fik Besserdich heiraten will?« – »Nee«, war Friedrichs ganze Antwort. – »Ih«, sagte der alte Herr und blickte ihn genauer an, »dienst du denn nicht beim Müller?« – »Nee«, sagte Friedrich abermals und rührte sich nicht. – »Was?« fragte der alte Herr, »bist du nicht der Müllerknecht Friedrich Schultz, zu dem ich mal gesagt habe, ich wolle es ihm gedenken? Nee, wat denn?« – »*Der* Friedrich Schultz bin ich, Herr. Aber beim Müller dien ich nicht mehr, da bin *ich* gegangen, und die Deern will ich nicht mehr, denn die hat *mich* gehn lassen, und Müllerknecht bin ich auch nicht mehr, denn vor ner halben Stunde bin ich unter die Soldaten gegangen.« – »Na, so geh und geh! – Ich glaube beinahe, da bist du auf deinem richtigen Platz. Aber, mein Sohn, du hast noch einen Schinken bei mir im Salz. Bist du's nicht gewesen, der als erster von dem Chasseurpferd den Mantelsack abgenommen hat?« – »Ja.« – »Und du hast den Mantelsack aufgemacht und hast dir da Geld herausgenommen und hast also gewußt, daß da Geld drin war?« – »Das habe ich«, erwiderte Friedrich und blickte patzig drein, »und das streit ich auch nicht ab.« – »Na, dann hör mal genau zu, was ich dir sagen will. Das Geld ist herrenloses Gut, denn die Franzosen haben es aufgegeben und du hast es gefunden, und du hast dich auch schon in seinen Besitz gesetzt, denn du hast davon genommen. Nun gibt's da aber noch so einen Kerl, den nennt man *Fiskus*. Das ist ein ganz übler Kerl. Der schluckt alles, was er nur kriegen kann, und vor allem ist er scharf auf herrenloses Gut, und dieses hat er sozusagen auch schon in seinem Rachen. Aber zuweilen kriegt er auch sanftmütige Anwandlungen, wenn er nämlich auf eine rechte, ordentliche Ehrlichkeit trifft und wenn ihm die von jemandem recht beweglich vor Augen geführt wird. Dies letztere habe ich nun nach besten Kräften besorgt, und der Herr Fiskus hat zu deinen Gunsten auf das Geld Verzicht geleistet, und hier, mein Sohn, das ist der Schinken, den du bei mir im Salz hattest.« Damit schlug er ein Tuch zurück, und darunter kam der Mantelsack des Franzosen zum Vorschein. »Friedrich Schultz, der Mantelsack und das Geld sind dein.« Friedrich stand bewegungslos, blickte auf den Herrn Amtshauptmann und auf den Mantelsack, dann wieder auf den Mantelsack und auf den Herrn Amtshauptmann. Schließlich fing er an, sich sehr eifrig hinter den Ohren zu kratzen.

»Na?« fragte der alte Herr und legte ihm die Hand auf die Schulter: »Nee, wat denn, Friedrich?« – »Hm«, machte Friedrich. »Ja, Herr Amtshauptmann, und ich bedank mich auch vielmal. Aber es kommt mir gerade nicht recht zupaß.« – »Das Geld kommt dir nicht zupaß?« – »Ih ja, das Geld

kommt mir wohl zupaß. Aber im Augenblick kommt's mir man nicht zupaß. Die Deern will mich nicht, und ich bin bei den Soldaten. Da kann ich's doch nicht mitnehmen.« – »Hm«, machte der alte Herr und ging mit großen Schritten auf und ab, »das ist doch eine sonderbare Sache.«
Endlich blieb er vor Friedrich stehen und sah ihm mit einem eigenartigen Blick in die Augen: »Friedrich Schultz, bares Geld ist gegenwärtig sehr knapp. Ich weiß Stellen, wo der Hausvater sich deswegen die Hände blutig ringt und Frau und Kind in Tränen sitzen.«
Der Müllerknecht Friedrich Schultz blickte auf. Er sah dem alten Herrn in die Augen, und es war, als wenn ihm aus dessen Gesicht ein Strahl entgegenleuchtete, der ihm warm ins Herz sank. »Dümurrjöh!« rief er, griff nach dem Mantelsack und nahm ihn unter den Arm. »Weiß Bescheid, Herr Amtshauptmann, adjüs, Herr!«
Er wollte schon gehen, doch der alte Herr folgte ihm zur Tür: »Friedrich Schultz«, sagte er und ergriff seine Hand, »mein Sohn, wenn du aus dem Krieg wieder zurückkommst, so sprich ein bißchen bei mir vor: Du sollst mir erzählen, wie es dir gegangen ist.«
Die Gerichtsstube war nun leer. Der Amtshauptmann aber saß neben seiner Frau in deren Zimmer und sagte: »Neiting«, sagte er, »dieser Müllerknecht, dieser Friedrich! Wenn der mal wieder zu mir zurückkommt, ich glaube, ich freu mich mehr darüber, als wenn ne Prinzessin bei mir zu Besuch kommt.«

Wie der Müller und mein Onkel den Schloßberg hinuntergingen, sprachen sie kein Wort, aber aus ganz unterschiedlichen Gründen. Der Müller schwieg, weil er in sich versunken war, mein Onkel, weil er ganz und gar außer sich war: er konnte die Worte nicht finden. Schließlich brach es aus ihm heraus: »Und das soll ein Gerichtstag sein? Das soll ein Urteil sein? Der alte Amtshauptmann, dieser grobe, alte Kerl! läßt der einen Menschen zu Wort kommen? Müller Voß, wir gehn weiter. Wir gehn in die zweite Instanz!« – »Herr Ratsherr«, erwiderte der Müller ziemlich matt, »ich geh nicht weiter. Ich bin weit genug. Ich bin schon bis an die Hacken.« – »Vadder«, rief Bäcker Witt, der hinter ihnen herkam und die Worte des Müllers gehört hatte, »zieh dir das nicht zu Gemüt, es kann alles gut werden. Und nu komm zu mir nach Hause, deine Fiken ist auch da.« – »Meine Fiken?« – Doch der Bäcker ließ ihn nicht mehr zu Wort kommen, und der gute Müller folgte ihm ins Haus wie ein willenloses Kind. Nicht die Armut drückte ihn, sondern die Schande.
Mein Onkel Herse ging nicht mit in das Haus von Bäcker Witt. Er wandelte

vor der Haustür auf und ab, und ihm kamen allerlei Gedanken. Mein Onkel hatte stets nicht wenige Gedanken, und für gewöhnlich spazierten sie ihm im Hirnkasten hin und her wie eine schmucke, freundlich anzusehende Kinderschar mit hellen, blauen Augen, und wenn sie sich auch manchmal ein wenig jagten und übereinander herpurzelten, und wenn sie auch oftmals »Blinde Kuh« spielten und allerlei verdrehtes Zeug von sich gaben, so waren sie doch immer sonntäglich angezogen und für ihn schmuck und lieblich anzusehen. Doch die Gedanken, die ihm vor Bäcker Witts Haustür kamen, waren wie eine Schar zerlumpter Bettelkinder, die sich nicht abweisen ließ, die Hände ausstreckte und wie mit einer Stimme rief: Herr Ratsherr, Herr Ratsherr Herse! Helfen Sie dem Müller! Sie haben ihn in die Patsche gebracht, nun helfen Sie ihm wieder heraus.« – »Mein Gott«, murmelte mein Onkel, »so laßt mich doch! Ich will ja. Ich will ne Hypothek auf mein Haus aufnehmen. Aber wo soll's herkommen? Wo soll bares Geld herkommen?« Und die kleinen Bettler brachten ihn derart ins Gedränge, daß er in Bäcker Witts Torweg untertreten mußte, um ihnen zu entgehen. Hier aber stand gerade Hinrich und sattelte und zäumte seine beiden Braunen, die noch nicht verkauft waren. Doch wie mein Onkel ihn trotz seiner grünen Jacke und trotz seines kriegerischen Bartwuchses gerade noch erkannt hatte, da erschien auch Friedrich im Torweg und warf seinen Mantelsack so auf die Krippe, daß es rasselte und klimperte. »Hinrich«, rief er, »aller Anfang ist schwer, sagte der Teufel und schleppte sich mit dem Mühlstein ab, aber...« – Hier gewahrte er den Herrn Ratsherrn und unterbrach sich: »Gu'n Morrn, Herr Ratsherr, und nehmen Sie's nicht übel. Aber Sie könnten mir nen großen Gefallen tun. Sehn Sie, der Müller hat mich noch bis Johanni im Lohn, und eigentlich müßte ich aushalten. Aber ich habe doch so große Lust mitzugehn. Sagen Sie ihm also, wenn er mich gehn läßt, denn würd ich ihm das Franzosengeld leihen, bis ich wiederkomme. Denn das haben sie mir heut auf dem Schloß zugesprochen, und hier in der Krippe liegt es.«

Entschwunden waren aus Kopf und Sinn meines Onkels die zudringlichen Bettelgören, und die hübschen, sonntäglich aufgeputzten Kinderchen sprangen darin umher und schossen Purzelbäume, und er selber schoß gleichfalls beinahe einen Purzelbaum über eine Halfterkette, wie er auf Friedrich losstürzte: »Friedrich, Friedrich! Er ist ein... ist ein... ist ein Engel!« – »Ja, nen schönen alten Engel!« seufzte Friedrich. – »Friedrich«, rief mein Onkel, »das wollen wir doch gleich schriftlich machen.« – »Nee, Herr Ratsherr«, gab Friedrich zurück, »das wollen wir *nicht*. Da könnte sich wieder ein Schreibfehler einschleichen, und denn könnte neues Elend daraus werden. Was von Mund zu Mund besprochen ist, das soll gelten. Hinrich«, wandte er sich an den, »bist du mit allem und mit Fiken im reinen?«

Hinrich stand hinter seinem Pferde, hatte seine beiden Arme auf den Sattel gelegt, blickte darüber weg und nickte, denn zu reden vermochte er nicht.

»Na, denn!« rief Friedrich und riß ihm die Zügel aus der Hand, schwang sich in den Sattel und warf ihm die Zügel seines schönen braunen Wallachs zu: »Bruder, das beste ist für dich gerade gut genug.«

»Mein Gott!« rief mein Onkel, »wollt ihr denn den Müller und Fiken nicht...?«

»Ist schon alles in Ordnung!« rief Friedrich. »Adjüs, Herr Ratsherr!« Und schon trabten sie beide zum Brandenburger Tor hinaus.

Wir Kinder standen am Tor und sahen ihnen nach. »Das sind keine Franzosen«, sagte Hanne Bank. – »Das sind welche von unsern«, sagte Fritz Risch, und es war, als habe ein ganz eigentümliches Hochgefühl von uns Besitz ergriffen. »Gott gebe, daß sie wiederkommen!« sagte der alte Vater Rickert.

Und sie kamen wieder. Nach Jahr und Tag und zum anderen Male nach Jahr und Tag war für Deutschland der Frühling angebrochen. Schlachten waren geschlagen worden, Blut war geflossen auf den Bergen und in den Gründen. Aber der Regen hatte es abgewaschen, und die Sonne hatte es trocknen lassen, und die Erde ließ Gras darüber wachsen, und über die Wunden der Menschen hatte die Hoffnung einen Balsam gelegt, der den Namen »Freiheit« führt. Viele der Wunden sind freilich danach wieder aufgebrochen, denn es mochte wohl doch nicht der richtige, vom Himmel stammende Balsam gewesen sein.

Daran jedoch dachte in diesem schönen Frühling niemand, und in meiner kleinen Vaterstadt grünte und blühte es in Garten und Feld, und die bange Menschenbrust atmete tief auf, denn über die Erde breitete sich Menschen- und Gottesfriede.

Das Schützenkorps von meinem Onkel Herse hatte seine einundzwanzig Flinten hinter die Schränke gestellt. Mein Onkel hatte aus seinen Schützen ein Musikkorps errichtet, welches er eine »Kapelle« zu nennen pflegte. Dabei kam es ihm sehr zustatten, daß er während der Kriegsläufte ihnen beigebracht hatte, immer zur gleichen Zeit loszufeuern, denn fortan fielen sie mit Geigen, Flöten und Klarinetten wie von selbst immer gleichzeitig ein. An den Abenden brachten sie mancherlei Ständchen dar, und deren Melodie vermag ich auch heute noch zu summen, denn sie spielten immer ein und dasselbige Stück, und mein Onkel hat mir später auseinandergesetzt: dies

seien Variationen gewesen über: »Gestern abend war Vetter Michel da«. Nachdem die Schlacht bei Leipzig gewonnen worden, brannten die Freudenfeuer auf dem Eulenberg und auf dem Mühlenberg, und Stavenhagen wurde illuminiert. Salut geschossen wurde freilich nicht, denn wir besaßen keine *Kanonen.* Aber Kanonen*donner* hatten wir doch, denn Hanne Heinz, der Adjutant des Herrn Ratsherrn, und der alte Barbier »Dr. Metz« hatten den glücklichen Einfall gehabt, etliche Zentnersteine auf eine Misttrage zu hieven. Diese schmetterten sie mit aller Gewalt gegen die Türpfosten beim alten Podagra-Kasper, so daß ein richtiger Kanonendonner herauskam und die steinernen Türpfosten darüber in Stücke gingen.
Und was war es für ein Jubel, und was war es für eine Herrlichkeit, wenn *eine* Mutter der *anderen* erzählte: »Vaddersching, mein Jochen ist auch dabei gewesen, und er hat geschrieben, daß er glücklich davongekommen ist.« Und Hinrich hatte ebenfalls geschrieben, und Friedrich hatte grüßen lassen. Wie dies aber in Stavenhagen bekannt wurde, da ging es von Mund zu Mund: »Je, der olle Friedrich! Den laßt man! Das ist nen alten Gedienten!« Und jedermann sprach vom braven Friedrich, und so hat sich in meiner Vaterstadt allmählich die Sage entsponnen, Unteroffizier Friedrich Schultz habe eigentlich die Schlacht bei Leipzig gewonnen. Er hatte seinem Oberst Warburg gesagt, wie es gemacht werden müsse, und der hatte es dem Adjutanten vom alten Blücher gesagt, und der alte Blücher hatte gesagt: »Friedrich Schultz hat recht!« – hat er gesagt.

Aber auch diese Zeit voller Jubel und Zweifel, voller Furcht und Hoffnung war vorübergegangen, und der schöne Frühling war eingezogen, von dem ich oben berichtet habe. Und eines Tages war eine prächtige Kutsche zum Schloß hinaufgefahren, und die Leute raunten einander zu, auf dem Schloß solle es hoch hergehen. Fritz Sahlmann kam eines Tages ins Städtchen hinunter und berichtete, mit Mamsell Westfalen ginge es wohl bald zu Ende, denn wenn dies acht Tage weiter so bliebe, dann würde sie wohl bloß noch Haut und Knochen sein, und die Gäste, sagte er, wollten acht Tage bleiben. Am nächsten Tage war er wieder da und berichtete, der Amtshauptmann wäre schon um neun Uhr aufgestanden, hätte das Fenster aufgemacht und habe gesungen, mit seiner natürlichen Stimme gesungen. Und die Frau Amtshauptmännin sei hinter ihm gestanden und hätte die Hände überm Kopf zusammengeschlagen. Und er, Fritz Sahlmann, solle eine schöne Empfehlung an mein Vadding bestellen und an mein Mudding, und wenn's möglich wäre – zu Mittag.
Und am dritten Tag wurde ich sauber angezogen und aufs Schloß geschickt:

ne Empfehlung an den Herrn Amtshauptmann und die Frau Amtshauptmännin und die fremden Herrschaften, und zu Tee und Abendbrot, und Mamsell Westfalen natürlich auch. Und meine Mutter schärfte es mir nachdrücklich ein: ich solle zu der jungen Dame auch immer »gnädige Frau« sagen.
Und wie ich oben eintraf und meine Bestellung anbrachte, da saß der Herr Amtshauptmann auf dem Sofa, und neben ihm saß ein alter Herr, der hatte ein sehr ernsthaftes Aussehen. Und der Herr Amtshauptmann sagte zu ihm: »Min Herzenskindting, das ist mein Patenkind, das ist der Fritz vom Bürgermeister. Nee, wat denn?«
Und der fremde Herr wurde ganz freundlich, und ich mußte ihm die Hand geben, und er fragte mich nach diesem und jenem. Und wie ich noch so dastand, da ging die Tür auf, und herein kam – der französische Oberst von Toll, und den Arm hatte er um eine wunderhübsche, junge Dame gelegt, und das war seine gnädige Frau.
Ich sah den Oberst an, und mir war, als hätte ich ihn schon einmal gesehen, und dieweil der Mensch in seiner Ungewißheit nicht gerade sein gescheitestes Gesicht aufsetzt, mag mir das wohl auch so ergangen sein, denn sie lachten alle beide, und als ich meine Empfehlung von Vadding und Mudding herausgestammelt hatte, da sagten sie, sie wollten kommen, und die fremde Dame strich mir übers Haar und sagte: ich hätte storres Haar, und ich hätte wohl auch einen sturen Sinn. Und der Herr Amtshauptmann sagte: »Da haben Sie recht, min Herzenskindting, den hat er. Und was er mit seinem harten Kopf anrichtet, das wird er mit einem mürben Buckel wohl wieder ausbaden müssen.«
Am Abend ging es bei uns wieder hoch her, aber nicht so lustig wie damals, als mein Onkel Herse Julius Caesar war. Und Punsch gab es auch nicht, doch Marik Wienken mußte Langkork bringen – das war damals der beste Wein, denn kein Mensch wußte dazumal etwas von Château und Champagner. Die Mannsleute sprachen von den Kriegsläuften, und die Frauensleute redeten von der Müllerhochzeit, die morgen auf der Gielower Mühle gehalten werden sollte. Und wie die Gäste aufbrachen, wandte sich der Oberst noch einmal zu meinem Vater um: »Aber, Herr Bürgermeister, keiner darf fehlen von allen denen, die damals in diesem Stück mitgespielt haben!« Mein Vater versprach es ihm.

So geschah es am nächsten Tag denn wieder einmal, daß der Kriegs- und Streitwagen des Herrn Amtshauptmann geschmiert wurde. Danach saßen er und sein Renatus von Toll darinnen und fuhren zum Malchiner Tor hinaus. »Frau Meistern«, sagte Mamsell Westfalen später, »da saßen die beiden zusammen im Chaisewagen und sahen so freundlich und so unschuldig in die Welt hinein wie ein Paar neugeborene Zwillinge. Und, Frau Meistern, in der fremden Glaskutsche hatten die gnädige Frau von Toll und die Frau Amtshauptmann und die Frau Bürgermeisterin und ich die Ehre zu fahren, und die Frau Bürgermeisterin hatte den Jungen, den Fritz, mitgenommen, und der Schlingel drückte mir den ganzen Weg über so auf den Leib, daß mir der Fuß einschlafen mußte, und wenn der Husarenunteroffizier Friedrich Schultz nicht gewesen wäre, dann wär ich beim Aussteigen vom Wagentritt gefallen. Das kommt von den Gören, und das sage *ich*.«

Auf einem großen Erntewagen saßen Bäcker Witt, die Strüwingsche, Luth und Fik Besserdich, Fritz Sahlmann und Herr Droi, und hinten im Kasten bemerkte man ein großes Durcheinander von Armen und Beinen. Das waren Herrn Drois lütte französische Gören. Mein Vater und der Herr Oberst waren zu Pferde. »Wo aber ist der Herr Ratsherr?« fragte der Oberst. »Der kommt«, erwiderte mein Vater. »Aber wann und wo, das weiß der liebe Gott. Als er mir das nämlich zusicherte, kniff er das eine Auge zu und machte ein Gesicht, das ich an ihm schon kenne und das ich sein Geheimnis-Gesicht nenne.«

Wie der Herr Amtshauptmann eintraf, stand Müller Voß, seine Kappe aus schwarzem Manchester auf dem Kopf, vor seiner Haustür. Seine Frau stand neben ihm in einem Rock aus schwarzem Wollatlas. Er dienerte, und sie knickste, und der Herr Amtshauptmann fragte: »Na, Müller Voß, wie geht's?« – »Heil prächtig!« sagte der Müller und klappte den Wagentritt herunter. Der Herr Amtshauptmann beugte sich zu seinem Renatus hinüber: »Min Herzenskindting, der brave Müller ist gegenwärtig wieder gut zu Rande. Er ist klug geworden, hat sich begeben und hat seine Fiken wirtschaften lassen.«

Nun kam die Kutsche. Die Damen stiegen aus, und Friedrich trug meine Mutter ins Haus – er hat sie später noch oft getragen. Der Erntewagen hielt. Alles sprang herunter, alle begaben sich ins Haus, ich mit. Nur die kleinen Drois liefen zuerst einmal in den Garten und fielen über die unreifen Stachelbeeren her.

In der Stube stand der Herr Pastor. Er hatte schon gewartet, und neben ihm standen Hinrich und seine Fiken. Wie war Fiken doch schön! Wie schön ist doch eine Braut!

Der Herr Pfarrer hielt seine Traupredigt, seine beste. Er hatte drei von dieser Sorte, und eine war immer besser als die andere, und danach richtete sich auch der Preis. Die von der Krone war die schönste und die teuerste: sie kostete einen Taler sechzehn Groschen. Danach kam die mit dem Hirsch, kostete einen Taler. Und zuletzt kam die von einem »jämmerlich, erbärmlich Ding«, die kostete nur acht Groschen und war für den kleinen Mann. Heute griff der Pfarrer in das große Register von der Krone – der Müller wollte es nämlich so haben. »Herr Pastur«, hatte der Müller gesagt, »meine Fiken will durchaus, das soll ne stille Hochzeit werden, und sie soll auch ihren Willen haben. Aber was sonst zu ner Hochzeit gehört, das soll vom besten Ende sein.«

Und so wurde es denn auch. Und wie die Predigt vorüber war, ging die schöne gnädige Frau zu Fiken hinüber, gab ihr einen Kuß und legte ihr eine goldene Kette um den Hals. Daran hing ein hübsches Schildchen und darauf stand das Datum des Tages verzeichnet, an dem Fiken beim Herrn Oberst für ihren Vater Fürbitte eingelegt hatte.

Der Oberst war zu Hinrich getreten. Wie er ihm die Hand drückte, da blickten die Augen des alten fremden Herrn so freundlich zu ihm hinüber, daß der Herr Amtshauptmann dessen Hand ergriff und zu ihm sagte: »Min Herzenskindting, nee, wat denn?« Er mochte wohl mehr von der Angelegenheit wissen als wir anderen.

Danach ging es ans Hochzeitsessen. Die Strüwingsche hatte für die Suppe zu sorgen, Luth für den Braten, und Fik Besserdich besorgte mit den beiden Dienstmädchen des Müllers das Servieren. Kaum aber hatte der Müller seinen ersten Teller Hühnersuppe zu sich genommen, da stand er auch schon auf und hielt eine eindringliche Ansprache an die Versammelten, richtete seinen Blick dabei aber immer nur auf den Herrn Amtshauptmann. Er habe die ganze Gesellschaft, sagte er, bloß auf eine Hochzeit ohne Musik, nur so auf »mir nichts, dir nichts« eingeladen. Seine Fiken habe dies so gewollt, und die Herrschaften sollten's nicht übel nehmen. Aber wenn sie auch keine Musik hätten... hier nahm seine Rede unversehens ein Ende, denn draußen brach es mit einem Male los: »Gestern abend war Vetter Michel da, Vetter Michel, der war gestern da.« Wie aber die Tür aufgerissen wurde, stand dort mein Onkel Herse mit seiner ganzen Kapelle, hatte den Handstock des Müllers ergriffen und schlug auf einem Mehlsack den Takt, so daß es ganz den Anschein hatte, als flöteten und trompeteten die lieben, heiligen Engel aus einer prächtigen weißen Sommerwolke heraus.

War das eine Freude, war das ein Leben! Der Oberst sprang auf und begrüßte sich mit meinem Onkel. Er zog ihn an seine Seite, und der Herr Amtshauptmann flüsterte seinem Renatus etwas ins Ohr, so daß der ganze Tisch es hören konnte: »Das ist der Ratsherr, min Herzenskindting, von dem ich heute morgen den verrückten Streich mit dem Kontrakt erzählt

habe. Er ist sonst aber ein guter, pläsierlicher Mensch.«
Der Müller zog die Kapelle nun in die Hochzeitsstube hinein. Die heilige Cäcilie wurde also ins Eck gestellt, denn die Hühnersuppe löste sie ab. Danach machte sich Vetter Michel aufs neue bemerkbar, und den löste wieder der Braten ab, und so ging es immer abwechselnd.
Als aber der Abend einbrach, bekam es mein Onkel Herse aufs neue mit der Heimlichkeit. Er und sein Adjutant Hanne Heinz hantierten und wirkten im Dunklen hinten im Garten herum. Schließlich aber wurden wir alle nach draußen gebeten, und ein Feuerwerk hub an, und es hätte schön werden können. Doch – schade! schade! – es war zu schwach, es mußte dabei gepustet werden. Dies aber geschah ein wenig zu kräftig. Es flog in die Luft, und es war eine Gnade von Gott, daß Friedrich sich gerade auf dem Düngerhof befand, als dieser zu brennen anfing – sonst nämlich wäre es wohl schlimm ausgegangen. Onkel Herse wollte aber trotzdem nicht ablassen und hatte wieder etwas Neues sich vorgenommen. Doch der Herr Amtshauptmann ging zu ihm hinüber und bedeutete ihm: nun sei es genug. Es sei sehr schön gewesen, und er bedanke sich auch vielmals. Am Tage darauf aber entsandte er den Landreiter durch das ganze Stavenhagener Amt: Wer sich unterstehe, im Herzoglichen Amt Feuerwerk abzubrennen, den solle das Donnerwetter holen.

So schloß der Tag, und so schließt auch meine Geschichte. Der Tag war lustig, und jeder war damit zufrieden. Ich wollte, meine Geschichte wäre auch lustig, und jedermann wäre damit zufrieden.
Jedoch, wo sind sie geblieben, alle die lustigen und treuherzigen Menschen, die in diesem Stück mitgespielt haben? Alle sind sie tot, alle sind gestorben. Sie haben alle dem Leben entsagt, sie schlafen alle den langen Schlaf. Bäcker Witt war der erste, und Stadtdiener Luth ist der letzte gewesen.
Und wer ist übrig geblieben? Nun, wir beiden Jungs, Fritz Sahlmann und ich sowie auch Fik Besserdich. Fik Besserdich hat richtig den flachsköpfigen Jungen vom Altbauer Freier geheiratet und sitzt nun, schön in der Wehr, in Gülzow auf dem ersten Bauernhof linker Hand. Fritz Sahlmann ist ein tüchtiger Kerl geworden, und wir sind immer gute Freunde geblieben. Und wenn er es mir verübeln sollte, daß ich Geschichten von ihm erzählt habe, dann werde ich ihm die Hand entgegenstrecken und werde sagen: »Min Herzenskindting, was geschrieben, ist geschrieben, das läßt sich nicht mehr ändern. Aber bös bist du mir darum doch nicht! Nee, wat denn?«

MEINE VATERSTADT STAVENHAGEN

Meine Vaterstadt Stavenhagen

Es ist schwer, bei einer Erzählung den rein objektiven Standpunkt festzuhalten und in epischer Einfachheit und Unablässigkeit die Ereignisse wie Perlen an einer Schnur durch die Finger rollen zu lassen. Sind es aber nicht sowohl Ereignisse, sondern Darstellungen von Zuständen, die ein Schriftsteller seiner Jugendzeit oder gar seinen Kinderjahren entnimmt und zu schildern versucht, wo das Gemüt so viel mit drein zu reden hat, so ist es unmöglich.

Diese Bemerkung soll mich entschuldigen, wenn ich zuweilen mit meiner viereckigen Person in die Schilderung jener lieben und heitern Eindrücke störend hineinfahre wie Puck in den Sommernachtstraum, aber – wie Korporal Nym sagt – das ist der Humor davon. Dadurch, daß ich mich als Macher – Verzeihung für dies schöne Wort! – von Betrachtungen und Träger von Empfindungen hinstelle, bin ich imstande, Vergleichungen mit der *jetzigen* Zeit zu vermitteln, welche die *alte* erst recht zur Anschauung bringen dürften.

Schöne alte Zeit! Wie leicht war es, in dir zu schreiben! Wie leicht, das Interesse des Publikums zu fesseln! In jenen schönen Tagen, als ich den »Hamburger Korrespondenten« in Quarto von der Post holen mußte, als Professor Wehnert in Parchim sein sinniges Tee- und Kaffee-Blatt herausgab und »Tanten Hersen« dasselbe las, als große Leitartikel über das Teterower Storchnest geschrieben wurden und die Friedländer durch das Vermauern der Schallöcher für die Unterhaltung des Publikums sorgten, als Pastor Reinhold und Hans Göden und der kleine Bahrdt schrieben und jede kleine Stadt vor dem Abendblatte zitterte wie vor einer Geißel, die unsichtbar und unabwendbar über ihrem Haupte geschwungen wurde, damals war's so schön leicht! In jenen schönen Tagen, als die Neuigkeiten sich bei uns noch, wie im Morgenlande, von Mund zu Mund verbreiteten, als einem Fremden in dem Wirtshause mit seinem Mantel auch die Neuigkeiten ausgezogen wurden und jeder Probenreiter von meiner lieben Vaterstadt als eine Gabe Gottes angesehen wurde, die dem publizistischen Standrechte verfallen war – damals hätte ich schreiben sollen! Leider war ich aber noch Lesens und Schreibens unkundig.

Schöne, alte Zeit! Der vorüberrauschende Flügelschlag der Jahre hat das anspruchslose Gewebe zerrissen, in das du dich so warm und weich eingesponnen hattest: die *Innigkeit* deiner Beziehungen hat der *Ausdehnung* derselben Platz machen müssen. Früher wußte ich genau, was Nachbar Schröder zu Mittag aß und nahm teil an seinem Mahle, wenn's mir schmeckte. Was kümmert mich jetzt Nachbar Schröder? Jetzt muß ich den Küchenzettel politischer Sudelköche lesen; aber ich bitte mich nicht bei ihnen zu Gaste.

In jenen Tagen hätte ich unbedingt das größte welthistorische Ereignis für die interessante Nachricht hingegeben, daß »Korl Knak« und »Hanne Snur« sich geprügelt hatten, und gewiß hätte ich Sebastopol und die ganze Mincio-Linie geopfert, um von »Hanne Slütern« zu erfahren, daß »Korl Knak den annern« – wie er bleichen Antlitzes versicherte – »mit 't Metz grad' in 't Hart steken hadd«, wobei er auf einen Teil seiner Kleidung wies, in dem allerdings bei gewissen Leuten das Herz sitzen soll. – »Hanne Snur« sitzt jetzt in Paris und flickt vielleicht für die Muratisten mit mehr Geschick die Stiefel aus, als sie bei der Flickarbeit des italienischen beweisen, und »Korl Knak« büßt die Anfänge seiner lasterhaften Laufbahn in den Goldgruben Kaliforniens ab.

Die neue Zeit in buntem Groschen-Kattun und abgelaufenen Gamaschen-Stiefeln, mit plattierter Brosche und zerrissenem Hemde, ist zugezogen und hat die alte mit ihrem eigengemachten Rocke und ihren warmen Holzpantoffeln abgelöst. An die alte denkt jetzt keiner mehr als der, dem sie, wie mir, einst liebliche Kindermärchen erzählte, schöner, weit schöner als alles, was der geistreiche französische Roman dir erzählen kann. Sie sitzt einsam und verlassen in dem bunten Getriebe der jetzigen Welt, und nur zuweilen in der Dämmerung, wenn draußen der Sturmwind heult und der Schnee in Schauern an die Fenster schlägt, wenn das Feuer im Ofen flackert und die Schatten wach werden und sich im lautlosen Spiele an den Wänden haschen und die Menschenseele den Mantel fester um sich zieht, sich zur Ruhe legt und müde auf ein weites durchwandertes Land zurückblickt – dann kriecht sie aus der dunklen Ofenecke und beugt sich über dein Antlitz und zieht den Mantel fester um dich, daß dir's warm werde im Herzen, und die Stimme, die dir einst Wiegenlieder sang, flüstert wieder leise in dein Ohr und erzählt dir Geschichten, bis die flackernden Flammen zur stillen Kohlenglut heruntergebrannt sind und die flüchtigen Schatten an den Wänden fest dich umstehen wie die Erinnerung an längst Dahingeschiedene.

Ihre Geschichten sind ernst und heiter; aber bei den ernsten lacht man über die heutige Welt, und bei den heiteren trauert man über die vergangene. Ich will mir aber die alten lustigen Geschichten nicht durch die Trauer verderben lassen: ich will einen bunten Kranz winden von lustigen Blumen für die alte Zeit, und die Totenblumen, den Rosmarin und die Nachtviolen, die dazu gehören, will ich durch frisches Grün verdecken, daß keiner sie sieht.

Hinein habe ich sie gewunden, und wer sie deutlicher sehen will, mag sie für sich weiter hervorziehen; mein Kranz aber soll in heitern Farben spielen, denn er ist für *meine* alte fröhliche Zeit.

Mehr als fünfundvierzig Jahre sind an den räucherigen Dächern meiner kleinen Vaterstadt hingerollt, seit ich die ersten deutlichen Eindrücke von der Erhabenheit seines Kirchturmes, der Großartigkeit seines Rathauses und der Majestät seines Amtsgebäudes, gewöhnlich »das Schloß« genannt, empfing. Drei neue Straßen haben seit jener Zeit die Gestalt der Stadt so verändert, daß ich mich mit Mühe darin zurecht finde, und ausnahmsweise kühne Männer haben den Schutz des zur Sommerzeit etwas übelriechenden Wallgrabens verschmäht und sich vor den Toren angesiedelt, jeder Gefahr keck die Stirn bietend, die innerhalb der Ringmauern der Stadt der Polizeidiener und die Nachtwächter zu verscheuchen verpflichtet sind.

Die Priesterkoppel, wo ich durch meinen Papierdrachen Korrespondenz mit den Wolken pflog, ist jetzt mit einem Häusermeer bedeckt; wo ich sonst in jugendlicher Lust dem Ballspiele oblag, werden jetzt Bälle gegeben; der alte trauliche, in süßer Heimlichkeit verschlossene Bullenwinkel hat seine geöffneten Räume den Strömen des Verkehrs übergeben müssen, und der alte Bauhof mit seiner schönen großen Mistpfütze, in die ich zum Schrecken meiner guten Mutter regelmäßig jeden Winter ein- oder mehrere Male mit dem Eise einbrach, ist zum fashionablen Westende der Stadt geworden, und wo wir Knaben früher im idyllischen Spiel mit Kälbern, Lämmern und Füllen des alten Nahmacher umhersprangen, wird von den gebildeten Töchtern der *haute volée* jetzt Polka-Mazurka eingeübt. Die Straßen sind aufs beste gepflastert, und von den Toren der Stadt aus gehen direkte Chausseen nach Hamburg, Paris, Berlin und St. Petersburg. Der Segen Gottes hat sich in Gestalt des Volkes Gottes in reichlicher Fülle über der Stadt entladen, und der rege Wetteifer zwischen den Bekennern des alten und des neuen Testamentes hat einen Weltverkehr mit gebackenen Pflaumen, Lumpen und Kuhhörnern ins Leben gerufen, der meine teure Vaterstadt zu dem Emporium des östlichen mecklenburgischen *»Perdukten-Handels«* gemacht hat.

Es fehlt ihr nur, daß sie an der Ostsee belegen wäre, dann wäre sie eine Seestadt. Posten und Extra-Posten gehen unablässig, richtige Zeit haltend, hin und her durch die Straßen; Equipagen mit und ohne Kammerjungfern, Equipagen, mit und ohne Bulldoggen und Tigerhunden, Equipagen, in denen Pferde und Rindvieh spazieren gefahren werden, halten vor einer Unzahl von Gasthöfen. Die vorzugsweise »Reisende« genannte Nation, mit dem herrschenden Stamm der Weinreisenden an der Spitze, ist völkerwandernd und völkerbeglückend über die Stadt ausgegossen und sucht die Segnungen einer im steten Steigen begriffenen Zivilisation über die inwohnenden Schuster und Schneider zu verbreiten. Diese selbst haben in aller Stille den jeden National-Ökonomen erschreckenden Beweis geliefert, daß trotz aller hemmenden Heimatsgesetze und Zuzugshinderungen eine Bevölkerung von 1200 Einwohnern in vierzig Jahren imstande ist, sich durch Kraft und Ausdauer auf 2500 zu bringen.

Wie ganz anders war es in meinen Kinderjahren! Ungefähr monatlich einmal zog kotbespritzt ein einsamer Probenreiter auf buglahmem Gaule in die Tore der Stadt ein und erkundigte sich im ergötzlichen ausländischen Dialekte bei einem Straßenjungen, etwa bei mir, nach dem einzigen Gasthofe des Städtchens. Unter uns Rangen entspann sich dann ein lebhafter Streit, wer den Fremden zu Tolls, später Schmidt, später Beutel, später Kämpfer, später Kossel, später Holz, jetzt Clasen, geleiten sollte, bis wir uns zuletzt denn darüber vereinigten, ihm sämtlich das Komitat zu geben, dem sich dann noch einige ältere Personen anschlossen und darüber debattierten, ob dies derselbe sei, der vor *einem* Jahre oder vor *drei* Jahren die Stadt beglückt habe. Kein Kellner empfing den Unglücklichen – dies Geschlecht war damals noch nicht geboren – er war gezwungen, sein Rößlein selbst in den Stall zu führen; seiner selbst wartete in den Räumen des Hotels von allen Erquickungen, welche der Scharfsinn der Menschen seit dieser Zeit erfunden hat – nur holländischer Käse.

Posten kamen damals auch und zeichneten sich durch die Zufälligkeit ihrer Ankunft aus. Zur Herbst-, Frühjahrs- oder Winterzeit namentlich kam gewöhnlich der Postillon auf einem Vorderpferde vorausgesprengt und brachte die tröstliche Nachricht, die Post würde bald kommen, sie wäre schon beim Bremsenkrug; »awer dor is sei tau Senk drewen«, war dann der erfreuliche Nachsatz, welcher dann eine gründliche Nach- und Ausgrabung zur Folge hatte. Endlich kam dann ein hellblau angestrichener, durch Ketten und Eisenstangen aufs mannigfaltigste versicherter, mit acht Pferden bespannter offener Kartoffelkasten in die Stadt hineingerumpelt, auf dessen quer über die Leiterbäume gelegten Bänken eine Anzahl halb »verklamter« Unglücklicher, wie Schafe zur Schlachtbank, zum Posthause gefahren wurden, wo dann eine Sonderung zwischen den Schafen und den Böcken eintrat. Die Böcke blieben vor der Tür, die Schafe gingen ins Posthaus und wurden dort von dem Postschreiber, der in einer Art Vogelbauer saß, welches er sein Comptoir zu nennen beliebte, den gebräuchlichen Vexationen unterworfen, von denen die Böcke befreit blieben. Die Naivität, die sich in dieser Staatseinrichtung aussprach, ging soweit, daß, als der Postschreiber seine postalischen Bemerkungen irrtümlich auf einen vor der Tür stehenden Bock ausdehnen wollte, ihm derselbe trocken zur Antwort gab: »Sei hewwen mi nix tau seggen, ick bün en Buck.«

Wo jetzt in starrer, trockner Regelmäßigkeit die Chausseen sich hinziehen und das Auge blenden und ermüden, wo lange Reihen langweilig kongruenter Pappeln den Wanderer gleichsam zum ewigen Spießrutenlaufen verdammen, wand sich damals der Weg in lieblich mäandrischer Krümmung durch pittoreske Alleen gekröpfter Weiden dahin und bot dem Auge in Gestalt von Pfützen und knietiefen Geleisen die Mannigfaltigkeit von Berg und Tal und See. Den etwa Strauchelnden nahm die liebende Mutter Erde in ihrem Schoße auf und entließ ihn nur mit einem Andenken an sich.

Leider war mit diesen malerischen Ergötzlichkeiten eine gewisse Unbequemlichkeit des Reisens verbunden, die uns während der Wintermonate außer Verkehr mit der Welt versetzte und nur entschiedenen Wagehälsen erlaubte, die heimatlichen Tore zu verlassen. Ich entsinne mich noch, daß ein Kaufmann unserer Stadt, der vielleicht überseeischen Handel betreiben mochte, sich bestimmt aber durch sehr gewagte Spekulationen in Feuerschwamm, Lorbeerblättern und Korinthen vor seinen Gewerbsgenossen auszeichnete, tags vor seiner Abreise nach Hamburg im blauen Leibrock mit blanken Knöpfen und wildledernen Handschuhen – das Glacé war noch nicht erfunden – in der Stadt Haus bei Haus auf Leben und Sterben Abschiedsvisiten machte; wie er nach der Kirche, in der er das heilige Abendmahl genommen, auch zu uns kam, allen die Hand reichte und in tiefer Rührung das Haus verließ. Ich sehe meine Tante Christiane noch, wie sie ihm mit vorgerecktem Halse nachsah, bis die sturmbewegten Schöße seines neuen Leibrocks hinter der Apothekerecke verschwanden; ich höre sie noch in die Worte ausbrechen: »Ne! Wat is 't för ein Minsch!« Der Mann kam nicht wieder. Dunkle Gerüchte von »Zuschadenkommen« und »Halsbrechern« und dann wieder von einer verfehlten Lorbeerblätterspekulation und demnächstiger Abreise nach Batavia kamen uns freilich zu Ohren; Gewißheit ward uns aber nicht zuteil, und selbst den aufklärenden Talenten der Polizei ist es nie gelungen, das obwaltende Dunkel zu enthüllen.

Die mannigfachen Verkehrshinderungen, die aus dem Schlamme lehmiger Vizinalwege emporwuchsen, wurden von einer unverwöhnten Bevölkerung mit stoischem Gleichmute als unvermeidliche Erdenübel hingenommen, und nur dann, wenn die trocknenden Frühlingswinde und die warme Junisonne die Hauptschlachten gegen die Einflüsse des Winters geschlagen hatten, rüstete sich die Besatzung eines Chaisewagens, die den vielversprechenden und wohlklingenden Namen einer Wege-Besichtigungs-Kommission führte, als fliegendes Korps die Niederlage des nordischen Herrschers zu vervollständigen und seine Spur von der Erde zu vertilgen. So ein Sommerfeldzug hatte seine behaglichen Seiten: das Terrain war bekannt, die Etappenörter nicht zu weit belegen, das Land mit allem reichlich versehen, und klüglich wußte man es so einzurichten, daß man zum Frühstück bei Pächter X. eintraf, dessen Frau als Verfasserin der besten Schinken bekannt war, zum Mittag beim Pächter Y., der schon vorläufig den Tod eines fetten Kalbes annonciert hatte, und zu Abend beim Gutsbesitzer Z., der noch neulich durch die Größe seiner Karauschen eine Wette gewonnen hatte. Die Geschäfte der Kommission waren angenehmer Natur: man sah von der Höhe des Chaisewagens auf die verharschten Wunden der Wege hinab. Man freute sich darüber, daß nun alles wieder so schön in Ordnung sei, und stieß man einmal zufällig auf eine auffallend tiefe Narbe, so überließ man sich dem wohltuenden Gefühle, welches wir empfinden, wenn es draußen stürmt und regnet und wir behaglich am warmen Ofen sitzen: man freute sich, daß man nicht selbst während des Winters in diesem schrecklichen Loche sitzen geblieben sei, und verordnete Schönpflästerchen für die widerwärtige Narbe, deren Applizierung in Gestalt von Wegebesserungen den einzelnen Gutsinhabern zur Pflicht gemacht wurde.

Dadurch kam denn nun eine neue Not über unsere kleine Welt. Zehn bis zwölf Tagelöhner wurden zu einer Zeit, in der sonst nichts Nützliches, etwa des vielen Regens wegen, getan werden konnte, unter Anleitung eines Wirtschafters, der noch sehr in den Anfangsgründen des Nivellierungs-Systems steckte, längs des Weges in die Gräben gestellt und angewiesen, Kot, Schlamm und Rasen *ja mitten* in den unseligen Weg zu werfen. In die vorzugsweise halsbrechenden Stellen wurden abgesammelte Feldsteine und Bauschutt gestürzt, und »Knüppeldämme« wurden angelegt: Besserungsanstalten für sonst unverbesserliche Idealisten, nutzanwendungsreiche Predigten über die Hinfälligkeit der menschlichen Natur und Kasteiungen des Fleisches, die in tiefgehender Wirkung alles übertrafen, was *La Trappe* jemals ersonnen hat. Ein *gebesserter* Weg war der Schrecken der Umgegend, und ich entsinne mich noch, wie ein wohlmeinender Pächter einmal zu meinem Vater sagte: »Führen S' den annern Weg! Jo nich desen, desen hewwen wi betert.«

Aber diese gebesserten Wege brauchte die Kommission zu ihrem Glücke nicht auszuprobieren; sie machte ihre Rundreise beim schönsten Wetter und den trockensten Wegen *vor* der Besserung, und trat denn einmal zufällig während ihrer Exkursionen Regenwetter ein, machte sie die Fenster ihrer Glaskutsche dicht zu und überließ »Jochen« den Regen und die Wege-Inspektion. »Jochen« mußte dann über den Zustand des Geleises Red' und Antwort stehen. »Jochen, wo is 't hir mit den Weg?« – »Slicht, Herr.« – »Jochen, hir is de Weg woll sihr schön?« – »Ja, Herr, hir is hei sihr schön; ick führ hir äwer ok up den Dreisch.«

Aber was hat denn der Zustand der Wege mit deiner Vaterstadt zu tun? Viel, lieber Leser, viel! Um in die Umgegend zu kommen, müssen wir uns der Diskretion dieser Wege anvertrauen, und daß selbige mich langsam expedieren, ist nicht meine Schuld.

Da ist der Eulenberg! Von seinem weitragenden Gipfel wollen wir die Gegend überschauen, wie sie einstens war und die Welt des Kindes bildete, das von hier aus seine neugierigen Blicke über die enge Feldmark bis an den dunkeln Waldkranz sandte, der, einem geheimnisvollen Schleier gleich, der Sehnsucht die Wunder der Ferne verhüllte und wie dunkle Fransen die bunte, blumengestickte Decke umgab, die sich zu seinen Füßen über den allernährenden Tisch der Erde breitete.

Die Fransen sind verschlissen, der Schleier ist gelichtet, das Bedürfnis hat die Axt des Holzschlägers in die Wälder gesandt: der Zahn der Zeit hat in die grüne Decke der Wiesen abscheuliche Löcher gefressen, die man Torfgruben nennt, und wo sonst die glänzende Kuhblume, das bescheidene Marienblümchen und das sinnige Vergißmeinnicht blühten, stehen jetzt schwarze Torfhaufen aneinandergereiht wie Särge auf einem Kirchhofe und rufen uns auch ein »Vergißmeinnicht!« zu, aber ein anderes als das blauäugige Blümchen.

Alles ist verändert! Wo ist der Bach geblieben, der zur Frühjahrszeit als Wasserfall am Fuße des Eulenbergs mich entzückte? Wo ist der Berg selbst geblieben? Die schöne Warte meiner Kindheitsträume ist vom Angesichte der Erde verschwunden, man hat sie abgetragen und zum allgemeinen Nutzen verwendet, als Kies über die Chausseen, damit sie mit Füßen getreten, als Mörtel zum Häuserbau, damit sie menschlichem Elend näher verleimt und verkleistert werde, und was von ihr übrig ist, hat sich Großherzogliches Amt zu besonderen Zwecken reserviert.

Ich werde mit Großherzoglichem Domanial-Amte keinen weitläufigen Prozeß um das Mein und Dein führen – aber der Eulenberg gehörte einst *mir*, war einst meine unbestrittene Domäne. Hier hatte keiner sonst etwas zu sagen als ich und meine Genossen, von hier aus übersah ich meine übrigen Liegenschaften: die Priesterkoppel, die jetzt von Häusern und Kirchhöfen usurpiert ist; die Pribbenower Tannen, die mir durch die nebenbuhlerischen Anstrengungen der Forstbehörden und Holzdiebe rein unter den Händen verschwunden sind; den Schloßgarten mit seinen Kastaniengängen und seinen lockenden Obstbäumen, der mir jetzt unerbittlich verschlossen ist; und in der Ferne das Liebste, was ich auf Erden kannte – vielleicht weil's eben auch das Fernste war –, den Tiergarten zu Ivenack mit seinen stattlichen Hirschen, seinen tausendjährigen Eichen und einem Baumwuchs, wie er in Deutschland nicht ein zweites Mal gefunden werden dürfte. Diese Eichen waren die stolzen Grenzwächter meiner Besitzungen, bis hierher ging mein Reich und zugleich meine Geographie, was darüber hinaus lag, war unbekanntes Land.

Zuweilen wurde von mir und Karl Nahmacher heimlich eine *steeple chase* nach diesem Grenzposten unternommen, den wir dann hin und zurück auf selbst entdeckten Richtwegen über Gräben und Moore in anderthalb Stunden zurücklegten. Gewöhnlich hatte aber einer von uns Ursache, das Licht der Welt zu scheuen, wenigstens das Auge der Mutter. Warum waren denn auch die Gräben so breit und die Moore so naß? Wenn dann der letzte Zaun um den großen Nahmacher'schen Garten überklettert war, wurde eine Okular-Inspektion über Stiefel und Beinkleider gehalten, die dann gewöhnlich eine gründliche Wäsche im nahen Rohrteiche zur Folge hatte, und diese veranlaßte uns dann wieder, hohe, der Sonne und dem Luftzuge ausgesetzte Punkte aufzusuchen, etwa die Wipfel der stattlichen Obstbäume, wo wir auf überaus gescheute, hier nicht weiter zu beschreibende Weise das Nützliche mit dem Angenehmen zu verbinden bestrebt waren. Endlich, endlich rückten wir dann zögernden Schrittes in den Alt-Bauhof ein, die Pachtung des alten Herrn Nahmacher, eine mecklenburgische Idylle, die, in sich selbst abgeschlossen und zufrieden, vergeblich von dem Lärm des hart an ihr liegenden städtischen Marktplatzes im Kuhmelken und Schafscheren gestört wurde. Hier wurden wir dann gewöhnlich von irgend einer Autorität mit der impertinenten Frage empfangen: »Wo sid Ji west?« Die sinnreichsten Ausflüchte und Entschuldigungen, die wir ausgeheckt hatten, zerstoben wie Nebel vor der Sonne der Madame Nahmacher'schen Augen; sie nahm ihren eigenen Ausreißer beim Kragen, und ich wurde mit der Weisung entlassen: »Du gah man nah Hus: din Botting is di all smert; sei hewwen Di allentwegen all söcht.« Ach, wie langsam wurde dann mein Schritt, wenn ich um die Ecke des Hauses ging! Ach, wie vorbedeutungsvoll klangen mir, wenn ich zögernd, hart an den Wänden des Hauses entlang, unter dem Fenster der Nahmacher'schen Kinderstube vorüberschlich, die Töne meines armen treuen Gefährten, die er unter dem unerbittlichen mütterlichen Pantoffel entwickelte. Freilich Pantoffeln gab's in unserm Hause nicht; aber es gab dort ein kleines, unscheinbares Instrument, welches auf dem Pfeifenstande meines Vaters für gewöhnlich bescheiden hinter den Pfeifen sich verbarg, bei besonderen Gelegenheiten aber meiner Meinung nach sich unnötigerweise abscheulich sichtbar machte und die hassenswerte Gestalt eines rock- und buckelausklopfenden Rohrstöckchens annahm. Entging ich auch durch kluge Wendungen der väterlichen Charybdis, so verfiel ich doch unrettbar dem Strafgericht meiner Mutter als Scylla: ich mußte meine schöne griechische peripatetische Philosophie mit der stabilen Grausamkeit der indischen vertauschen und als büßender Fakir eine Stunde in der Ecke stehen.

Dies alles hat nun freilich eigentlich nichts mit der Schilderung meiner Vaterstadt zu tun, wie ich leider gestehen muß. Ich habe aber doch den Leser auf diese Weise unmerklich von unserm Ausfluge in die Umgegend in die Stadt, und zwar auf den Marktplatz, zurückgeführt und bitte nur, mir nicht in mein Vaterhaus zu folgen; ich will das »Eckenstehen« schon allein besorgen und liebe überhaupt keine Zuschauer bei dergleichen häuslichen Szenen. Man muß, wie Napoleon zu sagen pflegte, seine schmutzige Wäsche für sich allein zu Hause waschen; übrigens wird es auch nicht zu lange währen, ich hoffe, eine halbe Stunde »geschenkt« zu erhalten.
So! Da bin ich wieder und zeige euch nun den Marktplatz: ein großes, fast regelmäßiges Viereck, welches von der Hauptpulsader der Stadt, der Brandenburg-Malchiner Straße, diagonalisiert wird. Drei Seiten des Platzes waren von Häusern, die vierte von der Gartenmauer des Herrn Nahmacher und dem Lusthause desselben gebildet.
Weshalb dies Haus ein Lusthaus hieß, habe ich nie in Erfahrung bringen können, ich habe nie irgend etwas, das an Lust erinnerte, darin gesehen, der Platz dazu war auch nicht besonders gewählt: zu seiner Rechten floß ein übelriechender Graben, und vor seinen Fenstern stand der »Kaak« oder Pranger.
Für uns Kinder stellte die Sache sich anders. Der Graben, das Lusthaus, der Kaak und ein Pfahl, an welchem nur noch schwach eine Bettelei-Verwarnung zu lesen war, das Tor zum Schloß, das Tor zum Alt-Bauhof, der Rathaushof, das alles bildete die Zitadelle unserer Lust, der sich der Marktplatz, der Kirchhof, der Schloßplatz mit dem Schloßgarten, der Alt-Bauhof mit den dazu gehörigen Scheuern und Stallungen, die Mistpfütze nicht zu vergessen, als Außenwerke anschlossen. Der Graben, der in seine Vaterarme die sämtlichen Rinnsteine des Marktplatzes aufnahm und mir die Ge-

legenheit bot, die Wasserdichtigkeit und Watweite jedes neuen Paar Stiefel auszuprobieren, an welchem ich, von einem Biber-Instinkt für Stauen und Dämme geleitet, die Anfangsgründe der Hydrostatik studierte, ist zugedämmt. Der Pranger mit seinen zierlichen Kettengirlanden und seinem Halseisenschmuck, der schöne Kaak ist niedergerissen als beklagenswertes Opfer einer Gesetzgebung, die es vorzieht, lieber an den Buckel der ihr Verfallenen als an das Ehrgefühl derselben zu appellieren. »Sehn Sie hier!« sagte mein Freund Moses Joel, »einen Obelisken in Form eines Kaaks.« Daher weiß ich nur, daß er ein Obelisk war.

Er war der Dreh- und Angelpunkt aller unserer Spiele, vorzüglich derer, die über die Idylle des »Kükewihspiels«, des »Vogel flieg' aus« u. s. w. hinausgingen und einen dramatischen Charakter annahmen. Vorzüglich war er unentbehrlich, wenn wir »Fahnschmidt« und »Luth« spielten. Fahnschmidt war der Rinaldo Rinaldini des Städtchens, der sich einen bedeutenden Ruf in der Umgegend durch Hammel- und Gänsediebstähle gemacht hatte; ja, man ging so weit, in den vertrauten Kreisen mit Augenwinken und Aufdenfußtreten zu behaupten, er habe einmal einen natürlichen Reisekoffer von einer vornehmen Kutsche abgeschnitten. Luth war der Stadtdiener, ein überaus brauchbarer, tätiger und ehrenhafter Mann, an welchem wir Kinder mit großer Liebe hingen – und doch wollte jeder von uns immer Fahnschmidt sein, keiner Luth. Wie man sich in späteren Jahren zu der Ordensauszeichnung drängt, so drängten wir uns zu der Ehre, an dem Pranger zu stehen, und zu meiner Beschämung muß ich gestehen, daß ich es vorzugsweise weit in der Virtuosität der Prangersteherei gebracht hatte.

Das Lusthaus und die Gartenmauer sind von einem großen Handelshause verdrängt, und wo einst die Bettelei-Verwarnung stand, schauet Kollege Risch wohlhäbig vom zierlichen, gußeisernen Balkon herab. Vor den Schloßgarten ist ein Schloß gelegt, und ein neuer Stadtteil hat sich auf dem Alt-Bauhofe etabliert.

Ein paar Schritte rechts um die Ecke des Rathauses führen uns plötzlich in die Romantik des Städtchens. Ein mit Kastanien bepflanzter Weg zieht sich den Hügel hinan, auf welchem das jetzige Amtsgebäude, ein früheres herzogliches Jagdschloß, von einem schönen Garten rings umgeben, liegt. Deutlich sind die Spuren von Wall und Graben, von alten Befestigungen, noch in dem Wechsel von Hügel und Wiesen im Garten zu erkennen und bezeugen die Wahrheit der Überlieferung, daß hier einmal eine alte Ritterburg gestanden und den Kern zur späteren Bildung der Stadt abgegeben habe.

»Vater« – mein Vater war zu ernst, als daß er uns Kindern erlaubt hätte, ihn

»Papa« oder, wie's jetzt in der Überfülle elterlicher Zärtlichkeit Mode zu werden scheint, »Papaken« zu nennen – »Vater«, fragte ich, »ist das Schloß wirklich einmal eine Ritterburg gewesen?« Wobei ich mir denn etwas unbestimmt Nebelhaftes, Kolossales, Schreckliches, an Fahnschmidt und Genossen Erinnerndes dachte. Mein Vater sagte mir dann, es sei dies möglich, ja wahrscheinlich. »Möglich« und »wahrscheinlich« sind aber Wörter, die in der Seele des Kindes keinen Widerhall finden, das Kind will Gewißheit; das Konkrete ist die nährende Speise seines Geistes, das Ungewisse, Mögliche, Wahrscheinliche ist für dasselbe nicht assimilierbar; es verdaut alles, auch das märchenhaft Unwahrscheinliche, wenn es ihm nur in der Gestalt einer bestimmten Realität geboten wird.

Bei solchen Verdauungsbeschwerden wandte ich mich dann an meinen alten, guten Onkel Herse: »Unkel, sünd hier würklich Ritters west?« Ritter kannte ich schon, ich hatte deren auf den schönen Bilderbogen des Kaufmanns Grischow gesehen. – »Dumme Jung«, sagte mein Onkel Herse, »kannst dat nich seihn? Süh, dat 's de Wall, de geiht rings herüm. Un dor, wo Stathöller Möller nu dat Heugras meiht, dat 's de Grawen. Un hier, wo wi nu stahn, up den ollen Amtshauptmann sinen Meßhof, dor was de Toggbrügg un dor bi'n Swinkaben, dor was dat Fallgatter, *herse* up französisch, wo ik minen Namen von heff. Un dor äwer de Mur, dor keeken de Borgfrölens un Rittermamsells räwer un winkten mit de Snuwdäuker, wenn de Herrn Ritters up Row utgungen. Un hier, wo wi stahn, dor reden s' rut, de Haufisen ümmer verkihrt unner de Mähren. Un wo nu Mamsell Westfalen ehr Appel hett, dor was 't Borgverlies, un dor wiren Poggen und Qualduxen und allerlei Düwelstüg, wat 't nu gor nich mihr giwwt. Un dor achter, bi de gräune Purt, dor gung de unnerirdsche Gang dörch nah Ivenack hen, wat dunn en Nonnenkloster was, un de Ritters un de Nonnen, de kemen denn ümmer tausam un hadden velen Kommers mitenanner, un dat möt ik weiten, denn ik bün in Ivenack buren un tagen.«

Das war doch etwas. Das war alles so bestimmt und positiv ausgesprochen, daß ein Zweifel daran nicht möglich war. Hier war für das Kind ein hinlänglicher und zugänglicher Stoff, um der still arbeitenden Phantasie Nahrung zu geben und der Umgebung des Schlosses, die an sich schon reizend genug war, den Zauber des Geheimnisvollen hinzuzufügen.

Der alte Amtshauptmann Weber und seine Frau, die das weitläufige Gebäude in stiller Einsamkeit mit einer alten Wirtschaftsmamsell bewohnten, erhielten in meinen Augen eine Glorie von Heldenmut, wenn ich bedachte, daß diese Leute sich ohne Furcht einer stillen, zufriedenen Häuslichkeit an Orten hingaben, wo doch jedenfalls einst das Gewalttätige, Schreckliche und Grauenerweckende gehaust hatte. Und die alte Mamsell Westfalen, wenn sie heiteren Angesichtes mit der Lampe in das apfelbewahrende Burgverlies hinunterstieg, kam mir an Todesverachtung nicht geringer vor als eine zweite Jungfrau von Orleans.

Zu diesen, in ihren Ausgangspunkten doch am Ende der Wirklichkeit angehörenden Vorstellungen traten durch die Erzählungen unseres Stubenmädchens und unserer Knechte noch die schemenhaften Gebilde der Gespensterwelt. Die beliebten Gestalten von Leuten, die es der Bequemlichkeit wegen vorziehen, den Kopf unter dem Arme zu tragen, der schwarze Pudel, der mit feurigen Augen den Eingang zum unterirdischen Gange bewacht, klagende Stimmen in nächtlicher Stille, die weißen, händeringenden Frauen angehören sollten, Lichter, die plötzlich das ganze Schloß erleuchteten und ebenso plötzlich verschwanden, mischten sich mit den abenteuerlichen Vorstellungen, die ich mir, wie schon erwähnt, nach Bilderbogen und einzelnen Erscheinungen der Wirklichkeit gebildet hatte. Ein reicher Fund für meine romantisch-antiquarischen Forschungen wurde eine Darstellung des Ritters Toggenburg und der geliebten Nonne mit der Unterschrift:

Und so saß er viele Tage,
Saß viel' Jahre lang,
Harrend ohne Schmerz und Klage,
Bis das Fenster klang,
Bis die Liebliche sich zeigte...

Da saß nun ein wirklicher Ritter, und was für einer! Und doch waren seine Glieder nicht in Panzer von Erz und Eisen gehüllt, die ich mir bisher ebenso unzertrennlich von den Rittern gedacht hatte wie die Schale von den Krebsen. Groß und stark war er; aber er trug eine Art Schlafrock, mit einem Gürtel zusammengebunden, und schauete hinüber nach einem geöffneten Fenster, an welchem sich ein bescheidenes Gesicht zeigte, welches neugierig hinaussah, wie ich das häufig bei Friederike Wienken, unserer Stubenzofe, bemerkt hatte, wenn sie im zweiten Stock die Zimmer fegte und forschend auf die Straße hinabsah.

Diesen Bilderbogen kolorierte ich mir bestens und hatte das Glück oder Unglück, wie man will, das Gesicht des Toggenburgers etwas sehr hochrot darzustellen. Dadurch, und daß ich ihm einen sehr schönen hellblauen Schlafrock malte, erhielt das Bild in meinen Augen eine unverkennbare Ähnlichkeit mit meinem Onkel Herse, der, groß und stark und blühenden Antlitzes, auch meines Wissens der einzige Mann in der Stadt war, der in seinen Mußestunden einen Schlafrock, und zwar einen hellblauen, trug.

Mein Onkel Herse wurde auf diese Weise mir zum Vorbilde eines Ritters, in welchen Vorstellungen ich noch durch die Erscheinung des *Ritter*gutsbesitzers Guschen Klahn bestärkt wurde, der auch sehr dick, groß und hochroten Antlitzes war. Das Handpferd meines Vaters, der alte Hans, der sich durch sehr dicke Mähnen und langen Schweif auszeichnete, ward zum ritterlichen Roß, und nachdem ich meinen Onkel Herse auf den alten Hans gesetzt hatte, hing ich ihm einen Gendarmerie-Säbel an gelbem Bandelier über den hellblauen Schlafrock, gab ihm eine Landwehrpike als Lanze in die Hand und ließ ihn lustig in die Welt auf Abenteuer hinaustraben.

Mit den Nonnen erging es mir ähnlich. Die erste Vorstellung von dergleichen Personen ward mir durch die gewöhnliche, landläufige Fibel beigebracht, in welcher unter dem Buchstaben »N« eine Nonne und ein Nagelbohrer abgebildet waren, mit der bekannten Unterschrift:

Die Nonn' im Kloster muß tun Buß;
Ein'n Nagelbohr man haben muß.

Ich kann gar nicht beschreiben, wie mitleidig ich das arme unglückliche Geschöpf betrachtete, das in einem abscheulichen braunen Gewande, auf welchem große Flicken sichtbar waren, mit todblassem Gesichte vor einem Totenkopf knieete und mit demselben liebäugelte. Des Toggenburgers Nonne, die eine gewisse Ähnlichkeit mit Friederike Wienken hatte, sah schon ganz anders aus. Und als mir darauf die Priorin des Ribnitzer Nonnenklosters, die beim alten Amtshauptmann Weber zum verwandtschaftlichen Besuche war, als etwas Besonderes gezeigt wurde und Onkel Herse mir auf meine Fragen erklärte, »son'n Priorin« sei nichts anders, als »de Öbberst von de Nonnen«, etwa eine Art Nonnenoberst, da wurden meine frühesten Vorstellungen radikal über den Haufen geworfen. Aus dem braunen, geflickten Gewande wurde ein schönes, schwarzseidenes Kleid, aus dem bleichen Leidensgesichte ein altes, freundlich blickendes, mildes Matronenantlitz, aus der hagern Gestalt eine wohlhäbige Fülle, und nie habe ich bemerkt, daß die gute Dame Liebschaften mit Totenköpfen gepflogen hätte.

Ich muß den Leser nun wieder aus den duftenden Fluren ritterlicher Romantik auf das holperige Straßenpflaster der Stadt zurückführen, um ihm die Straßen der Stadt zu zeigen. Es sind deren nicht viele, und der Gang ist bald gemacht. Wir gehen durch die »Kantergaß«, und ich zeige ihm den Platz um die Kirche, der in meinen Kinderjahren noch als Begräbnisplatz benutzt wurde. Ich weiß die Stelle noch, wo ein jüngerer Bruder von mir begraben liegt, ein Fußsteig läuft quer über den Raum, wo einst sein kleiner Grabhügel sich erhob. Ich sehe noch die geöffnete Grube, in die man abseits die irdischen Überreste des alten Amtsschließers Ferge versenkte. Kein Nachbar, kein Freund folgte dem rohgezimmerten Sarge des Verstorbenen, und nur die dürftig in Schwarz gekleidete Gestalt seiner einzigen Tochter gab ihm das letzte Geleit. Er war unehrlich durch sein Amt, er mußte in der entferntesten, unreinlichsten Ecke an der Kirche bestattet werden. Ich hatte so oft mit dem alten, kahlköpfigen kleinen Manne verkehrt; die wichtigtuerische Manier, mit der er die kleinsten Ereignisse in ausländischem Dialekt vortrug, und das Ansehen, welches er sich gab, wenn er von sich als Beamten sprach, hatten mich oft zum Lachen gebracht, und oft hatte ich in unsern kindlichen Spielen sein Amt und seine Person dargestellt, und nun war dieser interessante Mann unehrlich, seine frühere Stellung in der Welt war so verachtet, daß man ihr noch nach dem Tode des Bekleidenden das Brandmal aufdrücken und seiner einzigen Tochter den Schimpf fühlbar machen mußte. Auch so ein Ausfluß vielgepriesener Romantik, die mir unverständlich sein mußte wie die Ritter- und Nonnenbeziehungen.

Es ist überhaupt wunderbar, wie schroff die Kinderjahre den Mannesjahren gegenüberstehen, wie wenig Verständnis das Kind für Angelegenheiten des reiferen Alters hat, und umgekehrt, wie sehr die reiferen Jahre es verlernen, einen richtigen Blick in die Welt des Kindes zu tun. Ich würde diese scheinbar triviale Bemerkung gewiß nicht gemacht haben, wenn ich nicht häufig bemerkt hätte, daß sehr ernsthafte Leute das Recht zu haben glauben, über die gewöhnlichen Vorstellungen und Ansichten der Kinder zu lachen, ohne daran zu denken, daß die kleinen zukünftigen Weltbürger in vollem Maße Repressalien gebrauchen würden, wenn die Ausbrüche ihrer gerechten Heiterkeit nicht durch elterliche Zucht im Zaume gehalten würden.

Vor allem sind es die herkömmlichen Formen und freimaurerischen Zeichen einer konventionellen Gesellschaft, die dem gesunden Kinderverstand unverständlich und lächerlich erscheinen. Wie mancher derbe Knabe, der von der Natur die Anwartschaft auf ein tüchtig lebendig Wirken als Wiegengabe mit auf die Reise durch das Leben erhielt, ist an bloßen konventionellen Höflichkeitsformeln zugrunde gegangen! Wie manchem frommen Gemüte ist in der öden Leere einer kindischen Gebetplapperei jener albernen Komplimente, die blasierte Eltern durch die Unschuld des Kindes an den lieben Herrgott höflichst bestellen lassen, jeder Ruf von oben verhallt, der die Welt durchhallen sollte für und für! Das Kind, unbekannt mit dem Ernst des Lebens, wird in seiner natürlichen Schwäche nicht als Eiferer gegen die Mißbräuche einer vielleicht wohlgemeinten Unvernunft in die Schranken treten; es setzt sich heiter in den Winkel mit seinen kleinen

Spielkameraden und spielt: »Frau Geheimrätin und Herr Baron« und läßt seine Puppe Gebete sprechen und begräbt den alten ehrlosen Schließer Ferge mit allen kirchlichen Ehren und vollem Geläut, und wenn ihr aufmerksam auf das kindliche Spiel seht, so werdet ihr nie eine lieblichere, unschuldigere, von jedem Hasse fernere Satire, von jeder Lüge freiere Ironie auf die bestehenden Zustände gesehen haben als den duftigen, in unmittelbarer Berührung mit dem Himmel stehenden Humor eines solchen Kinderspiels.

Ach! auch in mein enges Leben ragten jene Zöpfe der Gesellschaft hinein und, aufrichtig gesagt, ich war zu wenig unter elterlicher Zucht, als daß mir ihr Auf- und Niederwackeln nicht den köstlichsten Spaß gemacht hätte. Mit tiefer Beschämung muß ich eingestehen, daß ich, als Tante Christiane mich mit einem Kragen und gebürstetem Haar in einen Damenzirkel führte, um der Frau von X., die ich früher als Stubenmädchen gekannt hatte, und die durch *subsequens matrimonium* zu einer Frau von X geworden war, meine Aufwartung zu machen, in ein herzliches Gelächter ausbrach und in kindlicher Unschuld ausrief: »Dürten, hett din Mutter dat oll lütt grisbunt Farken noch?«

Freilich – ich gestehe auch dies mit Beschämung ein – scheine ich überhaupt wenig Sinn für die Formen etiketteuser Höflichkeit von der Natur auf den Weg erhalten zu haben. Deswegen bleibt doch meine obige Behauptung nicht minder wahr: Kinder verstehen sich auf die hergebrachte Höflichkeit schlecht – denn als meine älteste Schwester, ein Kind von acht Jahren, der man die bescheidene Höflichkeitsregel eingebleuet hatte, sich immer zuletzt zu nennen, einmal auf den Flur geschickt wurde, um nachzusehen, wer dort draußen sei, kam sie mit der Antwort zurück: »Da ist keiner als Pollo und Rollo und ich!« Pollo und Rollo waren aber die Hunde von Onkel Herse.

Alter Ferge! Keiner unter den Lebenden erinnert sich deiner vielleicht so lebhaft als ich; selbst deine in Schmutz und Unflat umgekommene Tochter nicht. Dein Begräbnis in dem Winkel an der Kirche und die besonderen Umstände dabei haben mich von der Beschreibung der Kirche abgebracht, trotzdem dies doch die Hauptsache bei der Schilderung einer Stadt ist.

Ich komme aus der Beschämung gar nicht heraus, ich muß jetzt wieder ein für mich höchst betrübendes Bekenntnis ablegen: ich habe in meiner Jugend sehr schwache Studien über den Tempel- und Kirchenbau gemacht. Sollte der geneigte Leser etwas über die zweckmäßige Anlage ökonomischer, hydraulischer, ja sogar fortifikatorischer Bauten vernehmen wollen, so wäre ich der rechte Mann. Aber alle die eigenen Anschauungen, die über

mich *selbst* in den alten Domen des Mittelalters – jenen steinernen, zum Himmel strebenden Gedichten einer frommen Zeit – gekommen sind, alle jene Beschreibungen unsterblicher Reste der Baukunst aus Rom, Hellas und Ägypten, die mir aus Reisewerken zugänglich geworden sind, passen auf die Kirche meines Geburtsstädtchens gar nicht. Das einzige, was ich darüber etwa sagen könnte, ist einem negativen Grunde entnommen: der Umstand, daß ich noch nie eine im byzantinischen Stile aufgeführte Kirche gesehen habe, läßt mich vermuten, daß in diesem Bauwerke etwas Byzantinisches stecke, und wenn es wahr ist, was neulich ein tiefer Kenner alter Baulichkeiten behauptete, daß der Saal meines Freundes Peters in seiner Balkenlage etwas Byzantinisches habe, dann wird meine schüchtern ausgesprochene Vermutung fast zur Gewißheit. Der Turm ist entschieden Rokoko. Über das Alter der Kirche – und das ist für den Kenner bei der Beurteilung der Bauart fast immer der letzte und wichtigste Entscheidungsgrund gewesen – bin ich glücklicherweise imstande, genau berichten zu können. Überlieferungen noch lebender Personen, sicherer aber noch der Wetterhahn der Kirche selbst, setzen das Jahr der Erbauung auf 1790 fest.
Soll ich den Leser nun weiter durch die Straßen führen, so würde er gerade nichts Besonderes sehen. Ihm würde nur Gelegenheit geboten, die Genauigkeit zu bewundern, mit welcher sein Cicerone ihm von jedem Hause und seinem Inhaber Rede und Antwort stehen könnte. Nur die Vergleichung des Damals und des Jetzt könnte für einen Fortschrittsenthusiasten von Interesse sein. Freilich stehen Weber Schultens Haus und Weber Schmidts Haus noch immer wie vor vierzig Jahren und machen sich dieselben freundnachbarlichen gegenseitigen Verbeugungen, als wären sie durch plötzlichen Zauberspruch beim Höflichkeits-Austausch für ewige Zeiten festgebannt; freilich steht noch immer das Häuschen des alten Handschuhmachers da wie das Sommerpalais eines Samojeden; das sind aber nur Ausnahmen. Viele neue Emporkömmlinge von Häusern sehen mit ihren stolzen Dächern voll Verachtung auf die zurückgebliebenen Generationen herab; die meisten der alten haben, um mit der Jugend Schritt halten zu können, sich versohlen lassen, und fast alle haben sich in neue Gewänder geworfen und prangen in Blau und Rot und Gelb und Grün, ja sogar in solchen Farben, die's eigentlich gar nicht gibt. Die Luken des zweiten Stockes haben Wohnlichkeit verheißenden Fenstern Platz machen müssen, und wo früher ein durch Düngerhaufen verziertes Pflaster hals- und beingefährlich unter stagnierenden Gewässern sich peinlich hinwand und krümmte, geht man jetzt trocknen Fußes und kann von der Straße ohne Putz- und Kratz-Anstalten in die gefeiertsten Salons der städtischen Aristokratie treten.

Wir müßten uns jetzt wohl billig einmal zu den Bewohnern des Städtchens wenden, um zu erfahren, wie man damals dachte und lebte, was man wußte, was man erstrebte; wir müssen dann auf den Zustand von Handel und Gewerbe, auf den der Wissenschaft und Kunst und endlich auf die *crème* alles dieses, auf die *Gesellschaft* übergehen.

Zwölfhundert Personen, Männer, Weiber und Kinder, trieben damals ungefähr eben dasselbe wie jetzt die fünfundzwanzighundert. Die Männer bestellten und düngten ihren Acker selbst, flickten ihren Nachbaren die Schuhe und die Hosen, wußten zu Hause ganz genau, wie dem Gemeinwesen gründlich abzuhelfen sei, und taten auf dem Rathause das Maul nicht auf, und wenn sie's taten, so wünschten sie doch, es nicht getan zu haben. Die Weiber kamen zusammen und klagten über die Schlechtigkeit der Dienstboten, über die Verschwendung der Männer, nahmen die Fehler ihrer Nebenmenschen unter die Lupe ihrer eigenen Vollkommenheit und strickten Strümpfe in wünschenswertester Anzahl. Wir Kinder – ich rede hier von Männlein und Fräulein – waren göttlich vergnügt, liefen die Stiefel ab, zerrissen die Hosen, balgten uns, vertrugen uns wieder, spielten Ball, Kreller, Knull und dachten gar nicht daran, daß wir auch einmal Strümpfe stricken und auf dem Rathause das Maul halten sollten. Es war gerade so wie jetzt, nur mit weniger Hastigkeit. »Vadder«, sagte man damals bei einer gewagten Kartoffelspekulation, »willst du? Verbrenn di irst de Näs', ick kam nahsten.« Das tägliche Brot wurde mit unendlicher Ruhe und ebensolcher Gewissenhaftigkeit erworben. Wer einmal ein Kunde von einem Gewerbetreibenden geworden war, blieb sein Kunde sein Leben lang. Wehe dem, der hier eine Änderung hätte treffen wollen. Das Herkommen herrschte, das Gewohnheitsrecht; ich hätte *den* sehen wollen, der dem Klempnermeister Belitz es hätte begreiflich machen wollen, daß er eigentlich ein Dieb sei, wenn er wöchentlich zweimal im Winter, im Sommer einmal, in der großherzoglichen Forst junge Buchen abhieb. Der Mann hatte das von Jugend auf getan, er war deshalb in gutem Glauben.

Damals wickelte sich der Verdienst still und stetig an dem Gewerbe ab wie die Schnur an einer gut aufgezogenen Schwarzwälder Uhr. Wenn ich jetzt gewahre, zu welchen Abenteuerlichkeiten sich sonst passabel vernünftige Personen aus Drang und Not zum Verdienst versteigen, so weiß ich nicht, soll ich sie oder die Zeit mehr beklagen, in welcher solche Erscheinungen auftreten.

Da stehe ich neulich und rüste mich zum Ausgehen, als mein Schneider, ein alter, braver, von Hunger durchwühlter Mensch, in mein Zimmer tritt und mir mit tiefbewegter Stimme seine bittere Not klagt. »Glöwen Sei mi dat tau«, sagt er, »mit de Snideri verdein ick nich dat Solt up 't Brot. »Ja! wenn ick de Utlagen hadd, denn wüßt ick woll, wat ick ded'« – »Na«, fragte ich, der ich während des Anziehens in die Schlafkammer getreten war, »wat deden Sei denn?« – »Denn makt ick Win«, war die Antwort. – »Wat makten Sei?« fragte ich, in der Meinung, ich hätte mich verhört. – »Win!« war wiederum die ruhige Antwort. – Eine schreckliche Angst ergriff mich; konnte der arme Teufel vor Not nicht verrückt geworden sein? Ich stürze in mein Arbeitszimmer, starre den ruhig dastehenden Mann an und frage erschrokken: »Meister, wat wull'n Sei maken?« – »Win! Seihn S', Herr, dor nehm ick drei nige glasürte Pött un twei Pund schöne grote Rosinen ahn Stengel un söß Pegel gauden Rum, un dat lat ick säben Dag' up minen Aben stahn, un denn geit ick 't af un Water tau, un denn heff ick söß schöne Buddel Mallega.« – »Meister, ick bidd Sei, wer sall den Win denn drinken?« – »Ih, Herr, dor finn'n sick ümmer weck tau.«

Hier muß ich nun freilich eingestehen, daß sich auch schon in meiner Jugend einzelne in chemischen Mischungen erfahrene Personen auf die Bereitung des Malaga verstanden; man nahm damals zwei Eßlöffel voll Sirup, drei Schnäpse Rum und ein Achtel »franschen« Wein, rührte dies wohl durcheinander und verkaufte diese Mischung auf Jahrmärkten an die Bauern unter dem Namen »Mulderjahn«, was im Plattdeutschen etwa Malaga bedeuten, ihn wenigstens vertreten soll. Aber man gab diese Mixtur nicht für echt aus: die Welt wußte, was sie davon zu halten hatte.

Ist die Abenteuerlichkeit und das Raffinement, mit welchem man jetzt Geld zu verdienen sucht, groß, so ist die Schnelligkeit, mit der man es verdient, gegen früher gehalten, wirklich zauberähnlich. – Da sitze ich neulich bei einer alten Freundin, die einen blühenden Bierschank hat, und trinke mein Seidel. Meine Freundin ist durchaus nicht feuchter, lymphatischer Natur, sondern hat ein mehr merkurialisches Temperament – ich will nur wünschen, daß dies Buch ihr nicht in die Hände kommt –, und deshalb mußte ich mich wundern, sie gegen ihre sonstige redselige Weise still in einer Ecke sitzen zu sehen. Mit einem Male springt sie auf, schlägt jubelnd in die Hände und ruft: »All wedder hunnert Daler verdeint!« – »Freundin!« sag' ich, »teure Freundin, das geht ja rasch!« – »Ja, seihn S', min Reknung is so: bug ick de Ölmähl, denn kost't mi dat so un so vel, un inbringen deit sei mi so un so vel; bug' ick sei nich, denn spor ick hunnert Daler. Also! Hunnert Daler verdeint! Blot dörch 't Reken; denn ick ward' kein Narr sin un ne Ölmähl bugen.«

Die in den geographischen Lehrbüchern gewöhnlich stehende Rubrik:

»Fabriken« müssen wir überschlagen, wir müßten denn die ausgedehnte Leinweberei dazu rechnen, die in der sogenannten »Gatz« betrieben wurde. Vom Morgen bis zum Abend klappte hier in jedem Hause die Lade, sauste das Weberschifflein, und die bleichen Sklaven dieses seitdem immer mehr mit dem Fluche beladenen Gewerbes machten es mir möglich, mir später eine Vorstellung von der Größe des Elends in Fabrikstädten und Fabrikdistrikten zu bilden.

Die Gewerbe beschäftigten sich nur mit dem gewöhnlichen täglichen Verbrauche, und die von diesem vorzugsweise in Anspruch genommenen der Fleischer und Bäcker florierten am meisten. Unter ihnen gab ich entschieden dem der Bäcker den Vorzug, und der alte, wohlbeleibte Bäcker Witt mit seinem hintenübergekämmten, von einem Messingkamm festgehaltenen Haare erschien mir, wenn er unter den mannigfachen, duftenden Gebilden seiner Tätigkeit, unter Kringeln, Zwieback, Herrenbrot, Kümmelbrot und Kaffeekuchen saß, als ein König des guten Geschmacks. Vor allem waren es die beiden zuletzt genannten Produkte, die er in unübertroffener Vollkommenheit lieferte, und täglich wurden in unserem Hause seine Verdienste um diese beiden Artikel anerkannt, indem mein Vater sich entschieden für die Vortrefflichkeit der Kümmelbrote, meine Mutter für die des Kaffeekuchens erklärte, welcher Erklärung ich mich gerne praktisch anzuschließen pflegte und dieselbe durch Vertilgung eines zugemessenen Anteils beglaubigte.

In der Richtung des Geschmacks wie in der der Politik hängen wir mehr von äußern Umständen ab, als wir glauben. Ich, der warme Anhänger des Witt'schen Semmelschranks, wäre vielleicht zum verräterischen, tückischen Überläufer und Apostaten geworden, wäre ein unbesonnener Mensch auf den Einfall geraten, in meiner Vaterstadt einen Konditorladen zu errichten. Gott sei Dank! – ich stoße diesen Dankseufzer in Anbetracht meiner guten Gesundheit aus – Gott sei Dank! es etablierte sich kein solcher Venusberg für die Kinder, und ich wandelte nicht als ein jugendlicher Tannhäuser bezaubert darin herum. Die ersten Begriffe von Bonbons erhielt ich ziemlich spät durch eine großmütterliche Weihnachtssendung, und ich erinnere mich noch sehr genau, daß es ernste Kämpfe mit meinem Vater setzte, als mir von meiner Tante Christiane ein Marzipanherz überantwortet wurde. Zuweilen kamen wirklich solche Geschenke ans Haus, und unter diesen Lichtpunkten der Kinderjahre erinnere ich mich noch ganz genau eines schönen Morgens, an welchem eine blaubeklebte Pappschachtel geöffnet wurde, die mit Gelegenheit aus Dömitz von meiner Tante angekommen war – man denke: sechzehn mecklenburgische Meilen mit Gelegenheit! –, und eine Abschrift des »Kaisers und Abtes« von Bürger, in ihrem größeren Raume aber Zuckerkringel von dem größten Backkünstler in Dömitz, vom Bäckermeister Best, enthielt. »Der Kaiser und der Abt« war bei dem schrecklichen Gelegenheitstransport heil geblieben, die Zuckerkringel waren alle glücklicherweise zerbrochen; ich sage: glücklicherweise; denn wären dieselben in unverletzter Weise angekommen, so würde einem jeden von uns zur Verhütung von Magenbeschwerden *ein* Zuckerkringel in die Hand gedrückt worden sein, und damit basta! So aber konnten uns die Bruchstücke nicht nachgerechnet werden, und wir bekamen reichlich zwei. Nur an Jahrmärkten zogen Bonbon-Könige und Kuchen-Prinzessinnen in die väterlichen Tore, wohlgekannt von uns. – »Korl Nahmaker, kik, dat is de, dei ümmer an de Aptheikereck steiht!« – »Kik, dor kümmt de, dei vergangen Harwstmark den groten Honnigkauken hadd, so grot as en Growwbrot!« – »Süh, dor is Christlieb ut Bramborg!« Das war das glänzendste Meteor, das an meinem Kinderhimmel in leuchtender Pracht aufgestiegen war; Konditor Christlieb in Brandenburg hat jahrelang meine Phantasie mit Honigkuchen und gebrannten Mandeln gefüttert, und wenn jemals ein tiefaufregender Wunsch in meinem Herzen geherrscht hat, so war es der: gleich dem Konditor Christlieb tagelang hinter so einem reizbeladenen Tische zu stehen und den großen Baumkuchen zu bewachen, der als Tafelstück die Mitte zierte.

Mein Vater predigte stets gegen Kuchen und Süßigkeiten, als der Gesundheit nachteilig; ich muß aber gestehen, daß diese Predigten endlich anfingen, mir höchst unbegründet zu erscheinen, denn wenn ich meinen Freund Christlieb in seiner majestätischen Fülle, mit rosenroten Wangen, von allem Schönen umgeben sah, nach dem er nur die Hand auszustrecken brauchte, so wäre es vergebens gewesen, mir begreiflich zu machen, daß diese ausnehmende Gesundheit von etwas anderm als Honigkuchen und Baumkuchen herrühren sollte und unmöglich ein Beefsteak- und Kartoffel-Produkt sein konnte.

Ich habe den Konditor Christlieb meinen Freund genannt: er war dies in der verwegensten Bedeutung des Worts, wenn eine einseitige Freundschaft gedacht werden kann. Ich liebte, achtete und schätzte ihn mit seinen mannigfachen Liebenswürdigkeiten, ob *er* aber diese innigen Gefühle erwiderte, ob er ein so tiefes Interesse für mich hegte wie ich für ihn, muß ich leider sehr bezweifeln, und einer der schmerzlichsten Vorgänge meiner Kinderjahre gibt mir fast die Gewißheit, daß er meine innige Verehrung nie richtig gewürdigt hat und mich in die vulgäre Klasse der schlechten Kunden setzte. Man urteile selbst über meinen Schmerz.

Mir war an einem Jahrmarktmorgen unter einer ganzen Flut von Verwarnungen, sparsam zu sein und das Meinige in acht zu nehmen, unter schrecklichen Drohungen, was alles für Unheil auf mein Haupt herabströmen würde, wenn ich mich in Kuchen überäße, von meiner Tante Christiane ein Schilling aus der Milchkasse überantwortet worden. Diesen Reichtum in der Hand, die Hand wiederum in der Tasche – so hatte Tante es angeordnet – gehe ich auf allerlei Jahrmarktsentdeckungen aus. Das unbeschreibliche Gefühl von Wohlhabenheit, die Macht des Reichtums ward mir klar, als mir Nachbar und Bäcker Berg seinen sirupverschmierten Lockstuten anpries; ich brauchte bloß zuzulangen, der Lockstuten war mein; aber die Verwarnungen meiner Tante waren noch zu lebendig in mir, als daß ich schon an unserer Haustür derselben hätte uneingedenk sein können. Ich ging weiter, eine gewisse Verachtung gegen die plebejischen Lockstuten im Herzen; von ferne leuchtete mir die braun angestrichene Bude meines Freundes Christlieb entgegen, und die süßen Zauber darinnen wirkten mit magnetischer Kraft auf die Richtung meiner Schritte. Da stand ich vor der Bude, da stand Christlieb, da stand sein Baumkuchen! Weg waren die Warnungen, selbst die Drohungen meiner Tante! Kühne Gedanken, meinen Schilling in Baumkuchen anzulegen, traten in meine Seele, und die Hand aus der Tasche ziehend, legte ich, über meine eigene Keckheit erschrekkend, den Schilling auf den Tisch, und mit der leeren Hand auf den Baumkuchen zeigend, sagte ich verlegen: »Für einen Schilling von das!« – »Mein Sohn«, war die verachtungsvolle Antwort, »for einen Schilling wird von das gar nicht verkauft!« Ich kann nicht beschreiben, wie beschämt ich meinen Schilling einsteckte, wie herben Schmerz mir die rauhen Worte meines so sehr geschätzten Freundes in der Seele weckten. Dem höchsten Erdengenuß hatte ich nachgerungen, der Becher war mir von der Lippe gerissen! eine tiefe Verzweiflung erfaßte mich und stürzte mich von dem sonnenbestrahlten, leuchtenden Gipfel irdischer Wünsche in die Jämmerlichkeit der niedrigen Lockstuten-Region: ich kaufte Bäcker Bergs Lockstuten, der Sirup um den Mund verriet mich, und die Drohungen meiner Tante verwirklichten sich in der Erteilung eines sogenannten »Denkzettels.«

Es sind seitdem viele Jahre vergangen, mein Freund Christlieb ist von der Erde geschieden, ohne die tiefe Leidenschaft, die ich für ihn hegte, kennenzulernen, manchen Baumkuchen habe ich verzehren helfen, und derselbe ist mir so gleichgültig geworden wie die Jahrmärkte selbst, aber die Erinnerung an beide hat bittere Zeiten versüßen helfen und umspielt das zum Hafen steuernde Schifflein meines Lebens wie sonnen- und lustbeleuchtetes Wellengewimmel.

Der Leser hat vielleicht gar nicht gemerkt, wie ich ihn vom Bäcker Witt'schen Semmelgewerbe mit losem, schmeichelndem Zügel auf den Schauplatz des vorzüglichsten Handelsverkehrs meines Vaterstädtchens, auf die Jahrmärkte, geführt habe. Wenn ich nun ferner dieser Richtung menschlicher Tätigkeit folge und in dem vielfach verschlungenen Irrgarten des Handels meiner Vaterstadt mich ergehe, so muß ich bekennen, daß mir derselbe nicht in dem Maße zugenommen zu haben scheint, wie man es der Zunahme des Gewerbes nach hätte erwarten sollen. Es ist dies wahrscheinlich ein Irrtum, der teils seinen Grund in meiner schrecklichen Unkenntnis von Handels- und Geldgeschäften überhaupt hat, weil ich niemals mit den ersteren, die *Leute* niemals mit mir in den letzteren zu tun haben wollten; teils rührt es vielleicht von der größeren Heimlichkeit her, mit der jetzt Geschäfte dieser Art abgemacht werden.

Ich kann hier unmöglich auf die einzelnen Artikel eingehen, die gekauft und verkauft wurden und werden; ich muß mich natürlich bloß an die Anzahl der Kaufleute halten, und da kann ich denn berichten, daß ich an die sieben Handelsherren namhaft machen könnte, von denen ich zu verschiedenen Zeiten verschiedene Materialwaren habe holen müssen, christliche Menschen, bis auf zwei, die alttestamentarisch waren, und die auch der Humanität dadurch Rechnung trugen, daß sie mir zuweilen Rosinen und Mandeln zugaben. Diese braven, mir unvergeßlichen Leute wurden vorzugsweise Kaufleute genannt; alle andern, die in Schnittwaren Geschäfte machten, nannte man »Juden«, von welchem Sprachgebrauche ich mich noch kürzlich durch Anhören eines Bauern-Gesprächs überzeugt habe. – »Brauder«, sagte Bauer Zander aus Gülzow zu Bauer Zahrendt aus Ritzerow, »wo hest du di dat Hosentüg köfft?« – »Oh, bi Jud' Weidemannen«, war die Antwort – Weidemann ist aber meines Wissens ein untadeliger Christ, bloß etwas unvorsichtig, weil er als der erste es gewagt hat, der ganzen Judenschaft in Schnittwaren Konkurrenz zu machen.

Es ist unglaublich, was in früherer Zeit für Gingham, Bombasin, Sammetmanchester und Kattun verbraucht sein muß, denn in Stavenhagen ernährten sich von dem Betrieb dieser Artikel allein mindestens 27 Judenfamilien, die tägliche Packenträgermissionen in alle umliegenden Dörfer entsandten. Jeder hatte seinen engumschriebenen Bezirk, in welchem die Bauer- und Tagelöhner-Weiber ihm für rotbunte Tücher ihre Flachsknocken, gebackene Pflaumen und wer weiß was sonst noch opferten. Heimann Kaspar ging, »en beten nah Ivenack«, Mortje nach Jürgensdorf und Kittendorf, und bloß junge, wagende Anfänger schweiften über die vorgeschriebenen Jagdgebiete hinaus, endeten aber meistens mit Ruin.

In dem alten, abgeschafften Hausierhandel liegt ein heimlicher Reiz, den alle Romanschreiber von Walter Scott und Cooper bis herab auf unsere Räuber-Romantiker in Szene zu setzen versucht haben, und das weise Landesgesetz, welches ihm ein Ende machte, hat mit ihm ein gut Stück Handels-Poesie begraben, von welchem Artikel überhaupt nicht viel vorrätig ist.

Unsere Nachkommen werden nimmer die fröhliche Aufregung begreifen, die zur Winterszeit bei verschneieten Wegen durch das einsame Haus auf dem Lande ging: »Vatting, Mutting, dor kümmt Mortje« oder »Moses Joel« oder »Kack-Meyer!« – Und: »Dirns, kamt doch, Moses is up de Del. – Jochen, du säd'st doch von Krallen.«

Und wie er nun eintritt, der Inhaber aller Herrlichkeiten, und den Schnee von den Füßen trampst und dabei den gebeugten Rücken noch tiefer neigt vor der Hausfrau und beim Auspacken ihr seine Scheren und Nadeln, seinen Zwirn und seine Seide empfiehlt, wie er vor den Augen des Hausvaters die vergoldete Uhrkette spielen läßt und die winterfrischen Backen der Kinder streichelt, die scheu vor ihm und seinem grauen Barte zurückweichen, bis Neugierde und Begehrlichkeit die Furcht überwinden, und sie dreister werden und immer dreister – ja zu dreist; denn der Schlingel, der »Körling«, langt schon nach dem Hampelmann: »den will ick hewwen!« Aber Mutting schlägt ihn auf die begehrlichen Hände: »Willst du woll! – Nix anfaten!« – »Lassen Sie doch«, sagt Moses, »solche gebildete Kinder können allens anfassen.« Doch Mutting leidet's nicht, kauft aber indessen für den Schlingel den Hampelmann und für Riking ein kleines Nähkissen und für sich Schere und Nadeln und Zwirn und Seide und treibt die Kinder vor sich her und verläßt mit ihnen den Flur. »Nee, nee! Wider will ick nix; ick bruk nix wider!« – Und Vatting bezahlt und nimmt wieder die Uhrkette zur Hand, und der Jude zeigt ihm, wie sie fest gemacht wird, und als die Uhr daran hängt, ist sie ja schon halb sein eigen; er steckt die Uhr in die Tasche und besieht sich die Kette von oben – wahrhaftig! beinah grade solche, als Herr von Zabel trägt – und er fängt gründlich an zu handeln und legt noch ein hübsches, seidenes Halstuch beiseite für Mutting, halb aus Liebe, halb aus Vorsicht wegen der etwaigen Vorwürfe über den teuren Kettenkauf. Kleine Kinder und große Kinder! 's ist alles eins und dasselbe! Bloß die kleinen sind aufrichtiger in der Äußerung ihrer Wünsche, und die großen vorsichtiger in den Mitteln zu ihrer Erreichung. Aber das weiß der Jude ebenso gut wie ich: er schlägt den doppelten Preis vor, denn er ist auch ein vorsichtig Kind, und nun beginnt ein Handel mit Forderung und Angebot, und wieder mit neuer Forderung und neuem Angebot und mit Ablassen und Zulegen, als ging's um Landgüter; doch endlich schlägt Moses zu – mit Schaden, bloß zwei Drittel über den Einkaufspreis. – Und Vatting geht hinein zu Mutting und übergibt ihr das seidene Tuch, und Mutting merkt die Absicht, wird aber *nicht* verstimmt, sondern lacht ihm freundlich zu, als sie sein beginnendes Embonpoint mit Kette und Petschaft verziert sieht, und Vatting lacht auch: »Den heww ick schön anführt!« – »Körling, du haddst em nich so knipen süllt«, sagt Mutting mitleidig, und Vatting, im Gefühl, unrecht getan zu haben, geht an die Tür: »Moses, Sei eten hüt Middag mit uns.« – »Ja, äwerst...« sagt Moses. – »Ick weit Bescheid«, sagt Vatting, »min Fru sall Eier för Sei kaken.« Alle sitzen nun vergnügt in dem Zimmer und sind zufrieden, wenigstens für den Augenblick; Riking spielt mit dem Nadelkissen, Mutting bindet das neue Tuch um, »lütt Körling« spielt mit dem Hampelmann, »grot Körling« mit der Uhrkette. – Kleine und große Kinder! Beide geboren von der gemeinsamen Mutter Begehrlichkeit!

Aber draußen auf dem Flur gruppiert sich ein anderes Bild. »Fieken« ist vom Boden gekommen, und »Dürten« aus der Küche, und »Korlin« aus dem Keller, und sie stehen, so lange ihre »Herrn« im Handel sind, zusammen in der Ecke und recken den Hals aus und wiegen den Kopf hin und her wie die Gänse, wenn sie etwas Neues in ihrem Troge finden, und sie lachen und kichern und stoßen einander an, und ein halblautes »Ah!« und »Oh!« und ein leises Schnalzen mit der Zunge drücken Bewunderung und Begehren aus, wenn der Jude im Strahle der Wintersonne ein buntes Band oder ein Halsband von Glaskorallen funkeln läßt. Die Augen werden größer und leuchtender, und die Wangen glühn; die blauroten Frostbacken sind verschwunden, denn der Wunsch hat bei ihnen wacker eingeheizt und treibt das heiße Blut durch die Adern.

Da tritt auch Jochen hinein, in langem Kittel, mit riesigen Fausthandschuhen; er hat draußen den verwachsenen Knorrn, den er mit Axt und Keil bearbeitet hat, mit den Worten: »Ih, ligg du taum Deuwel!« beiseite geworfen und schiebt nun Fiek und Dürt und Korlin weiter vor, um in die hinterste Ecke hinein zu gelangen; sein Gesicht glüht nicht vor Aufregung, er sieht kalt aus, denn er rechnet. In einer schwachen Stunde hat er seinem Fieken eine Schnur »Krallen« versprochen, nun muß er Wort halten: halb hinter den Schrank versteckt, holt er einen kleinen ledernen Geldbeutel hervor, der, größerer Sicherheit wegen, mit einem Riemen ins Knopfloch gebunden ist. Er weiß bis auf den Pfennig, wie viel darin ist, aber bevor sie auf immer von ihm Abschied nehmen, will er seine Groschen doch noch einmal Stück für Stück durch den Lederbeutel hindurch fühlen, dies wehmütige Vergnügen will er sich gönnen.

Nun sind die »Herrn« fort, und Moses wendet sich an die Mädchen: »Man neger, min Dechting! Man ümmer neger! Din Geld is ok keen Bli. Wat seggst Du hier tau?« Und gelb und rot läßt er ein Tuch vor den Augen der Mägde tanzen. – Dürt, die Köchin, ist die älteste, sie hat schon viele gelbrote Tücher gekauft, sie kennt's; entschlossen tritt sie näher: »Wat gelt de Dauk?« – »Sößteihn Gröschen.« – »Lat di nich utlachen, Jud'!« Sie wirft das Tuch gleichgültig beiseite; man sieht, sie kennt's. – Korlin, die junge Außenmagd, greift darnach, sie will den genauesten Preis wissen. – »Min Dechting, wil du 't bist, sallst du em hewwen för virteihn Gröschen un en Kuß.« – Korlin wirft das Tuch hin und springt voll Abscheu zurück. – »Jochen, du säd'st doch ...«, sagt Fieken im Hintergrunde. – »Ja«, sagt Jochen äußerst ruhig, »seggt heww ick dat, Fieken.« – »Acht Gröschen will ick di gewen, Jud', wenn hei echt is«, sagt Dürt und langt wieder nach dem Tuche. – »Wo haißt? Acht Gröschen? – Gott, du gerechter! Meinst du, ick finn de Wor in Stemhagen up de Strat? – Echt? Kik hier!« er spuckt auf den Zipfel des Tuches und reibt ihn. »Kik hier! Echt as de Sünn!«

»Jochen, willst du denn nicht?« sagt Fieken und verstärkt die Frage durch einen gelinden Stoß in die Rippen ihres Anbeters. – »Worüm nicht?« fragt Jochen zurück. »Ick heww 't jo seggt, Fieken.« Langsam tritt er näher, und halb verlegen, halb maulfaul sagt er bloß die beiden Worte: »Krallen, Jud'!« und Fieken setzt rasch hinzu: »Von de besten.« – Dürt läßt wieder das Tuch fallen und sieht Jochen starr an. Jochen ist ein altes Hausinventar und hat fünf Jahre mit Dürt zusammen gedient; aber nie hat sie bei ihm eine Neigung zur Verschwendung oder zum Verschenken oder gar zum Verheiraten bemerkt, obgleich sie ihm zur Äußerung der letzteren vielfache Gelegenheit geboten hat. »Krallen!« ruft sie höhnisch aus. »Worüm nich gor en Sangbauk mit en Herz?« – »Kümmt ok noch«, sagt Jochen ruhig. – »Huch! – Huching!« kreischt Korlin auf und tanzt lachend auf dem Flur herum. »Huching, uns' Jochen will frigen.« – »Dirn, wo du di hest!« sagt Fieken ärgerlich. – »Krallen, Jud'«, sagt Jochen ruhig.

Moses hat mit einem Blick das obwaltende Verhältnis durchschaut; wenn er's klug benutzt, kann's ihm was eintragen. – »Du sallst Krallen hewwen, min Sähn, so scheen as sei sick passen för de scheenste Brut. Kik, hier sünd echte Glaskrallen und echte Bernsteinkrallen, un dit sünd Parl, un hir is en Krüz, un hir is en Herz, wat möt warden anhängt, dat dat wonah kleden deit. – Paß Achtung!« und damit schlingt er die Schnur Fieken um den Hals. »Gott, du lebendiger! Wo scheen! Wo ward sei sick presentieren an ehren Ihrendag!«

Jochen denkt dasselbe, sein altes, ehrliches Herz schlägt rascher; in seiner Jugend ist der blinde Gott stets an ihm vorübergegangen, nun hat er ihn in reifen Jahren getroffen, und sein Herz glüht wie schwer entzündliche Steinkohle in doppelter Glut. – Der kleine Lederbeutel wird losgeknöpft: »Wat gellen die Krallen?« – »Unner Bräuder!« sagt Moses, »du sallst se hewwen för 'n preußschen Daler.« – Jochen holt das Geld hervor, er dingt gar nicht. Das hält Dürt nich länger aus, sie legt die Hand auf das Geld: »Dat 's ne Sünn! En Daler för de Krallen!« – »Lat dat Geld liggen, Dürt«, sagt Jochen. – »Ja«, sagt Dürt giftig und tritt von dem Tisch zurück, »wenn so 'n ollen Kirl verleiwt ward, denn ward hei ok verrückt.« – »Min Sähn«, sagt Moses, »beholl din Geld, du kannst 't bruken; du möst noch mihr hewwen, wi reken nahsten tausam. Sei möt hewwen en witten Snuwdauk un en bunten Ümschlageldauk un en hogen Kamm un noch dit un dat; du möst hewwen Tüg tau 'n nigen Rock, du möst hewwen Tüg tau ne Hos', du möst hewwen – hest du ne Klock? – du möst hewwen ne Klock, un du möst noch hewwen dit un dat.«

Aber Jochen will nicht borgen, er will seinen neuen Hausstand auf festem Grunde aufbauen, er ist nicht umsonst so alt geworden; durch den alten verrauchten Schornstein der Überlegung ist ein Teil seiner Glut entwichen. Er ist in seinen Pferdestall gegangen, sitzt dort vor seiner geöffneten Lade, zählt seine langjährigen Ersparnisse und rechnet wieder wie vor dem Ausbruche seiner Liebesglut. Fieken steht im besten Zimmer vor dem größten Spiegel des Hauses, hält sich die Bernsteinperlen an den Hals und dreht sich und den Hals und sagt: »Un Jochen is doch en ollen gauden Kirl, un de Krallen sünd schön, un nu lat de annern man kamen.«

Dürt wirft das endlich erstandene Tuch in die Lade und sagt: »De dumme Dirn un de olle verdrögte Kirl! Blot üm ehr tau argern, heww ick doch den Dauk köfft, so'n hett s' nicht.« – Korlin steht in ihrer Kammer und hält ein grün und rotes Band an ihre weiche Wange und sagt: Un ob 't mi nich lett! Dit 's för Fieken ehr Hochtid, un wer weit! – Ut *ein* Hochtid warden männigmal twei.«

Hoffnung und Haß und Liebe, Leichtsinn und Überlegenheit – der Roman mit seiner Poesie ist in die Alltäglichkeit des kleinen Hauses eingekehrt, und wer hat ihn ins Leben gerufen? Wer ist der Träger seiner Poesie? – Dort hinten stampft er durch den tiefen Schnee der weißen Heide, und sein Rükken beugt sich unter der Last der poetischen Empfindungen, die sich an den bunten Inhalt seines Packens knüpfen.

Das ist jetzt vorbei, rein vorbei! Die Poesie wird nicht mehr über Land getragen und stück- und ellenweise verkauft; ihre Träger sind ausgestorben, und in meiner Vaterstadt hat der letzte sein Geschäft und sich selbst an den Nagel gehängt.

Was ist uns auf dem Felde des Handels noch geblieben? – Die drei Jahrmärkte. – Aber auch sie, die einst in Freude und in Lust aufjauchzten, sehen jetzt aus wie alte, hinfällige, verkommene Leute, die ihr Geld in der Jugend verjubelt haben und nun durch die Gassen der Stadt schleichen, um von alten Freunden ein dürftiges Almosen zu erpressen von wegen der frühern guten Bekanntschaft. Das Herbstmarkt nimmt zuweilen noch einen rascheren Schritt an und putzt den alten Leichnam mit verblichenem Staat auf; aber seine vornehmen Freunde kennen es nicht mehr; Gutsbesitzer, Pächter und andere Honoratioren fahren in Kutschen an dem alten, lustigen Bruder ihrer fröhlichen Jugendzeit vorüber, und nur der Tagelöhner teilt noch ab und an seine mühsam erworbenen Ersparnisse mit ihm.
Auch das war anders. Ein Jahrmarktstag war ein großes Fest, und unbedingt hätte ich mich für Hanne Schlüters Ansicht erklärt, der, bei der Konfirmation nach den drei christlichen Hauptfesten gefragt, die Antwort gab: »Wihnachten, Pingsten un Harwstmark.«
Wie Schwalben, die den Sommer ankündigen, zogen am Abend vor dem Pferdemarkte zwei Gendarmen in die Tore ein und stellten sich bei der Polizei zur Disposition; ihnen folgte in anspruchslosem Gefieder die Zahl der Singvögel, als da sind: Drehorgelmänner und Harfenmädchen, die den Nachtigallen gleich vorzugsweise am Abend ihre Ankunft mit Gesang verkündeten; und auf diese folgte dann das schnatternde, krächzende, vom ewigen »Gott schtraf mi!« heisere Geschlecht von Pferdejuden, neugierig und schwätzend wie Elstern und unverschämt wie schlecht abgerichtete Papageien, ihren unverständlich herausgeschnarreten Jargon für die Sprache vernünftiger Geschöpfe ausgebend. Nach allen Seiten hin wurde nun die Hauptfrage der nächsten Zukunft erörtert, was es morgen für Wetter geben könne und würde.
Wenn endlich der nächste Morgen die Entscheidung brachte und dieselbe günstig lautete, so begann auf dem Markte ein von Stunde zu Stunde zunehmendes Gewimmel von Menschen und Vieh aller Art. Bauern aus der Umgegend, Inspektoren und Wirtschafter, Ackerbürger, Pferdejuden, Schacherjuden, Kuchenweiber, Orgeldreher, Bücklingsspekulanten und Semmelhöker wirbelten unter den Pferden, Ochsen und Kühen bunt durcheinander. Peitschenknallen, Pferdegewieher, Kuhgebrüll mischte sich mit Tönen der Drehorgeln und den Liedern von Harfennachtigallen, und dann die Düfte! Man erzählt, daß die duftendsten Parfüms jetzt aus

dem Inhalte der Düngergrube und der Kloaken gewonnen werden – es komme dabei nur auf die richtige Mischung der einzelnen Ingredienzen an: wir in Stavenhagen haben auf unsern Pferde- und Jahrmärkten nie das Glück gehabt, diese richtige Mischung zu treffen, es herrschte stets auf denselben ein gewisser Knoblauchgeruch vor, der selbst Hering, Bückling und alten Käse siegreich niederkämpfte.

Was nun das Drama eines solchen Pferdemarktes selbst betrifft, so war es geistreich in der Erfindung, die man im gewöhnlichen Leben Lüge zu nennen pflegt, und steigerte sich meistens zu dem heroischen Affekte des falschen Schwörens; der künstlich geschürzte Knoten des Stücks wurde häufig in männererprobendem Zweikampf gelöset, aber nur selten triumphierte am Schlusse des letzten Akts die poetische Gerechtigkeit, es sei denn, daß die Obrigkeit sich drein mischte, wo wir denn freilich wohl die Gerechtigkeit gelten lassen, die Poesie jedoch entschieden ausschließen müssen. Die Fabel des Stücks war uralt, immer ein und dieselbe: der Betrüger als der Betrogene; sie wurde nur auf die mannigfachste Weise variiert und mit neuen Titeln versehen, bald lautete er »Kabale und Liebe«, in welcher Gestalt denn der Kabale eine unverhältnismäßig umfangreiche Rolle zugewiesen wurde und die Liebe nur in dem bescheidenen Gewande der Liebe zu dem Geldbeutel anderer auftrat; bald lautete er umgekehrt: »der Onkel als Neffe«, in welchem dann ein alter zwölfjähriger Wallachonkel mit frisch aufmalocherten Zähnen und ausrepariertem Schweif, speckschwartengeschminkt für den vierjährigen Neffen ausgegeben ward. Dies Stück wurde meistens zum Benefiz der Juden gegeben, und Bauern bildeten das dankbare Publikum. Wenn dann die Nacht den Vorhang fallen ließ und die Marktbühne leer geworden war, wurde noch hinter den Kulissen *gespielt*.

Im Hotel Witt und Wagenknecht fanden sich die *homines minorum gentium* zusammen, opferten arglos auf dem Altare talentvoller Judenjünglinge, die mit aufgekrämpten Rockärmeln das einträgliche »Töpkenspiel« exerzierten und für ein billiges jeden Neophyten in die Geheimnisse von »Kopp un Schrift« einführten. Jene sinnigen, in ihrer Einfachheit nie übertroffenen Stücke: »Dreikart und Fünfkart« regten die Seelen der Akteurs zu lebhafter Teilnahme an, und die von dem liebenswürdig dirigierenden Judenjünglinge reichlich umhergereichte Flasche entflammte die Gesellschaft zu genialen Ausschreitungen im Spiel. Der alte Bäcker Witt reichte eine Flasche nach der andern, und an der Tür stand der Drehorgelmann und sang:

»Zerbrecht mir ja die Flasche nicht!
Mein König trank daraus.«

Im Hotel Toll ging es anders her. Hier hatte der König Pharao (wie man ihn zu nennen pflegte) sein Hoflager aufgeschlagen, und alles drängte sich um den grünen Tisch seines zeitweiligen Zeremonienmeisters, der in der Gestalt eines professionierten Spielers seine Schätze aufstapelte. Dicke, ehrwürdige Bäuche, auf deren heitern Gipfeln schwere, goldene Uhrketten mit dicken Petschaften im blendenden Kerzenlichte auf- und niederwackelten, saßen mit den ihnen zustehenden, von Punsch und Bischof geröteten Gesichtern um die lange Tafel und bogen in unerschütterlichem Gleichmute ihre Karten. Breitspurige Inspektoren in Corduroi-Hosen und glänzend lackierten Stulpen, mit mächtigen Anschnallsporen, klatschten mit Reitgerten an besagte Stiefel. Ach, diese Inspektoren! Christlieb, alter teurer Kuchenfreund, ich werde dir ungetreu, deine Stellung im Leben lockt mich nicht länger. So ein Inspektor auf seinem Fuchs ist der Inbegriff meiner Wünsche!

Man glaube aber ja nicht, daß diese pharaonischen Geschichten so frei jeder Forschung offen standen! Für die Uneingeweihten blieben es Hieroglyphen, und nur mir, der ich Tante Toll besuchte, wurde zuweilen ein flüchtiger Blick in die bunten Bilder vergangener Jahre vergönnt, die mit hierophantischer Heimlichkeit gehütet wurden, denn das rächende, unerbittliche Fatum ging als Stadtdiener Luth durch dies Leben und löste die von Leidenschaften gewobenen Schicksale der Spieler mit ehernem Griff nach Karten und Gold in schrille Dissonanz auf.

Wir Jungen spielten um diese Zeit auch, und wenn unsere Spiele auch unschuldiger waren, so waren sie doch ebenso verboten, gewagt und leidenschaftlich wie die der Alten. Wenn des Abends die Marktverkäufer ihre Buden aufgeschlagen hatten, jagten wir uns um dieselben, versteckten uns dort und wurden dann auf die heiterste Weise von den Handelsleuten, meist mosaischen Glaubens, verfolgt. Wurde einer von uns ergriffen, so waren ihm die Prügel gewiß, denn unsere Neckerei mußte aus dem Herzen der Verfolger jede Spur von Großmut vertilgen. Mich ergriff einmal »Unkel Möschen«, der als Wache in die Josephysche Bude gesetzt war. »Unkel Herzensjuding« kam dazu, und beide hielten schrecklich Gericht über mich. Wie haben mich diese beiden alten, ehrwürdigen Patriarchen geängstigt!

Am folgenden Tage begann dann die eigentliche Jahrmarktslust. Vor unserm Hause standen die Drechsler aus mit Sägemännern und bunten Kläterpuppen, mit Knarren und Pfeifen und den schönsten Steckenpferden von der Welt, die alle herkommenmäßig vorn an der Brust mit einer blauen, hinten am Schwanz mit einer roten Tulpe verziert waren. Wie schön begann dann der Tag, wie wonneverheißend ging die Sonne an demselben auf! Pfeifen und Knarren und Trompeten läuteten ihn freundlich ein, und wenn ich am Morgen mit reinem Hemdkragen und wohlgebürstetem Haar hinaustrat auf den weiten Flur des elterlichen Hauses, dann standen sie da mit ihren Körben, alle die Kuchencharitinnen, die einen Hausierzettel von meinem Vater verlangten. Oh, wäre ich doch nicht ein so materieller Schlingel gewesen! Von dem Duft allein hätte ich zehren können mein lebelang.

Hier sehe ich mich veranlaßt, in mein Jahrmarktsvergnügen einen trockenen Passus über die Erziehung einfließen zu lassen. Mein Freund, der Justizrat Schröder, sagte: »Ich schlage nie mein Kind, mein Kind ist mein Freund!« – Ein Ausfluß hoher Humanität, der sich lieblich durch blühende Büsche eines heitern Familienlebens hindurch schlängelt. – Mein Freund und Nachbar, der Ackerbürger Jochen Burr, sagt: »Släg' möten s' hewwen! un ick heww ok weck kregen.« Ein Ausfluß der Selbstbetrachtung, der zuletzt in das ewige Meer der Wiedervergeltung ausströmt. – Mein Freund, der Rittergutsbesitzer Hilgendorf, sagt: »Mark di dat! *Einmal* möten s' Släg' hewwen, un dat in 't irste Johr. Äwer denn düchtig!« Ein Ausfluß praktischer Weisheit, die sich – ich glaube – an zwölf unmündigen Individuen erprobt hat und sich mir, in Anbetracht meiner eigenen Lebenserfahrung, als das allein Richtige aufgedrängt, natürlich mit Modifikationen. Nicht das *erste Jahr*, sondern die *erste Gelegenheit* ist es, bei welcher die Erziehung einzugreifen hat.

Ich alter, ruhiger Mensch, der ich dies in stiller, nächtlicher Abgeschiedenheit schreibe, stünde jetzt vielleicht hinter irgend einem Busch in den Ardennen oder wegelagerte in den Apenninen, wäre mir nicht von meinem Vater an einem Jahrmarktstage der Unterschied von »Mein und Dein« auf höchst praktische Weise beigebracht worden.

Eines schönen Jahrmarktsmorgens gehe ich hinaus vor die Tür meines elterlichen Hauses; die beseligende Idee des Besitzes mag vielleicht in mir lebendig geworden sein – ich sage mag, denn ich selbst weiß das Folgende nur vom Hörensagen –, ich setze mich in den Binsenstuhl des Drechslers aus Waren, der den braunen Mantel mit sieben Kragen und den gleichfarbigen Leberfleck vor der Stirne hatte; und sitzend in diesem rotangestrichenen Lehngestühle, lasse ich das Jahrmarktspanorama an meinem Auge vorbeigehen. Aber ein Käufer kommt, der grade *diesen* Stuhl für die *nates* seiner *natorum* zweckmäßig erachtet, ich soll als zahlungsunfähiger Insasse ausgeworfen werden und, die langweilige Lehre der langjährigen *Usucapio* auf eigene Weise abkürzend, protestiere ich mit Hand, Fuß und greulichem Geschrei gegen die mir durchaus unklaren Rechte des unfreiwilligen Warenschen Stuhlvermieters. Protestieren ist erlaubt, zumal wenn von der Protestation keine Folge zu erwarten ist, und wenn man sich in Ruhe fügt; aber ein Protestieren mit Geschrei und offener Widersetzlichkeit, wie ich es ausübte, konnte nur die traurigsten Folgen haben. Mein Vater erschien auf der Türschwelle des Hauses, die *species facti* wurden ihm von dem Drechsler auseinandergesetzt, und er fühlte sich veranlaßt, die Grundsätze des römischen Rechts wie auch der Zehn Gebote demjenigen Teil meines Körpers einzuprägen, der in augenblicklicher unrechtmäßiger Ersitzung begriffen war.

Und zu diesem überaus eindringlichen Akt väterlicher Erziehung spielte der alte Stadtmusikus Grützmacher aus Malchin – wir Stavenhäger hatten damals noch keinen Stadtmusikus – die Melodie:

»Freut euch des Lebens!«

Wer den Schaden hat, darf für Spott nicht sorgen. Und wenn's die Leute nicht tun, dann tut's der Zufall, der ärgste Spötter von der Welt. Na, ich könnte hier Geschichten erzählen! – Doch jetzt bin ich beim Stadtmusikus Grützmacher aus Malchin und beim Jahrmarkt in Stavenhagen.

Des Morgens zehn Uhr erschien Grützmacher mit seinen Helfershelfern. Grützmacher war ein kleiner, blasser Mann mit Pockennarben und grauem Haar; es schien, als hätte er sein bißchen Leben ganz in die Klarinette hinein- und hinausgeblasen. Er sah sehr unbedeutend aus, doch das hatte er mit Haydn und Beethoven gemein.

»Fiek!« rief das Stubenmädchen in die Küche hinein, »de Muskanten kamen!« – »Herr du meines Lebens!« rief die Köchin aus der Küche heraus, ließ Suppe und Braten im Stich und rief dem Kindermädchen, bei welchem meine jugendlichen Knochen in Assekuranz gegeben waren, zu: »Dirn, mak un kumm!« und alle drei klappten mit ihren Pantoffeln hinter Grützmacher und Konsorten her, zwei Treppen hoch auf den Kornboden hinauf, und während die Töne in die wogende Jahrmarktsszene hineinschallten und Käufern und Verkäufern das Zeichen zum erlaubten Handel gaben, wurde zwischen Hafer- und Erbsenhaufen ein *bal champêtre* arrangiert, dem ich die Anfangsgründe der Tanzkunst verdanke, indem Marieken Wienken mich in die Geheimnisse des Beinsatzes einführte, leider aber vergaß, mir die heilsamen Fesseln des Taktes anzulegen, und dadurch Ursache wurde, daß ich trotz Tanzmeister Stengel und Madame Buschenheuer in genialer Taktlosigkeit und in allerlei fessellosen Sprüngen das Leben durchtanzt habe. Ach, wäre Marieken Wienken doch weniger nachsichtig gegen mich gewesen, was hätte aus mir als Tänzer werden können! – Hilgendorf, alter Freund, du hast recht: »Einmal zu rechter Zeit und dann tüchtig!« So wurde denn unter wechselnder Lust und wechselndem Leide, unter fessellosem Sehnen, riesenhaften Wünschen und knapp zugemessenem Genusse, der Haupttag des Jahrmarktes verlebt, und wenn ich des Abends eingefangen und ohne weiteres zu Bett gebracht wurde, tröstete mich der schließlich von Bernasconi eingehandelte Bleistift oder Rotstift – für die väterlichen zwei Groschen durfte nur »etwas Nützliches« gekauft werden – nur schwach für die Entsagung aller bunten und süßen Herrlichkeiten, die noch lange in meiner Phantasie umhertanzten.

Ich würde nicht so viel über die Jahrmärkte geredet haben, wenn ich von einer Schützenzunft und einem Königschusse hätte reden können; aber die mangelten uns, und das war ein arger Fehler in dem sonst so gesunden Organismus meiner Vaterstadt. – Es ist mir schwer geworden, dies Übel einzugestehen, und wenn ich den Glanz sehe, den andere Städte des Landes bei solchen feierlichen Gelegenheiten entwickeln, so schäme ich mich meiner Vaterstadt und leider auch meines Vaters, der durchaus nicht dahin zu bringen war, die Notwendigkeit, ja auch nur die Nützlichkeit eines solchen militärischen Karnevals einzusehen. Vergebens stellte mein Onkel Herse die verschiedensten darauf bezüglichen Anträge, vergebens suchte er durch Schießübungen den kriegerischen Sinn in der ruhigen Stavenhäger Bürgerseele zu erwecken, vergebens schmuggelte er allerlei Surrogate für ein regelrechtes Königschießen in der Gestalt von sogenannten Holzpartien ein, auf denen fette Kälber und andere bürgerliche Nahrungsmittel ausgeschossen wurden, mein Vater blieb dabei: er sähe den Nutzen einer solchen Einrichtung nicht ein. Dies Opfern der Poesie auf dem Altar des gemeinen Nutzens war schlimm, zumal für uns Jungen. Um uns doch einmal an einem solchen Schauspiele zu ergötzen und uns die notwendigen Vorkenntnisse für unsere kindlichen Soldatenspiele anzueignen, mußten wir an den heißesten Sommertagen anderthalb Meilen nach der Nachbarstadt Malchin laufen und hatten dort als Ausländer die mannigfachsten Vexationen von seiten der Malchiner Straßenjugend zu erfahren, die schließlich mit der Empfangnahme einer gehörigen Tracht Prügel zu endigen pflegten, woraus man ersehen kann, daß die Gastfreundschaft in Malchin *damals* noch auf einer sehr niedrigen Stufe stand. Dies hat sich zu meiner Freude und zu meinem Wohlbehagen durchaus geändert, und mit Ausnahme eines Falles, wo mir ein alter würdiger Freund infolge eines Katzen-Läuschens den blassen Tod an den Hals wünschte, kann ich über die Gastfreundschaft der Malchiner nur das Allergünstigste berichten.

Aber auch für die Genüsse der damaligen Zeit, in welcher sich das Wohlwollen der Malchiner für Fremde noch nicht so glücklich entwickelt hatte, bin ich den Einwohnern der Nachbarstadt zur tiefsten Dankbarkeit verpflichtet. Ich habe auf einem ihrer Königschießen eine Szene erlebt, die noch heute in den lebendigsten Farben vor meiner Seele steht, deren Erinnerung mich noch heute so wohltätig erwärmt wie die erste Märzsonne, und die, vielleicht mehr als ich selber ahne, günstig auf die Entwicklung meines Gemütes eingewirkt hat.
Das Schießen war beendigt, der Brauer Mahnke war König geworden – er wohnte rechter Hand, wenn man vom Mühlentor nach dem alten Schulhause geht – er wurde mit allen gebräuchlichen königlichen Ehren nach seinem Hause geleitet, welches von Nachbar- und Freundes-Händen in aller Eile festlich aufgeputzt war. Er war in meinen zwölfjähigen Augen ein Ausbund von Stattlichkeit und männlicher Schönheit, wie er dahinschritt in seinem Schilder- und Ketten-Schmuck. Was hätte ich darum gegeben, auch einmal so stattlich, so schön, so geschmückt, so geehrt ein König zu sein! – Er kam an sein Haus; eine junge, blühende Frau, mit einem Säugling auf dem Arme, stürzte aus der Tür an seine Brust; sie schlang einen vollen, blühenden Rosenkranz um seine Schultern, er drückte sie an sein Herz und küßte abwechselnd sie und das Kind. Unten stand die Gilde und das Volk, was kümmerte es die beiden? Die reine, menschliche Freude triumphierte in ihnen über das, was die Welt passend und schicklich nennt. Was hätte ich um den Rosenkranz gegeben! Was für das Weib und das Kind! Unbedingt den König.
Die Landsleute meines Schützenkönigs Mahnke werden sicherlich lächeln über meine kindische Begeisterung, sie haben den Mann gekannt mit seinen Fehlern und Schwächen, sie haben die blühende Frau alt werden und den Säugling zum großen Rangen aufwachsen sehen; aber in meiner Erinnerung sind sie geblieben, was sie waren, und die Poesie des Augenblicks ist nicht durch langjährige Verkümmerungen getrübt worden.
Auf meinem Rückwege nach Hause spielte ich mit diesem freundlichen Bilde, und selbst die Nachwehen der freundnachbarlichen Prügel und ein heftiger Gewitterregen kühlten meine Phantasie nicht ab.

Wer hat wohl nicht in seiner Jugend jenes niederdrückende, katzenjämmerliche Unbehagen empfunden, wenn es nach genossenen Jahrmarkts- und Königschuß-Freuden wieder zur Schule gehen heißt, wenn der sonnige Sommertag mit der müffigen Schulstube vertauscht werden soll und die kleinen gelenkigen Glieder verdammt sind, unter der Zuchtrute des Präzeptors in grausamer Unbeweglichkeit der endlichen fröhlichen Auferstehung entgegen zu harren? Ich gestehe gerne ein, daß ich nie zu den sehr eifrigen Besuchern der Schule gehört habe, und glaube, daß mir dafür als Strafe jenes Unbehagen in die Seele geimpft ist, denn wenn ich jetzt in alten Tagen unruhig schlafe und von bösen Träumen gequält bin, so habe ich mich entweder nicht präpariert oder irgend einer meiner vielen Lehrer hält mir ein schrecklich rot perlustriertes Exerzitium unter die Nase, das er mir dann schließlich um die Ohren schlägt, wonach ich dann stets erwache und Gott danke, daß ich nicht mehr nötig habe, in die Schule zu gehen. Aber es hilft nicht; ich habe versprochen, auch über die wissenschaftlichen Anstalten meiner Vaterstadt Bericht zu erstatten: ich muß also wieder in die Schule.

Es gab in Stavenhagen drei solcher Bildungsanstalten für den menschlichen Geist und Marteranstalten für das menschliche Sitzfleisch, die ich hier im aufsteigenden Klimax folgen lasse: »de Becker-Schaul«, »de Köster-Schaul« und »de Rekter-Schaul«. Einen organischen Zusammenhang hatten diese drei Schulen durchaus nicht: man konnte in jeder anfangen und in jeder aufhören, oder man konnte mit demselben Nutzen alle drei durchmachen; denn von dem, was man heutzutage Methode nennt, war in allen dreien nicht die Rede, bloß in der Rektor-Schule wurden die Prügel nach einer festgestellten Methode verabfolgt, worüber ich an seinem Orte berichten werde.

Die Becker-Schule hatte ihren Namen von der alleinigen Direktrice und alleinigen Lehrerin, der Frau Becker oder »Mutter Beckersch«, wie sie von allen Leuten genannt wurde, einer sehr alten, emeritierten Weber-Witwe, die dies Privat-Institut ohne Beihülfe von Staats- und Stadt-Mitteln auf eigene Faust begründet hatte, indem – wie der Stavenhäger Bürger sich damals ausdrückte – »sei ehre Nohrung dorvon söcht«, die aber nur schwach sein konnte, da sie von jedem Insassen ihrer Bänke nur einen Schilling wöchentlich als Einspringe-Geld in die geheiligten Hallen der Wissenschaft erhob.

Hier wurden die Anfangsgründe aller Wissenschaft, ausdauerndes Sitzen und verständiges Maulhalten eingeübt. Wer damit durch war, kam ganz allmählich auf dem Wege der Buchstaben-Kenntnis und des a–b, ab, b–a, ba in die Fibel, aus welcher er in dieser Schule nicht wieder herauskam. Frau Becker saß während der Lehrstunden auf einem Binsenstuhle, umgeben von ihrem kleinen Völkchen, welches in einstimmigem Unisono ihre alten treuen Lehrerohren mit a–b, ab, b–a, ba erfreute. In ihrer Hand hielt sie ein Instrument von eigener Erfindung, wie es für ihren gebrechlichen Körperzustand paßte, der ein öfteres Aufstehen nicht mehr erlaubte, eine Birkenrute, die an einem Stück Bohnenstange befestigt war und mit welchem sie bis in die entferntesten Ecken ihres Schullokals reichen konnte, um jeden Versündiger gegen a–b, ab, b–a, ba auf der Stelle abstrafen zu können. Offenbare Bösewichter, bei denen die kindliche Birkenrute nicht mehr fruchten wollte, wurden auf die beschämendste Weise dem öffentlichen Hohne preisgegeben: sie wurden mit einem gewaltigen Esel um den Hals vor die Türe auf die Straße gestellt und dienten in ihrer Verworfenheit der gemeinen Sittlichkeit als abschreckendes Beispiel.

Unter diesen Bedingungen hätte sich nun vernunftgemäß ein hohes Ehrgefühl unter der städtischen Jugend entwickeln müssen; aber leider schlug die Sache gerade ins Gegenteil um. Wenn ein solcher Eselträger öffentlich ausgestellt war, versammelte sich die übrige Jugend aus der Straße um ihn und baten ihn: »Korl, ick gew Di ok en Stück von minen Appel, lat mi ok mal eins den Esel ümhängen.« – »Krischäning, nu mi mal! – Deihst 't nich? – Na täuw, ick nehm di ok nich wedder mit nach min Großmutting ehren Goren.« – Ja, mein bester Freund, Karl Nahmacher, kam schon nach der zweiten Stunde, in der er sich hartnäckig gegen die Sitzverordnungen gesträubt hatte, jubelnd nach Hause zurück: »Mutting, ick heww den Esel üm hatt! Vatting, ick heww mit den Esel up de Strat stahn!«

Den direkten Gegensatz gegen diese bloß durch die Birkenrute etwas gestörte Schulidylle bildete »de Köster-Schaul«. Hier war von einer Appellation an das Ehrgefühl durchaus nicht die Rede, hier herrschte der Stock in seiner unverhülltesten Gestalt; statt von der Hand einer alten, schwachen, gutmütigen Frau wurde hier das Züchtigungs-Instrument von der Faust eines vierschrötigen Einpaukers geschwungen, der unermüdet mit blauer Puckelschrift allerlei Bestellungen an die Fassungsgabe seiner Scholaren ausrichtete.

Die Schulstube des Küsters Voß sah ärger aus als ein Gefängnislokal des weiland Stockhauses zu Dömitz, und seine Schüler glichen Verbrechern. Er war ein Anhänger prophylaktischer Kuren: er prügelte in der ersten Stunde alle ohne Unterschied durch, damit seine Rangen inne würden, was ihrer harrete, wenn sie in den andern sich ein Vergehen zu schulden kommen ließen. Ungefähr so, wie es früher in Mecklenburg bei den Pferdejungen der Bauern angewendet wurde, denen ja auch regelmäßig am ersten Mai die obbesagte Kur verordnet wurde, damit sie den Sommer über die Pferde nicht in den Weizen laufen ließen. Er prügelte seine Schüler in die Fibel hinein und hinaus und dann wieder in Lutheri Katechismus hinein, worin sie dann zeitlebens stecken blieben. Hätte er seine Armkraft zum Holzhacken verwandt, so wären beide Teile, er sowohl wie seine Schüler, besser daran gewesen, er hätte mehr verdient, denn auch er bezog nur wöchentlich einen Schilling pro Puckel.

Außerhalb seiner Schulstube war dieser Pädagog ein ebenso gefürchteter Schläger, allerlei unheimliche Faust- und Schemelbein-Geschichten spukten durch sein Leben, und oftmals kam er mit *einem* blauangelaufenen Auge zu Platz – das andere war ihm einmal bei einer Schlägerei abhanden gekommen. Ich erinnere mich einer Szene, deren Schluß ich selbst mit angesehen habe, worin er neben seiner Schlagfertigkeit noch ein Stück Humor entwickelte, und die deshalb hier ihren Platz finden mag. – Der Klempnermeister Belitz, dem der Volkswitz den Beinamen »Oberförster« gegeben hatte, weil er sich als Holzdieb in den großherzoglichen Forsten vor allen auszeichnete, ein kleiner, zusammengetrockneter, dorniger Kerl, geht vor Küster Voß, der hinter dem Branntweinglase sitzt, immer auf und nieder und sagt infolge eines vorausgegangenen Streites: »Ja, Vadder Voß, wi willen seihn, wo de Voß de Egt treckt.« Voß rührt sich noch nicht bei dieser Anspielung auf seinen Namen. – »Wi willen seihn, wo de Voß de Egt treckt«, wiederholt Belitz mit dreisterer Betonung. – Da erhebt sich Küster Voß, schlägt den »Oberförster« mit dem Ausrufe: »Wrampige, wormmadige Kirl!« zu Boden, faßt ihn in dem Rockkragen, schleppt ihn auf die Straße und von da in den Rinnstein und zieht ihn in demselben immer auf und nieder: »Süh so, Vadder Belitz, treckt de Voß de Egt!«

Dieser Schulmann starb nicht in seinem Beruf, sondern in dem Stavenhäger Wallgraben.

»De Rekter-Schaul.« Ich wollte, ich könnte das stolze, befriedigte Gesicht meines Freundes Karl Nahmacher hier hinzeichnen, als er, fibelreif aus der »Becker-Schaul« entlassen, mir die Anzeige machte: »Fritz, ick kam nu in de ›Rekter-Schaul‹.« – »Oh, woll man bi de *Fru* Rektern?« – »Ne, bi *em sülben*!« – »Hei sülben« war ein Sachs aus Halle, er verstand kein Plattdeutsch, weshalb man ihn natürlicherweise für einen höchst gebildeten Menschen erklärte. Seine hochdeutsche Herkunft und seine gelehrte Vaterstadt trug er beständig im Herzen und schnitt und pappte sich deshalb ein Transparent zusammen, welches das Wappen seiner Vaterstadt führte, einen Halbmond, den er allabendlich über die eine Ecke des Kirchhofs aufgehen ließ. In allerlei Schnurrpfeifereien war er ein zweiter Onkel Herse, ohne dessen Grundgemütlichkeit und embryonische Genialität zu besitzen. Er war Blumist, denn er hatte einen acht Schritt langen und drei Schritte breiten Garten; er war Musiker, denn er war Organist und besaß einen Klavizimbel; er war Optiker, denn er besaß einen Guckkasten, den er seinen »optischen Spiegel« nannte; er war ne Art Buchbinder, denn er pappte und kleisterte viel; er war der erste Schriftsteller, den Stavenhagen aufzuweisen hat, denn er hat ein Reimlexikon geschrieben, welches allen angehenden Poeten trotz *Peregrinus Syntax* hiermit aufs wärmste empfohlen sein soll (Schäfers Reimlexikon); er war ein Politiker, und zwar ein freisinniger, denn er hielt schon damals die »Vossische«, während die übrigen Stavenhäger sich mit dem »Hamburger Korrespondenten« begnügten. In Hinsicht auf Uhren war er ein zweiter Karl der Fünfte, denn in seiner Studierstube tickte und pickte es wie in einem Uhrmacherladen; er war ein Gelehrter, denn an seiner Wand stand ein Büchergestell, welches er seine Bibliothek nannte; er war der Chronist der Stadt, denn er führte gewissenhaft ein Tagebuch mit schwarzer, roter und grüner Tinte. Diese verschiedenen Farben hatten ihre tiefe Bedeutung: schlimme Dinge, Todesfälle, Krankheiten, eigene und fremde Verdauungsbeschwerden wurden mit schwarzer Tinte verzeichnet; gleichgültige Sachen, wie Wetter und städtische Angelegenheiten, mit roter; aber Geburten, Verlobungen und Hochzeiten mit grüner; vor allem aber bediente er sich der letzteren Farbe, wenn er ein Wurstessen zu verzeichnen hatte – und das hatte er oft. Kein Stavenhäger Schwein ging über den Acheron, von dem er nicht in Gestalt von Mett-, Leber-, Grütz-, Blutwurst seinen Obolus einforderte. Darum sah sein Tagebuch in den Wintermonaten immer grün und schwarz aus, den einen Tag grün wegen der Wurst, den andern schwarz wegen der Verdauungsbeschwerden.

Jeden Abend nach beendigter Schulzeit ging der Herr Rektor Schäfer in hellbraunem Rocke, mit hellbraunem Rohrstocke und hellbrauner Stutzperücke spazieren, die er mit Eiweiß seinem Haupte aufkleisterte, denn er war barhäuptig, und sein natürlicher Schädel hatte entschieden mehr Ähnlichkeit mit dem Cranium eines gebratenen Krammetsvogels als mit einem Borstwisch. Sein steter Begleiter war sein »Teckel«; Teckel ging nicht wie andere vernünftige Dachshunde auf vier, sondern auf fünf Beinen, er war ein Monstrum, bei dem der eine Vorderfuß sich in zwei Pfoten ausgezweigt hatte, und deshalb dem Herrn Rektor sehr teuer und wurde immer »Teckel Rekter« genannt.

Nach dem Spaziergange versammelten sich seine Freunde um ihn: sein Uhrenfreund, der Uhrmacher Droz, sein musikalischer Freund, der Töpfer Böttcher, und sein politischer Freund, der Rademacher Clasen, zu welchem festen Stabe dann noch bald diese, bald jene Freiwilligen aus allen Ständen einberufen wurden, um den Herrn Rektor die Zeitung erklären zu hören.

Die eine Seite des alten Schulhauses, wo jetzt mein alter, biederer Freund Bunsen seinen wohlausgestatteten, für Tabakraucher höchst interessanten Laden hält, war damals in zweien Abteilungen ausschließlich der Wissenschaft geweihet. In der einen, nach vorne belegenen, größeren präsidierte der *Herr* Rektor, in dem sehr kleinen Hinterzimmer die *Frau* Rektorin. Frau Rektorin war eigentlich nur eine bloße Rivalin von Mutter Beckersch, nur daß sie vom Publikum mehr als im Staatsdienste angestellt angesehen wurde. Die von ihr eingeführte Geistesgymnastik begann ebenfalls mit den unvermeidlichen Übungen des Stillsitzens und Maulhaltens, und der darauffolgende Bildungsgang des a–b, ab, b–a, ba würde denselben Verlauf gehabt haben, hätte der Beckersche *Tenor* nicht gefehlt. Mutter Beckersch gab sich ihrem Berufe ganz hin, Frau Rektorin konnte das nicht; sie war Mutter verschiedener unerzogener Kinder und Hausfrau, und der Herr Rektor war – nun wir wollen uns milde ausdrücken – *sehr* bedenklich im Punkte des Mittagessens. Es war freilich noch Lott da, oder – wie der Herr Rektor sie nannte – »die Lotte«, ein wahres Prachtstück aus der Garde alter Dienstmädchen, aber Lott war kein Monstrum wie Teckel, sie hatte nur ihre richtige Anzahl Beine und Arme, sie konnte nicht allenthalben sein und nicht alles besorgen, so mußte denn also die Frau Rektorin ab und an nach der Suppe und dem Braten sehn, und es traten dann kleine Ferien ein, in denen vollständiger *comment suspendu* herrschte. Allzu lebhaft durfte dieser freilich nicht ausgenutzt werden, denn plötzlich sprang zuweilen die Tür auf, und die Frau Rektorin, rot von Feuer und Ärger, erschien auf der Schwelle und ließ den Kochlöffel brühwarm auf die Häupter ihrer kleinen Rebellen fallen. Bisweilen wurde auch der Schultisch zum gewöhnlichen Anrichtetisch erniedrigt, es wurden darauf Pfannkuchen angerührt, Fische zurecht gemacht und Gemüse geputzt; oder aber es wurden auch aus des *Herrn* Rektors Klasse einige der größeren Mädchen zum Kartoffelschälen in die Küche kommandiert, und die größeren Jungen um Pfeffer und Salz zum Kaufmann und um Petersilie in den Garten geschickt.

Man mag diese nützliche Verwendung der lernenden Schulkräfte für *leve ac non satis dignum* erklären; ich kann mich diesem Urteile jedoch nicht unbedingt anschließen. Für die *Jungen*, die unter dem Vorwande, Petersilie zu holen, Äpfel mauseten und sich den Magen mit unreifen Stachelbeeren verdarben, mag das gelten; auf die Mädchen paßt es nicht, denn mehrere meiner Freundinnen aus jener Zeit, die jetzt brave, wirtschaftstüchtige Hausfrauen sind, haben mich ernstlich versichert, sie hätten mehr in der Frau Rektorin Küche als in des Herrn Rektors Schulstube gelernt.

Wir treten jetzt in diese Schulstube des *Herrn* Rektors. In der Mitte der

Stube, mehr nach den Fenstern hin, so daß er alles mit einer gelinden Halsdrehung gut übersehen konnte, saß der Herr Rektor auf einem hölzernen, rundlehnigen Stuhle, der von ihm »Katheder«, von den Jungen aber »Kantheder« genannt wurde. Diese letztere Benennung war sehr alt, sie stammte noch von seinem Vorweser im Amte, dem Kantor Bewernitz – vor ihm gab's in Stavenhagen nur Kantoren, er war der erste Rektor – und »Kantheder« sollte also weiter nichts bedeuten als Sitz des Kantors.

Man sieht, wie sinnreich auch plattdeutsche Jungen sein können. Rechts von ihm saßen die Jungen, links von ihm die Mädchen, und an einem Mitteltisch die überschüssigen Jungen und überschüssigen Mädchen in gemischter Ordnung. Vor ihm lagen drei Instrumente – und nun komme ich auf das, was ich oben versprochen habe, nachzuweisen, daß in Stavenhagen wenigstens in *einer* Schule nach Methode geprügelt wurde. Diese mehr oder weniger langen, hölzernen Instrumente hatten verschiedene Namen und Anwendung. Da war erstens *der Gelbe,* lang und dünn, er fand seine Anwendung bei Plaudern, Butterbrot- und Apfel-Essen und Klecksen im Schreibebuch; dann war da zweitens *der Braune,* kürzer und dicker, wurde verwandt bei notorischer Faulheit, bei Widerrede, oder wenn nachgewiesen wurde, daß ein Junge dem andern heimlich das Tintenfaß ausgesoffen hatte; und endlich war drittens da *der Dachs,* kurz, dick und schwer, von gewisser Ähnlichkeit mit einem eichenen Schemelbeine. Zum Ruhme des Herrn Rektor muß ich gestehen, daß dieser letztere nur in den alleräußersten Fällen von Verstocktheit, Verruchtheit und offenbarer Widersetzlichkeit in Anwendung gebracht wurde; aber er war doch da und, wie das mecklenburgische Sprichwort sagt: »De Furcht wohrt de Heid«.

Mit dem armen Dachs nahm's ein kläglich Ende. Ein schon längst verstorbener Bösewicht sollte wegen verschiedener Missetaten den Dachs schmekken; frech entriß er den Händen des Rektors den geschwungenen Dachs und schleuderte ihn in die Ecke; der Herr Rektor ward blaß; nach dieser gräßlichen Beleidigung seiner Autorität konnte er nicht weiter dozieren; er schloß die Schule. Aber am folgenden Morgen wurde ein feierliches Femgericht über den Verbrecher gehalten; der *primus scholae* mußte als Ankläger vortreten, die erste Knabenbank wurde zu Femrichtern ernannt, und es wurde von diesem *collegium* abgestimmt, ob der Verbrecher noch länger die Schule besuchen dürfe, oder ob er *cum infamia in perpetuum* zu relegieren sei. *Eine* Stimme, die meines alten guten Freundes Karl Nahmacher, der schon seit Jahren seinen Sitz als *ultimus* der Bank beharrlich festgehalten hatte und nun als der letzte zur Abstimmung kam, rettete ihn; er blieb. – Ja, er blieb – aber in stiller Verachtung.

Den andern Morgen jedoch war der Dachs verschwunden. Allerlei dunkle Gerüchte liefen in der Schule und auf der Straße um: Frau Rektorin habe die Unzweckmäßigkeit seiner früheren Verwendung eingesehen und ihn zweckmäßig zum Kaffeekochen verwandt; wir wissen's aber besser. Ein ebenso großer Bösewicht wie der vorher erwähnte, den ich jedoch ebenfalls nicht nennen werde, weil er von Jugend auf mein Freund gewesen ist, hatte ihn in ein Mauseloch gesteckt. Da wäre er nun wohl für immer in seiner Höhle geblieben, wäre der alte, gute Herr Rektor nicht eines Tages gestorben, wäre das alte, gute Schulhaus nicht an meinen Freund Bunsen verkauft, und hätte dieser nicht eine neue Versohlung und Verdielung für gut befunden. Und da geschah es denn, daß eines schönen Tages der alte, vergessene Dachs zum Vorschein kam und in seiner alten, treuherzigen Weise die Zimmerleute fragte: »Gu'n Morgen ok! Kennt Ji mi woll noch?« Und siehe da! sie kannten ihn wieder, denn es waren Stavenhäger Kinder. – Er ist jetzt in meinem Besitz, er hat mir auf meiner Laufbahn als Schulmeister wesentlich weiter geholfen und wird von mir als Reliquie aus einer schönen Zeit hoch geschätzt.

Wie schon erzählt, kam man in der »Becker-Schaul« bis in die Fibel und in der »Köster-Schaul« bis in den Katechismus; hier in der »Rekter-Schaul« kam man bis in die Bibel und das mecklenburgische Gesangbuch. Außerdem wurde aber noch geschrieben und gerechnet; kostete aber auch wöchentlich einen *Groschen,* d.h. beim *Herrn* Rektor; *Frau* Rektor nahm einen *Schilling,* weil die Mutter Beckersche Konkurrenz eine Preiserhöhung nicht wohl zuließ. Der Kalligraphie wurde eine große Aufmerksamkeit zugewandt, und da der Herr Rektor selbst in dieser Kunst etwas Tüchtiges leistete, so gingen die Erfolge bei den meisten weit über das Niveau des Gewöhnlichen hinaus. Jeder Junge trachtete mit rühmlichem Eifer darnach, bald in die Fraktur-Schrift zu kommen – die aber in meiner Vaterstadt noch immer hartnäckig »Flaktur« genannt wird – und war er mit den damit verbundenen Zügen und Schnörkeln durch, so ging es an ein farbiges Ausmalen großer Initialen, bei dem der Herr Rektor sich sehr viel ärgern mußte, nicht wegen der mangelhaften Leistungen, sondern wegen der trivialen Benennung, mit der diese Kunst bezeichnet wurde: die Jungen nannten die Ausübung derselben »grün oder rot anstreichen«, sie sollten aber »illuminieren« sagen. Mit Vergnügen erinnere ich mich noch des Eindrucks, welchen das bunt »illuminierte« Schreibe-Buch meines etwas älteren Jugendfreundes und ebenfalls älteren Kollegen in der Poesie Helmuth Sköllin (jetzt in einer Hofcharge in Schwerin angestellt) auf mich machte. Alles war wunderschön, aber als er Blatt für Blatt endlich an das X kam, kannte meine

Bewunderung keine Grenzen. Dies X könnte ich noch heute zeichnen und »illuminieren«; es war aus zwei verschlungenen, scharlachroten Schlangen mit grünen, gelbgekrönten Adlerköpfen gebildet, und wer mir eine solche spezielle, fünfundvierzig Jahre überdauernde Erinnerung nicht zutraut, kann sich bei ihm dies X ansehen, denn er wird es hoffentlich zu seiner Ehre im gerechten Stolze aufgehoben haben.

Nicht so glänzend waren die Erfolge auf dem Felde der Orthographie, und daran hatten – wie ich leider gestehen muß – die Jungen weniger schuld als der Herr Rektor selbst: nicht etwa, als wäre er dieser Wissenschaft unkundig gewesen. Gott bewahre! er hatte sich bloß vergriffen, hatte seine ungebildeten, plattdeutschen Jungen für gebildete, hochdeutsch-sächsische angesehen und es für notwendig erachtet, sie vor allem mit dem Unterschied des harten und weichen B und des harten und weichen D bekannt zu machen. Dazu hatte er als vorläufigen Grundsatz aufgestellt, die Jungen sollten gerade so schreiben, wie er diktierte. Unter solchen Umständen konnte nun natürlich eine heillose Verwirrung nicht ausbleiben; die Jungen mußten mit Recht vermuten, hinter diesen Dingen stecke noch ein besonderes Geheimnis, und die harten und weichen P's und B's und D's und T's, die sie, als Produkte plattdeutscher Eltern, auf der Straße und im gemeinen Leben durchaus richtig zu würdigen verstanden, liefen in dem Diktamen des Herrn Rektors ratlos umher wie Kinder im Blindekuhspiel. – Von mir selbst weiß ich zu berichten, daß ich, als der Herr Rektor später meinen Vettern und mir Privatstunden gab und den Satz diktierte: »Traget die Briefe nach der Post« getrost niederschrieb: Draget die Priefe nach der Bohst.

Im Rechnen kam man beim Herrn Rektor durch die vier Spezies und das kleine Einmaleins; besondere Talente kamen in die Brüche und in die Reguladetri; aber ich erinnere mich auch, daß die vorzüglichsten unter ihnen – meistens Judenjünglinge – in die Regula quinque und in die Regula falsa hineinkamen. Die andern Regeln habe ich später kennengelernt, aber die Regula falsa ist mir nie wieder aufgestoßen, selbst mein würdiger mathematischer Lehrer und Freund, der Konrektor Gesellius in Parchim, kannte sie nicht und meinte nur, als ich ihn einmal darnach fragte: es würde wohl die Regula sein, wo das Fazit stets falsch herauskäme.

Der Herr Rektor selbst quälte sich mit dem Rechnen wenig ab, er hielt sich strenge an sein Fazit-Buch. So diktierte er denn einmal ein Exempel, und nach kurzer Zeit erhob sich ein Schnellrechner: »Ich hab's« – »Was hast du?« – »491 1/4.« Der Herr Rektor sieht in sein Buch: »Falsch!« Zu einem andern: »Was hast du?« – »491 1/4.« – Ich sage euch, es ist falsch; ein Bruch ist gar nicht dabei. – Rechnet's noch mal.« – Das geschieht; aber bevor die besten Rechner ein neues Fazit gefunden haben, erhebt sich ein kleiner, pfiffiger Schlingel: »Herr Rektor, ich hab's« – »Was hast du?« – »491« war die Antwort. »Richtig! 491! – Wie hast du's gemacht, mein Sohn?« – »Ich hab' den Bruch weggewischt.«

Ein andermal wurde ihm ein kleiner Judenjunge in die Schule geschickt, der bisher bei seinem Bocher in Unterricht gewesen war; der Vater desselben stellte den Sohn vor: »Sehn Sie hier, Herr Rektor, meinen Sohn, Moses David. – Kennen Sei minen Sähn? Ein ausgeßaichneter Mensch, er helft mir schon ins Geschäft; er rechnet Sie allens aus, aus en puren Kopf.« – Der Herr Rektor wurde verstimmt bei dem Lobe dieser Verdienste, an denen seine Lehrkunst keinen Teil hatte, er wollte den Jungen fangen, er wandte sich also an ihn: »Ich höre zu meinem Vergnügen, daß du so schön rechnen kannst und daß du deinem Vater schon in dem Geschäfte hilfst. Wenn ich nun in deinen Laden komme und mir $1^3/_4$ Ellen zu einem Beinkleid kaufe, die Elle zu $1^3/_4$ Taler, was muß ich dir zahlen?« – Das war eine schlimme Aufgabe; aber Moses David ließ sich nicht fangen, er war dem Herrn Rektor zu klug. Ohne sich weiter zu besinnen, antwortete er: »Nu? Sie werden doch nicht nehmen zu $1^3/_4$ Taler die Elle, ist doch zu schlecht for Sie; Sie müssen doch nehmen zu zwei Taler; und Sie werden doch nicht auskommen mit $1^3/_4$ Ellen bei Ihrer Längde, Sie müssen doch haben zwei Ellen; macht gerade vier Taler.«

In der Katechismusstunde fragte er einmal den wohlgenährten Sohn eines Bäckers: »Warum steht die Bitte um das tägliche Brot grade in der Mitte des Vaterunsers?« – »Weil es die Hauptsache is«, war die Antwort, und als er sich an dessen Nachbarn, einen kleinen, pfiffigen, grade erst in den Katechismus gekommenen Schlingel mit der Frage wandte: »Warum beten wir wohl um das *tägliche* Brot?« lautete die Antwort: »Weil's sonst so trocken wird.«

Ja, ja! Richtige Stavenhäger Kinder sind nicht auf den Kopf gefallen.

Zuweilen predigte der Herr Rektor auch, aber nur selten, hauptsächlich in der bedrängten Passionszeit. Er predigte sehr gründlich und äußerst rationell; ich erinnere mich, daß er an einem Grünendonnerstage ein vollständiges Reguladetri-Exempel mit dem Vordersatz und Hintersatz und dritter unbekannter Größe ausrechnete, um seinen andächtigen Zuhörern den wirklichen Wert der dreißig Silberlinge in preußischem Kurant anzugeben.

Das waren der Herr Rektor und die drei einzigen quasi offiziellen wissenschaftlichen Bildungsanstalten der Stadt Stavenhagen. – Aber hier muß ich, für meine Person, bekennen, daß keine dieser drei Anstalten von meiner Person besucht worden ist, und wenn sich in meiner wissenschaftlichen Bildung wesentliche Lücken finden, so schiebe ich es auf diesen Übelstand. Meine »Mutter Beckersch« war meine eigene Mutter, mein »Köster Voß« war Mamsell Schmidten, und mein Rektor war Onkel Herse und ein gutes Dutzend der allerverschiedensten Lehrkräfte, die Stavenhagen aufzuweisen hatte. Mein Vater hielt ganz richtig dafür: der Mensch müsse etwas lernen, und daher war er unablässig bemüht, alle Leute, die irgend etwas wußten, mit meiner und meiner Vettern Belehrung zu bemühen. So sind denn bis zum Unterricht bei einem festengagierten Hauslehrer nach der Reihe folgende Personen meine Hauslehrer geworden: Meine Mutter, Mamsell Schmidten, der Handlungsbeflissene Rutenick, der *studiosus,* jetzt Medizinalrat Caspar zu Bützow, der Apotheker, jetzt Doktor Sparmann zu Stavenhagen, der Schneider Krenz, der Uhrmacher Droz, der Herr Rektor, Onkel Herse und verschiedene andere, deren Weisheit ich nicht allein, sondern auch deren Namen ich vergessen habe.

Ich kann diesen höchst komplizierten Bildungsgang leider nicht gründlich verfolgen, es war ein zu künstlicher Irrgang, und der Ariadnefaden ist mir im Laufe der Zeit abhanden gekommen; ich muß mich auf einige Notizen beschränken. – Von meiner guten Mutter habe ich Lesen und Schreiben gelernt, bei welcher letzten Kunst Onkel Herse, der eine *sehr* schöne Hand schrieb, mit Vorschriften unter die Arme griff. Ich bin bis zur »Flaktur« gekommen, in dieselbe hinein nicht; denn als Onkel Herse, um dem Herrn Rektor in keiner Weise nachzustehen, damit beginnen wollte, erklärte mein Vater, das sei dummes Zeug, die Jungen sollten eine gute Hand schreiben lernen, weiter nichts.

Aus diesen Vorübungen kam ich in die regelmäßige Schule bei Mamsell Schmidt. Dies war eine liebe, gute, in meinen Augen damals sehr schöne Dame, der ich wirklich sehr viel verdanke. Alles wäre auch gut gewesen, hätte sie nur nicht eine Töchterschule für gebildete Stände gehalten und wäre ich nur nicht der einzige Junge unter den gebildeten Mädchen gewesen! Was haben mich diese Kinder anständiger Leute geschuriegelt! Jede Zwischenstunde hatte ich mit den sich erschließenden Blüten des schönen Geschlechtes die heftigsten Kämpfe auszufechten und halte das Lied: »Als ich noch im Flügelkleide in die Mädchenschule ging...« für ein sehr dummes Lied, und den albernen lateinischen Hexameter: *Est bellum bellum, bellis bellare puellis* mag derjenige für schön erklären, der's nicht durchgemacht hat; mir bleibe man damit vom Leibe, denn ich weiß, wie mir diese kleinen gebildeten Megären zugesetzt haben. Eule unter Krähen zu sein, ist ein schreckliches Los. Nur zwei liebenswürdige Evatöchter, Minchen Pasters und Auguste Sparmann, nahmen meinen noch sehr schwächlichen Mannesmut unter ihren gütigen Schutz, und wenn die Leute behaupten, daß meine Frau ein gelindes Pantoffel-Regiment über mich führt, so hat sie ihre Herrschergewalt nur der Erinnerung an meine Hülfsbedürftigkeit in der Mädchenschule zu verdanken und an die Liebenswürdigkeit meiner Beschützerinnen.

Neben dem holperigen Geleise meiner Mädchenschule trabte noch ein männlicher Pädagog nebenher, das war der Schneidergeselle Krenz, der sieben Jahre als Schneidergeselle in Paris gearbeitet hatte. Es ist ein guter, alter Mann – denn er lebt noch –, hat sich aber auf seinen vielfachen Wanderungen sonderbare Lebensanschauungen angeeignet, die einmal in seinen Unterrichtsstunden, bei denen meine Mutter gegenwärtig war, auf eine höchst drollige Weise zum Vorschein kamen. – Meine Schwester konnte mit der Aussprache der französischen Nasenlaute nicht gut zurecht kommen, und ich dummer Junge lachte darüber; da drehte sich Herr Krenz zu mir um: »*Monsieur* Fritz, lachen Sie nicht; *Mademoiselle* Lisette ist ein Frauenzimmer, und die Frauenzimmer sind von Natur dumm geboren.« – Meine Mutter lachte: »Herr Krenz, Herr Krenz, lassen Sie das Ihre Frau nicht hören.« – Herr Krenz merkte den Verstoß, wurde sehr bestürzt und stotterte: »Frau Burgemeistern, Ihnen habe ich nicht damit gemeint.« Natürlich wurden dergleichen kleine Verstöße gerne übersehen; aber eine kleine sprachliche Unrichtigkeit, die er uns beharrlich eingeimpft hatte, entriß ihm den pädagogischen Zepter. – Wir drei Knaben waren zum Besuche zu meinem Onkel nach Jabel gewandert, und dieser fühlte unsern französischen Kenntnissen etwas auf den Zahn. Wir parlierten auch nach Kräften dreist drauf los; aber zum Unglück für den Herrn Krenz mußte ich mit »*Je suis été*« zu Raum kommen. »August, wie heißt das?« fragte mein Onkel. – »*Je suis été*«, sagte August. – »Ernst, wie heißt das?« fragte mein Onkel weiter. – »*Je suis été*, Herr Krenz sagt immer: *Je suis été.*« – Mein Onkel schrieb einen überaus humoristischen Brief in dieser Angelegenheit an meinen Vater, und – Herr Droz wurde für die französischen Stunden gewonnen.

In meinen »Ollen Kamellen« habe ich schon von Herrn Droz – oder wie die Leute ihn nannten: »Droi« erzählt, aber bloß um nachzuweisen, daß auch Leute, die viel erlebt hatten, meine Vaterstadt zum ruhigen Hafen nach stürmischen Schicksalen erkoren, will ich hier auf ihn zurückkommen. – *Jean Jacques Humbert Droz* stammte aus der bekannten Uhrmacher-Familie des Kanton Neufchâtel, die so viele mechanische Künstler hervorgebracht hat; der berühmte Verfertiger von Automaten, Jacques Droz, war sein naher Verwandter. – In seiner Jugend mag er etwas wild gelebt haben – er war wenigstens schon frühzeitig ein leidenschaftlicher Jäger und wurde später Soldat. In seine Soldatenzeit fällt nun ein Ereignis, welches nicht allein auf *sein* Leben, sondern auf ein weit berühmteres einen entscheidenden Einfluß ausüben sollte. Die Freiheits- und Gleichheits-Ideen der ersten französischen Revolution hatten ihren Weg selbst in die stillen Juratäler von *Locle* und *Chaux-de-fonds* gefunden und wurden, wie überall, von einer Seite mit rückhaltsloser Begeisterung gepredigt, von der andern mit hartnäckigem Widerstreben zurückgewiesen. Droz, als Schweizersoldat, gehörte dieser letzteren Seite an; er sitzt eines Abends mit mehreren Kameraden beim *vin rouge de Valengin*, da tritt der Fechtmeister Augereau mit der roten Jakobinermütze in das Gastzimmer und fordert die Anwesenden auf, dies Zeichen der Freiheit und Gleichheit statt der weißen Schweizer-Kokarde aufzupflanzen. Man weigert sich, aber der Fechtmeister wird dringender und reißt endlich meinem Herrn »Droi« die Kokarde vom Hute. – *»Ce coquin-là!«* sagte Herr »Droi«, wenn er es erzählte. – Herr »Droi« packt ihn, schleift ihn in die Küche und bearbeitet ihn unter dem Beistande seiner Kameraden aufs unbarmherzigste mit einem Scheite Holz. Der Fechtmeister, ganz zerschlagen, soll am andern Morgen den Söhnen eines reichen Kaufmanns die bedungenen Stunden geben; er scheuet aber mit dem zerschlagenen Gesichte die Öffentlichkeit, entschuldigt sich mit dringenden Geschäften und bittet den Kaufmann endlich um ein Reitpferd. Dies erhält er, setzt sich des Abends zu Pferde – und kam nicht wieder. Er ritt nach Paris und wurde Marschall von Frankreich und Herzog von Castiglione.

Man hörte nun wohl später in Neufchâtel von den Kriegstaten eines Augereau, aber keinem, am wenigsten meinem Herrn »Droi« fiel es ein, daß dieser Augereau der abgeprügelte Fechtmeister sein könne. Das dauerte jedoch nur seine Zeit: Augereau rückte als kommandierender General in die Schweiz und machte seine etwas ausgedehnte Pferde-Anleihe dadurch wieder gut, daß er vorher mit einem verbindlichen Schreiben 100 Louis d'or und zwei sehr schöne Reitpferde einsandte. – Herr »Droi« vermutete nun mit Recht, daß der, welcher ein so vortreffliches Gedächtnis für Pferde gezeigt hatte, auch eines für Prügel haben könnte; er zog es also vor, seine bisherige Stellung aufzugeben, das heißt: er desertierte, ging ins Bernische und von da nach Mümpelgart *(Monbeillard* – wie er es stets nannte). Hier ward er Wildschütz, kam aber – wie dieser Industriezweig es in zivilisierten Ländern mit sich bringt – in unangenehme Verdrießlichkeiten mit den Behörden und in noch unangenehmere mit seinem Geldbeutel und sah sich endlich genötigt, fürs liebe Brot und zu seiner Sicherheit in die Reihen der Neufranken einzutreten.

Da hat er nun eine Reihe von Siegen mit erfechten geholfen; aber sei es nun, daß er von Jugend auf mehr auf die Tiere des Waldes als auf Menschen-Schießen dressiert war, er hat es auf dem Felde der Ehre nicht weit gebracht, und die einzigen Spolien, die er auf seinen Feldzügen erobert hatte, waren seine eigene Uniform, Bärenmütze und Stiefeletten, die er eines schönen Abends, als er für immer von den Franzosen Abschied nahm, um nicht ganz unbekleidet zu erscheinen, mit sich nahm.

Er schlug sich durch alle polizeilichen und militärischen Anfechtungen durch und kam, als seine früheren Kameraden die Schlacht von Marengo schlugen, nach Berlin. – Hier lächelte ihm zum ersten Male das Glück; er wurde – weiß der Himmel durch welche Vermittelung! – Kammerdiener beim Prinzen Louis Ferdinand von Preußen, jenem genialen, aber sittenleichten Herrn, der später bei Saalfeld durch seinen mutigen Tod so viele Verirrungen im Leben abbüßen sollte; d. h. er wurde nicht Kammerdiener bei der Person des Prinzen selbst, sondern bei einer Person weiblichen Geschlechts, die der Person des Prinzen außerordentlich nahe stand. 1806 folgte diese Dame dem allgemeinen preußischen Heerrufe, und Herr »Droi« natürlich ihr, so daß er als sehr entfernter Zuschauer auch von dieser Zeit erzählen konnte. Nach der verlorenen Schlacht von Jena und dem Tode des Prinzen lief Herr »Droi« mit dem ihm anvertrauten Schatz noch eine Weile in der allgemeinen Misere mit, bis ihn endlich unter Beistimmung von Mademoiselle ein französischer General von seiner Verantwortlichkeit dispensierte und ihn in meine Vaterstadt entließ, wo er sich in dem Geschäfte einer Witwe als Uhrmacher-Gehülfe nützlich zu machen suchte. Aus diesem auf Wochenlohn gegründeten, kündbaren Kontrakte wurde später ein auf Liebe gegründeter, unkündbarer; er heiratete die Witwe und ernährte sich kümmerlich bis ans Ende seiner Tage mit Uhrenflicken und Uhrenschmieren vom Publikum, und mit Sprachflicken und Zungenschmieren von uns Jungen. Er hätte vielleicht schon früher Abschied von diesem Leben genommen, hätte ihn nicht eine bis ans Ende lebendige Hoffnung aufrecht erhalten, nämlich die Hoffnung auf seinen rückständigen Gehalt für die Dienste, die er Mademoiselle geleistet hatte; aber der Erbe des Prinzen Louis, Prinz August von Preußen, wollte weder seine Dienste noch seine Verdienste anerkennen; der arme Schelm erhielt nichts.

Wenn nun auch manches nicht sehr Liebens- und Lobenswertes in seinem

Leben vorgekommen sein mag, so war Herr Droz doch ein guter Lehrer für die französische Konversation, denn er wußte vieles und Fesselndes zu erzählen. Jagdabenteuer, Soldatengeschichten, Schilderungen seines Heimatlandes schmuggelten bei uns ganz unvermerkt das Verständnis der französischen Sprache ein, und selbst das geistlose Auswendiglernen von Regeln, welches mir später auf der Friedländer Schule tagtäglich aufgetischt wurde, hat mir des Herrn Droz Muttersprache nicht verleidet.

Aber die leichten Truppen der französischen Konversation konnten nicht allein unsern Geist für die Bildung erobern: das schwere Geschütz des Lateinischen mußte zu Hülfe gerufen werden. Der Herr Rektor ward als Oberfeuerwerker dabei angestellt und bombardierte uns mit lateinischen Vokabeln, und nebenbei warfen Julius Caspar und Fritz Sparmann allerlei flüchtige Leuchtkugeln in die natürliche feste Stellung unserer Unbildung, bis wir sie aufgeben mußten. Das war hart, und ich kann mir das Zeugnis geben, daß ich mich wacker dagegen gewehrt habe, und zwar so, daß ich von Fritz Sparmanns Unterricht, der sich zum Glück auch auf die Geschichte erstreckte, nichts weiter behalten habe, als daß Kalif Omar die Alexandrinische Bibliothek verbrannt hat, was, wie ich kürzlich zu meinem Erstaunen gelesen habe, gar nicht wahr sein soll.

Nach meiner Entlassung aus der Mädchenschule trat für uns in den gewöhnlichen Unterrichtsstunden eine Art Interregnum ein, welches wir höchst zweckmäßig damit begannen, alles zu vergessen, was uns eingebleuet war. Dies konnte mein guter Vater, dem Arbeit das erste Lebensbedürfnis war, natürlich nicht mit ansehen; er selbst brachte uns, abgequält von den täglichen Mühen, des Abends nach Tische die Anfangsgründe der Geographie bei, nach Homannii Atlas, von dem sich glücklicherweise ein Exemplar in dem Besitze des alten Ratsherrn Susemihl befand. Im übrigen sprang mein Onkel Herse hülfreich bei; er gab Unterricht im Schönschreiben, in der Orthographie, im Zeichnen, im Rechnen und eine Stunde, aber auch nur *eine* Stunde im Turnen, worüber ich später berichten werde.

Der Unterricht im Schönschreiben und im Rechnen ging, wie ich mich erinnere, in gewöhnlicher Weise und mit herkömmlichem Nutzen für uns vor sich; das Zeichnen jedoch mit mehr als herkömmlichem Nutzen, wenigstens im Vergleich mit der jetzigen Zeit, in welcher der Musikteufel klimpernd, geigend und pfeifend umgeht und schon vier- bis fünfjährige Kinder verschlingt, das Ohr fürs richtige Gehör – vielleicht auch Gehorchen – präpariert und die beiden Organe, die der bildenden Kunst und dem praktischen Leben dienstbar sind, Auge und Hand, in den Hintergrund drängt.

Damals war das anders: man gab wenigstens ebensoviel auf eine Zeichnung als auf einen Walzer und hatte bei dieser Kunstwahl noch die Vorteile, daß man die Ausgabe für teure Fortepianos sparte und sich die Mietsleute nicht durch die Fingerübungen der lieben Kleinen verjagte. Damals wurde aber auch noch wirklich *Zeichnen*unterricht gegeben, mit welchem der jetzige Dilettantismus sich nicht mehr quälen lassen will, sondern gleich zu Pinsel und Palette greift, um blaue und rote Blumen zu malen, die kein Linné kennt und kein Herrgott erschaffen hat, oder Landschaften, in denen grüne Heuhaufen statt der Bäume und gefleckte Jagdhunde statt der Kühe stehen. Mein Onkel Herse malte nun auch, und zwar in Aquarell, in Gouache, in Öl und in Email, und alles dies so vorzüglich, daß – wie er bescheiden lächelnd zu erzählen pflegte – ihm einmal dasselbe passiert war wie dem alten Griechen-Maler Zeuxis. – Als er das in Öl gemalte Porträt des Pastor Knöchel – wie *er* sagte: zum Trocknen, *andere* meinten: um doch einmal zu zeigen, was er könnte – in das offene Fenster gestellt hatte, geht der alte Glaser Bade vorüber, zieht den Hut und sagt: »Gu'n Morr'n, Herr Paster, wat makt Ehr leiwe Fru?« Woraus man entnehmen kann, daß entweder mein Onkel Herse ein großer Künstler oder der alte Glaser Bade sehr kurzsichtig oder auch ein arger Schelm gewesen ist und daß sein Kompliment nicht dem Pastor Knöchel, sondern meinem Onkel Herse gegolten hat, der halb hinter dem Bilde versteckt, auf den Effekt lauerte.
Onkel Herse hätte uns wahrscheinlich auch gleich zum Malen verführt, wäre mein Vater nicht gewesen, der selbst ein ganz vorzüglicher Zeichner war, wie es seine Kreidestudien bewiesen, die er unter der Leitung Riepenhausens in Göttingen gemacht hatte. »Erst gehen und nachher tanzen«, war seine Meinung, und als ich ihm einmal einen in Rotstift und schwarzer Kreide nach meiner Meinung sehr schön ausgeführten Hund brachte und seiner Bewunderung schon gewiß war, fing er auf eine schreckliche Weise an, mit einem schwarzen Stifte in meine rote Couleur hineinzuarbeiten, so daß von dieser nichts mehr zu sehen, dafür aber auch die Zeichnung korrekt war – wie er sagte.
Diese Sicherheit meines Vaters und die farbigen Kunstleistungen meines Onkels versetzten mich nun in argen Zweifel, wer von beiden der größte Künstler sei. – Eines schönen Abends, als mein Onkel Herse ausgenieset hatte – er mußte nämlich des Abends immer niesen, wenn er etwas Weißes sah, und da nun gerade eine Tagelöhnerfrau mit weißer Schürze über den Markt ging, hatte er ihr Schritt vor Schritt mit seiner Nase das Geleite gegeben – also als er ausgenieset hatte, fragte ich ihn: »Unkel, wer kann beter malen, du oder min Vatter?« – Mein Onkel Herse nieste bei dieser Frage

noch einmal, wahrscheinlich aus Bescheidenheit, und sagte endlich: »Hm! Hm! – Dat 's ok so'ne dumme Frag'. – Dor möst du dinen Vatter nah fragen.« – Ich hatte nun natürlich nichts Eiligeres zu tun, als zu meinem Vater zu laufen und ihm dieselbe Frage vorzulegen, worauf derselbe antwortete: »Onkel Herse.« – Mit diesem Bescheide kam ich wieder zurück und meldete ihn meinem Onkel. Er räusperte sich ein paar Male und sagte endlich: »Dumme Jung', wer hett di dat heiten? – Äwerst wenn hei dat sülwst seggt, denn ...« Der Schlußsatz ging verloren, denn die Tagelöhnerfrau kam zurück, und mein Onkel geriet wieder ins Niesen.

Es versteht sich nach allem diesem von selbst, daß wir die Zeichnenstunden gerne und auch mit wirklichem Nutzen besuchten; aber die liebste Stunde blieb uns immer die orthographische. Das wird manchem, der sich mit dem dehnenden h und e abgequält hat, unwahrscheinlich sein, aber – er hat auch keinen Onkel Herse zum Lehrer gehabt. Dieser warf in den bittern Kaffee der Orthographie so viel Zucker, daß er auch dem nicht daran gewöhnten Kindergaumen höchst lieblich schmecken mußte. Er diktierte nicht ein Häcksel von kurzen Sätzen, sondern uns zu Gefallen ward er in den orthographischen Lehrstunden ein Dichter, erfand einen vollständigen Roman mit allen möglichen Ingredienzien, mit Ausnahme der Liebe, die er, wahrscheinlich unseres kindlichen Alters wegen, ausließ.

Der Roman – der erste, den ich gekostet habe – war nach dem Helden »Waldmann« betitelt und fing ganz grade so wie die jetzt beliebten, in den nordamerikanischen Felsengebirgen spielenden mit einem Bären-Abenteuer an. Dieselbe Angst des Jägers, dieselbe hartnäckige Verfolgung des Bären, dieselbe unwahrscheinliche Rettung. Nach dieser wird Waldmann von dem Jäger als nacktes kleines Kind unbegreiflicherweise in seiner Jagdtasche gefunden und wird mit der Zeit ein sehr ordentlicher Mensch. Mönche und Nonnen beeifern sich wechselweise, ihn sehr unglücklich zu machen, was ihnen nicht gelingt, weil Waldmann von einem Eremiten die Kunst erlernt hat, sich unsichtbar zu machen.

Weiter sind wir nicht gekommen, und daran war mein Vorwitz schuld: ich fragte meinen Onkel, wie er das wohl gemacht haben könnte. Um eine Antwort war Onkel nie verlegen, er sagte also kurzweg: die Leute hätten zu diesem Zweck Bilsenkraut geraucht.

Was hat mir diese Erklärung für Kopfzerbrechen gekostet! Die Sache schien mir höchst unwahrscheinlich, aber Onkel Herse hatte es gesagt, und seine Autorität antasten war in meinen Augen ein *crimen laesae majestatis*. – Aber dennoch! Ich beschloß, zu meiner Beruhigung einen praktischen Versuch zu wagen. Bilsenkraut kannte ich, es wuchs in Unmassen auf dem alten Bauhof; ich konnte mir leicht einige Blätter verschaffen. Aber das Rauchen! So ziemlich bei Todesstrafe war das Rauchen von meinem Vater verpönt, und wenn ich nun auch im Interesse der Wissenschaft es heimlich riskiert hätte, wie hätte ich für mich allein erfahren sollen, ob ich unsichtbar sei oder nicht?

Ich entschloß mich also, den Versuch mit unserm alten Friedrich zu wagen. Unter dem Vorwande, ihm eine Pfeife von meines Vaters Tabak zu stopfen, lud ich ihm die Pfeife mit Bilsenkraut und stopfte darüber eine dünne Lage von meines Vaters Justus, brachte ihm dies heimtückische Gemisch in die Leutestube und setzte mich ihm gegenüber, ihn nun bald unsichtbar zu sehen.

Friedrich rauchte nun drauf los; die ersten Züge schmeckten ihm augenscheinlich sehr gut, ich saß vor ihm und blickte ihn unverwandt an wie ein Naturforscher, der ein großes Phänomen beobachtet, bloß mit dem Unterschiede, daß der Naturforscher meistensteils auf das *Erscheinen* von etwas *Ungewöhnlichem* wartet, ich auf das *Verschwinden* von etwas *Gewöhnlichem*. – Nun muß er sich durch die Tabakslage bald durchgeraucht haben, nun kommt er ans Bilsenkraut, nun mußte er bald verschwinden. – Aber der alte Friedrich rauchte durchaus sichtbar fort, schadet ihm nicht, unsichtbar muß er doch werden, wenn auch erst mit der Zeit. – Die Zeit sollte nicht kommen: Friedrich begann wiederholt kurz auszuspucken, er schnüffelte in dem Rauch umher, und plötzlich griff er über den Tisch herüber, packte mich mit einer Hand beim Rockkragen: »Verdammte Slüngel, wat hest du mi för Düwelstüg in de Pip stoppt?« und dabei suchte seine andere Hand mein Ohr. – Vergebens suchte ich zu entwischen, Friedrich hielt fest: »Wat hest du mi in de Pip stoppt?« – Endlich kam ich damit heraus: »Bilsenkrut.« – »Bilsenkrut? Wo? dat is jo woll gor swarten Deg'? – Willst du mi mit dat Tüg vergeben?«

Nun mußte denn von meiner Seite eine notgedrungene Erklärung meines Attentats erfolgen, und das Unglück wollte, daß mein Vater darüber zukam. Er fragte, was hier los sei? und da ich im Bewußtsein meiner Schuld schwieg, erzählte Friedrich die Sache in seiner Weise und setzte am Ende hinzu: »Un nehmen S' nich äwel, Herr Burmeister, de Herr Ratsherr Hers' sett't de Gören blot Rupen in den Kopp. – August hett gistern de nigen Büxen mit Viktriolöl insmert, wil dat de Herr Ratsherr em dat Stock-Beizen dormit lihrt hett, Ernsten hett hei dat Klammer-Sniden bibröcht, un de sitt nu den ganzen Dag in 't Hauschuer un snitt Klammern un hett mi minen Frittbohrer wegbröcht, un des' lett mi hir swarten Deg' roken. Nix as Schelmenstücken lihren s' bi den Herrn Ratsherrn!«

Mein Vater beschwichtigte den Zorn des alten Friedrich mit einem Pfund Tabak, ich wurde aber zu einer genaueren Untersuchung abgeführt, und da meine einzige Entschuldigung darin bestand, daß ich auf Onkel Herses Autorität und auf seinen Roman hinwies, so verlangte mein Vater mein Manuskript des Waldmann zu sehen, welches er sofort sehr eifrig durchzulesen begann. – Dies ist der einzige Roman gewesen, den mein Vater meines Wissens in seinem Leben gelesen hat. Er erklärte ihn dann auch meiner Mutter gegenüber – wir Kinder durften dies natürlich nicht hören – für das dümmste Zeug, was er in seinem Leben gelesen, und Onkel Herse wurde ersucht, den Schluß zu unterdrücken, was er auch wahrscheinlich sehr gerne tat, da ich noch heute nicht begreife, wie er ohne Anwendung der gräßlichsten Spuk-, Gespenster- und Zaubermittel den wunderbar verfilzten und verknoteten Anfang hätte lösen können.

Mit der Romanschriftstellerei war's also nach einigen Wochen zu Ende; mit dem Turnen trat die Katastrophe nach der ersten Stunde ein.

Mein Onkel Herse hatte dunkle Gerüchte von den Bestrebungen des alten Turnvater Jahn gehört, und da ihm die Familie desselben bekannt war, er sich auch stets für allerlei Sport lebhaft interessierte und auch dem Tugendbunde – wie er zuweilen unter vier Augen versicherte – angehört hatte, so konnte das Turnen ihm nicht gleichgültig sein, und er beschloß, da er selbst zu dick zu der Ausübung dieser Kunst geworden war, in uns den Sinn für die neuerfundene Gymnastik durch praktische Übungen zu erwecken. Reck und Barren waren freilich meinem Onkel ganz unbekannt, dafür hatte er aber eine Leiter, die vor dem Kuhstalle stand und auf den Heuboden führte. Diese Leiter hatte er sich zu unsern gymnastischen Evolutionen ausersehen. Wir mußten an derselben auf der rechten und auf der verkehrten Seite herauf steigen, wir mußten rückwärts und vorwärts durch die Sprossen kriechen, mußten Hand um Hand an diesen Sprossen hinauf »handeln«, und alles ging so vorzüglich, daß Onkel in der Überfülle seiner Freude über den günstigen Erfolg seine »Tanten« rief, damit sie sich auch an dem Jugendspiele ergötze.

»Tanten« schüttelte aber mit dem Kopfe und sagte: »Unkel, dat sünd brotlose Künst! Un de Jungs warden sik dorbi noch de Knaken intwei breken un sik dat Tüg taunicht rangen, un du wardst dat mit de Burmeisterin tau daun kriegen;« und damit ging sie in den Garten.

»Tanten, wat du för Angst hest!« sagte Onkel, und die Übungen wurden fortgesetzt. Nun sollte noch ein besonderes künstliches Stück ausgeführt werden; August und Ernst waren glücklich damit fertig geworden, aber mich als den Schwächsten – der ich damals nur, wie die Leute sagen: »en knendlich Kind« war – verließ die Kraft, und ich fiel von der Leiter, glücklicherweise in den weichen Kuhdünger. »Jung'!« sprang mein Onkel Herse hinzu, »deit di wat weih?« – »Ne, Unkel, äwer min Hosen!« – »Lat man sin! Dat wischen wi di af.« – Zum Glück hatte ich ein Paar dunkelgrüne, aus einem abgelegten Rocke meines Vaters angefertigte Beinkleider an, und als Onkel mit einem Strohwisch das Gröbste abgewischt hatte, erklärte er: »'T is gor nich tau seihn. – Nu will'n wi äwer rin gahn. – Un dat keiner dorvon wat tau Tanten seggt.«

Dies war nun so weit ganz gut: zu *sehen* war nun auch eigentlich nichts; aber – aber – Tanten kam hinein, und Tanten roch etwas. »Wat Dausend! »Wo rückt dat hier?« und dabei ging sie um den Tisch, an welchem wir höchst schweigsam und emsig mit Zeichnen beschäftigt waren, und roch uns alle an. – Tanten hatte eine sehr dünne und sehr feine Nase; aus der Laufbahn meines Onkels als Apotheker hatte sie die Vorliebe für Räucherkerzchen mit ins Ratsherrn-Leben hinübergenommen; auf ihrem Tische stand stets eine hellblaue Glasvase mit Rosen- und Lavendelblättern, und um ihren Hals schlangen sich Ambra-Perlen; was Wunder, daß sie mich endlich als den Verbreiter abscheulicher Düfte herausroch! Ich wurde schleunigst abgeführt, und mein lieber alter Onkel erhielt eine Strafpredigt, die ihm für alle Zeiten den Unterricht in der Gymnastik verleidete.

Ob des alten Friedrich Ansichten über Onkel Herses Unterricht meinem Vater einen Floh ins Ohr gesetzt hatten, ob Waldmann ihn stutzig gemacht, oder ob er als Bürgermeister den Herrn *Ratsherrn* genauer von der genial inkonsequenten Seite kannte, die sich mit dem Lehrerberufe so schlecht vertragen soll, genug, auch diese Schule wurde für uns geschlossen und mit ihr die fröhliche Kinderzeit. Die Knabenzeit begann; ein salarierter *candidatus theologiae* wurde als Lehrer ins Haus genommen, eine strenge Disziplin eingeführt, und somit ging es denn mit starken Schritten in das ernste Leben hinein, mit welchem ich mich in dieser heiteren Schilderung nicht befassen mag, weil die Mitteilung seiner bittern Täuschungen mir die Stimmung verderben könnte. Nur die erste gestörte Illusion, die mir als Freude entgegentrat und mir schließlich einen übervollen Wermut-Becher reichte, mag hier als Beispiel vieler andern ihren Platz finden. – Mein Pate, Amtshauptmann Weber, besaß zwei Kleinode, von denen er sich nie trennte, seinen Jenenser Ziegenhainer und seine Schnupftabaksdose von gelbem Buchsbaum-Maser, ein Andenken von einem längst verstorbenen Freunde. Auf einem Spaziergange durch die Felder verlor er die letztere; zum Glück war ich sein Begleiter und wußte genau, welchen Weg wir genommen hatten: ich spürte also zurück und war so glücklich, die Dose zu finden. Die

Freude des alten Herrn war mir unbegreiflich, da ich noch nichts von Andenken verstand und mit zehn Jahren noch keine längst verstorbenen Freunde haben konnte; er war aber so freudig bewegt, daß er mich verschiedentlich auf den Kopf klopfte: »Nee, wat denn, Fritz? Nee, wat denn? – Min Sähn, dat will ick di gedenken.« Nach einiger Zeit wurde ich denn zu ihm auf das Schloß beschieden, und mir wurden drei dicke Bücher als Fundgeld für diese Dose eingehändigt. Meine Freude war außerordentlich; jubelnd kam ich zurück und zeigte meinen dicken, dreibändigen Schatz meiner Mutter; der Titel wurde besehen; es war – erschreckt nicht, ihr Freunde meiner Jugend, die ihr unter der Wucht dieses Buches geächzt und geseufzt habt: es war Schellers Lexikon. Ja, diese Freude ist mir später gehörig versalzen, und die Schnupftabaksdose des alten Herrn Amtshauptmann wurde für mich eine Pandorabüchse, aus welcher über mein junges Haupt viel Kummer und Elend ausgeschüttet worden.

Über den Gesundheitszustand der Wissenschaften in meiner lieben Vaterstadt glaube ich nun genug gesprochen zu haben: es bliebe mir jetzt noch übrig, ein paar Worte über das Wohlbefinden der Künste in derselben hinzuzufügen. Es kann nur wenig sein, zumal ich die Zeichnenkunst und die Malerei schon in dem Vorhergehenden berührt habe.

Die Produkte der Baukunst lassen sich, nach dem berühmten Kirchenbau von 1790, in einigen neuen Wohnhäusern, Ställen und Scheunen leicht aufzählen; die Hauptgeschäfte dieser Kunst waren das von Zeit zu Zeit wiederkehrende Versohlen der Gebäude, das Ziehen neuer Schornsteine und das Ausbessern verwitterter Lehmwände. Die Leitung dieser Bauten war zweien Maurermeistern und einer Zimmerfamilie anvertraut, welche letztere in dreien Brüdern, »Dick-Dohmstreich«, »Scheifback-Dohmstreich« und »Teckelbein-Dohmstreich« ihre Spitze fand. Zu diesen kam später noch »Hanne Dohmstreich junior«, dessen ich hier nur deshalb Erwähnung tue, weil er die Stadt einmal in gerechte Freude und Bewunderung durch die Konstruktion eines »verzahnten Trägers« versetzte, der noch heute als Kunstwerk in dem Torwege eines Stavenhäger Mitbürgers gezeigt wird. Die monumentale Seite der Kunst ist meines Wissens nur einmal geübt worden: als Magistrat und Bürgerschaft beschlossen, die verschiedenen Torflügel der Stadt, die bisher an hölzernen Pfählen hingen, an steinerne Pfeiler zu hängen. Auch sie sind noch heute in ihrer ursprünglichen Gestalt zu sehen bis auf den einen, der restauriert werden mußte, weil er gleich im ersten Winter von einem Holzwagen umgefahren wurde, woran begreiflicherweise weniger die Ausführung des Bauwerks als die Ungeschicklichkeit des Fuhrmanns schuld hatte. Die plastische Kunst könnte ich eigentlich ganz überschlagen; denn was die »bürgerliche hölzerne Drechsler-Familie« Schwerdfeger, wie der Wiener sich ausdrücken würde, darin hervorbrachte, beschränkte sich auf stereotype »Kläterpuppen« und Steckenpferde; aber vielleicht verdient es der Erwähnung, daß »Pötter Böttcher« ein Kunstwerk dieser Art geliefert hat. Nur *eines;* aber dieses *eine* war auch ein *Löwe,* der auf dem Tabakskasten des Herrn Rektor angebracht war und mir einmal scharfen Tadel eintrug, weil ich ihn für die wohlgetroffene Büste des halbgeschorenen Pudels Philo ansah, der dem lustigen Doktor Weber gehörte und in allerlei Künsten so geschickt war, daß er zuweilen, wenn ihn und seinen Herrn die Stavenhäger Langeweile plagte, mit diesem zusammen eine Pfeife Tabak rauchte.

Wenn ich von dieser Kunst nur höchst magern Bericht abstatten kann, so glaube ich hingegen den Dank der jetzigen Welt zu verdienen, wenn ich mich über die Anfänge jener Kunst, die in ihrer vollendeten Ausübung die Seelen rührt und in ihrer beginnenden Einübung die Nachbarschaft unsicher macht, eines breitern vernehmen lasse. Den riesigen Aufschwung, den die Musik auch in meiner Vaterstadt genommen hat, kenne ich und weiß ihn auch als zeitgemäß zu würdigen; aber wenn man glaubt, daß man mir heutzutage bei einem zufälligen Besuche in Stavenhagen durch Gesangvereine, Liedertafeln und ein paar Schock angehender Dreyschocks und Catalanis imponieren kann, so irrt man sich, denn ich sage mit Rabbi Akiba: Alles schon dagewesen! Wenn auch nicht in solcher Vollkommenheit.

Was mich aber wirklich bestürzt macht, ist die erschreckende Zunahme von *»Instrumenten«* aller Art in meiner Vaterstadt, vom mächtigen Flügel bis zur bescheidenen Tafelform herab; und diese Bestürzung kann keinem auffallen, der, wie ich in meiner Jugend, das schmächtige, schwindsüchtige Elternpaar gekannt hat, von denen diese breitschulterige und vierschrötige Nachkommenschaft abstammt. Wenn das auf dem Wege der natürlichen Vermehrung so fortgeht, so sehe ich noch im Laufe dieses Jahrhunderts den Zeitpunkt heranrücken, wo die Stavenhäger Kämmerei genötigt sein wird, zur Unterbringung aller dieser »Instrumente« vor den Toren musikalische Schuppen zu errichten und auf Stadtkosten die Elfenbeinzähne dieser maulaufsperrenden Gesellschaft täglich mit Zukunftsmusik abzufüttern.

Von mütterlicher Seite ist mir die mehr als Pilze, Mäuse und Sperlinge fruchtbare Familie der jetzigen »Instrumenten«-Generation sehr wohl bekannt, weniger von väterlicher Seite; denn der Urgroßvater derselben stand in Lohn und Brot beim Herrn Rektor und hatte stets ein schweigsames, verschlossenes Wesen, mit dem wir Kinder uns nicht unterhalten konnten;

aber mit der Urgroßmutter, die, schwarzlackiert, bei Tanten Hersen in Pension war, haben wir Kinder vielen Spaß gehabt. Die alte Dame war freilich auch fast immer verstimmt und keifte zuweilen sehr arg mit dünner Stimme umher; aber wir Kinder kehrten uns nicht daran, wir waren vielmehr so dreist, ihr mit allerlei vorwitzigen Fragen auf den Zahn zu fühlen und dann die Wirkung zu belauschen, welche dieselben auf ihren ehrwürdigen, aber noch immer zartbesaiteten Busen ausübten. Ach! wie das darin trotz der Jahre noch immer sprang und hüpfte! – Sie hatte in der Mitte ihres Leibes einen roten Knopf; wenn man den anzog, dann ging sie – wie Onkel Herse sich ausdrückte – »doll« los, und da wir Kinder uns für das Toll-Losgehen sehr interessierten, so wurde so lange an dem roten Knopf gezogen, bis Onkel Herse es uns ernstlich verbieten mußte, weil es die alte Dame zu sehr in Aufregung versetzte und ihrer Konstitution schaden könnte. Obgleich weder Onkel noch Tante Herse sich mit ihr abgaben, hielt sie es doch bei beiden lange Jahre in einem Zimmer aus und ging nur ab und an in die Nachbarschaft, z. B. bei uns, zu Besuch; es mußte aber ein kleines Tanzvergnügen mit Punsch arrangiert sein, denn von beiden war sie eine große Freundin, trotz ihrer alten, wackeligen Beine.

Ihr bester Freund war der alte Zoch, der sie in günstige Stimmung zu versetzen verstand. Da erzählte sie denn manches schöne Stück aus alter Zeit; Onkel Herse holte seine Violine von dem Nagel – auch eine Freundin der alten Dame – und dann begann ein Zwiegespräch, welches wohl vielleicht zuweilen etwas in Rechthaberei und Zänkerei ausarten mochte, aber im ganzen doch so heiter war, daß Onkel Herse und Zoch sich gedrungen fühlten, ihre heitere Laune und ihre sonoren Stimmen in dies Duo hineinzumischen, und dann ging's los:

»Nimm das Glas, begieß dich nicht!
Es leben schöne Kinder!
Und wer diesem widerspricht,
Das ist ein armer Sünder.
Sün – sün, sün, sün sün, sün…
Das ist ein armer Sünder.«

Außer diesen Stammeltern der jetzt so ausgebreiteten Familie gab's in der Nachbarschaft noch einen Flügel; aber er stand nicht auf Stadt-Grund und -Boden, sondern im Domanio auf dem Alten-Bauhofe und gehörte somit – strenge genommen – nicht in den Kreis unserer Betrachtungen; aber da er ein *merkwürdiger* Flügel war und der erste, den ich gesehen habe, so werden meine Leser seine An- und Aufführung vielleicht entschuldigen.

Sein Äußeres sah ungefähr so aus, als ob ein dummer Junge unserm Herrgott nach der Feierabendzeit des sechsten Schöpfungstages die Giraffe in poliertem Birkenholz habe nachpfuschen wollen und habe aus Versehen die Beine, statt von unten, von der Seite zu eingeschroben. Außerdem hatte diese Kreatur noch eine bestimmte Ähnlichkeit mit »Teckel-Rektern«, da sie ebenfalls auf fünf Beinen stand. – Was ihr Inneres und ihre Fähigkeiten anbetrifft, so war sie entschieden dumm, denn sie ist nie über den Triangelwalzer hinausgekommen. Möglich, daß sie von dem Schöpfer ausdrücklich für den Triangelwalzer geschaffen worden ist; möglich, daß ihre natürlichen guten Anlagen vernachlässigt und nicht ausgebildet worden sind – so viel bleibt gewiß, daß sie trotz Schlagen, Pauken und Fußtreten nur den Triangelwalzer von sich gab, und das so schläfrig, daß sogar meine Tante Christiane es nicht einmal mit Weingläsern, von denen sie an einem Abend zwei Paare zerschlug, um den einfallenden Triangel zu ersetzen, vermochte, ihr ein lebendiges Interesse für die Kunst einzuflößen.

Geigen, Bässe, Klarinetten und Flöten gab es auch damals schon in Stavenhagen; und sollte der heiligen Cäcilia einmal ein Hochopfer gebracht werden, so wurden Hörner, Posaunen, Fagotts, Trompeten und Pauken aus den benachbarten Städten als milde Beiträge eingesammelt; für das gewöhnliche Bedürfnis genügte indessen der Lärm, den die vier zuerst genannten Instrumente machten. Diese bildeten Onkel Herses Kapelle, mit welcher er in schönen Sommernächten mit hinterlist'ger Tücke nichts ahnende Hausbewohner überfiel, und wehe diesen! wenn sie nicht aus den Betten krochen und sich im Hemde und in der Nachtmütze für die köstliche Überraschung bedankten: sie bekamen nie wieder die bekannten Variationen zu: »Gestern abend war Vetter Michel da« zu hören, wenigstens nicht in so unmittelbarer Nähe.

Alles grade so wie jetzt bei den Gesangvereinen und Liedertafeln. Bei diesen Gelegenheiten spielte mein Onkel die Geige, wie er denn gewohnt war, bei *allen* Gelegenheiten die erste Violine zu spielen; den Baß traktierte für gewöhnlich Gust Heinze, der auch als entschiedenstes musikalisches Genie imstande war, alle übrigen Instrumente zu spielen, nur leider nicht alle mit einem Male zugleich, wodurch die Kapelle sehr vereinfacht sein würde. Die Klarinette blies der alte Zoch und die Flöte der Musikus Stürmer. Die Flöte war entschieden das *crève-coeur* meines Onkels als Dirigenten; er behauptete, Stürmer »stoppte« die Löcher nicht präzise genug, »äwer«, setzte er gutmütig hinzu, »hei kann dor ok nich för, tau ne richtige Fläut hüren teigen Finger, un hei hett man noch negen, den einen hewwen sei em dünnmals als Trumpeter afschaten.« – Für Triangel und halben Mond wurden dann noch Freiwillige aus dem Stande der Ladendiener aufgeboten, die es sich dabei sehr sauer werden ließen und bei jeder passenden oder unpassenden Gelegenheit als Flanqueurs mit den scharfen Tönen ihrer Instrumente auf die Ohren der Zuhörer einhieben.

Auf den Flügeln des Gesanges wiegte sich vor allen Gust Heinze, wie gesagt, ein Universalgenie, das sogar die Kühnheit hatte, den Herrn Rektor in Krankheitsfällen als Orgelspieler in der Kirche zu ersetzen und den Küster Voß als Leiter des Gesanges. Jung'-Metz – jetzt der »alte Metz« genannt – verstand seinen Gesang mit der Zither zu begleiten – oder war's eine Gitarre? Kann sein; ich glaube aber »Zither« – »Gitarre« wäre mir als vornehmer im Gedächtnis geblieben, sie ist also wohl nur eine Erinnerung aus meiner spätern *lyrischen* Lebensperiode. – Also »Zither«.

Ohne Zither, aber mit vielem Zittern und Tremolieren sang meine Tante Christiane uns des Abends auf der Bank vor der Haustür ihre lyrischen Empfindungen vor; ich erinnere mich noch deutlich, welchen ernsten, sentimentalen Eindruck es auf mich machte, wenn sie anhob:

»Komm, Lina, komm! Im Dunkeln
Sieh, wie die Sterne funkeln
――――――――
――――――――
Und stolz durchschwimmt der Schwan
Den blauen Oze–ahn.

Die letzten Worte sang sie stets so, wie ich geschrieben habe; warum weiß ich nicht, der Grund dafür mag wohl in dem Tonsatz liegen, von dem ich gerne bekenne, nichts zu verstehen. Aber Tante Christiane begnügte sich nicht allein mit dem lyrischen Vortrag: sie stieg in einem Terzett, welches sie mit nachgemachten Stimmen im Baß, Alt und Diskant oder – wie wir sagten – »fin un groww« vortrug, zu den höchsten Regionen des dramatischen Gesanges empor. Personen: Ein Offizier, die Pförtnerin eines Klosters, die Priorin.

1. Szene

Pförtnerin (fin):
Wer klopft da?
Stimme von draußen (groww):
Ein Offizier ――――――
――――――――――

Pförtnerin (fin):
Herr Offizier, nur nicht so kühn
Vor unsern Klostermauern!
Sonst geh ich zu der Priorin,
Dann werden Sie's bedauern.

Stimme von draußen (groww):
Oh, sputet Euch und geht nur hin
Zu meiner Bas', der Priorin,
Und meld't mich!

2. Szene

Pförtnerin (fin):
Priorin, hören Sie mich an,
Ihr Vetter läßt sich melden,
Es ist ein ganz charmanter Mann,
Das Muster eines Helden.

Priorin (halw fin, halw groww):
Oh Gott! Oh Gott! Mir wird schon bang,
Der gute Vetter wartet lang.

Pförtnerin (fin):
Da kommt er!

3. Szene

Offizier (mit rücksichtsvollster Verbeugung, groww):
Gegrüßet sein Sie mir, Frau Bas'!
Sie werden mich nicht kennen,
Bis daß ich Ihnen ohne Spaß
Mein'n Namen werde nennen.

Priorin (halw fin, halw groww):
Ihr Name?

Offizier (grown):
Mein Nam' ist Hans von Pulverrauch.

Priorin (halw fin, halw groww):
Von Pulverrauch? So heiß ich auch.

Offizier (groww):
Das freut mich.

Weiter sang meine Tante diese Oper niemals; meine Mutter litt es nicht, wahrscheinlich, weil – wie ich mir später nachgedacht habe – das Gericht durch das nun folgende Anstreuen von Liebessalz und -gewürz für unsern kindlichen Gaumen zu pikant geworden wäre: Tante Christiane war übrigens auch die Richterin über unsere kindlichen musikalischen Bestrebungen. Über meinen Vetter Ernst, meine Schwester Lisette und mich brach sie ohne Bedenken den Stab und prophezeite, aus uns würde in dieser Richtung nie etwas werden; meinem Vetter August stellte sie jedoch ein glänzendes Prognostikon als zukünftigen Sänger. Mit Bedauern muß ich eingestehen, daß in betreff auf uns drei Verdammten ihre Prophezeiung vollständig eingetroffen ist; aber mit größerem Bedauern muß ich berichten, daß auch mein Vetter August statt Opernsänger *nur* Pastor geworden ist. – Die Familie Reuter aus Stavenhagen rangiert vollständig mit den Familien Crull und Loeper in Neubrandenburg, von denen mein genialer Freund und kompetenter Richter in musikalischen Dingen, Herr Kantor Richter, den niederschmetternden Ausspruch getan hat: »Kein Leper und kein Grull singt.«

Wenn ich mich nun aus den glänzenden Höhen der musikalischen Kunst in die bescheidene Region der dichterischen hinabstürze – ich gebrauche ausdrücklich dies Wort statt »hinabsteigen«, weil dies letztere für die Zeit nicht mehr paßt, wie man leicht aus dem Abstand des Gehalts berechnen kann, welches der Staat einer Opernsängerin zahlt, und dem Honorar, welches der Buchhändler dem Dichter offeriert – wenn ich mich also hinabstürze, so falle ich in Stavenhagen auf einen höchst unfruchtbaren Boden. Ist es wahr, daß der Herr Rektor einmal mit Hülfe seines Reimlexikons ein hochdeutsches Gedicht verfaßt hat? Ich weiß es nicht, und wenn ich's wüßte, möchte ich's gerne verschweigen; ich möchte nicht gerne den Ruhm, der *erste* Dichter Stavenhagens zu sein, einbüßen: aber – aber! Wie alles, was ich bisher hier geschrieben habe, lautere Wahrheit ist, so will ich auch in diesem Falle meine Eitelkeit der Wahrheit zum Opfer bringen: Frau Tiedten ist der erste Dichter von Stavenhagen, und zwar wie ich – ein plattdeutscher. Er war Schneiderwitwe und Nähterin, und wenn er dichtete, nähete sie, und wenn sie nähete, dichtete er. Sie hatte sich eine Aufgabe gestellt, die heutzutage so leicht kein Dichter lösen wird, nämlich die Einwohner unserer

Stadt, ihre Berufsgeschäfte und nachbarlichen Beziehungen in kurzen Schlagversen zu behandeln. Es ist nur ein kleines Bruchstück, welches von mir aus dem Zeitenstrudel gerettet ist; aber dies soll der Welt gerettet sein, und hier steht's:

Susemihl kickt ut de Luk,
Spormann, de giwt em ne Kruk.
Pros't! seggt Sohst,
Schön Dank! seggt Bank.

Außer dem Nachahmungstrieb, dieser Affeneigenschaft im Menschen, welcher mit Recht die größte Anzahl aller poetischen Sünden in die Schuhe zu schieben ist und welche auch mich verführte, Frau Tiedten nachzueifern, begeisterte mich zuletzt zur Ausübung der Dichtkunst nicht etwa eine Lina oder Mina oder Stina oder eine Rosalia, Natalia oder Amalia, sondern ein Gänsejunge. Die erste Hälfte meines ersten Reims begann ganz hübsch mit »Rosen«; aber statt nun vernünftigerweise »losen« oder noch besser »kosen« darauf zu reimen, mußte mir des Herrn Amtshauptmanns Gänsejunge in die Quere kommen, der angewiesen war, die abgeworfenen Federkiele der Gänse zu sammeln, da der Amtshauptmann nur mit Sommerposen schrieb, und ich reimte im zweiten Verse »Posen« darauf. Ich fand diesen ersten Reim auf einer sogenannten Wipp-Wapp, auf welcher ich mich mit Karl Nahmacher schaukelte, ich dichtete:

»Im Frühlinge blühen die Rosen«,

welches schon schlecht war, da es eine klimatische Unwahrheit enthält, und als mir der Gänsejunge zu Gesichte kam, der seine gesammelten Sommerposen rings um den Hut gesteckt hatte, so daß er mehr einem indianischen Kaziken als einem mecklenburgischen Tagelöhnerkinde ähnlich sah, hinkte der zweite Vers nach:

»Im Sommer verlieren die Gänse ihre Posen.«

Aller Anfang ist schwer, wie der Teufel sagte, als er sich mit Mühlensteinen trug, und das Dichten ist eine wahre Pferdearbeit, wie einer meiner mecklenburgischen Kollegen sagt; ich gab diese Anstrengung also bald auf und wandte alle meine Lieb' und Lust der fröhlichen Muse des Tanzes zu.

Welche Zeit ist so finster, welcher Ort so verkommen, daß nicht wenigstens in ihnen mit allen Sorten von Beinen, männlichen und weiblichen, getanzt worden wäre? Auch in Stavenhagen zog in jährigen Intervallen ein oder der andere Hohepriester Terpsichorens ein. Der eine von ihnen hieß Wurm, ein

Schneidergeselle, und ist schon lange verschollen, aber sein Andenken lebt noch in dem Tanzmeistergraben in der Pferdekoppel fort, in welchen er einmal spät abends hineintanzte. Der Graben und er haben bei dieser Gelegenheit gegenseitige Höflichkeiten ausgetauscht: er schenkte dem Graben seinen Namen und der Graben ihm ein anderes, ebenso wohlriechendes Andenken.

Nach ihm kam Herr Fischer, der sich bald austanzte, weil einige Böswillige in der Stavenhäger Bürgerschaft hartnäckig behaupteten, er sei gar kein ordentlicher Tanzmeister, sondern nur ein weggelaufener Goldschmiedsgeselle. – Nach diesen beiden kam Herr Stengel, der das Glück hatte, sich zu behaupten, weil seine Herkunft und Geschichte gänzlich unbekannt und die Wahrheit des Gerüchtes, er sei ein weggelaufener Buchbindergeselle, nicht nachzuweisen war. Herr Stengel führte Frau und Schwägerin mit sich, teils als Prügelobjekte, teils weil sie ihm sein täglich Brot und Schnaps verdienen mußten. Ihn selbst hatte Gott in seinem Zorn zum Tanzmeister gemacht. Seine Füße waren zum Lehmkneten in einer Ziegelei geschaffen, und wenn er über die Straße ging, sah er aus wie ein Wollhändler, der sein Mittagessen im Gehen verdauen will, um nicht in die Hände von Marienbad und Karlsbad zu fallen; seine Schweißlöcher hatten den doppelten Durchmesser als bei gewöhnlichen Menschen, und die Schweißströme, die er in der Ausübung seiner Kunst vergoß, waren, gegen die Schweißtropfen anderer Leute gehalten, Wolkenbrüche zu nennen und mit seinem einzigen seidenen Tuche – dem ersten, welches Stavenhagen bisher gesehen hatte – nicht zu stopfen. Seine Tanzstunden gab er in unserm Hause auf dem Rathaussaale, und wenn er *tempête* tanzte, schütterten die Grundfesten dieses Gebäudes. Ein wahres Glück war es, daß der Magistrat, der Stadtsprecher, die Viertelsleute und Ausschußbürger keine Tanzstunden mehr nahmen oder zugegen waren, sie hätten ihn gewiß wegen Ruins an städtischen Grundstücken zur Verantwortung gezogen.

Außerordentliche Mühe kostete es meiner Mutter und Tante Christiane, meinen Vater von der Nützlichkeit der Tanzstunde zu überzeugen; er wehrte sich hartnäckig gegen solche Anmutung, und endlich blieb den beiden Petenten nichts anderes übrig, als an die Entscheidung des Herrn Amtshauptmann Weber zu appellieren. Dieser sollte in der Teestunde, die er nie versäumte, seine Meinung abgeben.

Die Teestunde kam und auch der Herr Amtshauptmann. Da ich wußte, um welche wichtige Frage es sich handelte, blieb ich in hochklopfender Erwartung im Zimmer. Das *pro* wurde von meiner lieben Mutter mit aller Erregtheit eines lebhaften Wunsches vorgetragen, das *contra* mit einer grämlichen

Verdrießlichkeit von meinem Vater dagegen gehalten, Tante Christiane intervenierte zugunsten meiner Mutter, und der Herr Amtshauptmann sah die Sprechenden ruhig an, ohne etwas zu erwidern, bis der Streitpunkt vollständig erschöpft war. Dann wandte er sich an meinen Vater: »Min Herzenskindting, Danzen is en spaßigen Kram. Nee, wat denn?« Und zu meiner Mutter: »Mein Herzenskindchen, ich habe auch einmal in meinem Leben Tanzstunde gehabt, dat seihn Sei mi woll nich mihr an? Nee, wat denn? – Nee, lachen Sei nich doräwer! Aber dieser Tanzmeister – Stengel heit jo woll de Kirl?...«

Es ward an die Tür geklopft – »Herein!« –, und das Unglück wollte, daß Herr Stengel hereinkommen mußte, um mit meinem Vater über das Lokal zu sprechen. Der Herr Amtshauptmann kannte den Tanzmeister nicht, und da Vorstellen damals in Stavenhagen noch nicht Mode war, der Amtshauptmann es auch sehr übel genommen haben würde, wenn ihm die Bekanntschaft eines Tanzmeisters aufgedrungen worden wäre, so blieb er über die Person des Eingetretenen in Unkenntnis und setzte seine Unterhaltung fort: »Aber dieser Tanzmeister – Stengel heit jo woll de Kirl? –, de infame Kirl sall jo woll sin Fru slagen?«: Meine Mutter zupfte ihn an dem Rocke. – »Will'n Sei wat, min Herzenskindting?« – Tante Christiane trat ihm auf den Fuß: »Wat pedden Sei mi, min Herzenskindting? – Ja – wie gesagt – hei sall sin Fru slagen.«

Da der alte Herr nun sehr taub war, ihm also nichts zugeflüstert werden konnte, so blieben Augenwinken, Rockzupfen und Fußtreten die einzigen Verständigungsmittel; aber solche hinterlistige Mittel kannte die ehrliche Seele meines alten Paten nicht: »Was heißt dies? Hier werde ich gezupft, und da werde ich getreten?...« Mein Vater war währenddessen mit dem Herrn Stengel in ein Nebenzimmer gegangen, und meine Mutter sagte, als die Luft rein war: »Aber Herr Amtshauptmann, das *ist* ja der Tanzmeister Stengel!« – Der alte Herr sah meine Mutter an, er sah Tante Christiane an: »Ja, *das* ist denn eine andere Sache! – Äwer, min Herzenskindting, ick will den Kirl doch mal eins de Wohrheit seggen.«

Damit erhob er sich, trotz alles Protestierens von seiten Tante Christianens, und folgte dem Tanzmeister ins Nebenzimmer: »Seggen Sei mal, Fründting«, redete er ihn an, »sünd Sei de Danzmeister, de Stengel?« – Herr Stengel stellte seine ungeschlachten Füße in irgend eine höfliche Position, beugte seinen plumpen Oberkörper nach vorne und fing an zu schwitzen, wahrscheinlich, weil die Beugung nach vorne seine Rückenhaut ausdehnte und die Schweißlöcher öffnete. Er stotterte eine ihm nicht geläufige bescheidene Höflichkeit hervor, denn für gewöhnlich war er grob, wie – nun wie – wie – ein Tanzmeister. – Der Herr Amtshauptmann verstand natürlich nichts von seiner Rede und fuhr ruhig fort: »Also Sie sind dieser Stengel? – Denn sünd Sei einen rechten legen Kirl, wil Sei Ehr Frugenslüd' slagen.« – Herr Stengel schwitzte stärker. – »Wenn Sei dat Stück noch mal in Stemhagen upführen, denn warden Sei ruter bröcht. Ick heww as Großherzogliche Beamte hier in de Stadt nix tau seggen; äwer hir steiht de Herr Burmeister, ick weit, hei litt dat nich, hei litt so'n Skandal in sine Stadt nich. – Nee, wat denn, min Herzenskindting?« wandte er sich an meinen Vater, »Sei laten em ruter bringen.«

Mein Vater sagte: der Herr Amtshauptmann habe ganz recht, die armen Frauensleute des Herrn Stengel hätten in der vorigjährigen Tanzperiode verschiedene Male polizeilichen Schutz nachsuchen müssen, und er hätte ihm schon damals Konzessionsentziehung angedroht und würde diese Drohung eintretenden Falles gewiß ausführen. – Herr Stengel schwitzte, daß er zu dem seidenen Taschentuche seine Zuflucht nehmen mußte. – »Mann«, redete der alte Herr ihn wieder an, »wo känen Sei glöwen, dat ordentliche Lüd' ehr Kinner – so'n – so'n –« zu meinem Vater: »so'n Tyrannen, min Herzenskindting, will ick seggen – anvertrugen sälen, de sine eig'ne Fru sleit? – Äwer, min Herzenskindting, wenn hei dat verspreken deit, dat hei sei hir nich wedder slagen will, denn ist das eine andere Sache; denn gewen Sei em Ehre Kinner ok in sine Danzschaul. Hei süht just nich ut, as wenn hei sülwst wat nütz danzen kann; aber man kann sich irren, es sieht mir auch keiner an, daß ich einmal getanzt habe. Nee, wat denn?« – Damit war die Sache erledigt, Herr Stengel versprach, seine Damen in Stavenhagen nicht mehr zu prügeln, und mein Vater gab für uns seine Einwilligung zu den Tanzstunden.

Die Verlegenheiten meiner Mutter und Tante Christianens, in welche sie die Offenherzigkeit meines würdigen Paten stürzte, sollte indessen in dieser Teestunde noch nicht ihr Ende erreichen. Als der Tanzmeister und mein Vater fortgegangen waren, ging der Stadtdiener Luth an der geöffneten Tür vorbei über den Flur. Luth war wegen seines raschen, entschlossenen Wesens ein Liebling des alten Herrn; er rief ihn an: »Oh, min leiw Luth, kam Hei hir mal en beten rinner! – Segg Hei mal, Luth, sleit de Kirl, de Danzmeister, sine Fru würklich so vel?« – »Ja, Herr Amtshauptmann, wenn ick dor nich mang kamen wir, denn hadd hei sei vergangen Mal jo woll dot slagen. – Dat wir binah so kamen, as de Lüd' sik vertellen, dat Klempner Belitz tau unsen Herrn Paster seggt hadd: Herr Paster, Sei slagen Ehr Fru, un ick slag min Fru, un Släg möten s' ok hewwen, äwer wat tau dull is, is tau dull; Nahwer Schult hett sin dot slagen.« – »Hm! Hm! Das ist ja eine vertrackte

Sache! – Na, min leiw Luth, paß Hei den Kirl en beten up, un wenn Hei wat markt, denn mell Hei dat glik den Herrn Burmeister.« – Zu meiner Mutter: »Wir wollen doch sehn, mein Herzenskindchen, ob der Kerl wohl Wort hält.« – »Ick will em woll up den Deinst passen, Herr Amtshauptmann«, sagte Luth und ging.

»Min Herzenskindting«, setzte der alte Herr wie immer sehr laut die Unterhaltung fort, »dese Luth is einen fixen Kirl; nee, wat denn? Wenn de Burmeister den Luth nich hadd, denn wüßt ick wahrhaftig nich, wo hei dor mit dörchfinnen süll, denn mit sine beiden Ratsherrn is doch würklich kein Staat tau maken.« – Meine Mutter geriet in Todesängste, denn grade gegenüber von der geöffneten Tür saß mein Onkel Herse, ebenfalls bei offenen Türen, und nahm in der Eigenschaft als Ratsherr die städtische Kontribution in Empfang; sie nahm also wieder ihre Zuflucht zu dem Mittel des Rockzupfens und Augenwinkens, Tante Christiane zu dem des Fußtretens. Der Herr Amtshauptmann sah sie beide etwas ungewiß an und sagte: »Ick red' jo nich mihr von den Danzmeister, ick red jo man von de beiden Ratsherrn. De ein von ehr, de olle Kopmann Susemihl, is en Däsbartel un de anner, de Ratsherr Hers' –« Nun sprang meine Tante Christiane auf und zeigte, des Herrn Amtshauptmanns Arm ergreifend, auf die geöffnete Tür. Der alte Herr wurde bei dieser etwas heftigen Berührung ganz verdutzt aussehen: »Fräulein Oelpke, was packen Sie mich?« und ebenfalls auf die Tür zeigend: »Ick weit jo, de Kirl, de Danzmeister is jo weggahn – aber wie gesagt, des' Ratsherr Hers' is en wohren Hans Quast.«

Das Unglück war geschehen, Onkel Herse mußte alles Wort für Wort gehört haben, meine Mutter und Tante Christiane waren in tödlichster Verlegenheit, die Unterhaltung geriet ins Stocken; der Herr Amtshauptmann merkte endlich, daß irgend etwas Unbehagliches in die sonst so heitere Teestunde gefallen war, er nahm Hut und Ziegenhainer und empfahl sich. Als er auf den Flur kam, sah er die volle körperliche Wucht meines Onkels Herse hochgeröteten Antlitzes vor sich stehen. Nun mochte ihm wohl ein Licht über das Winken und Zupfen, Treten und Fingerzeigen aufgehen; aber »wie Graf Richard in der Normandie erschrak er in dem Leben nie«, er wandte sich an den Herrn Ratsherrn: »Min Herzenskindting, hewwen Sei hier all lang stahn?« – »Ja«, schnaubte ihn Onkel Herse wütend an. – »Dann empfehle ich mich Ihnen, Herr Ratsherr!« und damit ging er.

Aber nun brach Onkel Herse in Gestalt eines »Bullkaters«, wie man im Plattdeutschen ein gehöriges Gewitter zu nennen pflegt, mit Donner und Blitz in der Stimme und im Auge, auf die unschuldigen Zuhörerinnen der amtshauptmännlichen Beleidigungen ein. Da stand er auf der Türschwelle, reckte die Arme vor sich hin und schlug mit den Händen Rad auf Rad, wie ein gereizter Kuhnhahn es mit dem Schweife schlägt; die ersten verständlichen Worte waren: »Fru Burmeistern, de oll Amtshauptmann is en grawen Swinegel!« – Meine Mutter versuchte es, seinen Zorn zu beschwichtigen; aber vergebens, der »Bullkater« mußte sich erst entladen, und erst nach vielen vergeblichen Bemühungen von seiten meiner Mutter, ein Stückchen blauen Himmel in seinem verfinsterten Gemüte heraufzubeschwören, zog er sich dumpf grollend auf den Horizont der Gerichtsstube zurück, von wo er über den Häuptern der Kontributspflichtigen den ganzen Abend aufs schrecklichste wetterleuchtete.

Den Tag darauf trat Fritz Sahlmann in Tante Hersens Tür: »Empfehlung von Mamsell Westfalen up den Sloß, un schickt de *Fru* Ratsherrn hier en fetten Kuhnhahn.« – Drei Tage darauf kam mein Vater zu dem *Herrn* Ratsherrn, es solle eine große Auktion im Großherzoglichen Amt zu Lehsten abgehalten werden, und da der Herr Amtshauptmann nicht jeden dahin schicken könne wegen der Größe des Objektes, der Herr Ratsherr auch in der ganzen Umgegend bekannt sei als der rechte Mann, der als Auktionator durch seinen eigentümlichen Humor auf die Kauflust höchst vorteilhaft einwirken könne, so fragte der Herr Amtshauptmann, ob der Herr Ratsherr...

Der Herr Ratsherr hatte an diesem Mittage den halben Kuhnhahn verzehrt und war in günstiger Stimmung, behauptete aber dennoch: »en grawen Swinegel wir de Herr Amtshauptmann doch!« Mein Vater gab die Richtigkeit des Adjektivums mit Modifikationen zu, bestritt aber das Substantivum höchst ernstlich, und da mein Onkel der andern Hälfte des Kuhnhahns dankbar gedachte, auch des Schillings pro Taler, der bei der umfangreichen Auktion für ihn abfiel, schluckte er den »Hans Quast« hinunter, gab den »Swinegel« auf und rechtfertigte seinen Ruf als humoristischer Auktionator dadurch, daß er die Auktion mit den Worten eröffnete: »Meine Herren, sehn Sie hier! Diana, ein Fuchswallach mit vier weißen Hinterfüßen.«

Die Tanzstunde war also eröffnet, Herr Stengel trampelte mit gewichtigem *aplomb* seine *pas* ab, er tanzte und schwitzte uns vor, seine Frau war mit den jungen Damen beschäftigt, und seiner armen Schwägerin war das undankbare Geschäft überwiesen, in hockender Stellung uns die Beine zurecht zu setzen. Wußte sie nun vielleicht schon, daß ihr Wohl und Wehe gewissermaßen auch von meinen Beinen abhing, sie ging mit ihnen sehr schonend um, obgleich sie sich viel mit mir beschäftigte. Trotzdem habe ich nichts gelernt, wie mir dies die Tanzfreundinnen späterer Jahre hoffentlich bezeugen werden, und wenn mir dies in den folgenden Jugendjahren auch

zuweilen höchst unangenehm war und ich von den jungen Damen auf dem Tanzboden nur als überschüssiger *galopin* angesehen wurde, der als Aushülfe in Petersilien-Nöten nützlich werden konnte, so habe ich doch immer durch alle Kränkungen verfehlter *engagements* das tröstliche Gefühl in mir getragen, daß ich schon in meinem ersten *début* zum Benefiz zweier unglücklichen Damen getanzt habe, was wahrscheinlich viele ausgezeichnete Tänzer nicht von sich sagen können. – Meine Beine waren an den schlechten Erfolgen nicht schuld – ich bin, Gott sei Dank, noch heute mit ihnen zufrieden –, das Übel lag bei mir höher hinauf, in meinen Ohren: die schnödeste Taktlosigkeit verdarb jede zierliche Bewegung meiner armen, strebsamen Glieder, indem sie dieselben zur unrechten Zeit ein- und ausfallen ließ; und da ich glücklicherweise von diesem Übel nicht die geringste Ahnung hatte, so habe ich in gutem Glauben manches Jahr durchgehopst, bis mir endlich in jenen Jahren, in denen der blinde Knabe die *engagements* auf den Bällen vermittelt, schrecklich die Augen aufgehen sollten. Kein junges, irgend hübsches Mädchen wollte mit mir tanzen, weil sie sich lächerlich zu machen und sich dadurch die Tür zum Ehestandstempel zu verschließen fürchtete, und daher blieb für mich nur jene alte Garde übrig, die sich bisher auf keinem Ballschlachtfelde ergeben hatte, und jene noch nicht förmlich einrangierte Schar kleiner Tanzrekruten, die man im gewöhnlichen Leben Backfische zu nennen pflegt.
Als ich diese Erfahrung machte, schmerzte sie anfangs allerdings; aber als ich mir alles wohl überlegte, beschloß ich, meine Beine ferner zum Benefiz unglücklicher Damen forttanzen zu lassen, und niemals ist eine gute Tat besser belohnt worden: die alte Garde erklärte, ich sei für meine Jahre schon *sehr verständig*, und die kleinen Rekruten, ich sei für meine Jahre *noch* sehr *liebenswürdig*. Beides hat mir schöne Früchte getragen: verzweifelten die älteren Damen auch bald daran, mir den Takt im Tanzen beizubringen, so führten sie mich doch in die Taktik einer pikanten Unterhaltung ein, und die kleinen Backfische eröffneten mir in ihrer Dankbarkeit einen ganzen Himmel voll Hoffnungen für die Zukunft; und da ich mein ganzes Leben hindurch töricht genug gewesen bin, die Hoffnungen auf die Zukunft dem Genusse der Gegenwart vorzuziehen, so ließ ich die sicher schon erhaschten Sperlinge aus der Hand fliegen und griff nach den kleinen unschuldigen Tauben auf dem Dache.

Ich muß aus diesem *excursus* wieder in den Tanz-*cursus* hinein. Wir lernten beim Herrn Stengel den Walzer, den Hopser, die Ecossaise, die Polonaise, die Quadrille, die Kegelquadrille, die Tempète und den Figaro. Als wir die gehörige Anzahl von Stunden durchgetanzt hatten, wurden wir für reif erklärt, uns öffentlich auf dem Kinderballe sehen zu lassen, die kleinen Mädchen in weißen Kleidern und grünen Achselbändern und Schärpen, die Jungen in beliebigen Farben, aber nach Herrn Stengels ausdrücklicher Bestimmung alle im Leibrock. Das heißt alle bis auf meine Vettern und mich, die wir in kurzen Jacken erschienen, weil mein Vater entschieden erklärte, er wolle seine Jungen nicht vor der Zeit zu Affen herausputzen lassen. Überhaupt drängten sich jetzt wieder allerlei wichtige Streitfragen in unsere Häuslichkeit; mein Vater war gegen Leibrock und gegen Ball, meine Mutter für Ball und gegen Leibrock, und Tante Christiane für Ball und für Leibrock. Endlich wurde unter Vermittelung meiner guten Mutter zwischen den beiden Meinungspolen folgender Kompromiß geschlossen:

Artikel 1. Der Ball soll besucht werden,

Artikel 2. aber in kurzer Jacke.

Artikel 3. Da der Bürgermeister Reuter überhaupt keine Bälle besucht, dieselben vielmehr für einen höchst unnützen, sogar unter Umständen für einen höchst schädlichen, jedenfalls für ihn höchst langweiligen Zeitvertreib erklären muß, so geht er für seine Person *nicht* zu Ball.

Artikel 4. Seine Frau ist wegen Krankheit ebenfalls von dem Besuche des Balles dispensiert.

Artikel 5. Tante Christiane übernimmt die Führung und steht für alle Exzesse.

Artikel 6. Jeder jugendliche Ballgast erhält außer dem Eintrittsgelde noch 2 gute Groschen preußisch Kurant, wofür sich derselbe in gemessenen Zwischenräumen von Tante Toll zwei Mandelmuscheln, das Stück zu einem Schilling, kaufen darf. Den noch übrig bleibenden Groschen sollen je zwei zusammen legen und dafür ein Glas Punsch kaufen dürfen, welches sie wegen gleicher Teilung unter Aufsicht von Tante Christiane austrinken.

Artikel 7. Tante Christiane kann Tee in unbeschränkten Massen trinken, auch darin so viel Zwieback tunken, als ihr Herz wünscht.

Artikel 8. Punkt 10 Uhr findet sich die Gesellschaft im Rathause zu Stavenhagen wieder ein.

Der letzte Artikel war in seiner Ausführung der schlimmste. Wir hatten schon eine dunkele Vorstellung davon, daß Tante Christiane unmöglich die volle väterliche Gewalt über uns ausüben würde; das halbe Glas Punsch hatte uns mutig gemacht, und ohne grade in offene Rebellion auszubrechen, suchten wir doch ihr die Ausführung des letzten Artikels unmöglich zu machen. Beim Schlage 10 Uhr hüpften wir wie ein Haufen Flöhe auseinander und versteckten uns in allen möglichen Ecken. Das ging nun wohl eine Weile ganz gut; mit Tante Christiane wurden wir wohl fertig, denn wenn sie den *einen* Ausreißer gefaßt hatte und den *andern* suchte, riß der erste wieder zugunsten der übrigen aus: aber leider hatten wir den Hauptpaziszenten des Ballvertrages, meinen Vater, außer acht gelassen. Dieser hatte ebensogut wie wir die Uhr schlagen hören und ging unruhig und ärgerlich in seinem Zimmer auf und nieder: »Hm! Hm! Es ist doch immer die alte Leier! Auf Christianchen ist doch gar kein Verlaß! Die Dienstboten schlafen schon alle« – so war's damals – »ich muß am Ende selbst hin ...« Da knarrte der alte Nachtwächter Hirsch halb elfe vor der Tür, mein Vater öffnete das Fenster: »Oh min leiw Hirsch; *ein* Wurt!« – Hirsch kam. »Min leiw Hirsch, gah Hei mal glik hen nah Tolls un segg Hei de Mamsell, sei süll mit de Kinner tau Hus kamen, un wenn sei dor nich mit farig warden süll, denn help Hei ehr dorbi. Hei steht mi dorför, dat sei all glik mitkamen.« Hirsch ging, und wir tanzten.

Hirsch traf unterwegs auf seinen Kollegen Netzband, der das Horn für die vollen Stunden führte; Netzband war eine gute, durstige Seele, in der die Idee zu keimen anfing, es könne durch seine Kehle bei einem offiziellen Ballbesuch irgend etwas Nasses hinunterträufeln. Er schloß sich also seinem Kollegen an, und plötzlich erschienen die beiden Nachtwächter auf der Schwelle des Saales. Mit gerechter Entrüstung wurden sie von einigen Eltern anständig gekleideter Kinder gefragt, wie sie es wagen könnten, in ihrer etwas von Zeit und Wetter mitgenommenen Berufskleidung in solcher Gesellschaft zu erscheinen. Aber Hirsch und Netzband waren schon zu oft auf dem Kampfplatz von Knechts- und Gesellenbällen in ihrer Eigenschaft als nächtliche Ruhestifter erschienen, als daß der Apparat eines friedlichen Kinderballes imponieren konnte, auch fühlten sie, daß mein Vater, wenn auch 200 Schritte entfernt, immer hinter ihnen stand; sie traten also der allgemeinen Entrüstung mit der ruhigen Erklärung entgegen: Sei wullen die Mamsell ut den Rathus' spreken un süllen den Herrn Burmeister sin Gören halen.

Ich stand grade als Kegel in der Kegelquadrille, als mein *fidus Achates,* Karl Nahmacher, zu mir heransprang: »Fritz, lop weg! Hirsch un Netzband sünd dor un willen di gripen.« – Ich befolgte den treuen Rat, brach aus dem Pferch der Quadrille, wurde aber von Herrn Stengel aufgefangen, der mich mit Gewalt auf meinen bevorzugten Platz zurückführen wollte. Hirsch, aufmerksam gemacht durch das entstandene Geräusch, trat hinzu und legte ebenfalls Hand an mich; der Tanzmeister wollte seinen Kegel, der Nachtwächter »den Herrn Burmeister sinen Jungen« haben, und so begann um meinen jugendlichen Leichnam ein Kampf, in welchem das Streitobjekt natürlich am meisten leiden mußte, in welchem Hirsch aber siegte. – August war in einer andern Quadrille von der Seite einer schönen Partnerin durch Netzbands unerbittliche Hände gerissen. Ernst und Lisette hatten durch ihren Austritt eine dritte und vierte Quadrille in Inaktivität versetzt, und Herr Stengel lief in Wut und Verzweiflung umher; sein Paradepferd, die Kegelquadrille, lag im Graben.

Wir wurden nun unter allgemeinem *éclat* abgeführt, Tante Christiane ging weinend in unserer Mitte; sie fühlte tief die Niederlage, welche ihre Autorität durch die Einmischung der Nachtwächter erlitten hatte, und »wat nu woll de Lüd' dorvon reden würden!« und »dor sünd blot de beiden ollen Jungs, August un Fritz, an schuld!« – Puff! puff! kriegte August einen – Puff! puff! kriegte ich einen Stoß in den Rücken, als wir über den Markt gingen. – Von dem väterlichen Empfang will ich weiter nichts sagen – genug, daß uns erklärt wurde, da wir Artikel 8 des Vertrages verletzt hätten, sollten wir nie wieder zu Ball gehen, und daß Tante Christiane erklärte, *sie* würde nie wieder zu Ball gehen: durch Nachtwächter vom Balle geholt zu werden, wäre ihr doch zu stark!

Aber – wie das Sprichwort sagt – es wird nie so heiß gegessen, wie es aufgefüllt wird; es währte nicht lange, da waren Tante Christiane und wir wieder auf einem Balle, und zwar auf einem *Maskenballe.*

Diese Art Erheiterung verschaffte sich Stavenhagen in meinen Kinderjahren ziemlich oft zu meiner damaligen und auch noch zu meiner jetzigen Freude; es war schön! Es war *gar zu schön,* den Schuster und Schneider einmal als Raubritter zu sehen, den Ladenjüngling als österreichischen Offizier in schmutzigweißer Uniform, den Pfefferkrämer als menschenfressenden Karaiben oder Mohrenfürsten und den Ivenacker Wirtschaftsschreiber als Apollo, statt der Reitpeitsche die Leier in der Hand! Es war gar zu schön, eine ehrsame Bürgertochter als Gärtnerin, Fischerin, Vierländerin im kurzen Röckchen bewundern zu können, eine Nähmamsell als Königin der Nacht, eine weitausschreitende, rotarmige, wohlgenährte Wirtschaftsmamsell als Diana, und meine Tante Christiane als Braut aus dem siebzehnten Jahrhundert!

Das ist jetzt alles vorbei! Stavenhagen hat Rückschritte gemacht; Stavenhagen seufzt unter der Last des Materialismus einerseits und unter der Last der Obligationen, Schuldverschreibungen und Wechsel, die ihm Gott durch sein Volk auferlegt hat, andererseits; Stavenhagen tritt nicht mehr aus sich heraus zu einer freieren Lebensanschauung; Stavenhagen bringt keine

Raubritter und Menschenfresser, keine Vierlanderinnen und Königinnen der Nacht mehr hervor, keine Dianas und Apollos; Stavenhagen bringt keinen Maskenball mehr zustande! – Warum? Weil Stavenhagen alt geworden ist, weil der junge Mut der Unternehmung fehlt, weil der junge Metz der alte Metz geworden ist und Wilhelm Clasen in seinem Leben keine Tante Toll werden wird!
Es ist bitter, so etwas eingestehen zu müssen, und wenn mich etwas in meinem Schmerze über das allmähliche Verschwinden der Maskenbälle trösten kann, so ist es eine armselige, philisterhafte Betrachtung darüber, daß jetzt die Familien mit der Aufregung, die *vor* einem Maskenballe einzutreten pflegte, verschont sein dürften.
Also Maskenball! Wieder helle Zwietracht in unserm friedlichen Hause, geheimer Rat in allen Ecken, wieder pro von seiten der Frauen, wieder contra von seiten meines Vaters, wieder Appellation an meinen würdigen Paten. – »Worüm nich, min leiw Burmeister? – Ich gehe *selbst* hin; Neiting geiht ok hen, ok Mamsell Westfalen geiht hen, äwer man mit ne Brill, nich as en Charakter. – Wir gehen überhaupt alle nur mit ner Brille hin.« – Onkel Herse und Tante Herse gingen hin, Herr und Frau Nahmacher nebst Familie gingen auch hin. »Vater! – Vater!« – »Was willst du!« – »Vater, Karl Nahmacher geht auch mit auf den Maskenball.« – »Ei so laß ihn zum Kukkuck gehn! – Meinetwegen geht alle zum Kuckuck hin!« – Einladende Worte waren's allerdings nicht; aber es war doch eine Erlaubnis. – »August, wi kamen hen! – Lisette, wi kamen hen! – Mutter, Vater hat uns die Erlaubnis gegeben!« – »Was sagte er denn?« – »Er sagte, wir sollten alle zum Kukkuck hingehen.«
Diese Worte waren nun zwar nicht sehr beruhigend für meine Mutter; aber in der bekannten Teestunde tröstete sie Herr Amtshauptmann über den zweifelhaften Erfolg, und da mein Vater, der darüber zukam, mit freundlichen Worten – er sprach stets freundlich mit meiner guten Mutter – seine freie Einwilligung gab, so war alles in schönster Ordnung. »Aber«, setzte er zu seiner Erlaubnis hinzu, »Hannchen, tu mir den einzigen Gefallen und stell keine Abenteuerlichkeit mit den Kindern auf! – Nicht wahr, Herr Amtshauptmann, ein bißchen zum Zukucken können sie hingehen?« – »Ja woll, min Herzenskindting, worüm sall denn nich ein oder de anner vermaskiert dorhen gahn?«
Mein Vater ward stutzig; aber auch dies Eis war nun gebrochen, meine Mutter mußte nun mit ihrem Plan herausrücken; sie hatte noch ein altes Taftkleid – zu nichts weiterem zu gebrauchen –, daraus wolle sie für mich – ich wäre der Kleinste, und für mich reichte es noch aus – ein schwarzes Ha-

bit anfertigen, in welchem ich als Schornsteinfegerjunge erscheinen sollte; Friedrich sollte mir eine kleine Leiter machen, Besen wären hinlänglich im Hause, und Onkel Herse würde mir wohl eine kleine Hacke aus Pappe und Bleipapier zusammenkleistern; es kostete also gar nichts.
Diese Ausdehnung seiner Erlaubnis war meinem Vater doch zu stark; er ging höchst verdrießlich im Zimmer auf und nieder und sagte kurz abgebrochen: »Hannchen, Hannchen, es ist eine vermaledeite Eitelkeit, wenn Eltern mit ihren Kindern prunken wollen.« – Nun legte sich aber der Herr Amtshauptmann dazwischen: »Prunken? min Herzenskindting, dat heww ick meindag' noch nich hürt, dat mit Schornsteinfegerjungs Staat drewen ward; un Eitelkeit? Na, min Herzenskindting, vel schöner ward hei as Schornsteinfegerjung' grad' ok nich utseihn warden, as hei nu utsüht.«
Mein Vater war aus dem Felde geschlagen, und als dann der große Tag endlich heranrückte und ich in das schwarze Taftkleid gehüllt war, gab mir Tante Christiane als siebzehnhundertjährige Braut die Leiter, den Besen und die Hacke in die Hand und führte mich in meines Vaters Zimmer, wahrscheinlich um ihm eine unverhoffte Freude zu bereiten. Mein Vater stand auf, nahm ein Licht von dem Tische, beleuchtete mich und beiläufig auch Tanten Christiane schweigend von oben bis unten, ergriff meine Hand und zog mich an den Spiegel: »Sieh her, Fritz, sie haben einen richtigen Affen aus dir gemacht. – Schämst du dich nicht?« – Ich war noch in den Jahren, in denen die Scham in Tränen ausbricht; ich fing also an zu weinen. – »Laß sein, Fritz!« sagte mein Vater, »und morgen, wenn sie dir den Affen ausgezogen haben, dann komm wieder!« – Aber als mich Tante Christiane, entrüstet über solchen Empfang, aus der Tür führte, weinte ich fort, warf Leiter, Besen und Hacke auf den Flur hin und war der Unglücklichste der ganzen Essenkehrerzunft.
Glücklicherweise kam jetzt der Herr Amtshauptmann mit seiner Frau Agnete und Mamsell Westfalen, um uns abzuholen. Hätte der alte Herr mich weinen sehen, so wäre das Thermometer seiner Hinneigung zu mir gewaltig gefallen; dies wußte ich, und wie ich mich in die Tränen hineingeschämt hatte, schämte ich mich jetzt wieder aus ihnen heraus.
Mein Vater, der den Herrn Amtshauptmann zu begrüßen gekommen war, beachtete mich zum Glück nicht ferner. Der alte Herr war so aufgeräumt, er scherzte so heiter mit meiner bräutlichen Tante, daß ich den Schmerz über meine unselige Verpuppung ganz und gar vergaß. Alles war fröhlich, und als mein Vater wieder mit allerlei beengenden Erlaubnis-Paragraphen herausrückte, schnitt ihm mein Pate das Wort ab mit der Frage: »Also, min Herzenskindting, Sei willen nich mit? Nee, wat denn? – Aber das ist Ihre

Sache. Nu laten S' äwer mi för de Mamsell un de Kinner sorgen, denn wenn ick nah Hus' gah, denn gahn sei all; äwer nich ihre. – Mamsell Westfalen versuchte nun noch ihre Rednergabe an meinem Vater, um ihn zum Mitgehen zu bewegen: »Un nehmen S' mi nich äwel, Herr Burmeister, wenn de ganze Stadt dull ward, denn möt dat Haupt in de Neg' sin, un wenn de Herr Ratsherr Hers'as lebendige Ritter hengeiht, un Herr Ratsherr Susemihl as türkische Soldan mit en langen Bort – de Slüngel, de Fritz Sahlmann, hett dat utspijoniert – denn künnen Sei jo as König oder Kaiser hengahn, un wenn Sei en König tau schanierlich is, denn maken Sei 't so as ick un hängen S' sik ne Domina äwer'n Puckel, wotau Sei jede swarte Schört nehmen känen, denn mine Domina is ok nix anners as mine sünndägliche Taftschört. Un dat *segg ick.*« – Aber es half nichts, wir gingen ohne meinen Vater.

Als ich in den sogenannten Saal trat, der jetzt wohl nur für ein mäßiges Zimmer gegolten haben würde, überfiel mich eine wahre Angst vor den wunderlichen Gestalten und abscheulich starren Gesichtern, ich kam mir vor wie »unter Larven die einzig fühlende Brust«, und wenn ich mich selbst ansah, so wurde mir wie ein eben geschorener Pudel zu Mute, der, über sein verändertes Aussehen erschrocken, alle Ecken und Winkel aufsucht, um sich vor sich selbst zu verstecken. Dies wurde mir aber wegen meines Schornsteinfegerapparates, Leiter und Besen, sehr schwer, und so währte es denn auch nicht lange, als ich von einem Mohren aufgegriffen wurde, der, vermutlich von der gleichen *couleur* angezogen, die Güte hatte, mich zum Gegenstand seiner natürlichen Wildheit zu machen. Er riß mich in die Höhe, ließ mich ein paar Sekunden lang in der Luft fliegen, schwenkte mich noch einige Mal um den beturbanten Kopf und trug mich dann, auf seinen Schultern reitend, im Triumphzuge durch den Saal, wo ich denn allgemein für ein Mohrenkind gehalten wurde, da ich meine Schornsteinfeger-Attribute bei dem plötzlichen Überfall verloren hatte. Ich war nun vollständig in die dramatische Handlung des heutigen Abends hineingerissen und hätte mich vielleicht über den Ausgang des Stückes bedenklich geängstigt, hätte ich nicht zum Glück in meinem Mohren den Kaufmann Grischow erkannt, von dem ich meine Bilderbogen bezog. – »Herr Grischow, laten S' mi los!« – »Jung', willst du dat Mul hollen, jo kein Namen nennen!« – Das war uns're Unterredung, und die Folge war ein Glas Punsch, welches mir der gütige Mohr an der Schenke verabreichen ließ.

Es war wirklich sehr anzuerkennen, mit welcher Konsequenz die Illusion aufrecht erhalten wurde; jeder kannte den anderen, jeder wußte schon drei Tage vorher, was der andere darstellen würde, aber keiner ließ es sich merken, um die allgemeine Lust nicht zu verderben. Es wurden Namen mit richtigen Buchstaben in die Hand geschrieben und mit verkehrten in die Luft, es wurde mit der schnödesten Verneinung der Kopf geschüttelt, und jede durstige Seele stellte sich gewissenhaft mit abgewandtem Gesichte in die Ecke, um dort in aller Heimlichkeit in einem Zuge ein Glas Punsch hinabzustürzen.

Mein alter Pate war auch in dieser diskreten Beachtung des Maskengeheimnisses ein hervorleuchtendes Beispiel. – Als er mit seiner Florbrille in den Saal trat, ging er auf meine Tante Christiane los, mit der er ja zusammen gekommen war, machte eine tiefe Verbeugung und sagte zur Freude von Tante Herse, die als Klosternonne neben Tante Christiane saß: »Guten Abend, meine liebe Frau Ratsherrin, es freut mich, Sie wieder einmal als Braut zu sehen. – Nee, wat denn? – Es ist aber eine sonderbare Sache, man hat mir eine Brille aufgesetzt, damit ich besser sehen soll, und ich kenne keinen Menschen.«

Als er mich aufgegabelt hatte, sagte er: »Fritz, min Jüngschen, wis' mi mal den Ratsherrn Hersen, hei sall en Ritter sin, äwer dor an den Schenkdisch stahn twei von sin Grött un Kaliber, wecker is hei von de beiden?« – »Der mit dem blauen Federbusch ist Postmeister Stürmer, und der andere mit dem Horn vor dem Kopf, das ist Onkel Herse.« – »Schön! schön! – Grad' as Graf Tassilo von Hohenzollern – ebenso en Hurn vör den Kopp as Graf Tassilo. – Dat bedüd't hüt wat mit den Herrn Ratsherrn. – Na, ich will ihm doch ein Vergnügen machen!«

Damit trat er an den Schenktisch: »Guten Abend, Graf Tassilo von Hohenzollern!« – Onkel Herse wußte gar nicht, daß er an diesem Abend eigentlich Graf Tassilo war, er hatte den Helm mit dem Nashorn nur der Originalität wegen gewählt, ohne an etwaige geschichtliche Deutung zu denken; er nahm aber die ihm zugeteilte Würde mit großer Geistesgegenwart auf und, um in Höflichkeit nicht nachzustehen, antwortete er: »Gleichfalls schönen guten Abend, gebietender Herr!« – Der alte Herr Amtshauptmann lachte so recht von Herzen: »Gebietender Herr? – Ja, äwer blot in 't Großherzogliche Domanium, min leiw Meister Dohmstreich.«.

Der Zimmermeister Dohmstreich war wohl ebenso dick wie mein Onkel, aber einen guten Kopf kleiner; das hinderte den alten Herrn aber nicht, ihn für den Herrn Ratsherrn unterzuschieben; denn er wollte meinem Onkel ja die Freude machen, daß er ganz unbekannt sei. – »Min leiw Meister Dohmstreich«, begann er wieder, »ick glöw mit Utnahm von mi kennt Sei hüt abend kein Minsch.«

Nun wäre es aber für meinen Onkel Herse der größte Verdruß gewesen, wenn der Herr Ratsherr nicht durch den Ritter durchgeschienen hätte: sein gehofftes Vergnügen lag grade in der Erwartung, daß der Ritter hinlänglich transparent sein würde, um hinter Goldpapier und Pappe den Herrn Ratsherrn im glänzendsten Lichte aufgehen zu lassen, und nun sollte statt dessen der Zimmermeister »dick Dohmstreich« aufgehen? – Mein Onkel wurde sehr verdrießlich; er fiel aus dem stillschweigenden Übereinkommen gegenseitigen Geheimnisses: »Herr Amtshauptmann, Sei irren sik, ick bün nich »dick Dohmstreich'.« – »Schön, mein lieber Meister, ganz vortrefflich! – Min leiw Meister, in minen Swinkaben möten nige Bahlen inleggt wurden...« – »Herr Amtshauptmann, ick segg Sei, ick bün nich »dick Dohmstreich.« – »Schön, mein lieber Meister; hat auch bis morgen Zeit. – Ich empfehle mich Ihnen, Graf Tassilo von Hohenzollern.«

Der Herr Amtshauptmann wandte sich ab, um dem andern Ritter, dem Herrn Postmeister Stürmer, ein ähnliches Vergnügen angedeihen zu lassen: »Gu'n Abend, min leiw Möller Karsten! – Na, ok en beten hier? – Süh, dat freut mi doch! – Bin ich doch heute abend nicht der einzige aus Großherzoglichem Amte.« – Hier vergriff sich der alte Herr ganz gewaltig; Müller Karsten war ein kleiner, hagerer Mann, und der Herr Postmeister war in seinen Dimensionen selbst meinem Onkel Herse überlegen; aber ein solcher kleiner Irrtum konnte meinen würdigen Paten nicht in Verlegenheit setzen: »Min leiw Möller, wat is dat för en flaßköppigen Jung', de dor bi Em mit dat Speit in de Hand steiht?« – War Onkel Herse durch den »Meister« schon verletzt, so wurde es Postmeister Stürmer noch im höheren Grade, denn er war per »Er« angeredet; dieser Ritter fiel also natürlich auch aus der Rolle: »Herr Amtshauptmann, das ist mein Sohn, den ich als Knappen mit mir genommen habe.« – »Süh! Süh! – ein Mühlenknappe. – Segg Hei mal, Möller, is hei denn all Gesell?« – »Er ist Gymnasiast in Stettin.« – »So? so? – Gymnasiast in Stettin. – Süh, süh! Wat ut den Minschen all warden kann! – Nu, min leiw Möller, dau Hei mi den Gefallen un segg Hei em, wenn hei wedder mit sin Peik so dörch den Saal rönnt as vör en beten, denn sall hei sik in acht nehmen, dat hei mi nich in de Ogen steckt, denn, mein lieber Müller, ich kann durch meine Brille gar nichts sehen. – Guten Abend, mein lieber Ritter Kuno von Kyburg.«

Da ging er hin, der alte brave Mann, fest überzeugt, in der angemessensten Weise die heutige Lust in den beiden Ritterbrüsten erhöht zu haben! – Ach, wie schlecht wurde es ihm gedankt! – Ich stand noch da, als Onkel Herse begann: »Stürmer, seih ick ut as dick Dohmstreich?« – »Gevatter Hers', dat geiht doch noch ihre; äwer mi för Möller Karsten antauseihn...!« – »Stürmer, ick bliw dorbi, de oll Amtshauptmann is en grawen Swinegel.«

Weiter hörte ich nichts, denn in diesem Augenblicke kam Tante Christiane höchst aufgeregt auf mich los. »Entfamtigte Bengel, ick möt mi hüt äwer di den ganzen Abend argern. Meinst du, dat Mutter un ick di för nix un wedder nix den swarten Antog tausam prünt hewwen? – Wo hest du din Ledder?« – »De steiht in de Eck in den Saal.« – »Wo hest du dinen Bessen un din Hack?« – »De heww ick vör de Dör henleggt.« – »Glik geihst hen un hal'st din Geschirr tausammen, un denn kümmst her, un ick will di seggen, wo du 't maken sallst.«

Ich brachte also mein Handwerkszeug zusammen, und Tante instruierte mich nun unter Androhung aller möglichen Nachteile, wie ich den Schornsteinfegerjungen aktiv in Szene zu setzen hätte. Ich sollte die Leiter an die Wände lehnen, sollte dann darauf hinaufsteigen, daran kratzen und fegen, auch an den Ofen könne ich hinaufklettern, ja sogar auch an Personen, müsse mich dann aber, wenn dies letztere Stück gut gelingen sollte, genau vergewissern, daß die Person auch stehen bleiben würde.

Meine dramatischen Künste begannen also; es ging prächtig, und es währte gar nicht lange, da saß ich auf dem Ofen. Nur mit der Ersteigung von lebendigen Gipfeln wollte es mir nicht gelingen; sowie ich meine Leiter an den Rücken einer Maske legte, wich diese aus, und selbst mein Onkel Herse, auf dessen freundliche Gutmütigkeit ich meine letzte Hoffnung gesetzt hatte, der aber noch in verdrießlichen Betrachtungen über seine Ähnlichkeit mit »dick Dohmstreich« und in Punsch vertieft war, drehte sich bei meinen wiederholten Versuchen, ihn zu besteigen, zu mir um und sagte: »Fritz, deist du dat noch mal, denn gew ick di en poor Mulschellen, dat du up den Rüggen föllst.«

Kurzum, diese kühnste Idee meiner Tante Christiane war nicht ausführbar, und da ich nun zu ihrer Freude an allen vier Wänden herumgekratzt und gefegt, auch verschiedentlich auf dem Ofen gesessen hatte, kam ich müde von meinen Anstrengungen zurück und erklärte den Haupteffekt für ganz unmöglich.

Tante stand gerade mit einer Königin der Nacht zusammen und unterhielt sich mit ihr über die Preise des Bombasins. Wahrscheinlich hatte meine Tante dieser Königin der Nacht Aussicht auf Absatz von Bombasin gemacht, und die Kundschaft redete zu meinen Gunsten mit, vielleicht war's aber auch angeborene Gutmütigkeit, die mich für so viele fehlgeschlagene Hoffnungen trösten wollte, genug, Frau Levin, eine mir sehr gut bekannte Judenfrau, erlaubte, daß ich ihren sternbesäeten, königlich-nächtlichen Puckel besteigen durfte.

So etwas sollte man Kindern nie erlauben, man ahnt gar nicht, was Kinder in ihrer Unkenntnis für Elend anrichten können: Kinder kommen in aller Unschuld in großen Gesellschaften laut mit Dingen zu Raum, die im allervertraulichsten Familienkreise nur leise geflüstert werden dürfen; Kinder stecken im unschuldigen Spiele mit Schwefelhölzern ganze Städte in Brand, und ich Unglückswurm von Schornsteinfeger-Kind sollte nun hier an diesem Abende, ermutigt durch die nichts Böses beabsichtigenden, aber durchaus beipflichtenden Winke meiner Tante Christiane ein Unglück herbeiführen, welches nicht allein die unglückliche Königin der Nacht aus ihrem Reich vertrieb und den ganzen Saal in Aufregung versetzte, sondern auch in seinen natürlichen Folgen auf mein Haupt – oder besser: auf meine Ohren zurückfiel.

Ich war an dem Rücken der Königin aufgestiegen und stand oben auf meiner Leiter; ich konnte doch nun nicht wieder hinuntersteigen, es mußte doch vorher etwas geschehen – dies Gefühl, welches den dramatischen Dichter nie, namentlich im letzten Akte nicht, verlassen sollte, war mir schon damals klar –, ich griff also nach meinem Besen und bearbeitete den Sternschleier der Königin Levin – nach meiner Meinung sehr schonend –, aber der Schleier war nicht an natürlichem Haar, sondern an einer Perücke befestigt. – Ein jäher Schrei, das Vorwärtsstürzen der Königin, mein eigenes Niederstürzen mit der Leiter und das im tiefsten Baß ausgestoßene Geschrei des alten stocktauben Steuereinnehmers und Kirchenökonomus Groth: »Kik't! Kik't! Levinsch hett ne Prük up!« zog alle Masken um uns zusammen, und ich erhielt von Tante Christiane in Gegenwart des ganzen Balles ein paar Maulschellen von ausgesuchtester Sorte.

Was konnte ich dafür? Wie konnte ich die alttestamentarische Bestimmung Mosis kennen, daß verheiratete Judenfrauen ihr eigenes Haar nicht zeigen dürfen, daß sie mit kurzgeschorenem Kopfe gehen und sich bei feierlichen Gelegenheiten der Perücken bedienen müssen? (Das war damals so, als noch alle altgläubig waren.) – Mir war unrecht geschehen! Weinend trat ich vom Schauplatz meiner Taten ab und begegnete Karl Nahmacher, dem auch unrecht geschehen war, der auch ein paar Maulschellen erhalten hatte, weil er all seinen Kuchen, ohne sich etwas aufzuheben, aufgegessen hatte. Wir klagten uns gegenseitig unsere Leiden, beschlossen, mit dem ganzen Schwindel nichts mehr zu tun haben zu wollen, gingen ins Schenkzimmer, krochen dort unter einen tiefverhängten Teetisch und sind da vermutlich bald in süßen Schlummer verfallen – denn von dem übrigen, was später passiert ist, weiß ich bloß vom Hörensagen.

Als mein würdiger Pate, der Herr Amtshauptmann, genug hatte von den Lustbarkeiten und in vollkommenster Unschuld alle seine Pfefferkörner im

Saale verstreut hatte, als seine gute Frau schon anfing, unruhig zu werden, und Mamsell Westfalen schon lange mit Domino und Florbrille sehr ruhig in einer Ecke schlief, als August, Ernst und Lisette sich auf den Gluckhennenruf von Tante Christiane um ihren Reifrock versammelt hatten und sie selbst es müde war, immerfort als bräutigamlose Braut aus dem siebenzehnten Jahrhundert auf hohen, roten Absätzen Stelzen zu laufen, als Venus Amathusia kopfschüttelnd Abschied genommen, als Momus schläfrig und müde sich in der zwölften Stunde die Larve vom Gesichte gerissen hatte, als Bacchus breitspurig in die Türe trat und die Humpen des Grafen Tassilo und des Ritters Kuno von Kyburg füllte, als der wilde Mohrenfürst in einen zivilisierten Punsch-Dusel versunken war und der türkische Sultan Susemihl Mahomets Gebot zu vergessen anfing, sollte nach Hause gegangen werden; aber: »Wo ist Fritz?« – »Mein Herzenskindting, wo is Fritz?« fragte der Herr Amtshauptmann meine Tante. – Tante erklärte, daß sie seit der Zeit, in welcher sie mir die beiden oben erwähnten Maulschellen gegeben, keinen weitern Verkehr mit mir gehabt habe. Es wurde umher gefragt. Keiner hatte mich gesehen.

Auf dem andern Ende des Saales war dieselbe Not; Madame Nahmacher vermißte ihren »Korl«. – Der alte Herr Nahmacher kam zu unserer Partei, um Erkundigungen einzuziehen. – Grade, wie der Herr Amtshauptmann jeden mit »min Herzenskindting« anzureden pflegte, sagte er zu jedem »min Herzing«.

»Min Herzing, hewwen Sei minen Korl nich seihn?« – »Min Herzenskindting, wi säuken den Burmeister sinen Fritzen.« – »Min Herzing, de Jungs sitten ümmer tausam.« – »Min Herzenskindting, wo süllen sei denn nu woll sitten?« – »Min Herzing, dat weit de leiw Gott.« – »Min Herzenskindting, uns' Fritz hett en poor Mulschellen von de Mamsell kregen...« – »Ja, min Herzing, min Korl ok von sin Mutter.« – »Herr Amtshauptmann«, fiel hier Mamsell Westfalen ein, »nehmen S' nich äwel, dat ick dor mang red'; äwer de beiden Jungs sünd in 't Water gahn, un dat segg ick!« – »Westfalen!« schrie meine Tante, »Sei sünd jo woll nich bi Trost!« – »Oelpken, wat ick segg, dat segg ick! – Mulschellen hüren sik för de Jungs, dat weit ick. Äwer Mulschellen up so 'n apenboren Danzplatz, dat treckt sik so 'n Jung tau Gemäut.« – »Das ist doch eine sonderbare Sache«, fiel der Herr Amtshauptmann ein. »Min Herzenskindting, Sei hadden den Jungen nich slagen süllt!« – Meine Tante geriet in schreckliche Angst; aber Papa Nahmacher tröstete sie: »Min Herzing, laten S' dat man sin! Min Korl geiht nich in 't Water, hei klattert in de höchsten Dannen in 'n Pribbenow'schen Holt herin un nimmt de Kreihennester ut, äwer in't Water geiht hei nich.« – »Min

Herzenskindtifig, Sei hewwen recht. – Weiten Sei, wat mi infölIt? – De Jungs sünd nah Hus gahn. – Nich wohr, Neiting? – Nee, wat denn?« – »Ja, Wewer, denn möten wi äwer henschicken un fragen laten«, antwortete die Frau Amtshauptmännin.

Das geschah denn nun; aber leider war über mein Verbleiben nicht anders Nachricht zu erhalten, als daß mein Vater aus seinem ersten Schlafe geweckt wurde, weil ich bei ihm schlief. Er empfing die Meldung nicht in der rosigsten Stimmung: »Das kommt bei dem verdammten Unsinn heraus, da lassen sie mir den dummen Jungen sich verlaufen! – Hausknecht, geh Er leise die Treppe hinunter, daß meine Frau nicht aufwacht! – Ich komme gleich.« Er kam auch, nachdem er die beiden Nachtwächter Hirsch und Netzband unterwegs aufgegabelt und ihnen die Frage vorgelegt hatte, ob sie mich und Karl Nahmacher nicht irgendwo hätten herumstreifen sehen. Als diese dies verneinen mußten, wurde der eine von ihnen nach Luth geschickt; Luth sollte sogleich kommen; und mein Vater trat in den Saal, halb ärgerlich, halb unruhig:

»Wo sind die beiden Jungen zuletzt gesehen?« – »Min Herzing«, sagte der alte Nahmacher, »min Korl, as hei den Kauken upfreten hadd.« – »Min Herzenskindting«, sagte der alte Herr etwas verlegen, »uns' Fritz, as em de Mamsell Oelpken en poor Mulschellen gewen hadd, wil dat hei Levinschen mit sinen Bessen de Prük runnerfegt hett.« – »Swager, Swäging!« rief Tante Christiane in großer Angst, »ick heww jo dat nich bös meint, un hei hett jo doch ok all öfter weck von mi kregen.« – »Kinder, habt ihr die beiden Jungen später nicht gesehen?«

Keiner wußte etwas Genaueres, bloß Lisette meinte, sie habe uns *zusammen* aus der Saaltüre gehen sehen. – »Un dunn sünd sei in't Water gahn«, setzte Mamsell Westfalen ruhig hinzu. – »Was? – Was ist das?« fragte mein Vater hastig. – »Sei sünd in 't Water gahn, dorbi bliw ick«, antwortete Mamsell Westfalen wieder sehr ruhig. »Un nehmen S' nich äwel, Herr Burmeister, wenn ne ganze Stadt hüt abend narsch worden is, worüm sälen twei dumme Jungs nich ok up narsche Infäll kamen?« – »Ei, das ist ja dummes Zeug, Mamsell, wenn mein Fritz um ein paar Maulschellen ins Wasser gehen wollte, dann hätte er das Stück schon längst aufführen müssen.« – »Min Korl ok, min Herzing«, fiel der alte Nahmacher ein. – »Seit drei Monaten ist alles dicht zugefroren«, fuhr mein Vater etwas verächtlich fort, »und denn sollen die Jungen ins Wasser gehn?« – »Nehmen S' nich äwel, Herr Burmeister, doran heww ick nich dacht, un denn segg ick, dat ick nix seggt heww; denn sünd sei woll nicht in dat Water gahn.« – Meinen Vater ekelte das wüste Treiben eines halbausgespielten Maskenballes an, er forderte zum Nachhausegehen auf; die Familie vom Amte, die Nahmachersche Familie und die unsrige verließen den unseligen Ball, Madame Nahmacher und meine Tante weinten, und der alte Herr Amtshauptmann erleichterte sein besorgtes Gemüt durch den ab und an herausgestoßenen Ausruf: »Eine sehr sonderbare Sache! – Nee, wat denn, Neiting?«

Luth war gekommen und instruiert, unsere Knechte waren geweckt, der alte Herr Nahmacher hatte die seinigen zur Disposition meines Vaters gestellt, die Nachtwächter und einige Tagelöhner wurden aufgeboten, mein Vater stellte sich an die Spitze einer Partei, Herr Nahmacher an die einer zweiten, Luthen wurde die dritte anvertraut; und nun begann ein nächtlicher Streifzug, der alle Geheimnisse von Stavenhagen, vom Alten Bauhof und dem Rathaushof ans Licht brachte – leider nur nicht uns. Der Schornsteinfegerjunge Fritz Reuter und der Gärtnerjunge Karl Nahmacher lagen Arm in Arm unter Tanten Tolls Teetisch und schliefen den süßesten Kinderschlaf – trotzdem, daß Kuno von Kyburg und Graf Tassilo von Hohenzollern über ihren Häuptern gewichtige Humpen leerten.

Diese beiden würdigen Ritter hatten sich nämlich aus dem *mélée* und Schlachtgetümmel des allgemeinen Schenktisches zurückgezogen und kämpften an dem Teetisch mit scharfen, blutroten Rotwein-Waffen ihre besondere Fehde aus. Mein Onkel Tassilo von Hohenzollern hatte schon sein Nashorn an der Stirne eingebüßt und der Postmeister Kuno von Kyburg hatte schon Helmbusch und Helm verloren; aber dennoch waren sie noch immer »düchtig dor!« und hieben unter Schwert-Gläser-Klingen aufeinander ein, daß die staunende Nachwelt von bunten Bauern, bunten Tirolern und noch bunteren Harlekins sie stumm umstand und in ihnen die Taten der Vorwelt bewunderte.

Mein Onkel Tassilo fiel gerade mit seiner blutroten Klinge auf den Ritter Kuno ein, der ihm aber mit der seinigen so zu begegnen wußte, daß es einen scharfen Schwertesklang gab, als Luth mit unserm alten Friedrich in die Tür trat: »Gu'n Abend, Herr Ratsherr, Friedrich lett sik dat nich utreden, un mi kümmt dat ok so vör...« – Mein Onkel hatte seine Ritterrolle den ganzen Abend so gut gespielt und dieselbe so ausstudiert, daß er wußte: die Ritter des Mittelalters hätten als Minnesänger ihre Reime zu machen verstanden; er blieb also nur seiner Rolle getreu, als er den Stadtdiener Luth unterbrach und ihm fröhlich sein volles Glas reichte: »Gut, Luth, hier ist Blut, Luth! Rotes Rotweinblut, Luth! – Wollen sehen, ob's das nicht tut, Luth!« – Postmeister Kuno von Kyburg war anno 6 Wachtmeister unter dem General Grafen Kalckreuth gewesen und trug seinen Kommandierenden sein Leben lang im frommen Herzen; alles Schöne, Vortreffliche hieß bei ihm

»Kalckreuth!« Die Minnesängerei meines Onkels hatte ihn entzückt, er fiel ihm um den Hals: »Du bist mein Kalckreuth!« – »Ja«, sagte Luth, »dat is all recht schön, äwer wi hewwen de Jungs nich wedder. – Friedrich seggt, sei möten noch hier sin, un ick glöw' dat ok.« – »Glöwen Sei dat, Luth? Gut, Luth! un Friedrich glöwt dat ok? Schön, Friedrich! –

Ich bin liederlich,
Du bist Friederich,
Sind wir nicht liederliche Leute?
Trinken kühlen, roten Wein,
Schmeißen den Bauern die Fenster ein;
Ich bin liederlich,
Du bist Friederich,
Sind wir nicht friederiche Leute?«

»Äwer, Herr Ratsherr«, fiel Friedrich ein, »wo sünd de Jungs?« – »Ih, Friedrich, lat doch de Jungs! Wi sünd all mal Jungs west. Hier Friedrich, liederlich!

Nimm das Glas, begieß dich nicht,
Es leben schöne Kinder!
Es lebe auch Fiek Besserdich!
Du bist ein armer Sünder:
Sün–Sün–Sün–Sün–Sün–Sün–
Bist ein armer Sünder.«

»Dat weit ick, Herr Ratsherr; äwer dat mit Fiek Besserdichs, dat sünd Spitzen, un dorüm hett mi de Herr Burmeister nich in de Nacht herümmer schickt.«

Wer weiß, ob sich nun nicht ein unerquicklicher Streit zwischen dem Stammvater des Hauses Hohenzollern und dem Kuhknecht Friedrich entsponnen hätte, wäre nicht ein ebenso überraschender wie erfreulicher Zwischenfall eingetreten.

Sei es nun, daß Karl Nahmacher und ich durch einen gesunden Schlaf der Natur unsere volle Schuld abgetragen hatten, oder daß uns der ritterliche Sang, vielleicht auch die ritterlichen Beine geweckt hatten, genug, wir erwachten und krochen unter dem Tische hervor. Karl schlug sich links gegen Kuno von Kyburg hin, und ich kam zwischen den Beinen meines Onkels Hohenzollern zum Vorschein. Nur einen kurzen Augenblick tauchte mein schwarzer Schornsteinfegerkopf aus Tante Tolls weißen Linnen hervor, als ich auch schon von der gewichtigen Hand meines Onkels mit den Worten: »Pfui, Philo! Kusch!« wieder unter den Tisch gedrückt wurde. Der lebhafte Geist meines guten Onkels war so weit in die Freuden der Vorzeit spaziert,

daß er für die Wirklichkeit kein Auge mehr hatte, und daß er mich für den Pudel des Doktor Weber hielt. Aber Friedrich hatte ein besseres Auge; mit einem Griff unter den Tisch: »Dit is 'e!« holte er mich hervor, und da Luth den Gärtnerjungen gefaßt hielt, so war der Zweck des Streifzuges erledigt und die Abenteuer dieser Nacht geschlossen, d. h. die fröhlichen, denn daß noch allerlei schmerzliche kommen könnten, vermutete ich stark. Auch in der Brust meines Leidensgefährten schien sich eine solche Ahnung zu regen, denn als wir zusammen über den Markt transportiert wurden, fragte er mich: »Fritz, kriggst du *hüt abend noch Schacht?« – »Hüt abend* woll nich«, antwortete ich, »äwer *morgen.«* – »Ick krieg' hüt abend noch wat«, sagte er sehr resigniert, »Vatting deit mi nix, äwer Mutting!«
Wir hatten uns beide geirrt, die Eltern hatten eine bessere Einsicht in unsere Schuld als wir selbst; mein Vater mochte sich des alten Spruches: *qui dormit, non peccat* erinnern; er war freilich sehr verdrießlich, hielt aber nur einen Monolog über die Torheit, Kinder auf einen Maskenball zu führen, mit welchem er nicht einmal ganz fertig wurde, denn er wurde durch ein Klopfen an die Scheiben darin gestört: »Min Herzenskindting, is hei dor?« – »Ja, Herr Amtshauptmann.« – »Sei daun em doch nix? Nee, wat denn?« – »Der dumme Junge kann ja nicht dafür.« – »Schön, min Herzenskindting, gute Nacht, Herr Bürgermeister.« Damit war die Sache vorbei. – Karl Nahmacher hatte es noch besser getroffen. – Als wir am andern Morgen zusammenkamen und ich fragte: »Korl, hest wat kregen?« antwortete er sehr fröhlich: »Koffe heww ick kregen, un Mutting freut' sik ordentlich, as ick kamm, un säd: »entfamte Jung', wat hest du uns för Angst makt!« un dunn smeet s' twei grote Stücken Zucker in den Koffe und säd: da drink!«

Mit Recht würde man diese gewissenhaft geschriebene Geschichte meiner Vaterstadt für mangelhaft und unvollständig halten, wenn ich nicht zum Schlusse entweder von der Politik oder von der dramatischen Kunst der damaligen Zeit etwas einfließen ließe. Ich bedaure, daß ich mich allein auf die dramatische Kunst beschränken muß, denn die Politik lag noch schlummernd in den Köpfen der Bewohner und war nur in dem meines Onkels, des Herrn Rektors und des Rademachers Clasen vorzeitig erwacht und mag dort viel Unheil angerichtet und stark rumort haben, ließ aber die übrigen Bürger ungeschoren ihren Geschäften nachgehen und uns Kinder unsern Spielen. Ich erinnere mich gar nicht, das Wort gehört zu haben. Anders aber war es mit der dramatischen Kunst oder »Kemedi«, wie sie schlechtweg genannt wurde; sie war ein reiches Feld für unser Interesse. Darum also von ihr!

Die erste Bühne, welche ich in meinem Leben gesehen habe, war in dem Torwege des Schneidermeisters Grambow aufgeschlagen, sie machte am hellen lichten Tage mit ihren bemalten Fetzen einen beängstigenden, spukhaften Eindruck auf mich. – Neugierig versammelten wir uns vor dem bekannten Torweg, wir hörten drinnen klopfen und hämmern und wußten nicht was, wir sahen durch die Ritzen allerlei Sonderbares und wußten nicht was, wir sprangen zurück, wenn der Torflügel aufging und ein fremder Mann in auffallender, nachlässiger Kleidung heraustrat, und doch zog es uns wieder nach der geöffneten Tür, um einen vollen Blick auf die Geheimnisse im Torweg zu werfen. – »Korl, dat is ein von ehr.« – »Dat is woll de Herr?« – »Ne, de Herr is 't nich, den heww ick gistern all bi minen Vattern seihn!« – Und ein anderer kommt herangesprungen: »Ick heww 't seihn! Ick heww 't seihn!« – »Wat hest seihn?« – »Sei hewwen drei Sag'bück henstellt un dor hewwen s' Bred äwerleggt, un baben hewwen s' luter Biller mit Böm un mit Hüser henstellt, un de Bück un de Bred hewwen s' von dick Dohmstreichen.« – »Ja, un wahnen daun s' bi Schill-Sommern, un ne Madam hewwen s' bi sik un en lütten Jungen, und Kitte Sommer möt dor ümmer mit spelen; de seggt, hei kann mal snacken, äwer ümmer hochdütsch.« Ach, wie beneidete ich Kitte Sommern um diese Bekanntschaft! Wie gerne wäre ich in den Torweg geschlüpft, um dort, still in eine Ecke gedrückt, belauschen zu können, was sich dort Geheimnisvolles vorbereitete! Was dort wohl alles erscheinen würde! Was dort wohl alles geschehen konnte! Mir war zumute, als wenn Mariek Wienken Gespenstergeschichten erzählte.

Und noch später, als Herr Stengel seinen Thespiskarren in unserer eigenen Wohnung auf dem Rathaussaal aufgeschlagen hatte, als ich schon Schauspiel gesehen hatte, als ich schon wußte, was dort erschien und was dort geschah, und daß es meistens lustig dort herging – wie graute mir, wenn ich des Abends über den Saal in mein Schlafzimmer mußte und mich die Bühne so tot, leer und dunkel ansah wie der Leichnam eines Menschen, in welchem noch vor einer Stunde ein fröhliches Leben geschlagen hatte! – Wie harrte ich in meinem Bette auf den festen Tritt meines Vaters, daß er den »armen Poeten« und »die Rosen des Herrn von Malesherbes« und den »Schneider Fipps« von mir scheuchen möge!

Die Produktionen des Grambowschen Torwegtheaters sind mir fremd geblieben, mein Vater litt den Besuch desselben durchaus nicht; aber meine Freunde versicherten mich, es sei sehr schön gewesen, sehr schön! und ich will's glauben. Auf *eine* Stavenhäger Seele haben die Darstellungen wenigstens einen unauslöschlichen Eindruck gemacht. Die Inhaberin verließ Va-

ter und Mutter und folgte der Kunst. Cläre Saalfeld, die Tochter des alten Schusters Saalfeld, ging unter die Schauspieler. Sie ist meines Wissens das einzige Stavenhäger Kind, welches die dramatische Kunst praktisch ausgeübt hat, und nicht allein deswegen, sondern vorzüglich wegen einer Szene, in welcher die göttliche Kunst die nüchterne Wirklichkeit siegreich überwand, verdient ihr Name aufbewahrt zu werden.
Cläre war also – wie man sich damals unhöflich ausdrückte – weggelaufen. Der alte Schuster Saalfeld donnerte ihr die väterlichsten Flüche nach. Cläre wurde trotzdem erste Liebhaberin in der ganzen Bande; dunkele Gerüchte von ungeheuren Erfolgen der Liebhaberin gelangten nach Stavenhagen und auch zu den Ohren des Vaters.
Gute Freunde, die es damals noch mehr gab als jetzt, und die damals noch nicht aufhetzten, wo sie beruhigen sollten, versöhnten den alten Schuster allmählich mit dem Gedanken, eine erste Liebhaberin zur Tochter zu haben. Er wurde milder gegen sie gestimmt, und Cläre wagte den ungeheuer kühnen Schritt, nach anderthalb Jahren in ihrer eigenen Vaterstadt in demselben Grambowschen Torwege, in welchem sie zuerst den berauschenden Becher der Kunst geleert hatte, trotz aller Störungen, welche die Illusion notwendig erleiden mußte, als erste Liebhaberin aufzutreten. Die Kühnheit war groß, der Erfolg größer.
Die guten Freunde des alten Saalfeld hatten ihn in Erwartung der Dinge schon acht Tage vor dem Auftreten der Tochter bearbeitet, er solle Gnade für Recht ergehen lassen und die Liebhaberin als Tochter anerkennen – vergebens! Endlich erreichen sie das Äußerste, wozu er sich verstehen will: er will ins Theater gehen und seine Tochter selbst spielen sehen.
Es geschieht; der Vorhang geht auf; Cläre spielt wie ein leibhafter Engel, sie weiß, aller Augen und auch ihres Vaters Augen sehen auf sie. – »Cläre Saalfeld 'raus!« Der alte Meister Saalfeld trocknet sich die Augen. So geht es fast bis zum Schlusse, da benutzt Cläre eine Stelle ihrer Rolle zum großartigsten Effekt; sie knieet nieder und ruft: »Vater, vergieb mir!« – Meister Saalfeld hält's nicht länger aus; er steht auf: »Min Döchting, wat heww ick di tau vergewen; ick erlew jo nix as Ihr un Freud' an di.« – Mit dieser Szene beschloß Cläre ihre dramatische Laufbahn, sie trat ins bürgerliche Leben zurück und heiratete einen geistesverwandten Torschreiber. Sie blieb bis an ihr Ende die erste Autorität Stavenhagens in dramatischen Dingen.
Der Name von Clärens Truppe ist mir entfallen. Vielleicht habe ich ihn auch nie gewußt, ich habe sie wahrscheinlich bloß »de Kemedimakers« genannt, weil sie für mich als die Repräsentantin der ganzen Kunst galt. Dies dauerte natürlich nur solange, bis eine zweite Gesellschaft erschien, wo

denn schon Unterschiede gemacht werden mußten. Diese zweite Gesellschaft kam denn auch, und wenn der eigentliche Stamm der Truppe auch nur aus zwei Personen, aus Mann und Frau, bestand, so waren diese beiden an ihrer Stelle vielleicht mehr wert als ein ganzes Heer gewöhnlicher Akteurs und Aktricen, denn sie verstanden es, sich für jedes Stück aus ihrer Umgebung neu zu rekrutieren, Jünglinge und Jungfrauen und Kinder für ihren Zweck abzurichten, das Widerstreben der Eltern zu besiegen und die künstlerische Eitelkeit nicht allein in der Brust der Schauspieler, sondern auch in der ihrer Angehörigen zu wecken, weshalb sie denn auch stets auf ein sicheres, höchst befriedigt applaudierendes Publikum rechnen konnten. Es waren Anfänge einer wirklichen Kunstschule, die der gute, oben erwähnte Ritter Kuno von Kyburg mit seiner Gattin in Stavenhagen zu spinnen begann, und Gott weiß, was sich alles da herausgesponnen hätte, was für Berühmtheiten aus dieser Anstalt hervorgegangen wären, wäre Großherzogliche Kammer nicht auf den unglücklichen Gedanken gekommen, den von Kyburg zum Postmeister in Stavenhagen zu machen. Das war schade! Der Sinn für die Kunst war schon tief in die Seelen der Bewohner gedrungen, die Fühlfäden und Tastorgane der Kritik wuchsen den meisten schon zum Kopf heraus, und keiner durfte Ansprüche auf Bildung erheben, der nicht wenigstens *ein* Mitglied seiner Familie als Kontingent unter das Kommando der von Kyburg gestellt hatte.

»Vadder, geihst hüt abend wedder hen nah Allmannen sinen Saal?« – denn die Kyburger spielten nicht etwa in Torwegen. – »Ja woll, Vadder, wat wull ick nich! Wat min Korl is, de is 'e hüt jo ok wedder mit mang as en Offzierer. Dürten hett em en schörlaken Flicken up minen blagen Kledrock neiht, un nu süllst den Bengel mal seihn.« – »Na, Vadder, morgen kümmt min Mariek an de Reih, sei ward woll en Stück von ne Gräwin vörstellen. Lihren deit s' sik nu all äwer acht Dag', denn sur ward 't ehr. Gistern was *Sei* sülben dor un hett ehr Bein un Arm inrenkt, un hett ehr vörmakt, woans se sik verstellen möt. Ick heww ehr äwerst ok dorför en Schepel Tüften henkarren laten.« – »Na, min Ollsch hett ehr vörgistern en Hümpel Suppenkrut henschickt. De Lüd' stahn sik eigentlich recht gaut bi ehr Geschäft.« – »Je, Vadder, dat seggst du, äwer sei seggen jo, hei will den Postmeisterposten äwernehmen.« – »Wenn hei 'n Narr wir! Bi den Postmeisterposten kann hei ganz bi lütten verhungern, äwer dit Geschäft verlett nich; Slachter Kräuger hett em vör acht Dag' noch ne Hamelkül schickt.«

Aber mein alter, langjähriger, jetzt verstorbener Freund war ein Narr: er nahm die Postmeisterstelle und hungerte bei ihr lieber aufs Gewisse, als daß er aufs Ungewisse hin sich ferner den Lieferungen des Kunstenthusiasmus

meiner Vaterstadt anvertraute. Seine postalischen Verdienste sind später durch eine kleine Zulage und die Beilage des Postkommissariustitels von hoher Großherzoglicher Kammer gründlich gewürdigt worden. Er und seine Gattin liebten diesen Titel, ich haßte ihn, denn er hat mir eine arge Beschämung eingetragen.
Ich wurde nämlich einmal von meinem Vater in irgend einer Angelegenheit zu ihm geschickt und fragte seine Frau: »Ist der Herr Postmeister nicht zu Hause?« Da ward mir aus hohen Wolken herab die Antwort: »Mein Kind, der ›Herr Postmeister‹ ist nicht zu Hause, aber der ›Herr Postkommissarius‹ sind zu Hause.« Ich habe die gute Dame später nie anders als »Frau Postkommissariussin« genannt. Die beiden alten guten Leute sind tot, sie waren ein harmlos gemütliches Paar, *sie* emphatisch, *er* phlegmatisch, und beide bis in ihre alten Tage dramatisch, denn oft bin ich Zeuge gewesen, wie der alte Schelm ein unschuldiges Lustspiel improvisierte, in welchem sie wider Willen mitspielen mußte. – Die Kunstschule ging unter, der Geschmack vergröberte sich zu Kunstreitern und Seiltänzern herab, bis – Stengel kam.
Der Tanzmeister Stengel hob die Kunst wieder und setzte Soccus und Korthurn in ihre alten Rechte wieder ein. Die Bühne war schon aus dem Torwege auf den Allmannschen Saal gewandert. Sie sollte höher steigen, Stengel brachte sie auf den Rathaussaal; mein alter Freund war zwei Mann hoch aufgetreten, wobei ich seine Frau für einen vollen Mann rechne, Stengel trat schon vier Mann hoch auf, wobei ich seine Frau für zwei Mann rechne, denn sie mußte in jeder Vorstellung in zwei Rollen auftreten, einmal im Weiberkleide und einmal im Beinkleide. In letzterem spielt sie immer junge Herren, die fast immer mit einer Reitpeitsche auftraten – die arme Frau! Es war dieselbe Reitpeitsche, die Stengel gegen sie mißbrauchte. Ihre Schwester, die kurzweg Schwägerin genannte Dame, spielte die Liebhaberin, und wenn eine Kußszene vorkam, so wurde sie von den beiden Liebesleuten bis zu den äußersten Konsequenzen zum besten der Illusion durchgeführt, ohne daß das Publikum ein Ärgernis daran nehmen konnte, weil die verwandtschaftlichen sowie die geschlechtlichen Verhältnisse bekannt waren. Stengel selbst spielte alles mögliche, am besten gelangen ihm die brutalen Charaktere, die in die Kategorie der polternden Alten einschlagen; die Natur schien ihn für dergleichen Rollen eigens geschaffen zu haben.
Das Repertoire war sehr reichhaltig: es umfaßte das Rührspiel, das Lustspiel, die Operette und das Ballett. Das letztere war gleichsam eine Art Empfehlungskarte, welche Stengel zum Schlusse jeder Vorstellung dem Publikum überreichte, um neue Tanzschüler zu gewinnen und um seine

Beine doch einmal in ihrer gewerblichen Arbeit zu zeigen. Er schlug bei diesen Gelegenheiten mit seinen plumpen Füßen sogenannte Entrechats, die im richtigsten Verhältnis zu der Schwere des dabei aufgewandten Materials auf die hohlen Bretter niederknallten.

Die Operette war der schwächste Teil der Darstellungen: bei Stengel hatte sich alle Kunst unterwärts nach den Beinen zu konzentriert, die obere Partie, Kopf, Hals und Stimmorgane waren leer ausgegangen; er sang, aber die Leute sagten: »Dat is ok dornah!«

Frau Stengel sang gar nicht, und so sollte es denn die Schwägerin allein tun, und zu einem so umfassenden Geschäfte reichte ihre kleine, feine Stimme nicht aus. Dazu kam noch, daß der alte Doktor Sparmann, der in Berlin Opern gehört haben wollte, den Ausspruch getan haben sollte, sie singe einen halben Ton zu hoch, was sich die Stavenhäger durchaus nicht gefallen lassen wollten und füglich auch nicht konnten; und so kam es denn, daß, im Gegensatz zu der heutigen Zeit, die Opernvorstellungen nicht besucht wurden, und daß das Theater leer war, wenn es hieß: »Hüt abend singen s' wedder.« – Die Oper mußte aus finanziellen Gründen eingestellt werden. Das Lustspiel und vor allem das Rührspiel behaupteten sich, und ich war ihr dankbarstes Publikum.

Nach langem, unter der Beihülfe von Onkel Herse und anderen Personen, welche die bildenden Eigenschaften des Theaters kannten, fortgesetzten Bemühungen von seiten Tante Christianens gab mein Vater die ihm abgedrungene Einwilligung zum Besuche des Theaters. Mein Vater hatte unrecht, als er nachgab, und recht, als er sich weigerte. Es gibt gar kein untrüglicheres Mittel, um unwahre Vorstellungen in der Seele eines Kindes zu erzeugen, als ein *schlechtes* Theater. Das Kind lacht über die faden Harlekinaden, über die man als eine Entwürdigung der menschlichen Natur weinen sollte, und es weint bei dem abgeschmackten Rührbrei, über den man als vollständigen Gegensatz gegen die Wirklichkeit lachen sollte wie über eine Travestie. Die dick aufgetragenen Farben der Darsteller fallen viel zu grell in das ungeübte Kinderauge und stumpfen den Sinn für Beobachtung und richtige Auffassung der milderen Farbentöne ab, wie sie die Wirklichkeit bietet; bei diesen stark gepfefferten Gerichten geht der Geschmack für geistige Genüsse ebenso sicher unter wie der physische durch Mixpickles; die gewöhnlichen Pfannkuchen des Lebens wollen dann nicht mehr schmecken. Aber der größte Verlust bei dieser dramatischen Sudelkocherei ist der Untergang des Sinnes für die Reinlichkeit; es ist ganz gleich, in welchem schmutzigen Geschirre das Gericht aufgetischt wird, wenn seine Schärfe nur die Tränen in die Augen treibt, sei es die einer falschen Sentimentalität oder die des erstickenden Gelächters. Sinnige Kinder versenken sich in diese falschen Vorstellungen und träumen sich zum Schaden ihres Gemütes in eine unruhige Welt hinein; lebhafte Kinder machen's den schlechten Schauspielern nach, und ihr Charakter kann zeitlebens einen Beigeschmack davon behalten, denn in der Kindheit ist der Assimilationsprozeß ein sehr energischer, und die äußern Eindrücke gehen rasch zu Fleisch und Blut.

Schon infolge der fast gewaltsamen Eindrücke, die der erste Theaterbesuch auf das Kind macht, sollten Eltern und Erzieher aufmerksam werden und sich wohl überlegen, in welchem Alter eine solche Erschütterung ihres Pfleglings gewagt werden kann; sie sollten mit Sorgfalt das Stück und, mit noch größerer, die Darstellung auswählen. Es ist das eine höchst ernste, ich möchte fast sagen, heilige Sache, und es ist wahrlich nicht gleichgültig, ob man in die künstlerische Auffassung des Menschenlebens an der Hand Kotzebuescher Frivolität oder an der Schillerscher Idealität geführt wird. Der erste Eindruck haftet wunderbar fest; ich habe dies an mir selbst erfahren. Es sind jetzt über vierzig Jahre her, als ich den »armen Poeten« als die erste Darstellung gesehen habe, und als dies Stück vor zwei Jahren hier gegeben wurde, stand mir noch alles so deutlich vor der Seele, daß ich im Notfalle hätte soufflieren können. Aber was machte dies – im ganzen so unschuldige – Stück für einen Eindruck auf mich! – Ich habe geweint, als wenn mir Vater und Mutter gestorben wären; Tante Christiane weinte neben mir, Onkel Herse hinter mir, und ab und an quoll durch seine Rührung der Ausruf durch: »En olles dämliches Stück!« Und als Stengel, als armer Poet, den Verlust der Gattin auf offnem Meere erzählte und die Arme ausstreckte und der Verlorenen ein letztes Lebewohl nachrief, da weinte ganz Stavenhagen, erster und zweiter Platz (Kinder bezahlen die Hälfte), und bei mir wurde die Rührung so bedenklich, daß Tante Christiane sich in ihrer eigenen unterbrach und mir einen Rippenstoß versetzte: »Jung', lat doch dat Hulen sin, Du rohrst jo as en Roggenwulf.« – Aber wie spielte Stengel heut abend auch schön! Wie hungerte und wimmerte er in seiner armen Poeteneigenschaft auf den Brettern umher! Da habe ich den ersten richtigen Begriff von den Nöten und Kümmernissen eines Poeten eingesogen und bin dadurch von der dichterischen Laufbahn so abgeschreckt worden, daß ich erst dann ihren dornenvollen Pfad zu betreten mich entschloß, als ich alles mögliche versucht hatte: Klutentreten und Dungfahren, Schulmeisterieren und Kinderschlagen und zuletzt gar noch städtische Angelegenheiten.

Als Beschwichtigungsmittel und Dämpfer setzte Stengel der allgemein eingerissenen Rührung am heutigen Abende »Das Landhaus an der Heerstraße« auf. – Hätte er wohl etwas Schöneres wählen können? Für mich gewiß nicht. – Was habe ich über die gestörte Gemütlichkeit der Alten gelacht! Und wie machte Stengel das köstlich! Wie natürlich schimpfte er sich mit der Waschfrau herum! – Seine angeborene Grobheit, die er durch Übung in den Tanzstunden mehr ausgebildet hatte, kam ihm hier trefflich zustatten, und er überließ sich ihrem Zuge umsomehr, als er improvisieren mußte, weil er stets schlecht memorierte. Das Publikum lachte wie toll, und der zweite Platz, der zur Strafe für das nicht vollständig gezahlte Entree stehen mußte, benutzte seine Stellung, um durch Trampeln mit den Beinen seine Freude auszudrücken, und zwar so, daß unten auf dem Flure der Kalk vom Boden fiel und Luth hinaufkam, um Ruhe zu gebieten. Aber Luth! – ach, was war Luth in diesem Augenblicke? Frau Stengel trat gerade als Tambour verkleidet auf – der Stavenhäger Bürger sagte damals, wenn er gebildet hochdeutsch sich ausdrücken wollte, »Tambauer« – und *sie* oder *er*, wie man will, trommelte gerade dem polternden Alten die Ohren voll; das war der Höhepunkt der Komik. – Und Luth! Was wollte Luth? Auch der tüchtigste Polizeidiener ist nicht imstande, die Ausbrüche der Heiterkeit einer Stadt zu arretieren – Luth lachte und trampelte mit.

Das war ein prächtiger Abend! Er hat lange in meinem Kopfe herumgespukt, und um dies besser zu können, warf er vor allem erst die Aufmerksamkeit in den Schulstunden aus demselben, und darauf folgte das bißchen Wissen nach. Die Eltern schoben diese Zerstreuung und den Mangel an Behaltungskraft – wie Küster Suhr sich ausdrücken würde – auf die gleichzeitigen Tanzstunden; aber die taten's nicht, der Tanz hat mich, wie schon oben gesagt, nie begeistert und ist mir auf seinem eigenen Felde, auf dem Tanzboden, nur verwirrend und hemmend entgegengetreten.

Es liegt nun sehr nahe, zu vermuten, daß in meiner Vaterstadt aus der von Kyburgschen Kunstschule und aus der Begeisterung für die Stengelschen Leistungen wenigstens ein Liebhabertheater hervorgegangen sei, zumal das allernotwendigste Requisit, eine vollendete erste Liebhaberin, in Cläre Saalfelds Person in unsern Mauern weilte; aber leider muß ich diese Vermutung abweisen, es geschah nicht; wahrscheinlich, weil die Zeiten nach dem Kriege zu ernst waren und der Erwerb zu schwach, um die Kosten einer stehenden Bühne zu bestreiten. Aber auch in späteren Zeiten, als die vorstehenden Gründe hinfällig geworden waren, hat sich nie ein Liebhabertheatergeschäft in Stavenhagen etablieren wollen, und das hat mich schon zuweilen in große Unruhe versetzt, ob Stavenhagen auch wirklich mit der Zeit fortschritte, und ob der Kunstsinn der Bewohner, der in meiner Jugend so lebhaft hervortrat, ganz in dem blühenden Produkten-Handel und in dem lebhaften Leinweber-Geschäft der »Gatz« untergegangen sei. Selbst wir Kinder spielten trotz des großen Eindrucks, den das Theater auf uns machen mußte, keine Komödie, keine armen Poeten und Landhäuser auf der Heerstraße; das große Drama, welches kurz vorher in Deutschland gespielt worden war und auch unser Städtchen mit auf den Schauplatz gezogen hatte, klang durch unsere kindlichen Spiele durch. Wir spielten: Napoleon auf der Insel Elba und die Schlacht bei Leipzig, in welcher indessen nur Russen und Franzosen auftraten. Wir waren nur echte Deutsche, wenn wir in unserer nationalen Bescheidenheit der eigenen Kämpfer nicht gedachten und in lebhafter Dankbarkeit für fremde Hülfe lieber Russen als Deutsche spielen wollten. Das Spiel war übrigens sehr einfach; aus den Stärksten, Gewandtesten und Aufgewecktesten wurden die Russen rekrutiert, unter die Franzosen wurden die Dümmsten, die Schwächsten und Mißliebigsten gesteckt, und zum Schluß prügelte dann unser russisch-deutscher Patriotismus den verhaßten Landesfeind gründlich durch, weshalb denn auch das Spiel bald eingestellt werden mußte, weil die einmal Durchgeprügelten zum zweiten Male nicht wieder mitspielen wollten, sich mithin der Landesfeind für gänzlich besiegt erklären mußte. – Kurz! unserm Patriotismus ging das passive Material aus.

Bis hierher habe ich Stavenhagen gleichsam als Individuum geschildert. Zum Schlusse muß ich noch seine Bedeutung für das große Ganze des mecklenburgischen Vaterlandes hervorheben.

Außer den vorgeschriebenen landesüblichen Kontributionen, die meines Wissens stets richtig eingezahlt worden sind, hat Stavenhagen das mecklenburgische Vaterland mit dreien Dingen von großer, sozialer Bedeutung beschenkt: 1) mit einem Gesundbrunnen, 2) mit dem Kliefothschen Kuhhorn und 3) mit dem ersten im Lande gebrauten bayrischen Biere. Die Bedeutung des letzteren für die gesellschaftlichen und geselligen Zustände der Welt braucht nicht erst nachgewiesen zu werden: das Kliefothsche Kuhhorn kann jeder, der Gefallen daran findet, auf allen Straßen des Landes erschallen hören; aber den Stavenhäger Gesundbrunnen wird keiner so leicht entdecken, obgleich er einmal wirklich entdeckt worden ist.

Die Sache war diese: Ein jüdischer Lehrer namens Katz hatte eines Tages das Unglück, in der Stavenhäger Pferdekoppel in einen Graben zu fallen. Als er das Wasser in seinen Stiefeln verspürte, war er so vernünftig, aus dem Graben zu steigen, nach Hause zu gehen, sich trockne Strümpfe und Beinkleider anzuziehen und die nassen Kleidungsstücke zum Trocknen an den Ofen zu hängen. Wie erstaunte er aber, als er am andern Morgen sein Bein-

kleid mit einer Kruste rostbraunen Schmutzes überzogen fand. Schmutz hatte er allerdings vermutet, aber nicht diesen, diesen rostbraunen. Er untersucht ihn genauer und findet, daß er abscheulich stinkt.
Katz war nicht der Mann, der sich bei einer solchen Wahrnehmung beruhigt: er geht an den Graben zurück, in welchen er gefallen war, vergleicht seinen Schmutz mit dem Inhalt des Grabens und findet ihn natürlich identisch. Er sieht das Wasser mit einem rostbraunen Schlamm überzogen, er vermutet, es könne abscheulich stinken, er riecht daran, es stinkt wirklich. Er vermutet, es könne abscheulich schmecken; er probiert es – wahrhaftig, es schmeckt abscheulich. Er nimmt sich von dem Wasser mit, geht nach Hause und läßt seinen Wirt, den Gastwirt Deffge, das Wasser kosten. Der speit es aus und ruft: »Pfui, Deuwel! Grad' as ful Eier! Grad' so, as dat Water hier hinnen in minen ollen Sot!« – Der Vergleich wird gemacht – die beiden Wässer sind ganz gleich abscheulich in Geschmack und Geruch.
Katz geht mit seinem Funde zum Chemiker Doktor Grischow; derselbe untersucht das Wasser und findet einen ziemlichen Schwefeleisengehalt. Die Entdeckung war gemacht, und der unbedeutende, jüdische Schullehrer Katz war der Wohltäter Stavenhagens, Mecklenburgs und der übrigen Welt.

Es war damals eine wahre Manie für Gesundbrunnen in Mecklenburg ausgebrochen: Güstrow hatte einen, Parchim hatte einen, Goldberg hatte einen, in Lübz wurde nach einem schon gegraben und Crivitz hoffte auf einen, und wir Stavenhäger hatten nun auch schon einen! Wie ein Lauffeuer ging diese Nachricht durch die Stadt. Große Aufregung: »Vadder, hest all hürt? Deffgen sin oll Sot is en Gesundbrunnen.« – »Herr Je, wat ward hei denn för en riken Mann warden! – Kumm, willen ok mal hengahn!« – Und die Stavenhäger gingen zu Deffge, tranken von seinem Wasser und setzten einige Kümmel darauf, um den abscheulichen Geschmack zu vertreiben: Deffges Reichtum fing schon an.
Alles hatte Vertrauen zu dem Wasser, denn es schmeckte gar zu abscheulich: es wurde getrunken, und es wurde darin gebadet. Der alte Ratsherr Susemihl, der von Jugend auf einen steifen Finger hatte, rief seinen Sohn: »Zacharias, lop mal räwer nah Deffgen un hal mi mal en Pott vull von sin Gesundbrunnenwater.« – »Ih, Vatting, wat hest du?« sagte seine Frau. – »Lat mi doch, ick kann 't jo ok mal probieren«, sagte er und hielt seinen Finger eine ganze Stunde lang in den Topf mit Gesundheitswasser. Der alte stocktaube Steuereinnehmer Groth ließ sich alle Morgen sieben Tropfen von

dem Wasser in seine Ohrlöcher tröpfeln, und die Mutter des Maurermeisters Wöllert mußte alle Morgen aus dem Graben in der Pferdekoppel einen Eimer Wasser holen, um dadurch dem vor langen Jahren gebrochenen und schief angeheilten Beine des Vaters die grade Richtung wiederzugeben.

Aber Deffge wurde kein reicher Mann: ein Umstand störte die glänzende Aussicht. Der Mann gab sich unglücklicherweise dazu her, als Empfehlung für Fremde und Eingeborene von seinem eigenen Gesundheitswasser zu trinken, und da er des schlechten Nachgeschmackes wegen stets ein paar Kümmel darauf setzen mußte, so überwog endlich der Schaden den Nutzen, er starb an seinem Gesundbrunnen. Nun hätte die Witwe das Gesundheitsgeschäft noch fortsetzen können; aber es hatte sich herausgestellt, daß die Goldberger Quelle 0,005 Prozent stärker sei, und das brach Stavenhagen den Hals. Dieses 5/1000 Prozentchen hat die Stavenhäger Hoffnungen vernichtet; die Gichtbrüchigen kamen nicht mehr, und wenn jetzt ein Fremder nach den Gesundbrunnen fragt, schüttelt das nachgeborne Geschlecht den Kopf, als hätte er nach kalifornischen Goldgruben gefragt.

Hofrat Kanzler aus Güstrow ließ meiner Vaterstadt seine Krücken und nahm dafür das Kliefothsche Kuhhorn mit in seine Heimat. Er hat einen guten Tausch gemacht. Von Güstrow aus verbreitete sich später das Kuhhorn, oder besser Alphorn, über ganz Mecklenburg. Alle Kuhhirten des Landes, mit Ausnahme des alten Kliefoth, klappten früher mit langen Peitschen ihre Kühe zusammen; und das hatte viel Unangenehmes für die Ohren; nicht allein für das Trommelfell, sondern auch zuweilen für die äußeren Ohren. Ich habe das einmal mit angesehen.

Der Friedländer Kuhhirte klappte grade in seinem Berufe an der Bäcker Heinrichschen Ecke, als ein Fremder, der die Tragweite der mecklenburgischen Kuhhirtenpeitsche noch nicht kennen mußte, unvorsichtig um die Ecke kam und den vollen Schwung der geteerten Peitschenschnur um beide Ohren empfing. Der Mann war wütend über den empfangenen Schlag, aber der Kuhhirte auch über die Störung in seinem Amte, denn die Peitsche hatte den Knall versagt; der Mann wollte auffahren, der Kuhhirte kam ihm aber zuvor und rief ihm wütend zu: »Entfamte Kirl, wat löppt Hei mi in minen Klapp!« – Da kam das Kliefothsche Kuhhorn und löste alle diese Dissonanzen in liebliche Melodien auf: eine wahre Idylle ist mit Kliefoth über Mecklenburg gekommen.

Kliefoth war oberster Hirte der fußschleppenden Rinder in meiner Vaterstadt. Er sorgte für die auserwählte Herde, während Hamann sich mit allerlei ungefügigen Starken, Stieren und Kälbern abquälen mußte. Kliefoths Herde war so zahm und gut geschult, daß er zuletzt Langeweile dabei empfinden mußte; diese Langeweile mußte ausgefüllt werden, denn er war ein denkender Kopf: er erfand also in seinen Mußestunden ein Blasinstrument, von welchem er damals gewiß nicht ahnen konnte, daß es mit seinen Tönen das Land erfüllen würde. Das Instrument war eigentlich schon lange vor ihm erfunden. Viele hatten schon vor ihm darauf geblasen – hatte er davon gehört? Ich weiß es nicht. So viel aber weiß ich: für Mecklenburg hat er es erfunden. Er schund einen jungen, grünen Baum, nahm seine Rinde, dichtete sie mit gewöhnlichem Schusterpech und sogenannten »Fitzelbändern«, setzte dem Ganzen ein Mundstück an, wie an einer Trompete, und fertig war eine Art Alphorn, mit welchem die Hirten der Schweiz Grüße schicken an die geliebten Sennerinnen, sie zum »Fensterln« einzuladen, und sich einander wach rufen: »Habt acht! Habt acht! Das Raubtier fällt in unsere Herde!«

Kaum war das Instrument fertig, als auch Kliefoth es mit außerordentlicher Virtuosität zu spielen begann, denn er hatte viel musikalisches Talent, namentlich für Blasinstrumente; seine Hirtenjungen spitzten die Mäuler und pfiffen dazu. – Was war es mir für ein Festtag, wenn mein Vater seine täglichen Spaziergänge bis an den schönen Eichenwald ausdehnte, wo Kliefoth seine Rinder weidete. Da war alles so friedlich und so still, das wohlgenährte Vieh stöhnte ordentlich vor innerem Wohlbehagen und wiederkäuete das genossene Futter. Der alte Bursche, der mecklenburgische Jubal, saß patriarchalisch in seiner Mitte auf grünem Rasen, in seinem Schoße lagen Holzäpfel, denn Kliefoth lebte als Eremit, er verachtete die Güter dieser Welt, aber an seiner Seite stand ein wohlzugedeckter Henkeltopf.

»Kliefoth, blas' Er uns einmal was«, sagte mein Vater, der sonst nicht sehr für Musik war; und dann setzte der alte treue Hirte sein Trompeten-Mundstück an, und es erscholl laut wie Posaunenton: »Erwachet! Erwachet!« und das Vieh erhob sich aus dem fetten Grase, und dann erscholl es wie süßer Waldhornruf: »Kommt zu mir! Kommt zu mir!« und die sanften Kühe umstanden ihn mit ihren frommen, dummblickenden Augen, und in Jubeltönen ließ er dann sein Triumphlied ertönen: »Seht, so habe ich sie mir erzogen!« Und die Hirtenjungen pfiffen dazu mit den gespitzten Mäulern und schielten verlangend auf den wohl zugedeckten Henkeltopf.

Es war eine schöne Idylle; aber man soll den Tag nicht loben, ehe Abend ist, und wenn eine bis't, bissen sie alle. Auch das habe ich gesehen und erlebt; der Bis'wurm ging durch die Reihen der Herde, und eine Kuh erhob den Schwanz und drehte ihn wie einen Korkzieher in die Höhe, und fort ging sie in Rusch und Busch, und fort gingen sie alle nach allen Windstrichen; der alte Patriarch tutete und blies – vergebens! »Herr Burmeister, nu möten wi de Polizeideiners un de Panners upkriegen, min Tuten nützt nix mihr!« sagte er und warf sein Horn zur Erde. Aber das war ein vereinzelter Fall, der voraussichtlich so leicht nicht wieder vorkommen kann, und das Instrument war nicht daran schuld, sondern der Bis'wurm. Dieser Fall verhinderte die allgemeine Einführung des Kuhhorns auch keineswegs, und Kliefoth wurde vom Stavenhäger Magistrat ordentlich ausgepumpt, um den Hirten anderer Städte seine Melodien vorzuspielen.

Pythagoras, als er seinen berühmten Lehrsatz gefunden hatte, opferte im Gefühl der dankbaren Freude dem Jupiter 100 Ochsen, und Kant, wenn er diese Geschichte erzählte, pflegte hinzuzusetzen: »Und deshalb, meine Herren, zittern alle Ochsen, wenn eine neue Wahrheit gefunden wird.« Die Wahrheit läßt sie noch heute erzittern, aber das Kuhhorn beruhigt sie wieder und versammelt sie um sich, wenn sein melodischer Ton auf allen Gassen zur fetten Weide ruft. – Aber gut muß es gespielt werden, und das Instrument muß aus weichem Material, Ellernrinde, Schusterpech und Fitzelbändern zusammengesetzt sein.

Kliefoth's Nachfolger und musikalische Eleven haben diesen Umstand unberücksichtigt gelassen; zu faul, um ihre Kuhhörner selbst zuzurichten, lassen sie sich von Klempnern auf Gemeindekosten blecherne Hörner machen und blasen und tuten darauf. – Freilich, Blech oder Pech, es ist ganz egal, und die äußere Form ist auch beibehalten; aber die in Pech eingewickelte Urerfindung klang so sanft, so friedlich, und an diesem Pech kleben meine Jugenderinnerungen. Das Blech tönt mir zu hart und schneidend in die Ohren, und ich glaube bemerkt zu haben, daß selbst die frommblickenden, fußschleppenden Rinder bei seinen scharfen Trompetentönen scheu werden und nicht mehr so folgsam sind wie früher.

Patente auf Erfindungen werden in Mecklenburg nicht ausgegeben, »dat litt jo, dat litt jo de Ridderschaft nich!« Die luftdichten Ofentüren des Töpfermeisters in Strelitz und die Albansche Säemaschine haben ihren Lauf durch die ganze Welt bis in Amerikas Urwälder gemacht; die beiden Erfinder haben keinen Segen davon gehabt, ihre Erfindungen sind der Welt, nicht ihnen zum Nutzen geworden. Ebenso ging's dem alten Klifoth, arm war er, arm blieb er, arm starb er. Er konnte nicht einmal für seine nächsten Angehörigen genügend Sorge tragen. Für Brüder und Schwäger brauchte er freilich nicht zu sorgen, denn die hatte er nicht; aber sein Sohn, der so schön pfiff, und eine unglückliche Tochter fielen nach seinem Tode der städtischen Armenkasse zur Last.

Zu dem Kliefothschen Alphorn gesellte sich nun etwas später die dritte Segnung, die von Stavenhagen über Mecklenburg kam, das bayrische Bier.

Merkwürdig, daß es zwei der kleinsten Landstädtchen waren, die sich das erste Verdienst um die zweckmäßige und gesunde Löschung des Durstes im Vaterland erwarben; merkwürdig, daß es grade zwei Bürgermeister sein mußten, welche fast gleichzeitig die sittliche und nationalökonomische Bedeutung dieser Aufgabe zuerst erkennen mußten; man hätte vom Mittelalter her weit leichter auf ein Paar geistliche Herren schließen können. Aber nein! Bürgermeister Schlüter pflanzte Weinberge in Crivitz an, und mein Vater braute in Stavenhagen das erste bayrische Bier. Man hat mich versichert, daß das gekelterte Produkt der Crivitzer Berge den Durst ausgezeichnet löschen soll, vorzüglich wenn man es in der Gestalt von Weinessig, mit Wasser vermischt, trinkt, man müsse aber dann von der kräftigsten Gesundheit seines Magens überzeugt sein; ich selbst habe keine Erfahrung darin und mag in meinen alten Tagen meine Verdauungswerkzeuge nicht mehr auf eine so harte Probe stellen. Von den Eigenschaften des »Stemhäger Burmeister-Biers« habe ich mich mit »vielen anderen« seinerzeit hinlänglich überzeugt, und ich bin gewiß, daß »viele andere« mit mir ein sehr günstiges Urteil über dasselbe fällen werden. So waren sie denn eingezogen in mein teures Vaterland, diese beiden Genien der Menschheit,

»Der Herr vom Rhein im gold'nen Kleid,
Der Bier in braunen Jacken –«

der Herr vom Rhein an der Hand des Crivitzer, der Bier an der Hand des »Stemhäger« Bürgermeisters. Der Schützling des Crivitzers konnte das hiesige Klima nicht recht vertragen, er schnitt dazu allerlei saure Gesichter und kriegte endlich den Schnupfen, aus welchem sich zuletzt ein vollständiger Stockschnupfen ausbildete, so daß ihm von allen Seiten wohlmeinend geraten wurde, in seine wärmere Heimat zurückzukehren und sich lieber von dort aus mit Mecklenburg im Verkehr zu erhalten. Das Bier aber blieb und gedieh; allenthalben im Lande sieht man seine »braunen Jacken« und freuet sich darüber, wie von ihnen, wo sie sich nur zeigen mögen, die mit blauem Zwirn genähete Bettler-Garderobe des Fuselschnapses aus der Tür geworfen wird.

Das ist der Gewinn, welchen das Land meinem Vater verdankt, und wenn auch von gewissen Seiten her noch so viel über Bierkneipen und Bierwitze und Bierbänke und Bierbässe gepredigt und gespöttelt wird, ein segensreicher Fortschritt für das materielle Wohl des Landes bleibt die Einführung des bayrischen Biers immer, und für den, der den ersten Anstoß dazu gab, bleibt's ein Verdienst. Ja, wenn auch nur der tausendste Teil des Ausspruches »der Mensch ist, was er ißt« – ich setze hinzu »und trinkt« – wahr sein sollte, so erstreckt sich dies Verdienst auch auf die Beförderung des geistigen und sittlichen Fortschrittes, und will man mir die unmittelbare Einwirkung abstreiten, so muß man mir doch die mittelbare zugeben.

Ich rede hier von meinem Vater, und zwar nicht als sein Kind, denn sonst müßte ich wärmer von ihm reden und müßte es nicht an diesem Orte, am Schlusse einer heitern, vielleicht etwas ausgelassenen Darstellung, sondern als mecklenburgisches Landeskind und »Stemhäger« Stadtkind, und in solcher Eigenschaft ist es unumgänglich nötig, der Schilderung meiner Vaterstadt eine Skizze seines Wirkens für dieselbe anzuhängen; denn er war fast 40 Jahre hindurch Triebfeder und Unruh in der Uhr des städtischen Lebens, und was mehr sagen will, er war auch ihr Pendel und Regulator. Eine unermüdliche Arbeitskraft machte seine nie rastende Spekulation für seine nähere und weitere Umgebung fruchtbar; eine peinliche Ordnungsliebe in Lebensweise und Geschäftsführung hielt diesem Vorwärtsdrängen und Streben das glückliche Gleichgewicht. Was für das städtische Wohl gewonnen wurde, ward durch ihn gewonnen und erhalten, und zwar durch *ihn* allein und nach *seinem* Willen; denn daß sich bei ihm in dem langen Verlauf seines Wirkens und bei fast vollkommenem Mangel an anderer Einsicht und Hülfe ein starker Eigenwille ausprägen mußte, war nicht mehr als natürlich. – Er hat als Bürgermeister und Stadtrichter die Kriegsjahre, die dann folgenden Notjahre und die schlimmeren Armutsjahre der ersten Zwanziger durchgemacht, fast ohne Hülfe; selbst sein eigner Sekretär mußte er sein, und fand sein rastloser Eifer noch Zeit zu einer verhältnismäßig großen ökonomischen Tätigkeit; und wenn ich oben in scherzhafter Weise von den Segnungen gesprochen habe, die von Stavenhagen aus über das Land gekommen sind, so will ich hier in ernsthafter Weise von denen sprechen, welche die ökonomische Tätigkeit meines Vaters auf seine Umgebungen verbreitete.
Als die furchtbar herabgedrückten Kornpreise nicht einmal die Erzeugungskosten deckten und der mecklenburgische Landmann fast dem Untergange nahe gebracht war, ging er mutig mit gutem Beispiel voran und führte fremde Kulturen ein. Außer dem Raps, der hier und da nur höchst sporadisch gebaut wurde, kannte man in Mecklenburg damals noch keines von den sogenannten Handelsgewächsen. Mein Vater war der erste, der sich in dem Bau derselben versuchte: die Gewürzpflanzen Kümmel, Koriander und Anis, die Färbepflanzen Krapp, Waid, Wau, die Futtergewächse Luzerne, Esparsette und die Runkel- und Steckrübe, dann auch die Weberkarde mußten der Reihe nach es sich gefallen lassen, mit dem mecklenburgischen Boden und Klima Bekanntschaft zu machen. Die lange No-

menklatur dieser Gewächse könnte auf die Vermutung führen, daß die Einführungsversuche auf ein unstetes Umhertappen im landwirtschaftlichen Gebiete hinaus gelaufen und die natürliche Folge demnächst ein leichtsinniges Aufgeben derselben gewesen sei; aber dem war nicht so. Man muß bedenken, daß diese verschiedenen Bestrebungen einen Zeitraum von über 30 Jahren füllen, daß in dieser Zeit die pekuniären und kommerziellen Verhältnisse sich gründlich änderten, daß allerlei unvorherzusehende Umstände eintraten, und man wird meinen Vater von dem Vorwurfe des zwecklosen Experimentierens frei sprechen müssen.

Mit der äußersten Zähigkeit, mit der sorgenvollsten Mühe hat er jedes dieser Gewächse angebaut, immer mit dem Hinblick auf seinen Anbau im großen, vieles, das meiste sogar, konnte sich nicht bewähren, anderes ging an der Ungunst der Verhältnisse zugrunde; die Rauheit des Klimas, die vorgeschriebene Fruchtfolge auf der Stavenhäger Feldmark, der Mangel an Absatz und vor allem das Steigen der Kornpreise traten teils hindernd, teils vernichtend entgegen, und diejenigen der intelligenteren Landleute, die in der Zeit der Not den Fußtapfen meines Vaters gefolgt waren, wandten sich den günstigen Weizenpreisen zu; und das mit Recht, denn diese Unternehmungen waren aus der allgemeinen Landesnot geboren, und nun saß der Scheffel Weizen, statt sonst mit 32 Schilling beim Dünnbier, mit drei Talern am Champagner-Tisch.

Was hat nun das alles genützt? – Viel, sehr viel! Ich sage nichts davon, daß in den Zeiten der Not mancher Landmann durch den Kümmelbau eine schöne Einnahme gehabt hat, nichts davon, daß der Runkelrübenbau seit dieser Zeit im ganzen Lande im großen ausgeführt wird, nichts davon, daß schon seit 25 Jahren die Möglichkeit und Zweckmäßigkeit der Stallfütterung für Rindvieh (in meines Vaters Wirtschaft 50–60 Haupt) dargetan ist – ich will bloß anführen, daß das Beispiel einer guten Ackerbestellung von den Bürgern meiner Vaterstadt nachgeahmt wurde, daß alle faulen und schwachen Kräfte der Stadt in der Wirtschaft meines Vaters Beschäftigung und Lebensunterhalt fanden, zuweilen bis zu dem täglichen Belauf von 120 Menschen, so daß in jenen gedrückten Zeiten in meiner Vaterstadt keine eigentliche Armut zu finden war.

Hiermit könnte ich nun schließen, aber nicht allein die Pietät, sondern auch die Gerechtigkeit verlangt, daß ich noch ein paar Worte über meinen Onkel Herse sage – man möchte sich sonst aus seinem Auftreten in diesem Buche sowie in den »Ollen Kamellen« eine falsche Vorstellung von ihm bilden, weil ich ihn meistens von seiner komischen Seite dargestellt habe. Die hatte er freilich, und ich glaube sie nicht verzeichnet zu haben, aber wenn ich meinen alten guten Onkel umkehre, was mir trotz seiner Korpulenz nicht schwer werden soll, weil so manche freundliche Jugenderinnerung mir dabei hilft, so zeigt er noch ein anderes Gepräge außer seinem breiten Puckel – das der Gemütlichkeit. Wenn man die Gemütlichkeit nach Ellen messen könnte, so würde aus dem Revers meines Onkels ein schönes Fazit herauskommen. Die Breite des Rückens und der dazu gehörigen Nebenpartien, diese Ruhe der Bewegung, wenn er sich bei einer gemütlichen Mitteilung mit der fleischigen Hand über das behagliche Gesicht strich, um dasselbe zu frischem Ausdruck zu beleben, diese Sicherheit, mit der er in seiner Stellung als Ratsherr die philiströsen *dehors* beiseite setzte und des Nachmittags in Korduan-Schuhen, gelben Nanking-Hosen und Hemdärmeln mit der langen brennenden Pfeife quer über den Markt zu seinem Gevatter Grischow ging, stehen mir noch lebhaft vor Augen; ich höre noch seine freundliche Stimme und sein fröhliches Gelächter, wenn er sich mit dem alten Ruland, der auch »mit gewesen« war, über Krieg und Kriegsgeschrei unterhielt und seine heitern Anekdoten in den Ernst mischte; ich sehe ihn noch, wie er im kühlen Schatten der Linden ein Glas »Schurr-Murr« zur Erquikkung zu sich nahm, welches Gevatter Grischow aus sieben roten, grünen, blauen und gelben Flaschen zusammengegossen hatte.

Mit welcher Freundlichkeit behandelte er seinen Hühnerhund Rollo, wenn er seine breite Schnauze ihm auf den Schoß legte, mit welcher Humanität beruhigte er Tippo, seinen Dachshund, wenn er deshalb eifersüchtig aus verletztem Gefühle mit seinen schmutzigen Pfoten die Reinlichkeit der Nankinghosen in Frage zu stellen drohete! – Die Zutunlichkeit von Hunden und Kindern soll das beste Thermometer für die Wärme des Gemütes einer Person abgeben, und wenn in diesem Spruche Wahrheit liegt, so war mein Onkel Herse der gemütvollste Mensch von der Welt.

Was an den Nankinghosen von Rollo und Tippo verschont wurde, schmierten wir Kinder mit unsern Butterbröten ein, wenn wir seiner »Weisheit Kniee« umsaßen, denn er war unser voluminöses Konversations-Lexikon, welches wir beliebig aufschlugen und worin wir blätterten, wenn es uns einfiel. Onkel Herse wußte alles, konnte alles; tausend kleine praktische Handgriffe sahen wir seinen hübschen, fetten Händen ab, und immer heiter und unverdrossen lehrte er uns bald ein Gewehr laden und es abschießen, bald Klammern schneiden und Stöcke beizen, bald Blumen und Bäume pflanzen, Weinstöcke beschneiden und bald Mäuse und Ratten fangen. Er lehrte uns die schönsten Kinderspiele, machte uns die ersten Drachen und malte wunderschöne abscheuliche Gesichter darauf, ließ sie selbst steigen und freuete sich ebenso wie wir, wenn seine Medusen-Gesichter auf die Stadt hinabblickten und die alten Weiber derselben mit Bewunderung und Schrecken erfüllten. Er führte uns in die Felder und wußte für jedes Unkraut einen hübschen lateinischen Namen, er führte uns in den Wald, wußte für jeden Waldgesang den richtigen Ton herauszufinden und legte den Tönen einen menschlichen Text unter. »Hürt Ji woll, Jungs«, sagte er, wenn er uns auf den Schnepfenzug mitnahm und der Krammetsvogel beim Sonnenuntergang lustig in den Ästen der Bäume umhersprang und sein abgebrochenes Liedlein lustig in den dunstigen Herbstabend hernieder sang, »sei raupen mi orntlich. – Hürt Ji woll: Ratsherr Hers' – kumm hier her – kumm hier her! – Scheit mi dot! – Ick bün hier – wo's Grischow? – Wo's Grischow? Scheit mi dot!« – Aber er tat es nicht, mein guter Onkel Herse; alles Blut, was er vergossen hat, mit Ausnahme von Sperlingsblut, wenn diese zudringlichen Gäste ihm die Kirschbäume verheerten, will ich zur Sühne dafür auf meine Seele nehmen, daß ich in den Schilderungen von ihm seine komische Seite herausgekehrt habe.

Sie haben ihn begraben, und mit jedem, den sie in Stavenhagen begraben haben, haben sie für mich ein Stück Poesie mit begraben. Alle meine Gedanken sind einmal von dieser engen Welt ausgefüllt worden. Alle Fibern meines Empfindens haben einmal dies kleine Heimwesen umsponnen und daran gesogen wie ein Kind an Mutterbrüsten, und das vergißt man nicht. Ist die Kindheit ein fröhliches, liebliches Wellengewimmel, von Gottes Sonne vergoldet, so ist die Erinnerung daran der glänzende Streif, den das durch die Nacht fortarbeitende Schiff in seiner Fahrt zurückläßt: der Schiffer schaut vom Bord hinunter und sieht den Himmel und seine Sterne sich in dem glatten Wasser spiegeln und blickt weiter und weiter die durchmessene Bahn zurück, bis ihm in dunkeler Ferne die Gestade der Heimat verschwinden und sich mit Nebel und Wolken mischen.

Ich habe versucht, die alten heimischen Landmarken und Wahrzeichen noch einmal ins Auge zu fassen: sind's Wolken und Nebelgebilde, die mich getäuscht haben? – Ich glaube nicht; Wahrheit ist's; wenn auch nicht jene, wie sie das helle, nüchterne Tageslicht zeigt. Die heimatlichen Gestade, von denen ich Abschied nehme, sind nur vom Mond im letzten Viertel beleuchtet; aber die phantastischen Gebilde, die unter seinem Scheine emporwuchsen, sind dennoch Wahrheit, wenn auch nur für diejenigen, welche sie gleich mir vom fernen Schiffsbord aus erblicken.

Ich meine die Jugendfreunde und rufe ihnen rüstig zu: »Hurra! und nun weiter fort in die See!«

AUS MEINER FESTUNGSZEIT

Meinem biederen Freunde und Leidensgenossen,

HERMANN GRASHOF

zu *Lohe* in Westphalen.

Will auch der eig'ne Spiegel nicht
Das Bild Dir ganz genau so zeigen,
Und spielt darauf zu heitres Licht,
Und pflückt' ich von den Disteln Feigen,
So denk', verschwunden ist das Leid,
Und Jahre lagern sich dazwischen:
Die Zeiten nach der bösen Zeit,
Sie konnten Manches wohl verwischen.
Und habe ich den bittern Schmerz
Durch Scherz und Laune abgemildert,
So weiß ich doch, Dein freundlich Herz
Lacht auch dem Spaß, den ich geschildert.

Fritz Reuter

ERSTES BUCH: DIE FESTUNG GLOGAU

Kapitel 1

Krähen und Tauben

»Was so'n Mensch nicht alles erleben kann!« seufzte der alte Rickert – damals lebte er noch –, wie sein Jehann vom Walfischfang heimgekehrt war und nun im Schummern von Eisbergen und Eisbären erzählte.
»Was so'n Mensch nicht alles erleben kann!« seufzte der brave Schulze Papentin, wie er des Abends mit Vater Baumgarten zusammen vom Krug aus den Heimweg antrat, wo Friedrich Schulz von der Schlacht bei Leipzig erzählt hatte. »Unsereins kann siebzig Jahre alt werden, aber erleben tut er nichts.« – »Recht hast du, Vadder«, sagte Baumgarten.
Ich aber sage, der Schulze hatte unrecht. So gleichmäßig und so unbewegt fließt kein Lebenslauf dahin, daß er nicht einmal gegen ein Hindernis stieße und sich dort im Wirbel dreht oder daß ihm die Menschen Steine ins klare Wasser würfen. Nein, einem jeden stößt etwas zu, und einem jeden passiert auch irgend etwas Merkwürdiges, und würde sein Lebenslauf auch derart eingedämmt und eingefriedigt, daß aus dem lebendigen Strom ein stiller See wird. Er muß nur dafür sorgen, daß sein Wasser klar bleibt, daß Himmel und Erde sich in ihm spiegeln können.

Mein Lebenslauf ist einmal zu einem derartigen See aufgestaut worden. Lange Jahre hindurch hat er stillstehen müssen, und wenn sein Wasser auch nicht ganz ungetrübt und unbewegt blieb und ab und an in wilden Wellen emporschlug, so gab es doch auch Zeiten, da Himmel und Erde sich in ihm spiegeln konnten.
Was heißt das? – Nichts weiter, als daß sie mich einmal sieben Jahre lang eingesperrt haben. – Warum? – Das weiß der liebe Gott! – Gestohlen und genommen habe ich nichts, auch nicht gelogen und betrogen.

Länger als drei Jahre hatte ich schon gesessen; ich war zum Tode verurteilt. Das hatten sie mir geschenkt, aber dafür hatten sie mich mit dreißig Jahren Festung bedacht. Solch Präsent kann keiner so recht würdigen, allenfalls jemand, der auch *schon* und auch *erst* drei Jahre gesessen hat. Die Aussicht

war schlimm, die Einsicht schlimmer. Hinzu kam, daß sie mich von einer Festung nach einer anderen versetzten. Wo ich gewesen, hatte ich Kameraden, gute Freunde und Bekannte, wo ich hin sollte, war ich allein.
An einem bitterkalten Wintertag saß ich in einem Planwagen, ein Gendarm saß neben mir. Drei Tage lang dauerte die Fahrt. Der Mann war freundlich zu mir, aber mich fror. Die Kälte und die Ungewißheit, was nun kommen konnte, krochen mir kalt durch die Knochen. Wenn dem Menschen ein Schicksal bevorsteht, das er nicht wenden kann, dann drängt sich das Blut ihm zum Herzen, und dann friert ihn. Den Soldaten in heißer Schlacht, den Matrosen beim Schiffbruch unter glühender Sonne, den Verbrecher auf dem Blutgerüst überläuft es kalt.
Wir trafen auf der neuen Festung ein. – Zuallererst – versteht sich – zum Platzmajor! – Der Mann saß beim Mittagessen. Er stand auf, nahm dem Gendarmen die Papiere ab und las: er gab seiner lieben Frau einen Wink. Sie brachte einen sauberen Teller und setzte einen Stuhl an den Tisch, und mich fragte er, ob ich sein Gast sein wolle. Wie gern! – Das war doch was! Gott segne dem Manne seine Freundlichkeit! Seinen braven Namen kann ich hier nicht nennen, denn dies könnte die anderen Namen verraten, und das möchte ich nicht gern.
Wir aßen Bratwurst und Linsen. Mein Lebtag haben mir Linsen nicht so gut geschmeckt. Ich bin sonst nicht sehr für Linsen.
Der Gendarm nahm Abschied von mir, und ich war in der Gewalt fremder Menschen an einem fremden Ort.

Der Platzmajor steckte seinen Degen ein und winkte mir: Wollen gehen! Wir gingen auf die Kommandantur zum ersten Kommandanten. Er ließ mich nicht vor. Das war ein sonderbares Gefühl. Der Mensch trug nach meinem Dafürhalten einen großen Namen: Er war der Bruder eines Mannes, der anno 13 in aller Munde war, unter dessen Fahne meine liebsten Lehrer, meine eigenen Onkel ins Feld gezogen waren. Ich hatte seinen Namen auf dem Turnplatz gesungen, für mich war er der Inbegriff von Mut und Freiheit: und was war es denn anderes, das mich auf die Festung gebracht hatte, als daß ich gerade sie auf meine Art im Herzen trug? – Und nun ließ mich der Mann mit dem schönen Namen nicht einmal vor? – Mich fror nicht mehr, mich überlief es siedend heiß.
Der Platzmajor kam heraus und bedeutete mir, es handele sich um ein Versehen vom General-Auditoriat, meines Bleibens sei hier nicht, ich müsse bald weiter. Vorläufig sollte ich einen Kerker kriegen, in dem ein Leutnant eingesessen hatte, der als wahnsinnig ins Lazarett gekommen war.

An der Hauptwache wurde ein alter Mann herausgerufen. Er erschien mit einem Schlüsselbund und schloß gleich nebenan eine Tür auf. Wir gingen eine Treppe nach oben, und ich fand mich in einer kleinen, viereckigen Kabache mit oben eingelassenem Fensterfach, versteht sich, mit eisernen Gardinen davor. Ein alter wackeliger Tisch, ein dreibeiniger Hocker, ein Wasserkrug und ein Strohsack, das war die ganze Einrichtung.
Der Platzmajor ging, der alte Kähler machte Feuer im Ofen und ging auch, schloß aber oben und unten die Tür ab.

So saß ich denn nun allein – ach, wie allein! Es ist eine schöne Sache um das Alleinsein, wenn einem frei ums Herz ist und man mit sich zu Rate gehen kann über das, was in einem lebt und webt, was einen hält und was einen treibt, wenn man alte Zeiten vor sich aufsteigen läßt mit ihrem vergangenen Leid und ihrer vergangenen Lust, und wenn man nach vorn blickt und von der Zukunft träumt. Doch wer mit sich zu Rate geht, muß sich auch Rat wissen. Die alten Zeiten mit ihrer Lust und Trauer müssen verwunden sein, das Herz darf dabei nicht mehr rascher schlagen und sich ängstigen, und die Zukunft muß vor einem liegen wie ein heller Morgen. Doch – wie gesagt – das Herz muß frei sein, und das alte Unglück verwunden. Mein Herz war nicht frei, mein Inneres lag tiefer in Ketten und Banden als meine Glieder. Jahraus, jahrein immer dasselbe, und heute wieder dasselbe, seit Jahr und Tag! – Nichts war verwunden, und vor mir lagen dreißig Jahre Gefängnis. Träume sich doch jemand einmal durch dreißigjährige Nacht in einen lichten Morgen hinüber!

Ich saß auf meinem Strohsack allein, wie lange, weiß ich nicht. Was ich an diesem Abend gedacht habe, weiß ich auch nicht. Ich wachte von einem Schlüsselklirren auf – davon wacht jeder Gefangene auf, und säße er auch tausend Jahre –, um mich war's Nacht. Ich hatte wohl lange so gesessen. Meine Tür ward aufgeschlossen, mit festem Schritt trat jemand in meine Zelle: »Guten Abend! Haben Sie hier kein Licht?« – Ich sagte, ich hätte keines. – »Kähler«, sagte der Mann, »setzen Sie die Laterne hierher und holen Sie Licht.«
Dies geschah, und vor mir stand ein mittelgroßer, untersetzter Mann in grauem Militärmantel und mit Feldmütze. Er mochte zwischen vierzig und fünfzig sein, sah aber frisch und gesund aus, und sein Auftreten war straff und stramm wie das eines Menschen, der lange kommandiert und sich immer kurz resolviert hat.
Ich hatte mich erhoben und stand vor ihm. »Ich bin der zweite Komman-

dant, Oberst Wichert«, sagte er, »und wollte mich doch mal nach Ihnen umsehn.« Darauf antwortete ich irgend etwas, was eine Höflichkeit sein sollte. Es mag aber wohl ein wenig sonderbar herausgekommen sein, denn mir war nicht nach Höflichkeit zumute.

»Sie werden hier nicht lange bleiben können«, fuhr er fort, »Sie werden bald weiter versetzt werden.« Ich entgegnete, dies wisse ich bereits, der Herr Platzmajor habe es mir schon gesagt.

»Warum haben Sie kein Licht, und warum haben Sie es sich noch nicht bequem gemacht?« fragte er weiterhin. Ich erwiderte, ich hätte noch nicht ausgepackt und hätte ans Bequemmachen noch nicht gedacht.

»Glaub's Ihnen«, sagte er. »Aber quälen Sie sich nicht mit schweren Gedanken. Solange Sie hier sind, haben Sie es hauptsächlich mit mir zu tun, und ich werde, soweit es meine Pflicht erlaubt, Ihr Los zu erleichtern suchen.«

Damit wandte er sich um, nickte mit dem Kopf: »Adieu!« und ging zur Tür. Hier drehte er sich rasch um, wie wenn er etwas vergessen hätte, und fragte mich, wo ich her sei. – »Ich bin ein Mecklenburger«, sagte ich. – »En Meckelnbörger?« fragte er im besten Plattdeutsch, nur mit einem ganz leichten preußischen Anklang, wie man ihn in der Gegend von Neu-Strelitz hört. »In wecke Gegend sünd Sei denn dor gebürtig?« – »Ich bin aus Stavenhagen«, erwiderte ich. – »Ut Stemhagen«, fragte er weiter, »wat is Ehr Vatter?« – »Bürgermeister«, sagte ich. – »Wo lang mag hei all dor sin?« fragte er. »Sid Anno achteinhunnertfiw«, antwortete ich nun auch auf platt. – »So, so?« brummte er vor sich hin. Doch mit einem Mal fragte er sehr eindringlich: »Sagen Sie mal, lebt der Bäcker Sommer noch?« – Je, entgegnete ich, welchen er denn meine. Es gäbe zwei Bäcker Sommer, der eine werde immer nur »Christopher-Geist« genannt, weil er so leichenblaß aussieht, und der andere »Schill-Sommer«, denn er sei dazumal mit Schill losgezogen.

»Das ist er, das ist er!« rief er lebhaft. »Lebt der noch?« – »Nein«, sagte ich, »der ist vor einigen Jahren gestorben.« – »Konnte ja nicht ausbleiben«, meinte er kurz, »hatte den Branntwein zu lieb.« Nickte noch einmal zum Abschied und ging.

Meine quälenden Gedanken waren verflogen, des Obersten freundliche Art und seine guten Worte hatten das ihrige getan, aber vor allem hatte die Neugier mich aufgemuntert. – Die unbedeutendste Neuigkeit ist für einen gefangenen Menschen von großer Bedeutung. Doch hier war etwas, das schließlich jeden neugierig machen konnte: Wie kam der Oberst zum Plattdeutschen?

Nun, er konnte ein Pommer sein. Aber warum wurde er so hellhörig, als ich von Mecklenburg redete? Nun, er konnte ja auch ein Mecklenburger sein, es standen ja viele Mecklenburger damals bei den Preußen, aber *die* Sorte sprach kein Plattdeutsch, *die* holperten und stolperten lieber in einem greulichen Kauderwelsch von Hochdeutsch einher, dieweil sie dies für vornehmer hielten. Doch dieser Mann hatte sein Plattdeutsch so recht mit Behagen herausgebracht, und sogar einen richtigen Mund voll. Und was wußte er denn nun von Stavenhagen und von meinem Alten, und vor allem, was wußte er von Schill-Sommer? – Ich zerbrach mir denn nun darüber den Kopf mit allerlei Fragen, fand aber keine Antwort. Und als ich mich zum Schlafen auf den Strohsack warf, sagte ich mir: »Na, laß sein! Ich glaub' aber, an das schlechteste Fleckchen bist du nicht gerade gekommen.«

Am nächsten Morgen holte ich meine Habseligkeiten aus einer Kiste. Da kam nun allerlei zum Vorschein, was reisende Leute sonst in der Welt nicht mit sich herumschleppen: eine Waschschüssel, ein Glas, ein Drahtleuchter und dann mein kostbarstes Stück: eine Kaffeemaschine. Vater Kähler kam und machte Feuer im Ofen. Ich setzte ein Töpfchen mit Wasser ans Feuer, und als das Wasser seine vollen Blasen warf, holte ich eine Tüte mit gemahlenem Kaffee heraus, und es dauerte nicht lange, da war mein Kaffee fertig. Ich zog mir meinen altehrwürdigen Schlafrock an, der auf der einen Seite mal häßlich angesengt und leider Gottes nicht in der Feuerkasse war, dazu meine schönen warmen Pampuschen. Sie waren aus Tuchstreifen zusammengeflochten und hatten nur den einen Fehler, daß sie bei Nässe nicht dicht hielten. Aber was hatte ich auch im Nassen zu suchen? Ich saß ja im Trocknen. Und so war mir denn auf meine Art ganz wohl zumute. Danach kamen beim Auspacken meine Lebensmittel an die Reihe: ein halbes Kommißbrot, ein Stück Ziegenkäse und ein Endchen Talglicht.

Dies letztere war ja nun nicht gerade zum Essen, aber es war doch noch zu gebrauchen, und deshalb hatte ich es mitgenommen, denn wenn einer mit fünf Silbergroschen den Tag über auskommen soll, dann muß er das Seinige mächtig zusammenhalten. Fünf Silbergroschen täglich ist ein schönes Stück Geld, macht aufs Jahr sechzig Taler. Doch bei solch armen Teufel von Gefangenem, der nicht für sich selber sorgen kann, machen sich an seinen Einkünften noch andere Leute die Finger blau, und er muß sich's gefallen lassen. Damit hätte ich wohl nur schlecht gereicht, wäre mein Alter nicht gewesen, der mir ab und an mit einem kleinen Zuschuß unter die Arme griff.

Viel durfte dies aber auch nicht sein, und was von dort kam, das ließen sie einem auch nur tropfenweise zufließen. Nun wußte mein Vater aber ja doch gar nicht, wo in aller Welt ich steckte, ich mußte also erst einmal schreiben. Und bis ich Antwort hatte, hieß es demnach mit meinem Staatsgehalt von fünf Silbergroschen auskommen, denn Vater Kähler war wohl ein guter alter Mann, aber so dumm war er denn doch nicht, daß er sich aufs Borgen einließ. – Ich schrieb also.

Als mein Brief fertig war, stellte ich mich ans Fenster. Mir war heute morgen ganz anders zumute als gestern abend. Eine ruhig durchschlafene Nacht macht einen zum anderen Menschen. Zudem schien die Sonne in mein Fenster, und meine Gardinen waren zum Glück nicht so dicht, daß sie den Strahl nicht auf mich fallen ließen.
Ich konnte zum Tor hinübersehen, zu dem Kutschen hineinfuhren, Postwagen und Marktwagen – auch ein Leichenwagen fuhr heraus. Derlei hatte ich seit vierthalb Jahren nicht mehr gesehen. Mir kam alles schön vor, auch der Leichenwagen. Landmädchen schafften Milch, Bauernjungen Holz zur Stadt, Bürger gingen ihren Geschäften nach, alte Herren mit warmen Pelzkrägen vertraten sich ein bißchen die Hühneraugen. Und dann kamen ansehnliche kleine Damen mit Federn auf dem Hut und mit grünen Schleiern, hinter denen die frischen, roten Gesichter hervorguckten wie die Moosröschen. Sie waren *alle* hübsch, *alle!* Ich wüßte nicht eine, die mir häßlich vorgekommen wäre. Woher kam das? – Nun, ich war vierundzwanzig Jahre alt, und seit vierthalb Jahren hatte ich keine anderen Damen gesehen als die dicke alte Frau Grel, die vor dreißig Jahren als Marketenderin bei einem polnischen Ulanenregiment gestanden hatte, und dann unsere Karline mit den Triefaugen.
Mit all den Leuten, die ich dort erblickte, hatte ich nichts zu schaffen. Sie kümmerten sich auch nicht um mich, ich mich aber desto mehr um sie, und nach ein paar Tagen wußte ich schon ganz schön Bescheid. Das kleine Dirnchen mit dem rotbunten Fähnchen auf dem Leibe war das Kind jenes Arbeitsmannes, der mittags immer mit Axt und Säge nach Hause kam. Er gab ihr einmal vor meinem Fenster Geld, und sie kam nach einer kleinen Weile mit einem Brot aus dem grünen Haus rechter Hand heraus, das Schild konnte ich nicht sehen. Dort mußte also ein Bäcker wohnen. Ein paar Tage danach balgten sich ein paar recht dreiste Schlingel auf der Straße, und ein Mann in weißer Schürze kam nach draußen, brachte sie auseinander und gab dem einen ein paar ins Genick. Dies also war sein eigner, und es war der Bäcker. Der andere Schlingel aber lief zur Nachbartür hinein und geriet

dort einem Manne mit schwarzem Schurzfell in die Quere, der ihm ebenfalls ein paar verabfolgte; dies also war des Schlossers Junge. Und aus dem Bäckerhaus trat ein niedliches kleines Mädchen heraus, schier wie aus dem Ei gepellt und weiß wie eine Taube, und der Unteroffizier von der Wache ging ein Stückchen des Wegs mit ihr zusammen, faßte sie dann an der Hand und redete sehr angelegentlich auf sie ein, und sie sah immer über die Schulter hinweg nach ihres Vaters Fenster hinüber. Und mit einem Mal wurde sie rot wie eine Rose, entriß ihm ihre Hand und war im Nu um die Ecke verschwunden. – Was hatte der Herr Unteroffizier mit meiner kleinen Bäkkerstochter zu reden?

Und es dauerte nicht lange, da kam sie zurück, und in der Tür des Schlossers stand ein schmucker junger Kerl, aber schwarz wie eine Krähe. Und die Krähe, die hüstelte, und die kleine weiße Taube, die blickte sich um. Und es währte nicht lange, da standen sie beisammen und lachten und spaßten miteinander, und der Herr Unteroffizier trippelte vor den Gewehren auf und nieder und biß die Zähne zusammen und strich sich den Schnurrbart und blickte grimmig nach den beiden. Was hatte er für Schmerzen zu leiden, wenn Krähen und Tauben sich gut sind und Nachbarskinder sich lieb haben?

Ja, auf den schlechtesten Fleck war ich noch lange nicht gekommen!

Menschentreiben, und geht es einen auch nichts an, muntert das Herz auf. Nur ist es damit nicht anders als mit der Musik: beide dürfen sie nicht aufdringlich werden. Eine schöne, leise Melodie legt sich weich ans Herz, doch wenn alles um einen herum fidelt und tutet und trommelt, so fangen die Ohren zu schmerzen an, und man sehnt sich nach Einsamkeit und Stille.

Ein paar Tage darauf kam mein Oberst Wichert wieder zu mir, und wieder des Abends. Diesmal hatte ich Licht, mein Drahtleuchter stand löblich auf dem Tisch, und auf ihm steckte ein Licht für einen halben Silbergroschen. Der Oberst redete hochdeutsch mir mir. Er hat niemals wieder plattdeutsch mit mir gesprochen, ich natürlich auch nicht.

Als er ging, sagte er: »Aber was haben Sie für einen schlechten Leuchter!« – Ich sagte: je, das ließe sich doch nicht anders machen, und seine Schuldigkeit tue er ja. – »Haben Sie denn etwas zu lesen?« fragte er weiter. – Nun ja, sagte ich, ich hätte Höppners Institutionen und Thibauts Pandekten, ein Corpus iuris, Ohms Mathematik, Fischers Hydrostatik und noch einiges andere so interessante Lesefutter. – »Na«, sagte er, »ich selbst lese wenig von Unterhaltungsschriften, aber meine Tochter hat eine kleine derartige Bibliothek, und ich werde Ihnen etwas daraus besorgen.« Damit ging er.

Kapitel 2

Promenade

Mittlerweile war Tauwetter eingetreten. Eis und Schnee waren vom Frühjahrsregen weggewaschen worden, die Frühlingsluft und die Frühlingssonne hatten den Regen wieder aufgetrocknet, und es sah wirklich so aus, wie wenn das Wachsen und Blühen schon losgehen sollte. Auch in mir selber wuchs und regte sich die Sehnsucht nach Frühjahrsluft und Frühjahrssonne, so daß ich es hinter meinen Gardinen kaum aushalten konnte.

Ich hatte an die Kommandantur um die Erlaubnis geschrieben, in der frischen Luft ein bißchen spazierengehen zu dürfen, hatte aber noch keine Antwort. Was schrieb ich auch an die Kommandantur, wo der Mann mit dem großen Namen die erste Geige spielte? Warum wandte ich mich nicht an meinen Oberst Wichert?

Darum, weil mir keiner einen Rat gab und die Wege wies. Ein Mensch, der frei ist, hat tausend Wege, wenn er etwas für sich besorgen will. Geht es auf dem einen nicht, geht es auf dem anderen. Unsereiner hatte nur einen einzigen Weg, und der führte durch die Gefängnistür und schrammte an Schloß und an Riegel.

Aber es sollte besser kommen, als meine Kleinmütigkeit es mir ausmalte. Unser Herrgott hatte es für gut befunden, mir in den letzten Februartagen meinen Heilchrist zu bescheren, der zu Weihnachten ausgeblieben war, denn dies soll niemand glauben, daß er bloß zum Weihnachtsabend beschert, er beschert das ganze Jahr hindurch. Ein Heilchrist kann alle Tage kommen, und das Jesuskind, das ihn bringt, sieht bald so und bald so aus. Mein Jesuskind sah an diesem Abend wie ein preußischer Oberst aus und kam recht stramm zur Tür hinein.

»Sie haben sich um die Erlaubnis, spazierengehen zu dürfen, an die Kommandantur gewandt«, sagte er. »Es ist Ihnen dies gestattet worden. Sie können sich auf dem Festungswall unter Aufsicht eines Unteroffiziers, den ich bestimmen werde, Bewegung machen.« – Dies fing schön an, und ein Strahl der Frühlingssonne war schon in mein Herz gefallen. »Und hier«, sagte er und langte in die Tasche, »ist auch ein Brief von Ihrem Vater. Er schreibt sehr freundlich an Sie und sendet Ihnen Geld, welches ich Ihnen nach Bedürfnis zukommen lassen werde.« – Ich griff nach meinem Brief; das ließ sich heute wirklich verheißungsvoll an.

Der Oberst ging zur Tür und rief: »Ordonnanz!« – Seine Ordonnanz erschien. Er nahm ihr ein Paket ab, legte es auf den Tisch: »Bücher für Sie.« Er nahm dem Soldaten noch ein Paket ab: »Und hier ein paar anständige Leuchter. Werfen Sie den Drahtleuchter zum Fenster hinaus! Gute Nacht! – Kähler, der Herr hat jetzt täglich einen halben Taler zu verzehren!«
War das ein Abend! Ein Brief von meinem Alten, Geld in Hülle und Fülle, morgen spazierengehen in Frühjahrsluft, *alle* die kleinen Mädchen ganz aus der Nähe sehen. Nun das eine Paket aufgemacht! Goethe: Faust, Egmont, Wilhelm Meister. Nun das andere Paket: zwei kleine, wunderhübsche, silberne Spielleuchter. Raus mit dem Drahtleuchter! Aber wohin nun mit dem Sechserlicht? Auf den einen Spielleuchter? Ih, das wäre ja, als wenn ein Hausknecht auf einem Vollbluthengst reiten sollte, das geht nicht! »Vatter Kähler«, sage ich, und ich war nun ein ganzes Ende größer geworden, und Vater Kähler war meinen gegenwärtigen Verhältnissen gegenüber ein ganzes Ende weiter zusammengeschrumpft, »Vatter Kähler, holen Sie mir mal zwei Lichte, das Stück zum Silbergroschen.«
Vater Kähler will schon gehen. »Halt!« rufe ich, »Vatter Kähler – und dann . . . dann . . . Sollte wohl in der Nähe ein Beefsteak mit Bratkartoffeln zu haben sein? – Nee, lassen Sie man! Ich habe nun zweieinhalb Jahre nichts weiter als Rindfleisch zu sehn gekriegt, bloß Weihnachten, Ostern und Pfingsten gebratenen Bauchspeck, als Festtagshappen. – Nee, Vatter Kähler, was meinen Sie? Sollte wohl Schweinebraten . . . ?«
Zum Glück fiel mir aber noch zu rechter Zeit ein, daß ich für mein schönes Geld ja noch etwas viel Schöneres verlangen konnte. Ich ließ mir also die leckersten Gerichte durch den Kopf gehen, denn warum sollte ich meinen Kauf übereilen? Na, zuguterletzt kam ich denn also auf Hasenbraten. *Der* sollte es sein, *darin* war ich nun fest: »Also, Vatter Kähler, Hasenbraten!« Der alte Kähler ging zur Tür. – »Oh, noch ein Wort! Es langt wohl nicht, sonst wollte ich wohl . . . « – »Was wollten Sie wohl?« fragte Vater Kähler. – »Je, ich meinte, so mit ner halben Flasche Wein? Aber nur wohlfeilen!« setzte ich rasch hinzu, als ich sah, daß er anfing, sich den Kopf zu kratzen. Endlich sagte er: »Langen tut's nicht, aber Sie müßten denn morgen . . . « – »Ja«, fiel ich ihm ins Wort, »das geht, ich müßte denn morgen wieder Kommißbrot knacken. Na, nur zu!«
Und nach einer halben Stunde saß ich denn nun bei meinem Hasenbraten und meiner halben Flasche Wein; und vor mir standen zwei schöne, dicke Talglichter auf den silbernen Leuchtern, und Vater Kähler hatte ordentlich aufgedeckt und hatte auch eine Serviette mitgebracht. War das ein Heilchristabend!

Und als der alte Kähler gegangen war, las ich meines Vaters guten Brief nochmals, und dann las ich in »Wilhelm Meisters Lehrjahren«. Und als ich an die Stelle kam:

Wer nie sein Brod mit Thränen aß,
Wer nie die kummervollen Nächte
Auf seinem Bette weinend saß . . .

da ward mir zumute, als wenn ich über mich selbst gerührt würde und ich über mich selber weinen müßte. Und dies war auch ganz natürlich, denn ich war schön satt, und ich habe es immer in der Welt so vorgefunden, daß diejenigen, die recht schön satt sind, am leichtesten über fremdes Unglück gerührt werden. Aber dabei bleibt es denn auch, und wenn es auf wirkliche Hilfe ankommt, dann sind sie nicht zu Hause, dann springt eher der Hungrige dem Hungrigen bei.

Am nächsten Morgen brachte Vater Kähler so gegen 11 den Unteroffizier Altmann zu mir herauf, der sollte mit mir spazierengehen. Und das geschah denn auch, wir gingen auf den Wall. Ach, was war das schön, was war das herrlich! Ich konnte in die schöne Welt hineinsehen, -hören und -atmen. Ein Baum freilich grünte noch nicht, und keine Blume blühte, Wiesen und Rasen hatten noch ihr altes, verschossenes, gelbbraunes Kleid an; ihr schönes, neues, grünes Kleid war noch beim Schneider. Aber der Schneider ließ doch schon vielmals grüßen: in der nächsten Woche spätestens. Wenn das Kleid aber mit Blumen bestickt werden solle, könne er es vor drei Wochen nicht schaffen. Und sollten es nicht übelnehmen, daß er nicht selber käme, er müsse noch – was weiß ich – in Italien oder in der Türkei hinterm warmen Ofen sitzen. Er schickte aber vorläufig seinen eigenen Jungen, einen munteren Schlingel, den Gruß aber würde der wohl bestellen. Na, und sein Junge war denn nun die schöne warme Frühjahrsluft, in der alles schon unsichtbar mitschwimmt, was das Herz fröhlich machen kann.

Und mein Herz war auch fröhlich, es war es schier zu sehr. Es tat ja auch gar nicht nötig, daß all die lieben, freundlichen Frühjahrsgesichter von Mädchen mir auf dem Wall begegnen mußten: ich wäre ja mit einer zufrieden gewesen, mit einer einzigen, die an meinem Arm gehangen und mit mir in die Welt hineingeblickt hätte.

Doch was konnte mein Unteroffizier Altmann dafür, daß er nicht als junges Mädchen auf die Welt gekommen war? Was konnte er dafür, daß er justament, wenn ich an Gras und Blumen und an Freiheit für mich und mein Vaterland dachte, auf Schnabel verfiel, was ein grauslicher Räuber und Mörder war und unter meinem Quartier in Ketten und Banden saß? Ja, Schnabeln hatten sie nun, er war nun auch schon – Gott sei Dank! – zum Tode verurteilt. Tag und Nacht brannte Licht in seiner düsteren Zelle, und ein Artillerist stand mit blankem Seitengewehr vor seiner Pritsche, denn dreimal war er schon ausgebrochen, und die festesten Warschauer Schlösser machte er mit einem Besenreis und einem Bindfaden auf. Jetzt aber – jetzt hatten sie ihm eiserne Handschuhe angezogen, nun mußte er sich geben. – Ach, du lieber Gott, wo blieb mein Frühjahr! Eiserne Handschuhe! Ich konnte ja auch einmal mit eisernen Handschuhen bedacht werden.

Und wie mein Unteroffizier Altmann mir dies nun gerade ausführlich auseinandersetzte, wie Schnabel vordem einmal eine Art Puppe mit seinen Kleidern ausgestopft auf seine Pritsche gelegt hatte, und wie er selbst in den eisernen Ofen gekrochen war und dort gelauert hatte, bis der Schließer gekommen war und mit der ausgestopften Puppe auf der Pritsche eine Unterhaltung angefangen hatte, wie Schnabel dann aus dem Ofen gesprungen war und dem Schließer den schweren eisernen Ofendeckel ins Genick geschmettert hatte, daß der Mann zeitlebens einen Schaden daran nahm, wie er darauf zwei ehrsame Bürger, die vor seiner Tür Wache gestanden, mit ihren freundlichen Köpfen zusammengestoßen hatte, so daß sie für immer etwas dösig geblieben waren, und derart endlich auf die Straße und in die Freiheit gelangt war – gerade in dem Augenblick, sage ich, wie mir's auch so ums Herz war, als möchte ich den Kopf des Herrn Unteroffiziers mit einem anderen zusammenstoßen, damit er ebenfalls zeitlebens dösig bliebe –, gerade in dem Augenblick gingen an uns ein paar Damen vorüber, und die eine sah mich sonderbar an, und wie ich mich umsah, war sie stehengeblieben und blickte sich auch nach mir um.

Was war das für ein freundliches, hübsches Gesicht! Wie traurig und wie lieb sahen die schönen Augen aus! Und diese schönen Augen hatten mir nachgeblickt! Was ist nun schöner, ein Frühlingstag oder ein Paar schöne Augen? – denn von meinem Herrn Unteroffizier und von Schnabel will ich weiter nichts sagen. Ach, ich meine doch: ein Paar Augen. In solch einen Frühlingstag kann man weit hineinsehen, weit weg – ja, ganz weit weg –, und schön ist es. Doch je weiter man sieht, um so trüber und dunstiger wird es. In solche Mädchenaugen kann man hineinsehen – tief und immer tiefer –, und je tiefer man sieht, um so klarer wird es, und ganz unten auf dem Grunde, da liegt der Himmel, und durch dessen blaue Wunder hat noch kein Menschenauge hindurchblicken können.

»Wer war das?« fragte ich. »Kennen Sie die Dame?« – »Gewiß«, erwiderte Unteroffizier Altmann und legte die Hand an den Tschako, als wolle er seine Honneurs machen, »'s ist die einzigste Tochter vom zweiten Kommandanten, Oberst Wichert, und andere Kinder hat er gar nicht. Schnabel hat zwei Kinder, die . . . «

»Tun Sie mir den einzigen Gefallen«, sage ich, »und lassen Sie Schnabel nun ganz ruhig sitzen.«

»Ih, wo denken Sie hin!« sagt der Herr Unteroffizier, »der kann ja gar nicht ruhig sitzen. Der Artillerist, der vor seiner Pritsche steht, wird ja alle zwei Stunden abgelöst, und ohne Redensarten geht das doch nicht ab. – Schnabel sagt auch . . . «

»Na, wollen mal nach Hause gehn«, sagte ich und folgte dem schönen Mädchen aus der Entfernung. Doch in ihre Augen sah ich zeitlebens nicht wieder, und das war gut. Wenn einer lange im Schatten gesessen hat und er blickt dann unversehens in die liebe Gottessonne, dann kann er blind werden. Und wenn einer seinen Tag über im Keller herumhantiert hat und kommt heraus und blickt in den blauen Himmel, dann flirrt es ihm vor den Augen, und er kann dösig werden und kann es bleiben sein Leben lang. Das größte Elend, das meines Wissens noch keiner der Herren Romanschreiber ausführlich beschrieben hat, ist es, wenn so ein junger, armer, eingesperrter Student sich in eine Kommandantentochter verliebt.

Es weiß keiner, wie das tut. Doch wir wissen Bescheid, wir haben es durchgemacht.

Kapitel 3

Kraut und Rüben

Diesmal kam es nicht zu solchem Unheil, diesmal rettete mich Schnabel. Mein Herr Unteroffizier ließ mir keine Zeit, mich in das schöne Mädchen zu verlieben: wie mir gerade so recht selig zumute war und ich mir die schöne Kommandantentochter so richtig leibhaftig vors Auge stellen wollte, genau wie man heutzutage ins Stereoskop guckt, da riß der Herr Unteroffizier meine süße kleine Herzenskommandantin unterm Glas fort und schob mir dafür Schnabel mit durch »Sprenger und Weife« aneinander geketteten Gliedmaßen und eisernen Handschuhen vors Objektiv.

Wir kamen heim, Vater Kähler sperrte mich wieder ins Loch, und da saß ich nun. In mir hüpfte und prickelte alles, nicht nur Adern und Nerven: sogar meine alten Knochen führten sich auf, als wolle jeder auf eigene Faust spazierengehen.

Nun waren ja eigentlich Zeit und Stunde genau richtig für gründliches und regelrechtes Verlieben, doch es war auch gerade die richtige Zeit und Stunde fürs Mittagessen. Gewiß, wenn man 24 Jahre alt ist, da zieht es einen rasch und mit aller Gewalt zum Verlieben, jedoch ebenso rasch und gewaltig zum Mittagessen.

Vater Kähler erschien und stellte eine Art Suppentopf auf den Tisch, mit Hammelfleisch und Erbsen, mit Kartoffeln, Kraut und Rüben. »Na«, sage ich, »manches von dem Gemuddel hätte ja wohl auch wegbleiben können; das Ding ist mir denn doch zu kunterbunt.« Ich hatte gut reden, ich hatte ja täglich einen halben Taler zu verzehren.

»Recht haben Sie«, sagt Kähler, »aber ich koche ja nicht für Sie allein, ich koche ja auch für alle die andern, und dies hat sich einer ausdrücklich bestellt. Der hat morgen seinen Ehrentag, und heute ist sein Todesurteil vom König zurückgekommen, und morgen wird Schnabel geköpft.«

»Schon wieder Schnabel!« rufe ich, springe auf und blicke aus dem Fenster.

»Stellen Sie sich da nicht hin«, ruft Kähler, »sehn Sie bloß, was fürn Haufen Menschen dort steht. Die wollen alle Schnabel sehn, und weil das nicht geht, weil der in ner Dunkelzelle sitzt, könnten die Sie für Schnabeln halten, und denn könnte das nen Auflauf geben.«

Gott im hohen Himmel! Was hatte ich mit Schnabel zu schaffen? Hatte ich denn wirklich solch Räuber- und Mördergesicht? Doch es mußte wohl so

sein, denn kaum hatte ich mich ans Fenster gestellt, da schrie das Volk unten: »Seht nur! Schnabel, Schnabel!«
Ich prallte vom Fenster zurück. »Vatter Kähler«, fragte ich, »hab' ich denn Ähnlichkeit mit dem Unglücksmenschen?« – »Gott bewahre!« war seine Antwort. »Er ist von Geburt ein Schneidergesell und mächtig schmächtig von Leibe, und Sie sind ja schön breit in den Schultern.«
»Schnabel raus!« schrie das Volk draußen.
Ich setzte mich unten auf meinen Strohsack, stützte den Kopf in die Hände, dachte eine Weile nach und sagte dann endlich: »Vatter Kähler, ich habe meines Wissens mein Lebtag noch keinen Menschen umgebracht, auch keinem das Seinige genommen.«
»Das glaub ich«, sagte Kähler, »sonst wär der Oberst auch nicht so freundlich zu Ihnen.«
»Warum ist er eigentlich so freundlich zu mir?«
Kähler kam ganz dicht an mich heran und flüsterte mir ins Ohr: »Er weiß, wie das tut. Er hat auch schon mal gesessen.« – »Was«, sage ich, »der zweite Kommandant hat gesessen?« – »Ja, zu vier Jahren war er verurteilt, aber der König hat ihn mit einem halben laufen lassen.« – »Wie ist denn das gekommen?« frage ich. – »Je«, sagt er, »das ist auch so'ne Geschichte. Ich red' da nicht drüber. Fragen Sie Altmann danach. Der weiß es ganz genau.«
»So was von Freundlichkeit ist mir noch nicht vorgekommen«, sage ich, »und das zu einem ganz fremden Menschen.« – »Sie mögen ihm wohl nicht ganz fremd sein«, sagt er, »denn er ist ja ein Landsmann von Ihnen.« – »Also doch?« frage ich. – »Ja«, sagt Kähler, »das wird wohl seine Richtigkeit haben, denn hier in der Stadt wohnt ein Schneidermeister, was ein guter Freund von meinem Schwiegersohn ist, der stammt aus Friedland in Strelitz-Mecklenburg. Und der hat uns oft erzählt, daß der Oberst ein Landsmann von ihm ist und daß er auch seine Eltern gekannt hat, was ganz gewöhnliche Katenleute gewesen sind.« – »Aber«, rufe ich, »wie zum Teufel ist er denn zum Obersten gekommen?« – »Och, was meinen Sie? Er hat schon lange gedient. Er ist schon damals, als Schill durch Mecklenburg zog, als halberwachsener Knecht mit ihm gegangen, und nachher hat er sich so durchgeschlagen nach Ostpreußen und ist dann mit den Yorckschen anno 12 nach Rußland gezogen, hat anno 13, 14 und 15 mitgemacht, und als ich später in Breslau stand, da war er Rittmeister beim 1. Kürassierregiment. Da saß er denn nun wie die Eule zwischen den Krähen. Alle Offiziers beim Regiment waren Edelleute, er war der einzige Bürgerliche, und drum wollten sie ihn auch wegbeißen. Aber er ging nicht, er hielt sie sich vom Leibe. Na, das hat denn nun seine Zeit gedauert, und zuletzt hätten sie ihn denn

doch wohl noch untergekriegt, wenn der brave kleine bucklige General Hans von Zieten nicht gewesen wäre, der hielt ihn. Das war zwar nur ein kleiner Kerl, aber er war eine richtige Kratzbürste, der ließ sich so leicht nicht an den Wagen fahren. Da sahen denn die Herren, daß sie damit nicht durchkamen, aber sie ließen nicht nach. Sie versuchten es mal andersrum und machten eine Eingabe bei unserm König, daß das doch nicht anginge, daß beim ältesten Regiment im preußischen Staat, das schon bei Fehrbellin vor dem Feind gestanden hat, ein Bürgerlicher als Offizier stünde.«

»Ih, das ist ja recht hübsch, Vatter Kähler«, sage ich, »die Herren haben bloß vergessen, daß bei Fehrbellin ein Schneidergeselle das Regiment kommandiert hat.«

»Davon weiß ich nichts«, entgegnet Vater Kähler, »das war vor meiner Zeit. Aber so viel weiß ich: weg mußte er. Denn was tat unser allergnädigster König? Er wollte die Herren Offiziers nicht vor den Kopf stoßen, aber den Rittmeister wollte er nicht missen. Er machte ihn also zum Major, aber gleichzeitig auch zum Edelmann. Was aber tat unser guter Herr Oberst? Er steckte den Major ruhig in die Tasche, und für das ›von‹ bedankte er sich; er wollte nicht durch die Sticheleien seiner Kameraden zum Edelmann werden. – Na, nu war denn natürlich das Kalb vors Auge geschlagen, nu mußt' er fort, und so wurde er denn hier zweiter Kommandant, denn sie sagen ja alle, der König hält trotz alledem noch große Stücke auf ihn. Und das streite ich gar nicht ab«, setzte der Alte hinzu, »denn bei der anderen ekligen Geschichte, die ihm später hier passiert ist, wo er den Sträfling totstach und wo sie ihn mit vier Jahren Festung bedacht haben, hat sich der König ja auch ins Mittel gelegt, so daß er mit einem halben Jahr davonkam.«

»Wie war denn das?« fragte ich.

»Da müssen Sie Altmann nach fragen, der ist da ja mit bei gewesen. Ich bin ein alter Mann und habe Frau und Kinder, und über meine Vorgesetzten red' ich überhaupt nicht. Zudem war der Oberst gegen mich immer ein guter Mann, und wozu soll ich hinter seinem Rücken von Dingen reden, die ihm schon graue Haare genug gemacht haben und die ihm von morgens bis abends im Kopf rumgehn? Denn seitdem ist er sehr verändert; das kann einer merken, ohne daß er zu den Propheten gehört.«

Der alte Kähler ging, und Vater Kähler war ein braver Mann. Dies hörte ich und dies sah ich, denn er war auf seine Art ganz traurig geworden.

Ich dachte über die Erzählung des Alten nach. – Also *doch* ein Mecklenburger, ein Landsmann! Er und Schill-Sommer, *beides* Kameraden! – Der eine verdorben und gestorben, der andere in Ehren und Würden und gesund

und kräftig. Schnabel fiel mir ein: wir waren ja auch Kameraden, beide zum Tode verurteilt. *Er* saß unten und *ich* oben, bloß durch eine dünne Stubendecke voneinander getrennt. Wir hatten *beide* greuliche Verbrechen begangen: *Er* hatte ein paar Menschen umgebracht, und *ich* hatte auf einer deutschen Universität am hellerlichten Tage die deutschen Farben getragen. Wir hatten das gleiche Urteil, und nun saß *er* in Angst und Todesnot, und *mir* krümmte keiner ein Haar.
Warum das? Wie kam das?

»Lieber Freund«, eröffnete mir später einmal der Herr Justizrat Schröder, als ich ihm die Sache erzählte und diese Frage vorlegte, »nichts einfacher als dies: der König hat *Sie* begnadigt, *ihn* nicht.«
»Nicht *begnadigt«*, wiederholte ich. »Kraft *oberstrichtlicher* Gewalt hat er die Strafe in Festungshaft umgewandelt. Und wo bleibt das Richteramt, wenn es mit der Gewalt zusammenfällt?«
»Nun, Sie glauben doch nicht«, war seine Antwort, »daß der König von Preußen wegen solcher Bagatelle hundert junge Leute hinrichten lassen werde?«
»Warum nicht?« fragte ich zurück. »Wenn nun ein Heinrich VIII. von England oder ein russischer Peter oder auch nur so'n Nikolaus oder solch verrückter Karl von Braunschweig auf dem preußischen Thron gesessen hätte – warum denn nicht?«
»Gegen solchen Mißbrauch der Todesstrafe schützt uns die Humanität der Regierung und der Zeit. Todesstrafe muß sein. Die menschliche Gesellschaft muß die Gewalt haben, sich der Bestien aus ihrer Mitte zu entledigen.«
»Danke für's Kompliment!« sage ich. »Aber, Herr Justizrat, Humanität ist heutzutage doch nichts weiter als ein falscher Groschen. Bloß die Gutmütigen und die Dummen nehmen ihn an. Die ihn aber ausgeben und damit zu Markte ziehen, die sehen sich vor. Und was die Todesstrafe und ihre Nützlichkeit angeht, so wünsche ich mir, Sie wären mal in dieser Wiege gewiegt worden. Womöglich wären Ihnen dann die Augen aufgegangen.«
»Sie haben sich nicht zu beschweren, denn das Gesetz sagt ausdrücklich: Versuch des Hochverrats wird bestraft wie der Hochverrat selbst. Nach Ihrer eigenen Aussage ist der konstatierte Zweck Ihrer Verbindung gewesen: ›Herbeiführung eines auf Volksfreiheit und Volkseinheit gegründeten deutschen Staatslebens.‹ Dies hat man richterlicherseits für einen Conat des Hochverrats angesehen. Ob mit Recht oder Unrecht, lasse ich dahingestellt (notabene: dies war *nach* 1848), aber das Gesetz ist salviert.«

»Nun, Herr Justizrat, dann will ich Ihnen was sagen. Dann halten das Gesetz und die Humanität sich gegenseitig zum Narren: entweder das Gesetz muß die Humanität abschaffen oder die Humanität das Gesetz. – So, wie sich's herausgestellt hat, war's ein Puppenspiel, ein grausames Puppenspiel! – Nicht so sehr grausam gegen uns als gegen unsere guten Eltern, und viel Menschenglück wurde damit zugrunde gerichtet.
Ich bin ein Gegner der Todesstrafe, und wer will mir's verdenken? Wer ins Wasser gefallen und drin beinahe ertrunken ist, mag's Wasser nicht recht leiden, und nicht *ich* allein, nein, *jeder* kann ins Wasser fallen.
Ich habe mal ein zweischneidiges Messer gesehen, mit dem ein Wahnsinniger einen Menschen umgebracht hat. Mir graute vor dem Messer, und ebenso graut mir auch vor einem zweischneidigen Gesetz, das einer drehen und wenden kann wie einen nassen Handschuh, zumal wenn dies Gesetz einem Wahnsinnigen in die Hand gegeben wird. Und der sogenannte Referent in unserer Sache, der Herr von Tzschoppe, der aus den Akten den greulichen Hochverrats-Versuch herausgedröselt hatte, *war* wahnsinnig und starb auch als Wahnsinniger. *Den* hätten sie zur rechten Zeit einsperren sollen, dann wären Tausende von Familien vor unnütz Angst und Elend bewahrt geblieben.
Und was hatten wir denn *getan?*
Nichts, *gar* nichts. Nur in unseren Versammlungen und unter vier Augen hatten wir von Dingen geredet, die jetzt auf offener Straße frei ausgeschrien werden: von Deutschlands Freiheit und Einigkeit. Doch zum Handeln waren wir zu schwach, zum Schreiben zu dumm, drum folgten wir der alten deutschen Mode: wir *redeten* bloß darüber. Das war ja doch auch genug für einen geschickten Untersuchungsrichter, wie unser Onkel Dambach es war, der gerade in seiner besten Karriere stand und nun doch nicht nachlassen konnte. So wurde denn aus einem harmlos-heiteren Niesen, wie es die Sonne herauskitzelt, ein Donnerschlag fabriziert, und das Todesurteil wurde gesprochen, ohne alle Entscheidungsgründe. Denn obwohl sie uns versprochen haben, diese nachzuliefern, ist es ihnen dann entfallen, und wir haben sie bis heute nicht zu sehen bekommen.
Stattdessen waren die stolzen Herren, die damals am Ruder saßen, mächtig darauf aus, allerlei gefährliche Geschichten von Demagogen und Königsmördern in Umlauf zu bringen, und doch – Gott vergebe es ihnen! –, sie wußten es selber am besten, daß alles ausgestunkene Lügen waren.
Verteidiger konnten wir uns nicht wählen, die wurden uns gesetzt. *Meiner,* der mir fest versprach, daß ich an mein Vaterland Mecklenburg ausgeliefert

werden müßte, hat mir auf keinen Brief, den ich an ihn geschrieben habe, je Antwort gegeben.

Nehmen Sie's nicht übel, Herr Justizrat, ich bin ein bißchen vom Hundertsten ins Tausendste geraten. Doch wenn ich an den gesellschaftlichen Nutzen der Todesstrafe und dann wieder an die Humanität denke, die mir von Gerichts wegen zugeflossen ist, dann bäumt sich in mir so allerlei auf und stößt meine Gedanken durcheinander wie Kraut und Rüben.«

Kapitel 4

Angst

Dies waren meine Worte, Jahre danach.
An jenem Nachmittag und Abend aber, von dem ich eben erzählt habe, stand mir der Sinn nicht nach Räsonnieren; auf mir lag es wie ein Alp, und der Gedanke an das unglückselige Menschenwesen in der Zelle unter mir drückte mir fast das Herz ab.
Unter mir, nur durch schwaches Menschenwerk von mir geschieden, stand der Tod. Er war nicht unverhofft gekommen wie der Schlaf in den Kinderjahren. Er war nicht allmählich gekommen, und das Auge hatte sich nicht an ihn gewöhnt. Unversehens war er ans Lager des Mörders getreten und stand dort starr und unbewegt in seiner schrecklichsten Gestalt und rührte und regte sich nicht und führte ihm Bilder, blutrünstige Bilder vor, eines nach dem anderen, und keines ließ er aus.
»Licht aus!« rief die Schildwache von draußen zu meinem Fenster herauf. Es war 10, von nun an mußte ich im Dunkeln sitzen. Ich war nicht ängstlich. Ich hatte auf der Festung, von der ich gekommen war, jahrelang in einer dunklen Kasematte gesessen. Unter mir brauste und heulte der Sturmwind durch den langen, unterirdischen Gang, der unter der ganzen Festung hindurchlief. Links von mir war die Festungskirche, hinter mir eine dunkle Höhle, in der der Räuber und Mörder Exner, von dem der Pitaval berichtet, in Ketten und Banden an die Mauer angeschlossen, gelegen hatte – mir hatte nicht gegraut.
Ich war oftmals bei Nacht durch die Kirche gegangen, die in Friedenszeiten als eine Art Monturkammer gebraucht wurde. Dort hingen an den Wänden entlang alte weiße österreichische Militärmäntel; über jedem hing ein Tschako, unter jedem stand ein Paar Stiefel. Die Fenster waren entfernt worden, damit das Zeug hübsch luftig hängen konnte, und nun schwangen und schwebten die weißen Mäntel unter den Tschakos und über den Stiefeln die Wände entlang, und es war, wie wenn die Geister der alten Österreicher, die bei Prag und Leuthen gefallen waren, noch einmal in Reih und Glied stünden und noch einmal im Sturmschritt vorrücken sollten. Ich hatte dies um Mitternacht gesehen, aber gegraut hatte mir nicht.
Heute graute mir. Ich horchte und horchte auf jeden Ton, der von unten heraufdrang, und wer lange horcht, der hört auch was. Das huschte und stöhnte um mich herum – es war ja nichts, konnte ja nichts sein, es waren ja

bloß meine Gedanken! – Ja, aber diese Gedanken waren aus mir herausgetreten und waren neben mir lebendig geworden, und mein Ohr glaubte sie zu hören und mein Auge sie zu sehen, und dies machte mir Angst.

Es wurde eine lange Nacht und eine lange Qual. – Und so ist der Mensch: Schließlich dachte ich nur noch an mich und nicht an den Unseligen unter mir. Ich dankte Gott für den Morgen, der ihm so schrecklich aufgehen sollte.

Unter mir wurde es lebendig. Ein Wagen fuhr langsam vors Tor. Nach einer Weile fuhr der Wagen langsam wieder fort. Ich schaute nicht hinaus, mir war schlecht zumute.

Am Nachmittag erschien Unteroffizier Altmann und wollte mich zum Spazierengehen abholen: »Nehmen Sie's nicht übel«, waren seine Worte, als er meine Zelle betrat, »daß ich nicht schon heute morgen gekommen bin, aber ich mußte noch bei Schnabeln . . . « – »Halten Sie Ihr Maul von Schnabel!« fuhr ich ihn an.

Der Mann war über meine Heftigkeit richtig erschrocken. Doch das hielt nicht vor. Er blickte mir ruhig ins Gesicht, denn er war ein Unteroffizier in gesetzten Jahren und hatte in seinem Leben schon mancherlei mitgemacht: »Schön«, sagte er, »wenn Ihnen meine Unterhaltung nicht paßt, dann kann sie unterbleiben. Ich bin bloß kommandiert, mit Ihnen auf dem Wall spazierenzugehen. – Ist es Ihnen also nun gefällig?«

Wir gingen auf den Wall. Der Unteroffizier ging zwei Schritte seitlich hinter mir her, wie wenn er mich am Strick hielte und mich zu Markte führte, wie der Bauer sein Ferkel. – Wir gingen den Wall entlang, wir gingen wieder zurück. Ich konnte es nicht länger aushalten, ich hatte dem Mann Unrecht getan. Er hatte es gut gemeint, und ich war grob gewesen. Ich drehte mich also um: »Herr Unteroffizier, nehmen Sie mir meine Heftigkeit nicht übel. Ich habe dieser Tage immer nur von Schnabel gehört, und die ganze Nacht ist er mir nicht aus dem Sinn gekommen, so daß ich kein Auge zugetan habe. Und als Sie nun heute damit wieder zur Tür hereinkamen, und ich hatte mir doch gedacht, der Spaziergang sollte mich auf andere Gedanken bringen . . . «

»Na, lassen Sie nur«, war seine Antwort, »mich hat das nur so'n bißchen stutzig gemacht, daß ich beinah dieselbe Antwort bekam wie heute morgen beim zweiten Kommandanten. Denn der sollte heute morgen eigentlich der Exekution beiwohnen. Er hat sich aber krank melden lassen, und wie ich ihm heute morgen rapportieren und die Sache ausführlich erzählen will –

denn ich bin da mit bei gewesen –, fährt er mich auch so an und will nichts davon wissen.«

»Warum *das?«* war meine Frage. – »Je, was weiß ich?« sagte er. »Seit der Mann damals das Unglück mit dem Sträfling hatte, ist er ganz verändert. Es war ne wahre Seele von Mann. Nu ist er oft heftig und aufbrausend, und es ist, als wenn ihn die Unruhe plagt.«

»Na, ist das mit dem Sträfling denn ein Geheimnis?« fragte ich. »Der alte Kähler hat auch schon davon erzählt, aber er wollte mir keine Auskunft geben.«

»Der alte Kähler ist ein Has'«, bemerkte der Unteroffizier. »Die Geschichte kennt jedes Straßenkind, und sie ist ja auch gerichtskundig.

Ich war in der Nacht gerade auf Wache und habe nachher als Zeuge aussagen müssen:

Es war gerade Weihnachten, heiliger Abend, und es sind nun etwas über vier Jahre, und ich mußte auf den ›Stern‹ zur Wache. Nun hatten sich die Sträflinge für diese Nacht ›Freinacht‹ ausgebeten, damit sie sich zusammen ein bißchen amüsieren konnten und in den Kasematten auch Licht brennen durfte. Na, zuerst lief ja auch alles ganz ordentlich. Sie aßen und tranken und sangen zusammen und hatten sich denn auch Branntwein kommen lassen. Und den ist das Volk ja nun nicht gewohnt, denn weil sie nur anderthalb Silbergroschen täglich zu verzehren haben und auf drei Tage fünf Pfund Kommißbrot, bleibt für nen Schluck ja nichts übrig.

Na, es dauerte auch nicht lange, da hatten sie einen sitzen, und die Keilerei ging los. Wir also hinein zwischen sie und stiften Ruhe. Und wenn der Leutnant, der die Wache kommandierte, aber doch noch ein blutjunger Kerl war, sich mit den Leuten ausgekannt und die Kerls in ihre Kasematten hätte einschließen lassen, denn wär auch alles gut gegangen. So aber ließ er sich durch ihre Bitten begäuschen und ließ sie beisammenbleiben. Das war ein großer Fehler, und der mußte schlimme Folgen haben.

Es dauerte denn auch nicht lange, da war der Lärm wieder in Gang, und als wir nun wieder dazwischenhielten, hatte sich das Blatt gewendet. Sie verdroschen sich nicht mehr untereinander, nee, sie fingen an, uns zu bedrängen. Unser Leutnant wollte nun wohl die Verantwortung nicht übernehmen, Gewalt anzuwenden. Er befahl uns, nach rückwärts aufzuschließen und ließ das Tor besetzen. Und da standen wir nun, ›Bajonett gefällt‹, und vor uns an die hundertfünfzig Sträflinge in voller Rebellion. Unser Leutnant wußte sich keinen Rat, er schickte also ne Ordonnanz zum zweiten Kommandanten, *der* sollte Rat schaffen.

Der Oberst war den Abend auch in fröhlicher Gesellschaft gewesen. Er war zwar gleich zur Stelle, aber man konnte ihm ansehen, daß er aus so'ner Gesellschaft kam – und das brachte ihm dann hinterher den Ärger. Er sah rot im Gesicht aus, drängte sich, ohne was zu sagen, zwischen uns durch, ging stracks auf die Kerls los und fragte mit lauter, ärgerlicher Stimme, was sie wollten. Sie wollten ihre Freinacht haben, sie wollten besseres Brot haben, sie wollten . . . und nu schrie alles durcheinander, was sie alles haben wollten. – Einer soll reden! rief der Oberst. – Da sprang ein langer Kerl vor, es war ein Schneidergesell und hatte ein Bankbein in der Faust, und rief: ›Im Guten ist hier doch nichts zu machen!‹ und ging auf den Oberst los. – Der stand fest, ohne sich zu rühren, und als der Schneidergeselle auf ihn zukam, rief er rasch hintereinander: ›Kerl, bleib mir vom Leib! – Kerl, bleib mir vom Leib! – Bleib mir vom Leibe oder . . . !‹ Er stieß zu, und der Kerl lag auf der Stelle tot zu seinen Füßen.
Sehn Sie, Herr, ich bin mit im Felde als Artillerist gewesen, und bei Kulm wurde die ganze Mannschaft meiner Batterie von den polnischen Ulanen überritten und mit Lanze und Säbel niedergemacht, alle bis auf mich; aber es hat mir damals nicht so gegraust, und ich habe mich nicht so erschrocken wie bei diesem einzelnen Fall. Das muß doch daher kommen, daß einer so im Gefecht auf alles gefaßt ist und zu anderer Zeit nicht.
Die Sträflinge mußten wohl ebenso erschrocken gewesen sein, denn man hörte kein Wort, und sie drängten sich ordentlich, daß jeder nur fix in seine Kasematte zurückkam.
Als die letzten eingeschlossen waren, stand der Oberst noch immer da, ohne was zu sagen, auf der gleichen Stelle, drehte sich dann kurz um, ging zwischen uns durch und sagte kein einziges Wort, und ist noch – wie ich nur so gehört habe – in der gleichen Nacht zum ersten Kommandanten gegangen, hat seinen Degen abgeliefert und sich zum Arrest gemeldet.
Er kam vors Standgericht, und ich mußte auch vor, als Zeuge. Sie fragten hauptsächlich, ob der Oberst etwas im Kopf gehabt hätte. Je, was wußte ich? Hastig war er angekommen, hastig hatte er geredet, hastig hatte er gehandelt, und rot hatte er im Gesicht ausgesehn – mehr konnten wir alle nicht sagen. Aber manche von seiner Gesellschaft, mit der er zusammen gesessen hatte, werden wohl anders ausgesagt haben. Er wurde zu vier Jahren Festung verurteilt. Und warum? Weil's ein Menschenleben war. Und wenn's auch nur ein schlechtes war, das Leben von einem Sträfling, den sie zu zwanzig Jahren wegen Raub und Diebstahl verurteilt haben, mit nem Menschenleben soll einer doch nicht leichtsinnig rumspielen.«

Einige Tage nach dieser Geschichte fiel wieder schlimmes Wetter ein: Mein schönes Frühjahr hatte gelogen. Ich saß wieder hinter meinen Gardinen und sah ins Wetter, wo der Wind mit dem Schnee tobte, und eine Art von Behagen kam über mich, wenn ich den armen Schelm von Schildwache vor den Gewehren hin- und herlaufen und im Schnee herumstapfen sah, um sich die Füße warm zu halten.
Wenn draußen die Sonne scheint, die Vögel singen und die Bäume blühen, wenn alle Welt sich freut und die Herzen lustiger schlagen, das ist für den Gefangenen die schlimmste Zeit. Seine beste Zeit ist, wenn der Regen schüttet, wenn der Sturmwind tobt und den Schnee in wildem Wirbel zusammentreibt.
Seit jener Zeit sind nun viele Jahre vergangen, aber dieses Gefühl ist mir von damals her noch geblieben. Ich kann stundenlang auf solch wüstes Wetter hinausblicken, und in mir ziehen dann Ruhe und Stille ein. Mir scheint dann, das schlimme Wetter da draußen seien meine schlimmen Jahre, und sie können nicht mehr an mich heran und müssen mich ohnmächtig umtoben. Doch Traurigkeit kommt dann über mich, daß solch wildes Wetter gerade in meinen Lebensfrühling hat einfallen müssen. Doch – Gott sei Dank – dies ist keine bittere Traurigkeit, denn unser Herrgott hat mir einen schönen, warmen Ofen gesetzt, so daß ich inwendig warm bin.

Ich war nun schon an die sechs Wochen an Ort und Stelle und hegte schon die stille Hoffnung, ich würde hier bleiben können, wo sich doch alles so schön anließ. Aber auch *diese* Hoffnung, dieses Frühjahr meiner Zukunft hatte gelogen. Eines Abends kam der Oberst zu mir: es sei Order gekommen, ich solle von hier fort. – »Wohin?« fragte ich. – »Nach Magdeburg«, war die Antwort. – Das war schlimmes Wetter. Magdeburg war die Hölle für uns; ich hatte ein Vögelchen davon singen hören. Aber was half das schon, übermorgen sollte es losgehen.
Am nächsten Tag setzte ich mich hin, schrieb an meinen Vater, rechnete mit dem alten Kähler ab, nahm von meinem Unteroffizier Altmann Abschied, packte meinen Klapperkram zusammen und saß nun wieder zwischen Tür und Angel, zwischen Baum und Borke, konnte *nichts* für mich tun und mußte abwarten, wie es werden sollte.
Am Abend vor meiner Abreise kam der Oberst noch einmal vorbei und sagte mir Lebewohl. »Ich habe Ihre Reise so angeordnet«, sagte er, »daß Sie *nicht* mit Extrapost nach Magdeburg befördert werden. Sie werden in kurzen Tagesreisen von Ort zu Ort reisen. Ich denke mir, dies wird Ihnen lie-

ber sein.« – Der Mann wußte Bescheid, er wußte, was einem Gefangenen gut tat.
Ich bedankte mich bei ihm, und – warum soll ich es nicht eingestehen – die hellen Tränen liefen mir über die Backen, wie wenn ich von meinem besten Freunde für immer Abschied nähme.
Und er war ein Freund, und ich habe ihn niemals wiedergesehen.

Kapitel 5

Das Vogelbauer

Acht Jahre mochten vergangen sein; ich war schon längst wieder frei. Ich war Landmann geworden. Ich ging in Stulpenstiefeln und Kniehosen in der Welt umher. Ich war ein Mordskerl – der ganze Damm, der gehörte mir. Ich war noch einmal so breit geworden, wie ich gewesen, und deshalb sagte Schuster Bank, der noch ein Spielkamerad von mir von Anno dazumal war: »Fritzing«, sagte er, »mit Ausnahme vom ollen Bäcker Hufnagel hast du die dicksten Waden in der ganzen Stadt. Der Deuwel mache dir ein Paar Stulpenstiefel für sechs Taler!«

Frei! Frei! Und dann Landluft und Landbrot und von morgens bis abends einen tiefen Trunk frischer Luft, und Gottes Herrlichkeit ringsumher, man brauchte nur zuzulangen. Und immer etwas zu tun, heute dies und morgen das. Doch alles in der besten Regelmäßigkeit, so daß es immer stimmte mit der Natur. Das macht die Backen rot und den Sinn frisch, das ist ein Bad für Seele und Leib, und wenn die alten Knochen und Sehnen auch einmal müde werden und hinsinken wollen, die Seele schwimmt doch immer lustig obenauf.

Ich segne die Landwirtschaft: sie hat mich gesund gemacht und hat mir frischen Mut in die Adern gegossen. Und wenn einer auch dabei nicht so viel lernt wie ein anderer, den sie zum allergelehrtesten Mastfutter auf eine Universität verfrachtet haben, so gibt es doch mancherlei zu beachten. Und wenn einer nur nicht zu bequem und zu kurzsichtig ist und blickt ein wenig auch über den Zaun des *Gewerbes* hinüber, dann wird er auch viele gute Kost für Verstand und Vernunft finden, und was er findet, ist frische, grüne Weide, die unterm blauen Himmel in Regen und Sonnenschein gewachsen ist und die dem Menschen ganz anders bekommt als das schwere, gelehrte Mastfutter auf den Universitäten und die Stallfütterung hinter dem Schreibtisch.

Ich war frei und gesund. – Ich war zur Stadt gefahren, nach meiner Vaterstadt, und sollte Kleesaat holen, denn es war die Zeit der Frühjahrsaussaat, und wir wollten unterm Sommerkorn unseren frischen Schlag ansäen . . . Nun, eine Stadtreise ist eine Tagesreise; ich hatte auch sonst noch allerlei zu besorgen, was noch nicht fertig war, und hatte also noch Zeit und konnte die alten, vertrauten Plätze und die alten Freunde aufsuchen.

Es war beinah Mittag, und um die Mittagszeit pflegten dazumal die Staven-

häger Bürger ein bißchen zum Posthaus zu wandeln, denn die Frau Postkommissarius hatte das beste Bier, und dann gab's auch immer etwas Neues zu sehen, weil dann die Berliner Post eintraf.
Ich trat ein ins kleine Stübchen – ich war lange nicht dort gewesen, doch es war alles noch genauso wie früher. Von dem kleinen Stübchen war noch ein Winkel durch ein Holzgitter abgeteilt, und den nannte der Herr Postkommissarius sein »Comptoir«. Es sah aber eher aus wie ein ziemlich großes Vogelbauer. In diesem Vogelbauer saß der Herr Postkommissarius mit seinem Herrn Sohn. Singen taten sie aber nicht, denn – soviel ich weiß – singt kein Großherzoglicher Postbeamter zur Postzeit, und es war also von ihnen auch nicht zu verlangen.
Die Frau Postkommissarius stand noch immer am Ofen, wo sie schon in meinen Kinderzeiten gestanden hatte, so winters wie sommers. Doch die Glasur von den weißen Kacheln hatte sie inzwischen ab- und den weißen Ofen rotgescheuert. Und auch genau die gleichen Bilder hingen noch in der Stube: ein paar Bilder vom alten Fritz, eine Monturenkarte des französischen Militärs, und der General Kalckreuth. Kalckreuth hatte sich beim Herrn Postkommissarius sein bestes Zeug angezogen und stand da im blauen Frack, mit dreikantigem Hut, weißen Hosen und glänzend schwarzen, blankgewichsten Postillonstiefeln. Im Gesicht sah er sehr schön rot und gesund aus, und seine Nase ließ an Länge nichts zu wünschen übrig. Er hatte aber den Ehrenplatz unter all den Bildern inne, denn der Herr Postkommissarius hatte unter ihm bei den litauischen Dragonern gestanden und betrachtete ihn noch immer als seinen Kommandanten.
Und wenn der Herr Postkommissarius einmal lustig war und aus seinem Vogelkäfig herausgelassen wurde, dann trank er nach der Postzeit zuweilen etliche von seinen roten Magenbittern und schritt stramm militärisch in der Stube auf und nieder, und es war herzerfrischend und lieblich anzusehen, wie die beiden alten Kriegskameraden einander freundlich und zufrieden anblickten. Kalckreuth sagte nichts, doch der Herr Postkommissarius machte jedesmal Front vor seinem Chef, wenn er bei seinem Parademarsch an ihm vorüberkam, und rief ihm zu: »Du bist mein Kalckreuth!«
Dies machte dem Herrn Postkommissarius alle Ehre, denn er hatte sich mit Kalckreuth einmal sehr häßlich überworfen, und Kalckreuth hatte ihn davongejagt. Aber er trug ihm das nicht nach, obwohl Kalckreuth schuld hatte. Denn Kalckreuth hatte den Herrn Postkommissarius, als dieser noch Wachtmeister bei den Dragonern war, einstmals nach einem seiner Güter geschickt, damit er dort das Inventar aufnähme – denn der Herr Postkommissarius war ungemein gut zuwege mit der Feder. Und alles war denn auch

sehr schön abgelaufen, bis auf die Kühe, denn als diese aufgeschrieben werden sollten, da hatten sie Namen, die es eigentlich gar nicht gibt und die kein Deuwel zu schreiben vermag, wie z. B. Striemer und Bläß und Stern und Dreizitz, und – was weiß ich noch! Auch kamen diese Namen dem Herrn Postkommissarius zu platt-gewöhnlich vor, und so machte er aus Striemer – Juno, aus Bläß – Minerva und aus Dreizitz – Venus usw. Kalckreuth war zu ungebildet, um die Verschönerung zu würdigen. Er fuhr auf den Wachtmeister los. Der aber, im richtigen Gefühl, in Schönheitssachen dem Herrn General über zu sein, gab nicht nach, und so gerieten sie ziemlich aneinander. Nun hat aber die Welt noch nie gesehen, daß ein Wachtmeister einen General davonjagen kann, und da sie sich doch nun einmal trennen mußten, so jagte der General den Wachtmeister davon. Das war sein Glück, er wäre nämlich sonst nie im Leben Postkommissarius in Stavenhagen geworden.

Anfänglich mochte ihm dies alles wohl schwer angekommen sein, doch war er ein Mann, der sich durchzubringen weiß. Er warf sich mit seiner Frau Gemahlin auf die »dramatische Kunst«, wie man es heute nennt, und – weiß der Deuwel! – hatte er schon in Ostpreußen von Stavenhagen gehört, daß es dortselbst ein sehr gebildetes Publikum gäbe, genug, eines schönen Tages kam er in meine Vaterstadt und spielte Theater in Allmers Saal, freilich – weil er mit seiner lieben Frau ganz alleine auftrat – bloß vierbeinige Stücke, aber die waren doch vom besten Ende.

Nun mußte es sich aber gerade so treffen, daß der alte Postmeister Toll aufgab und begraben wurde. Und ohne Postmeister konnte Stavenhagen doch nicht bestehen, und die Postmeisterstelle wurde ausgeboten wie sauer Bier. Keiner wollte für 120 Taler im Jahr Postmeister spielen. Da aber nahm *er* sich der Sache an, und er hat sie auch richtig durchgeführt bis an sein seliges Ende, denn er war ein guter, treuer, braver Mann. Aber er wußte sich auch zu helfen. Dies sah er: mit den hundertzwanzig Talern Postmeistersgehalt konnte er nicht auskommen. Er legte sich also gerade gegenüber von seinem Vogelbauer noch ein weiteres Vogelbauer an und setzte seine liebe Frau hinein. Dies war der Kaufladen, und der hatte, solange er bestand, bei allen Schustern im ganzen Lande Mecklenburg ein hervorragendes Renommé – wegen des Schnupftabaks. Und warum? deshalb, weil der Kommissarius selber eine Nase für Schnupftabak besaß und mit dieser seiner eigenen Nase für die Qualität seiner Ware einstand. Nach und nach gesellte sich zum Schnupftabakhandel noch ein recht ansehnlicher Bierausschank, und als der Großherzog ihm noch mit einer kleinen Zulage unter die Arme griff, da war keiner glücklicher als er und sein Kalckreuth, und alle drei lebten in

Frieden und Freude miteinander. Nur hin und wieder, wenn der Vogel zu lustig wurde und sich zu viel mit Kalckreuth unterhielt, dann wurde sie tücksch. Sobald er aber merkte, daß sie auch ein Wort dreinreden wollte, dann verzog er sich in seinen Käfig, und nun konnte sie reden, was immer sie wollte, er war nicht zu Hause.

Bei diesen guten alten Leuten trat ich also unter und wollte ein Glas Bier trinken. »Guten Tag, Frau Postkommissariussin«, begrüßte ich sie hochdeutsch. Sie hätte es mir nämlich sehr übelgenommen, hätte ich mit ihr platt geredet, denn sie selber sprach einzig und allein nur hochdeutsch – möglich, daß sie sich noch immer als »dramatische Künstlerin« fühlte, möglich auch, daß sie ihrem Stande nichts vergeben wollte.

»Was gibt es Neues?« – das war die ewige Frage, die ihr in früheren Zeiten von jedermann vorgelegt wurde und die sie auch immer beantworten konnte, teils wegen der Post, teils wegen des Kaufladens. Doch heute stand die alte Frau völlig ratlos an ihrem Ofen und schüttelte den Kopf: »Ach, Fritzeken, ich bin ne alte Frau geworden, mir erzählt jetzt keiner mehr etwas Neues!« und dabei trocknete sie sich die Augen mit ihrer Schürze. Das jammerte mich denn nun, und bloß um sie zu trösten, erfand ich rasch ein paar Verlobungen, ein paar Mordtaten und dazu noch einen ganz kleinen, flotten Brand, damit sie daran doch ihre Freude haben konnte.

Dies half denn auch. Sie wurde ganz munter, und weil sie doch nichts Neues wußte, plauderten wir von alten Zeiten, und aus dem Vogelbauer drang ab und an ein knappes Wort zu uns herüber wie: »Guten Morgen auch!« – »Die Geschichte ist anders.« – »Ich hab nur noch keine Zeit.« – »Dreiviertel und nen halben, sieben Achtel.« – »Kostet drei Schilling.« – »Nach Jürgensdorf ist nichts dabei.« – Gu'n Morr'n, Herr Bold, gu'n Morr'n, Herr Braun!« – je nachdem, welcher Stavenhäger Bürger gerade am Guckloch seines Käfigs vorbeipassierte.

Und nun kamen sie alle herein: Otto Bold und Otto Braun, Glaser Risch und Schwager Ernst. Und Glaser Risch hatte ein Schwein gekauft, und als es vom Wagen abgeladen wurde, da war es tot gewesen, und Otto Bold setzte ihm nun auseinander: das Schwein wäre rückwärts gefahren worden, und dies könne kein Schwein vertragen, ein richtiges Schwein müsse vorwärts gefahren werden. Und Otto Braun gab Otto Bold recht, denn ein Schwein sei inwendig genau wie ein Mensch geartet, und manche Menschen könnten das Rückwärtsfahren ebenfalls nicht vertragen, und dazu habe ein Schwein ja eigentlich auch noch mehr Nerven als ein Mensch. Und Otting

Bold wettete mit Otting Braun um zwei Seidel, daß *seine* Gerste, die er heute gesät hatte, beim Dreschen *ein* Korn mehr bringen würde als die von Braun, denn er hatte seinen Acker »grundklar« gemacht. Und als er gefragt wurde, wie er das angefangen habe, da kam heraus, daß er auf einem für einen Scheffel Aussaat berechneten Acker zwei Pferde mit hölzernen Eggen zwei und einen halben Tag lang hatte herumstampfen lassen, und dies nannte er grundklär. Und sie tranken vorläufig die beiden Seidel. Als sie aber der Frau Postkommissarius bedeuteten, einer von ihnen beiden werde sie im Herbst bezahlen, da wollte diese nichts davon wissen und schimpfte, auf solch wilden Schwindel ließe sie sich nicht ein, und verließ mächtig sauer ihr Wirtsstübchen. Damit aber war das Wetten erst richtig in Gang gekommen, und als die Post vor der Tür vorfuhr, da wettete mein Schwager Ernst mit Glaser Risch, heute werde die Frau Postkommissarius noch die Türe zu ihrem Allerheiligsten aufmachen, und Glaser Risch hielt dagegen. Das Allerheiligste der Frau Postkommissarius war ein kleines Stübchen, das noch hinter dem Wirtsstübchen lag, und da kam keiner der täglichen Gäste hinein, und Bier wurde dort überhaupt nicht ausgeschenkt. Nur wenn Gäste mit der Extra-Post eintrafen oder Fürsten und Grafen, dann wurde die Tür aufgemacht, und an der Tür stand dann die Frau Postkommissarius und betrieb mit Winken und Knicksen die dramatische Kunst. Nur zweimal in meinem Leben habe ich um die Ecke hineinlugen dürfen, doch es war schön dort. An den Wänden hingen die vier Jahreszeiten, alle einander ungeheuer ähnlich: Frühjahr und Sommer mit Blumen und Ähren auf den italienischen Strohhüten, Herbst und Winter aber hatten Hüte von schwarzem Sammet auf, und die eine hatte Weintrauben, Äpfel und Birnen auf dem Kopf, die andere weiße Federn, und sie sahen sich alle unglaublich ähnlich wie Schwestern, die sie ja auch sind, denn sie sind ja alle Kinder ein und desselben Jahres.

Dies waren lauter Kleinigkeiten und bisweilen auch Dummheiten. Doch die Kleinigkeiten hatten für mich ihre besondere Bedeutung, weil ich die Menschen kannte, die sich darin herumdrehten, wie der Herr Postkommissarius in seinem Bauer. Und über die Dummheiten lachte ich recht von Herzen, denn ich war frei und gesund, und für einen freien und gesunden Menschen braucht der Spaß nicht fein in eine Nähnadel eingefädelt zu werden, eine richtige Packnadel tut den gleichen Dienst.

Mit einem Male wurde es dunkel in der Stube, wie wenn am Himmel ein schwarzes Gewölk aufzieht, denn vor das einzige Fenster im Stübchen hatte sich Otto Bold hingestellt, und der hatte einen Buckel wie ein Sägeblock, aus dem sich drei Fuß dicke Bretter schneiden lassen. Mit dem Hinausgucken war es also nichts, und wir mußten die Postgäste nehmen, wie sie der Durst gab.

Als erste stelzten denn also zwei recht flotte Handlungskommis herein, die sich gemeinsam ein Seidel geben ließen. Dann erschien ein liebes, gutes Kind von Mädchen, das kaum das Herz hatte, ein Glas Zuckerwasser zu bestellen – der Kondukteur werde es bezahlen. Nach ihr trat ein forscher, rüstiger Mann in preußischer Uniform in die Stube und ging auf das noch sehr junge Mädchen zu: »Haben Sie schon?« – »Ich erhalte es gleich«, war ihre Antwort. Der Mann sagte ihr noch ein paar freundliche Worte und drehte sich dann nach uns um. Er warf uns einen flüchtigen Blick zu, machte eine leichte Verbeugung, postierte sich vor Kalckreuth und sah ihm in die himmelblauen Augen.

Frau Postkommissarius holte einen Schlüssel aus der Tasche, schloß das Allerheiligste auf, machte einen Knicks und eine sehr einladende Handbewegung: »Vielleicht gefällig?« – Schwager Ernst hatte die Wette gewonnen, der Glaser mußte bezahlen. – »Danke«, erwiderte der Herr ganz kurz, sah in das Allerheiligste hinein, als wenn es für ihn das Allergleichgültigste wäre, und machte sich aufs neue mit Kalckreuth zu schaffen.

Otto Bold hatte bloß eine halbe Wendung vom Fenster zum Vogelbauer zu machen; er fragte also da hinein: »Wer?« – »Zwei Personen nach Malchin, eine bis Güstrow, eine bleibt hier«, kam als Antwort aus dem Käfig. Und dann kam noch ein Nachsatz, der geflüstert sein sollte, den wir aber alle schön deutlich hörten: »General von Schuckmann.«

Der Mann in der preußischen Uniform hatte wahrscheinlich ebenso feine Ohren wie wir. Er drehte sich um, lächelte und fragte uns dann: »Meine Herren, wie weit ist es von hier nach Ivenack?«

»Wenn Sie den Fahrweg fahren, haben Sie eine starke halbe Meile«, sagte ich, »der Fußweg ist aber nur eine Viertelmeile und ist reizend, er führt durch Wiesen und Wald und zuletzt durch den schönen Ivenacker Tiergarten.«

Er besann sich einen Augenblick, ging aus der Stube, sprach mit einem Kutscher, der Tressen am Hut hatte, und kam wieder herein: »Ich habe mich zu der Fußpartie entschlossen, wie aber muß ich dann gehen?«

»Sehn Sie mal«, antwortete Glaser Risch, » denn gehen Sie hier erstens den Wall entlang bis in die Malchinsche Straße, un denn gehn Sie rechtsch um die Suseminsche Ecke in die Gatz, un denn gehn Sie rechtsch um den Burmeister Goren, da finden Sie ein Steg . . . « – »Ih wo? Wo braucht der Herr

so weit zu gehen?« fiel Otto Bold ein. »Sie gehn bloß von meinem Haus etwas über die Straße un denn gehen Sie durch Christopher Schulten seinen Hof und Goren – wollt ich sagen Garten – un denn sind Sie in die Koppel.«
»Ja, aber meine Herren . . . «, fing der Preuße an.
»Erlauben Sie«, mischte ich mich nun ein, »ich habe augenblicklich nichts zu versäumen, und ein Spaziergang ist mir grade recht. Ich werde Sie auf den rechten Weg führen.«
Er nahm das Anerbieten höflich an, verabschiedete sich recht herzlich von dem jungen Mädchen, und wir gingen los.

»Haben Sie das junge Mädchen wohl bemerkt, das so schüchtern im Zimmer stand?« fragte er mich, als wir die Stadt hinter uns hatten. Ich sagte: ja, und sie schiene mir noch sehr jung zu sein.
»Sie ist siebenzehn Jahre alt, hat nie vorher eine Reise gemacht, kennt von der Welt weniger als ein siebenjähriges Kind und geht ohne Schutz und Geld nach Surinam. Die Kondukteurs sind angewiesen, für ihre Bedürfnisse unterwegs zu sorgen. Das Postgeld bis Hamburg ist bezahlt, und dort nimmt sie ein Schiffskapitän in Empfang, der sie übers Meer schafft.«
»Aber wie kommt das?« fragte ich.
»Sie ist Herrenhuterin aus Gnadenfrei in Schlesien und wird sich in Surinam mit einem ihr ganz fremden Manne verheiraten. – Wahrlich, es gehört Mut dazu«, setzte er hinzu. »Ich bin mit ihr von Schlesien herunter gereist und habe mich ihrer ein wenig angenommen, aber ein solches Vertrauen und solche Ergebenheit habe ich selten gefunden.«
»Aus Gnadenfrei«, sagte ich in Gedanken. »Merkwürdig! dann habe ich das Mädchen schon öfter gesehn, das heißt, ich erinnere mich ihrer nicht. Aber sie muß doch unter der kleinen grauen Schwesternschar gewesen sein, die alljährlich einmal mit ihrem Schulmeister, eine jede mit einem großen Feldblumenstrauß, nach Silberberg kam, um von dort die weite Aussicht über das Land zu genießen.«
»Nach Silberberg? Aber, verzeihen Sie, wie kommen Sie nach Silberberg? Ein mecklenburgischer Landmann nach Silberberg?« Und dabei blickte er auf meine Stulpenstiefel.
Ich wollte schon antworten, er unterbrach mich aber und lächelte: »Die Vorstellung meiner Person hat freilich schon Ihr Postmeister übernommen, aber der Form wegen: ich bin der General von Schuckmann aus Glogau.« – »Besitzer von Mölln hier in der Nähe?« fragte ich. »Dann kann ich mich Ihnen leicht vorstellen, ich bin der Sohn Ihres Justitiars.«

»So, so«, sagte er. »Sehr angenehm! Aber wie kommen Sie nach Silberberg?«

Oh, entgegnete ich, ich wäre auch schon mal sechs Wochen in seiner Garnisonstadt gewesen, und erzählte ihm dann in aller Kürze die näheren Umstände. Ich erzählte ihm auch, wie mich der gute Platzmajor mit einem Linsengericht traktiert hatte. Ich erzählte ihm von Vater Kähler und von Herrn Unteroffizier Altmann, von Schnabel und vor allem vom zweiten Kommandanten Oberst Wichert.

Ach, es erzählt sich ganz schön, wenn man in guten Zeiten von den lang vergangenen schlimmen Zeiten spricht, und vor allem, wenn Dankbarkeit ein Wörtchen mitzureden hat.

Mittlerweile waren wir an der Stelle angelangt, wo im Stavenhagener Stadtwald der Weg sich gabelt. Ich wies ihm Bescheid und war dabei stehen geblieben, weil ich dort umkehren wollte. »Aber, Herr General«, fragte ich, »was machen meine alten Bekannten in Glogau . . . «

»Ihr alter Vater Kähler muß tot sein«, entgegnete er, »ein anderer, mir bekannter Unteroffizier ist als Schließer dort angestellt. Der Unteroffizier Altmann wird wohl zur Garnisonskompagnie gehört haben, und deshalb kenne ich ihn nicht. Aber der Platzmajor ist wohl und munter und besorgt seine vielfach unangenehmen Geschäfte mit derselben freundlichen Ruhe und derselben Gewissenhaftigkeit, die Sie an ihm kennengelernt haben.«

»Und der Herr Oberst Wichert?« fragte ich voller Herzlichkeit.

»Der Oberst Wichert«, wiederholte er meine Frage. »Kennen Sie den Vorfall, der dem Oberst Wichert einmal am Heiligen Abend zugestoßen ist?«

Ja, sagte ich, ich wüßte von der Sache.

»Dann werden Sie auch wissen, daß Oberst Wichert Witwer war und keine anderen Angehörigen hatte als eine einzige, liebenswürdige Tochter.«

Ja, sagte ich, ich hätte sie gesehen, und es sei ein prachtvolles, herrliches Mädchen gewesen.

Da ließ der General seinen frischen Blick still zur Erde sinken, und es war, als überflöge ihn ein leiser Schauer: »Und diese einzige, liebenswürdige Tochter«, sagte er, und die Worte entrangen sich ihm schwer und langsam, »diese einzige Tochter eines durchaus braven Vaters ist am Heiligen Weihnachtsabend zu derselben Stunde gestorben, in der er den Sträfling erstach – und der Vater ist im Irrenhaus.«

Ich stand wie vom Blitz getroffen. Ein Mann voller Kraft, voll Leben, voll derber Gesundheit – und wahnsinnig! – wahnsinnig durch eine einzige rasche, unüberlegte Tat, die wie ein schwerer, schwarzer Stein in ein rühmliches, ehrenvolles Leben hineingefallen war!

Der General drückte mir die Hand: »Es tut mir leid, Ihnen mit einer so traurigen Nachricht für Ihre Begleitung danken zu müssen.« Und damit schritt er auf seinem Fußsteig weiter.

Ich drehte um und machte mich auf den Heimweg. Und als ich so bedrückt und trauervoll dahinschritt, da fiel mir eine Predigt eines alten katholischen Geistlichen ein, der ein Wasserpollack aus Oberschlesien war und auf Regierungsbefehl deutsch predigen mußte – ich hatte oft darüber gelacht. Er predigte: »Was is menschliche Lewe? – Menschliche Lewe is wie Strohdack, kommt Wirbelwind, perdautz! fällt um.«
Ich hatte oft darüber gelacht. Nun aber, als ich durch die schönen grünen Wiesen und das liebliche, altvertraute Land heimwärts schritt, da war mir das Lachen vergangen, da übersetzte ich mir die Predigt des alten, ehrlichen Pfaffen: »Was ist menschliche Vernunft? Menschliche Vernunft ist wie ein Strohdach. Schickt unser Herrgott einen Wirbelwind, dann ist sie dahin.«

ZWEITES BUCH: DIE FESTUNG MAGDEBURG

Kapitel 6

Auf dem Planwagen

Die Reise nach Magdeburg nahm ihren Anfang. Wiederum kahle Felder und schauderhaftes Wetter. Immer von Landratsamt zu Landratsamt, manchmal auch nur zum Herrn Bürgermeister. Mal ein Fußgendarm mit Gewehr und Seitengewehr *im* Wagen, mal ein Gendarm zu Pferde mit Schleppsäbel und Pistolen *neben* dem Wagen.

Wenn mich dies letztere Glück traf, bot mir das viel Vergnügen und eine Augenweide. Wenn dann nämlich mein »Berittener« mal rechts, mal links von dem alten Planwagen dahertrabte, in dem sie mich als abschreckendes Beispiel durch die Lande herumkarrten, und der Fuhrmann im Leichenwagenschritt durch die Dörfer und Städte hindurchparadierte und schließlich beim Wirtshaus anhielt, dann drängte sich alles um uns herum und betrachtete mich staunend, so daß ich mir selber richtig gefährlich und gleichzeitig grauenerregend vorkam, wie wenn ich bei lebendigem Leibe herumspukte und mit meinem Kopf unterm Arm unter den Menschen einherwandelte. Ja, es war wirklich ein feierlicher Aufzug, und dies empfanden sogar die kleinen Straßenjungs, die uns immer das Geleit gaben und mich mit allerlei Ehrentiteln bedachten, die sich um ein Haar wie »Spitzbube« anhörten. Gelangte ich dann des Abends nach so zahlreichen Aufmerksamkeiten in mein Nachtquartier, so mußte ich jedesmal zuvor noch meine Aufwartung beim Herrn Landrat oder beim Herrn Bürgermeister machen, und die gaben mir dann zu meiner Unterhaltung zwei ehrwürdige, ausrangierte Honoratioren fortgeschrittenen Alters mit in mein Wirtshaus, damit sie mir die Nacht über von ihrem Tabak etwas vorräucherten und nebenbei darauf sahen, daß ich nicht weglief und den königlich preußischen Staat an allen vier Ecken anzündete.

Gewöhnlich waren es lauter brave alte Herren, und keinen einzigen habe ich darunter angetroffen, der mir nicht zu allerletzt, wenn ich mit Fragen schon halb zu Tode gequält worden war, eine wohlschlafende Nacht gewünscht und als letztes Wort die Ansicht ausgesprochen hätte: »Je, aber unsern König haben Sie doch umbringen wollen.«

Unter uns, in der Wirtsstube, saßen dann die Honoratioren der Stadt beisammen und holten sich den Gendarmen herbei. Der mußte nun erzählen und trinken, und was er erzählte und was er genoß, das mußte ich alles mit meinem ehrlichen Namen bezahlen.
So trafen wir denn, gerade am ersten Ostertag 1837, in der kleinen Stadt Belzig ein. Und nachdem ich die Ehre genossen, mit dem Herrn Kreissekretär Bekanntschaft zu machen, genoß ich das Vergnügen, daß mich eine ganz ansehnliche Menge von netten kleinen Straßenjungen zum Wirtshaus zurückbrachte, wo ich dann wieder von meiner üblichen Wachmannschaft ins Gebet genommen wurde.
An diesem Abend aber sollte es besser für mich enden, denn der Wirt, ein großer Mensch mit einem freundlichen Gesicht – Stier hieß er – kam auf meine Stube und lud mich ein, den Abend in seiner Familie zu verbringen. »Ja, aber . . . «, sagte ich und blickte auf meine beiden alten Herren. – »Oh«, meinte er, »das hat nichts zu sagen, die beiden kenn' ich. – Meyer, gehn Sie runter und lassen Sie sich ein paar Buddeln Bier geben!«
Meyer ging, und ich ging auch.

Da saß ich nun also nach langer Zeit zum erstenmal wieder in einer Familie mit am runden Tisch, trank Tee und hörte das Klavierspiel mit an. Zwar hatte ich Musik auch in Silberberg, wo ich anfänglich einsaß, in reichem Maße zu hören bekommen: mein gutes »Herr Bohlchen« spielte mich allabendlich mit der Ouvertüre zur »Weißen Dame« in den Schlaf, so daß ich sie bis zum heutigen Tage jederzeit noch vom ersten bis zum letzten Takte nachzupfeifen vermag. Meinem »frère Braun« hatte das Unglück eine Geige in die Hand gespielt, die tagtäglich drei Stunden lang die schrecklichsten Martern auszuhalten hatte, und wenn »der Bauer« unter mir mit dem Horn anfing, dann konnte ich mir nicht anders mehr helfen: Ich griff zum Wasserkrug und goß ihn mit Schwung auf meinen Dielen aus, so daß es durch den schlechten alten Bretterboden hindurchsickerte und unten wie ein ansehnlicher Traufenguß wirkte, so daß ihm wenigstens das vermaledeite Notenblatt durchgeweicht wurde.
Die Musik war es also nicht, was mir heute so warm ums Herz werden ließ. Es war auch nicht der warme Ofen – ich hatte ja immer noch, zumindest des Abends, einen warmen Ofen gehabt. Was war es denn? Damals wußte ich es nicht, nun weiß ich es aber: es waren all die wärmenden Strahlen, die im Kreise um solch einen runden Tisch zusammenschießen. Für mich war es an diesem Abend die Erinnerung an die süße, glückliche Zeit, wenn der alte Herr Amtshauptmann Weber mit meiner lieben Mutter an solch einem

Tisch Tee trank. Für mich war dieser Abend die Erinnerung daran, wie ich in Parchim bei der Frau Geheimen Hofräthin am runden Teetisch saß und Adelheid einschenkte. Und zugleich war dieser Abend für mich freundliche Gegenwart, weil ich rings um mich her solch ehrliches und nicht zudringliches Mitgefühl spürte, das mir allerwegen entgegenschlug, ohne mich zu verletzen. Es war, wie wenn ein Soldat, der jahrelang im Biwak gelegen hat, sich zum erstenmal wieder in ein Daunenbett legen kann.

Gott segne die Menschen, die dies an mir getan, die mir zum ersten Mal im wilden, wüsten Leben meinen künftigen ruhigen Ankerplatz gewiesen haben. Ach, die Zukunft lag noch weit entfernt. – Gott segne auch das gute Mädchen, das mir an diesem Abend bei der Mahlzeit die Kartoffeln pellte! Darüber mag mancher lächeln, denn ich hätte es doch selber tun können. Ich hatte ja auch meine Stiefel selber geputzt, mein Bett selber gemacht und meine Stube selber ausgefegt; ich hätte ja auch meine Kartoffeln selber abgepellt, was war schon weiter dabei! Dies mußten auch bessere Leute, als ich es war, alles verrichten. Doch daß mir hier zum erstenmal eine freundliche Mädchenhand auf diese Weise zu Hilfe kam, das war's! Zum erstenmal nach so langer Zeit! – Nun macht das meine liebe Frau immer bei den Pellkartoffeln, und ich bin ihr dafür sehr dankbar, doch ich bin nun schon daran gewöhnt.

Und *ich* in dieser Gesellschaft? Natürlich so unbeholfen wie möglich. Ein Jenenser Student ist für die menschliche Gesellschaft schon ein sehr unverdaulicher Happen, und wenn er dazu noch drei und ein halbes Jahr auf preußischen Festungen eingepökelt wird, dann mag er wohl, zumal für die Damen, sich ein bißchen zäh angefühlt haben. So war es denn wohl auch diesmal, und viel Vergnügen haben die Damen an mir nicht gehabt. Doch ich desto mehr an ihnen, und als ich gegen elf zu meinen alten Herren heraufgekommen und zu Bett gegangen war, da sagte ich recht glücklich zu mir: »Unser alter Herrgott lebt noch!« und muß mit diesem Gedanken wohl auch eingeschlafen sein.

Von nun an mußten wir einen großen Bogen machen, dieweil auf unserem geraden Wege ein anderes deutsches Vaterland lag, in welchem keine preußischen Landratsämter Mode waren, und ohne *die* fuhren wir uns fest, *die* mußten wir haben.

An diesem Tage, am zweiten Ostertag, kamen wir nach Ziesar. Hier gab es kein Landratsamt, und der Bürgermeister war nicht zu Hause. Er war in der einzigen Glaskutsche, die in der Stadt aufzutreiben war, zu seinem Schwiegervater ein bißchen auf Besuch gefahren. Der Gendarm mußte also alles auf eigene Faust anordnen. Das wurde ihm aber leicht, denn in dem Wirtshaus, in dem wir abstiegen, saßen ungefähr fünfzig alte Herren und tranken Bier. Er suchte sich zwei von den ansehnlichsten unter ihnen aus. Die setzten sich ein bißchen sehr viel näher zu mir heran, tranken ihr Bier weiter und fingen mit den herkömmlichen Fragen an. Der Wirt, ein noch junger Mann, stand daneben und hörte zu. Und als er vernahm, daß ich ein Mecklenburger war, kam er näher und begrüßte mich als Landsmann.

»Mein Gott«, fragte ich ihn, »wie kommen Sie hierher?« – »Ih«, erwiderte er, »das ist doch nicht so weit. Von hier bis an die mecklenburgische Grenze können es gerade noch zehn bis zwölf Meilen sein.« Ein Wort gab das andere. Er war aus Grabow, er kannte manche von meinen Bekannten, ich manche von seinen. Er fragte angelegentlich nach Klappenbach, der auch gesessen hatte, später Bürgermeister in Anklam wurde und nun in Amerika ist. Was ging mir alles durch den Kopf! So nahe der Grenze! Und hatte ich *die* im Rücken, dann konnten die Preußen mir nachflöten. Der Wirt hätte mir möglicherweise Vorschub geleistet, vielleicht auch Geld vorgeschossen, das fehlte mir. Hier war kein Landrat und kein Bürgermeister; der Gendarm war mit dem Wagen wieder zurückgefahren, und der andere, der mich in Empfang nehmen sollte, war wahrscheinlich auch nicht zu Hause, denn er hatte sich noch nicht blicken lassen. Ich war einzig und allein auf meine beiden gutmütigen, würdigen Herren angewiesen, und die wieder auf ihr Bier, und das Bier war ein guter Freund von mir, noch von Jena her, und stand mir bei, das wußte ich. Achtzehn Groschen täglich hatte ich auf der Reise zu verzehren, und heute hatte ich noch nicht viel verbraucht. Ich hatte also noch ein schönes Häuflein Groschen beim Wirt in Vorrat, und für die ließ ich meinen beiden alten Herren fleißig einschenken.

Der Wirt roch den Braten, das war mir lieb, denn er schwieg und machte ein Gesicht wie: »Was geht das mich das an.« Ich fragte bei Gelegenheit unauffällig nach dem Wege. Es lief alles wunderschön. Bloß zwei Dinge waren schlimm: kein Geld in der Tasche, und draußen zwei Fuß hoher Schnee, kein Weg und kein Steg, denn es rieselte immer noch leise vom Himmel hernieder. Aber was mir zum Schaden war, war ja auch *denen* zum Schaden, die mich wieder einfangen wollten.

Als es dunkel geworden war, ging ich nach oben auf meine Stube, zog meine besten Stiefel und zwei Hemden an, eines über das andere, um mich gegen die Kälte zu wappnen, denn Überzieher gab es damals noch nicht, und zu einem Mantel hatte es bei mir noch nicht gereicht. So, nun war ich fertig, es konnte losgehen. Doch das Geld! – Ach, und nun kam mir noch ein anderes Bedenken, und das stieß den ganzen Plan um. Mein guter Vater hatte mich in nahezu jedem seiner Briefe angefleht, ich solle doch ja nie auf einen Fluchtversuch verfallen. Er sei ein alter Mann, und wenn ich flüchtig würde, bekämen wir uns gewiß niemals wieder zu sehen. Ich müsse ja bald freikommen.

Natürlich mußten wir bald freikommen, das war ja unser Morgengedanke und Abendgedanke, das schrieben uns unsere Eltern, das versicherten uns die Gerichtspersonen, das sagten uns unsere Verteidiger. Wir sollten nur ja nicht appellieren, denn dann dauerte es noch länger, wir sollten uns nur an die Gnade des Königs wenden. – Je, die Gnade! – Als er tot war, da kam die Gnade! – Aber ich hatte meinem guten Vater fest versprochen, nicht an Flucht zu denken, freilich zu einer Zeit, als ich noch nicht wissen konnte, daß sie mir einmal so leicht gemacht werden würde. Aber ich mußte ja nun doch bald freikommen!

Dies war ja das Grausamste bei dem ganzen Verfahren, daß von allen Seiten in uns immer wieder die Hoffnung geweckt und dann hinterher von Minister- und Staatsratsbeinen zuschanden getreten wurde.

In dieser Nacht kam nicht viel Schlaf in meine Augen. Ich zerbrach mir den Kopf: sollte ich es tun, und durfte ich es tun? Können konnte ich es. Meine beiden alten Herren schliefen in den Sofaecken den Schlaf ihrer Gerechtigkeit und meines Bieres. Ich lag angezogen quer über meinem Bett. Unter mir ging es noch lange munter her, und die Haustür mußte noch offen stehen, denn es war ja der zweite Ostertag. – Doch nein! Ich mußte ja sowieso bald freikommen. Ich zog mich aus und legte mich ins Bett. Aber schlafen konnte ich nicht, zu viel ging mir durch den Kopf.

War es recht oder war es unrecht, daß ich blieb? – Wer will das wissen? Einige von uns sind glücklich durchgekommen: von Massow aus Kolberg, Bönniger aus Silberberg und Wagner und Reinhardt aus Magdeburg. Aber daß sie darum viel glücklicher geworden seien, habe ich nicht vernommen. Was soll schon solch halber deutscher Jurist oder Theologe, und mag es auch ein Mediziner sein, in der Fremde? – Für mich war es jedenfalls gut, daß ich den Plan aufgegeben hatte. Am nächsten Morgen waren 16–17 Grad Kälte, und der Schnee lag kniehoch. Ich wäre gewiß in der Nacht erforen.

Am nächsten Morgen kam der Gendarm mit dem Planwagen langsam vor die Tür gerumpelt. In der Nacht hatte ich nicht geschlafen, dann friert den Menschen sowieso immer, und nun noch 16 Grad Kälte und nichts auf dem Leibe. Das war wirklich ein starkes Stück! Aber zur Ehre des Gendarmen muß ich sagen, daß er nach Möglichkeit für mich sorgte: Er gab mir eine Pferdedecke um die Füße, aber was half das schon? Der Wind pfiff uns genau ins Gesicht und in den alten Planwagen hinein, so daß mir die Seele im Leibe gefror.

Auf dem halben Weg nach Kloster Lehnin begegnete uns der Herr Bürgermeister in seiner Glaskutsche, hielt an, als er den Gendarmen erblickte, und fragte ihn nach dem Woher und Wohin. Er hatte einen warmen Mantel an, saß in einer dicht abgeschlossenen Glaskutsche, fuhr mit dem Winde, und neben ihm saß ein warmes, hübsches, junges Frauchen und guckte über ihre rosenroten Wangen hinweg durch die Glasfenster. Ach, wie gerne hätte ich mit ihm getauscht und hätte mit seiner kleinen warmen Frau Bürgermeisterin und mit dem Winde hinter mir in der Glaskutsche gesessen. Aber das ließ sich nun doch nicht bewerkstelligen. Also nur immer: hüh!

Am Abend kam ich in Kloster Lehnin an. In der Wirtsstube saßen an die acht bis zehn junge Leute, Wittenberger Primaner, wie sich bald herausstellte. Ich begab mich in die dunkelste Ecke und setzte mich an den Ofen. Es waren ganz nette frische Burschen, und ich hatte ein Herz für diese Art, wie ich es auch heute noch habe. Aber ich mußte an diesem Abend erst einmal auftauen.

Sie tranken Punsch, und wie ich mit meinem Gendarm hereinkam, hob ein Tuscheln und Blicken an, denn sie mußten doch wohl gemerkt haben, wes Geistes Kind sie vor sich hatten. Der Gendarm mußte dem Wirt, und der Wirt wiederum ihnen Auskunft geben. Und als sie sich davon überzeugt hatten, es mit einem richtigen Königsmörder zu tun zu haben, da kam der eine, der wohl ihr oberster war, zu mir heran, präsentierte mir ein Glas von ihrem Getränk und fragte mich, ob ich mich nicht ein bißchen zu ihnen setzen wollte. Ich mußte es ablehnen, ich war wirklich zu zerschlagen. Dies hinderte ihn jedoch nicht, mir in der Eile zu erzählen, daß sie nun schon auf dem Wittenberger Gymnasium eine hübsche kleine deutsche Burschenschaft gestiftet hätten und daß er ihr Sprecher sei.

Das war ja nun recht nett. Der königlich preußische Staat hatte uns als abschreckendes Beispiel vor aller Welt hingestellt, und nun fingen die Primaner auf den Schulen schon damit an, womit wir aufgehört hatten. – Nein, es ist nichts mit der Todesstrafe, und mit der Abschreckungstheorie erst recht nichts.

Als ehrlicher Mensch riet ich ihm, er solle Deutschland seinen alten schiefen Gang gehen lassen, sonst könnte es ihm wie mir ergehen. Doch er wußte es besser – je jünger die Menschen, desto besser wissen sie es ja –, sie hatten es viel zu fein eingefädelt mit Spitznamen, Stichwort und geheimer Verschwörung.

Da war nichts zu machen. Ich ging zu Bett.

Kapitel 7

Ein Pfund Tabak

Am nächsten Tage trafen wir in Magdeburg ein. Es war höchste Zeit, sonst wären wir wohl fürs erste nicht hingekommen, denn nunmehr begann das schlimme Schneetreiben, das anno 1837 in den ersten Apriltagen in Norddeutschland alle Wege und Stege unpassierbar machte.

Wir fuhren zum Platzmajor, der auf der Zitadelle residierte. Vor meiner Zeit war er Platzmajor in Silberberg gewesen, von wo ich eigentlich herkam. Ich mußte ihm denn auch erzählen, wie es dort jetzt aussah, und dabei blickte ich aus dem Fenster, wie es hier wohl aussähe. Als er dies bemerkte, schüttelte er den Kopf und sagte: »Hier bleiben Sie nicht, Sie kommen in das Inquisitoriat.«

Das war bös! Eine Festung mag so schlimm sein, wie immer sie will, aber man hat doch Raum in den alten Kasematten, wo immerhin notdürftige Bewegung möglich ist. Man kriegt doch ab und an einen Menschen zu sehen, und das Ganze ist nicht ausdrücklich dazu errichtet, einen Gefangenen nach Strich und Faden zu schurigeln. Doch solch apart eingerichtetes Gefangenenhaus nimmt einem auch noch das bißchen Licht und Luft, Bewegung und Augenweide, das ihm von Rechts wegen zusteht. Wir waren zu Festungsstrafe verurteilt, doch was kehrte sich der preußische Staat daran, wenn es ihm in den Kram paßte, uns in einem Zellengefängnis einzuquartieren?

Wir gingen zum Inquisitoriat, und hier durch mehrere Höfe bis zum letzten Flügel, der mit seinen Fenstern genau nach Norden lag. Er hatte drei Stockwerke, ungefähr zwanzig Zellen und drei lange Korridore, die durch das ganze Gebäude liefen, und auf jedem stand eine Schildwache.

Als mich nun der Platzmajor in meinem neuen Quartier abgeliefert hatte und gegangen war, stand ich in der Stube des Inspektors, und dieser Herr und sein Handlanger, der Schließer D . . . mann, standen vor mir und blickten mich an, und weil dies nicht verboten war, blickte ich sie ebenfalls an. – »Jetzt müßte ich Sie aber bitten . . . «, begann der Inspektor, hielt jedoch inne. – »Was?« fragte ich. – »Es ist Vorschrift vom Kommandanten . . . «, stammelte er weiter. – Ich wußte nicht, was er von mir wollte, und blickte auf ihn und D . . . mann. – »Daß Sie sich nackt ausziehen«, sagte der Schließer, und als ich ihn daraufhin anstarrte, weil dies noch nirgends, selbst im Untersuchungsarrest nicht, von mir verlangt worden war, grinste der Kerl mit seinem dummdreisten Gesicht so säuerlich, fett und hämisch, als sei ihm das Maul mit saurem Gänseschmalz eingeschmiert. Was Fettiges hat dieses Gelichter überhaupt und auch was Säuerliches. Dieser hatte auch noch was Freches, weil er sich etwas darauf einbildete, daß er vordem beim Herrn General Graf Hacke, dem Ersten Kommandanten, Uniformen geputzt hatte und das »Allgemeine Ehrenzeichen« im Knopfloch trug, das ihm wegen seiner Verdienste um den preußischen Staat und um die Stiefel des Ersten Kommandanten vorzeiten einmal zuteil geworden war.

Was half es schon? – Ich mußte ihnen zeigen, wie mich Gott erschaffen hatte. Und als sie meines Herrgotts Erzeugnis besichtigt hatten, visitierten sie auch das meines Schneiders, indem sie alle Taschen in meinen Kleidungsstücken umdrehten und die Nähte untersuchten, ob ich darin nicht etwa Pistolen, Messer und sonstige Mordwerkzeuge oder gar Geld versteckt hätte. Als dies erledigt war, konnte ich mich wieder anziehen, und nun fielen sie über meinen Koffer her. Eine alte, eingehäusige silberne Taschenuhr, die schon so lange stillgestanden hatte wie ich saß, weil ich das Geld zur Reparatur noch nie hatte aufbringen können, mir auch an Zeit und Stunde in meinen Umständen gar nichts gelegen war, wurde als erstes mit Beschlag belegt. Darauf kam ein altertümlicher Pfeifendeckel, so ein richtiger alter Klemmdeckel, zum Vorschein. – »Ist das Silber?« fragte der Inspektor. – »Ja«, erwiderte ich, denn mir fiel ein, daß dieser silberne Pfeifendeckel einen Glanz von Wohlhäbigkeit auf mich werfen konnte. Und ich log dabei auch noch nicht einmal, denn er war wirklich von Silber, wenn auch nur von Neusilber. Und als sie mir nun noch eine kleine goldene Tuchnadel, ein Weihnachtsgeschenk von meiner Schwester, dazu noch meine Schreib- und Zeichenutensilien abgenommen und dies alles säuberlich zu meinen Personalakten gelegt hatten, da durfte ich mich denn auch in Begleitung des Schließers nach meiner Nummer begeben.

Sie lag im untersten Stock und war im ganzen Hause berüchtigt, weil es weder der Sonne noch dem Monde bei aller Mühe, die sie sich gaben, bisher je gelungen war, auch nur einen flüchtigen Blick auf ihre Einrichtung zu werfen. Dies ging aber mit ganz natürlichen Dingen zu: Das armselige Loch von Fenster, das, anderthalb Fuß hoch und anderthalb Fuß breit, ganz oben unter der Decke angebracht war, zeigte nach Norden. Rechts und links saßen Scheuklappen aus Brettern davor, um uns und den beiden Himmelslichtern aufs strengste zu verwehren, um die Ecke zu gucken. Und wenn an den langen Sommertagen die Sonne dies doch beinahe geschafft hätte und weit genug vorangekommen war, dann schoben sich die hohen Hofmauern und der Festungswall vor ihr liebes Angesicht, und unseres Herrgotts

schönstes Erzeugnis mußte vor solch schnödem Menschenwerk schamrot versinken.
Wenn ich meinen Hocker auf den Tisch stellte und ihn dann erklomm, hatte ich eine freie Aussicht auf den kleinen viereckigen Hof, eine reinliche, weiße Mauer und ein schwarz-weiß gestrichenes Schilderhaus. Die einzige Abwechslung in diesem schlichten Einerlei war, daß bei schlechtem Wetter ein Soldat *im* Schilderhaus stand, während er sich bei gutem Wetter *davor* auf und ab bewegte.

Meine Zelle – und so waren sie alle – mochte etwa 12 Fuß in die Länge und 6 Fuß in die Breite gemessen haben. Ein Ofen stand nicht darin, indem wir mit Luftheizung bedacht waren. Die warme Luft strömte durch ein Loch in der Wand von oben, und die kalte Luft durch ein anderes von unten ein, sodaß wir immer kalte Füße und einen ziemlich warmen Kopf hatten, was ja für die Gesundheit ungemein zuträglich sein soll. Aber wer konnte dafür? Dies war die neue Erfindung eines sehr gelehrten Baumeisters, der sich eigens ganz und gar auf den Gefängnisbau geworfen hatte. Und um die Bekömmlichkeit dieser Einrichtung auszuprobieren, waren in der Tat keine geeigneteren Leute ausfindig zu machen als wir. Wir hatten eine ganz ansehnliche Anzahl von Jahren vor uns, und wenn *wir* es aushielten, dann war die Sache probat.
In der Tür befand sich ein kleines viereckiges Loch mit einer Sichtklappe davor. Zu meiner Zeit ist diese, Gott sei Dank, nicht mehr aufgemacht worden. Doch meine Kameraden erzählten, daß der ehemalige zweite Kommandant, Oberst v. Bieberstein, der später wegen schamloser Übergriffe selber auf Festung kam – freilich nicht für 30 Jahre –, sich oft das Privatvergnügen gemacht habe, sie durch die Klappe zu betrachten, auch gute Freunde mitbrachte, um sie diesen zu zeigen. Dieses Guck- und Klappenpläsier hatte so lange gedauert, bis einmal der Mann mit dem »beschränkten Untertanenverstand«, der Herr Minister v. Rochow, Exzellenz, auf der Durchreise höchstselbst auf den Einfall gekommen war, sich die natürlichen Folgen seiner *kräftigen* Regierungsweise einmal persönlich vorführen zu lassen. Und wie er durch solche Klappe das Ergebnis seiner Regierungskunst erblickte, wie es ihm endlich gelungen, durch vierjährige gründliche Bearbeitung einen rotbackigen, frischen Burschen in ein bleiches Steinbild zu verwandeln, da hat er sich vor seinem eigenen Erzeugnis geschämt und hat diese Klappenguckerei verboten. Der Oberst v. Bieberstein hat sich zwar nicht geschämt, hat sie aber »auf höheren Befehl« einstellen müssen.
Ja, bleiche, weiße, graue Steingestalten waren sie geworden, diese frischen,

gesunden Burschen, durch deren junge Adern das Blut so lustig pulsiert hatte, deren junge Glieder nun steif geworden waren wie bei steinalten Leuten, auf deren Geist die Gefängnisqual lastete, und die menschliche Gemeinheit und die Hoffnungslosigkeit ihrer Zukunft.

Wie ich nach der Besichtigung beim Inspektor mit dem Schließer nach meiner Zelle ging, stand ein lieber alter Bekannter auf dem Korridor vor seiner Tür – seine Zelle wurde gerade ausgefegt. Ich hatte ihn gesehen und ihn gekannt in all der Pracht, die der Lebensfrühling einem reinen und schönen jungen Menschen um Haupt, Schultern und Lenden legt – was war er nun? Die ausgebrannte Kohle, die Asche seines früheren Lebens! – Was sagte er zu mir, als er mich wiedersah? – »Unseliger Mensch! Wie kommst du *hier* her?«

Dies war der Empfang, der mir von meinem besten Freunde zuteil wurde. Ach, ich hatte gut lachen, denn ich hatte es doch besser getroffen, aber meine Freunde hier!

So saßen sie schon über drei Jahre, und nichts an ihrer Lage war besser geworden.

Als ich meine Zelle betrat, blickte ich mich um: vier kahle, weiße Wände, ein Tisch, ein Schemel, ein Bettgestell und darauf eine Seegrasmatratze, und ganz oben in der Wand das kleine Fenster. Das übrige war mir alles bekannt, bloß was vom Fenster aus zu sehen war, das kannte ich noch nicht. Ich stellte also den Schemel auf den Tisch und kletterte zu meinem Ausguck hinauf.

Schnee, vier Fuß hoher Schnee auf dem kleinen Hof, und *darin* ein Schilderhaus, und *darin* ein graues Geschöpf von Schildwache, das so still stand wie meine Taschenuhr. Und für den Gefangenen sind die Schildwachen wirklich Taschenuhren, die bei Tag und bei Nacht die Zeit angeben und alle zwei Stunden frisch aufgezogen werden. Bei Tage sind sie ganz ergötzlich, bei Nacht aber ein wenig unbequem, wenn sie »Wer da?« rufen, auf den Korridoren die Gewehre fallen lassen und ein Lied pfeifen, um sich die Angst zu vertreiben.

»Na, steh du man!« dachte ich bei mir, »nach zwei Stunden wirst du erlöst, und das hältst du schon aus.« Und wie ich noch so über seine und meine Angelegenheiten nachdenke, wird die Tür aufgeschlossen, und der Schließer bringt meinen Koffer herein.

»Na«, knurrt er, »das nenn ich dreist. Gleich in der ersten Viertelstunde da oben raufzuklettern!« – »Was?« sage ich. »Darf ich das nicht?« Davon habe er nichts gesagt, sagt er, und dabei troff ihm das saure Gänseschmalz wieder

vom Gesicht. Doch ich schiene ihm einer von der Sorte zu sein, die sich viel herausnehmen wollen.
Donnerwetter, wie rasch war ich von meinem Thron herunter! Stand vor ihm und schrie ihn an, er habe mir gar nichts zu sagen, und wenn ich etwas täte, was nicht sein solle, dann habe er dies anzuzeigen. Er habe mich zu versehen, im übrigen hätten wir nichts miteinander zu schaffen. – Oh, meinte er, ich sei ja ein mächtig kratzbürstiger Kerl. Aber so wären viele gewesen, und sie hätten sie alle hier kleingekriegt. Mit mir würden sie das wohl auch noch schaffen.
Gerade, als ich über diese Unverschämtheit loswettern wollte, kam der Inspektor dazu und fragte, was hier los sei. – Ich gab ihm einigermaßen Bescheid und erkundigte mich, ob es dem Schließer zustünde, mir ohne Anlaß mit schnoddrigen Redensarten zu kommen. – Wenn ich nicht zum Fenster hinaus *gesprochen* hätte, habe er mir nichts zu sagen, war seine Antwort. Und damit wandte er sich an den Schließer und hielt ihm wegen seiner Dummdreistigkeit eine kleine Predigt. – Aber was schnitt ihm der Kerl für ein Gesicht! So voller Gift und Galle! Und als er die Zelle verließ, brummte er etwas von »General« und »zu wissen kriegen« in seinen Bart.
Der Inspektor hatte drei Pfund Tabak unterm Arm und erzählte mir, mein Vater habe mir schon vor meiner Ankunft eine halbe Kiste Tabak hergeschickt, und er werde mir davon zukommen lassen, wenn ich welchen brauchte. – Dies war gut. Doch ebenso gut war, daß ich erfahren hatte, wie der Inspektor und der Schließer miteinander standen. Wenn des Teufels Reich uneinig ist, haben die armen Seelen Feierabend.
Ich steckte mir eine Pfeife Tabak an, legte mich auf die Matratze, und weil ich müde war von der Reise, schlief ich ein. Und weil ich meinen Pfeifendeckel für Silber ausgegeben hatte, verbrannte ich mir meinen Schlafrock, der ohnedies schon angesengt war, und zwar durch neun Stockwerke hindurch. Meinem Schlafrock war nämlich mit der Zeit nacheinander immer eine Haut über die andere gewachsen, weil ich ihn immer wieder frisch überziehen ließ. Und so ähnelte er in seiner Art dem Schild des Achilles mit seinen neun Ochsenhäuten.
Der Schlafrock schwelte denn auch immer noch lustig weiter, als der Schließer hereinkam, der eigentlich nichts bei mir zu suchen hatte. – »Gotts Donner«, rief er, »Sie brennen!« und half mir das Feuer ausschlagen.
Dafür bedankte ich mich denn auch bei ihm, und nun bekam er Oberwasser und wurde so plumpvertraulich und schmeichlerisch wie ein Hund, der seine Tracht Prügel gekriegt hat, und legte los: mit dem Inspektor solle ich mich nicht einlassen, der sei wohl in die Augen freundlich, aber falsch hin-

term Rücken. Und was er selber tun könne, das solle mir wohl zugute kommen, und eben habe er ja nur Spaß gemacht, und warum ich denn keinen Spaß verstünde?

Kurzum, es war genau solch Schubjack von Kerl, wie ich von seiner Sorte schon so manchen kennengelernt hatte: neunmalklug, hinterlistig, voller Schadenfreude, zu jedem Dienst für seine Vorgesetzten erbötig, und wäre es auch der niederträchtigste, und dabei feige, wenn man ihm die Zähne zeigte.

Mein Tabak stach ihm in die Nase. »Wohl schöner Tabak?« fragte er. – »Ih ja«, sagte ich. »Wollen Sie ihn mal probieren?« – »Nee«, meinte er, »wo denken Sie hin? Ich soll mich in so'ne Durchstechereien einlassen?« – »Schön«, sagte ich, »dann lassen Sie's bleiben.«

Aber Herr D . . . mann kam wieder; er hatte nichts bei mir zu suchen: »Na, wie geht's denn so?« – »Oh, recht gut.« – »Der Tabak schmeckt Ihnen wohl?« – »Ja, sehr gut.« – »Na, weil Sie doch so freundlich waren . . . probieren will ich ihn doch mal.«

Herr D . . . mann stopfte sich seine Pfeife: »Schön, wirklich schön!« – »Na, denn nehmen Sie sich doch ein Pfund mit«, lockte ich.« – Nee, das könne er nicht. Ein Pfeifchen Tabak, das ginge wohl an, aber ein Pfund! Das sei gegen seine Pflicht und Schuldigkeit, das könne er nicht machen. Was ich denn von ihm dächte?

Doch als Herr D . . . mann meine Zelle verließ, hatte er mein Pfund Tabak in der Hand, und ich dachte mir mein Teil.

Am nächsten Tage wurde ein Sträflingskommando auf den kleinen, viereckigen Hof beordert, um Wege freizuschaufeln, denn meine Kameraden sollten doch wieder einmal an die Luft kommen; alle Gefangenen auf einem Korridor kamen jeweils für eine Stunde täglich an die frische Luft.

Mein Korridor kam als erster dran; *ich* natürlich noch nicht, denn ich hatte ja noch keine Erlaubnis dazu. Ich kletterte inzwischen auf Tisch und Hokker und sah mir die Kameraden draußen ein bißchen an.

Dicht unter dem Taubenschlagloch, das mein Fenster vorstellen sollte, hatten zwei sich postiert, von denen ich einen recht gut kannte, denn er war ein Kamerad von Jena her. Beide hatten dünne Stöckchen in der Hand und fochten damit auf Stoß, wie wir es in Jena auf dem Markt getrieben hatten, freilich mit Eisen. Bei jedem Stoß und jeder Parade bekam ich ein paar Wörtchen zu hören:

»Rechts von dir sitzen wir beide, links von dir sitzt Grashof«, der mich bei meiner Ankunft schon begrüßt hatte. – »Der erste Kommandant, Graf

Hacke, ist der ärgste von all unsern Schindern. Der zweite Kommandant, Oberst v. Busse, ist wohl gutwillig, kann aber nichts ausrichten, weil Graf Hacke als Jugendfreund und Spielkamerad des Königs es für seine persönliche Schuldigkeit hält, uns nach Möglichkeit zu schikanieren. Der Platzmajor vermag deswegen auch nichts. Der Inspektor ist ein guter Kerl, lebt aber in ewiger Angst vorm Ersten Kommandanten einerseits, vorm Schließer D . . . mann andererseits, denn der ist der heimliche Zuträger nach oben und ist von allen der schlimmste. Der Kalfaktor K. haut uns übers Ohr, und deswegen muß er tun, was wir wollen. Aber D . . . mann paßt zu gut auf den Dienst, er kann nichts ausrichten. Nimm dich also vor D . . . mann in acht! Er haßt uns wirklich und wahrhaftig, ist ein sehr übler Patron und würde sich sicher auch bestechen lassen, wenn wir ihn nur richtig bezahlen könnten. So aber, weil wir nichts haben, können wir an ihn nicht heran.«
Bruchstückweise flossen mir diese Nachrichten zu. Mein alter Freund Grashof ging an meinem Fenster vorbei: »Ein Messer kannst du von mir kriegen.« – Das war doch schon etwas – wenn ich es nur erst hätte! Denn hier war es nicht anders als im Untersuchungsarrest: Messer und Gabeln wurden gleich nach dem Mittagessen weggenommen, und ich hatte schon wieder zu dem altbewährten Hausmittel greifen müssen: ich hatte den Stiel von meinem abgenützten Blechlöffel auf der einen Seite scharfgewetzt, um mir doch zur Not ein Stück Brot abschneiden zu können.
Doch was sollte das mit D . . . mann bedeuten? »Nimm dich in acht vor D . . . mann! Er nimmt nichts von uns an.« Von mir hatte der Mann ja ein Pfund Tabak angenommen. Nun, die Zeit mußte es lehren.

Am Nachmittag kam der Inspektor zu mir und zeigte mir an, daß ich auch eine Stunde auf dem Hof spazierengehen dürfe; es sei allerdings noch nicht von der Kommandantur angeordnet worden, aber er wolle es auf seine Kappe nehmen, denn ich müsse ja doch an die Luft.
Ich ließ mir das gern gefallen, und wie ich auf den Hof kam, stellte ich fest, daß Tauwetter eingetreten war und daß der Schnee backte. Um mir nun ein wenig Bewegung zu machen, wälzte ich große Schneeballen zusammen und türmte sie aufeinander, bis eine Art Postament entstanden war. Darauf nahm ich einen schönen weißen Schneeklumpen und fing an, daran zu kneten und herumzupusseln, bis ich eine Art von Büste fertiggebracht hatte, und wie ich mein Werk genauer betrachtete, da sprang mir eine Ähnlichkeit mit dem guten alten Dr. Martin Luther ins Auge. Die Backen machte ich ihm nun noch ein bißchen feister und die Nase ein bißchen stumpfer, und da stand er wie leibhaftig. Es war nicht gerade ein Kunstwerk, aber wie der

Kalfaktor K. später, um mir etwas Angenehmes zu sagen, bemerkte: jeder konnte doch sehen, daß es eine Mannsperson und kein Frauenzimmer sein sollte.
Ich hätte diese Geschichte nicht erzählt, wenn daraus nicht für mich etwas Gutes entstanden wäre. Der Platzmajor war gleich nach meiner Freistunde gekommen und hatte meinen Dr. Martin dort stehen sehen. Er ließ sich also meine Zellentür aufschließen und fragte mich, ob ich nicht auf mein Schreib- und Zeichenmaterial Wert legte. Ich sagte natürlich ja, und er versprach mir, dafür zu sorgen. Und ich erhielt es auch.

Kapitel 8

Nordlicht

Einige Tage später hörte ich, wie gegen Abend bei meinem Nachbarn Grashof aufgeschlossen wurde – dies geschah bei uns allen stets um diese Zeit: dann wurde nämlich reingemacht und frisches Wasser geholt. Ich klopfte an meine Zellentür, und D . . . mann schloß auf, obwohl der Kalfaktor bei meinem Freunde Grashof noch nicht fertig war. Ich verließ meine Zelle, trat zu Grashof und konnte ein paar Worte mit ihm wechseln.
Als die Zelle sauber war, rief D . . . mann: »Herr Grashof!« und Grashof begab sich wieder in seine Höhle – ich aber auch, und setzte mich ohne weiteres auf sein Bett. D . . . mann rief mir zu, ich solle herauskommen. Ich aber rührte mich nicht und ließ hören, er könne mich ja bis um neun bei meinem Kameraden sitzen lassen, dann käme er zum Zuschließen für die Nacht doch sowieso wieder vorbei. – Nein, das könne er nicht, das sei gegen die Hausordnung, der Inspektor könnte kommen, und dann wäre der Teufel los, denn der Inspektor passe ihm immer auf den Dienst. – Ich bemerkte, der Inspektor werde gewiß nicht kommen, und meinte, ich täte ihm auch mal wieder einen Gefallen, wobei ich nicht ohne Hintergedanken ein bißchen sehr mit dem Zaunpfahl in Richtung auf das Pfund Tabak winkte.
Und was war das Ende? – Herr D . . . mann schloß uns beide zusammen ein.

Da saßen wir nun und erzählten einander von alten und neuen Zeiten. Grashof überließ mir ein Messer und mancherlei Kleinigkeiten, die er entbehren konnte, und es wurde abgemacht, ich sollte bei der Kommandantur darum einkommen, daß wir zusammen wohnen dürften. Die anderen hausten ebenfalls fast alle zu zweit in ihren Zellen, und dies mochte uns wohl auch glücken.
Doch warum erzähle ich solche Bagatellen? – Darum, weil ich nachweisen kann, daß mein Pfund Tabak die ganze schöne, nach allen Seiten so gut abgesicherte Hausordnung vollkommen über den Haufen warf. – Der Kalfaktor K. hatte gemerkt, daß D . . . mann sich arg gegen die Bestimmungen des Grafen Hacke vergangen hatte. Er hinterbrachte es also gleich dem Inspektor. Der wiederum hatte nun den Schließer schön in den Fingern, so daß der ihn nicht mehr hinterrücks beim Kommandanten anschwärzen

konnte. Kurz, die ganze, auf gegenseitige Furcht und Gemeinheit zwischen den Beamten gegründete strenge Einhaltung der straffen Hausordnung des Grafen Hacke fiel in sich zusammen für ein Pfund Tabak. Und dies fraß mit der Zeit so weit um sich, daß ich, als noch längst kein Jahr vergangen war, selber die Schlüssel aus der Stube des Inspektors herausholte und alle Zellen aufschloß.

Aber darum geschah von unserer Seite doch nichts Unrechtes. Wie denn überhaupt in den ganzen vier Jahren über uns zwanzig bis dreißig junge Leute keine Klagen bei der Kommandantur eingelaufen sind, zum großen Ärger des ersten Kommandanten, der auf öffentlicher Parade den Inspektor wütend angeherrscht haben soll: »Wieder nichts zu melden? Melden Sie was, und ich werde den Leuten zeigen, wie man mit Hochverrätern umgehen muß!« Und all die erbärmlichen Schikanen, mit denen man uns zusetzte, waren nicht einmal ein Pfund Tabak wert!

Hier kann mich nun jemand fragen, ob es recht von mir war und ob es mit der christlichen Moral übereinstimmt, daß ich einen Beamten von seiner Pflicht abwendig gemacht habe. Darauf muß ich antworten: ich habe es öfters gelesen und aus dem Munde sehr frommer Leute vernommen, daß die Handlungen jener Menschen, die die obersten Ränge der menschlichen Gesellschaft einnehmen, in keiner Weise nach der christlichen Moral zu beurteilen seien. Weshalb will man dann die untersten Ränge – und das sind die Gefangenen – mit anderen Maßen messen? Die ganze Welt stand gegen uns, und wenn wir nicht zugrunde gehen wollten, mußten wir uns wehren. Und gegen wen? – Gegen ein Subjekt, dessen christliche Moral nicht einmal ein Pfund Tabak wert war und das wir später sogar beim Zigarrenstehlen erwischten.

Nun wehre sich aber mal einer mit der christlichen Moral gegen einen Menschen, der vor Wut darüber schier hätte zerspringen mögen, weil er junges Volk, das mit übermenschlicher Geduld Jahre hindurch alles ertragen und zu Klagen nicht den mindesten Anlaß gegeben hat, nicht noch schärfer anpacken konnte, der zu den strengen gedruckten Bestimmungen über den schweren Untersuchungsarrest noch neue, strengere, ausfindig gemacht und sie uns ins Gefängnis hineingehängt hatte. Nun wehre sich mal einer mit der christlichen Moral gegen eine Kanaille von Kerl, die die gemeinsten Kniffe und Schikanen ausbrütete, um das arme, elendige Leben noch elendiger zu machen.

Und was tat denn der preußische Staat für unsere christliche Moral?

Es gibt – und gab auch damals – eine gesetzliche Bestimmung, nach der je-

der Gefangene sonntags den Gottesdienst besuchen sollte. Und wo ich bisher gewesen, in Silberberg, hatten wir auch immer zum Kirchgang gedurft – aber hier? Was den Spitzbuben, Räubern und Mördern gegönnt wurde, wurde uns versagt: in vier Jahren hat kein einziger von uns etwas von christlichem Gottesdienst wahrgenommen, geschweige denn von Geistlichen – mit Ausnahme der Katholiken. Denn dies mußte man dem katholischen Pfarrer Ernst lassen: Was sie auch immer seitens der Kommandantur ihm für Steine in den Weg legten, er wußte sie alle fortzuräumen, bis er allwöchentlich seine Beichtkinder aufsuchen durfte.
Doch die evangelischen Pastoren? Ih, Gott bewahre! fiel ihnen ja gar nicht ein! Und als wir schließlich mit der allergrößten Dringlichkeit bei der Kommandantur um Gottesdienst einkamen, da erschien so ein Unglückswurm von Pastor auf dem Hof – wir hatten gerade Freistunde – und ließ uns wissen, der Kommandant habe ihn wegen des Gottesdienstes geschickt. Aber er habe keine Zeit, er habe zuviel anderes zu besorgen. Er wolle jedoch zusehen, ob er uns nicht in der nächsten Woche auf dem Hausboden – dies war der Wäscheboden, auf dem die Hemden, Hosen und Strümpfe der Kriminalgefangenen zum Trocknen hingen – eine Homilie lesen könne. Darauf bedeuteten wir ihm, wir bedauerten, daß er keine Zeit habe, und falls seine Homilie zum Wäscheboden als Andachtsraum passe, so tue es uns ungemein leid, von seinem wässerigen Angebot keinen Gebrauch machen zu können. Dies war ihm denn augenscheinlich gar nicht unangenehm, und er zog ab.

Ich kam also, wie wir verabredet hatten, bei der Kommandantur darum ein, mit meinem Freunde Grashof zusammenziehen zu dürfen, und dies wurde genehmigt. Ich zog demgemäß zu ihm hinüber, und da saßen wir nun und wärmten uns aneinander, und mit einer Hast wurde gefragt und Antwort gegeben, als wäre am nächsten Tage keine Zeit mehr dazu. Wir fragten und berichteten, doch jede Antwort stimmte traurig: seine Nachrichten waren aber noch viel bedrückender als meine.
Am schlimmsten war es hier in Magdeburg zugegangen. An die acht unserer Kameraden waren gerade ins Lazarett gekommen; krank waren auch alle übrigen. Aber für uns war der Platz im Lazarett nur knapp, deshalb mußte ab und an gewechselt werden. Einer hatte Tuberkeln in der Lunge, einer Rückenmarksdarre, einer war taub geworden, einer von Lähmung befallen, einer war wegen Schwindsucht entlassen worden, einer wegen Wahnsinns, und bei einem anderen war der Wahnsinn gerade ausgebrochen, als ich eintraf.

Diese waren am schlimmsten dran. Die anderen litten an den Augen, an der Leber und an Blutandrang zum Kopf, und als ich nach Jahr und Tag aus dieser Hölle herauskam, war ich so ziemlich der einzige, der kein graues Haar aufzuweisen hatte. Alle anderen – junge Leute von 24 und 25 Jahren – hatten zumindest Anflüge davon.

In den ersten Monaten, die ich in Magdeburg verbrachte, kamen ein paar von meinen Kameraden frei, zumeist Bonner und Hallenser, die zu geringeren Strafen verurteilt worden waren. Dies war eine große Freude für die, denen jenes Glück widerfuhr, aber auch für die anderen, die zurückblieben. Nur, muß ich hinzusetzen, war diese letztere Freude nicht ganz frei von eigenen Hoffnungen und Wünschen, denn wenn *die* freikamen, dann mußten wir ja auch bald freikommen. Was hatten wir denn mehr verbrochen? Für Grashof und mich aber brachte das außerdem noch einiges mit sich, das uns sehr zupaß kam. Wir zogen ins zweite Stockwerk, in den Eckraum, der durch Küche und Wohnung des Inspektors von den anderen Zellen getrennt war. Dies war gut, denn wenn der Inspektor uns einen Brief oder etwas anderes zu bringen hatte, so wurde ihm ein Hocker hingeschoben, er nahm ein bißchen Platz – er langweilte sich ja ebenfalls, und hier hörten die anderen nichts –, ein Wort gab das andere, und wir bekamen doch so beiläufig zu wissen, was draußen vor sich ging, auch was in den Zeitungen stand, denn die waren verboten.
Grashof war Katholik. – Ab und an besuchte ihn jener Pfarrer Ernst – ein aufgeweckter, lebhafter Mensch, der uns mit einer unbefangenen, heiteren Freundlichkeit entgegentrat und uns manch schönes Mal auf andere Gedanken gebracht hat.
Mich besuchte – ob mit oder ohne Erlaubnis des Generals, weiß ich nicht – ab und zu ein Herr Kämpf, Geschäftsführer des bedeutenden Handelshauses Müller und Weichsel, und immer hatte er mir zu Gefallen sich etwas ausgedacht, das mir Freude machen sollte. Allsonntäglich erschien der ehrliche alte Hausknecht seines Kaufhauses und brachte bald dies, bald das zum Mittagessen. Nicht jene bescheidenen zugedeckten Teller, wie ihn die frommen und reichen Leute in guten Stunden den Armen und Kranken zukommen lassen, sondern einen richtigen, deftigen Braten, an dem sich ein paar zusammengeschrumpfte junge Mägen mal wieder für ein paar Tage richtig ausweiten konnten. Bis zur letzten Stunde, die ich in Magdeburg verbrachte, hat dieser Mann wie ein Bruder an mir gehandelt, und deswegen war ich immer der Meinung, dies geschehe im Auftrag meines Vaters. Doch nein! Mein Vater hat nichts davon gewußt, er hat das alles aus eige-

nem guten Herzen getan. Doch weshalb gerade an *mir?* Ich weiß es nicht. Er ist darüber hinweg gestorben. Ich habe ihn nicht danach fragen, mich nicht einmal bei ihm bedanken können.

Dieser liebe, treue Mensch hatte mir einmal, als er sah, daß ich ein bißchen zeichnen konnte, einen Kasten mit Pastellstiften mitgebracht, und nun sollte die Malerei richtig losgehen. Doch wie Gott den Schaden besah, wollte die Farbe nicht auf dem Papier haften. Alles mögliche wurde versucht, doch ich kam nicht weiter. Fast ein halbes Jahr habe ich daran herumprobiert, bis schließlich der Inspektor einmal mit der simplen Neuigkeit aufkreuzte, die Farbe müsse mit dem kleinen Finger eingerieben werden. Daraus kann man entnehmen, wie sauer es einem Gefangenen wird, sich weiterzuhelfen und etwas zu lernen. Gewöhnlich heißt es doch: da hast du die rechte Zeit zum Lernen, da stört dich kein Mensch: ach, was sind die Menschen doch klug! – Stumm und dumm wurde man über seinem corpus iuris und seiner Dogmatik, und nur die schon auf den Universitäten mit ihrem Kram durch waren und bereits eine Übersicht über ihren Gegenstand besaßen, blieben bei ihrem Fach. Wir anderen gaben die Sache bald auf und sattelten um.

Der eine betrieb dies, der andere das, und viel Zeit ging hin mit Kochen und Strümpfestopfen, mit Schneiderei und Flickarbeit. So mancherlei Handarbeit mußte notwendig erledigt werden, und es war ein Glück, daß wir heranmußten. Dies war ein leichter und zuträglicher Zeitvertreib, denn er brachte auf andere Gedanken. Deshalb kann ich mir sehr gut denken, daß ein Mensch im Gefängnis es in allerlei Handfertigkeiten sehr weit bringen kann. Doch niemals kommt aus einem Gefängnis ein Künstler oder ein Gelehrter heraus, der in der Welt wirklich etwas zuwege bringt. Die Musik allein mag darin eine Ausnahme machen, doch hier war es mit ihr auch nichts, denn Singen und Pfeifen war verboten, und einem von uns, der sich gut auf Musik verstand und sich selber eine Art von Akkordeon gebastelt hatte, wurde sein Erzeugnis auf Anordnung der Kommandantur weggenommen.

Ich warf mich also aufs Malen und aufs Porträtieren. Mein alter Freund Grashof mußte als erster daran glauben. Ich habe ihn von rechts und von links, von vorne und von hinten gemalt, mit Bleistift, mit schwarzer Kreide und auch bunt, einmal auf himmelblauem Hintergrund, einmal ganz in Wolken und einmal auch vor einer prachtvollen, rosenroten Beleuchtung, wie wenn abends die Sonne untergeht. Dieses Stück hatte mich viel Mühe gekostet, und als es fertig war, sah es gar nicht danach aus.

Als Grashof in jeder Hinsicht ausgebeutet war, kam der Herr Inspektor an die Reihe. Das Bild war seiner Braut zugedacht. Ich mußte ihn also ein bißchen verschönern, und er mußte auch ein bißchen freundlich dreinschauen. Schwer ist es mir geworden, aber ich habe es hingekriegt. Glücklicherweise hatte er eine etwas lange Nase – das ist immer ein Vorteil für einen Anfänger. An die Nase also hielt ich mich. Und als ich sie zustande gebracht hatte, da mußte alles andere nach, ob es wollte oder nicht. Doch die Freundlichkeit und das liebliche Aussehen? Auch damit kam ich zu Rande. Ich kniff ihm die Augen ein bißchen zusammen, machte ihm auf die Backen einen kleinen Schwulst, zog den Mund an beiden Enden ein Viertel Zoll in die Höhe und machte ihm da ein paar richtige Falten hinein, so daß er aussah wie ein Knopfloch, das ein tüchtiger Schneider links und rechts kräftig gesäumt hat.

Dieses Bild brachte mir viel Ehre ein. Der Inspektor zeigte es in seiner Herzensfreude bei allen meinen Kameraden herum, und nun wollte jeder von mir gemalt sein. Mit allerlei Künsten wurde der Inspektor dann dazu gebracht, daß er die Freunde von mir einzeln zu uns hineinließ.

Meine Malerwerkstatt war nicht schlechter als jede andere. Das Licht fiel schön von oben ein und war das kühlste Nordlicht, das sich ein Maler nur wünschen kann. Doch zu allem übrigen hatte ich noch einen großen Vorteil meinen anderen Maler-Kollegen voraus: die Leute, die *mir* saßen, waren das Sitzen gewohnt, sie konnten es lange aushalten. Und wenn ich meinen Tisch ihnen ein bißchen dicht an den Leib schob und Grashof seinen Stuhl bis auf einen halben Fuß an sie heranrückte, dann saßen sie wie in einem Schraubstock und konnten nicht entkommen. Aushalten mußten sie, denn die Tür war zugeschlossen.

Hier muß ich aber eingestehen, daß ich mich in jener Zeit erheblich gegen das Ebenbild Gottes versündigt habe. Ich habe Gesichter gemalt, die es niemals gegeben hat und auch niemals geben kann, und das mit Farben, die sonst auf der Welt nicht vorkommen.

Mit den Schwarzköpfen kam ich so ziemlich ins reine. Nur wenn ein Flachskopf mit unterlief, dann wurde es schlimm. Ich hatte mich leider Gottes darauf eingelassen, blondes Haar mit Grün zu schattieren, und da ich nun auch noch die dumme Angewohnheit hatte, im Gesicht ein bißchen viel mit Rotstift herumzuarbeiten, so sahen meine flachshaarigen Bilder aus der Entfernung genauso aus wie eine leibhaftige Ananas, zumal wenn nach unten hin noch ein grüner Rock sichtbar wurde.

Meine Bilder wurden nun zumeist zu Geburtstagen und an Weihnachten den lieben Eltern, den Schwestern und Brüdern geschickt. Falls einige von ihnen noch leben sollten, dann möchte ich mich bei dieser Gelegenheit bei ihnen entschuldigen, falls ich ihnen an einem Festtag einen Schrecken über das Aussehen ihres lieben Verwandten eingejagt habe. Mein Vater wenigstens schrieb mir, als ich ihm mein eigenes, ungeheuer ähnliches Porträt übersandt hatte, er sei überaus erschrocken gewesen, und ich müsse mich greulich verändert haben.

Dies mochte aber nun sein wie es wollte, es war doch der Anfang dazu, daß wir einander besuchen konnten. Und wenn D . . . mann dem auch mit sehr scheelen Blicken zusah und manchen Riegel dazwischenschob, so wurde er doch ab und an durch ein frisches Pfund Tabak wieder geschmeidiger. Und als ich ihn schließlich sogar dabei ertappte, wie er sich heimlich an den Zigarren meines Freundes Grashof vergriff, die ihm ein guter Freund aus Lübeck geschickt hatte, und als sich endlich sogar der Platzmajor höchstpersönlich von mir malen ließ, da war sein Regiment gebrochen, und er schlich durch die langen Korridore wie ein Cherubim, der sein feuriges Schwert in die Scheide stecken mußte, weil er sich daran die Schwungfedern versengt hatte.

Das Porträtieren des Herrn Platzmajor war in dieser Hinsicht eigentlich mein Glanzpunkt in Magdeburg. Ich wurde aus meiner Höhle in das Zimmer des Herrn Inspektors hinübergebeten, denn hier sollte die Haupt- und Staatsaktion sich abspielen. Ich kreuzte also mit meinen Malutensilien auf. Ich hatte einen Bogen gespannt, der einen sehr schönen grünlichen Schimmer zeigte, und alle meine Stifte waren scharf. Doch wie ich das Zimmer betrat, durchfuhr mich ein Schreck, denn mein schönes Oberlicht, an das ich gewöhnt war, war hier nicht gebräuchlich: die Stube hatte ein großes natürliches Fenster. Ich fing nun damit an, daß ich mit dem Herrn Platzmajor in allen vier Ecken herumexerzierte, um das richtige Licht zu finden. Doch es wollte nicht werden, bis schließlich die Bettdecke des Inspektors hoch oben am Fenster angezurrt worden war.
Unglücklicherweise war der Herr Platzmajor ein Flachskopf und hatte keine Augenbrauen, und ich Unglückswurm hatte es mir angewöhnt, mit den Augenbrauen anzufangen. Was nun? Sonst schmierte ich zuerst ein Paar Augenbrauen hin und ließ die Nase, so lang oder so kurz sie gerade war, daran herunterbaumeln. Aber was nun? Er hatte keine Augenbrauen und ich keinen Anfang, und seine Nase war für einen Maler auch nur soso. Ich hatte mich dieser Sache vermessen, doch ich war ganz durcheinander. Anfangen mußte ich, und mit etwas *Haarigem* mußte ich anfangen, das hatte ich mir zu sehr angewöhnt. Ich fing also mit dem Schnurrbart an.

Das ist mir nicht leid geworden. Wenn einer von meinen Malerkollegen einmal in eine ähnliche Lage geraten sollte, so darf er mir getrost nachfolgen, denn es dauerte gar nicht lange, da sagte der Inspektor, der mir dauernd über die Schulter blickte, das Bild würde sehr ähnlich. Und der Mann verstand sich darauf und hatte Einblick in die Materie, denn er hatte mir oft zugesehen und hatte sich sein Urteil an meinen Arbeiten gebildet.
Es dauerte auch nicht lange, da war das *Gesicht* fertig: sehr schön. Nur mit einem zarten grünlichen Schimmer, an dem das grüne Papier schuld sein mochte. Nun aber kam die Uniform, blau mit dem roten Kragen, und danach die goldenen Epauletten und die blanken Knöpfe.
Wer derartiges noch nie vollbracht hat, der wird gewaltig davor zurückschrecken. So ging es denn auch mir. Ich hatte Berliner Blau und Zinnober und Chromgelb in meinem Kasten. Ich ging also forsch ran, und weil ich einmal gelesen hatte: »Beiwerke beim Porträt müssen mit einer gewissen flüchtigen Genialität behandelt werden«, so verfuhr ich entsprechend. Flüchtig genug war es, aber mit der Genialität blieb ich vollständig auf dem Trocknen, denn als ich damit fertig war, sagten alle beide, der Inspektor und der Platzmajor: Nein, das wäre nichts. Mit dem berlinerblauen Rock ginge es ja zur Not, aber die Epauletten und die Knöpfe! Die sähen ja aus, als wenn sie sieben Jahre lang nicht geputzt worden wären. Und der Kragen sei ja gar kein Platzmajorskragen, dies wäre bloß ein ganz gewöhnlicher preußischer Postmeisterskragen.
Ich ärgerte mich beträchtlich, aber es stimmte. Ein bißchen gelblich sah er aus, denn mit dem Zinnober war ich offenbar angeführt worden – es war reines rotes Mennige, und ich hatte wieder mit dem infamen Rotstift in den Schatten herumgefuhrwerkt.
Doch so viel hatte ich von der Malerkunst schon gelernt, daß ich mich nicht verblüffen ließ und daß ich sagte, ich wolle das Bild mit mir nehmen und nach ein paar Tagen wollten wir uns noch einmal sprechen. Und nun setzte ich mich von einem Licht ins andere und putzte die Epauletten und Knöpfe des Herrn Platzmajors so lange, bis es Grashof schließlich jammerte und er mich wissen ließ, nun seien sie blank genug.
Aber der Kragen! Noch heutigentags, wenn ich eines preußischen Infanteriekragens ansichtig werde, fallen mir alle meine Sünden wieder ein; es wurde nichts und es wollte nichts werden. Schließlich legte sich der Zufall ins Mittel. Grashofs Kanarienvogel spritzte mir einen Tropfen Wasser auf den Kragen, und an dieser Stelle sah er nun schön scharlachrot aus. Wenn du ihn nun mit einer Art von Firnis anstreichen würdest, ging es mir durch den Kopf. Doch nein! Firnis ist zu ölig, das könnte aussehen wie ein richti-

ger Fettfleck. Mit Gummi arabicum? Das hätte ich aber nicht zur Hand. Ich grübelte und grübelte und verfiel schließlich auf Zucker. Das geht! Ich weichte also ein paar Stückchen Zucker in Wasser auf und fing dann säuberlich an, die Sache erst an den Rändern mit dem Pinsel auszuprobieren: Wunderschön! Ich pinselte munter weiter, und es währte nicht lange, da war mein Kragen *so,* daß jeder Heereshauptmann ihn für einen richtigen preußischen Militärkragen angesehen hätte.
Grashof freilich meinte, der Kragen sei zu blank gegenüber der anderen Malerei, aber was verstand Grashof schon von Kunst? Ich stellte meinen Platzmajor auf den Tisch, legte mich auf mein Bett und betrachtete ihn bis abends neun Uhr, bis die Schildwache »Licht aus« rief.
Es ist möglich, daß Raffael seine Sixtinische Madonna, als sie fertig war, ebenfalls lange betrachtet hat, doch so verliebt, glaube ich, ist er nicht in sie gewesen wie ich in den Herrn Platzmajor. Ich lag noch lange wach und konnte nicht schlafen vor Freude.
Ein preußischer Offizier in voller Uniform, das will was heißen, meine Herren! Endlich schlief ich ein, schlief aber auch bis in den hellen Tag hinein.
Und als ich aufwachte – Gott im hohen Himmel! –, Grashof hatte diesmal nicht als Freund an mir gehandelt, er hätte es verhindern können: tausend Fliegen waren am Werk und verzehrten den Kragen des Herrn Platzmajors, und sie hatten sogar auch dazwischen gemalt und hatten lauter kleine schwarze Punkte in meine schönsten Lichter hineingesetzt.
So etwas nenne ich Pech. – Und was nun? – Mir blieb nur eines: ich mußte ihn aufs neue wieder auflackieren und die Fliegen verscheuchen, bis er aus meinen Händen war. Dies geschah denn auch bald, und ich war mein Kunstwerk los. Was aber die Gattin des Herrn Platzmajors zu der Ähnlichkeit gesagt hat, und ob sich etwa der Herr Platzmajor gar mir zum Andenken in seiner Dienstwohnung aufgehängt hat, das habe ich niemals erfahren.
So viel ist gewiß: ich hatte mir fortan bei ihm und beim Inspektor einen Stein ins Brett gesetzt, und dies kam nicht mir allein, dies kam uns allen schön zupaß.

Kapitel 9

»Freiheit, die ich meine . . .«

Doch ein Umstand mußte noch hinzukommen, der den Ausschlag gab und uns zeigte, wie weit wir mit der Abschaffung der sauberen Hausordnung schon gelangt waren.

Mein Vater hatte mir geschrieben, ich solle mir einen Mantel machen lassen. Und eines Tages trat der Inspektor bei uns ein und sagte, ich solle in sein Zimmer kommen, der Schneider sei da und wolle mir maßnehmen. Ich ging also in meinem Schlafrock hinüber.

Nun waren in der Stube jedoch zwei Personen: die eine sah gar nicht wie ein Schneider aus, die andere aber desto mehr. Diesen Menschen fragte ich also, ob er mir Maß nehmen wolle. Doch ehe der Schneider mir noch Antwort gab, ging der andere auf mich zu und fragte mich, ob ich einer von den politischen Gefangenen sei. Dies konnte ich nicht bestreiten. »Dann kennen Sie gewiß meinen Bruder: ich bin der und der, bin vom Rhein und heiße Heintzmann.« – »Jawohl«, sage ich, »ich kenne Ihren Bruder. Er sitzt im dritten Stock mit Messerich zusammen.« – Er wollte noch weiterreden, aber da erschien der Inspektor, und der Schneider ging an sein Geschäft. Er war noch nicht fertig damit, als die Tür wieder aufging und der Hausknecht aus der »Stadt Prag« mit einem Korb voll Flaschen hereinkam. Der Inspektor machte große Augen, doch der Rheinländer ließ ihm keine Zeit, Maulaffen feil zu halten. Er setzte eine überaus höfliche Miene auf und bemerkte beiläufig und so frisch-fröhlichen Tones, wie ihn nur ein ausgewachsener lustiger Rheinländer zuwege bringt, er habe sich erlaubt, den Herrn Inspektor mit einem Dutzend Flaschen Vierunddreißiger zu bedenken.

Ach, aber nun der Inspektor! Der Schneider war zugegen, ich war zugegen – er beteuerte, er könne es nicht, und dies wäre zuviel, und dabei dienerte er unentwegt mit dem Kopf und zuckte mit den Schultern, als säße einer unter seinen Stubendielen und regierte ihn von dort wie einen Hampelmann an einem Faden.

Wie kurz resolviert aber ein richtiger Rheinländer sein kann, das habe ich hier ebenfalls erfahren. Unser Rheinländer zog mir nichts dir nichts einen Korkenzieher aus der Tasche, entkorkte die erste Flasche, griff sich ein Wasserglas, das auf dem Tisch stand, schenkte ein und ließ den Inspektor vor allen Dingen erst einmal daran riechen. Dies half! Das Bouquet sagte ihm zu, und ihn überkam nun auch ein starkes Verlangen, den guten Wein zu probieren. Zureden hilft, und ihm ward zugeredet: er trank sein Glas aus.

»Ich will jetzt Ihren Bruder holen«, sagte er, »jedoch aber . . . «, und dabei blickte er mich und den Schneider an. Der Schneider war ein Mann von Bildung; er verstand den Wink und entfernte sich. Ich wollte ihm nun darin nicht nachstehen und wollte mich gleichfalls entfernen. Doch der Rheinländer stellte sich quer vor die Tür: »Sie bleiben hier! Nicht wahr, Herr Inspektor, der Herr bleibt hier?« Nun fing der infame Kerl unter den Stubendielen wieder an, am Faden zu ziehen, und der Inspektor zuckte mit den Schultern und hantierte mit den Händen und trippelte mit den Beinen. Aber das Ende vom Liede war: ich blieb.

Der Bruder kam und fiel dem Bruder um den Hals, und es ward ein großes Freuen und ein großes Fragen. Und dieweil die beiden Brüder in ihrer Freude doch nicht sitzen konnten, setzten ich und der Herr Inspektor uns aufs Sofa, tranken Rheinwein ihnen zur Freude und uns zum Wohlgefallen und freuten uns auch.

Und als die erste Wiedersehensfreude sich bei den beiden Brüdern ein wenig gelegt hatte, da setzten die sich ebenfalls zu uns und halfen uns bei unserem Geschäft, und der Herr Inspektor machte dem Rheinländer ein großes Kompliment: der Wein sei gut, der Wein sei sogar *sehr* gut. »Dann tun Sie ihm doch seine Ehre an«, erwiderte der Fremde und füllte dem Herrn Inspektor das Bierglas wieder auf, denn wir hatten nur dieses eine.

Nun muß aber jedermann einsehen, daß unter solchen Umständen *ein* Bierglas nicht ausreichen konnte. Ich hatte also die gute Idee, aus meiner Zelle noch zwei weitere zu holen, und weil der Herr Inspektor nur beschwerlich hinter seinem Tisch hervorkommen konnte, nahm ich meinen Schlüssel vom Schlüsselbrett und wollte gehen, drehte mich aber erst noch einmal um: »Aber, Herr Inspektor, Grashof bring' ich mit.« – »Ja«, fiel Heintzmann ein, »und ich hol' auch Gläser und bring' Messerich mit.« – Der Herr Inspektor fing wieder an, mit den Schultern zu zucken, aber doch lange nicht mehr so energisch wie vorher, und schließlich nickte er nur noch mit dem Kopf.

Als ich draußen war, schlich D . . . mann vor der Tür des Inspektors auf und ab, denn er hatte wohl ein bißchen gehorcht, was sich da abspielte, und als er sah, wie ich ihm ins Schlüsselamt pfuschte, wollte er mir das Handwerk legen und fragte mich, wie ich dazu käme. »Herr D . . . mann«, waren meine Worte, »Sie sehen, ich komme mit dem Schlüssel aus der Stube des Herrn Inspektors, und wie Sie wissen, ist er drinnen. Was er richtig findet, müssen Sie doch wohl auch richtig finden. Im übrigen will ich Ihnen raten, lassen Sie sich mit mir nicht im bösen ein. Sie wissen, wie wir miteinander stehn. Wollen Sie aber vernünftig sein, dann will ich auch dafür sorgen, daß Sie Ihren Teil von der Lustbarkeit abbekommen.« – Oh, er meine nur so, meinte er. – Ich schloß also auf, holte Grashof und Biergläser, Heintzmann kam mit seinem Zellenkameraden Messerich angezogen, und nun ging es erst richtig los.

Wir »organisierten« uns, wie man das nennt, nicht bloß drinnen um den Tisch herum, sondern auch draußen, damit niemand uns überrumpeln konnte. D . . . mann mußte auf dem untersten Gang patrouillieren und bekam zur Unterhaltung in seiner Einsamkeit eine Flasche Wein, und der Kalfaktor K. wurde auf unserem Gang auf einem Tisch plaziert und mußte den Vorderhof daraufhin beobachten, ob etwa der Platzmajor käme.

Er bekam keine Flasche Wein, aber die Weisung, wenn ihn sehr dürste, dann solle er husten. Er hat den Nachmittag über was Rechtschaffenes zusammengehustet, und zu Schaden ist er dabei weiter nicht gekommen, als daß er sich gegen Abend mitsamt dem Tisch umgehustet hat.

Wir aber saßen drinnen, hatten volle fünf Jahre aus unserem Lebenskalender ausgestrichen und fingen beim letzten Kommers, den wir in Jena und in Bonn absolviert hatten, hier in der Stube des Inspektors wieder an.

Der Herr Inspektor mußte als Fuchs gelten, und Messerich, der älteste von uns, übernahm das Amt, ihn in aller Geschwindigkeit ein wenig aus dem Gröbsten heraus für den Komment zurechtzustutzen. Vor allem machte er ihm begreiflich, daß ein forscher Fuchs immer *funditus* trinken müsse. Der Inspektor erwies sich in dieser Hinsicht als recht anstellig, und weil wir ihm doch mit gutem Beispiel vorangehen mußten, so gerieten wir ziemlich bald in jene Verfassung, wo man nun einmal anfangen muß zu singen. Messerich, der schon einmal katholischer Geistlicher gewesen war und die drei ersten Weihen empfangen hatte, hatte in seinem vormaligen Stande von Amts wegen schön singen müssen. Er stimmte also mit seinem höchsten und schönsten Tone an: »Freiheit, die ich meine, die mein Herz erfüllt . . . «, und wir anderen fielen herzhaft mit ein, als plötzlich – o Schreck – inmitten unserer »Freiheit, die wir meinten« die Schildwache mit ihrem Gewehrkolben gegen die Tür donnerte: »Ruhe da drinnen!«

Der Inspektor flog in die Höhe. Er hatte ganz vergessen, daß die Schildwachen den Befehl hatten, Singen und Pfeifen nicht zu dulden. Dies war schlimm für meine Kameraden, die in fünf Jahren nicht hatten singen dürfen und nun eine so schöne Gelegenheit dazu hatten. Doch hier half

Heintzmann aus der Not. Er riß die Tür weit auf und rief dem Musketier zu, er solle sich doch die Stube ansehen: ob die ihm wie ein Gefängnis vorkomme? – Nun, ein derartiges Gefängnis mit so vielen Flaschen und Gläsern auf dem Tisch hatte der Mann ja wohl auch noch nicht gesehen. Er stotterte also, wir sollten es nicht übelnehmen, er sei zum ersten Male hier. Das war nun so weit wieder in Ordnung, doch unser forscher Fuchs war ganz aus der Fassung geraten. Um Gottes Willen nicht weitersingen! – Nun, dies war leicht gesagt, doch schwer getan. – Nach langem Hin- und Herreden mit dem Inspektor wurde denn nun ausgemacht, gesungen dürfe werden, aber nur leise, *ganz* leise.

Das war aber gerade so, wie wenn jemand sagt: Wasch mir den Pelz, aber mach mich nicht naß, oder wenn sie auf dem Höhepunkt der Französischen Revolution gesagt hätten: geköpft darf werden, aber nur sanft, *ganz* sanft. Der erste, der sich gegen diese neue Abmachung tätlich verging, war der Herr Inspektor selber. Er hatte eine Art Gitarrenstimme und besaß auch eine Art von Gitarre. Doch die Lieder, die er kannte, waren eine Auslese alter, verschossener, fadenscheiniger Liebeslieder, die gehörig aufgepulvert und aufgemöbelt werden mußten, sollten sie halbwegs passieren. Und dies tat er denn auch, und er pulverte und möbelte ganz schön drauf los. Von uns anderen wollte jeder nach so vielen Jahren doch gern hören, wie sich seine Stimme eigentlich ausnehme und ob sie nicht ganz eingerostet sei. Es dauerte also gar nicht lange, da ging es wieder von frischem los.

Wer weiß, wie die Sache noch ausgegangen wäre, wenn sich nicht um diese Zeit, wie ich schon berichtet habe, der Kalfaktor vom Tisch heruntergehustet hätte. Er fiel mit Nachdruck und genau mit dem Rücken gegen die Tür des Inspektors, und als wir bei dem Gepolter hinausstürzten, da lag er auf der Diele, und der Tisch lag auf ihm, als habe er die Tischplatte für sein Überbett angesehen und sich warm damit zudecken wollen.

Später beteuerte er, er habe mit seinem Husten nicht mehr gegen unseren Gesang ankommen können, er habe es mit Klopfen versuchen wollen, habe sich dabei zu weit an die Tischkante gewagt und darüber die Balance verloren.

In diesem Augenblick sagte er nichts, er war ganz still. Und als wir ihn hervorzogen und aufrichteten, war er von dem Fall oder von dem vielen Husten noch ganz benommen. Doch als der Inspektor ihn anfuhr, er solle sich was schämen ..., gelangte er doch so weit wieder zur Besinnung, daß er ihm rasch mit der Mitteilung ins Wort fiel: er glaube, der Platzmajor käme.

Je, war das eine Aufregung! Grashof und ich flitzten in unsere Höhle, Heintzmann und Messerich stürzten die Treppe hinauf, der Inspektor und der Rheinländer schmetterten die vollen und die leeren Flaschen und Gläser in den Korb, und der Kalfaktor schloß uns ein. So, nun konnte der Platzmajor kommen. Doch er kam nicht.

Am Tage darauf, als wir über die Sache nachdachten, kam es uns beinahe so vor, als habe man ein abgekartetes Spiel getrieben, um uns nur wieder auseinander zu bringen. Aber es war ganz einerlei: wir hatten einen fröhlichen Nachmittag verlebt und hatten die schöne Hausordnung gründlich durcheinandergebracht: denn von nun an war allabendlich großer Besuch, bald hier, bald da. Wir erzählten uns was, lasen was vor, spielten Schach, auch wohl ein bißchen Karten, tranken ein Glas Bier zusammen und liehen uns gegenseitig unsere Bücher aus, denn dies war auch verboten.

Bücher und Zeitungen waren nach allem die beiden Artikel, die wir am meisten entbehren mußten. Zeitungen waren ganz und gar verboten und Bücher, bis auf Fachbücher, nahezu ebenfalls. Als Beispiel will ich nur erwähnen, daß sich, vor meiner Zeit, jemand einmal das Brockhaussche Konversationslexikon und ein anderer einen Atlas der Alten Welt anschaffen wollte. Beides wurde abgeschlagen, weil nach der Ansicht des Herrn Grafen Hacke das Konversationslexikon »revolutionäre Artikel« enthielt und »Landkarten überall nicht zu gestatten seien, weil sie bei einem Fluchtversuche Vorschub leisten könnten« – dies war von ihm eine recht spaßige, für uns aber eine recht harte Ansicht.

Ab und an bekamen wir aber doch vom Pastor Ernst oder vom Stabsarzt Reiche oder vom Inspektor, ja, manchmal auch durch ein altes Stück Zeitungsblatt, in dem Käse oder Hering eingewickelt war, ein bißchen zu wissen, wie es in der Welt herging. Gegen den Herbst dieses Jahres (1837) wurde uns denn auch erzählt, daß unsere Sache vor den Preußischen Staatsrat kommen werde, der darüber befinden sollte, ob wir nicht zum vierzigjährigen Regierungsjubiläum von König Friedrich Wilhelm III. begnadigt werden sollten.

Da regte sich unter uns nun viel Gerede und viel Hoffnung. Einige hofften, einige stritten dagegen an, und einer der letzteren gebrauchte einmal den despektierlichen Ausdruck: »der alte Tölpel» statt »der alte König«. Dies aber fuhr meinem alten Kapteihn, der mit mir später in Graudenz einsaß, derart in die Krone, daß er diesen Majestätsbeleidiger auf der Stelle zu einem Gang auf krumme Säbel forderte, auszutragen am ersten Tage nach unserer Freilassung, dieweil sich jener an seinem König vergangen habe. Solche Art von Königsmördern gab es unter uns!

Wir hofften also aufs neue: wir mußten ja freikommen! Doch es kam anders, wie man so sagt, als mit der seligen Frau: Herzog Karl von Mecklenburg, als Präsident des Staatsrats, hatte sich gegen uns vernehmen lassen und hatte den Ausschlag gegeben: wir mußten sitzen. – Dies hat ihm denn nun nicht eben zahlreiche fromme Wünsche von unserer Seite eingetragen.

Kurze Zeit darauf kam einmal der Stabsarzt zu uns und erzählte, Herzog Karl von Mecklenburg sei verstorben. – »Das wissen wir schon«, sagten wir. – Dies sei nicht möglich, war seine Entgegnung, er komme geradewegs von General Graf Hacke, und der habe in seiner Gegenwart die Depesche geöffnet, in der die Nachricht gestanden, und es stünde noch in keiner Zeitung etwas davon. – Dies sei möglich, versicherten wir ihm, aber wir wüßten das schon.
»Von wem?« fragte er.
»Von Guittienne«, sagten wir, »der hat uns das heute morgen erzählt.« – »Von Guittienne? Von Guittienne?« fragte er und schüttelte den Kopf, »um dessentwillen ich heute hierhergekommen bin? Merkwürdig! Merkwürdig!« Und damit verließ er die Zelle.
Guittienne war ein Prachts- und Mordskerl, als ich ihn auf seiner Durchreise in Jena kennenlernte. Er war der Größte und Stärkste von uns allen, auch *hier* noch. Er war mir ein ehrlicher und treuer Freund – das weiß ich, denn ich habe später mit ihm zusammen in Graudenz in einer Zelle gesessen –, aber sein Geist hatte gelitten.
Man erzählte sich, das sei in dem Augenblick ausgebrochen, als ihm das Todesurteil gesprochen wurde – ich weiß es nicht. Zu meiner Zeit bildete er sich ein, er könne prophezeien und aus dem Verhalten der Krähen, Spatzen und Kanarienvögel die Zukunft vorhersehen. Allabendlich, erzählte er, komme eine schöne Frau in einem schwarzen Seidenkleid zu ihm, setze sich an sein Bett und sage ihm, was geschehen würde. – Er hat viel zusammenprophezeit und nichts ist eingetroffen. Die Todesnachricht von Herzog Karl von Mecklenburg aber hat er vorausgewußt, das ist die reine Wahrheit. Und noch etwas anderes hat er bis in die kleinsten Umstände vorhergewußt – zu gegebener Zeit und Stelle werde ich es erzählen.
Die Krähen waren in seinen Augen die bösen Vögel, und die Kanarienvögel, von denen sich beinahe jeder von uns einen hielt, waren die guten. Nun begab sich das Merkwürdige, daß binnen einer Woche fast alle Kanarienvögel im ganzen Festungstrakt krank wurden. Sie bekamen alle, obwohl der eine *so*, der andere *anders* gefüttert wurde, die gleiche Art von Krämpfen und fielen wie tot in ihren Käfigen um, und einige krepierten auch wirklich. Dies hatte Guittienne in große Aufregung versetzt, und der Stabsarzt

mußte ihn ins Lazarett nehmen, von wo er für ein Dreivierteljahr in die Charité nach Berlin verbracht wurde, um dort kuriert zu werden. Doch als er von dort, als geheilt entlassen, uns nach Graudenz nachreiste, war er noch ebenso krank, wie er gewesen. Daran, diesen armen Menschen in die Freiheit zu entlassen, den sie auf so gräßliche Weise unschädlich gemacht hatten, auf diesen Gedanken war niemand gekommen. Zu meiner großen Freude habe ich gehört, daß ihm die Freiheit wiedergegeben hat, was ihm die Knechtschaft genommen, und daß mein lieber »Franzos« lebt und gesund ist.

Wie ich vorher schon gesagt habe, ließen wir den Lazarettaufenthalt so ziemlich reihum gehen. Und weil der Stabsarzt ein menschenfreundliches Herz besaß und wir auch allesamt so beschaffen waren, daß er es mit gutem Gewissen verantworten konne, wenn er uns dort aufnahm, so kam mittlerweile auch ich einmal an die Reihe. Ich erlebte im Lazarett eine Geschichte, die die ganze Kommandantur durcheinanderbrachte und für uns mit der Zeit von größter Bedeutung wurde.

Kapitel 10

Briefschaften

Um dies richtig zu erzählen, muß ich von den Umständen berichten, unter denen wir dort untergebracht waren, und von der Art und Weise, wie wir dort lebten.

Wir hausten in zwei Räumen. In einem kleineren, der nach vorne zu lag, schliefen drei von uns, in dem großen, der dahinterlag, sechs bis acht, je nachdem. Wir bekamen hier gute Kost, durften tagsüber vier Stunden in der frischen Luft spazierengehen und ohne besondere Erschwernis miteinander Umgang halten. Abgeschlossen wurde hier natürlich auch, doch mit der Zeit hatte sich alles soweit eingespielt, daß bei mancherlei kleinen und großen Freiheiten, die wir uns nahmen, die Augen zugedrückt wurden.

Die alten Stammgäste unter meinen Kameraden, die schon seit Jahr und Tag hier saßen, kannten diesen Unteroffizier und jenen Kompaniechirurgius. Sie wußten, wem zu trauen war und vor wem man sich hüten mußte. Sie bekamen und besorgten heimlich Briefe und hatten sich bares Geld zu verschaffen gewußt. Sie hatten Mittel und Wege gefunden, sich andere Kleidungsstücke als die blau-weißgestreiften Lazarettanzüge zu besorgen. Ja, vor meiner Zeit hatten sie manchmal zu zweien oder dreien nachts heimlich das Lazarett verlassen und waren erst morgens wieder zurückgekommen. Wie sie das alles möglich gemacht hatten, weiß ich nicht, und wenn ich's wüßte, würde ich's nicht erzählen.

Genug, sie hatten allerlei Bekanntschaften in der Stadt gemacht, hatten Geld, und schlecht wurde nicht gelebt. Manche Portion Braten, manche Flasche Mosel- und Rheinwein wurde hineingeschmuggelt. Und wenn wir uns auch alle Mühe gaben, die vollen Flaschen heranzuschaffen, so war das Hinausschaffen der leeren doch zu beschwerlich, und so wurden sie denn alle ungemein kunstvoll hinter der Tür unseres alten großen Kamins aufgestapelt, und Heintzmann war als Baumeister bei diesem gläsernen babylonischen Turm angestellt.

Nun begab es sich aber, daß in der Stadt und im Lazarett die Cholera ausbrach. Der Stabsarzt hatte bei uns also mancherlei zu verrichten. Er kam oft, und als ihn zwei von uns, die Mediziner waren, darum baten, er solle sie zu den Kranken mitnehmen, tat er dies auch. Er war nämlich so felsenfest davon überzeugt, daß diese Krankheit nichts Ansteckendes an sich hatte,

daß er sogar seine beiden einzigen Kinder, zwei Söhnchen, selber mit in die Krankenstube nahm.
Ob er mit dieser Ansicht recht hatte, weiß ich nicht. Ich weiß nur, daß Wagner und Reinhardt sich vor der Cholera nicht fürchteten, und wir anderen auch nicht. Wie aber diese beiden Gesellen schließlich mit einem Stück Lunge, mit Leber und Darm angezogen kamen und damit auf einem hölzernen Schinkenteller herumzuschnipseln und zu manschen anfingen, da wurden sie von uns aus der großen Stube heraus- und in den vorderen kleinen Raum hineinkomplimentiert. Und dies hatten die Racker nur beabsichtigt, wie aus dem weiteren Verlauf der Geschichte ersichtlich werden wird.

Eines Tages gehe ich draußen spazieren. Da geht an mir ein Mensch in der Uniform eines Kompaniechirurgen vorüber, und wie er an mir vorbeikommt, lächelt er so sonderbar, und wie ich ihn mir ein bißchen genauer ansehen will, kehrt er mir den Rücken und marschiert geradewegs auf unser Zimmer zu. – Uns genau gegenüber, auf dem gleichen Gang, wohnte aber auch ein Kompaniechirurg, und ich denke mir also, es ist ein Kollege von ihm, und der will ihn besuchen. So setze ich meinen Spaziergang fort, bis zugeschlossen wird.
Wie ich unsere Stube betrete, sitzt dort einer, den Rücken mir zugewandt, im Lazarettkittel freilich, aber mit einem kahlen Kopf. Nun hatten wir aber unter uns nur zwei mit Glatzen. Der eine, Peter Haßlacher, hatte schon derart viel geschmiert und probiert, daß bei ihm bereits wieder eine Art kurzer Lammwolle gesprossen war. Der andere aber, Breyer, war vor einem Vierteljahr freigekommen. Wer konnte das sein?
Ich trat näher. Es war tatsächlich Breyer, der lustige, fidele Breyer, der dem Onkel Dambach so manchen schönen Ärger eingebrockt, der für jede schlimme Sache immer einen erfrischenden Witz parat hatte, und einmal, als ihn sein Vater besuchte, zu uns hineinstürmte: »Denkt euch, mein Alter hat nun auch schon eine Glatze!« – Aus Freundschaft hatte dieser brave Kerl es riskiert, seinen ehrlichen Kahlkopf ein weiteres Mal in den Rachen des Löwen zu stecken. Doch so ganz ohne Hintergedanken war dies nicht geschehen, in seiner Freundestreue führte er noch anderes im Sinn.
Er blieb in dieser Nacht bei uns, und viel mußte er erzählen. Am Morgen danach schritt er hölzern und stramm als Kompaniechirurg wieder zum Lazarettor hinaus.
Als er fort war, kam Wagner zu mir: »Charles douze« – dies war mein Spitzname, die Pommern und Mecklenburger sagten aber immer »Korl Duß« –, »Charles douze, hättest du wohl Lust, von hier durchzubrennen?«

– »Warum *das* nicht?« meinte ich. »Nur zu sehr, bester Herr Rolack!« – »Kannst du Geld anschaffen?« – »Anders nicht, nur von meinem Vater.« – »Ob er dir wohl was schickt?« – »Weiß ich nicht«, sage ich, »bisher hat er vom Weglaufen nichts hören wollen.« – »Versucht muß es werden«, meint er. »Setz dich hin und schreib nen Brief, besorgen will ich ihn. Und auf die Person, die mir dabei behilflich ist, kann sich dein Vater fest verlassen.«
Ich setzte mich also hin und verfaßte einen Schreibebrief an den Alten, daß das Weglaufen mir sehr zuträglich sein, daß ich es ungeheuer sorgfältig einfädeln würde, daß ich ein paar richtige Kumpels dafür hätte und daß uns kein Deuwel wieder kriegen sollte. Ich für meinen Teil wolle dann nach Schweden gehen, wolle dort Landmann spielen, mir in Schonen ein Gut, wenn möglich eine kleine Grafschaft kaufen und wolle dann immer ab und zu heimlich nach Mecklenburg kommen und ihn ein bißchen besuchen. Zu dieser ganzen Herrlichkeit gehöre weiter nichts als ein paar hundert Taler Geld, die solle er dazu hergeben, das andere würde ich dann später schon besorgen.

Wagner nahm meinen Brief und brachte nach etwa acht Tagen richtig Antwort. Der Alte wollte nicht: Ich müsse ja bald freikommen. Ich bekam kein Geld und mußte also weiter sitzen.

Den Namen des Mannes, der den Brief besorgt hatte, weiß ich nicht, und doch wäre er ums Haar mit der Nase ans Fett und die ganze Geschichte wäre an den Tag gekommen, wenn meine freche kleine Kröte von Schwester nicht einen verteufelten Einfall gehabt hätte. – Ich muß die Geschichte hier einschieben.

Zu derselben Zeit war Bönniger aus Silberberg geflüchtet, und der dortige Platzmajor v. Berg, der ein Mecklenburger war und mit meinem Vater öfters Briefe wechselte, klagte ihm seine Not, wie es ihm ergangen, denn man wolle nun ihm und dem General von Langen Bönnigers Flucht aus Silberberg als Nachlässigkeit im Dienst ankreiden. Mein Alter antwortete ihm wieder, er haben ebenfalls einen Brief von einem ihm ganz unbekannten Menschen erhalten, der mir zur Flucht behiflich sein wollte, habe den Vorschlag aber abgelehnt. Diesen Brief nimmt nun der Kommandant von Silberberg und schickt ihn an das gottgesegnete Preußische Ministerium: Wenn es nun schon damit anfinge, daß die Leute von außerhalb einer Festung sich damit abgeben, die Gefangenen zu befreien, dann möge der Teufel uns bewachen, er für sein Teil wolle lieber Flöhe hüten.

Das Preußische Ministerium wandte sich nun an die Mecklenburgische Regierung – denn dazumal hatten wir noch kein Ministerium in Mecklenburg –, sie möge doch mal ein bißchen herumhören, wer wohl den Brief an meinen Vater geschrieben haben könne. Und wie mein Alter eines Tage so beim Mittagessen sitzt, kommt denn auch richtig ein großherzoglicher Kommissarius angefahren und erkundigt sich nach dem Brief. Meinem Alten wird nun ziemlich beklommen zumute, und er merkt, daß er sich in eine große Dummheit eingelassen hat. Aber er sollte noch gerade mit einem blauen Auge davonkommen.

Mein Schwesterchen, der Schlaumeier, sieht, wie der Alte in der Klemme sitzt. Sie weiß, wo der dumme Brief liegt, schlüpft also rasch zum Zimmer hinaus, nimmt sich den Brief und läuft damit zur Küche. Dort brennt gerade noch ein schönes Kaffeefeuer. Sie hält den Brief ein bißchen hinein, und wie er schön verbrannt ist, legt sie die Asche auf einen sauberen Teller und begibt sich wieder hinein zum Herrn Kommissarius: »Hier ist der Brief!« – Je, was nun? Der Alte wußte den Namen nicht mehr, und mein Schlaufuchs von Schwesterchen hatte einen braven Menschen vor langjähriger Festungshaft bewahrt.

Dieser Streich hat mir immer überaus gut gefallen.

Aber wie wurde es nun im Lazarett zu Magdeburg? Ich wußte ja nun, was die Uhr geschlagen hatte, und daß ich, was mich betrifft, aus der Sache ganz und gar heraus war. Das Klügste war nun, ich kümmerte mich um nichts mehr, und das besorgte ich denn auch.

Mittlerweile war frischer Nachschub im Lazarett eingetroffen. Einige schwerkranke Kameraden waren eingeliefert worden, der Platz wurde zu eng, und eines Tages ordnete der Stabsarzt an, vier von uns – darunter war auch ich – sollten in eine kleine Stube im zweiten Stockwerk verlegt werden. Am gleichen Abend erschien der Platzmajor, als schon zugeschlossen war, ließ sich unten die Tür aufschließen und brachte für einen von uns einen Brief. In seiner Gegenwart wurde die Tür vom wachthabenden Unteroffizier wieder zugeschlossen, in seiner Gegenwart wurde der Schlüssel an den Lazarettinspektor abgeliefert – und am nächsten Morgen waren Wagner und Reinhardt verschwunden.

Wie sie es fertig bekommen haben, weiß ich aus eigenem Augenschein nicht, und es wußte dies auch keiner von uns allen. Doch nach und nach haben wir es untereinander herausgefragt. Der eine wußte dies, der andere das, und schließlich bekamen wir auch den Brief zu lesen, den die Ausreißer an den Ersten Kommandanten Graf Hacke schrieben und in dem sie ihm ausführlich schilderten, wie sie es angestellt hatten.

Es war ein auf seine Art recht freundlicher Brief, und ich komme noch darauf zurück. Vorläufig nur dies:

Der kleine Breyer, der liebe, kleine, fidele Breyer, hatte aus reiner Freundschaft für Wagner seine Freiheit, die er erst knapp hatte genießen dürfen, aufs Spiel gesetzt, um seinen Freund zu befreien. Was das heißt, wird jeder begreifen, aber richtig einzuschätzen vermag eine solche Tat nur, wer nach langen Jahren einmal freigekommen ist und weiß, wie süß die Freiheit dann schmeckt. Er verließ Vater und Vaterland, irrte als Flüchtling durch die Welt, setzte seine ganze Zukunft aufs Spiel, doch er brachte es zuwege, er verhalf seinem Freunde zur Freiheit. Es soll ihm gut ergangen, er soll einer der namhaftesten Schriftsteller in Wien sein, und es freut mich von Herzen, daß er für gute Tat guten Lohn empfangen hat.

Er hatte, als er uns besuchte, Wachsabdrücke von den Schlössern genommen. Er hatte nämlich die Bekanntschaft einer Waschfrau gemacht, die für den Kompaniechirurgen wusch, und hatte sie dazu gebracht, daß sie unter ihrer Wäsche einige Uniformstücke und was dazu gehörte, für die beiden in die Festung schmuggelte. Am Tage, von dem ich berichte, war er aus Berlin gekommen und war gerade dabei, die Tür mit dem Dietrich zu öffnen, als der Platzmajor dem einen von uns den Brief überbrachte. Er soll gerade noch Zeit gehabt haben, auf die Retirade zu retirieren, und dort soll er dann so lange gesessen haben, bis die Luft wieder rein war, das heißt draußen.

Als der Platzmajor wieder fort war und alles schön hatte abschließen lassen, hat er die Tür wieder aufgeschlossen, die beiden anderen haben sich schnell in Uniform geworfen, und so sind sie denn ganz gemächlich, der eine als Artillerieleutnant, die beiden anderen als Kompaniechirurgen, zum Tor hinausspaziert. Auf dem Marktplatz hat eine Extrapost bereitgestanden, und mit der sind sie dann nach Hamburg kutschiert und anschließend – zu Wasser – weiter nach Helgoland.

Dieses alles berichte ich nur vom Hörensagen, und es kann sich möglicherweise auch ein bißchen anders abgespielt haben. Doch was nun kommt, das habe ich wieder selber mit angesehen.

Am nächsten Morgen ging es in der großen Stube unter uns schon sehr frühzeitig überaus lebhaft zu. Einer von uns, der den Mund nicht richtig halten konnte und immer Hans Dampf in allen Gassen war, der Buchhändler Cornelius aus Stralsund, der den Spitznamen »Don Juan« führte, riß unten das Fenster auf und rief uns nach oben etwas zu. – Wir blickten hinaus: »Was?« – »Die sind weg!« rief er. – »Wer?« – »Wagner und Reinhardt!« war

seine Antwort. – »Na, denn laß sie, Schafskopf. Was hast du hier herumzuschrein?« riefen wir und machten das Fenster wieder zu.
Aber es mochte doch wohl noch jemand anderes dies gehört haben, denn es war noch lange vor dem Zellenaufschließen, als der Inspektor bereits mit seinen Schlüsseln herumlief. Es dauerte auch nicht lange, da gab es ein großes Hallo und ein Gerenne und Gelaufe: Wachmannschaften und Gefangenenwärter, Inspektoren und Unteroffiziere, alles rannte durcheinander, und nach einiger Zeit kam denn auch der Präses der Lazarettkommission angewackelt, der alte Oberstleutnant von Heidenreich, der der dienstälteste Offizier der ganzen preußischen Armee war, denn er hatte schon als Leutnant unter dem alten Fritzen gedient.
Unter uns wurde es nun sehr laut, denn der alte Herr tobte für sein Alter gar nicht schlecht. Und als er unten damit fertig war, kam er zu uns hinauf: »Meine Herren, zwei von Ihren Kameraden sind zum Deuwel gegangen.« – »Schön«, sagten wir. – »Den Deuwel schön!« donnerte er. »Wenn ick dat den General Graf Hacke melde, denn trampelt er mir ja uff die Beene rum.« – Je, sagten wir, dazu könnten wir auch weiter nichts tun. – Er kenne uns, meinte er, wir wären genauso wie *die*, die weggelaufen seien, wir wären mitschuldig. Das seien wir nicht, erwiderten wir. Sie festzuhalten, das sei nicht unsere Sache, und mitgelaufen seien wir ja doch nicht. Was uns denn die ganze Geschichte anginge? Da wurde der alte Herr aber mächtig kratzbürstig: »Dat Mitloofen will ick Ihnen woll verpurren: hier in de Stube werde ick Ihnen Dag und Nacht ne Schildwache rinsetzen.«
Nun kroch mir aber doch eine Laus über die Leber. Er könne tun, sagte ich, wozu er ein Recht habe, er könne uns draußen hinten und vorn Schildwachen hinstellen, aber in der Stube brauchten wir keine zu dulden. – Na, nun aber der alte Herr! Wie fuhr er auf mich los! Und wer weiß, was noch alles passiert wäre, wäre nicht der Stabsarzt eingetroffen, auch er völlig atemlos. Der rief ihm zu: »Herr Oberstleutnant, Herr Oberstleutnant, übereilen Sie sich nicht! Die Sache ist schon in Richtigkeit, ich habe eben dem General den Fall mitgeteilt. Alle Gefangenen, bis auf drei, bei denen ein Transport lebensgefährlich wäre, werden heute abend ins Inquisitoriat zurückgebracht.« – Da beruhigte sich nun der alte Herr, denn jetzt brauchte er nicht mehr zum General zu gehen und sich auf seinen altehrwürdigen Beinen herumtrampeln zu lassen.
Inzwischen waren denn nun auch der Platzmajor sowie die Militärgerichtsbeamten eingetroffen, und alle unsere Kameraden wurden zu uns hinaufgebracht, damit die Herren unten freies Feld hatten, um an Ort und Stelle zu

recherchieren, wie die Kerls das Stückchen angefangen hatten. Wir aber konnten ihre ganze Unterhaltung mit anhören und sogar ihre aufgeregte wilde Jagd beobachten, weil der Boden keinen Zwischenboden besaß und die Dielenritzen weit auseinanderklafften.

Bei dieser Gelegenheit will ich erwähnen, daß unsere drei todkranken Kameraden später auf dieser Stube liegenblieben, sogar dann, als unten ein Cholera-Lazarett eingerichtet wurde, und daß sie Tag und Nacht das Stöhnen, das Wimmern, die Krämpfe und das Sterben der unglücklichen Menschen haben mit ansehen und mit anhören müssen. Auch dies ein kleines Exempel zur Humanität.

Das erste, worauf die Untersuchungskommission verfiel, war auch das einfachste: die Flüchtigen seien nämlich durch die Tür hinausgelangt. Dies aber bestritt der Platzmajor, weil er am Abend zuvor selber *in persona* beim Einschließen dabei zugegen gewesen war. Das zweite waren die Fenster. Doch die altehrwürdigen Fenstergitter waren noch alle davor, und zwischen denen konnte keiner sich hindurchklemmen. Das dritte war denn nun verständlicherweise der Schornstein. Der Herr Militärauditeur legte selber Hand an und öffnete die Kamintür, benahm sich dabei aber weitaus ungeschickter als mein Freund Heintzmann. Denn kaum hatte er sie geöffnet, da schoß ihm auch schon der ganze künstliche Flaschenturm entgegen, und unten bei uns erhob sich ein tolles Gelächter. Nur der alte Oberstleutnant zankte mit dem Lazarett-Inspektor, wie er eine derartige Regelwidrigkeit habe zulassen können. Aber auch hier mischte sich der Stabsarzt ein und machte dem alten Herrn begreiflich, daß die Flaschen ja alle leer seien und daß eine leere Flasche einem Kranken nicht schaden könne. Dies mußte der alte Herr ja auch schließlich einsehen. Und wie sie zuguterletzt ganz friedlich auseinandergingen, da war jeder von ihnen so klug wie zuvor.

Wir, die wir noch zu gehen vermochten, wurden gegen Abend alle wieder ins Inquisitoriat zurückgebracht. Und hier – ach, du lieber Gott! – wie hatte es sich verändert! Alle unsere »Errungenschaften«, wie man dies heute nennt, waren flöten gegangen. Der Inspektor ließ die Ohren hängen wie ein begossener Pudel. D . . . mann hatte Oberwasser, der Kalfaktor K. wurde fortgejagt, denn seine Exzellenz, der Herr General Graf Hacke, war höchstpersönlich auf dem Inquisitoriatshof erschienen und hatte dort herumgeschnaubt und herumgetobt wie eine Lokomotive, die aus den Schienen gesprungen ist, und hatte schließlich an dem Kalfaktor K. ein abschrekkendes Beispiel statuiert – nun schlich hier alles auf Zehenspitzen umher.

Zwei Tage nach dieser Flucht ereignete sich noch ein lustiges Stück zwi-

schen dem Herrn Auditeur und dem Herrn Platzmajor, das wir hinterher, sobald die Zeiten wieder besser geworden waren, schön in allen Einzelheiten zu wissen bekamen.
Die beiden Herren trafen sich bei unserem Inspektor, und der Herr Gerichtsbeamte sagte: »Wiederkriegen werden wir sie denn wohl«, womit er die Ausreißer meinte. – »Das ist keine Frage«, entgegnete der Platzmajor. »Wohin wollen sie groß, die Steckbriefe . . . « – »Ja«, fiel ihm der Auditeur ins Wort, »ich wollte Sie schon immer danach fragen, wie Sie es mit den Steckbriefen eingerichtet haben.« – »Ich?« fragte der Platzmajor. – »Ja, *Sie*«, erwiderte der Gerichtsbeamte. – »Das ist ja *Ihre* Sache«, sagte der Platzmajor. – »Den Teufel auch!« schrie der Gerichtsbeamte, »das müssen *Sie* besorgen.« Und wie Gott den Schaden besah, waren die schönen Auskneiferbriefe noch gar nicht in Umlauf gesetzt worden.

Nach sechs, sieben Tagen erhielten wir denn auch schon die tröstliche Mitteilung, daß unsere guten Freunde wohlbehalten in Helgoland eingetroffen seien. Sie hatten dies erfreuliche Ereignis dem Herrn General in einem ungeheuer lustigen und liebenswürdigen Brief persönlich angezeigt, und wir bekamen *diesen* Brief am Tage *darauf* schon in einer sauberen Abschrift zu lesen. – Wie dies möglich war, weiß ich nicht, und wenn ich's wüßte, würde ich's nicht verraten. Aber wahr ist es.
Exzellenz waren in heller Wut, und was sie am meisten erboste, war, daß sie ihr schilderten, wie die Schildwachen ihnen noch alle nur möglichen Honneurs wegen des falschen Artillerieoffiziers erwiesen hätten und daß sie unter den gebräuchlichen militärischen Ehrenbezeigungen zum Lazarettor hinausgeschritten seien.
Dies war eigentlich ein bißchen fatal für unsere Exzellenz – oder »Pestilenz«, wie der Bauer bei uns sagt –, und fatal waren für sie auch die kleinen Nasenstüber, die ihr von Berlin übermittelt wurden. Sie kam also auf den Einfall, die ganze Geschichte unserem braven Stabsarzt in die Schuhe zu schieben: Er habe gesunde Leute im Lazarett aufgenommen. Aber *der* Fuchs war ihm zu klug. Der Stabsarzt war ein Mann, der sich die Butter nicht vom Brot nehmen ließ. Er forderte eine Kommission an, die den Gesundheitszustand bei uns untersuchen sollte. Und so trafen denn auch eines Tages drei Herren bei uns ein, der Generalarzt B., der Regierungsrat Andrae und der Ingenieurmajor vom Platz.
Grashof und ich waren die ersten, die sie aufsuchten, denn wir hausten neben der Treppe. Der Major maß die Zelle aus, er maß auch das Fenster und wie hoch es von der Erde entfernt war. Die anderen beiden Herren befrag-

ten uns, ob wir über unsere Gesundheit zu klagen hätten. Grashof sagte, er litte an der Leber. Der Generalarzt fragte ihn, was er dagegen unternehme. »Ich trinke Quassia-Tee«, erwiderte Grashof. Der Regierungsrat fragte mich, was *mir* fehle. Ich berichtete, ich sei wegen Augenschwäche von Silberberg hierher verlegt worden.

Er blickte sich um, schüttelte den Kopf: »Hierher, wo Sie niemals ein direkter Lichtstrahl treffen kann, wo Sie stets nur ein schwach reflektiertes Licht trifft?« – Er untersuchte meine Augen und gab mir den Rat, mir beim Waschen nicht die Stirn so naß zu machen, wie ich dies gewohnt war, sonst riskierte ich, den schwarzen Star zu bekommen. – Dann probierten sie noch unser Trinkwasser aus und begaben sich weiter.

In einer anderen Zelle hatten sie die kostbare Luftheizung besichtigt, und endlich waren sie auf den Hof gegangen und hatten unser Stückchen Spaziergehgelände in Augenschein genommen. Dabei bekamen sie denn auch etwas Sauberes zu riechen: Auf unserem Hof gab es zwei Kloaken, wo alles zusammenströmte, was an die 500 Menschen, die im Inquisitoriat einsaßen, irgend von sich geben konnten. Und links von uns, nach Westen zu, erstreckte sich eine große Eisengießerei, von der wir den Steinkohlenqualm aus erster Hand bezogen . . .

Diese *frische Luft* hatte ihnen begreiflicherweise nicht besonders zugesagt, und als ehrliche Menschen, die sie wirklich waren, hatten sie ihr Gutachten wie folgt abgegeben: »Den politischen Gefangenen im Inquisitoriat zu Magdeburg fehlt es an den drei notwendigsten Lebensbedingungen, an frischer Luft, an Licht und an Wärme. Auch ist das Trinkwasser, da es Flußwasser von unterhalb der Stadt ist, nicht zu genießen.«

So! Dies war denn nun nach unserem vierjährigen Elend das Urteil von drei ehrenwerten, sachverständigen Leuten. Da waren nun Minister und Generale, Obristen, Aufseher und Schinderknechte umhergegangen und hatten gesehen, gehört und gerochen, und keinem war es beigekommen, daß wir, wenn wir dreißig Jahre absitzen sollten, doch auch dreißig Jahre leben mußten.

Ich will nichts weiter darüber sagen, denn noch heute, nach fünfundzwanzig Jahren, läuft es mir kalt den Rücken herunter, wenn ich daran denke. Und dann wundern die Menschen sich noch, wie einer zum Demokraten werden kann. Als wir eingesperrt wurden, waren wir es nicht, als wir herauskamen, waren wir es alle.

Kapitel 11

Wohltaten

Der Bericht über unsere Lage und unseren Gesundheitszustand war nun also der hohen Ministerialkommission in Berlin zugestellt worden. Und obwohl die drei Herren, die in dieser Institution ihr Wesen trieben, die härteste Zucht uns gegenüber noch für eine Gnade ansahen, muß ihnen doch wohl in einer guten Stunde, da der eine an schlimmen Augen, der andere an Brustbeklemmungen, der dritte an kalten Füßen litt, der Gedanke gekommen sein, daß sich ohne Licht und Luft und Wärme nur überaus unzulänglich leben läßt. Auch mochten sie bedenken, daß ein derart laues, flaues und trübes Flußwasser lange nicht so zuträglich für die Gesundheit ist wie das Getränk, mit dem sie sich bei ihren Geschäften zu stärken pflegten:

Der Herrn Minister Regiment
soll beim Burgunder sein!

Wie dem auch sei, jedenfalls beschlossen sie, uns anderwärts unterzubringen.

Ich glaube aber, auch daraus wäre noch lange nichts geworden, wenn nicht noch ein anderer Umstand hinzugetreten wäre: In dieser Zeit verstarb nämlich der Erste Kommandant Graf Hacke, und mit ihm wurde ein gut Teil des Hasses gegen uns begraben. Der Zweite Kommandant, Oberst Bock, folgte dem Leichenzug, erkältete sich beträchtlich dabei, und drei Tage darauf folgte er seinem Vorgesetzten auf demselbigen Wege. Vorher aber, auf seinem Totenbett, hatte er den Platzmajor zu sich rufen lassen und ihm auf die Seele gebunden, er, der Platzmajor, solle das ausführen, wozu er selbst keine Zeit mehr habe. Er solle an die Herren in Berlin schreiben, daß, sofern nicht bald eine Änderung mit uns erfolgte, wir allesamt vor die Hunde gehen müßten. Dies geschah denn also, und das Ministerregiment mochte vielleicht erwogen haben, daß wir eigentlich doch auch Menschen seien, wenn auch nur schwarz-rot-goldene. Die Herren trafen denn nun allmählich auch ihre Anstalten.

Dies zögerte sich aber erheblich hinaus, denn derartiges darf ja keineswegs übereilt geschehen. Und so kam es denn, daß der interimistische Kommandant, der Generalleutnant von Thile, der zugleich das Armeekorps befehligte, noch vollauf Zeit behielt, unsere Bekanntschaft zu machen.

Der Mann kam selber zu uns. Der selige Graf Hacke hat niemals auch nur einen Fuß zu uns hineingesetzt. Er hat nie die Courage aufgebracht, mit eigenen Augen die Misere zu betrachten, die seine Gesinnung »Mit Gott für König und Vaterland« angerichtet hat. – Dieser Mann also kam zu uns, und weil Grashof und ich unmittelbar an der Treppe hausten, waren wir die ersten, bei denen er vorsprach. Er fragte nach allem: Wie wir uns befänden, wie uns zumute sei, wie wir gehalten und behandelt würden. Und auf alle diese Fragen erhielt er immer nur ein und dieselbe Antwort: »Niederträchtig!« Und wie der Zapfen erst einmal aus dem Faß gezogen war, da sprudelte es auch bei uns schön heraus: Alles Gift und alle Galle, die der selige Graf in uns aufgespeichert hatte, die kamen jetzt ans Licht. Er sagte nicht viel. Doch als wir darauf kamen, daß wir nicht einmal zum Gottesdienst gehen durften, da regte sich etwas in ihm: Dies sollten wir, und dies wolle er auf seine Kappe nehmen. Das andere aber müsse so bleiben, bis ein neuer Kommandant eingesetzt sei.

Man erzählte sich damals, er gehöre zu den Frommen, und wenn er in unserer Behandlung die Menschlichkeit hinter die Frömmigkeit stellte, so will ich den Mann darum nicht gering achten, für uns war er besser als der selige Graf. Der war ein Weltkind gewesen, das »die Güter dieser Erde« wohl zu schätzen wußte, dieweil er morgens zum Frühstück einen ganzen Gänsebraten vertilgte und dann zu seiner Gemahlin bemerkte: »Mein liebes Kind, eine Gans ist doch ein schnurriger Vogel. Ißt man eine zum Frühstück, so wird man nicht satt, ißt man zwei, so verdirbt man sich das Mittagessen.« – So zumindest wurde erzählt.

Am Tage darauf erhielten wir vom Herrn Generalleutnant jeder ein Gesangbuch und, was noch besser war, wir erhielten den Besuch des Divisionspastors Dr. Leist. Dies war ein anderer Mann als jener Pastor, der uns eine Homilie auf dem Wäscheboden lesen wollte und keine Zeit dazu hatte. Dieser Mann hatte Zeit für uns und setzte es durch, daß wir in die Kirche gehen durften. Freilich nur ein einziges Mal, und dies in der Gesellschaft zahlreicher Gendarmen, doch dieses *eine* Mal war besser als sonst *hundert* Male. Seine Predigt klingt mir noch heute in den Ohren, und ich will hoffen, daß sie mir bis an mein Lebensende im Herzen nachklingen wird.

Ich hatte nun schon so ungefähr ein Jahr in dieser Spitzbubenanstalt von Inquisitoriat verbracht, und das bißchen Lebenslust, das sich noch dann und wann in meinem zusammengeschrumpften Knochenmark regte, konnte gegen Jammer und Elend nicht mehr aufkommen, als eines Abends im Februar 1838, als der Schnee vor beiden Türen lag und es draußen Stein

und Bein fror, der Platzmajor bei uns vorsprach und Zelle nach Zelle anfragte, ob nicht welche von uns sich dazu verstehen wollten, sich am nächsten Morgen Schlag vier Uhr in den Wagen zu setzen und in Nacht und Kälte nach einer anderen Festung abzureisen. Wohin, sagte er nicht, durfte es auch nicht sagen. Keiner wollte. Die meisten waren krank, die übrigen hatten für diese Kälte nicht das geeignete Zeug am Leibe.
Aus all den Wohltaten, die uns die Herren Minister zugedacht hatten, wäre nichts geworden, hätte mir der Schneider nicht damals, an jenem lustigen Tage, einen neuen Mantel angemessen. Ich überlegte mir die Sache. Einen richtigen, soliden, wärmenden Schäfermantel besaß ich, und mit meiner Gesundheit ging es passabel. Im übrigen sagte ich mir: Was kann da schon groß nachkommen? Einem Ochsen und einem Fuder Heu muß man aus dem Wege gehen. Du bist nun schon auf vier, fünf Stellen gewesen, mal auf einer guten, mal auf einer schlechten. Es ist ja möglich, daß es abwechselnd geht, und schlimmer als hier kann es nicht gut kommen. Ich sagte also dem Platzmajor, ich für meine Person sei bereit, und er meinte denn, wenn wir nur noch einen dazu bekämen, dann könne die Reise losgehen, und dieser eine fand sich denn auch.
Mein alter Freund, der Kapteihn, dachte ebenso wie ich. Zudem besaß auch er einen Mantel, und zwar einen solchen mit sieben Stockwerken, immer eines über dem anderen. Der Mantel spielte zwar ziemlich ins Graue, und auch diese Farbe war schon ein bißchen verschossen, aber jeder konnte ihm ansehen, daß unter seiner unscheinbaren Außenseite ein wohltätiges Inneres saß und daß er in seinem langen Leben schon manchem Besitzer Schutz und Wärme reichlich gespendet hatte. Auf diesen alten Freund verließ sich der Kapteihn.
Am nächsten Morgen, pünktlich um vier Uhr, saßen wir nebeneinander auf dem Wagen und fuhren in Begleitung von zwei Gendarmen in den kalten Wintermorgen hinaus. Wohin? Dies wußten allein der liebe Gott und die allmächtige Ministerialkommission.

Habe ich nun eben den Mantel beschrieben, so muß ich doch wohl auch ein paar Worte über den Mann sagen, der darin steckte.
Der »Kapteihn«, eigentlich hieß er Albert Schultze, trug seinen Spitznamen mit Recht. Was sein militärisches Aussehen anbetraf, so hätte er eigentlich Oberst heißen müssen, nur daß er sich bei der schlechten Kost, die wir erhielten, nicht die einem Regimentskommandeur zustehende Wohlbeleibtheit auf die Rippen hatte zaubern können. Er war ungemein mager, aber dies tat ihm keinen Abbruch: Sogar mit diesen geringen Mitteln wußte er

das Militärische, das in ihm steckte, derart herauszukehren, daß die Schildwachen, wenn er in seinem grauen Mantel und der alten Soldatenmütze seinen Spaziergang absolvierte, nie recht wußten, ob sie das Gewehr präsentieren sollten oder nicht. Sie hätten es getan, sie hätten es, zum Teufel, getan, hätte er seinen gelben Schnauzbart noch besessen, der ihm in guten Zeiten, als er in Halle sein Jahr bei den Füsilieren abdiente, unter der Nase herabhing. Doch den hatte ihm der selige Graf Hacke abscheren lassen, nicht auf Staatskosten, nein, vielmehr auf des Kapteihns eigene Kosten, genauso wie bei allen uns übrigen auch.
Der selige Graf dachte nämlich so: Kannst du den verflixten Kerlen nicht an Kopf und Kragen kommen, kannst du immerhin mit dem Bart vorlieb nehmen. So war denn neben die anderen Scherereien auch noch die Bartschererei getreten. Diese geschah jedoch nur zweimal in der Woche, weswegen wir fünf Tage hintereinander wie die Stachelschweine herumlaufen mußten. Keiner von uns ärgerte sich über diese Schurigelei mehr als mein Kapteihn. Wir übrigen büßten lediglich ein Stückchen unserer unbedeutenden Studentleinsbartpracht ein, mußten allerdings dafür auch noch die Kosten tragen. Er aber verlor einen ausgewachsenen, in einjährig-freiwilligem Dienst ausgebildeten Militärbart, und das will ein ganzes Stück mehr besagen. Er warf also zu seinem natürlichen Gefangenenhaß noch einen zusätzlichen, separaten Militärhaß auf den General und gab zu verstehen, 1813 hätten viele Leute in den Gräben herumgesessen, und was er sonst noch an unbedachten Anspielungen vorbrachte.
Als er einmal einen Brief von der Kommandantur erhielt mit der Anschrift: »An den Demagogen Schultze«, da packte er den Stier bei den Hörnern und schrieb an den Herrn Kommandanten, er verbäte sich dies: »Demagoge« sei ein Schimpfwort, und das wolle er nicht auf sich sitzen lassen. Und der General antwortete ihm schriftlich, er *sei* ein Demagoge, und er würde ihn immer so bezeichnen. Der Kapteihn antwortete ihm wieder: er sei *kein* Demagoge, und der General schrieb zurück, er sei *doch* ein Demagoge. Und so schrieben sie sich eine Menge Briefe voller Andeutungen und Aufklärungen, der Kapteihn zudem noch mit Spitzen, und der General mit Grobheiten, bis dieser sich schließlich die ganze Schreiberei verbat. Darauf ging mein guter Kapteihn an seinen Koffer, holte ein zusammengewickeltes Papier heraus, legte es auf den Tisch, setzte sich davor, faltete es auseinander und blickte lange auf *das,* was darin eingewickelt gewesen, bis ihm die hellen Tränen in den Augen standen und hinunter auf seinen Bart fielen. Denn in dem Papier war sein Freiwilligenmilitärbart eingewickelt gewesen und lag jetzt vor ihm auf dem Tisch, und er hatte sich trotz seiner Kriegs-

dienste ein außergewöhnlich rührsames Gemüt bewahrt. Und aus der Rührung über den Verlust seines haarigen Freundes, den er in besseren Zeiten, wenn auch nicht am Herzen, so doch unter der Nase getragen, geriet er in helle Wut über die Gemeinheit, die ihm erst den Schaden durch den Verlust des Bartes und danach den Schimpf wegen des Demagogen eingebrockt hatte. Er schwur einen heiligen Eid, er wolle jede Gelegenheit nutzen und alle seine Kräfte zusammennehmen, damit er mit der Zeit wieder etwas *unter* die Nase und der General etwas *auf* die Nase bekäme. Das erste ging nun nicht so rasch: ein solcher Bart braucht seine Zeit zum Wachsen, besonders auf so jungem Rodegrund. Und wenn er einmal durch einen übersprungenen Barbiertag glücklich eine kleine Schonung erreicht hatte, das nächste Mal mußte sie doch reglementmäßig wieder fallen, und der Kapteihn konnte nichts dazu tun, seine Nase von unterwärts mit militärischen Ehrenzeichen eingerahmt zu sehen. Also mußte er sich mit dem zweiten Teil seines Schwurs begnügen, daß nämlich der Nase des Herrn *Generals* ihr Recht zuteil werde.

Er setzte sich also hin, schrieb einen dicken Brief an das Kammergericht, fügte sein ganzes schriftliches Scharmützel mit dem Herrn General bei und verlangte an Stelle von »Demagoge« den Titel, der ihm von Rechts wegen zustehe. Und richtig, er setzte es durch! Dem Herrn General wurde von oben her eine nette kleine Prise unter die Nase gerieben, und mein guter Kapteihn kam beim nächsten Mal auf den Hof gerannt und schwenkte voller Freude einen Brief vom General, in dem dieser ihm mitteilte, von nun an würde er seine Briefe nicht mehr an den »Herrn Demagogen Schultze« adressieren, sondern »An den Herrn politischen Verbrecher Schultze«, was augenscheinlich einen großen Unterschied ausmacht, denn ein politischer Verbrecher ist etwas weitaus Besseres als ein gewöhnlicher Demagoge.

Der Kapteihn hatte dies nicht für sich allein durchgesetzt, sondern auch für uns übrigen alle. Wir freuten uns denn auch ungemein über diesen langen Titel, bedankten uns beim Kapteihn und hielten großen Rat, ob wir nicht darum einkommen sollten, daß man uns auch noch den Titel »Geheime politische Verbrecher« zubilligte, dieweil wir doch schon alle die Jahre hindurch im geheimen einsaßen. Daraüs aber wurde nichts mehr, denn der General verstarb gleich darauf.

Dieses hatte der Kapteihn also richtig durchgesetzt, seinen Militärbart aber setzte er nicht durch. Und dies war recht eigentlich der Grund, weshalb er sich versetzen ließ. Das Klima in Magdeburg sagte seiner Bartkonstitution nicht zu.

Aus dieser kleinen Geschichte mag man ungefähr entnehmen, was für eine

Sorte Mensch mein alter Kapteihn eigentlich war. Von außen war er ein stattlicher Kerl mit blonden Haaren und einem blonden Schnurrbart – freilich trug er den jetzt noch nicht, vielmehr erst später –, mit militärischem Auftreten und in einem grauen Mantel mit sieben Krägen, wenn auch sehr mager. Innerlich war er ein braver Mensch, ehrlich und redlich, mit einem nur gar zu rührseligen Herzen und großer Einbildungskraft, die immer jenseits der Festungswälle spazierenging und dort nach »der Einen« suchte, die er sich fürs ganze Leben zulegen wollte. Mal war es eine Blonde, mal eine Braune, mal auch eine Schwarze, ja selbst die Roten ließ er nicht aus. Nun, wir werden es ja bald zu hören kriegen.

DRITTES BUCH: BERLIN UND DIE HAUSVOGTEI – EIN WIEDERSEHEN

Kapitel 12

Friedrich Wilhelm III.

Ach ja, das Wiedersehn, das Wiedersehn . . .

Wer kennt es nicht, dieses traute, freundliche Wort? Wer kennt sie nicht, diese handfeste, handgreiflich scheinende Gewißheit, von der uns die Hoffnung die Jahre hindurch zugeraunt, auf die sie uns vertröstet hat?

Wer hat seine Braut nicht einmal wiedergesehen, wer nicht seine guten Eltern? Wer hat nicht seinen Freund aus jungen Jahren (Karl Krüger, Fritz Peters!) einmal wieder ans Herz gedrückt? – Und wenn es sich einer auch nicht so anmerken läßt, dieweil er mit der Zeit auch altfränkisch wurde, warm wird ihm doch ums Herz. Der nämlich, der ihm die lieben alten Gesichter vor Augen rückt, unser Herrgott, der steht dann ganz dicht an seiner Seite und hält sie noch an seinem Faden: »Siehe da! Freue dich!«

Wer hat nicht die Stätten wiedergesehen, wo ihm einmal ein großes Glück, ein großes Herzeleid widerfahren ist?

Ach, diese *Stätten!*

Warum steigen aus diesen Stätten, aus Busch und Wald, aus Gras und Blumen, aus Lauben und Gräbern, so viele schöne stille Wesen auf und lächeln uns an und weinen in unsere grauen Haare ihre Tränen, und wir können sie nicht fassen und halten, daß sie uns Auskunft geben vom *Wiedersehn!*

Ja, es ist schön, das Wiedersehn, auch das mit jenen Stätten. Doch wenn jemand an einen Ort gerät, wo sein Herz einmal mit Füßen getreten wurde, wo nichts, rein gar nichts von Gottessegen und Menschenfreundlichkeit ihm zugefallen ist, dann krampft sich das Herz ihm zusammen, und dann ist das Wiedersehen Gift, und die Wesen, die dort aufsteigen, sind bleiche, graue Spukgestalten, die in ihren Händen Rad und Galgen tragen und dazu ein unverständliches Buch: »Preußisches Landrecht; Titel: Conat des Hochverrats.«

Ach, ich habe dich oftmals wiedergesehen, du altes graues Haus auf dem Hausvogteiplatz zu Berlin. Das letzte Mal war es im vergangenen Sommer, als aus ganz Deutschland die frischen Gesellen in ihren grauen Jacken und weiten Hosen zum Turnerfest in Berlin zusammenströmten, als die schwarz-rot-goldenen Fahnen aus allen Fenstern wehten und sogar die Herren Wirklichen Geheimen Räthe den Turnern aus den Fenstern ihr »Gut Heil« entgegenriefen.

»Komm mit, Fritz!« rief mir ein alter Freund am ersten Tage zu, »wir fahren heute alle nach Spandau. Die Stadt Spandau gibt heute einen aus, der Magistrat hat vierhundert Taler für unsere Bewirtung spendiert!« – »Danke recht sehr!« sagte ich, »den Weg von Schwarz-rot-gold nach Spandau kenn' ich nur zu genau«, ging nach Hause, nahm meine liebe Frau unter den Arm und sagte: »Das können wir einfacher haben.« Und ich brachte sie zum Hausvogteiplatz, vor das triste alte Haus: »Sieh, da haben sie einmal um mein Lebensglück gespielt, und *sie* haben gewonnen.« – Schräg gegenüber wehte eine schwarz-rot-goldene Fahne aus einem Fenster; ich nahm meine Frau fester in den Arm: »Ich hab's bezahlt. Mehr als bezahlen kann der Mensch nicht, wird auch nicht von ihm verlangt.« – Und wie sie freundlich und still zu mir aufblickte, sagte ich noch: »Min leiw Döchting, man soll Gott für alles danken. Hätte ich hier nicht gesessen, wer weiß, ob ich dich dann gekriegt hätte.«

Am Tage darauf saß ich auf der Eisenbahn und fuhr nach Hause; ließ Turnerfest Turnerfest sein. Das Wiedersehen war mir aufs Gemüt geschlagen.

Aber nun zu meiner Geschichte!

Der Kapteihn und ich saßen also in einem Wagen, und wir fuhren mit zwei Gendarmen, die in ihren Patronentaschen Schloß und Ketten als notwendige »Bedürfnisse« für uns mit sich führten, nach – Berlin. Hier trafen wir in der nächsten Nacht genau um halb zwölf wieder vor dem kleinen, unscheinbaren grauen Gebäude auf dem Hausvogteiplatz ein, von wo aus wir unseren neuen Lebenslauf hatten antreten müssen und in welchem der Herr Kriminalrat Dambach, unser würdiger »Onkel«, residierte. Nunmehr hatte er einen feineren Titel, denn er war inzwischen Kriminaldirektor und Hausvogt geworden, sintemal es ihm so gut gelungen war, aus uns dummen Jungen die gefährlichsten politischen Verbrecher herauszuuntersuchen, die jemals den preußischen Staat und den hochgeschätzten Deutschen Bundestag bis dicht an den Abgrund gebracht haben.

Als wir vorgefahren waren und geläutet hatten, kam der Herr Inspektor mit dem gleichen dürren Knochengerüst und dem gleichen fettigen Schafpelz heraus, mit dem er vor fünf Jahren allmorgendlich und allabendlich uns die

Ehre angetan hatte, uns zu kontrollieren. Er war sehr in Verlegenheit, was er mit uns anstellen sollte, weil wir ihm, wie er sagte, nicht ordnungsgemäß gemeldet seien und er keine Zelle für uns bereit habe. Wir mußten aus der bitteren Kälte in die Wachstube hinein und dort bei Qualm und Dunst und einer Hitze von 22 bis 24 Grad (unter dem tut es keine preußische Wachstube) bis gegen 2 Uhr sitzen. Um diese Zeit kam der Herr Inspektor zurück und meldete uns: Nun wäre alles fertig, und wir sollten nur mitkommen.

Wie wir über den altvertrauten Hof gingen, wo ich so manche Fußspur hinterlassen hatte und der ein volles Jahr hindurch meine ganze Welt gewesen war, schoß mir so allerlei durch den Sinn – ich mußte stehenbleiben. – Damals und jetzt! – Damals: Herausgerissen aus dem schönen, jungen, frischen Studentenleben, um hinter Blechkasten, Schloß und Riegel jeden Sonnenstrahl von Liebe zu entbehren, um wie eine Drehorgel, die tagtäglich mit zwölf Groschen in Gang und Atem gehalten wird, *die* Melodie aufzuspielen, die Herr Kriminalrat Dambach vor dem hochwohllöblichen Kammergericht singen wollte, um damit sein Avancement zu sichern. Er hatte es durchgesetzt: Er war auf unsere Kosten, auf Kosten von über tausend jungen Leuten, der *oberste* Kriminalbeamte in Preußen geworden. Er hatte es zuwege gebracht, aus uns, die wir in naiver Aufrichtigkeit nicht nur aussagten, was wir getan, sondern auch, was wir gedacht und empfunden hatten, sich Leitersprossen zu zimmern, auf denen er zu seiner jetzigen sehr hohen Amtsstellung emporklettern konnte. – Damals! – Gab es dort auch keine Liebe, so blieb uns doch die Hoffnung. Hatte er doch selber zu mir gesagt – ich meine den Herrn Kriminaldirektor – : »Lassen Sie sich immerhin auf die Festung abführen, Sie müssen entschieden an Ihr Vaterland ausgeliefert werden.« – Und jetzt? – Fast fünf Jahre hatte ich abgesessen und war keinen Schritt vorangekommen.

Den Herrn Kriminaldirektor hatte ich vordem schon kennengelernt, und ich dachte so bei mir: das ist ein schlechter Kerl. Aber ich sollte ihn noch besser kennenlernen: er war nicht *schlecht,* er war gemein. Die paar Tage, die wir diesmal in Berlin blieben, haben es mir bewiesen. Nun, ich will es erzählen.

Der Inspektor brachte uns in eine Zelle. Merkwürdig! es war dieselbe, in der ich ehedem gesessen hatte. Da waren der gleiche Blechkasten vor dem Fenster, die gleichen Ritzen in der Wand, auf die ich so oft gestarrt hatte, die gleichen Dielen, auf denen ich so oft unruhig auf- und abgeschritten war. Da war noch die Stelle, wo ich mir heimlich einmal einen Kienspan aus

der Diele geschnitten hatte. Aus diesem Kienspan hatte ich mir eine Schreibfeder zurechtgebastelt, heimlich, das versteht sich von selbst. Zu Weihnachten hatte ich ein paar Walnüsse bekommen. Ich hatte die Nußschalen verbrannt und mir daraus eine Art Tusche fabriziert; mit der hatte ich geschrieben, natürlich heimlich! Nichts Böses hatte ich geschrieben, nichts, das gegen die Hausordnung verstieß, nur Gedichte – schlechte Gedichte, in denen sich die Wut Luft machte und aus denen lauthals die ganze Bitternis meiner Lage schrie, in denen ich das bißchen Welt in Schutt und Asche zusammenschlagen und danach als »Herrgott der Zweite« über diesem Schutthaufen thronen wollte.
Zum Glück für die Nachwelt ist dies alles verloren gegangen, und zu meinem eigenen Glück finden diese Gedichte in meinem Herzen keinen Widerhall mehr. Sogar die Feder, jener Kienspan, mit dem ich dies alles geschrieben und den ich Jahre hindurch als Andenken aufgehoben habe, ist von Mariken Gramkow in Treptow als ganz gewöhnlicher Kienspan einmal zum Feueranmachen im Ofen verheizt worden.
Sollte mich aber mal jemand besuchen, so kann ich ihm doch etwas Schriftliches aus dieser Zeit vorweisen: »Die Tochter Jephtas« von Byron, die ich aus dem Gedächtnis niedergeschrieben habe. – Byron war damals mein Mann.

In dieses Gefängnis wurden wir also in dieser bitterkalten Nacht eingeliefert. Alles noch wie einst, nur kalt, kalt, bitterkalt! Alles war noch wie einst, nur auf dem Bettgestell hatte ein Strohsack gelegen, der fehlte diesmal. – »Na, Kapteihn, denn helpt dat nich!« – Wir legten uns auf die Dielen, irgend etwas unter dem Kopf, mit dem Mantel zugedeckt. Aber anstatt zu schlafen, froren wir die Nacht hindurch, denn die Zelle war lange nicht geheizt worden.
Am nächsten Morgen schloß der Inspektor die Tür auf und erkundigte sich recht freundlich, wie wir geschlafen hätten. Wir taten so, als merkten wir seinen Spott nicht, und verlangten für den Fall, daß wir noch eine Nacht hierbleiben sollten, ein Bett oder zumindest doch einen Strohsack. Darüber, meinte er, habe er nicht zu befinden; er wolle es aber dem Herrn Kriminaldirektor Dambach vortragen; im übrigen hätten wir täglich fünf Silbergroschen zu verzehren. – Ich widersprach ihm, wir seien doch auf der Reise, und unter diesen Umständen betrage der Satz doch 20 Silbergroschen. – Dies habe der Herr Kriminaldirektor so angeordnet, erwiderte er, und damit verließ er die Zelle.
Als er fort war, erschien der Schließer und fragte, was wir »genießen« woll-

ten. Wir waren durchgefroren bis auf die Knochen und liefen in unserem Käfig herum wie die wilden Tiere, nur um warm zu werden. Was lag also näher, als daß wir nach einer heißen Tasse Kaffee verlangten? Also zwei Portionen Kaffee! – Wir bekamen den Kaffee, doch die Portion kostete vier Silbergroschen, so blieb uns noch ein Silbergroschen für den ganzen übrigen Tag. Was sollten wir dafür kaufen? Natürlich Brot. Also ein Brot zu einem Silbergroschen für jeden, und wir waren mit unseren fünf Silbergroschen durch.

Als wir gegen Abend auch mit unserem trockenen Brot durch waren und im Dunkeln herumhockten, erschien der Herr Inspektor aufs neue, um uns Gute Nacht zu wünschen. – Dies war nun wiederum nichts weiter als der nichtswürdigste Hohn. Ich ließ mir aber nicht anmerken, wie grimmig es in mir tobte, und erkundigte mich, ob wir denn auch diese Nacht noch ohne Bett oder Strohsack schlafen sollten. Wenn uns seitens der Hausvogteiverwaltung kein Lager gegeben werden könne, so hätte ich noch 26 Taler und der Kapteihn noch 21 Taler Privatgeld, das die beiden Gendarmen aus Magdeburg mitgebracht und hier abgeliefert hätten, und davon könnten ja die Kosten für ein Bett bezahlt werden. – Der Inspektor erwies uns eine höfliche Verbeugung und meinte, das wäre alles recht gut und schön, aber der Herr Kriminaldirektor habe bestimmt, wir sollten uns von unseren fünf Silbergroschen erst einmal so viel zusammensparen, um uns ein Bett mieten zu können.

Dies war denn nun doch eine offensichtliche Gemeinheit. Wenn wir von unserem erbärmlichen Kostgeld täglich einen Silbergroschen beiseitelegten, dann mußten wir dreißig Tage lang von nachmittags 5 bis morgens 8 Uhr im Dunkeln auf den blanken Dielen liegen, ehe wir den Taler zusammenhatten, den das Bett im Monat kosten sollte, mußten Hunger und Kummer leiden, und weswegen? Hatten wir denn wieder aufs neue etwas verbrochen, daß sie mit uns derart ins Gericht gehen konnten? Ich verlangte also den Herrn Kriminaldirektor persönlich zu sprechen. – Die Antwort war, der Herr Kriminaldirektor ließe sich um diese Zeit nicht sprechen. Damit wurde die Tür wieder zugeschlossen, und wir lagen über Nacht wieder auf dem Fußboden und froren.

Am nächsten Morgen das gleiche: Wieder warmer Kaffee und ein Silbergroschenbrot. *Jetzt* wollte ich den Herrn Kriminaldirektor sprechen: als Hausvogt war es seine amtliche Pflicht, Klagen seitens der Gefangenen entgegenzunehmen, und wir hatten zu klagen. Die Antwort war: Der Herr Kriminaldirektor wolle uns überhaupt nicht sprechen. Ich setzte mich also hin und schrieb an ihn. Ich verlangte einen Protokollführer, da ich mich

über ihn beim Kammergericht beschweren wollte. – Ich bekam keine Antwort. – Am Abend wieder der freundliche Gute-Nacht-Wunsch des Inspektors und das harte Lager auf den Dielen.
Der dritte Morgen brach an und bescherte uns das gleiche, jedoch brachte er einen Tag, an den ich zeitlebens denken werde. Denn außer dem Ungemach, das uns ohnedies schon mürbe gemacht hatte, brachte er neue Angst und neue Not.
Mein alter Kapteihn wurde krank. Eine große Unruhe, eine fliegende Hast kamen über ihn, er griff hierhin und dorthin. In unserem Gefängnis lag eine Bibel. Er griff nach ihr, las, warf sie beiseite, las wieder, warf sie wieder beiseite und lief rot, blaurot im Gesicht, in der Zelle hin und her, um sich dann wieder auf die harten, kalten Dielen zu werfen. – Ich weiß es, hier hat er den Grund zu einigen schweren Lungenentzündungen gelegt, die ihn später, ein Jahr danach, auf der neuen Festung heimgesucht haben.
Eine Bibel in einem Gefängnis ist eine schöne, menschenfreundliche Einrichtung. Der Mann, der als erster hierfür gesorgt hat, gehört zu jenen Auserwählten, die nicht allein das schwache Menschenherz, sondern auch die allbarmherzigen Absichten unseres Herrgotts richtig gedeutet haben. Manch steinernes Herz mag vor Gottes Wort milde geworden, mancher Verbrecher mag dadurch zu besserer Einsicht und zum Guten gelangt sein. Doch wir waren keine Verbrecher, wir waren *Sünder* allzumal, ebensolche Lumpenhunde wie die, die auf ihren zwei Beinen frei umherliefen. Und was uns anging, wir hatten *nichts* verbrochen, und darin standen wir rein vor Gott, und nicht unser Herrgott schlug uns hier mit Jammer und Not, sondern die Gemeinheit von Menschen, die ihre grausame Lust an uns büßen wollten, die nichts mit Gott, desto mehr aber mit dem Teufel zu tun hatten.
»Laß das Buch liegen, Kapteihn, unser Herrgott meint nicht dich; sein lichtes Abbild hier auf Erden hat dir nur ein paar Steine in den Weg geworfen! Laß das Buch liegen, Kapteihn, mach dich nicht zum Mitschuldigen dieser Gotteslästerer, die mutwillig Unheil über die Menschen bringen und dann Gottes Wort zum Trost dafür reichen!«
Ich pochte an die Zellentür und wurde auf den Gang herausgelassen. Da traf ich einen alten Kammergerichtsboten, der mir von früher her bekannt war – Heubold hieß der Kerl; er soll später wegen Unterschlagung auf Festung gekommen sein, wofür ich mich aber nicht verbürgen kann. Wenn er dahin geraten ist, dann hat der Halunke dies schon allein für all den Hohn verdient, mit dem er mir sein grinsendes Gesicht entgegenhielt, als ich ihn fragte: »Heubold, wissen Sie nicht, wie lange wir hier noch bleiben müssen?« – Da stand er vor mir mit seinem widerlichen, weichlichen, weißen, aufge-

dunsenen Gesicht, mit dem schlaffen Lachen um das breite Maul, mit der alten fuchsigen Perücke, und langsam kam die Antwort heraus: »Sie bleiben immer hier. Glauben Sie, daß der König alle diese großen Gebäude hier leerstehen lassen will? Nein, Sie bleiben hier, und Ihre Kameraden kommen alle nach.«

Der Schuft wußte es besser. Er wußte recht gut, daß wir weiter reisen würden, er wußte recht gut, wie erbärmlich wir hier gehalten wurden, er wußte recht gut, wie beklommen uns zumute war. Aber es kitzelte den Halunken doch, uns auch noch einen Fußtritt mit auf den Weg zu geben. Man konnte ihm die infame Lust vom Gesicht ablesen, mit der er es aussprach: »Nein, Sie bleiben hier.«

Ich kann und will es nicht bestreiten, daß ich mich von der abgrundtiefen Gemeinheit dieses Kerls ins Bockshorn jagen ließ. – Ein Gefangener ist zu sehr eingeschüchtert, und drei Tage Wasser und Brot, das Liegen auf dem Fußboden und die bittere Kälte machen auch nicht gerade viel Mut. Ich glaubte, er sage die Wahrheit und erschrak darüber gewaltig, weitaus mehr als damals, als sie mir mein Todesurteil sprachen. Das war eine Augenblickssache, dies war eine lange, lange, allmähliche Totquälerei.

Es gibt nur wenige Menschen auf Erden, die einen Begriff davon haben, was es heißt, wenn einer auf Staatskosten langsam zu Tode gequält wird. Möglich war es, der Anfang war ja schon gemacht, und warum sollten sie die Sache nicht weiter betreiben? Ach, mir war schlimm zumute! Doch das eigentliche Unheil sollte erst noch kommen: mein lieber alter Kapteihn hatte die ganze Geschichte mit angehört, und was für mich Jammer und Qual war, konnte für ihn zum tödlichen Gift werden.

Als wir wieder eingeschlossen waren, fielen wir einander in die Arme, und lange mögen wir wohl so gestanden und Schutz und Trost aneinander gesucht haben – wie lange weiß ich nicht mehr –, aber das weiß ich noch wie heute, daß mein braver alter Kapteihn straff und stramm in der Zelle auf und abschritt und seine Krankheit überwunden hat und daß in mir ein gewaltiger Trotz aufbegehrte: der Teufel mußte mit dem Teufel ausgetrieben werden.

Ich hämmerte an die Tür; ich verlangte nach einem Protokollführer. Ich wollte mich beim Kammergericht beschweren! – Richtig, nach ein paar Stunden kam ein Kerl herein, ein innen und außen schmieriges Geschöpf von Referendar, von der Sorte, die ihr Richterexamen nicht fertig kriegen können und ihr Leben lang als Schuhputzer bei den höheren Gerichten verbraucht werden.

»Sie wollen sich beim Kammergericht beschweren?« – »Ja!« – »Am besten wäre es denn wohl, wenn Sie selbst Ihre Beschwerde aufsetzten!« – »Nein«, sagte ich, das wollte ich nicht, *er* wäre dazu da, *er* müsse das, *er* müsse mir das auch bezeugen, daß wir schon drei Nächte auf den blanken Dielen gelegen und tagsüber von Wasser und Brot gelebt hätten. Mit Hängen und Würgen brachte ich ihn dazu; aber die Redensarten, die ich über den Herrn Kriminaldirektor vom Stapel ließ – fein waren sie gerade nicht –, die wollte er nicht in sein Protokoll aufnehmen.

Natürlich mußten wir auch in dieser Nacht wieder auf dem Fußboden schlafen. Wir lagen zusammen, mein braver Kapteihn in meinem, ich in seinem Arm. Das Unglück schmiedet die Menschen sehr fest aneinander.

Am nächsten, am vierten Morgen, immer noch das gleiche! Mein alter Kapteihn blieb still auf seinem harten Lager liegen, ich ging auf und ab und stellte mich schließlich vor dem Blechkasten auf, durch den der graue Wintermorgen zwei Hände breit von oben hineinblickte. – Lieber Gott! und hier noch *fünfundzwanzig* Jahre!

Mein alter Kapteihn war aufgestanden, er griff wieder nach dem Bibelbuch. »Laß das Buch liegen, Kapteihn! Unser Herrgott hilft nur *dem*, der sich selber hilft. – Wir wollen uns wehren, Kapteihn!«

Ach, du lieber Gott! Wir standen zusammen in einer halbdunklen Höhle, eingesperrt, nichts auf und nichts im Leibe, und wollten uns gegen die Welt zur Wehr setzen!

Möglich, daß einer von den sogenannten *Frommen* mich deswegen verachtet, daß ich das Bibelbuch zurückgestoßen habe. Ich kann ihm aber die Versicherung geben, daß ein helles, frisches Gottvertrauen ohne Bibellesen und Beten über mich gekommen war, und zum Preis und Ruhm unseres Herrgotts will ich es hier bekennen: Es hat mich nicht getrogen.

Die Tür wurde aufgeschlossen, und in ihr stand Gendarm Rehse, der mich vor fünf Jahren so oft zum Verhör beim Herrn Kriminalrat gebracht hatte. Er war ein alter, langer, dürrer Mann, sein Gesicht war von Pockennarben zerrissen und mit Sommersprossen bemalt, schütteres, graues Haar hing ihm von oben herunter, und aus jedem Nasenloch hing ihm ein »Friedrich Wilhelm III.« wie ein graues Talglicht heraus. – Hübsch war er nicht, und dennoch! – wenn mir unser Herrgott in meiner Todesstunde einmal seinen Erlösungsengel schicken will, dann soll er mir den alten Gendarmen Rehse schicken.

Da stand er in der Zellentür, in seiner königlich-preußischen Engelsuniform, und rief hinein in unsere Jammerhöhle: »Meine Herren, machen Sie sich bereit! In einer halben Stunde reisen wir.«

Ach Kapteihn! Ach, Charles douze! Was war das für eine Freude! – Fort! Fort! – Wohin? – Wir wußten es nicht, aber nur fort! Fort von dem Schuft, der uns auf Lebenszeit unglücklich gemacht hatte! Fort von dem Schuft, der seine Lust darin gefunden hatte, uns grundlos bis aufs Blut zu quälen!
Aber, wird mancher sagen, da haben doch andere und viel bessere Leute noch viel Schlimmeres aushalten müssen. Denkt doch nur an die Landwehren von 1813!
Ja, das stimmt. Aber diese Menschen haben nicht nur viel zu *leiden* gehabt, sondern auch etwas zu *tun*. Und eben dies war es. Wir jungen Leute, in denen jeder Atemzug nach Tun und Wirken schrie, wir wurden einzig und allein aufs Leiden und Dulden verwiesen. Und wir sollten uns von einem Grafen Hacke und einem Kriminaldirektor Dambach nach Gutdünken schikanieren und mißhandeln lassen?
Ja, Gendarm Rehse und unser Herrgott erlösten uns damals aus unseren Qualen, und ich will dem Herrn Kriminaldirektor Dambach dies alles nicht anrechnen, wie ich auch unter seine anderen Schikanen, die er im Untersuchungsarrest gegen mich verübt hat, einen dicken Strich machen will. Nur in einer Hinsicht soll er mir Rede stehen – er ist schon tot, auf dieser Erde kann er's nicht mehr – aber drüben soll er sich verantworten: Warum er meinem guten Vater, der gerade in *diesen Tagen* in seiner Herzensliebe zu seinem einzigen Sohn nach Berlin gekommen war, um für seine Freilassung zu wirken – warum er meinem guten Vater nicht die zwanzig Schritte zu meinem Gefängnis gewiesen hat, damit der Sohn doch an Vaters Brust sich einmal ausweinen konnte. Dafür sollst du mir Rede stehn!

Kapitel 13

Tauwetter

»Meine Herren, machen Sie sich bereit, in einer halben Stunde reisen wir.« – Gott, was war da groß vorzubereiten! Unsere Koffer waren gepackt, die Mäntel lagen noch vom nächtlichen Zudecken auf den Dielen, und Abschied brauchten wir, Gott sei Dank, nirgends zu nehmen. Der Kapteihn nahm also nur sein großes Vogelbauer mit der Kanarienvogelhecke unter den Arm, mit dem er zu reisen pflegte und die er bei Kälte stets sorglich mit seinem grauen Mantel zudeckte, als seien es seine eigenen Knie und Beine. Wie saß sein liebes, kleines Völkchen zerzaust da! Keinen Ton hatte es die ganze Zeit über verlauten lassen. Ich suchte unser Pfeifengeschirr aus allen vier Ecken zusammen, steckte das halb angebrochene Pfund Tabak in die Tasche, und nun konnte es losgehen, Gendarm Rehse! Doch Rehse kam nicht.

Wenn jemand auf ein Fahrzeug wartet, weil er gerne an einen anderen Ort reisen will, so bringt ihn das schon in häßliche Unruhe. Doch viel schlimmer ist es, wenn einer warten muß, der dringend von einem Ort wegkommen möchte.

Nun, ein Ende mußte es schließlich doch nehmen, und es nahm ja auch ein Ende. Gendarm Rehse erschien mit einem anderen Kameraden – er hieß Prütz und war ein kleiner, frischer, freundlicher Kerl – und holte uns ab. Unser Gepäck wurde aufgeladen, wir auch. Und nun für immer lebewohl, Hausvogtei! Ich habe dich wohl von außen wiedergesehen, aber nach deinem Inneren hat es mich nie wieder verlangt.

Inzwischen hatte Tauwetter eingesetzt. Zwei Tage hatte es geregnet, und der Schnee war fort. Die erste liebe Frühjahrssonne fiel hell auf die dunkle Erde und hell in unsere düsteren Herzen. Und wenn sie auch noch nicht wärmen konnte, so versprach sie es doch, und sie hat ihr Wort gehalten: Die schlimmsten Zeiten lagen hinter mir, und von nun an sollte es besser werden.

Der Kapteihn schlug den Zipfel seines grauen Mantels vom Vogelbauer zurück und setzte seine Vögel in die Sonne, und aus den plustrigen Dingern wurden kleine, schöne, glatt-gefiederte Vögel, die schon lustig hin und her hüpften und zwitscherten, wenn sie auch noch nicht gerade sangen.

Ach, wie anders war es geworden seit einer Stunde! Mein guter Kapteihn war ebenso aufgetaut wie ich. Der gute Vater Rehse erzählte Geschichten aus unserem Untersuchungsarrest und rief uns die alten Freunde ins Gedächtnis zurück. Der kleine Prütz sorgte für uns wie eine Mutter: »Warten Sie, hier is noch ne Decke, die wolln wir uns über die Füß legen. – Stecken Sie Ihre Beene doch hier durch, denn sitzen Sie bequemer.« – Und alles wäre gut gewesen, wenn mir nicht zwei Sachen im Magen gelegen hätten: erstens die Ungewißheit, wo wir hinkommen würden, und zweitens ein ganz gemeiner Hunger. Doch auch hierfür sollte Rat werden.

Als wir ein Stück Weges gefahren waren, kam mir die Gegend so bekannt vor. Ich war auf dieser Straße schon einmal gereist, und sie führte nach Osten. »Mein Gott«, fragte ich, »das geht ja wohl nach Müncheberg zu?« – »Jawoll«, war Rehses Antwort, »und da machen wir Mittag.« – »Und danach?« erkundigte ich mich weiter. – »Oh, denn geht dat ümmer so weiter nach Graudenz zu«, verriet uns Vater Rehse in seiner harmlosen Gutmütigkeit, denn ich glaube noch heute, daß ihm dies ziemlich unversehens herausgerutscht ist, denn Vater Rehse war ein bißchen beschädigt. – Mit *der* Ungewißheit war's nun vorbei, über *den* Berg waren wir glücklich hinüber, und was hinter dem Berge lag, das sollte uns fürs erste nicht kümmern. Aber der Hunger! Nun, auch dem sollte abgeholfen werden.

Wir mochten so an die zwei Meilen gefahren sein, da nahm der nette Gendarm Prütz, der mir gegenüber saß, seinen Tschako ab – denn damals trugen sie noch keine Helme –, schnürte dessen Unterfutter auf und holte ein blaugewürfeltes Schnupftuch heraus. – Ich denke mir also, er will sich die Nase ausschnauben, doch diesmal kam es anders, wie man zu sagen pflegt, als mit der seligen Frau. – Er holte aus dem Taschentuch ein Stück gekochtes Kalbfleisch und aus der Tasche einen ansehnlichen Knust Brot sowie ein Messer heraus und fing an, recht mit Appetit zu frühstücken. Als Vater Rehse dies wahrnahm, holte er sich auch seinen Fouragekasten vom Kopf und nahm ebenfalls seine Gottesgabe in Angriff, und da saßen sie beide nun vor uns und frühstückten wie die Engel im Himmel, und der Kapteihn und ich sahen andächtig zu.

Unsere Andacht mochte aber vielleicht ein bißchen zu nachdrücklich ausgefallen sein und sich auf unseren Gesichtern widergespiegelt haben. Genug, Prütz roch den Braten und beteuerte, sein Schnupftuch sei ganz sauber, und wenn wir Appetit hätten . . . Und Vater Rehse verschwor sich, seine Wurst komme vom propersten Schlachter in ganz Berlin, er halte darauf und auch seine liebe Frau. Und wenn wir Lust hätten . . . Und somit wurde das Damast-Gedeck aus blaugewürfelten Schnupftüchern über unsere vier Paar Knie gebreitet, die Wurst machte die Runde, das Kalbfleisch und die Mes-

ser wurden abwechselnd in Gebrauch genommen, und schließlich schnabulierten nur noch der Kapteihn und ich wie die Engel im Himmel, und Prütz und Rehse sahen andächtig zu.
Seitdem wird mir immer mächtig dankbar zumute, wenn ich einen preußischen Gendarmen und ein blaugewürfeltes Schnupftuch zu Gesicht bekomme. Die Gendarmen muß ich nehmen, wie sie kommen; doch von den blaugewürfelten Schnupftüchern habe ich mir etliche angeschafft, nicht zum gewöhnlichen Gebrauch, sondern als Tischtücher. Und die werden nur aufgedeckt, wenn es ein bißchen was Besonderes gibt, wie zum Beispiel einen richtig fetten Kalbsbraten und eine schöne mecklenburgische Mettwurst, und dann frage ich mich immer: »Na, schmeckt dir das wohl so gut wie damals?« Und immer lautet die Antwort: »Nein, Prützens ausgekochtes Kalbfleisch und Rehses Schlackwurst, das war doch ganz etwas anderes.«
Lange aber hielt das nicht vor, wir waren zu ausgehungert. Als wir gegen zwei in Müncheberg eintrafen, war dort eine lange Tafel für die Postgäste gedeckt, mit weißem Leinen, nicht mit blaugewürfeltem. Seit einem Jahr hatte ich nicht mehr an einem Tisch mit weißem Leinen gegessen, und es kam mir riesig appetitlich vor. Wir hatten in Magdeburg zwar auch alle Mittage gedeckt, freilich nur mit grauem Löschpapier, damit der blanke Tisch schön sauber bleibe, aber nun richtiges weißes Leinen! – »Vier Portionen«, bestellte ich bei einem jungen Ding, das da herumstand, Maulaffen feilhielt und uns anstarrte, als seien wir Affen und Bären, die für Geld über Land geführt wurden. – »Nee«, sagte der alte Rehse, »man zwei Portschonen! Prütz un ick haben schon jejessen, wir essen nich mit.« – »Na, das wäre ja noch schöner! Nee, der Plumpsack geht um, sagt Trohls. Wie du mir, so ich dir. Haben wir Ihnen helfen müssen, das Frühstück zu vertilgen, so müssen Sie uns beim Mittagessen Beistand leisten.« – »Je, dat is ja allens recht schön, dat Jeld langt man nich ... Ihnen steht bisher zusammen ein Zehrgeld von einem Taler und acht Groschen zu, und wenn wir dat hier verputzen, denn bleibt nischt für die Nacht. Wir fahren die Nacht durch, und die Nacht is lang.« – »Herr Rehse, wir haben ja noch unser Privatgeld.« – »Je, dat Privatjeld ...«
Doch er kam mit seinen Einwendungen nicht mehr zurecht: die vier Portionen Suppe wurden aufgetragen, Prützchen nahm bereits Platz: »Na, denn helpt dat nich!« Wir saßen auch schon, und Vater Rehse wollte die Suppe doch nicht kalt werden lassen, er machte sich also auch daran. – »Ach, bringen Sie doch noch ne Flasche Wein!« rief ich. – »Um Jottes willen, wir kommen hier ja noch alle in Schulden!« rief Vater Rehse. – »Lassen

Sie man, wir haben ja noch das Privatgeld!« – »Ach du lieber Jott! Dat is ja aber injesiejelt, und dat muß ich ja an die Kommandantur in Graudenz abliefern.« – »Lassen Sie nur, das zieht sich alles nach dem Leibe, wie der Schneider sagt.«

Der Wein, der kam. Wir tranken, und Rehse trank mit. – »Ach, mein Kind, noch ne Flasche, aber ein bißchen was Besseres!« – »Herr du meines Lebens, das jeht doch nu wirklich nich!« – »Vatter Rehse, wir haben ja noch das Privatgeld.«

Und wir tranken noch eine und noch eine, und als jeder einen kleinen Vogel sitzen hatte, da forderte ich den Alten auf: »So, Vatter Rehse, nun machen Sie mal mein Schatzkästlein auf und holen Sie mal nen Zehntalerschein raus. Und Sie, min Döchting, bringen Sie mir mal Tinte und Feder her«, setzte mich hin und schrieb dem alten Rehse eine wunderschöne Quittung, in der zu lesen stand, daß er zehn Taler von meinem Privatgeld zu meinen Gunsten verausgabt habe, bezahlte die Rechnung und steckte das Geld, das ich herausbekam, in meine eigene Tasche, denn wozu sollte Rehse sich noch viel damit abschleppen. Und weil ich nun gerade mal beim Schreiben war, so schrieb ich auch noch einen Brief an meinen Freund Grashof in Magdeburg, worin ich ihm meldete, daß ich mein Zeichenbrett dort vergessen hätte, das solle er an sich nehmen.

Nun paßte aber Vater Rehse sehr genau auf und fragte, was ich denn da zu schreiben hätte. – Einen Brief, sagte ich. – Das könne er nicht dulden, sagte er. – Je, ich hätte in Magdeburg was vergessen. – Das sei ihm ganz egal, und er duldete es nicht. – Na, meinte ich denn endlich, er solle den Brief doch selber lesen. – Das sei ihm ganz egal, er duldete es nicht. – Ja, lenkte ich schließlich ein, dann solle er sich selber hinsetzen und solle selber die Adresse »An die Kommandantur in Magdeburg« schreiben, dann käme der Brief doch gewiß in unverdächtige Hände. Und Vater Rehse tat es. – Vatter Rehse, Vatter Rehse, da habe ich dich schön angeführt!

Ich hatte mich nämlich mit meinem Freund Grashof verabredet, falls ich ihm schriebe, ich hätte ein Paar Strümpfe vergessen, dann ginge es mit uns nach Pillau, ein Buch sollte Glatz bedeuten, ein Hemd Kolberg und ein Zeichenbrett Graudenz, damit sie doch wüßten, wo wir hingekommen wären und wohin sie uns wahrscheinlich nachfolgen würden. Und dies hatte nun richtig geklappt, und nach einem Weilchen saßen wir auf dem Wagen und fuhren in den Abend hinein, und wohl niemals mag eine Gendarmen- und Verbrechergesellschaft so lustig im Staate Preußen herumkutschiert sein wie wir. Nur daß Vater Rehse bei jedem Chausseestein ausrief:

»Na, Sie wern uns doch in keene Unjelejenheiten bringen?«

Daran dachten wir gar nicht, wir waren zu froh, vergnügt zu sein. Aber das Quittungschreiben hatte uns doch sehr gefallen, das setzten wir fort. Und als Vater Rehse dann in Graudenz unser Privatgeld abliefern sollte, da hatte er nichts wie Quittungen. – Na, es war ja ganz einerlei, ob *er* die hatte oder *wir* sie hatten: Ei ist Ei, sagte der Küster, langte aber nach dem Gänseei.

So waren wir denn nach zwei Tagen und zwei Nächten in die Nähe von Graudenz gelangt. Doch zwischen uns und unserer neuen Festung lag ein großer Strom, und der wich nicht und wankte nicht, war aber an beiden Ufern schon aufgetaut; nur in der Mitte hielt das Eis noch. Da sollten wir rüber.

»Vatter Rehse«, sagte ich, »in *diese* Gefahr begeb ich mich *nicht.* Der preußische Staat kann von mir als Ausländer *nicht* verlangen, daß ich Heldenmut aufbringe, und nur um ein paar Tage früher wieder auf einer preußischen Festung einzutreffen. Mit dem Kapteihn ist das anders; der ist ein Landeskind und will ja durchaus auch rüber. Ich will Ihnen einen Vorschlag machen: gehn Sie mit dem Kapteihn über das Eis, ich will mit Prütz hier auf dieser Seite im Gasthof so lange liegen bleiben, bis das Wasser frei ist.«

So uneben war mein Vorschlag gar nicht, und Prütz hatte auch Lust dazu. Wer weiß, ob ich damit nicht auch durchgekommen wäre, hätte ich mir nur für den Gasthof den alten Rehse ausgesucht. Denn der stand da, kratzte sich den Kopf und meinte, schlimm sei's ja, und er hätte auch schon als Kind vorm Wasser immer Angst gehabt, aber was sein müsse, müsse sein, und rüber müßten wir. So half es also nichts; da sie alle gegen mich waren, mußte ich mit und mußte als kleiner Fisch mein junges Leben wagen, und das Übersetzen nahm seinen Anfang.

Gegen acht Uhr morgens wurden wir mit den beiden Gendarmen und unserem Gepäck in ein Boot verladen, und sechs Schafpelze, in denen sechs Polacken steckten, flößten uns durchs freie Wasser, das eine Viertel Meile breit die Wiesen überschwemmt hatte, bis ans Eis heran. Hier mußten wir aussteigen. Die beiden Gendarmen nahmen ihre Gewehre unter den Arm, der Kapteihn seinen Vogelbauer, und ich unsere Pfeifen. Und so marschierten wir immer bis an die Knöchel im Wasser über das Eis, während uns unser Herrgott von oben mit einem leichten Fisselregen befeuchtete. Die sechs Schafpelze gingen hinter uns her und zogen unser Gepäck auf einem Schlitten nach. – Es war eine ganz ansehnliche Prozession, nur wäre sie um ein Haar mitsamt Gendarmen, Vogelbauer und all den schönen Pfeifen für alle Ewigkeit baden gegangen und niemand wäre übriggeblieben, davon Nachricht zu geben, als allenfalls die sechs Schafpelze.

Wir mochten wohl schon zu drei Vierteln hinüber sein, als am jenseitigen Ufer ein lautes Geschrei und ein Winken mit Tüchern und allerlei Gegenständen anhob. Als wir uns schon darüber verwundern wollten, wurden wir es denn auch richtig gewahr, daß wir auf dem besten Wege waren, ins blanke Wasser hineinzulaufen – wer zum Teufel hat auch klare Sicht, wenn er durch fußhohes Wasser waten muß und der Regen ihm ins Gesicht schlägt! Vater Rehse kommandierte denn auch gleich: »Kehrt!« und nach einer Weile gelangten wir mit knapper Not zwischen den vielen Löchern hindurch, die sich der Strom schon durchs Eis gefressen, bis an eine Stelle, wo sie Bretter ausgelegt hatten, und von da aus auf eine Art Laufplanke, die bis zum Ufer führte.

Damit war denn nun diese unangenehme Geschichte überstanden. Doch nun sollte eine folgen, die war noch ein gut Teil unangenehmer, und dies war ein polnisches Wirtshaus.

Wir mußten in das Fährhaus hinein. Dort hatte nun die ganze Nacht über die Tranlampe gebrannt, und im dicken Dunst wetteiferten Hering, alter Käse und Fuselbranntwein miteinander um die Vorherrschaft im durchdringendsten Gestank. Inmitten der Stube türmte sich ein Ofen mit grünen Kacheln, so groß wie bei uns ein Backofen, und um ihn herum lief eine Bank. Auf ihr lagen drei Bootsknechte und schliefen wie die Ratzen, und oben auf dem Ofen lagen sieben Schafpelze zum Trocknen.

Wie wir die Tür aufmachten, verschlug es uns den Atem, und wir prallten beide zurück. Doch Vater Rehses Nase war durch Erfahrungen in den unterschiedlichsten Wachstuben auf derartiges eingeübt. Er meinte, wenn es auch nicht gerade nach Waldmeister röche, so sei es doch warm, und es sei auch trockener als draußen im Regen. Es half also nichts, wir mußten da mit hinein und sollten dort nun so lange sitzen, bis Prütz einen Wagen besorgt hatte.

Es dauerte aber gar nicht lange, da kehrte sich mir im Leibe alles um und um, und ich mußte nach draußen, der Kapteihn mir nach, und auch der alte Herr mußte uns folgen. Aber sei es nun, daß er sich zuguterletzt noch ein bißchen in die Brust werfen wollte oder fror ihn wirklich so, kurzum, er verlangte von uns, wir sollten uns statt mit frischer Luft abermals mit Käse, Hering und Tran begnügen. Ganz zuletzt allerdings, nach vielem Bitten und Hin- und Herverhandeln, gab er dann doch nach, sodaß wir in der Hausdiele stehen bleiben durften, bis Prütz eintraf.

Nun, und der kam denn ja auch. Wir setzten uns auf den Wagen und fuhren auf die Festung.

VIERTES BUCH: DIE FESTUNG GRAUDENZ

Kapitel 14

Vom Pferd auf den Esel

Wenn ein Mensch allein von unserem Herrgott abhängt und von dem, was der ihm schickt, dann muß er sich mit dem bescheiden, was ihn trifft. Und wenn er ein frommes Gemüt besitzt, dann wird er sagen müssen: Was *der* mir schickt, ist wohlgetan. Anders ist es aber, wenn Glück und Unglück *eines* Menschen in die Hand eines *anderen* Menschen gelegt sind. Wenn es so ist, dann überschleicht einen ein banges Gefühl, denn jedermann weiß aus eigenem Wissen und eigenem Gewissen, wie unzulänglich es doch mit menschlicher Vernunft und mit der Güte des menschlichen Herzens bestellt ist.

Nun lag abermals unsere ganze Zukunft in der Hand eines einzigen Menschen, nämlich der des Kommandanten von Graudenz, und wohin dies führen kann, dessen waren wir beim Grafen Hacke zu Magdeburg schon gewahr geworden.

Die Festung Graudenz liegt ein Stück abseits der Stadt auf einer Anhöhe am Strom. Ihre Wälle und Mauern sahen von außen genau so trostlos und langweilig aus wie sonst überall auch, zumindest in den Augen eines Gefangenen. Ihre Torwege waren ebenso finster, und ihre Zugbrücken rumpelten genau so hohl, wie wir darüber hinwegrollten. Von innen her aber gewann es denn doch ein anderes Ansehen. Freilich gab es auch dort ringsumher nichts anderes als Kasematten, und die kannte ich von Silberberg her, aber sie waren sauber verputzt, und von außen gaben sie sich ganz annehmbar. Und dann lief innen von einem zum anderen Ende der Festung eine ganze Straßenzeile von Häusern, so daß man sehen konnte, hier wohnten doch auch noch andere Menschen als bloß Soldaten und Inhaftierte. Und auch Alleen von Linden- und von Pappelbäumen gab es dort. Kurz, der erste Eindruck war nicht schlecht, wie Adam sagte, als er Eva zu Gesicht bekam. Vor dem größten der Häuser fuhren wir vor. Es war die Kommandantur, und als wir abgestiegen waren, ging Vater Rehse mit unseren Papieren hinein zum General von Toll, und heraus trat ein großer, stattlicher Herr mit schlohweißem Schnurrbart und schlohweißem Haar. Später hat man uns erzählt, das wäre nur eine Perücke, aber diese Perücke, die kleidete ihn nun mal. Er sagte zu uns im deutlichen, reinsten Westfälisch: »Ich seh' aus Ihren Papieren, daß Sie ordentliche Leute sind, und Sie sollen's hier auch gut haben, denn meine Sache ist es nicht, Leute, die im Unglück sind, noch mehr hinunter zu treten. Sie sind von Ihren Kameraden, die mir angemeldet sind, hier zuerst angekommen. Ich will Ihnen deshalb die Erlaubnis geben, von den Kasematten, die für Sie bestimmt sind, sich die auszusuchen, die Ihnen am besten scheint. Haben Sie aber eine gewählt, dann müssen Sie sie auch behalten, denn für Fickfackereien bin ick nicht.« – Dies waren – ich weiß es noch ganz genau – seine eigenen Worte.

Wir bedankten uns und wollten schon abtreten, da rief er uns noch einmal zurück: »Und denn ist hier noch einer von Ihren Kameraden, er heißt Schramm. Sie mögen ihn wohl kennen – der hat hier den dummen Streich gemacht, daß er sich mit einem Mädchen verlobt hat – ein ordentlich Mädchen und ordentlich verlobt. Dem habe ich die Erlaubnis gegeben, daß ihn seine Braut und deren Bruder wöchentlich dreimal besuchen kann. Darauf werden Sie sich nicht berufen, denn *die* Erlaubnis kann ich Ihnen *nicht* geben.« – Wir versicherten, auf solche Streiche würden wir uns auch nicht einlassen, und unseretwegen könne Schramm sich gerne alle Nase lang verheiraten, wenn der Herr General es für gut befinde. – »Solche Antwort habe ich von Ihnen erwartet«, sagte er, und wir traten ab.

Er hatte uns den Kommandanturschreiber mitgegeben, um uns einzuweisen. Dies tat der auch, und nun hatten wir unsere Wahl zu treffen. Zum Glück kannte ich mich im Festungswesen einigermaßen aus, ich hatte ja schon lange Jahre in Kasematten verbracht. »Kapteihn«, sagte ich, »wir nehmen eine im zweiten Stock. Das sieht freilich greulich aus, wie wenn man in einen großen Reisekoffer eingesperrt wird, wegen des runden Gewölbes oben. Aber es ist immer noch besser, wenn man anderen Leuten auf dem Kopf herumtrampelt, als wenn man sich selber auf den Kopf trampeln läßt. Zwischen den beiden Stockwerken liegen nämlich keine Zwischenböden, bloß Bretter. Und im Frühjahr, wenn es zu tauen anfängt, dann fängt das morsche Holz zu lecken an und die Wände, die treiben, und wer unten wohnt, kriegt alles doppelt.«

Wir entschieden uns also für eine Kasematte im zweiten Stock. Der Kommandanturschreiber besorgte uns eine Aufwartefrau, die besorgte ein Bett. Unsere Sachen wurden heraufgebracht, und Vater Rehse und Prütz verabschiedeten sich.

Wie es wohl mit Vater Rehses vielen schönen Quittungen abgelaufen war?

Ich fragte den Kommandanturschreiber danach, und der sagte mir: »Um so was kümmert der General sich nicht, das ist Sache des Platzmajors, und der wird morgen wohl zu Ihnen kommen und mit Ihnen darüber verhandeln.«

Der Mann war ein bißchen neugierig, das konnte man ihm anmerken, denn er blieb zu lange bei uns, ohne recht ersichtlichen Grund. Nun, ich war ebenfalls neugierig und fragte ihn danach, wie es Schramm hier ginge, ich kannte ihn schon von Jena her und vom Untersuchungsarrest. Die Antwort war: »Sehr gut.« Ein Wort gab das andere, und schließlich erzählte er denn, als Schramm hier angekommen sei und der General seinen Namen gelesen habe, habe der ihn gefragt, wer sein Vater sei. Es war der Regimentsarzt Schramm in Gleiwitz. Darauf habe der brave alte General die Hände zusammengeschlagen und ausgerufen: »Und den Sohn des Mannes, der mir bei Waterloo das Leben gerettet hat, soll ich hier mit solcher Strenge behandeln!« – Er hätte es aber einzurichten gewußt, und Schramm habe es gut gehabt, habe aber mancherlei Unfug angestellt.

Je, so geht es nun einmal zu in der Welt. Dieser Jüngling hatte es gut getroffen, während anderen und besseren Leuten bitteres Leid widerfuhr und manche von ihnen gänzlich zugrunde gerichtet wurden. Schramm war Mitglied unserer Verbindung in Jena gewesen und hatte, weil es ein großes Mundwerk besaß, dort mit die erste Geige gespielt. Doch als die Sache zum Klappen kam, als ihm Onkel Dambach die Daumenschrauben angesetzt, ihm um den Bart gestrichen und ihm geschmeichelt hatte, er sei doch ein philosophischer Kopf, er könne »das Objekt der Untersuchung in seiner ganzen Totalität erfassen und übersehen«, da kamen seine jämmerliche Eitelkeit und seine erbärmliche Schwäche zum Vorschein. Er gestand nicht nur – das haben wir anderen ebenfalls alle getan –, er fing an zu denunzieren, wollte sich lieb Kind machen und ließ sich bei Nacht und bei Tage beim Kriminalrat melden, wann immer ihm aus vergangenen Zeiten noch ein armer Pastor aus Sachsen oder ein armer Doktor aus Schlesien eingefallen war, die auch einmal »Burschenschaft« gespielt hatten und nun mit Frau und Kindern dasaßen, damit ihnen doch das Vergnügen würde, bei einer Konfrontation noch einmal Schramms verkniffenes Gesicht wiederzusehen. Und dieser Knabe hatte es hier gut gehabt!

Der Herr Kriminalrat Dambach konnte auch *dankbar* sein, denn er hatte ihn auf eine Festung gesetzt, wo er *alleine* war und wir anderen ihm nicht die Hölle heiß machen konnten, und nun hatte der Zufall mit dem alten General noch ein übriges getan. Während uns knapp gestattet war, miteinander zu sprechen, hatte er mit gebildeten Leuten Umgang pflegen dürfen, hielt eine Braut auf dem Schoß, herzte und küßte sie, und die armen Frauen und Kinder derjenigen, die er denunziert hatte, streckten derweil jammernd die Arme nach Mann und Vater aus. – So geht es zu in der Welt. Hierüber sprachen wir, der Kapteihn und ich, als der Kommandanturschreiber uns verlassen hatte. Ich vor allem hatte etwas gegen Schramm, denn mich hatte er auch immer ganz überflüssigerweise in seine freiwilligen Beichten mit eingeflochten. Gleich am ersten Tage hatte er mich verraten und angezeigt, daß ich ihm ein Erkennungszeichen gegeben hätte. Aber das war ja nun schon alles so lange her, überall, wo wir gewesen waren, hatten wir untereinander Frieden gehalten; was sollten wir hier alte Geschichten aufrühren? Und der Kapteihn und ich beschlossen, wir wollten mit ihm in Frieden leben, und dies – meinten wir – sollte uns so schwer nicht fallen, denn wir würden ja nur in den Freistunden mit ihm zusammenkommen, dieweil er am andern Ende der Festung untergebracht war. Doch auch hier bereitete er uns mancherlei Verdruß, so daß aus der guten Absicht nicht recht etwas wurde.

Als es Abend geworden war, ließ der wachthabende Unteroffizier den Bedienten des Generals zu uns herein, und der brachte uns einen Korb: Ne Empfehlung vom Herrn General, und er schickte uns hier eine Kleinigkeit zum Abendbrot, denn wir wären doch wohl noch nicht vollständig eingerichtet. – Dies kam uns gerade recht, und aus den braunen Bratkartoffeln und dem warmen Eierbier blickten uns allerlei schöne Zukunftshoffnungen entgegen.

Der Kapteihn meinte: »Charles, mir scheint, wir sind hier besser dran als beim sel'gen Grafen.« – »Scheint mir auch so, Kapteihn. – Doch nun laß uns schlafen gehn, ich bin hundemüde. – Aber noch was! Wenn du ins Bett gehst, dann darfst du nicht aufrecht hineinsteigen. Du mußt dich auf die Bettlade setzen und ganz gebückt reinkriechen, sonst kannst du dir an dem alten Tonnengewölbe eklig den Kopf stoßen. Sieh, so macht man das in den Kasematten.«

Ich kroch hinein, und er stöberte und kramte noch ein wenig herum. Ich war schon beinahe eingeschlafen, als es plötzlich einen mächtigen Knall unten auf den alten Bretterdielen gab. Mein guter Kapteihn hatte meine Warnung vergessen, war mit dem Kopf gegen den Schwibbogen gerannt und dann rücklings aus dem Bett geschossen.

Ja, die alten Kasematten hatten auch ihre Unbequemlichkeiten.

Am Morgen darauf besuchte uns der Platzmajor. Er war ein gutmütiger alter Schwadroneur und plauderte mit uns über allerlei, nur nicht über Gendarm Rehses Quittungen. Als er uns unsere königlich-preußischen Staats-Verpflegungsgelder – fünf Groschen täglich – blank und bar auf den Tisch zählte, da wußten wir, daß wir von jetzt an wohlhabende Leute werden sollten, die bei passender Gelegenheit auch einmal in den Taschen etwas zu klimpern hatten.

Nun mußten wir zum General, mußten uns aber vorher doch noch rasieren lassen, denn die Bartstoppeln standen uns wie Hechelzinken im Gesicht. Ein gelernter Barbier hätte sich auf der Festung nicht halten können; so war es also ein Soldat, der das Haarschneiden und Rasieren betrieb, wenn er gerade kein Holz zu hacken hatte. Sie behaupteten, er habe keine leichte Hand, und das habe ich auch zu spüren bekommen; zudem besaß er nur ein ganz billiges Rasiermesser. Dies hätte ihn nicht so sehr in Ungelegenheiten gebracht, hätte der arme Schelm nicht einmal das Pech gehabt, des Herrn Generals schöne Perücke für sein natürliches Haar anzusehen. Als er ihm nun einmal seine wenigen natürlichen Locken aus dem Nacken hatte schneiden sollen, hatte er seine Sache besonders gut machen wollen und hatte ihm die schöne Perücke hinterwärts ganz kahl geschoren. Darüber war er nun bei allen und jedem in ein recht schiefes Licht geraten, und ohne dringende Notwendigkeit ließ sich keiner von ihm die Haare schneiden oder den Bart scheren.

Für uns aber bestand nun diese dringende Notwendigkeit, und ich nahm also Platz. Aber derart in die Länge gereckt, wie es mir über diesem Geschäft widerfuhr, bin ich weder vorher noch nachher niemals worden, und kleine Menschen sollten sich immer nur mit einem Sechslingsmesser und von einem preußischen Füsilier barbieren lassen.

Nach mir kam der Kapteihn an die Reihe, und auch er hielt tapfer aus. Doch als ihm der Kerl den Schnurrbart einseifen wollte – denn er rasierte nicht im ganzen, sondern immer nur stückweise – da kommandierte der Kapteihn: Halt! dies sei seine Sache. Er habe seine Schonung nun über eine Woche hinweg glücklich durchgebracht, aus dem Gröbsten sei sie nun, und habe er die Last davon getragen, so wolle er auch das Vergnügen daran haben. Und von damals an hat er auch sein Vergnügen daran gründlich genossen, und einen Bart des Formats, wie er ihn sich dann richtig anbändigte, habe ich mein Lebtag nicht wieder zu Gesicht bekommen. Er kräuselte ihn nicht, er kleisterte ihn nicht, er rieb ihn nicht mit Pomade ein, sondern er zog ihn ganz einfach, wie an einem Spalier, statt wie sonst gewöhnlich nach oben, nach unten. Hellblond und unschuldig hing er ihm über Ober- und Unterlippe herab, wie ein neues Strohdach sich über den beiden Halbtüren einer ländlichen Kate hinabwölbt, hinter denen Sanftmut und Herzensgüte wohnen. – Ich habe mir später auch etwas wachsen lassen. Es wurde aber auch danach.

Wir machten dem General unsere Aufwartung. Der stellte uns einem Herrn vor, der sollte auf uns aufpassen und sollte uns bewahren und bewachen, damit wir vom vorgeschriebenen Spaziergang nicht auf Abwege gerieten. Dies war Herr Unteroffizier Bartels. Herr Bartels marschierte mit uns ab, und als wir an die Lindenallee kamen, sagte er: »Sehn Sie, meine Herrns, von diese kleine Linde an bis an's Niedertor können Sie nun 's Morgens zwei Stunden lang ümmer in der frischen Luft auf und nieder gehen, und 's Nachmittags wieder, das heißt, reden dürfen Sie nicht mit keinem Menschen als bloß mit Ihnen und mit mir.«
So wußten wir nun doch Bescheid, und weil wir es so gut noch nie gehabt hatten und gewissermaßen vom Esel aufs Pferd geraten waren, lebten wir uns auch bald in die neuen Verhältnisse ein.

Kapitel 15

Victoria

Nun wäre es wohl nicht mehr als recht und billig gewesen, wenn wir uns dankbar und zufrieden mit dem begnügt hätten, was uns der alte Herr General und das Glück Erfreuliches in den Schoß geworfen hatten. Doch so ist nun einmal der Mensch geartet: er rückt und rüttelt an günstigen Umständen nicht weniger als an schlimmen, er will es immer noch anders und noch besser haben. Und wenn draußen nicht viel zu rütteln und zu rühren ist, wie in unserem Fall, so geht er nach innen daran, sein Herz mit allerlei Wünschen, Hoffnungen und Plänen zu befrachten, und wären Gelingen und Hoffnung auch so weit voneinander entfernt wie der Kuckuck vom Siebengestirn.
Nun bin ich zwar all mein Lebtag ein unruhiger Gast gewesen, doch diesmal war nicht ich es, der den Sauerteig in den Backtrog warf, diesmal war es mein alter Kapteihn.

Wir waren nun schon an die vierzehn Tage an Ort und Stelle und gingen regelmäßig vormittags und nachmittags bis an den kleinen Lindenbaum spazieren, einer hinter dem anderen, wie die Gänse in der Gerste, denn man mußte sehr tief waten, und die Allee durften wir nicht verlassen. Herr Bartels saß dann in der Mitte unseres Spazierwegs an der Wagenremise auf einem Kugelhaufen – und, wenn das Wetter danach war – im Sonnenschein, blickte uns auf die Beine und spielte mit der Quaste seines »Kurzgewehrs«, wie man das Bajonett nannte. Schramm hatten wir schon am zweiten Tage wieder zu Gesicht bekommen. Auch er promenierte mit uns und wußte allerlei zu berichten, denn aus dem philosophischen Kopf in der Untersuchungshaft war auf der Festung allgemach ein poetischer ausgeschlüpft. Er hatte ein großes Heldengedicht verfaßt: »Paulus«. Das wußte er unglücklicherweise auswendig und deklamierte uns die schönsten Stellen draus vor. Sie sollten nach der Melodie von Vater Homer gehen, stolperten aber meistenteils nach der Melodie von Johann Heinrich Voß, als der sich den Spaß machte, den Hexametern von Goethe und Schiller einen kleinen Makel anzuhängen:

> »In Weimar und in Jena macht man Hexameter, wie *die* da;
> Aber die Pentameter sind noch viel schlechterer.«

Schramms »Paulus« war für mich und den Kapteihn schon schlimm, denn

wir hatten nichts dagegen vorzuweisen, um gleiches mit gleichem vergelten und ihm das Maul stopfen zu können. Aber schlimmer wurde es noch, wenn er vor uns mit seiner Braut renommierte, denn von derartigem hatten wir erst recht nichts vorzuweisen. Er legte es geradezu darauf an, uns den Mund wässrig zu machen. Er beschrieb uns seine Liebste vom Kopf bis zu den Füßen, er zeigte sie uns aus der Entfernung und schließlich sogar aus der Nähe – und für einen philosophischen Kopf war sie ja auch aller Ehren wert. Er malte es uns in zuckersüßen Farben aus, wie sie dreimal in der Woche so bei ihm saß und er ihr aus den Büchern Bildung beibrachte, denn sie wäre – wie er sagte – noch nicht auf der Höhe seiner Bildung angelangt. Kurzum: Schramm setzte uns gehörig zu und striegelte unser Fleisch mit allerlei Dornen- und Nesselzeug.
Der Kapteihn und ich, wir ärgerten uns, und wir teilten uns ehrlich in den Ärger: Ich ärgerte mich über »Paulus«, und er ärgerte sich über die Braut.

Nun begab es sich eines Tages, daß uns eine ältere Dame in der Gesellschaft eines jungen, schlanken Mädchens begegnete, und weil der Fußsteig so schmal und der Weg so tief verschmutzt war, schlängelten wir uns einer hinter dem anderen dicht an den beiden Frauensleuten vorbei. Mit der jungen Dame ging das noch leidlich, doch bei der älteren, die recht korpulent war, war dies gar nicht so einfach. Der Kapteihn, der Damen gegenüber immer überaus ritterlich empfand und heute zufälligerweise seine Stiefel anhatte, deren Sohlen schon ziemlich hinüber waren, legte militärisch die Hand an die Mütze, sagte ein paar verbindliche Worte und trat dabei mit seinen beiden unversicherten Beinen in den tiefen Dreck. Ich streifte noch ganz knapp gerade so vorbei, denn dazumal trugen die Damen noch keine Krinolinen.
Als wir ein paar Schritte weitergegangen waren, schoß Unteroffizier Bartels auf den Kapteihn los: »Sie haben eben mit die Dam geredt, das dürfen Sie nicht.« – Der Kapteihn versetzte, er habe ihnen nur eine Höflichkeit erwiesen. – »Höflichkeit oder Grobheit«, schrie Bartels, »is ganz engal. Sie sollen überall nich mit keinem reden, un wenn Ihnen einer entgegenkommen tut, so sollen Sie auch nicht grüßen, denn sie kennen Ihnen nich.« – Wer das denn gewesen sei, fragte ich. – »Das darf ich Ihnen nich sagen«, war seine Antwort. – »Na, denn will ich es dir sagen«, mischte Schramm sich ein, »das ist die Frau des Proviantmeisters Lucke, und die junge Dame ist ihre Tochter aus erster Ehe und heißt Aurelia Schönborn, und sie wohnen in der Kasematte, in die sie jetzt hineingehn.« – »Herr Schramm«, hob Bartels wieder an, »ich weiß recht gut, Sie kennen hier die ganze Menschheit auf

der Festung. Aber das muß ich den Herrn General mellen, daß Sie hier Instrukschonen for die beiden fremden Herrn ausgeben.«
Nun lag aber die Kasematte, in die die beiden Damen eingetreten waren, genau gegenüber der kleinen Linde, bis an die wir unsere Spaziergänge ausdehnen durften. Als wir nun dort angelangt waren, stellte sich der Kapteihn an das Lindenbäumchen, schlug den Grauen mit den sieben Krägen dichter um sich und blickte zu der Kasematte hinüber. Schramm und ich gingen wieder zurück, und Herr Bartels war zum ersten Male in großer Verlegenheit: sollte er dem Kapteihn dort stehen helfen, oder sollte er uns auf dem Rückweg begleiten? Schließlich wählte er den Mittelweg. Er setzte sich wieder auf den Kugelhaufen und spielte mit der Quaste, sah aber mehr nach dem Kapteihn als nach uns.
Wir kamen wieder zurückmarschiert – der Kapteihn stand an der Linde. Wir gingen zurück und kamen wieder – der Kapteihn stand immer noch an seiner Linde, nur daß er es sich's bequemer gemacht und sich an den Richtpfahl gelehnt hatte.
»Kapteihn, komm doch mit!« – »Laßt mich!« beschied er uns, strich sich mit der Hand über das gelbe Stoppelfeld, das nun schon wieder recht stattlich unter seiner Nase sproß, und lehnte sich noch fester an den Pfahl.

Die Freistunde war zu Ende. Wir wurden eingeschlossen, und der Kapteihn ging mit großen Schritten in der Kasematte auf und ab: »Ein dummer Kerl«, murmelte er, »ein sehr dummer Kerl!« – »Bartels?« fragte ich. – »Nein, Schramm«, sagte er. »Der Hanswurst renommiert ordentlich damit, daß er eine Braut hat. Ist das eine Kunst, sich eine Braut anzuschaffen, wenn einer mit der ganzen Welt verkehren kann?«
Damit schritt er noch forscher auf und ab. – »Kapteihn«, wandte ich ein, »heute war er im ganzen doch recht freundlich. Er hat mir seinen ›Paulus‹ mitgegeben. Sich einmal hier, er hat gleich Bilder dazu gezeichnet.« – »So? *Das* will er *auch* können? – Ja, er weiß alles, er kann alles, er hat alles. – Sein Dicketun ist unausstehlich! – Und welcher anständige Mensch tut wohl mit seiner Braut dicke? Charles, ich betrachte ein solches Verhältnis als das zarteste und heiligste, welches selbst den vertrautesten Freunden verschlossen bleiben muß. Und der alberne Mensch bringt gestern sogar einen Schuh seiner Braut mit auf die Promenade, um uns zu zeigen, was für einen kleinen Fuß sie hat!«
Es stimmte zwar, was der Kapteihn sagte, nur: warum ärgerte er sich denn so sehr darüber? Ich hatte darüber immer nur herzlich gelacht.
Darauf las ich im »Paulus«, aber allmählich fing ich auch an, mich zu ägern.

Jeder Satz begann so breitspurig, wie wenn die Weisheit selber einen bei den Löffeln nähme, und wenn es zum Schwur kommen sollte, dann ging es daneben, wie wenn man mit einer Fliegenklatsche vorbeischlägt. Und dann die Verse! »Kapteihn, hör mal: Rätetetä tetetä tete . . . « – »Ach was! Laß das doch! Dieselbe Stelle hat er mir schon zweimal als ganz was Besonderes vordeklamiert.« – »Dann sieh doch das Bild einmal an, was dazu gehört!«
Es war Paulus, wie ihn Satan verfolgt: Paulus lief, was er konnte, aber Satan ließ nicht locker, folgte ihm auf Fledermausflügeln und schoß aus seinem langen Schweif andauernd mit höllischen Blitzen auf Paulus herunter.
Der Kapteihn blickte sauer, als sei er in Essig gelegt, mir über die Schulter, und weiß der Kuckuck, was ihm heute fehlte: er war so vergrätzt, wie ich ihn noch niemals gesehen hatte.
»Ein erbärmlicher Kerl«, schimpfte er. – »Schramm?« fragte ich. – »Nee, Paulus«, murrte er, »Schramms ›Paulus‹. Reißt aus, wenn's was gilt, sieht aber auch grade so aus wie Schramm selber. Ich wette drauf, er hat sich in seiner Eitelkeit vor den Spiegel gestellt und hat sich zuletzt selber für den Paulus angesehn.«
Mit dem Kapteihn war heute abend nicht zu reden. Er war so außer Fassung, wie ich ihn noch nie gesehen hatte. Er sah wieder so rot im Gesicht aus wie damals in der Berliner Hausvogtei. – »Nasse Füße gekriegt«, bemerkte er und zog sich die Stiefel aus. Aha, dachte ich, daher kommt es, und setzte laut hinzu, er hätte auch vernünftig sein können. Wenn er an seine durchlöcherten Stiefel gedacht hätte, hätte er es nicht nötig gehabt, wegen der alten Dame mit beiden Beinen durch die Pfütze zu waten und sich nachher mit den nassen Füßen eine Stunde lang an die kleine Linde zu stellen.
»Charles«, fragte er, und seine Augen leuchteten auf, »hast du die *junge* Dame gesehen?« – Ja doch, versetzte ich, und es sei ein rankes und schlankes Mädchen gewesen. – »Hast du ihr Haar gesehen?« – Ja, sagte ich, es sei rot gewesen. – »Rot? – *Das* nennst du rot? – Ich sage blond! – Ich will auch zugeben: *hoch*blond! Und das ist eine Farbe, die zu allen Zeiten von Dichtern und Malern gepriesen wird. Nicht der Sonnenstrahl vergoldet das Haar, das Haar vergoldet den Sonnenstrahl.«
Was tausend, was sollte das heißen? – »Hast du den Teint der Dame gesehn?« – Ja, sagte ich, soweit das im Vorbeigehen und durch einen grünen Schleier möglich war. – »Weiß wie Alabaster«, rief er begeistert. – Ja, sagte ich, aber sie hätte Sommersprossen. – Der Kapteihn sah mich groß an, zuckte mit den Schultern und schritt von neuem auf und ab.
Doch nach einer kleinen Weile stellte er sich vor mich hin: »Charles, willst

du mich ärgern?« – Nein, sagte ich, daran hätte ich nicht gedacht. – »Warum führst du denn grade *den* Umstand *gegen* mich an, der sonst allgemein als Beweis eines zarten Teints gilt?« – Gegen ihn, fragte ich, wieso? – Ich hätte ja nichts gegen *ihn* gesagt und hätte auch weiter nichts gegen das Mädchen, nur daß sie im Gesicht so gescheckt aussah wie ein Putenei. »Solche Vergleiche verbitte ich mir«, knurrte er und lief wieder aufgeregt auf und ab.

Dies wurde immer schöner, und nachgerade merkte ich, was die Uhr geschlagen hatte. Ich sagte also, er solle es nur gut sein lassen, und es sei doch jedenfalls ein hübsches Mädchen. Dies tat ihm wohl, und er wurde auf einmal wieder der alte Kapteihn, voller Feuer und Flamme, wenn seine Phantasie ins Spiel kam: »Charles«, rief er, »hast du ihre Augen gesehen?« – Ja, sagte ich, sie seien blau. Dies war ihm nun wieder nicht genug: blaue Augen hätten viele, denen mußten sie doch noch etwas voraus haben. – »Blau«, rief er, »ja blau, aber was für ein Blau? Ein Blau, so warm, daß es ordentlich einen grünlichen Schimmer annimmt. Der klare blaue Himmel nicht allein, auch das traute Grün der Erde spiegelt sich in diesem Auge!«

Nun mußte ich aber lachen, gegen meinen Willen lachen, und ich sagte, dies hätte ich noch nie gehört, daß grüne Augen schön seien, und es sei wohl von dem grünen Schleier gekommen, daß er sie für grün angesehen habe. Damit aber hatte ich ganz und gar ins Fettnäpfchen getreten, denn er empfand stets eine ungemessene Verehrung für das weibliche Auge, genau wie die Dichter dieser Zeit, die auch immer nur das weibliche Auge preisen und für die das übrige am menschlichen Leibe vergleichsweise nur Anhängsel ist.

An diesem Abend wurde es nichts mehr zwischen mir und dem Kapteihn. Wir kamen nicht mehr überein. Und doch studierte ich sorgfältig die erhabenen Passagen im »Paulus«, die Schramm wohlweislich rot angestrichen hatte, während der Kapteihn in der Kasematte umherlief und dazu mit den Händen gestikulierte.

Wäre ich anstelliger gewesen, hätte ich von klein an getreulich die guten Ratschläge der weisen Frauen befolgt und mich eingehender mit menschlichen Krankheiten, mit Pflastern und Schmieren und sympathetischen Kuren abgegeben, dann hätte ich es im kleinen Finger haben müssen, daß meinem alten Kapteihn einiges im Gebein rumorte und daß dies aller Wahrscheinlichkeit nach eine Krankheit war. So aber ging ich seelenruhig zu Bett und dachte an nichts Böses. Am nächsten Morgen jedoch sollte ich allerlei gewahr werden.

An jenem Morgen wachte ich zeitig von einem großen Lärm auf, und als ich mich aufrichtete, saß mein lieber alter Kapteihn steil aufgerichtet im Bett und schrie immerfort mit lauter Stimme: »Victoria! Victoria!« – »Kapteihn? Was ist denn los?« – »Victoria, ich bin dein Albert!« – »Himmeldonnerwetter nicht noch mal!« – Ich also aus dem Bett heraus, und da sah ich denn das Malheur: er saß da, braunrot im Gesicht, schlug mit den Armen um sich und wußte von nichts. – »Victoria, ich bin dein Albert!« ging es bald, und bald wieder: »Charles, verdammtes Putenei! Schmeiß doch den Hampelmann von Schramm raus! Da steht er und zeigt mir immer den Schuh seiner Braut. – Rot sind sie nicht – blond – bloß blond!« Und so ging es in einem fort immerzu durcheinander.
Ich wußte mir nun auch weiter keinen Rat. Ich gab ihm ein Glas kaltes Wasser, lief nach unten und rief nach der Wache, die sollte den Stabsarzt rufen. Der kam denn auch nach einiger Zeit und zapfte ihm eine Menge Blut ab, bis er ruhiger wurde. Doch die »Victoria« wollte er nicht vergessen, ihren Namen murmelte er immer noch vor sich hin. – »Was hat er denn mit der ›Victoria‹?« fragte der Stabsarzt. – Je, meinte ich, das wisse ich auch nicht, könne mir aber den Zusammenhang wohl denken: er hätte in den Zeitungen gelesen, die Königin Victoria von England wolle den Prinzen Albert heiraten. Und weil er mit Vornamen auch Albert hieße, habe er sich womöglich eingebildet, er sei der richtige Albert, und daß es für ihn alles in allem doch viel zuträglicher sei, Prinzregent von England zu werden, als hier noch länger auf den preußischen Festungen herumzusitzen. Darin stimmte mir der Stabsarzt denn nun auch bei und ordnete an, der Kapteihn solle ins Lazarett verlegt werden.
Und so verließ mich denn mein alter Kapteihn, und ich mußte nun bloß mit Schramm und »Paulus« spazieren gehen und abends allein in meiner Kasematte hocken.

Kapitel 16

Die Prozession

Unser Herrgott bewirkte, daß mein guter alter Haftgenosse seine Lungenentzündung bald und glücklich überstand. Als er zurückkam, freute ich mich doch sehr, denn der philosophische Kopf, der mir alle Tage als einziges Gericht aufgetischt wurde, war mir denn doch ziemlich zäh und ledern vorgekommen, und außerdem quälte und peinigte er mich mit seinen vielen Eitelkeiten. Er hielt sich nämlich für einen »bedeutenden« Menschen und spielte sich auf, als habe das hochwohllöbliche Kammergericht uns ausdrücklich nach Graudenz verlegt, um ihn bewundern zu dürfen.

Wer also war froher als ich, daß mein alter Kapteihn nun wieder unter uns zugange war. Aber weiß der Kuckuck, er war gar zu still, ging immer in Gedanken umher, und wenn wir in die Freistunde kamen, so stellte er sich flugs wieder an seinen Lindenpfahl und blickte nach der Kasematte hinüber, in deren düsteren Gewölben sein Stern einst untergegangen war. Dies hatte ich denn doch begriffen: mit Victoria und dem englischen Königsthron war es nichts mehr, denn die hatten ihm nur im Blut gelegen und das hatten sie ihm abgezapft. Aber mit Aurelia war es noch in vollem Gange, denn dies saß bei ihm tiefer, womöglich schon im Herzen.

Schramm mochte auch schon etwas gemerkt haben. Er machte allerlei vielsagende Anspielungen, versteht sich, unter deutlichen Winken mit dem Zaunpfahl auf die ihm eigene Gewitztheit, mit der er *seine* Verlobung eingefädelt hatte. Selbst Herrn Bartels fing in seinem beschränkten Unteroffiziersverstand ein Licht an aufzugehen. Ihm mochte der Kapteihn wohl gerade so vorkommen wie sein eigenes Ebenbild aus früheren Zeiten, wenn er in dunkler Mitternacht, einsam auf stiller Wacht und in Gedanken an die jetzige Frau Bartels, dann sich auch so manches liebe Mal, war die Ronde vorbei, an einen Pfahl gelehnt hatte, das Kinn auf dem Gewehrlauf, und darüber seelenruhig eingenickt war, bis der Pfahl nachgab und er sich und sein Gewehr mühselig vom Erdboden aufsammeln mußte.

Doch dies war schon lange her, und er hatte in derlei Hinsichten keinerlei Mitleid mehr, weder mit sich noch mit anderen. Er marschierte also zum Kapteihn hin: »Jeht die verdammte Pahlsteherei schon wieder an? Dat muß ich mellen.« – »Melden Sie's zum Teufel«, schrie der Kapteihn grimmig zurück. – »Nee, ich mell's en General«, schrie nun wieder Herr Bartels. – »Das können Sie. Bis hierher kann ich gehn, und ich kann stehen bleiben,

wo ich will.« – »Das können Sie, aber Sie sollen sich man nich an den Pahl stellen. Sie stehen mich den Pahl ümmer schief, und ich muß mich denn ümmer ein Beil von den Steuerkontrolleur leihen, daß ich ihn wieder grad richt', und der will mich sein Beil nich mehr borgen.«
Daraus mag man nun entnehmen, von welcherlei Unannehmlichkeiten das Liebesleben auf einer Festung beeinträchtigt wird; das des Kapteihns hing an dem Stützpfahl neben der kleinen Linde.

Unter diesen verdrießlichen Umständen mußte es sich zum Glück ergeben, daß einige von unseren Kameraden aus Magdeburg uns nachkamen. Dies bedeutete doch wieder eine kleine Aufmunterung, und sogar mein alter Kapteihn vergaß sein Schmachten nach Aurelia für einige Zeit, als seine besten Freunde von Halle her, der kleine Kopernikus und Don Juan, einrückten.
Dies waren aber nun wirklich ein paar amüsante Burschen. Wilhelm Cornelius, unser »Don Juan«, war ein arger Sünder schon von Geburt an: er war ein Stralsünder aus Stralsund. Er war ein bißchen das, was man hochdeutsch einen Bruder Liederlich nennt. Er war niemals, keinen einzigen Augenblick lang, sterblich, wie der Kapteihn, er war immer nur leibhaftig und bei ganz lebendigem Leibe verliebt. Eigentlich gehörte er gar nicht zu uns. Er war nämlich seines Zeichens ein Buchhändler und hatte bloß einmal beim Hambacher Fest eine große Rede gehalten, aber er hatte jahrelang mit uns zusammen im Untersuchungsarrest und in Magdeburg eingesessen. Er war ein großer, stattlicher Kerl und, was für mich das Beste an ihm war, er war auch eine Art von Dichter. Und deshalb freute ich mich, daß wir nun doch einen unter uns hatten, mit dem wir Paulus kleinkriegen konnten. Don Juan war zu jeder Tag- und Nachtzeit unentwegt drauf und dran, sich zu verlieben, nicht *einmal für immer*, sondern *immer für einmal*. Ich weiß nicht, ob sie den wirklichen Don Juan einmal an eine Kette gelegt haben und wie er sich dabei benommen hat. Unser Don Juan riß, sobald er ein hübsches Mädchen sah, an seinen Ketten so stürmisch wie ein Windhund, wenn ihm von weitem ein Hase gezeigt wird.
Friedrich Wilhelm Vogler, unser kleiner »Kopernikus«, war dagegen ein ganz anderes Gewächs. War Don Juan beinahe sechs Fuß hoch, so maß er knapp fünf, war aber trotzdem bei den Füsilieren in Halle linker Flügelmann im zweiten Glied geworden. Wog Don Juan gut zweihundert Pfund, so wog er nach Zollgewicht nur sechsundneunzig aufs Auge. Sah Don Juan im Gesicht hübsch weiß und rot aus, so war dagegen Kopernikus schön gelb und braun gesprenkelt, denn sie hatten ihn auch einmal mit einem Pu-

tenei mitten ins Gesicht getroffen. Hatte aber Don Juan auch eine krumme Nase, so war sie doch wenigstens fleischig. Kopernikus aber besaß eine krumme Nase, die war so spitz, daß sie in eine leidlich große Stopfnadel hätte eingefädelt werden können, und dieses Zierstück schaute so dreist in die Welt hinaus, als wolle es sagen: »Da siehst du's mal!« Und diese Nase gehörte zu einem Kerl, der war auf seine Weise doch wiederum groß und kräftig, und wenn er an die langen Latten nicht heranreichen konnte, so reckte er sich auf seinen Zehenspitzen hoch empor und stand dann ebenso groß da wie ein Mensch von sechs Fuß.

Es gibt Menschen, die betreiben alles mit Armen und Händen, andere mit dem Kopf und wieder andere mit dem Magen; Kopernikus betrieb seine Geschäfte einzig und allein mit der Galle. Dreiviertel des Jahres, das ich mit ihm hier in Graudenz verbrachte, hatte er die Gelbsucht, und die Hälfte der Zeit, die uns zum Spazierengehen zustand, hat er brav in die Teertonne von Schmied Grunwaldt hineingestarrt, denn dies Sympathiemittel half ihm. Als er einmal ganz gelb im Gesicht zum General gegangen war, hatte sich der alte Herr über sein Aussehen so gewaltig erschrocken, daß er ihm ein für allemal die Erlaubnis hierfür erteilt hatte. Und Schmied Grunwaldt, der uns schräg gegenüber wohnte, hatte auch nichts dagegen, wenn Kopernikus sich in seinem Teer spiegelte.

Die Freude war groß, als die beiden eintrafen, vor allem über den Kopernikus und vor allem bei meinem guten Kapteihn, denn der Neuankömmling war sein bester Freund von Halle her. Sie hatten zusammen Pandekten und das Preußische Landrecht studiert, ihre Militärjahre zusammen durchfochten, das erste Examen zusammen gemacht und hatten später in Magdeburg die ganze Zeit über in einer Zelle zusammen gesessen. Kopernikus mußte auf unsere Seite herüberziehen und in der Kasematte unter uns wohnen, und nun konnten wir drei immer zusammenkommen, denn unsere Kasematten wurden nicht mehr abgeschlossen.

Viel wurde nun erzählt, von diesem und jenem. Kopernikus erzählte von den alten Freunden und daß Anton Witte noch nachkäme und möglicherweise auch der »Franzos«, den sie aber vorläufig wegen seiner Verstörtheit nach Berlin in die Charité gebracht hatten. Und wir erzählten nun vom alten General, von Herrn Bartels, von Schramm und von »Paulus«. Hatte der Kapteihn sich eine Kanarienvogelhecke mitgebracht, so brachte sich nun der kleine Kopernikus eine Hecke von weißen Mäusen mit, die in einem richtigen Glaspalast wohnten und deren Aufzucht er im großen betrieb. Nun, jede Gabe ist nützlich, sagte die Mücke und spuckte in den Rhein. Und machten mir die Mäuse auch nicht gerade ausgesprochenes Vergnügen, so konnte ich sie mir doch ab und zu einmal ansehen. Und man soll Gott ja für alles danken, sogar für Mäuse, freilich, solange sie wohlverwahrt in einem Glaskäfig sitzen.

Ein paar Tage darauf ging auf der Festung das Gerücht um, der Erzbischof von Posen, Martin von Dunin, solle zu uns gebracht werden und solle bei uns einsitzen. Es war nämlich damals gerade die Zeit, da die Katholiken am Rhein, in Posen und in Schlesien dem preußischen Staat allerlei Verdruß bereiteten. Wir hatten das von Schramm erfahren, der es von seiner Braut erfahren hatte, und auch Herr Bartels war damit einmal unversehens herausgeplatzt, als sich in seiner Unteroffiziersbrust die königlich-preußische Dienstordnung und sein katholischer Glaube miteinander in die Haare geraten waren.

Ja, und eines Tages geschah es also. Alles, was auf unserer Festung katholisch war – und dies war das meiste – kam aus Häusern und Kasematten zum Vorschein und nahm an der Straße Aufstellung: »Er kommt, er kommt! Er ist schon da!« Also gingen wir denn auch, gerade so weit wie wir gehen durften, nämlich bis an unser Lindenbäumchen, Herr Bartels immer dicht hinter uns her. Von dort aus konnten wir nun zur Kommandantur hinübersehen.

Vor der Kommandantur hielt ein Kutschwagen, um den das Volk sich ordentlich drängte, und als wir ein bißchen gestanden hatten, kam jemand aus der Kommandantur heraus. Das Volk beugte sich andächtig und erflehte seinen Segen, und er hatte den Hut abgenommen und winkte dauernd mit der Hand. Als er uns näherkam, da konnten wir es genau sehen: es war ein kleiner stattlicher Herr, ein bißchen korpulent um die Taille und mit einem ehrwürdigen Kahlkopf. Und als er ganz nahe herangekommen war, da beugte sich auch Herr Bartels vor und wollte sich segnen lassen. Doch wir fingen auf einmal an, laut loszuplatzen: der gute kleine Kopernikus schob Herrn Bartels beiseite, stürmte auf den Erzbischof los und rief: »Donnerwetter! Dicker, wo kommst du her?« Wir drängten uns nun alle um ihn herum, und Herr Bartels schrie andauernd dazwischen: »*Das* muß ich mellen, *das* muß ich mellen, und, meine Herren, Sie dürfen nicht mit den allerheiligsten Herrn reden!«, bis endlich der Kommandanturschreiber, der dazugekommen war, ihn ernstlich zurechtwies: »Sind Sie denn unklug, Bartels? Das ist ja nicht der Erzbischof, das ist ja ein Kamerad von den Herren.«

Damit war nun wieder Friede im Lande, und wir zogen mit unserem Erzbischof ab. Und das Gelächter wollte kein Ende nehmen, als er uns erzählte, wie man ihn unterwegs mit allerlei Ehrenbezeugungen bedacht und wie namentlich die Posthalter ihm mit Speise und Trank ehrfürchtiglich unter die Arme gegriffen hatten.

Anton Witte, unser »Erzbischof«, kam auch kein bißchen verfallen an, und die Verwechslung, die mit ihm passiert war, wäre keinem anderen von uns so restlos geglückt, denn er war uns im geistlichen Aussehen gar zu sehr über. Schon von Natur aus lag über seinem runden Gesicht eine geistliche Salbung, die bei jeder Gelegenheit daraus hervorglänzte und die er besser als eine Art Tinktur für seinen Kopf hätte brauchen sollen. Vielleicht wären ihm daraufhin die Haare gewachsen, denn sein Schädel sah blank aus wie eine Billardkugel, an die man unten ein paar Fransen angeklebt hatte. Zudem trug er, der Erwärmung wegen, einen langen, braunen Überzieher, den er von seinem Vater ererbt hatte. Das aber war ein Mann von sechs Fuß gewesen, während er selber nur einen halben Zoll höher war als Kopernikus. Dieser lange Paletot und ein violettrotes Samtkäppchen, das ihm Don Juan einmal in Magdeburg zu Weihnachten zusammen mit einem Gedicht: »Diesem Kürbis fehlt ein Stengel«, verehrt hatte, hatten ihm unterwegs bald den Geruch der Heiligkeit eingetragen, und diesen Geruch hatten die Postillons von Station zu Station weiterverbreitet, und so war er denn schließlich als Erzbischof bei uns eingetroffen.
Doch nun? Wohin mit ihm? – Er war Schriftsetzer und hatte ein derart abscheuliches Verbrechen begangen, daß sogar wir, die wir doch als Königsmörder verschrien waren, davor zurückschrecken mußten, mit ihm zusammen zu hausen. Er hatte nämlich in der Schweiz gelebt und hatte dort bei Orelli in Zürich ehrlich sein Brot als Schriftsetzer verdient, hatte jedoch – und das war das Schauderhafte an dem Menschen – seinen guten Verdienst nicht aufgeben wollen, als der König von Preußen auf den Einfall gekommen war, die ganze Schweiz seinen lieben Landeskindern zu verbieten. Und wie er nun unklugerweise wieder zurückkehrte, hatten sie ihn für eine Reihe von Jahren auf die preußischen Festungen verbracht, damit er sich doch allgemach vom schweizerischen wieder an das preußische Brot gewöhnen könne.
Mit einem derartigen Schwerverbrecher konnten wir ganz unmöglich zusammenhausen. Doch zum Glück ordnete diesmal unter alter Herr General es so an: Der Schriftsetzer solle mit dem Buchhändler zusammenwohnen, denn sie wären doch gewissermaßen Vettern. Und so mußte denn der allerheiligste Erzbischof mit Don Juan zusammenziehen. – Nicht wahr? – das paßte nicht so recht zueinander, aber was half es schon? Darin hat

eine Festung Ähnlichkeit mit dem Ehestand: was zusammen soll, das kommt zusammen, und sollte es der Teufel mit der Schubkarre zusammen karren.
Nun aber begann eine lustige Zeit, nun kam Leben in die Bude. Für uns ward es eitel Spaß und Freude, nur für Herrn Bartels wurde es ärgerlich und verdrießlich. Das Spielen mit der Degenquaste war vorbei, und mit der Sitzerei auf dem Kugelhaufen hatte es ein Ende, denn der Herr Unteroffizier mußte von einem zum andern laufen, mußte hüten und zusammentreiben, denn oftmals zogen wir uns auf unserer Promenade weit auseinander wie eine Tirailleurkette vor dem Feind, und jeder bemühte sich, vor Herrn Bartels Augen hinter Bäumen und Gebäuden in Deckung zu gehen. Schramm promenierte mit seinem Schwager und erzählte ihm von seiner Braut, und Bartels sollte nun aufpassen, daß der Schwager nicht mit uns sprach. Kopernikus stand im Torweg von Schmied Grunwaldt und starrte in dessen Teertonne. Und wenn Bartels auf den aufpassen wollte, dann brach Don Juan aus der Bahn und fing mit der Schenkmamsell im nächsten Haus ein kleines Techtelmechtel an. Oder der Erzbischof machte sich auf der Straße an eine alte Frau heran, die sich einen Hering geholt hatte, denn er war überaus ökonomisch. Oder ich überschritt die Grenzmarkierung beim Lindenbäumchen und blickte ein wenig vom Wassertor hinunter, und bei alledem lehnte der Kapteihn wieder an seiner Linde und stand ihm den Pfahl schief. Ja, Herr Bartels hatte schwere Tage, und alltäglich meldete er irgend etwas beim General. Es kam aber nie etwas nach.

Währenddessen saß Aurelia immer fleißig am Fenster und stickte und nähte dort, denn wo sollte sie just auch anders sitzen als am Fenster, wenn sie sticken und nähen wollte, denn die alten Kasematten sind gefährlich dunkel. Öfters sah man sie auch vor der Tür, und dann zog der Kapteihn in vollem Wichs auf, machte Front und strich sich den gelben Schnurrbart – denn der war nun schon wieder – und unterhielt sich mit mir oder einem anderen sehr vernehmlich über das schöne Wetter.
Und manchmal ging sie auch spazieren und schrammte wieder so dicht an ihm vorbei wie seinerzeit. Dann erwies er ihr die gleiche Verbeugung, die zu machen er sich vorgenommen hatte, als er die Königin Victoria um ihre Hand angehen wollte.
Und wenn sie dann – schlank und rank – an ihm vorübergegangen war, dann ging er fünf Schritte hinter ihr her und trat so genau wie möglich in ihre Fußstapfen, und in seinem Herzen stritten sich dann Liebe und Verdruß. Bartels nämlich ließ ihn dann nicht aus den Augen und ging seiner-

seits dann wieder fünf Schritt hinter *ihm* her, und hinter Bartels – wiederum fünf Schritt – kam dann Schramm, nur aus freundschaftlicher Neugierde, ob es dem Kapteihn wohl auch so glücken würde wie ihm. Und ihm wieder folgte Don Juan auf den Spuren eines hübschen Mädchens, und *dem* wieder der Erzbischof, um ihn von sündhaften Verführungsversuchen abzuhalten. Und wenn dann mein guter Kapteihn sich umsah und die ganze Prozession hinter sich her gewahrte, dann lief er wütend in seine Höhle und vollführte dort allerlei Tollheiten. Wenn ich dann nachkam, so hörte ich noch so manchen abgerissenen Stoßseufzer wie: »Das Heiligste wird hier in den Staub getreten« und: »Wissen denn diese Menschen gar nicht, was Liebe heißt?« Und dann genierte er sich keineswegs, Don Juan einen liederlichen Strick, Schramm einen Hanswurst, den ehrlichen Erzbischof einen Dummbeutel und den braven Bartels ein komplettes Rindvieh zu nennen. Kopernikus, sagte er, sei noch der einzige von allen Neuankömmlingen, der noch Takt und Ehre im Leibe habe.

Armer Kapteihn! Wie konnte er auch ahnen, daß ihm gerade durch den kleinen Kopernikus alles nur mögliche gebrannte Herzeleid widerfahren sollte.

»Charles«, fragte mich der kleine Kopernikus ein paar Tage nach einem derartigen Auftritt, »warum steht der Kapteihn immer wie angenagelt an der kleinen Linde?« – Dies war nun eine heikle Frage: ganz zu verheimlichen war die Sache nicht mehr, doch ich wollte auch nicht verraten, wie tief mein alter Kapteihn in Kummer und Liebesqual steckte und daß er alle seine Ansprüche auf die Königin von England zu Aurelias Gunsten aufgegeben hatte. Ich sagte also: »Ach, er guckt da nur; da gegenüber wohnt ein hübsches Mädchen.« – »Dieselbe, hinter der er vor ein paar Tagen herlief?« fragt er, und dabei fährt er so hastig auf mich los, daß ich denke, er sticht mir mit der Nase durchs Halstuch. – »Gott bewahre«, sage ich, »was hast du? Darf er nicht nach ihr gucken und hinter ihr hergehn?« – »Charles, ist das dieselbe mit dem schönen goldblonden Haar?« – »Das weiß der Deuwel«, sage ich, »*du* redest von blond und *er* redet auch von blond, und *ich* seh' das für *rot* an. Hab ich denn keine Augen mehr im Kopf?«

Da brach er denn ganz kurz ab, fragte mich aber nach den Familienumständen, und ich Dummkopf merke nichts Böses, denn ich denke, er fragt nur, weil er ein guter Freund vom Kapteihn ist, und erzähle ihm alles.

Am nächsten Tag in der Freistunde stellt sich der kleine Kerl gleichfalls an die Linde, und ich denke noch so bei mir: sieh mal an, das Kerlchen hat doch ein menschliches Gefühl. Er will doch den guten Kapteihn nicht alleine stehen lassen. Womöglich will er ihn ein bißchen aufmuntern, obwohl er selber wieder seine gelbe Tour hat und kalte Füße kriegen kann. Und ich freu' mich richtig über den Kopernikus. – Schlange!

Kapitel 17

Topf und Deckel

Ein paar Tage darauf kommt Bartels zu mir: »Nu schtehn da ümmer zwei.« – »Wo?« – »Na, an die kleine Linde!« – »Denn lassen Sie sie stehen!« – »Nee, dat muß ich mellen.« – »Na, dann melden Sie's!« – »Ja, dat is auch man so. Recht gibt mir der General ümmer, aber er will nichts davon wissen. Un wenn die Herrn sich man so an den Pahl stellen wollten, mit den Rücken gegeneinander, daß jeder den andern Gegenstand hielte oder beide mit's Gesicht nach das Wagenhaus hin, denn wollt ich noch nichts nich sagen.« – »Warum sollen sie denn nicht nach der anderen Seite zu sehen?« – »Na, wegen das junge Mädchen; junge Mädchen schtehn in meine Instruktschon oben an.« – »Wie denn das?« – Und Herr Bartels kam näher zu mir heran und flüsterte mir halblaut zu: »'s is wegen Herr Schrammen, und der General hat an die *eine* Brautschaft genug und will sich nicht auf't frische Läus' in den Pelz setzen.«

Was nun aber Herr Bartels merkte, das mußten wir doch nachgerade nun auch merken: aus den beiden guten Freunden von Halle her war ein Paar richtiger Nebenbuhler geworden – der Kapteihn in gutem Glauben und im gerechtfertigten Erstbesitz, Kopernikus, der Schleicher, als Eindringling, der ihm sein rechtmäßiges Eigentum streitig machen wollte.

Ob Aurelia des Kapteihns redliche Bemühungen am Pfahl bemerkt hat, ist zu keiner Zeit bekannt geworden. Sie saß und nähte und blickte so unschuldig drein, als wolle der Kapteihn ihr liebes Mütterlein freien. Wie nun aber Kopernikus ebenfalls Tag für Tag stundenlang an ihrem Himmel sichtbar wurde und neben dem stillen Planetenlicht des Kapteihns wie ein schwefelgelber Planet aufstieg und in ihrem Gesichts- und Dunstkreis hin- und herschoß, nur mit dem Unterschied, daß der Komet den Schweif und er die Nase in die Höhe reckte, da mochte sie wohl etwas merken. Doch wie es gewöhnlich in der Welt zugeht: der es am ersten merken mußte und gemerkt haben sollte, der Kapteihn, war der letzte, der auf schlimme Gedanken kam. Und wenn der Giftzwerg von Kopernikus die Daumen ins Ärmelloch steckte und mit seinem vorwitzigen Fragezeichen von Nase allerlei anzügliche Fragen an Aurelia zu richten schien, dann stand er milde an seinem Pfahl, und sein stilles Abendsterngesicht schimmerte nur unvollkommen durch die feurigen Kapriolen hindurch, die der Hallesche Flügelmann vom zweiten Glied vor und zwischen seinen und Aurelias Augen vollführte. Nun, schließlich und ganz zuletzt, sollte auch er dahinterkommen, wie Thoms hinter die Hammel. Aber um das zu erzählen, muß ich eine Furche zurückpflügen.

Dicht bei unseren Kasematten lag eine Kinderschule für kleine Mädchen. Wenn wir pünktlich um zwölf wieder in unser Gewölbe eingesperrt wurden, begegnete uns das kleine Kindervolk und sprang im schönen Frühjahrssonnenschein umher, als sei eine Schar von Schmetterlingen losgelassen und wolle sich nach langem Winter wieder einmal auf Blumen wiegen. Sie tanzten so lustig die Lindenalleee entlang, und in der frischen Frühjahrsluft war die dumpfe Schulstube vergessen. Sie warfen die alten, verdrießlichen Schulbücher mit den Eselsohren hoch in die Luft, damit sie doch auch etwas von der Frühjahrssonne abbekämen, und über ihrem lustigen Treiben breiteten sich die frischen jungen Lindenblätter und malten Lichter und Schatten darein, so daß die roten und weißen, blauen und grünen Röckchen sich noch bunter und lustiger ausnahmen, und aus ihren bunten Kleidchen blickten mit blauen und braunen Augen die kleinen weichen Kindergesichter heraus, frisch vor Gesundheit und strahlend vor Lust. Nur wenn wir mit Bartels an ihnen vorbeikamen, dann wurden sie still und blickten uns scheu an, als habe sich etwas Fremdes, Gefährliches in ihr Spiel gedrängt, und die eine oder andere der Größeren machte einen verlegenen Knicks, wie sie es für so beängstliche Fälle von ihrer Mutter gelernt hatte.
Doch es sollte nicht lange dauern, da wurden wir vertrauter miteinander. Sie wußten ja auch von ihrer Schulstube her, was Einsperren heißt. Vielleicht sah Herr Bartels auch die *kleinen* Mädchen noch nicht als *junge* Mädchen an, jedenfalls drückte er ein Auge zu, wenn wir mit ihnen ein paar Worte wechselten.
Eine aber war darunter, die war die Krone vom Ganzen. Es war ein Kind so wunderlieblich, daß sogar Bartels es nicht übers Herz bringen konnte, mir den Mund zu verbieten, wenn ich etwas länger mit ihr plauderte. Aus den großen, braunen Augen leuchtete so viel schelmische Fröhlichkeit, und über ihr frisches Gesichtchen flog es wie Schatten und Licht, als sei sie unter Sonnenstrahlen und zartem, hellgrünen Frühjahrs-Lindenschatten geboren und habe ihr kurzes Leben in einem Lande zugebracht, wo es immer Frühling ist.
Sie lebt nicht mehr – und ich bin ein alter Mann geworden, aber immer noch steht sie mir in all ihrer Lieblichkeit vor Augen, und wenn ich ein schönes fremdes Kind sehe, dann messe ich seine Schönheit unwillkürlich an der meiner kleinen Ida, und ich danke Gott noch heute dafür, daß er mich da-

zumal an diesem kleinen Wesen eine solche reine Freude hat erleben lassen. Sie war Aurelias Halbschwester, und obwohl Herr Bartels gegen die Ältere einen beinahe ingrimmigen Haß hegte wegen der Scherereien, die sie ihm verursachte, so konnte er diesem kleinen Geschöpf doch nicht böse sein. Er ließ es zu, daß ich mit ihr schwätzte und nannte sie – um seine eigene Zuneigung zu beweisen – immer mit einem doppelten Liebes-Akzent: »dat Idachechen«.

Nun mußte aber »dat Idachechen« nachmittags pünktlich um zwei immer am Fenster vom Kopernikus vorüber, und weil er unten wohnte, die Witterung auch schon danach war, daß man das Fenster offen lassen konnte, so machte es sich ganz von selber, daß er mit ihr ein bißchen zu plaudern anfing.

Kopernikus war im großen ganzen ein guter Kerl; doch von der Großmut des Kapteihns, der sich immer nur zwischen Mond und Sternen am Himmel herumtrieb, hatte er auch nicht die leiseste Spur. Er krabbelte immer nur unten auf der Erde herum, und dort wußte er sich alles handlich zurechtzulegen. Was also lag näher, als daß er mein kleines Idachechen zu seinem Zwischenträger machte? Sie mußte ihm berichten, was Aurelia heute gesagt hatte und was sie gestern gesagt hatte und wohin sie vorgestern spazieren gegangen war, und er ließ dann auf seine verdammte, pfiffige Art mit einfließen, was er von Aurelia gesagt und was Idachechen sagen sollte, daß er gesagt habe.

Genug, der Telegraf lief auf vollen Touren, und der Unhold ließ meinen guten Kapteihn in aller Unschuld auf dem kupfernen Draht tanzen, ohne daß der arme Kerl wußte, was sich unter ihm abspielte, so daß ich laut hätte lachen mögen, hätte der Kapteihn mir nicht so nahe gestanden.

Wenn dem Kapteihn das Glück widerfahren war, seinen Engel auf der Promenade zu grüßen, dann ging er immer in die Kasematte zurück und schnitt eine Kerbe in den Türständer als Wahrzeichen und Andenken an sein flüchtiges Glück. Dann stand er so manches liebe Mal stundenlang vor den Kerben, rief sich bei jeder einzelnen die besonderen Umstände ins Gedächtnis zurück und trank so durstig und so tief aus dem Hoffnungsbecher, bis der helle Mut ihm aus den blanken Augen leuchtete. Dann holte er aus dem Kanarienvogelbauer seinen schönsten jungen gelben Hahn heraus, streichelte und liebkoste ihn und wußte ihm so viel zu erzählen, wie gut das Tierchen es einmal haben sollte, und es täte ihm leid, aber trennen müßten sie sich doch. – »Willst du ihn denn verkaufen?« fragte ich. – »Für kein Geld!« kam die Antwort, »aber . . . « – Ich verstand dieses »Aber« und dachte so bei mir: wer weiß, ob er mit dem Kanarienvogel nicht sein Glück macht? – Er aber träumte nur von dem Glück, das seinen Kanarienvogel erwartete, und vergaß darüber sein eigenes, denn der Kopernikus kam ihm zuvor.

Eines Mittags kommt der Giftzwerg zu uns nach oben: »Charles, hast du nicht eine Schachtel?« – Ja, sage ich, die hätte ich wohl, doch die brauchte ich selber. Und das stimmte auch, denn ich bewahrte darin schwarze Kreide und Kienruß auf, die ich immer in Mengen brauchte, dieweil meine Klientel sich meist im schwarzen Frack malen ließ. – Ach, ich solle ihm die Schachtel doch leihen, in ein paar Tagen kriegte ich sie wieder. Nun, ich tue ihm denn den Gefallen; weshalb auch nicht? Und er nimmt die Schachtel und setzt ein paar weiße Mäuse aus seinem Mäusepalais hinein. Und wie ich noch hinter ihm hergehe und ihm noch über das Inwendige der Schachtel Bescheid sagen will, da reicht er das Ding schon eifrig durch seine eisernen Gardinen hindurch und sagt zum kleinen Idachechen: »Und grüß auch Aurelia vielmal!« – Nun hatte ich ja den Beweis in Händen, daß er den Kapteihn verriet. – »Was hast du in die Schachtel gepackt?« frage ich. – »Oh, ich habe der kleinen Ida nur ein paar weiße Mäuse geschenkt«, war seine Antwort, und dabei stieg ihm das blaue Blut ins gelbe Gesicht, so daß er ganz grünlich wurde. – Aha! dachte ich: auf den Sack schlägst du, und den Esel meinst du! – und ich ärgerte mich darüber, daß er das liebe kleine, unschuldige Ding für seine Zwecke einspannte und daß er dem Kapteihn zuvorkam, der doch das Vorkaufsrecht besaß. Aber ich war auch sehr gespannt darauf, wie sich die weißen Mäuse wohl in der Kienrußschachtel ausnehmen würden.
Ich bin nicht gerade neugierig, möchte aber doch gern alles wissen. Kurz vor zwei Uhr, als aufgeschlossen werden sollte und die süßen kleinen Mädchen auf ihrem Weg zur Schule vorbeikamen, begebe ich mich also nach unten und lege mich mit einer Pfeife Tabak recht stillvergnügt beim Kopernikus ins Fenster. Es dauerte denn auch nicht lange, da kam meine liebe, kleine Ida mit rotgeweinten Augen an: Sie habe gar zuviel Schelte bekommen, und Aurelia habe sich gewaltig erschrocken, als sie die Schachtel aufgemacht, und ihre Mutti ließe dem Herrn Kopernikus ausrichten, wenn er weiter nichts wolle, dann solle er sie nur für sich behalten, denn von der Sorte hätten sie selber genug in ihren Kasematten, und sie gingen ihr schon an den Speck.
Kopernikus lief wieder grün an vor Bosheit, und als er die Schachtel aufmachte, da saßen zwei natürliche graue Mäuse darin, genau solche, wie sie überall wild herumlaufen.
Den Blick, den er mir zuwarf, als er die beiden kienrußigen Tierchen wieder

ins Palais setzte, vergesse ich mein Lebtag nicht. »Das habe ich dir und der dummen Schachtel zu verdanken!« rief er mir giftig zu. Ich verteidigte mich nun entsprechend, denn ich war ja in meinem Recht. Doch das Unglück wollte, daß darüber der Kapteihn hinzukam und aus unserem Streit erfuhr, daß Kopernikus Aurelia ein paar weiße Mäuse zum ewigen Angedenken hatte schenken wollen.

Anfänglich, als er so unversehens hinter uns stand, erschrak ich gewaltig, und Kopernikus, der Sünder, noch mehr; der Kapteihn aber fing lauthals an zu lachen: »Nun bitte ich einen um alles in der Welt! Schenkt der kleine, verdrehte Kerl einer jungen Dame ein paar weiße Mäuse. Na, höre Kopernikus, ein Rosenbukett wäre wohlriechender gewesen.« – Gott sei Dank, denke ich noch bei mir, die Sache kommt ihm nur spaßig vor, und um ihn bei seiner lustigen Laune zu halten, sage ich: »Nun sieh bloß mal an, wie die kleinen Biester in meiner Kienruß-Schachtel jetzt aussehn!« und zeige ihm das Präsent, das nun wie wildgeworden in dem Mäusepalais umherraste und mit seinem grauen Fell die anderen vergraulte.

Der Kapteihn wollte sich immer noch totlachen. Kopernikus aber war so grün geworden wie Gras, ließ seinen Mäusekasten stehen, lief zur Tür hinaus, die gerade aufgeschlossen wurde, und rief: »Und wenn ich einer Dame etwas schenke, so geht das keinen was an!« – »Keinen was an?« fragte der Kapteihn, »keinen was an?« und lief, nun auch ärgerlich geworden, hinter ihm her. »*Mich* geht's was an, und du weißt, daß es *mich* was angeht; und ich leid's nicht, daß einer *diese* Dame in solche lächerliche Geschichten hineinbringt.«

So sausen sie denn beide am Don Juan und am Erzbischof vorbei, die auch gerade ihre Freistunde angetreten haben: Kopernikus geradewegs zu Schmied Grunwaldts Teertonne, dieweil er's im Gefühl hatte, ihm sei die Galle wieder übergelaufen, und weil er sich nach dem mißglückten Mäusegeschenk nicht gut vor Aurelia sehen lassen konnte, der Kapteihn gradewegs zum Lindenbäumchen, wo er anfing, auf und ab zu marschieren, nicht anders wie ein Löwe im blauen Vlies, denn wegen des guten Wetters hatte er den Grauen mit den sieben Krägen abgeworfen und ging im blauen Rock – zum ruhigen Pfahlstehen fehlte ihm heute die Andacht.

Don Juan und der Erzbischof fragten mich aus, was denn passiert sei, und ich erzählte ihnen die Mäusegeschichte und daß die beiden Freunde sich erzürnt hätten. Dies war denn nun Öl auf des Erzbischofs geistliche Lampe. Sein Beruf war es, Frieden zu stiften, und so machte er sich also unverzüglich an den Kapteihn heran und fädelte seine Predigt mit allgemeinen Redensarten ein. Es gäbe zweierlei Menschen auf der Welt, sagte er, nämlich Mannsleute und Frauenspersonen, und unser Herrgott habe sie beide in die Welt gesetzt, auf daß sie zueinander passen sollten. Manchmal paßten sie auch so schön zusammen wie der Deckel auf den Topf, doch manchmal wolle die Passung auf keine Weise gelingen. Manchmal sähe sich der Topf nach einem Deckel um, an den kein Mensch gedacht habe. Hier hielt er ein und blickte dem Kapteihn voll starken Mitleids in die Augen, und sein kahler Schädel nahm ein noch ehrwürdigeres Aussehen an als sonst schon. Auch der Kapteihn blickte auf ihn – doch, wie gesagt – nach Art eines blauen Löwen. Der Erzbischof aber, ohne sich im geringsten zu fürchten, fuhr fort in seiner Rede und in seinem Gleichnis: ja, sagte er, und wenn einer nun Topf und Deckel, die nicht zusammen paßten, mit Gewalt zusammenbringen wolle, dann ginge dies ohne Sprünge und Risse nicht ab, und davor müsse sich jedweder in acht nehmen. Er, der Erzbischof, gebe ihm, dem Kapteihn, den Rat, er solle den Topf, der er sich ausgesucht, *Topf* sein lassen, und habe sich *der* Topf einen anderen Deckel ausgesucht, dann solle er den Deckel *Deckel* sein lassen.

Währenddessen hatte ihn der Kapteihn mit immer größeren Augen angestarrt, und wie der Erzbischof seine Topf- und Deckelrede mit dem letzten Deckel zugedeckt hatte, drang der Kapteihn auf den ehrwürdigen Herrn ein und – hol's der Deuwel –, hätte der Haare auf dem Kopf gehabt, so wäre er ihm dareingefahren. *So* aber bekam er ihn am langen Erbstück von väterlichem Paletot zu fassen und schüttelte den geistlichen Herren auf die weltlichste Art und Weise darin hin und her: »Was sagst du da? Was sagst du da?« – Je, was sollte der Erzbischof nun anderes sagen? Derart in der Klemme, kam er mit der Wahrheit heraus: Ihm käme es so vor, und jeder von uns wüßte es ja auch, daß Kopernikus ebenfalls ein Auge auf Aurelia geworfen habe, und wenn er nach den Anzeichen urteilen solle, dann sehe sie mehr auf den Kopernikus als auf ihn, den Kapteihn, obwohl der Kopernikus kleiner und lange nicht so stattlich sei.

Es war noch ein Glück für den Erzbischof, daß er ihm das so mir nichts dir nichts ins Gesicht sagte, denn der Kapteihn erstarrte, ließ den braunen Paletot los, blickte dem Erzbischof ausdruckslos in die wohlmeinenden Augen und sagte dann mit starkem Ausdruck: »Du Schafskopf!« Dann warf er einen langen, bitteren Blick auf Aurelias Fenster und sauste an mir und Don Juan vorüber in die Kasematte hinein, so daß ich mir dachte: Na, wenn das nur gut geht.

Hinter ihm her aber kam der Erzbischof, hielt die Hände über dem braunen Paletot gefaltet, drehte die Daumen und sah so fromm aus wie Gottes Wort, wenn es in braunes Kalbsleder gebunden ist. – »Er weiß es nun«, sagt er, »ich habe es ihm gesagt.« – »Was sagte er denn?« frage ich. – »Gesagt hat er eigentlich nichts; er war im ganzen sehr ruhig und sagte zuletzt bloß: Du Schafskopf!« – »Ja«, denke ich ebenfalls bei mir, »du Schafskopf!« und laufe nach unserer Kasematte, um mich nach dem Kapteihn umzusehen. Da saß er denn, hatte den Kopf in die Hände gestützt, einen weißen Bogen Papier vor sich und schrieb darauf mit allerlei schönen, schwungvollen Schnörkeln; dies tat er nämlich immer, wenn ihn die Unruhe plagte. Ich trat zu ihm: »Kapteihn!« Er hörte mich nicht. Ich blickte ihm über die Schulter: da hatte er in deutschen Buchstaben geschrieben: »Freund«, darunter stand in schöner lateinischer Schrift: »mein bester Freund«, und weiter darunter in Fraktur: *»mein bester Freund hat mich verraten!«*

»Kapteihn«, rufe ich abermals – er hört mich nicht. Und wie ich mich nun umwende und ratlos in alle Ecken blicke, da sehe ich dort nichts wie lauter weiße Mäuse.

»Was soll denn das bedeuten?«

Kapitel 18

»Warm, Vadder, warm!«

Nun hatte aber der Unhold von Kopernikus, als ihm der Kapteihn auf die Schliche gekommen war, in seiner Verlegenheit vergessen, das Mäusepalais zuzumachen, und seine dreijährige Mäusehecke – was das besagen will, weiß jedermann – war mit Frau und Kind aus der Arche Noah ausgewandert und hatte nun alles, was Balken hatte, vor allem aber unsere Kasematte besetzt. – »Kapteihn«, schrie ich, »ich bitte dich, um Gottes Willen, hier sind ja schon die weißen Mäuse vom Kopernikus!«

Wer denkt denn aber auch an alles? Mit diesen Worten riß ich die Wunde des Kapteihns von neuem auf, denn von den verflixten Mäusen war ja der ganze Ärger hergekommen. Er sprang auf und blickte auf das kleine, weiße, fromme Volk des Kopernikus mit solchem Ingrimm, als sei ein Rudel wilder Bestien bei ihm eingebrochen. Dann warf er mit allem, was gerade Festes zur Hand war, nach den unschuldigen Tierchen, nannte sie »ekelhaftes Ungeziefer«, und dann wieder lachte er höhnisch auf, wenn ihm einfiel, daß Kopernikus Aurelia, seiner Aurelia, etwelche von diesem Takelzeug hatte zum Geschenk machen wollen. Schließlich aber setzte er sich wieder hin und kümmerte sich nicht weiter um den ganzen Krempel.

Ich aber fing nun an, hinter den vermaledeiten Mäusen herzujagen. Durch die Tür waren sie hereingekommen, dort mußten sie also doch auch wieder hinaus. Je, ja, je, ja! Hatte ich eines von den Tierchen hinausgejagt, dann kam ein halbes Dutzend frischer Nachschub wieder herein. Allein wurde ich nicht damit fertig; ich rief also den Erzbischof und Don Juan herbei, die Röcke wurden ausgezogen, und nun ging die Jagd los! – »Hier sind sie!« – »Halt fest! Halt fest!« – »Hurra! ich hab eine!«

Mit der Jagd stellte sich auch die Freude an der Jagd, und mit der Freude auch das Lachen über die Freude ein, und das alte Kasemattengewölbe hallte wider von Freude und Gelächter, wenn erzbischöfliche Gnaden sich in Hemdsärmeln wie ein Brummkreisel herumdrehten und in den Ecken herumwirbelten oder wenn Don Juan mit den langen Beinen unter dem Bett hervorzappelte und ich mit meinem breiten Rücken mich unter dem alten hochbeinigen Ofen festgeklemmt hatte.

Doch Freude ist auf Festung verboten und eine Jagd erst recht, und wie Gott den Schaden besah und wir so recht im Eifer waren, tauchte Herr Bartels auf: »Das muß ich mellen. Die Schildwach hat schon zweimal ›Ruhe da oben‹ gerufen und hat's dem Unteroffizier gemellt, und der hat's dem *du jour* gemellt, und ich muß es dem General mellen.« – Nun, wenn einer gerade in solch lustigem Tun begriffen ist, so ist es, wie wenn ein Strohsack brennt, das läßt sich mit *einem* Eimer Wasser auch nicht löschen. Ich rief also dreist: er solle ruhig hingehen und es melden, und wie er Don Juan und den Erzbischof aus unserer Kasematte weisen wollte, lachte Don Juan ihm ins Gesicht und trieb allerlei Possen mit ihm, und der Erzbischof setzte ihm mit angeborener Salbung auseinander, daß die Freistunde noch nicht zu Ende wäre und daß sie bei uns so lange bleiben könnten, bis sie abgelaufen sei.

Herr Bartels ging zu Recht wütend von uns weg, und als er – noch immer wütend – unten bei Kopernikus vorbeipassierte, da war dieser zurückgekehrt und betrieb ebenfalls die Mäusejagd, jedoch nicht mit Lust, sondern mit Ingrimm und Ärger. Als Herr Bartels ihm bedeutete, er müsse ihn melden, dieweil er die Kasematte mit Ungeziefer bevölkere, war Kopernikus ihm doch mit einer schnoddrigen Redensart gekommen. – Herr Bartels ging also ab und meldete.

Und wir? Wir gingen, als wir oben fertig waren, nach unten zu Kopernikus und trieben auch hier das Revier ab. Und dabei kam der Erzbischof, der sich in der Ökonomie auskannte, auf den gesegneten Einfall, jeder solle einen Stiefel ausziehen und ihn in die dunklen Ecken legen, und die Mäuse müßten in die Stiefelschächte gejagt werden. Dieses Mittel ist probat, und ich betreibe die Mäusejagd noch bis auf den heutigen Tag auf diese Art. Gerade wie wir nun wieder in voller Geschäftigkeit waren und auf einem Stiefel und einem Socken herumhüpften, öffnete sich die Tür und herein trat der Platzmajor: was hier los sei, der Lärm sei schon auf der Wache gemeldet. – Ich wollte ihm schon in aller Kürze den Sachverhalt auseinandersetzen, doch der Erzbischof drängte sich vor, und weil ich wußte, daß er bei dem Platzmajor einen Stein im Brett hatte, ließ ich ihm seinen Willen, denn mit ein paar richtigen Schlappmäulern ist es geradeso wie mit den Tobaksbrüdern, sie lassen nicht voneinander und halten zusammen wie Pech und Schwefel.* Und wie das Schlappmaul von Erzbischof dabei war, alles kurz

* Wie weit ein paar richtige Schlappmäuler es treiben können und wie fix sie vorankommen, dafür habe ich einmal ein kräftiges Beispiel erlebt. – Der Vater meines Hauswirts war gestorben, und weil ich den Alten recht gut gekannt hatte und auch, weil würdige Leichenbegängnisse im Städtchen sehr im Schwange waren, tat mir mein Wirt die Ehre an, mich zum Trauergefolge einzuladen. Na, ich ging denn auch mit, und als wir den Alten unter die Erde gebracht hatten, wurden wir ins Sterbehaus

und klein zu schwätzen, da half ihm das Schlappmaul von Platzmajor nach Kräften dabei, und wie Don Juan sagte, Bartels habe mit dem Melden sehr unrecht getan, da sagte der Platzmajor, ja, er habe wirklich sehr unrecht getan, und wie Kopernikus und ich gerade hinter ein paar Mäusen her waren, da versuchte der Platzmajor sie mit den Beinen aufzuhalten, und ich glaube, hätte er nicht gerade den Degen an der Seite und den Federbusch auf dem Kopf gehabt, er hätte sich gemeinsam mit uns auf den Mäusefang verlegt, so sehr hatte ihn der Erzbischof von unserer gerechten Sache überzeugt. Nun sollte Bartels nur kommen! Wir hatten ja den Platzmajor auf unserer Seite und konnten ihn als gewichtigen Stein ins Brett setzen. Am nächsten Tag aber erschien Bartels: der Kopernikus und ich sollten zum General. Wir gingen denn also. Beim General befand sich der Platzmajor, und Herr Bartels trat mit uns zusammen ein. Der alte Herr sah verteufelt ernst drein, und die weiße Perücke stand ihm so wirr um den Kopf, als wenn es darunter nicht gerade ruhig zuginge.

»Sie haben gestern einen solchen Lärm in Ihren Kasematten gemacht«, war seine Anrede. – Ja, erwiderte ich, wir hätten nur eine kleine Mäusejagd veranstaltet. – »Die Schildwache hat Ihnen Ruhe geboten, und Sie haben nicht darauf gehört!« – Dies hätten wir bei unserem eigenen Lärm nicht gehört, wir wären recht aufgeregt hinter den Mäusen hergewesen. – »Sie sollen aber keinen Lärm machen.« – »Herr General«, verteidigte ich uns, »es war eine regelrechte Treibjagd, und wie Sie wissen, geht das ohne Hallo nicht ab.« Der alte Herr verzog ein wenig den Mund zum Lächeln. Er war Jäger, doch eine Treibjagd auf Mäuse war ihm wohl noch nicht vorgekommen. Ich

---

gebeten, um dort eine kleine Erfrischung zu uns zu nehmen, nur so auf »mir nichts, dir nichts«, wie mein Hauswirt sagte. So geschah es. – Da wurde nun von allem Möglichen geredet, nur nicht von dem Verstorbenen. Dicht neben mir saßen Schuster Pläter und Schneider Drähnert, und zwischen ihnen war die Frage aufgekommen, ob Schweine kalt oder warm gefüttert werden müßten. Sie konnten sich nicht einigen, und als ich wegging, fingen sie gerade wieder von vorne an.

Am nächsten Morgen – es war ein Sonntag – gehe ich in die Kirche, und vor mir gehen Schuster Pläter und Schneider Drähnert, und weil nun der Schuster sehr schwerhörig war, höre ich schon von weitem, daß sie noch beim Schweinefüttern sind. – »Na«, denke ich mir, »die besorgen die Sache ja gründlich.« – Ich komme in die Kirche, Pläter und Drähnert sitzen mir genau gegenüber, der erste Vers wird gesungen, der zweite wird gesungen – da – die Orgel schweigt, die Gemeinde ebenfalls, und eine Stimme schallt durch die Kirche: »Ich sage: warm, Vadder, warm!« Dies war der Schneider, der dem Schuster noch einmal seine Meinung in die tauben Ohren brüllen mußte.

dachte bei mir: schmiede du nur das Eisen, solange es noch warm ist, und fügte hinzu, der Herr Platzmajor sei doch auch dagewesen und könne bezeugen, daß nichts Unrechtes passiert sei. – Der alte Herr blickte auf den Platzmajor, und der schüttelte den Kopf: Nein, Unrechtes nicht, es seien reine Mäuseangelegenheiten gewesen.

Die Untersuchung dieses Tatbestands ließ der alte Herr nun fallen, wandte sich aber an Kopernikus: Bartels habe gemeldet, daß er und der Kapteihn immer an der kleinen Linde ständen, und er selber habe dies von seinem Fenster aus auch schon beobachtet, und was sie dort eigentlich herumzustehen hätten?

Das war nun eine unangenehme Frage für Kopernikus. Anfänglich stotterte er denn auch ein bißchen herum und platzte schließlich mit der Antwort heraus: »Wegen der schönen Aussicht.« – Der General blickte auf Bartels, und der sagte nun so recht höhnisch: »Ja, nach die Proviantmeistersdochter.« – »Na, hören Sie mal!« wandte sich der alte Herr mit großem Nachdruck an Kopernikus.

Hier mußte etwas geschehen, damit die Partie nicht verloren ging. Ich spielte also Bartels meinen Trumpf pfeilgerade ins Gesicht und beteuerte, die Aussicht von der kleinen Linde sei aber die schönste auf unserer ganzen Promenade, und Bartels, der lauere nur ordentlich darauf, etwas melden zu können, und es seien lauter Harmlosigkeiten, an denen er etwas auszusetzen suche. Von der harmlosen Mäusegeschichte habe sich der Herr Platzmajor ja selbst überzeugt. Aber Bartels habe auch gemeldet, daß einer von uns sich nach dem Preis von einem Hering erkundigt und daß wir den kleinen Schulkindern guten Tag gesagt hätten.

Doch nun fuhr der alte Herr auf mich los: »Das soll er auch melden, das ist seine Pflicht; er soll alles melden, was gegen seine Instruktion ist!« – Hätte Bartels nun den Mund gehalten, dann wäre die Angelegenheit erledigt gewesen und wir wären mit einem schönen Rüffel nach Hause geschickt worden. Doch auch er wollte das Eisen schmieden, solange es noch heiß war, und heiß war es bei dem alten Herrn. »Ja«, sagte er, »und Sie mellen sich man, Sie reden ümmer mit die kleine Idachechen, und wenn ich man alles so sagen wollt . . . «

»Zum Teufel, sagen Sie's«, fuhr ihm der alte Herr in die Parade. – »Ja, und die Mäus'geschicht ist ganz anders. Der Herr da hat ein paar Mäuse in ne Schachtel gepackt und hat die Proviantmeisterdochter da en Present mit machen wollen.« – »*Was* ist das?« fuhr der alte Herr auf Kopernikus los. – Kopernikus, Kopernikus, dies wird schlimm! – Aber der General wandte sich zugleich auch an Bartels: »Woher wissen Sie das?« – Und aus Bartels'

Augen steckte der gelbe Fuchs seinen Schwanz heraus, und sein dämliches Gesicht strahlte überglücklich ob der eigenen Pfiffigkeit, als er stillvergnügt vorbrachte: »Das hab' ich die kleine Idachechen abgefragt.« – Herr Bartels, Herr Bartels, dies wird sehr schlimm! – »Kinderschnack!« fuhr ihn der General an, »habe ich Ihnen befohlen, die Schulkinder auszufragen? Steht es in Ihrer Instruktion, daß Sie spionieren sollen? Das sollen Sie melden, was *augenfällig* ist. – Und gehn Sie man nach Haus'«, sagte er zu uns, »aber das sag' ich Ihnen, wenn die Schildwache ruft, denn müssen Sie Ordre parieren.«

Am Abend kam der Kommandanturschreiber ein bißchen ans Fenster von Kopernikus und erzählte uns mit großem Behagen, Bartels sei von seinem Aufsichtsposten bei uns Knall und Fall abgelöst worden, denn was von der gemeinen Niedertracht aller Menschen gilt, daß sie sich über das Unglück eines anderen freuen, das gilt von den Handlangern in Festungs- und Gefangenen-Anstalten doppelt.

Nun, der General und wir konnten damit zufrieden sein, denn an Stelle des heimtückischen, ewigen Meldebruders bekamen *wir* einen alten, gutmütigen Mann, der nichts hören und sehen wollte, und der *General* bekam einen, der ihm nichts meldete. Lewandowsky hieß der Neue, und neben seinem Unteroffiziersposten betrieb er noch die Schneiderei.

Ich sprang also zum Kapteihn hinauf, um ihm in seiner Trübsal eine Freude zu machen, und berichtete ihm, Herr Bartels sei abgesetzt. Doch damit kam ich schön an. Bartels, sagte er, hätte seinetwegen noch lange bleiben können, denn Bartels sei noch lange nicht der schlechteste. Es gebe viel schlechtere Menschen auf der Welt, und wenn er selber klug gewesen wäre, dann hätte er mehr auf die Steine acht gegeben, die Bartels ihm beim Lindenbäumchen in den Weg geworfen. »Aber«, rief er wild, »es soll alles ausgerottet werden aus meinem Herzen, selbst die Erinnerung!« – und damit sprang er auf, griff sich ein Messer, lief zur Tür und beseitigte alle Erinnerungskerben am Türständer. Nachdem er dies aber vollbracht hatte, überfiel ihn die Rührung. Er sank auf seinem Stuhl zusammen und blickte mir über das »Preußische Landrecht« hinweg in die Augen – er war nämlich auf den vernünftigen Einfall gekommen, die Liebe mit dem Preußischen Landrecht zu vertreiben: »Charles«, sagte er, »was sollen jetzt noch die Heimlichkeiten? Ja, ich habe sie geliebt, ich habe sie glühend geliebt; aber nicht um *meinetwillen*, um *ihretwillen* habe ich sie geliebt, aber wehe!« – hier schoß er über die Paragraphen im Landrecht hinweg, die von der »unrechtmäßigen Ersitzung« handeln, einen scharfen Blick zu mir hinüber:

»Wehe dem Kopernikus, wenn er eigensüchtige Zwecke verfolgt! – Wehe ihm! sage ich, wehe!«
Und so blieb es, bis wir schlafen gingen. Doch wenn Kopernikus nur die Hälfte der Schmerzen an seinem Leibe verspürt hätte, die an *diesem* Abend von oben auf ihn herab beschworen wurden, so hätte ihn das möglicherweise zur Einsicht in seine eigene Verderbtheit oder auch zu starkem Kamillentee verholfen.

Drei Tage lang blieb der Kapteihn in der Kasematte, drei Tage war er durcheinander. Zwei Tage giftete er gegen den Kopernikus, am dritten Tage aber warf er sich auf Schramm: »Der Hanswurst«, knurrte er, sobald er ihn nur von weitem erblickte, »glaubt, weil er eine Braut hat, den Hochnäsigen spielen zu können. – Ist das ne Kunst, wenn einer gehen kann, wohin er will?«
Gleich am ersten Tage erschien der Erzbischof und bat den Kapteihn, er solle mit nach unten kommen. Er wollte nicht. Der geistliche Herr beschwor ihn bei allem auf der Welt, er möge doch kommen: dies sei eine Notsache, die uns alle anginge. Wir müßten doch miteinander beraten, wie wir uns mit dem neuen Aufpasser stellen sollten. Der Kapteihn hat es nicht getan, und der Erzbischof mußte mit uns übrigen vorlieb nehmen.
Die ganze Nacht über hatte sich der würdige Herr auf eine Ansprache zum Regierungsantritt von Lewandowsky vorbereitet und sich das Vorgehen überlegt, das er uns für die Zukunft anempfehlen wollte. Als wir alle – ausgenommen der Kapteihn – um ihn versammelt waren, ließ er seine wohlüberlegte Rede vom Stapel und begann mit einem »Gott sei Dank!« dafür, daß wir aus dem Bartelsschen Löwenrachen errettet seien. Dann kam er auf die erste Veranlassung, auf des Kopernikus Mäusepräsent, zu sprechen und setzte hinzu, daß die offenkundige Dummheit *eines* Menschen doch auch Glück für die *anderen* zur Folge haben könne. – Dies ärgerte nun den Kopernikus, und als der Erzbischof dies merkte, räumte er in seiner Gutmütigkeit ein, Kopernikus habe dies aber durch sein kluges Benehmen und durch seine unerschrockenen Reden vor dem General wieder gutgemacht. Damit stieß er nun aber mich vor den Kopf, denn was dort Kluges und Unerschrockenes geredet worden war, rechnete ich mir zum Verdienst an. Wie er merkte, daß ich darüber verärgert war, fügte er rasch hinzu: »Aber Charles auch!«
Darauf machte er den Vorschlag, von nun an solle keiner mehr am Lindenbäumchen stehen – hier wollte Kopernikus auffahren –, denn, fuhr er fort, wenn auch einer von uns ungerechtfertigterweise mehr Freiheiten genieße

als die anderen und mit einer Braut am Arm spazierengehen könne, so – dies stieß Schramm und seiner Philosophie übel auf, doch wie der Einwendungen machen wollte, winkte ihn der Redner mit der Hand zur Ruhe – so, fuhr er fort, sei dies *vor* unserer Zeit erlaubt worden, auch habe der General es gestattet, und Meinungen und Weisungen des Herrn General müßten für uns heiligstes Gesetz sein. »Darum«, so schloß er seine Ausführungen, »beschwöre ich euch, lieben Brüder, schweift nicht über die vorgesehenen Schranken hinaus, meidet den Verkehr mit unerlaubten Menschen, dringt nicht auf heimlichen Wegen in die Häuser hiesiger Bewohner« – hierbei warf er Don Juan einen Blick zu –, »kurz, laßt uns dem neu angestellten Herrn Lewandowsky zeigen, daß wir zu *gehorchen* wissen, und er wird das *Befehlen* vergessen. Vor allem aber warne ich euch: Stellt euch nicht an die Linde! Ihr würdet nicht bloß den Baum, nein, ihr würdet auch Lewandowsky in eine schiefe Stellung bringen!«

Doch nun ging es los! Der erste war natürlich der Tückebold Kopernikus: er werde sich an die Linde stellen, wann es ihm gefiele, und er möchte den einmal sehen, der es ihm verwehren wollte! Und Schramm fragte ihn spöttisch und auf philosophisch, ob darin etwa ein Sinn liege, um seinet-, nämlich des Erzbischofs, und um Lewandowskys willen seine Verlobung aufzukündigen? Und ich fragte ihn, ob er weiter keine Sorgen habe? Er sei doch der erste gewesen, der sich mit einer alten Frau in einen verbotenen Heringshandel eingelassen.

Doch dies war alles nichts gegen Don Juans Aufbegehren. Er hatte sich nämlich genauso gründlich wie der Erzbischof in der Nacht alle die Wege zurechtgelegt, die er unter Lewandowskys Regiment wandeln wollte, und die führten zumeist durch Ställe und Torwege von hinten herum in die Häuser hinein. Er habe eben eine Rede angehört, so begann er, »ein schwächliches Produkt, geboren aus der Schwächlichkeit einer geistlichen Natur« – denn er drückte sich immer sehr genau aus, dieweil er ein Dichter war –, doch, fuhr er fort, er für seinen Teil sei nicht aus Kommandanturbefehlen und Unteroffiziersinstruktionen zusammengepappt, er sei aus Fleisch und Blut, und er sei nicht dazu da, Lewandowsky das Leben bequem und angenehm zu machen. Nein, er wolle sich sein eigenes Leben versüßen und hierzu, sagte er, gehöre nun einmal menschlicher Umgang, vor allem mit Frauenspersonen. Und nun ließ er sich über diese Annehmlichkeiten weitläufiger aus und verdeutlichte sie uns an Beispielen aus seinem eigenen Leben. »Und«, schloß er seine Rede, »meine Herren, wir müssen Lewandowsky verblüffen. ›Verblüffen‹ ist das rechte Wort. Wir müssen gleich in den ersten Tagen alle möglichen Extravaganzen mit der

unschuldigsten Miene begehen, damit er glaubt, daß wir ein Recht dazu haben, und im übrigen bin ich der Meinung, ein jeder tue, was er will!«
Darin gaben wir ihm nun alle, bis auf den Erzbischof, recht, und unsere Versammlung endete genauso, wie sie alle enden: wir gingen auseinander und taten alle, was wir wollten: Kopernikus stand an der Linde, Schramm flanierte mit seiner Braut, ich spaßte mit dem kleinen Idachechen, und Don Juan wurde von Lewandowsky bei der Schenkmamsell herausgeholt, wurde aber nicht gemeldet. Einzig und allein unser geistlicher Herr trudelte wie ein streng gesetzlicher Kürbis am ersten Tage den Spazierweg entlang. Am zweiten Tag aber bemerkte ich bereits, wie er mit der dicken Bäckersfrau über den Zaun hinüber anbandelte, und am dritten saß er bei ihr auf der Bank und ließ sich von ihr die lange Geschichte ihrer großen Krankheit und ihren Kindersegen auseinandersetzen. Denn – wie ich schon berichtet habe – er interessierte sich ungemein für ökonomische Angelegenheiten. Nur mein guter alter Kapteihn saß in Gram und Leid in seiner Kasematte.

Am vierten Tage endlich – es war ein Sonntag – sah ich, daß der Kapteihn sich Vatermörder umband und er sich seinen neuen blauen Rock ausbürstete. – Aha! denke ich, heute geht er aus! – Ja, da hatte aber, wie man bei uns zu sagen pflegt, ne Eule gesessen: er ging *nicht* aus, zumindest am Vormittag nicht. Doch als wir mit dem Mittagessen fertig waren, zog er sich den Blauen an, rückte sich vor dem Spiegel ein wenig die Vatermörder zurecht und sagte: »Charles, ich habe einen schweren Gang vor mir, willst du mich begleiten?« – Ja, sagte ich, wohin er auch immer gehen wolle, ich würde ihm immer zur Seite stehen, doch im Augenblick sei die Tür unten noch abgeschlossen. – »Wir gehn bloß runter zum Kopernikus«, sagte er und brach auf. Du lieber Gott, dachte ich, was das wohl geben wird! und folgte ihm. Als wir unten anlangten, war der Schleicher gerade dabei und machte sich Kaffee. Der Kapteihn ging sofort straff auf ihn zu und streckte ihm seine Hand entgegen: »Kopernikus, wir sind sechs Jahre lang ehrliche Freunde gewesen, sind wir das noch?« – »Ja«, erwiderte der, gab ihm verlegen die Hand und verfärbte sich dabei ins Grünliche. – »Kopernikus«, fuhr der Kapteihn fort und schüttelte ihm treuherzig die Hand, »hast du etwas dagegen, daß Charles Zeuge unserer Unterredung wird? Ohne daß wir weitläufig darüber gesprochen hätten, weiß er, worum es sich handelt; er soll Richter sein zwischen mir und dir.«
Da hast du einen schönen Posten erwischt, dachte ich bei mir, wie das wohl ausgehen wird? Und ich denke: Warte! denk ich, du wirst den Giftzwerg ein bißchen weichmütig machen, der Kapteihn ist es schon, und zwischen

weichmütigen Leuten läuft alles viel glatter. Und ich strecke ihm also ebenfalls die Hand entgegen und blicke ihm mit möglichst schmerzlicher Teilnahme ins grünliche Gesicht. Da reißt sich der Kerl doch los, läuft zu seinem Kaffeetopf und ruft: der koche ihm über, er wolle noch frischen Kaffee aufbrühen, und dann wollten wir heute nachmittag recht gemütlich zusammen Kaffee trinken, und der Kapteihn könne aus einer langen irdenen Pfeife Tobak dazu rauchen.

Nun bitte ich einen um alles in der Welt – wegen einer Pfeife Tobak war doch der Kapteihn nicht hergekommen, und wegen einer Tasse Kaffee gibt doch niemand eine Aurelia auf! – Der Kapteihn versetzte also sehr kühl: »Laß das! Ich will dich bloß fragen: liebst du Aurelien?« –Sieh mal an, da saß nun der freche Kerl und sollte Farbe bekennen, und nun wollte er nicht. – Doch der Kapteihn war auf dem richtigen Wege und ließ nicht locker: »Ich frage dich«, wiederholte er, »liebst du Aurelien?» – »Ja«, bekannte endlich Kopernikus. – Das war aber dem Kapteihn nicht genug, konnte ihm auch nicht genug sein, denn hätte er sich damit begnügt, so wäre die Sache aus der Welt gewesen. Doch diese Sache auf solche Weise aus der Welt schaffen, das wäre ja beinahe so, als wolle man ein Kind in der Wiege umbringen. Also fragte er noch eindringlicher: »Liebst du Aurelien mit all der Innigkeit, mit der ich sie geliebt habe?«

Das war nun wieder eine unüberlegte Frage vom Kapteihn: Wie konnte Kopernikus wissen, wie tief die Liebe bei ihm saß? Als Richter in dieser Sache vermerkte ich denn also, diese Frage dürfe er nicht stellen, denn dadurch bringe er den Kopernikus nur in Verlegenheit. Und bei mir denke ich noch so: Na, da hast du deinem Amt mal alle Ehre gemacht. – Je, ja, je, ja! Springt doch der kleine Schuft auf mich los und fragt, was ich mich da einzumischen habe, sie wollten ihre Sache alleine austragen. Und der Kapteihn sagt: dazu habe er mich nicht mitgenommen, um sie auseinanderzubringen. Dies fuhr mir denn doch stark in die Glieder, und ich fragte, ob sie statt meiner nicht lieber gleich den Erzbischof rufen wollten, der verstünde ja, alles zum Guten zu wenden, oder auch Don Juan, der wüßte ja in Liebesangelegenheiten am besten Bescheid. – Das wollten sie aber alle beide nicht, und ich wurde nun auch eigensinnig, setzte mich hin, trank Kaffee, rauchte meinen Tobak und dachte: laß dem Dinge seinen Lauf.

Der Kapteihn hatte nun aber in den drei Tagen, die er alleine verbracht hatte, einen nach allen Richtungen abgesicherten Plan ausgeheckt, und er war ein zu guter Soldat, als daß er seinen Feind hätte entwischen lassen. So oft auch immer der Kopernikus nach rechts und links ausweichen wollte, er rückte ihm immer wieder unerbittlich mit der Frage zu Leibe: »Liebst du sie mit all der Innigkeit, mit der *ich* sie geliebt habe?«

Nun konnte Kopernikus nicht weiter retirieren, er mußte sich stellen: Dies wisse er nicht, sagte er, wie weit der Kapteihn in die Liebe hineingeraten sei, bis an die Hacken oder bis ans Herz. Er wisse nur, daß er selber das Mädchen gut leiden könne, und daß er ebenso gut sei wie jeder andere.

Da ließ der Kapteihn den Halleschen Flügelmann vom zweiten Glied los und ließ ihn echappieren. Er fing an, mit großen Schritten auf und ab zu gehen: »Das war dein Glück! *Die* Antwort rettet dich! Hättest du diese Frage mit einem einfachen ›Ja‹ beantwortet, ich hätte dich für einen Lügner ansehen müssen, denn so wie *ich* sie geliebt habe, kannst *du* sie nicht lieben.« – »Nicht?« rief der Kopernikus und setzte ein so verwegenes Gesicht auf, als wolle er aufs neue mit fliegenden Fahnen und Standarten in die Schlacht rücken. – »Herre Gott«, rief ich dazwischen, »nun schließt endlich Frieden! Die Sache ist ja nun vorbei, nun kommt her und trinkt Kaffee!« – »Schweig, Charles«, rief Kopernikus, »was hast du darein zu reden?« – »Ja, schweig, Charles«, rief auch der Kapteihn, »nun kommt erst die Hauptfrage.« – Na, dachte ich, einmal und nicht wieder – wie behandeln die ihren »Richter in Liebessachen!« – »Kopernikus«, fragte da der Kapteihn auf einmal kalt und ruhig und richtete sich steif vor ihm auf: »Willst du Aurelien heiraten?«

Als nun dieses schwere Geschütz von Frage unversehens hinterm Berge hervorkam und seine Flanke erfaßte, da zog Kopernikus Fahnen und Standarten ein und wollte sich heimlich aus dem Staube machen, doch der Kapteihn schoß immer aufs neue mit der Frage auf ihn ein: »Willst du sie heiraten?«

Nun, ich war zwar recht verdrießlich wegen der Behandlung, die sie mir als Richter hatten angedeihen lassen, aber bei dieser Frage mußte ich nun doch laut loslachen. »Kapteihn«, wandte ich ein, »das ist ja meines Wissens die allerletzte Frage, und die legt einem ja erst der Priester am Altar vor.« – »So«, fiel der Kapteihn ein und blickte mich von oben herab an, *»so?* Nun, dann laß dir sagen, ich stehe hier auch gleichsam als Priester, denn bevor ich an dieses ernste Werk gegangen bin, habe ich mein Teuerstes als Opfer dargebracht. – Und dann laß dir sagen, daß diese Frage wohl am rechten Orte ist, denn der Kopernikus kann sie zu jeder Zeit beantworten; er ist homo sui juris, er ist majorenn, seine Eltern sind tot, er hat Vermögen und hat sein Auskultatoren-Examen gemacht.« – »Und muß noch fünfundzwanzig Jahre sitzen«, fiel ich ein. – »Das geht dich nichts an«, versetzte Kopernikus, »sorge du für dich selbst! Du hast selbst noch fünfundzwanzig Jahre!«

– »Ja«, pflichtete ihm der Kapteihn bei, »*du* kannst nicht heiraten, denn du hast ja noch nicht das Auskultatoren-Examen gemacht. Jeder Auskultator im preußischen Staate kann heiraten, d. h. wenn er Vermögen hat, ich hab's nicht, aber Kopernikus hat es, und darum soll er *heiraten* – ich sage: er *soll* heiraten, und wär's auch erst nach fünfundzwanzig Jahren.«
Hier aber regte sich zum erstenmal bei dem ganzen Handel in der Brust vom Kopernikus so etwas wie Begeisterung. Grün angelaufen, gab er dem Kapteihn die Hand und rief: »Und ich *will* heiraten!« – Und der Kapteihn schloß ihn in die Arme und küßte ihn oben auf den Kopf, denn an den Mund kam er wegen des Kopernikus kurzen Beinchen und wegen dessen krummer Nase nicht gut heran, umschlang mit einem Arm die ganze Welt und rief: »Und hiermit entsag' ich allen meinen Rechten!«

In diesem Augenblick mußte es nun gerade geschehen, daß Aurelia an unserer Kasematte vorüberschritt, um am Sonntagnachmittag ein bißchen spazieren zu gehen. Gleich wandte der Kapteihn sich ab und begab sich in den Hintergrund der Kasematte, denn er war ein Mann von Ehre und von Wort. Kopernikus stellte sich ans Fenster und blickte hinter seinem neuen Eigentum her. Nur ich saß da als fünftes Rad am Wagen und half mir mit Kaffeetrinken aus der unerfreulichen Lage, denn alle beide hatten einen Haß auf mich geworfen, als sei ich schuld an allen ihren Leiden; aber so mag es wohl allen Richtern ergehen.
Ich wollte nun aber auch nicht so einfach von meinem Posten abtreten, ohne mich noch einmal bemerkbar zu machen. Ich fragte also: »Ja, wäre es denn nicht gut, daß wir sie« – dabei zeigte ich über die Schulter zum Fenster hinaus – »daß wir sie, meinetwegen durch die kleine Ida, wissen ließen, was wir heute über sie ausgemacht haben? Denn ihr mögt sagen, was ihr wollt, *mit* in die Geschichte hinein gehört sie *doch*.« Da fuhr der Kapteihn hinten aus der Kasematte heraus und sagte, davon verstünde ich nichts, zu Kinderkram und Zwischenträgerei sei die Sache nicht angetan, und Kopernikus müsse am nächsten Sonntag einen schwarzen Frack und weiße Handschuhe anziehen und müsse bei dem Papa mit passenden Worten um die Tochter anhalten.
Nun aber wechselte Kopernikus auf meine Seite hinüber: er habe aber keinen Frack. – Dann müsse er sich einen vom Erzbischof leihen, der habe einen. – Nein, sagte Kopernikus, dafür bedanke er sich, denn darin würde er aussehen wie ein Hering im Regenmantel. – »Ja«, sagte ich, »und was würde der General dazu sagen?« – Dies verblüffte den Kapteihn, dazu wußte er sich augenscheinlich auch keinen Rat. »Oh«, rief er aus, »wenn ihr

ahntet, was mich diese Tat gekostet hat, und sie soll an einem Leibrock und an einem General scheitern!« – Damit begab er sich abermals in den Hintergrund der Kasematte und ging immerzu auf und ab.

Nach einer Weile kam er still hervor: »Charles«, sagte er, »komm!« – und dabei wischte er sich die kalten Schweißtropfen vom blassen Angesicht. Ich klopfte meine Pfeife aus, und wir gingen nach oben.

Kapitel 19

Stecken und Pfähle

Dies war das Ende des einen Romans, nun sollte der andere beginnen. Doch bevor er seinen Anfang nahm, mußte erst der Sommer vergehen und der Spätherbst kommen, und während dieser ganzen Zeit lebten wir gar nicht ruhig und zufrieden, obwohl die Nebenbuhlerschaft zwischen dem Kapteihn und Kopernikus ganz und gar erloschen war. Mein alter ehrlicher Kapteihn nämlich hielt stand: mit keinem Blick schweifte er zu Aurelia hinüber, mit keinem Fuß trat er in ihre Fußstapfen, und seinetwegen konnte der Pfahl am Lindenbäumchen so aufrecht stehen wie eine Kerze.

Jedoch – er hatte einen heimlichen Haß auf Schramm geworfen. Er konnte seinen Anblick nicht ertragen, dieweil der das erreicht hatte, was ihm *nicht* geglückt war, nämlich eine Verlobung. Sie gerieten denn auch bald aneinander, und zwar über den Begriff »Liebe«. Mit der Zeit nämlich war der Philosoph durch seine kleine, flotte, pummlige Braut zu einer Auffassung von »Liebe« gelangt, die mein braver Kapteihn in seiner Ritterlichkeit und seiner Opferstimmung unmöglich für die richtige ansehen konnte. »Er ist trotz aller preziösen Redensarten ein sinnlicher Selbstsüchtling«, sagte er und ging dem Philosophen aus dem Wege.

Mit Don Juan hatte sich der Philosoph gleich in den ersten acht Tagen auf gespannten Fuß gesetzt: sie waren einander an den Dichterwagen gefahren: Als Schramm erfuhr, daß Don Juan in seinen Mußestunden ebenfalls ein wenig auf Pegasus spazieren ritt, hatte er ihm seinen höchsten Trumpf – »Paulus« nämlich – entgegengespielt, um ihn von vornherein zu verblüffen. Nun hatte aber Don Juan ein sehr schönes Lied nach der Melodie »Morgenrot! Morgenrot!« gedichtet. Es fing freilich zum Unterschied mit dem Abend an: »Hesperus! Hesperus! Bring dem Liebchen Gruß und Kuß!« u. s. w. Und weil er einen schönen Baß und zahlreiche Liebchen sein eigen nannte, die er alle mit Grüßen und Küssen zu versorgen hatte, stimmte er es jeden Abend an, sobald sich nur sein Briefträger, der Abendstern, am Himmel sehen ließ. Wie hörten dann andächtig zu, denn Gesang ist ein Artikel, der rar ist auf Festung, haben aber das Lied nie bis zu Ende zu hören bekommen, denn wenn er so recht mit Grüßen und Küssen um sich warf und dabei die Stimme erhob, rief die Schildwache stets: »Ruhe da drinnen!«

Mit diesem Gedicht also versuchte er nun, Schramms Trumpf auszustechen und beging damit, meiner Meinung nach, eine große, anmaßliche Torheit.

Denn wie kann man mit einem Gedicht von drei, na, sagen wir mal auch fünf Versen, ein großes Heldenepos von dreißig Bogen, und noch dazu bebildert, übertrumpfen wollen? Der Philosoph fand diesen schwachen Punkt denn auch bald heraus und spöttelte über »Hesperus«, und zum Dank dafür mokierte sich Don Juan über »Paulus«. Kurzum, die Rivalität war auch hier im vollen Gange, und wenn *die* zwischen ein paar richtigen Dichtern ausbricht, dann ist sie siebenundsiebzigmal schlimmer als *die* zwischen Liebesleuten, denn bei diesen kann doch gelegentlich auch einmal die Großmut durchbrechen, wie uns der Kapteihn bewiesen hatte, bei richtigen Dichtern aber gewiß nie. – Das Ei war also von Anfang an entzwei.

Mit dem Erzbischof hatte der Philosoph die ganze Zeit über Frieden gehalten. Doch als Lewandowsky sein Regiment und der Erzbischof seine Bekanntschaft mit der dicken Bäckersfrau antraten, da ereignete sich etwas, das sie ganz und gar auseinander bringen sollte.

Der Erzbischof unterhielt sich eines Tages auf seine gewöhnliche ehrbare Weise mit der Bäckersfrau über den Gartenzaun hinüber, und zwar über ihre Hühner, denn wie ich schon erwähnt habe, er war sehr fürs Ökonomische. Die Bäckersfrau klagte ihm also, sie sei nach ihrer großen Krankheit so überaus stark und wohlbeleibt geworden, daß sie nun selber nicht mehr die Hühnerstiege erklimmen könne und daß der Lehrjunge, der dies also zu besorgen hatte, ihr immer die Eier austrinke und nachher behaupte, der Marder hätte es getan. »Ja«, sagte sie, »Sie glauben gar nicht, was das für eine Last ist, wenn man so auseinandergeht wie Kuchenteig – und natürlich ist das auch nicht!« setzte sie hinzu.

Nun war der Erzbischof aber immer voller Mitgefühl allerlei menschlichen Gebresten gegenüber. Er wollte die arme Bäckersfrau also trösten und bemerkte, darüber solle sie sich keine grauen Haare wachsen lassen, denn er wolle doch lieber – da ging gerade der Philosoph hinter ihm vorüber, und er blickte sich um – er wolle doch lieber auf ein Paar kräftigen Waden in der Welt herumlaufen als auf ein Paar Stecken, auf denen sich keiner für einen Sechser Sirup vom Kaufmann zu holen getraue. Und dabei blickte er voller Wohlgefallen auf sein eigenes Untergestell und mag dabei wohl auch das des Philosophen angesehen haben – was weiß ich? –, genug, der Philosoph drehte sich um und sagte: »So ein Klotz!«

Dieses Wort schleuderte er dem Erzbischof schonungslos ins Gesicht, und dies in Gegenwart der dicken Bäckersfrau, als er gerade im Zuge war, diese über ihre Korpulenz hinwegzutrösten. Der Erzbischof setzte nun also seine gesunden Pfähle in Bewegung, hinter den Stecken des Philosophen her, und

zwar derart, wie es nicht anders sein konnte, daß nämlich die Pfähle der Stecken Herr wurden und sie sich diese griffen.
Und nun brach ein häßlicher Streit zwischen den Stecken und den Pfählen aus, und wie wir anderen darüber hinzukamen, sagte der brave, gutmütige Erzbischof gerade: er für seinen Teil vergebe dem Philosophen den Ausdruck »Klotz«. So viel christliche Besinnung besäße er noch immerhin, obwohl dies ein infamer Ausdruck sei – aber der Philosoph habe damit so unbedacht um sich geworfen, der Ausdruck könne auch über den Zaun geflogen sein und könnte die brave Bäckersfrau, die ja noch korpulenter sei als er selber, bis aufs Blut beleidigt haben, und die arme Frau habe ohnedies ihre schwere Last zu tragen. Er verlangte also, der Philosoph solle der Bäckersfrau Abbitte leisten. Dies aber konnte der natürlich nicht. Und die beiden gesunden Pfähle und die beiden dürren Stecken sind nie wieder zusammengekommen.
Nun blieben dem Philosophen zur Unterhaltung auf dem Spaziergang nur noch zwei, nämlich Kopernikus und ich. Kopernikus zählte, recht betrachtet, gar nicht, denn er stand nur am Lindenbäumchen spazieren, und zur Unterhaltung hatte er gar keine Zeit. Also war ich es allein, an den er sich halten konnte. Doch dies währte auch nur so lange, wie es dauern sollte. Eines Tages kam er zu mir und vertraute mir an, es sei nun abgemacht, er wolle seine Braut zu seinem Vater schicken, um sie in ihrer Bildung zu vervollständigen. – »Was«, sagte ich, »du hast doch schon zwei Jahre lang an ihrer Bildung gearbeitet, hat sie noch nicht genug?« – »Nein«, war seine Antwort, »die Familienbildung fehlt ihr noch.« – »Na, denn man zu«, sage ich. – »Ja«, sagt er, »aber dort ist sie mir zu weit weg, ich möchte sie doch manchmal auch wieder bei mir haben.« – »Verdenk ich dir gar nicht«, versetze ich. – »Und deswegen«, fährt er fort, »möchte ich von hier fort und mich nach Silberberg versetzen lassen, weil das mehr in der Nähe ist.« – »Tu das nicht«, warne ich ihn, »ich weiß dort Bescheid, das Brot, das sie dort backen, kenn ich.« – »Langweiliger als hier kann's auch nicht sein«, meint er. – »Das nicht«, sage ich, »aber verdrießlicher.« – »Wieso denn das?« fragt er. – »Tja«, sage ich, »kannst du ein ehrliches Wort vertragen?« – »Ja, das kann ich.« – »Na«, sage ich, »dann will ich's dir nur sagen: du stehst von der Untersuchung her in keinem besonderen Geruch bei allen unseren Kameraden. Als wir herkamen, haben wir uns das Versprechen gegeben, dich das nicht fühlen zu lassen. Jetzt hast du hier aber allerlei Spektakel gemacht und dich mit jedem von uns separat verkracht. Und *dort* wirst du deine Nücken auch nicht lassen können, aber die Sorte, die dort sitzt, die kenn' ich.

Mit ›Paulus‹ kommst du da nicht durch, und von Philosophie will auch keiner was wissen. Desto besser aber haben sie noch Berlin und Onkel Dambach im Gedächtnis, und sie könnten dir mit allerlei Fragen und Anspielungen zusetzen, und dann säßest du da wie der Frosch auf dem Glatteis.«
Ich sagte das in der wohlmeinendsten Absicht und weil er versichert hatte, er könne ein aufrichtiges Wort vertragen – doch er konnte es nicht. Er trat ein paar Schritte nach rückwärts, so daß er aus der Reichweite meiner Fäuste kam und sagte dann, indem er mich von oben bis unten und schließlich – genau wie beim Erzbischof – auch meine Waden besah – genau wie beim Erzbischof: »So ein Klotz!«
Nein, es war doch wirklich ein ganz gemeines Subjekt!

Als er sich nun nach und nach mit jedem von uns entzweit hatte, schickte er richtig seinen Schatz zu seinem Alten und kam für sich selbst um Versetzung nach Silberberg ein, und er kam damit auch durch. Vorher aber spielte er uns noch einen Streich, der uns unser Hauptvergnügen, den Spaziergang, beinahe gänzlich verleidet und uns mit dem braven alten General fast auseinandergebracht hätte. War es nun pure Rachsucht oder war es das unangenehme Gefühl, das ihn ergriff, wenn er so alleine, ohne jede Ansprache, zwischen uns einherwandeln mußte, kurzum, er begab sich zu dem alten Herrn und bat ihn, auf der anderen Seite des Wagenhauses spazieren gehen zu dürfen.
Warum? fragte ihn der alte Herr. – Anstatt nun offen einzugestehen, daß er mit uns allen übers Kreuz stand, sagte er, auf unserem Spaziergang liefen ihm zu viele Menschen, manchmal auch Fremde, über den Weg, die uns neugierig anstarrten, und als Wundertier möge er nicht angestaunt werden.
Der General war einverstanden und verfügte zusätzlich, dann sollten auch wir andern alle uns dort ergehen. Wir sollten also unsere schöne Promenade aufgeben, wo die Sonne so warm schien, wo wir doch Menschen zu sehen bekamen und wo jeder von uns sich seine kleinen Freuden zu verschaffen gewußt hatte. Stattdessen sollten wir uns nun hinter dem alten großen Kasten von Haus und zwischen den Kugelhaufen erlustigen, wo weder Sonne noch Mond schien und wo wir keinen Menschen zu sehen kriegten außer Lewandowsky. Und dies nur, weil der Philosoph dürre Waden hatte – denn dies war sein Hauptärger.
Damit war aber unter jedem einzelnen Kessel zu scharf geheizt worden, und sie kochten alle zusammen über. Nur im Kessel von meinem guten

Kapteihn, da rührte sich nichts. Darunter lagen schwarz und dunkel die halb verbrannten Kohlen seiner erloschenen Hoffnungen, und die fingen kein Feuer, denn sie mochten wohl von manch heimlicher Träne naß geworden sein. Doch bei uns anderen, da zischte und brodelte es nur so: Kopernikus sollte Aurelia verlassen, ich das kleine Idachechen, Don Juan seine Schenkmamsell und alle die anderen, und der Erzbischof seine dicke Bäkkersfrau.

Wie nun der Platzmajor erschien und uns die neue Verordnung bekanntgab, da brach es los, und besonders war *ich* wieder so töricht, den Mund am weitesten aufzureißen: das täte ich nicht, sagte ich, da ginge ich nicht hin! – Was? sagte der Platzmajor, das täte ich nicht? – Der General habe das Recht, er könne uns einen Spaziergang anweisen, der *ihm* gefiele. – Das wisse ich, erwiderte ich, aber mir stünde auch das Recht zu, davon Gebrauch zu machen oder nicht. Ich würde hier nur vor der Wache auf und ab gehen, oder ich würde ganz in meiner Kasematte bleiben. Das sei Widersätzlichkeit! – Da sähe ich die Sache aber ganz anders an, war meine Antwort: auf die Art kämen wir mit unserem Spaziergang nur vom Pferd auf den Esel, und ich hielte das für eine *Strafe,* und die hätte ich nicht verdient! Dies war eine große Dummheit von mir. Nun, das sage ich *heute,* da ich eben so viel über fünfzig bin wie damals über zwanzig. Aber leid sind mir meine damaligen Worte darum bis auf den heutigen Tag nicht geworden, denn anders hätte ich wohl kaum erfahren, was für ein wirklich prächtiger Mensch unser alter General war.

Es mochten wohl so an die acht Tage vergangen sein, an denen ich mit Kopernikus zusammen – denn der war ebenso aufgebracht wie ich und wollte ebenfalls nicht parieren – vor der Wache auf und ab geschlendert war, als ich zum General auf die Parade kommandiert wurde. Da stand er nun mit seinem weißen Helmbusch zwischen all den schwarzen und schwarz-weißen Federbüschen, und als ich näher kam, ging er auf mich zu und sagte: »Herr, warum opponieren Sie sich gegen den Kommandanturbefehl?« Da waren nun die Herren Majors, Kapitäns und Leutnants um ihn herum aufgebaut und sahen mich alle mit neugierigen Gesichtern an, und das macht den Menschen in einer solchen Lage überaus unsicher. Ich versetzte also trotzig: hinter dem Wagenhaus ginge ich nicht spazieren.

Nun fuhr der alte Herr aber mächtig auf und fragte, ob ich nicht wisse, daß er der Kommandant sei und daß ich zu parieren hätte, wenn er befehle? – Ja, sagte ich, aber dies sähe ich als eine Strafe an, und mir sei nichts bewußt, wodurch ich sie verdient haben könnte. – Eine Strafe solle es nicht sein,

sagte er, und sein erster Ärger hatte sich schon gelegt. Einige meiner Kameraden hätten um diesen Spaziergang nachgesucht, und deshalb habe er ihn angeordnet. – Es könne nur einer sein, der darum gebeten habe, und der habe uns damit wahrhaftig keinen Gefallen erweisen wollen, erwiderte ich. Der alte Herr blickte mich an, winkte dann Lewandowsky zu sich, sprach abseits mit ihm und wandte sich dann wieder zu mir: »Ich werde mich danach erkundigen; Ihnen gebe ich indessen den Rat, sich meinen Befehlen zu fügen; und das sagen Sie dem anderen auch.« – Damit meinte er den Kopernikus. – »Und nun können Sie gehn.«
So, nun war es genauso, wie es vordem gewesen. Nur, so viel wußte ich nun aber doch: der alte Herr hatte nicht in böser Absicht gehandelt, er hatte Schramm einen Gefallen erweisen wollen, und wer weiß, was der ihm vorerzählt hatte.
Ich berichtete dies nun auch alles dem Kopernikus, doch der Bursche brauste auf und erklärte, er ginge da nicht hin, er täte es nicht!
Darüber kam der Erzbischof hinzu und hielt uns eine kleine Predigt, in der er uns weitläufig auseinandersetzte, der General könne uns befehlen, wir sollten in der Dachrinne der Remise oder auf dem Dachfirst spazieren gehen, und wenn sich bei dieser Gelegenheit die Hälfte von uns das Genick bräche, so würde doch in Berlin kein Hund oder Hahn danach krähen. – Seinetwegen, sagte Kopernikus, könne der Erzbischof mit den Ratten in der Dachrinne promenieren – *er* ginge nicht *auf* und nicht *hinter* die Remise. – »Je«, sagte ich, »Kopernikus, mir kommt die Predigt vom Erzbischof gar nicht so töricht vor, denn was er gesagt, hat er nur als Gleichnis gemeint. Denk doch nur mal an Magdeburg zurück, was solch General alles vermag. Hat uns General Graf Hacke auch nicht auf den Dächern spazierengehen lassen, weil es ihm dort möglicherweise zu freiheitlich war, so mußten wir doch über den Jauchegraben lustwandeln, und die Hälfte von uns ist darüber zeitlebens krank geworden, und weder Hund noch Hahn hätte in Berlin darum gekräht, wenn er nicht zur rechten Zeit abgekratzt wäre. – Mich dünkt, wir gehen ruhig hinter die Remise, der Alte hat es nicht bös gemeint.«
Doch Kopernikus wollte nicht. Ich bekam ihn am Arm zu fassen: »Kopernikus«, sage ich, »denk doch an Aurelia!« – »Das ist es ja eben«, fährt es ihm heraus. – »Ich gebe dir Brief und Siegel«, sage ich, »je eher dich der General zwischen den Kugelhaufen sieht, desto eher siehst du Aurelia wieder.«
Das schlug durch, und am Nachmittag ging ich mit Kopernikus Arm in Arm zwischen den Kugelhaufen spazieren. Es war kein schönes Gefühl für

uns beide, und der Anstifter dieses Ärgers bekam nicht gerade die freundlichsten Gesichter zu sehen, wenn er an uns vorüberging.
Ich habe diese Geschichte nur erzählt, um nachzuweisen, wie häufig und wie oft schuldlos ein Mensch in unserer Lage sich etwas gefallen lassen muß, und dies bei einem *guten* Kommandanten, von den schlechten ganz zu schweigen. – Das hätte ich mir nicht gefallen lassen, wird vielleicht mancher sagen, ich hätte es nicht getan! – Wir wären dann aber aus dem Fegefeuer in die Hölle geraten. – Ja, ihr wart aber in eurem Recht! – Ach, du lieber Gott, mit dieser Art von Recht hatten wir nun schon lange genug Bekanntschaft gemacht, uns verlangte nicht weiter danach – und was sollten wir denn auch dagegen unternehmen? Uns beschweren beim Kammergericht in Berlin? Dann hätten wir die tröstliche Antwort erhalten, es bliebe alles so, wie es bestimmt sei, und unser braver, alter Kommandant hätte möglicherweise einen Rüffel gekriegt, weil er uns mehr gestattet hatte, als das Kammergericht zugestehen wollte. – Und das verdiente der alte Herr nicht! Das verdiente er um *uns* nicht!
Zwei Tage waren Kopernikus und ich auf dem neuen Spazierweg gewandelt – der alte Herr konnte uns von seinem Eckfenster aus sehen –, da ließ er sich Lewandowsky rufen. Zurückgekehrt, erzählte dieser uns unter dem Siegel der Verschwiegenheit, der alte Herr habe ihn gefragt, ob das nicht der kleine gelbe Hallenser und der obstinatsche Mecklenburger seien, die dort spazieren gingen. Als er »ja« gesagt habe, habe der General das Fenster zugemacht und etwas in den Bart gemurmelt.
Am nächsten Morgen erschien der Platzmajor mit Federbusch und Degen und verlas uns einen Kommandantur-Befehl: Die Staatsgefangenen, so und so, und so und so, sollten wieder den alten Spaziergang bis zu der kleinen Linde in der Nähe des Wassertors benutzen. – So hatten wir denn nun wieder, was wir gewollt hatten, und der alte General war ein braver Mann. – Ach, was würde Graf Hacke mit uns angestellt haben?
Doch *dieser* Mann hatte schon als *colonel* unter Kaiser Napoleon gedient. Er hatte in Spanien und Rußland seine Schuldigkeit getan, er hatte gegen Deutschland kämpfen müssen – dafür konnte er nicht, dafür konnten die Fürsten –, und auf den vielen Schlachtfeldern und in der schlimmsten Not hatte er sich ein menschenfreundliches Herz bewahrt, und in diesem ehrlichen Herzen war kein Platz für die Erbärmlichkeiten und Jämmerlichkeiten, die andere Kommandanten an uns verübt haben.
Kerle, die in jenen schönen Friedenszeiten Kommandanten wurden, weil sie ein Regiment nicht kommandieren konnten, Gamaschenhengste, die ihre Seligkeit darin fanden, die Instruktionen ihrer Vorgesetzten bis aufs

I-Tüpfelchen getreulich auszuführen, das waren die, die uns geschunden haben. Doch Menschen wie dieser General und der Oberst Wichert in Glogau, die herumgekommen waren und wußten, wie es zuging in der Welt, die haben uns auch nicht einen Augenblick geschurigelt. Und noch heute freut sich mein Herz, wenn ich solchen alten weißen Schnauzbart zu sehen bekomme, durch den der Wind von Anno 13 einmal hindurchgeweht hat – mag es nun General oder Korporal sein.

Für Schramm war dieser letzte Kommandantur-Befehl sehr fatal, denn er mußte doch nun wieder als Wundertier herumlaufen, bis er dann zuletzt glücklich versetzt wurde. Er reiste ab, und ich habe ihn niemals wiedergesehen.

Nun kam eine ruhige Zeit. Es war Winter geworden. Eine kleine Veränderung war eingetreten: der Kapteihn war mit seinem kleinen Hallenser Freund zusammengezogen, und ich hatte den »Franzosen« als Stubenkameraden bekommen, der uns aus Berlin nachgekommen war.

Kapitel 20

Feuerwerk

Guittienne, oder der »Franzos«, wie wir ihn nannten, war, wie ich schon berichtet habe, ein großer, stattlicher Kerl. Doch durch die Behandlung in Magdeburg war er geistig erkrankt. Anstatt ihn nun in die Freiheit zu entlassen, hatten sie ihn nach Berlin in die Charité verbracht, und von dort kam er zu uns, war aber nicht geheilt.

Er hatte sich eingebildet, er könne prophezeien, und dabei blieb er. Stunden und Tage lang saß er, legte sich Karten, schlug Seiten im Vergil und in der Bibel auf und dachte sich allerlei wirres Zeug dabei. Um ihn nun auf andere Gedanken zu bringen, machte ich ihm den Vorschlag, wir wollten eine eigene Menage führen, und damit nahm es auch seinen richtigen Anfang. Kartoffeln wurden eingekauft, und da saßen wir dann und schälten sie in eine von unseren fein säuberlich ausgespülten Waschschüsseln. Doch der Franzos war nicht dazu zu bringen, ihnen ordnungsgemäß die Augen auszustechen.

Auf unserem Vorboden lagerte ein ganzes Sortiment Suppenkraut, im Sand vergraben. Eine Sammlung von großen und kleinen Töpfen stand am Ofen herum, griffbereit, denn im Ofen wurde gekocht. Nur die Hauptgerichte, zu deren Zubereitung es mancher Kunst und Aufmerksamkeit bedarf, wurden schicklich auf einem Feuerherd hergestellt. Unter bedeutenden Kosten wurde eine blecherne Beefsteakmaschine und alles, was dazu gehört, angeschafft. Nur das Fleisch fehlte uns immer, weil es schwierig zu besorgen war. So fing es denn nun im großen an, und wir wollten uns im Kochen abwechseln. Wir losten, und das Los fiel auf den Franzosen.

Bisher hatte ich immer den Kaffee aufgebrüht, nun sollte er das besorgen. Er ging auch ans Werk, schüttete den Kaffee oben auf, machte unten Feuer an, vergaß aber, oben Wasser zuzugießen, und so schmolz dem schönen Kunstwerk von Klempner Löff in Berlin der Boden aus. Dies war der Anfang unserer Menage.

»Franzos«, fragte ich, »hast du dich schon mal mit dem Kochen beschäftigt oder darüber nachgedacht oder dabei mal zugesehn?« – »Wieso?« fragte er. – »Na, ich meine nur so«, sagte ich, »ob du schon mal gekocht hast oder nur mal in einem Kochbuch studiert hast oder ob du schon mal einer richtigen, in ihrem Fach ausgebildeten Köchin ein bißchen über die Schulter geguckt hast?« – Gekocht habe er noch nicht, war seine Antwort, mit Kochbüchern habe er sich auch nicht abgegeben, aber gebildeten Köchinnen habe er schon oft über die Schulter geguckt – und er nannte mir eine ganze Reihe lauter französischer Namen. – »Na ja«, meinte ich, »all deine Madelons und Louisons und Charlottons können uns hier nicht helfen. Hier heißt es: ›Selbst ist der Mann‹. Traust du dir zu, eine richtige nahrhaftige, kräftige Suppenmahlzeit zustandezubringen?« – »Nee«, war seine Antwort. – »Na«, erwiderte ich, »dann wollen wir es *so* halten: ich werde kochen und das Geschirr in Gebrauch nehmen, und *du* machst es wieder sauber, schmeißt mir aber keine Töpfe entzwei, denn *die* werden dir am Lohn abgezogen. Das Kartoffelschälen und Suppenkrautputzen ist Gemeinschaftsarbeit, weil es doch eigentlich recht unterhaltsam ist und man sich dabei auch ein bißchen was erzählen kann.«

Nach diesem Übereinkommen fing also nun die Kocherei an. – Ich besaß noch ein schönes Stück Malerleinwand, auf dem ich meine ersten Versuche mit lauter echten Ölfarben gepinselt hatte. Die benutzte ich, mit der ganzen Sammlung von Gesichtern, Bäumen und Blumen darauf, als Schürze, band sie mir mit ein paar Bindfäden hinten zusammen, und nun fing es wirklich an: »Franzos, mach mir mal diesen Topf rein – ganz rein. – So! – Nun gib mir mal die Erbsen her! – Schafskopf, *die* nicht, die *eingeweichten* dort oben auf dem Ofen! – So! – Nun hol mal ein paar trockene Späne zum Feuermachen!« Mein guter Franzos tat alles.

»Was kochst du für Erbsen?« fragte er, »dünne oder dicke?« – »Franzos«, sage ich, »nun will ich dir ein für allemal was sagen! Die Topfguckerei kann ich nicht ausstehn. Sieh, *du* tust deine Arbeit, und *ich* tu meine Arbeit, und wenn das Essen fertig ist, dann kommt es auf den Tisch, und dann ißt du's.« Meine Erbsen waren wundervoll. Ich hatte ein gutes Stück Speck hineingehängt, aber trotzdem kaute der Franzos immer so hoch daran herum. – »Was hast du?« frage ich. – Je, versetzt er, ihm kämen so viele Schlauben zwischen die Zähne. – Nun, das mußte mich natürlich verdrießen. – »Was«, sage ich, »du hast ja eine verteufelt feine Kehle, wenn da nicht mal ne Erbsenschlaube durchrutschen kann. Meinst du, wir können hier aus dem Vollen leben und die Erbsenschlauben in die Drangtonne werfen? Wir haben ja nicht mal ein Schwein, dem das zugute kommen könnte. – Und sieh mal her: Einen Taler und acht Groschen, davon sollen wir vierzehn Tage leben, die können wir doch nicht gleich am ersten Tag ausgeben. Und wenn dir die Schlauben zu grob sind, dann schaff mir erst ein Haarsieb an.« Nun, das half; in den nächsten Tagen sagte er kein Wort mehr. Ich kochte aber auch immer schönes Essen, wobei es mir überaus zupaß kam, daß es

gerade Frühling und die Zeit der Jungkälber war und daß wir dicht am Tor wohnten, denn da hatte ich die beste Gelegenheit, auch mal ein halbes Jungkalb mit einzuschmuggeln – auf der Festung gab es noch Mahl- und Schlachtsteuer –, und dies tat ich oft, denn ich kaufte soviel wie möglich im großen ein.
Ein halbes Kalb kostete dazumal acht Groschen, wenn es geschmuggelt war. Und wenn ich dann auf meinem Vorboden so ein halbes Kalb oben und unten ein Scheffel Kartoffeln lagern hatte, dann ging mir ordentlich das Herz auf. Ich kam dann in die Kasematte rein und sagte: »Franzos, für diesmal verhungern wir noch lange nicht!«

Dies hätte nun in aller Spar- und Nahrhaftigkeit immer so weitergehen können, wenn der Franzos nicht solch Leckermaul gewesen wäre. So aber geht er einmal die Allee hinunter, ein hübsches Mädchen kommt ihm entgegen, und er fragt sie, was sie in ihrem Korbe habe. – »Karpfen«, sagt sie, »schöne Rohrkarpfen!« – Da überfällt ihn ein großes Gelüst nach Karpfen, und er pfuscht mir ins Handwerk, denn Kasse und Einkauf waren meine Angelegenheit, und kauft die Karpfen für ein schönes Stück Geld. Ich stehe gerade mit dem Feuerwerksleutnant von Capeller, den ich gemalt hatte und der uns oftmals besuchte – denn unser alter General hatte gegen derlei Besuche jetzt nichts mehr einzuwenden – und erzähle ihm von unserer vorzüglichen Kocheinrichtung, wie der Franzos daherkommt und von mir für seinen Karpfenhandel Geld aus der Kasse abverlangt. Nun, ich bezahle denn auch und tue dabei so, als sei Karpfen für uns ein ganz gewöhnliches Gericht – wer will sich einem Leutnant gegenüber auch eine Blöße geben? »Karpfen?« fragt der Leutnant. – Ja«, sage ich, *»Karpfen!* Mögen Sie gern Karpfen?« – Nun fängt er an, ein langes Lied von Karpfen zu singen und daß er sich einmal daran krank gegessen, aber schon seit vier Jahren keine mehr zu sehen bekommen habe. Und ich kann nicht anders: ich lade ihn zum Mittagessen ein, denke aber noch so bei mir: »Na warte, der Völlerei will ich schon einen Riegel vorschieben.« – Er nimmt die Einladung an, und ich gehe nach oben, um unsere Karpfen zu kochen – versteht sich, in Bier. Wie ich heraufkomme, frage ich: »Franzos, wo sind die Karpfen?« – »Hier, in deiner Waschschüssel«, sagt er. – Ich gehe hin, besehe mir die Fische, und die Arme sinken mir am Leibe herab: »Das nennst du Karpfen?« rufe ich. – »Ja«, beteuert er, »Rohrkarpfen!« – »Na«, sage ich, »ich nenne sie Rotaugen«, und sehe voll stiller Wut auf diese Geschöpfe: erst das viele Geld dafür zahlen und sich dann noch obendrein vor einem königlich preußischen Feuerwerksleutnant mit Rotaugen blamieren! »Gleich läufst du dem Mädchen nach und läßt dir das Geld wiedergeben«, fahre ich ihn an, »und dann bestell nur dem Leutnant, er möchte anderswo essen, mit den Karpfen sei's Essig, es wären Rotaugen geworden. Und daß du ja sagst, *du* wärst daran schuld, damit die Dämlichkeit nicht auf mein Kerbholz kommt.«

Das wollte er nun aber nicht, und ich sah auch ein, daß das zuviel verlangt war. Ich überlege hin und her und sage endlich: »Na, was gemacht werden kann, soll gemacht werden, und wenn ein Rotauge *gut* gekocht wird, ist auch ein Rotauge ein Fisch.

Franzos, mein lieber Franzos, nun paß genau auf, was ich dir sagen will: Sieh, nun schneid ihnen zuerst all die roten Flossen und den Schwanz ab, denn die besonders verraten uns. Dann schneid sie auf und leg mir die Eingeweide hier auf diesen Teller, nimm dich aber ja mit der Galle in acht. Dann schneidst du die Fischchen in ganz kleine Stücke, damit es aussieht, als wäre es ein kostbares Gericht, von dem nicht viel auf *einmal* gegeben werden darf. Ich will noch rasch ausgehen und allerlei Gewürze kaufen. Wir wollen dem Leutnant einen schönen blauen Dunst vormachen.«

Ich los, doch wie ich auf der Treppe bin, bekomme ich es wieder mit der Angst zu tun. Ich kehre noch einmal um: »Französing«, sage ich und klopfe ihm auf die Schulter, »nimm dich ja mit der Galle in acht!« – Das versprach er nun fest, und ich hin zum Kaufmann und kaufe ein: »Ne Flasche Bier!« – »Echtes bayerisches Bier?« fragt der. – »Nee«, sage ich, »süßes Bier.« – »Sonst, ich habe auch ganz kapitales bayerisches«, sagt er. – Dafür wäre eigentlich heute die rechte Gelegenheit. »Na«, sage ich also, »dann geben Sie mir nur gleich drei Flaschen Bayerisch, und dann für'n halben Silbergroschen Gewürznelken, für 'n halben Groschen englisch Gewürz, für 'n halben Silbergroschen Honigkuchen und dazu ein paar Lorbeerblätter.«

Das bekomme ich denn auch alles. Die vier Flaschen Bier läßt er mir von seinem Jungen heimtragen, und ich gehe mit beiden Händen voller Lorbeerblätter hinterdrein.

»Was hast du denn da?« fragt der Kapteihn. – »Lorbeerblätter«, sage ich, »wir essen heut Karpfen.« – »Karpfen«, fällt Don Juan ein, »ich weiß gar nicht mehr, wie *die* schmecken.« – »Ja«, sage ich, »Kinnings, ich würde euch ja gern einladen, aber es langt nicht, denn wir haben heute schon den Feuerwerksleutnant Capeller zu Mittag.«

Nun kam der Erzbischof auch dazu, und als er von Karpfen hörte und die Lorbeerblätter sah, meinte er: er sehe, ich verstünde etwas davon, Lorbeerblätter gehörten dazu. Darauf sah er uns alle eindringlich an: »Und das merkt euch, Lorbeerblätter und Zwiebeln verderben kein Gericht.« Nur was Backwerk sei, wie Topfkuchen und Pudding, sagte er, da müsse mit diesen Zutaten sparsam umgegangen werden.

Wie ich wegging, war ich richtig froh darüber, daß ich mit den Ansichten des Erzbischofs so übereinstimmte, denn er verstand allerlei vom Ökonomischen. Und wie ich nach oben kam, war der Franzos mit seinen Verrichtungen schon fertig. Und er hatte auch, meiner Meinung nach, alles sehr schön gemacht und auch Feuer angezündet. Ich zog mir also den Rock aus, band mir meine bunte Schürze um und begab mich zum Feuerherd, denn diese Mahlzeit war ein Hauptgericht, und im Ofen ließ sich solches auf keine Weise bewerkstelligen. Ich streifte mir die Ärmel auf, und nun konnte es von mir aus losgehen.
Unten hinein den Rogen, weil er sonst nicht gar wird. Dann eine Schicht Salz und Zwiebeln, und nun immer abwechselnd Rotaugen, Salz und Zwiebeln und Salz und Rotaugen und Zwiebeln, bis alles alle war. Als meine Fische aber halb gar waren, rufe ich dem Franzosen zu: »Nun stellst du dich hier her zu mir und gehst mir an die Hand, denn für einen allein ist die Sache zu schwierig.«
Und damit gieße ich das Fischwasser ab, und er muß mir dabei die Schüssel halten, und wie ich damit fertig bin, sage ich: »So, nun hol das Bier.« Er holt es auch, und ich gieße es über die Zwiebeln und die Fische, lasse das aufkochen und werfe nach einigem Überlegen meine Gewürze und meinen Honigkuchen hinein und stehe nun noch mit meinen Händen voller Lorbeerblätter da. Es waren ja nicht wenige, doch der Erzbischof hatte gesagt: Zwiebeln und Lorbeerblätter verderben kein Gericht. Ich hatte tüchtig Zwiebel genommen, also mußten auch tüchtig Lorbeerblätter dazu. Und so streute ich denn meine Hände voll hinein.
»So«, sage ich, »Franzos, nun die Butter!« – »Von der frischen?« fragt er, »oder von der alten?« – »Meinst du«, erwidere ich, »daß für die alten Rotaugen unsere alte schöne Butter nicht gut genug ist?« Er bringt sie also, und die Butter war sehr gut, denn ich hatte sie von Zuhause geschickt bekommen, und sie war in meines Vaters Haus eigenhändig gebuttert worden, freilich vor einem halben Jahr.
Um meine Sache gut zu machen, gebe ich also einen extragroßen Stich davon in den Topf – denn einen Kessel hatten wir nicht. Und ich stand nun da und wartete ruhig ab, denn was bei mir lag, hatte ich getan, und was dazu gehörte, war richtig darangekommen. »So«, sage ich, »Franzos, was wir nicht an den Fischen haben, werden wir an der Sauce haben.«
Da stehen wir nun, und ich genieße den appetitlichen Geruch, der aus

meinem Topf aufsteigt, und der Franzos sagt: »Nun sind sie gar.« – »Nein«, sage ich, »noch sind sie *nicht* gar, Rotaugen müssen lange kochen.«
Und diese Vorsicht hat mir möglicherweise das Leben gerettet, denn in diesem Augenblick erschien der Leutnant, und weil er erst durch unsere Küche hindurch mußte, nahmen wir ihn gleich dort in Empfang, und der Franzos machte die Honneurs und nannte ihn immer »Herr Kamerad«, weil er selber auch einmal Leutnant bei der Landwehr gewesen war. Ich wollte doch auch das Meinige dazu tun und machte am Feuerherd andauernd verschrobene Verbeugungen: ich freute mich sehr, und es wäre doch so nett von ihm, daß er Wort gehalten habe. Bei der Gelegenheit aber komme ich nun mit meiner verflixten Ölleinenschürze ans Feuer und stehe augenblicklich mit meiner Mitte in hellen Flammen. Der Leutnant dies sehen, die Gefahr erkennen – denn er war Feuerwerksleutnant und mußte es wissen –, zieht den Degen blank und geht mir mit dem spitzen Ding zu Leibe, und der Franzos kriegt die Schüssel mit dem heißen Fischwasser zu fassen und gießt sie mir kurzentschlossen über den Kopf. Gotts Donner! wie ward mir zumute! – aber der Leutnant hatte richtig mit dem stumpfen Degen den Bindfaden durchgesäbelt: die Küchenschürze mit den Anfangsgründen meiner Ölmalerei fiel von mir ab, und ich sprang darauf herum, bald mit den Händen noch oben, bald nach unten greifend. Und hätte ich zuvor nicht einige Zeit über die Lorbeerblätter nachgedacht und wären Rotaugen beim Kochen nicht so zäh, dann wäre das Fischwasser noch kochend gewesen, und der Franzos hätte mich abgebrüht wie einen Kapaun.
Darum sage ich: Nachdenken ist bei jeder Sache gut, und wäre es auch nur bei Rotaugen. Diesmal kam ich mit ein paar Blasen an den Knien, mit einer verbrannten alten Hose, mit einem halb abgesengten Bart und mit niederträchtigen Kopfschmerzen wegen des heißen Fischwassers davon, und dies verdanke ich nur dem Nachdenken.

Über dem Brandschaden waren nun aber meine Fische in Vergessenheit geraten und kochten immer noch still vor sich hin. Als der Franzos nun den Leutnant in die Stube gebeten hatte, sage ich zu mir: »Na, wenn sie jetzt nicht gar sind, dann werden sie's auch nicht.« – Ich nehme also den Topf vom Feuer und fange an, die Stücke herauszufischen. Als erstes erwische ich den Kopf – schön weich, wirklich schön weich! Nun will ich doch auch mal probieren, wie das Gericht geraten ist, und pelle vorsichtig ein Stückchen vom Kopf ab. Schön weich ist er, aber gallebitter! – »Nee«, sage ich, »auf den Menschen, den Franzos, ist doch gar kein Verlaß. Nun hat er mir

die schönen Köpfe vergällt! Na warte! Dafür sollst du sie auch beide alleine aufessen.«
Ich grabbele mit meinem Löffel weiter im Topf herum – nichts wie Krümel! Die ganze Fischmahlzeit war zu Grütze verkocht! – »Ja, das kommt davon!« murmele ich, »ich sage ihm, er soll sie kleinschneiden, und nun schneidet er sie in lauter kleine Fetzchen!« – Zu guter Letzt fische ich noch ein paar Schwanzstücke heraus, die waren noch ganz, weil unser Herrgott die Rotaugen am Schwanz mit sehr festen Gräten erschaffen hat. – »Die soll der Leutnant haben«, beschließe ich, »da kann die Galle nicht herangekommen sein.«
Als das Gericht nun auf dem Tisch stand, roch es sehr appetitlich und sah auch so aus; dabei kamen mir die vielen Lorbeerblätter gut zustatten, denn die hatte ich obenauf gelegt, damit das Zerkochte nicht zu sehen war. Damit der Leutnant mir nun nicht hinter die Schliche kam, legte ich selbst vor und tat so, als sei ich sehr besorgt, daß er nur die richtigen Stücke bekäme. – »An einem fetten Karpfen«, belehre ich ihn, »ist der Schwanz das beste Stück, und das sollen Sie haben!« und lege ihm richtig die beiden Schwänze auf den Teller. – Er blickt mich an, als sei dies für ihn ganz etwas Neues, und auch für mich selbst war es ja etwas ganz Neues, doch ich ließ mir nichts anmerken. – Der Franzos bekam zur Strafe den Kopf.
Bevor ich selber zu essen anfing, beobachtete ich die beiden genau, wie sie wohl reagieren würden. Der Franzos aß an seinem Kopf tüchtig drauflos, doch der Leutnant schnitt schnurrige Gesichter und kaute mit langen Zähnen an seinem Schwanz herum. – Ja, denke ich, kau du nur! Das sind die Gräten, und für *die* kann ich nicht, ich hab' die Rotaugen nicht gemacht. Nun fange ich auch an zu essen – Donnerwetter – gallenbitter! – nicht nur der Fisch, nein, auch die Sauce! Still, nur nichts sagen! Ich esse also tapfer drauflos, und um mich nicht zu verraten, fange ich an zu nötigen: »Herr Leutnant, vielleicht ein paar Zwiebeln oder ein paar Lorbeerblätter?« und lege ihm denn auch einen solchen Haufen Zwiebeln und Lorbeerblätter auf den Teller, daß er mit dem Lorbeer seinen ganzen Kriegsruhm hätte bekränzen können. – »Ich danke, ich danke«, stammelt er, »ich bin gar kein Freund von Lorbeerblättern, sie schmecken gar zu – bitter – pikant, wollte ich sagen.«
Nun fiel der Groschen und ein Licht ging mir auf: von den verflixten Lorbeerblättern kam die ganze Strenge im Geschmack, und daran war kein anderer schuld als der dämliche Erzbischof mit seinem dämlichen Rat und die Gutmütigkeit des Kaufmanns, der mir so viele Lorbeerblätter zugegeben hatte.

Ich war nicht daran schuld, und der Franzos auch nicht, mit dem Vergällen hatte ich ihm unrecht getan. Ich fülle ihm also noch ein paar Löffel von meiner Grütze nach: »Franzos, nachher muß ich dir Abbitte leisten.« – Er aß auch immer unverdrossen weiter. Doch die Hauptperson, der Leutnant, stocherte mit Fingern, Zunge und Zähnen im Mund nach Gräten herum, so daß ich bei mir denke: *der* wäre gut zum Nachharken in der Gerstenstoppel zu gebrauchen.

Doch mit einem Mal kam mir dann die erlösende Idee: der Teufel muß mit Beelzebub ausgetrieben werden. Wenn du mit deinem bitteren bayerischen Bier herausrücken würdest, vielleicht daß dann im Vergleich zum Bitterbier dein Fisch süß wie Nußkern schmecken würde. – »Na«, sage ich, »nun wollen wir aber doch zu unserem Karpfen ein schönes Glas Bayerisches trinken!«, gehe herum und schenke jedem ein Seidel voll ein. – »Merkwürdig«, sagt der Leutnant, »mein Bier sieht viel heller aus als das Ihrige.« – »Ja«, sage ich, »wahrhaftig! Das ist doch sonderbar, es ist alles von demselben Kaufmann!« – Der Leutnant setzt sein Seidel an, setzt es aber gleich wieder ab: »Da ist auch mit Hopfen dran gespart«, stellt er fest.

Soll denn heute alles verkehrt gehen? denke ich, dein Bier schmeckt doch wirklich ziemlich bitter, und ich ergreife das Glas des Leutnants: »Erlauben Sie mal!«

Lieber Gott! Das war ja Dünnbier! Es war das Fischbier, und der Franzos hatte eine Flasche bayerisch Bier an die Fische gegossen. – Nun war ja alles klar! – Die Rotaugen, die Zwiebeln, die Lorbeerblätter, nichts war daran schuld, allein der Franzos und das bayerische Bier.

Zum Glück hatte der Franzos aus seinem Glase noch nicht getrunken. Ich schob es also dem Leutnant hin und setzte dem Franzosen das Dünnbier vor: »Da, trink du nur!«

Ich nötigte noch immer zu meinem Fisch, doch keiner wollte mehr essen, und als endlich, zu meiner Freude, die Kasematte aufgeschlossen wurde, da verabschiedete sich der Leutnant und bedankte sich höflich für das schöne Mittagessen.

Kapitel 21

Auguste

Nun war ich mit dem Franzosen allein; schweigend ging ich in meiner Blamage auf und ab.
»Na«, sagt er endlich und trinkt sein Glas Dünnbier aus, »schönes Zeug von Bier hast du uns aber eingekauft.« – »Für dich gut genug«, fahre ich ihn an. – »Was meintest du eigentlich heute mittag damit«, fragt er, »du wolltest mir noch Abbitte leisten?« – »*Dir* Abbitte! Auch das noch!« sage ich. »Erst kaufst du mir Rotaugen statt Karpfen auf den Hals. Dann schneidest du sie mir in lauter Schnipsel. Und schließlich gießt du mir noch bayerisch Bier ins Gericht. Du solltest dich als Koch malen lassen!« – Das sollte *ich* tun, meinte er, ich übernähme mir immer Sachen, von denen ich nichts verstünde.
Und so kam zu der Bitterkeit der Lorbeerblätter und des Bayerischen noch ein bitterer Streit, und als es gegen Abend ging, wurde er unbescheiden und verlangte noch nach Abendbrot. – »Mir scheint«, sage ich, »du hast heute mittag gut genug gegessen und könntest heute abend auch mal überschlagen. Ich habe mich heute schon genug am Herd abgeäschert, und du könntest mir wohl die Ruhe jetzt gönnen.«
Weit gefehlt! Da lagen noch drei Eier im Schrank, auch ein Teller mit Weizenmehl stand noch da, und er verlangte, ich solle ihm Pfannekuchen bakken. – Ich hätte keine Pfanne, sagte ich. – Das ginge auch auf der Beefsteakmaschine, meinte er. – Für die wäre kein Spiritus da, sage ich. – Das ginge auch mit Kohlen, sagt er. – Wir hätten keine Milch, sage ich. – Das ginge auch ohne Milch, sagt er. – »Dann back dir selber welche«, sage ich, »wenn du doch alles so schön weißt.«
Und er tut's, rührt sich die Eier und das Mehl zusammen, legt Kohlen unter die kostspielige neue Maschine und rührt nun immerzu darin herum, damit ihm sein Kuchen nicht anbrennt, und ich streiche immer darum herum, sage nichts, sehe aber, daß es lauter Krümel werden, und denke bei mir: Na, wie das wohl wird? und bin noch so niederträchtig und freue mich darüber, daß er sich mit seinen Pfannekuchen in die Nesseln setzt.
Endlich mußten die kleinen braunen Krümel seiner Meinung nach aber gut sein. Er kratzte sie sich zusammen und drückte wohl mit dem Löffel ein bißchen fest auf den Boden, »klack« machte der, und die ganze kostbare Maschine lag in den Kohlen.

»Sieh mal an!« sage ich. – »Ja«, sagt er. – »Das kommt davon!« sage ich. – »Ja«, sagt er und blickt bald die auseinandergeschmolzene Maschine, bald seine Krümel an. – »*Die* sind wir nun auch los, sage ich, »denn *die* geht nun auch nicht länger!«, gehe hin, suche unsere drei noch heilen Töpfe zusammen, stelle die halbe Beefsteakmaschine dazu und sage: »So, nun sieh dir mal unsere Bescherung an! Als wir uns vor zwei Monaten auf die Kocherei warfen, konnten wir immerhin mit sieben neuen Töpfen – das Stück überschlägig zum guten Groschen – aufwarten. Und wie viele stehen jetzt da? – drei! – die anderen hast du alle auf dem Gewissen. Jetzt noch die Beefsteakmaschine, und vorher meine Kaffeemaschine, und drei flache Teller fehlen auch, so daß ich heute mittag meinen Fisch von einem tiefen essen mußte.« – Grütze, versetzt er höhnisch, *müsse* auch vom tiefen Teller gegessen werden, und was vom Kücheninventar durch Abnutzung im Dienst entzwei ginge, das müßten wir beide tragen. – »Aha«, sage ich, »*darauf* willst du hinaus? na, denn nur zu!«, gehe und hole meine Hose, die mir heute mittag verbrannt war, und lege sie neben die Beefsteakmaschine. »Dann geht die auch aus der Gemeinschaftskasse«, sage ich. – Ne Hose, widerspricht er, gehöre nicht zum Kücheninventar, und fängt an, auf seinen Eierkuchenkrümeln herumzukauen.
Solches Betragen mußte mir denn doch mißfallen. – »Hier«, sage ich, »ist unsere Kasse, hier meine tägliche Abrechnung, und nu komm mit. – Hier liegt ein Scheffel Kartoffeln, die können wir teilen, und das Suppenkraut auch. Um die drei Töpfe und die Beefsteakmaschine können wir losen. Von dem halben Kalb, das ich gestern gekauft habe, will ich dir deinen Anteil bar auszahlen, und die Teller teilen wir uns auch. – Damit sind wir wohl auseinander.« Da langt er sich meine unschuldige Hose her, hält sie in die Höhe und fragt: »Soll um *die* auch gelost werden? – denn du hast sie ja ausdrücklich zum Kücheninventar gerechnet.« Das waren nun Sticheleien: ich ärgerte mich zwar darüber, doch sie bestärkten mich darin, mich nie wieder in eine vorteilhafte Gemeinschaftswirtschaft einzulassen.
Von nun an kochte ich für mich alleine, denn ich hatte die drei Töpfe gewonnen, und er ließ sich für teures Geld aus der Leutnantsküche verpflegen, aber das war auch danach. Gegen mich kam er nicht an, denn ich kochte ihm zum Ärger fortan die kunstvollsten und ausgefallensten Gerichte, und wenn er hinter seinem Teller mit gewöhnlichen, dicken, grauen Erbsen mit saurer polnischer Sauce saß, dann hatte ich mir ein schönes Kalbsfrikassee oder ein Stück Hammelfleisch mit Kümmel geschmort. Und wenn er mit seinen Flintenkugeln im Leibe in der Kasematte umherlief,

dann saß ich in aller Behaglichkeit da und freute mich, daß mir keine Flintenkugeln im Magen kollerten.
Meine Küche bot mir sowohl eine nützliche Beschäftigung wie eine gehaltvolle Belehrung, denn von da bin ich allmählich in die Chemie geraten, und als mir der alte General die Erlaubnis gab, ein paar nette kleine Jungen in den Wissenschaften zu unterweisen, da hatte ich mit meiner Malerei zusammen den ganzen Tag ausreichend Beschäftigung, und die Zeit verging.

Mit meiner Malerei hatte es sich ebenfalls herumgesprochen, und um die Weihnachtszeit erschien mein kleines Idachechen mit einer Empfehlung von ihrer lieben Mama, und was die älteste Schwester von Aurelia sei, die solle heiraten, und weil sie es ein bißchen vornehmer als für gewöhnlich ausrichten wollten, sollte zu dieser Gelegenheit ein Transparent in ihrer Kasematte angebracht werden, und ob ich mir die Sache wohl zutrauen wolle? – Das wolle ich unbedingt, war meine Antwort. – Ja, dann sollte ich doch den General bitten, daß ich ihre Mama einmal besuchen dürfe. – Das tat ich denn auch, und der Herr General tat mir den Gefallen.
Wie dies nun bekannt wurde, da entstand eine allgemeine Aufregung, denn es war das erste Mal, daß einer von uns ein Privathaus betreten durfte, und noch dazu *dieses*, um das sich schon so viel gedreht hatte.
Der Kapteihn stand lange unbewegt und blickte mich an, als wolle er etwas sagen, sagte aber nichts. Don Juan erschien, gratulierte mir und gab mir manchen feinen Wink, wie sich die Gelegenheit zu meinen Gunsten nutzen ließe. Der Franzos sorgte für meine Bekleidung, borgte mir ein Paar Vatermörder, band sie mir selber um und machte mir einen kunstvollen Knoten ins Halstuch. Der Erzbischof, der ein Paar Hände hatte wie ein Paar Waschhölzer und von dem man immer erzählte, er ließe sich aus zwei Paar gewöhnlichen Lederhandschuhen ein einziges Paar machen, indem immer zwei und zwei zusammengenäht würden, lieh mir ein Paar von den seinen. Sie waren zwar nur aus Wolle und mit Plüsch gefüttert, aber ich dachte mir: Ach, macht nichts, 's ist ja Winter! - denn damals war es noch nicht unbedingt erforderlich, daß man, um den Vornehmen herauszukehren, mit Schafleder an den Fingern herumlief.
Ich sah also ziemlich stattlich aus, wie ich in meinem besten Rock, ausgestattet mit Don Juans polnischer Pelzmütze und den anderen zusammengeborgten Sachen, unten die Kasematte vom Kopernikus betrat. Das Kerlchen wollte platzen vor Ärger und Neid. »Sieh mal einer an«, sagte er spitz. »Hätte nie gedacht, daß ihr mit eurer Pumpwirtschaft solche Pracht hinkriegen könntet!« – »Tja«, versetzte ich ihm, »du sagst es. Ob ich mich in

dieser Gala nicht ganz gut selber ein bißchen an sie heranmachen kann?« Da bekam er es aber wohl mit der Angst zu tun, und er bezwang seinen Ärger: »Charles, tu mir den einzigen Gefallen und sag ihr . . . « – »Der Mutter?« fragte ich. – »Nein, *ihr.«* – »Der Braut?« fragte ich. – »Nein, Aurelien«, entgegnete er verdrießlich. – »Hast du selber ihr denn schon was gesagt?« fragte ich. – »Nein«, sagte er. – »Na, dann sag ich ihr auch nichts«, sage ich. »Ich könnte da ja ankommen wie die Sau im Judenhaus, denn das Mädchen kann ja ganz gut noch den braven alten Kapteihn in ihrer blutenden Seele tragen, oder vielleicht ist auch die Mutter zur Einsicht gekommen, daß *ich* der Richtige für ihre Tochter bin, denn soviel *ich* weiß, hat sie *mich* und nicht *dich* zu sich gebeten!« Damit verließ ich die Kasematte: So! Daran kau mal! Du willst dich über meine Ausstaffierung lustig machen? Hab ich mir denn etwa von deinen armseligen Kinderkleidchen schon was borgen wollen?

Wie ich nun draußen zum Vorschein kam, blickten die anderen alle hocherfreut auf mich, denn ich war ihr Stolz, weil ich von jedem von ihnen etwas an mir trug. Und wie ich nun, von meinem Aussehen überaus angetan, die Allee entlangwandle und mir die Anrede an die Mutter zurechtlege: »Wenn ich es wage . . . « – Was war dabei groß zu wagen? – »Wenn ich so frei bin . . . « – Ich war nur nicht frei. – »Wenn ich Ihren Befehlen gehorche . . . « – Das war zu stark, sie hatte mir nichts zu befehlen. – »Wenn ich Ihren Wünschen nachkomme, so . . . « – da kommt doch einer hinter mir her und fährt mir hinten an die Rocktasche, und wie ich mich umsehe, da war es der Erzbischof, der dabei war, mir mein baumwollenes Taschentuch eine halbe Elle lang aus der Tasche zu zupfen. »So«, sagt er, »das fehlte noch.« Und dann bog er sich ganz hoch zu mir hinauf und flüsterte mir ins Ohr, damit Lewandowsky, der neben mir ging, es nicht hören sollte: »›Es prüfe, wer sich ewig bindet, ob sich das Herz zum Herzen findet . . . ‹ Na, Charles, du weißt, was ich meine«, schlug mir mit seiner Segenshand kräftig ins Genick: »Nu geh mit Gott, alter Junge!« und nun war ich auf meine eigenen Reserven angewiesen.

Lewandowsky blieb vor der Tür, ich ging hinein in die Proviantmeisters-Kasematte. Tja, die dümmsten Bauern haben immer die dicksten Kartoffeln: so hatte ich also das große Glück, Aurelia allein anzutreffen. Wie ich eintrat, sprang sie von ihrer Stickerei auf, und wie ein klein-niedliches, unschuldiges Mädchen streckte sie mir die Hand entgegen: »Guten Tag! guten Tag! Das ist sehr freundlich von Ihnen.« – Der Anfang war gut, aber nun hatte ich doch die verflixten ausgefütterten Handschuhe des hochwürdigen

Erzbischofs an den Fingern, und die konnte ich ihr doch nicht reichen, und als ich sie endlich ausgezogen und in Don Juans Pudelmütze gelegt hatte, war ihre Hand schon nicht mehr da.

Zwar hatte ich mich sehr wohl auf eine Anrede bei der Mutter vorbereitet, doch auf die Tochter war ich nicht eingerichtet. Und wenn ich auch in früheren Jahren manche schöne Anrede an ein junges Mädchen zustande gebracht hatte, so war ich doch gegenwärtig mit Frauensleuten gänzlich aus der Übung, denn ich hatte mich in den sechs Jahren Festung nur in Silberberg an Karoline mit den Triefaugen und hier an meiner guten alten Frau Bütow üben können, und mit *denen* ließ sich Aurelia denn doch in keiner Weise vergleichen.

Ich stotterte also erst ein wenig herum und platzte schließlich mit der größten Dummheit heraus, auf die man überhaupt kommen konnte: »Ist Ihre Frau Mutter wohl zu sprechen?« fragte ich. – Du lieber Gott, ich hatte das ganze Spiel in Händen, mit drei Trümpfen und den Einsern, und wurde Bête! – Bête mit Codille! – »Ich will Mutter rufen!« sagte sie und lief hinaus, und ich stand da und wunderte mich, daß ich mit meinen langen Ohren nicht an die Decke stieß.

Nun war »Mutter« aber wohl noch in häusliche Geschäfte und in einen Morgenrock verwickelt. Ich hatte also genügend Zeit, mir wenigstens die Anrede an »Muttern« noch ein paarmal durch den Kopf gehen zu lassen, und als sie endlich kam, begann ich denn auch: »Wenn ich Ihren Wünschen nachkomme, so . . . « – »Sie sind sehr gütig«, sagte Mutter. »Sehen Sie, dies hier ist die Nische. Und wenn Sie so gütig sein wollten, mir darin ein Transparent zu machen . . . « – »Ja woll!! Ja, sehr gerne!« Damit mußte ich nun Aurelia den Rücken zuwenden, und die setzte sich nun wieder ans Fenster und fuhr fort zu sticken.

»Ja, sehr gerne«, sagte ich, und ich hätte mir auch schon eine vorläufige Idee von der Sache gemacht. – »Wie meinen Sie denn wohl?« fragte sie. – Oh, antwortete ich, ich meinte in der Mitte einen recht schönen, mit Efeu umwachsenen Altar, »um die Dauer der Liebe auszudrücken«, sagte ich; auf dem Altar ein brennendes Herz, »um die Glut der Liebe auszudrücken«, sagte ich; und über den Flammen ein Paar verschlungener Hände, »um den geschlossenen Bund auszudrücken«, sagte ich.

Dies gefiel Muttern auch ganz gut, aber es würde zu kahl aussehen, meinte sie. – Ja, sagte ich, da solle sie *mich* man machen lassen. Um das Ganze herum müßten noch ein paar Engel schweben, die Myrthen und Palmenzweige in den Händen hielten und unten an den Beinen mit einer Rosengirlande angekettet seien.

Mit dem übrigen war sie zufrieden, nur die Engel, die wollten ihr nicht recht in den Kopf, und es kam mir fast so vor, wie wenn sie mir Engel nicht so recht zutraute. – Ob wir die Engel nicht weglassen könnten, fragte sie. – Nein, sagte ich, auf die Engel könnte ich nicht verzichten: die Sache sähe sonst zu tot aus, was Lebendiges müsse dazwischen.
Nun, sie schickte sich denn auch schließlich darein. Und wie ich mich umwende, um doch Aurelia wieder anzublicken, da sitzt das verschmitzte kleine Ding da, guckt aus dem Fenster, lacht übers ganze Gesicht, hebt einen Finger in die Höhe, dann einen halben, legt einen anderen dagegen und vollführt mit beiden Händen allerlei Fingerspiel. – Donner? Was ist das? denke ich und trete näher ans Fenster. – »Also meinen Sie?« sagt Mutter. – »Ja«, sage ich, »so meine ich«, und blicke zum Fenster hinaus: da steht Kopernikus am Lindenbäumchen und macht genau solche Zeichen wie Aurelia.
Aha! denke ich, ihr blickt euch nicht mehr bloß an, ihr telegraphiert euch auch schon! Ich trete noch näher ans Fenster und blicke durch die Scheiben, und da macht der gerissene Kerl von Kopernikus auch mir allerlei telegraphische Zeichen, die ich recht gut verstand: er spreizte die Finger auseinander, legte beide Hände unter seine krumme Spitznase und grinste mich an: »Schab' Rübchen, Charles! Hat dir doch nichts geholfen!«
Ich trat nochmals in die Nische, nahm Maß und hoffte, doch noch endlich Gelegenheit zu einem recht gebildeten Gespräch zu finden. Doch Mutter fragte mich nur, wann ich mit meiner Arbeit wohl fertig sein könne. »So in drei Tagen«, sagte ich, und als die Unterhaltung nun wieder ins Stocken geriet, nahm ich meine Pudelmütze und meine ausgefütterten Handschuhe und verabschiedete mich. Und beim Hinausgehen hatte ich das Gefühl, als sei ich ein Schuhmachermeister, der auf Bestellung arbeitet und Muttern eben ein Paar neue Stiefel angemessen hat.
Oh, was war ich wütend auf mich! Meine ganze Kunst der Damenunterhaltung hatte ich verlernt! All die schönen Redensarten waren mir auf meinen vielen Festungen abhanden gekommen. Und hatten sie mich wie einen Schuster traktiert, so hatte ich mich ja auch wie ein Schuster aufgeführt.

Doch als ich draußen den Kopernikus stehen sah, da kam der Trotz in mir hoch: ja nichts merken lassen, lieber lügen!
»Du kommst ja so bald wieder?« empfing er mich spöttisch. – »Ja«, sagte ich, »wenn du da gewesen wärst, du wärst auf Antrittsvisite ja den Leuten wohl gleich den ganzen Vormittag lästig gefallen. Nee, Gott sei Dank, so

viel kenn ich mich darin doch noch aus.« – Damit ging ich forsch an ihm vorbei zum Franzosen, zum Don Juan und zum Erzbischof hinüber.
»Na, wie ist's gegangen?« fragte Don Juan, und der Franzos trat zu mir und zog mir den einen Vatermörder weiter heraus, wie wenn das nun noch nötig wäre. – »Schön«, war meine Antwort, »sehr schön! Als ich reinkam, stand ein leckeres Frühstück auf dem Tisch, und Aurelia nahm mich bei der Hand, bat mich aufs Sofa und schenkte mir ein Glas Madeira ein.« – »Madeira?« frage der Erzbischof und leckte sich den Mund dabei, »richtigen Madeira?« – »Natürlich«, sagte ich, »denkst du, sie würden mir da einen Bittern vorsetzen? Und da saßen wir denn recht gemütlich beisammen und kamen denn auch bald auf das Kapitel ›Liebe‹.« – »Das spinnst du«, sagte der Franzos, »dazu war die Zeit zu kurz!« – »Na«, sage ich, »wenn du's besser weißt, dann frag doch Don Juan, ob einer, der sich drauf versteht, viel Zeit dafür braucht.« – Nein, bestätigte Don Juan, er für sein Teil habe manchem Mädchen innerhalb von fünf Minuten eine komplette Liebeserklärung hingelegt, und da wäre noch nicht einmal Madeira bei gewesen.
»Na, so saßen wir denn beisammen«, erzählte ich weiter. »Ich hatte ihre Hand gefaßt und drückte sie ab und zu, und sie drückte sie mir wieder . . . « – »Das lügst du!« rief eine scharfe Stimme hinter mir, und wie ich mich umsehe, steht der Kapteihn hinter uns und blickt mich aus wütenden Augen an: »Das lügst du, Charles, und du solltest dich schämen, daß du auf Kosten eines braven Mädchens lügst.« – Das war nun gar nicht meine Absicht gewesen, ich wollte nur nicht eingestehen, daß aus meiner Damenunterhaltung nichts geworden und ich wie ein Schuhmachermeister aus der Tür gegangen war. – »Wieso?« frage ich denn also sehr verdutzt. – »Ich will's dir beweisen!« sagt er, »komm mit!« und ich trotte auch brav hinter ihm her; denn wenn man derart auf frischer Tat ertappt wird, dann schickt man sich in alles.
»Sieh, wie abscheulich du gelogen hast: Aurelia hat dir bloß guten Tag gesagt, hat dann ihre Mutter gerufen und hat kein Wort weiter mit dir gesprochen.« – Himmel, wie erschrak ich! woher wußte er das schon? – Ja, sagte ich, ich wolle ihm gestehen, wie es wirklich gewesen, doch er solle mir auch sagen, woher er es wisse. – Anfangs sträubte er sich, schließlich aber bekannte er: »Charles, du weißt, ich bin aus einem Nebenbuhler ein Vertrauter, ja, ein Beschützer von Kopernikus' Liebe geworden!« – »Du weißt«, fuhr er fort, »hier auf der Festung treibt sich ein armes, taubstummes Mädchen herum, welches in einer Anstalt die Fingersprache erlernt hat. Dieses arme Mädchen erhält alle Sonnabend ihr Mittagessen bei Proviantmeisters, und der hat Aurelia ihre kleinen Künste abgelernt – zufällig, nicht in beson-

derer Absicht. Ich habe mal mit einem Stubenburschen in Halle zusammengewohnt, der sich zum Lehrer in einem Taubstummen-Institut ausbilden wollte, der hat *mir* diese Sprache beigebracht, und *ich* wieder dem Kopernikus.« – »Zufällig«, wiederhole ich, »nicht in besonderer Absicht!« – Nun wurde der Kapteihn ein bißchen verlegen: »Nein«, gab er zu, »dies war volle Absicht, denn wie gesagt, ich betrachte mich als Schützer dieser Liebe.«

»Aha«, sage ich, »nun weiß ich ja auch mit dem Telegraphen Bescheid, der hinter meinem Rücken spielte. Das ist also nichts als die gewöhnliche Spitzbubenkassiberei, wie ich sie in der Stadtvogtei hinter jedem Blechkasten hervorfingerieren sah, und deshalb stehst du jetzt wohl immerzu bei der kleinen Linde, um dem Kopernikus Privatunterricht zu geben?« – Nun lief der Kapteihn rot an, und sein Auge, das ward unsicher. »Darum nicht«, sagt er. – »Das ist ja nett«, fahre ich fort, »ihr verlangt von mir, ich soll immer die Wahrheit sagen, und ihr habt allerlei Heimlichkeiten vor mir!«

»Nein, Charles«, gestand der alte, ehrliche Bursche, »ich weiß, daß du nichts verraten wirst: ich *liebe*.« – »Ach du meine Güte«, sage ich, »schon wieder?« – »Hast du mich jemals nach der bewußten Zeit an der kleinen Linde nach Aurelien blicken sehn?« – »Nee«, sage ich, »das kann ich dir bezeugen, du hast ihr immer den Rücken zugekehrt und immer nach der anderen Seite, nach den Fenster vom Major Martini gesehn, und nun braucht Lewandowsky auch den Pfahl nicht mehr gerade zu richten, denn du und Kopernikus, ihr steht ihn abwechselnd immer schief und wieder gerade.« – »Ja, Charles, *sie* ist es«, bekannte er und strich sich gedankenvoll über die Augen, und als er mit der Hand an seinen dreivierteljährigen, prachtvollen Schnurrbart gelangt war, da fing er an, ihn zu zwirbeln, und als der Schnurrbart kerzengrade aufgerichtet stand, sagte er: »Ja, Charles, *sie* ist es, *Auguste von Martini* ist es, und *sie* wird es.«

Dazu ließ sich nicht viel sagen, denn er war, wie es mir schien, auf dem richtigen Wege: zwischen der Proviantmeisterstochter und der Königin Viktoria hatte er den Mittelweg gewählt und nahm sich ein adliges Fräulein, und der Mittelweg war damals allenthalben sehr im Schwange, denn die beiden berühmtesten Männer der Zeit, François Guizot und der Bürgerkönig Louis Philippe, wandelten auf eben dieser Straße.

»Kapteihn«, sage ich, »ich glaube, diesmal hast du die Wurst am richtigen Ende angeschnitten. Doch wie ist das gekommen?« – »Tja«, sagt er, »'s ist eigentlich Gottes Finger. – Damals, als der Kopernikus und du euch beide weigertet, den Spaziergang hinter dem Wagenhaus zu benutzen, hatte Schramm einmal Besuch von seiner Braut, der Erzbischof hatte den

Schnupfen, ging nicht aus, und Don Juan versuchte auf dem anderen Ende des langen Wagenhauses, ob er nicht einen freundlichen Blick von dem Schankmädchen erhaschen konnte. Kurz, ich befand mich allein auf der Promenade, denn Lewandowsky beschäftigte sich mit Don Juan. Da gehe ich an dem geöffneten Torweg des Majors von Martini vorüber, der Torweg steht auf, und ich erblicke eine reizende Dame, die dort Zeug zum Trocknen aufhängt.

Du meinst vielleicht Bett-, Hand- und Tischtücher, nein – die niedlichsten, freundlichsten Toiletten-Gegenstände, die uns in ihrer Zartheit und mannigfachen Bezüglichkeit so rührend tief erfreuen als Unterärmel, Busenkragen und Nachtmützen. Daraus strahlte sie hervor, wie eine volle, aufgeblühte Rose zwischen weißen Lilien.«

»Ja«, sage ich, um ihm eine Freude zu machen, »etwas voll ist sie, das hat sie Aurelia voraus.« – »Nicht wahr«, ruft er und vergißt seine herrliche Aurelia ganz und gar: »Sie ist eine prachtvolle Erscheinung! Und wie ich nun so in die Fülle ihrer Schönheit versunken dastehe, erhebt sich ein starker Windstoß, und eine der Nachtmützen flattert durch den offenen Torweg auf mich zu, ich ergreife sie, bevor sie zur Erde fällt, und sage: »Glücklich, mein Fräulein, derjenige, der wenigstens mit der *Hülle* Ihrer Träume hat Bekanntschaft machen können.«

Das weiß der Kuckuck! denke ich so bei mir, der Kapteihn hat die Damenunterhaltung doch nicht verlernt, warum denn du? und ich ärgere mich. – »Na«, sage ich giftig, »da lachte sie natürlich, und dann war es vorbei?« – »Charles«, erwidert er mit großem Ernst, »die junge, schüchterne Liebe lacht nie:

Wir standen schweigend in dem Torweg, und sie zupfte in holder Verlegenheit an den Bändern ihrer Traumhülle. Plötzlich rief eine barsche Männerstimme aus einem Fenster in den Hof hinein: ›Auguste, meine Schärpe!‹ – Sie erschrak, rief ängstlich: ›Ach Gott! Vater muß zur Parade!‹ – riß stärker an den Bändern, sprang in den Torweg und hinterließ mir dieses Andenken.« – Und damit zog der Kapteihn ein ganz gewöhnliches Nachtmützenband unter seiner Weste hervor.

»Kapteihn«, sage ich, »ich sage nichts weiter als: du bist auf dem richtigen Weg! – Mit allerlei losen Bändern fängt eine richtige Liebe an, und mit einem Band, in das ein Knoten geschlagen wird, hört sie dann nachher auf. – Ach Gott«, sage ich, und mir wurde ganz wehmütig dabei, »hab' ich auch alles durchgemacht, wenn auch nicht gerade mit einem Nachtmützenband! Ich hab' auch einmal eine schöne blaue Schleife von einem schönen blonden Kopf unter der Weste getragen und könnte nun schon Frau und Kinder haben, wenn die verfluchte Festungsgeschichte nicht dazwischen gekommen wäre. Ach, Kapteihn! Was habe ich für romantische Geschichten angestellt! Auf so was bist du sicher noch nie gekommen.«

Na, dies wollte er nicht zugeben, darin wollte er sich nicht übertrumpfen lassen. – *»So?«* frage ich, »hast du schon mal in einem jungen Pflaumenbäumchen gesessen, in all den verdammten Zacken, die so ein Gewächs hat, bloß um ihr Schlafzimmerfenster zu sehen?« – »Nein«, entgegnet er. – »Na«, sage ich, »das habe *ich* getan, und unter mir stand mein Freund Wählert – mag wohl auch schon lange Pastor mit Frau und Kindern sein – und spielte auf einer Gitarre und sang: »Höre, wie der Regen fällt, hör', wie Nachbars Hündchen bellt!« Und sehr schön sang er, aber Hunde waren nicht da, das einzige, was da herumwinselte, das waren er und seine Gitarre. Schlimm aber war's, daß der Regen nicht fiel und daß der Mond hell schien, denn dies wurde mein Unglück, indem *sie*, – *sie*, nun sie eben – mich da in den Ästen sitzen sah und ihre Schwester rief. Und dann betrachteten sie mich beide in meiner Verlegenheit, und die Schwester, die stark kurzsichtig war, noch dazu durch eine Lorgnette. Und Wählert lief weg und ließ mich da hocken, als wäre ich gegen die Spatzen dort hineingesetzt, und wie ich schließlich vom Baum runtersprang, da riß ich mir meine einzige Hose hinten entzwei, vom Fleisch gar nicht zu reden, denn das heilte wohl wieder zusammen. Und weil nun mein Schneider *diese* Art Hosenzeug in ganz Parchim nicht auftreiben konnte – denn die Hose hatte eine entfamtige Couleur und stammte aus Stavenhagen – mußte ich den ganzen Herbst über – und es war ein windiger Herbst –, den Riß mit den Rockschößen verdekken, damit die Leute nicht sahen, wie schlecht mein Hinterteil zum Vorderteil paßte. Aber die dämlichen kleinen Quintaner hatten es doch bemerkt und riefen hinter mir her: »Stieglitz! Stieglitz!« Das dickste Ende jedoch kam schon gleich am nächsten Morgen nach, als der alte Geheime Hofrat seinen Diener zu mir schickte: »Eine Empfehlung von dem Herrn Geheimen Hofrat, und wenn ich das nicht unterließe, ihm die Nachtruhe zu rauben, dann müsse er das beim Schuldirektor anzeigen. – Hab' ich alles durchgemacht, Kapteihn!«

Derartiges hatte der Kapteihn nun doch wohl nicht in mir vermutet, denn er war ganz offensichtlich erfreut, als er es zu hören bekam. Er wurde noch zutraulicher und berichtete mir nun, er habe seine Auguste später nochmals gesprochen, als der Alte zur Parade gegangen war. Sie habe eine Leine spannen wollen, aber ihre Natur sei dafür etwas zu kurz geraten, und da war er hinzugesprungen und hatte ihr geholfen. Dann hatten sie über den hübschen Hof gesprochen, und sie hatte ihm auch die Ställe und sieben prachtvolle Kühe gezeigt. Ihr Vater nämlich, das war der Platzmajor, und seine Einkünfte bestünden außer dem übrigen noch aus all dem Heu, das auf der Festung anfiele, und sie müßte bei ihrem Papachen die Milchwirtschaft betreiben und hätte auch den Milchverkauf. Doch damit stände es ziemlich schlecht, denn es gäbe heuer gar zu viele Kühe auf der Festung. Da war nun der Kapteihn auf einen romantischen Plan verfallen: wir sollten – so meinte er – alle unsere Milch von seiner Auguste beziehen. – »Je«, sage ich, »Kapteihn, wir anderen täten das ja wohl, aber der Erzbischof bestimmt nicht, denn *der* hat sich schon zu tief mit seiner Bäckersfrau eingelassen.« – »Das stimmt!« sagt er und geht gedankenvoll neben mir her: »Der Absatz würde zu unbedeutend sein.«

Plötzlich dreht er sich nach mir um: »Charles, was hältst du von dem Stabsarzt Reiche in Magdeburg?« – »Das ist ein ganz prächtiger Kerl!« sage ich. – »Ich meine, was du von seinen medizinischen Fähigkeiten hältst?« – »Oh«, sage ich, »ich halte ihn für einen ganz hervorragenden Doktor.« – »Weißt du, was *der* einmal äußerte? Wir alle in Magdeburg müßten einmal eine gründliche Milchkur durchmachen.«

»Wie ist die denn?« frage ich. – »Man genießt nichts anderes als Milch. In den ersten drei Tagen ist noch etwas trockne Semmel dabei erlaubt, aber später genießt man vier Wochen hindurch nichts als Milch.« – »Gott soll mich bewahren!« sage ich, »da muß ja ein Mensch rein zum Milchkalb werden.« – »Ja, verjüngt wird er«, sagt er, »ganz verjüngt!« – *»Verjüngt?«* frage ich. »Dann schlag' dir das aus dem Sinn, das paßt nicht für uns. Wenn wir durch deine Kur in vier Wochen fünfundzwanzig Jahre älter würden, dann ließe ich mir das gefallen, dann könnten wir damit freikommen.«

Er hatte nun anscheinend den Eindruck, ich wollte mich über ihn lustig machen, nahm übel und ging seiner Wege.

Kapitel 22

Nachtusch

Ich verzog mich nun in meine Kasematte und begann mit dem Transparent. Ich malte, daß es nur so seine Art hatte, von einer Tageshelle zur anderen – denn die Tage waren nur kurz. Ich schnitt mit einem stumpfen Tischmesser in der dicksten Pappe herum, so daß ich Schwielen an beiden Händen bekam, und schließlich war das Transparent denn auch schon ganz schön fertig, bis auf die beiden Engel: »Franzos«, frage ich, »meinst du, ich soll sie *mit* ner Posaune oder *ohne* Posaune malen?« – »Tja«, meint er, »das kommt auf die Backen an. Willst du sie mit Pausbacken malen, dann gehören Posaunen dazu, bei dünnbackigen müssen sie aber nicht.«

Das hatte Hand und Fuß, und ich bin noch beim Überlegen, was für mich leichter ist, dünne Backen oder Pausbacken, da kommt der Kapteihn: »Charles, hast du dir's überlegt?« – »Nee«, sage ich, »ich bin da noch gerade bei.« – »Na«, sagt er, »willst du denn eine gründliche Milchkur anfangen oder nicht?« – »Ih, daran hab' ich noch gar nicht gedacht!« sage ich, »ich überlege mir nur gerade, ob ein Paar Posaunenengel sich hier hübscher machen oder ein Paar gewöhnliche.« – Der Kapteihn dachte sich wahrscheinlich wieder, ich wollte meinen Spott mit ihm treiben. Ärgerlich ging er hinaus und warf die Tür hinter sich zu.

Am nächsten Tage bin ich also wieder tüchtig bei der Arbeit und male meine Engelchen, der Franzos blickt mir über die Schulter: »Weißt was?« sagt er, »deine Engel sind soweit recht rund und flott, nur die Posaunen sind zu kurz« – denn wir hatten uns auf Posaunen geeinigt. – »Das sagst du so«, antworte ich ärgerlich, »wo soll's herkommen? Für so'ne lange Musik hab ich keinen Platz.«

Da erscheint der Kapteihn abermals und fragt, wie er mein Bild sieht, warum ich die beiden niedlichen kleinen Krabben mit einer Postillontrompete gemalt hätte. – »Das ist das richtige Wort«, ruft der Franzos, »aber an solche Trompete gehören noch Troddeln.« – »Macht mir den Kopf nicht noch heißer«, rufe ich, »er raucht mir sowieso schon vom Nachdenken.« – »Darum bin ich ja gar nicht gekommen«, sagt der Kapteihn, »ich wollte dich bloß fragen, wieviel soll ich denn für dich bestellen?« – »*Was* bestellen?« frage ich. – »Milch«, sagt er. – »Ach was«, sage ich, »komm mir nicht mit solchen Fragen zwischen meine Kunst, frag den Erzbischof, der weiß in

solchen Sachen Bescheid!« – »Mit dir ist auch nicht zu reden«, murrt er und geht seiner Wege.
Da hatten sie mir aber mit den Troddeln einen Floh ins Ohr gesetzt. Denn wenn mir auch recht wohl bewußt war, daß Engel für gewöhnlich ohne Troddeln gemalt werden, so gefiel mir die Idee doch, denn auf diese Weise hatte ich die schönste Gelegenheit, mit knallbunten Farben ein wenig anzugeben. – »Franzos«, sage ich, »meinst du, ich könnte meine mecklenburgischen Landesfarben Blau-Rot-Gelb dazu nehmen?« – »Gott bewahre«, sagt er, »du mußt Schwarz-Rot-Gold nehmen, denn wegen dem sitzen wir ja. Und dann mußt du den beiden kleinen Bengels mittlings noch ne Schärpe verpassen, denn *so* ist es doch ein bißchen arg schenierlich.« – Darin hatte er recht. Wenn er aber meinte, ich müßte die Schärpe auf preußisch schwarz-weiß malen, dann hatte er unrecht, denn das hat noch nie was hergegeben. Also brachte ich hier meine mecklenburgischen Landesfarben an, denn preußische Leutnants wollte ich ja nicht malen. Und weil hinten herum noch Platz war, ließ ich die Enden lang hängen.
Dann stellte ich Lichter hinter das Transparent, und weil ich die beiden hübschen kleinen Kerle mit blauen und weißen Flügeln gemalt hatte, waren sie denn auch wirklich überaus bunt, wie ein Paar Pfauen. – Der Franzos sagte, sie seien prächtig, und wie wir nun beide davorstehen und uns freuen, da kommt der Unglücksrabe von Kapteihn mit dem Kopernikus herauf: »Du, ich habe ihn gefragt.« – »Wen?« sage ich. – »Den Erzbischof«, sagt er. – »Na, was sagt *der* zu den schwarzrotgoldenen Troddeln und der Schärpe?« – »Acht bis zehn Quart, meint er«, sagt er und sieht mein Werk gar nicht einmal an. – »Meinetwegen«, sage ich, »meinetwegen sechzehn«, und ich ärgere mich, daß er bei all seiner Liebe zum weiblichen Geschlecht aber auch so gar keinen Kunstsinn entwickelt.
Darauf nähert sich der Schleicher von Kopernikus und besieht es sich. »Na?« frage ich. – »Na ja«, sagt er, »aber ein bißchen zu bunt. Ich vermisse die Harmonie der Farben, und die Engel scheinen mir im Verhältnis zu klein.« – Das ging mir denn doch über die Hutschnur: ein Kerl, der knapp das Militärmaß besaß, der redet von »zu klein«? Ein Kerl, der gelb und grün im Gesicht aussieht, der schwatzt von Harmonie der Farben? – »Kopernikus«, sage ich, »du weißt, ich bin ein Lamm – ein wahres Lamm! – Doch wenn einem Lamm mutwillig auf die Zehen getrampelt wird, dann hat es sich ausgelammt! Aus dir spricht nichts wie die gelbgrüne Mißgunst, *du* kannst so ein Transparent *nicht* malen, *du* kannst es morgen *nicht* aufhängen, aber *ich* kann's!« Damit nehme ich den Franzosen unter den Arm, wandle mit ihm auf und nieder und sage sehr betont: »Franzos, was wollen

wir uns über den Menschen ärgern!« – »Charles«, sagt der Kapteihn, »Charles! Ich bitte dich, beruhige dich, es war wirklich nicht so bös gemeint!« und schließt sich uns beim Auf- und Abwandeln an. Kopernikus steht da, besieht sich das Bild und will mir eine Antwort geben, aber er bringt es nicht fertig – nein, er schafft es nicht!

»Charles«, wieder der Kapteihn: »bleibt es im übrigen bei deinem letzten Wort?« – »Ja«, sage ich und reiße mich von ihm los, »und wenn auch das noch durchgemacht werden soll, so wird es durchgemacht!« – Darauf geht der Kapteihn zum Kopernikus, nimmt ihn beim Arm und geht mit ihm ab, dreht sich aber in der Tür noch einmal um: »Charles, morgen nachmittag kriegst du Bescheid.« – »Schön«, sage ich, »schön!« und fauche dabei wie eine Natter.

»Na, das wird ne nette Bescherung«, sagt der Franzos, als sie weg sind, »*du* als Jenenser wirst auf Stoß gehen wollen und *er* als Hallenser auf Hieb, und wo wollt ihr Waffen herkriegen?« – »Ist mir *ganz* egal«, knurre ich. – »Das einzige wären noch Pistolen, die bekämen wir wohl durch den Feuerwerksleutnant«, sagt er. – »Ist mir *ganz* egal«, sage ich. – »Tja, auf der Promenade könnt ihr's doch nicht abmachen, und hier in der Kasematte auch nicht, das ballert zu stark. Das einzige wäre noch die Küche, aber dann müßten wir die Betten vor die Tür legen, damit es nicht so schallt.« – »Ist mir *ganz* egal«, sage ich, »aber in der dunklen Küche und dann auf drei Schritt?« – »Ist ne ganz gewöhnliche Forderung beim Militär«, sagt er, und er mußte es wissen, denn er war ja Leutnant bei der Landwehr. – »Schön«, sage ich, »denn wird's eben im Dunkeln abgemacht.«

Ich lege mich nun zu Bett, aber daß ich viel geschlafen hätte, kann ich nicht behaupten. – Pistolen, auf drei Schritt, in der Dunkelheit – das ist auch nicht gerade ein Kinderspiel! – Ich gehe also mit meiner Ehre zu Rate. Beleidigen hatte er mich wollen – wie konnte er sonst von Harmonie der Farben reden? – Hat er in seinem Leben je gemalt? – Wußte er, wie schwierig die Sache war? – Ich lag die ganze Nacht wach und zerbrach mir den Kopf, und wie ich aufstand, war ich noch ebenso klug wie am Abend vorher. Aber mein Transparent war fertig, das mußte weggebracht werden, der alte Herr General hatte es erlaubt, Frau Bütow mußte es tragen, Lewandowsky und ich gingen hinterher, und es wurde jedes Mal aufgestellt, wenn einer uns begegnete, wie eine Drehorgel mit Moritatenbildern zur Jahrmarktszeit.

Als ich aufbrach, wollten Don Juan und der Erzbischof mich wieder ausstaffieren, »zivilisieren« nannten sie das. Ich aber bekundete, danach sei mir heute nicht zumute, und ging meiner Wege. Doch wie ich so mit meinem

Herrn Lewandowsky und meiner Frau Bütow die Allee entlang marschiere, da kommt ein kräftiger Windstoß, erfaßt meine Frau Bütow mitsamt dem Transparent, und wäre Don Juan nicht gleich dazugesprungen, dann wäre mein Transparent nebst Frau Bütow beinahe wie ein Drachen durch die Luft gesegelt. Don Juan zieht sie aber beide noch glücklich herunter, hilft uns das Ungetüm bis zur Haustür schaffen und flüstert mir zu: »Charles, ich geh mit rein!« – »Meinetwegen«, flüstere ich zurück, und sage laut zu Lewandowsky: »Sie haben nun doch gesehn, wie schwer so ein Ding zu regieren ist. Wenn *der* Herr nicht mit reinkommt, allein schaffe ich es nicht.« – Lewandowsky sah noch schnell einmal zur Tür hinaus, ob die Luft rein wäre, dann blinzelte er Don Juan zu: »Na, gehn Sie man mit rin!« Wir trugen das Ding denn auch überquer ins Zimmer, und Aurelia kam uns entgegen: »Na?« – »Ja«, sagte ich, »es ist nun fertig.« – Und nun fing Aurelia an, dem Don Juan Komplimente zu machen, weil er sich so viel Mühe damit gegeben habe, und Don Juan ließ allerlei dämliche Redensarten vom Stapel. Und mich bekam Mutter in die Mache und lobte meine Freundlichkeit über den grünen Klee, und wäre unser Glück nach Gewicht taxiert worden, so wäre ich dem Don Juan stark überlegen gewesen, denn Mutter war nicht nur kompletter als Aurelia, auch ihre Komplimente waren es. Aber ärgern tat ich mich gar nicht wenig, denn ich hatte doch wahrhaftig die größte Mühe davon gehabt, und nun schöpfte Don Juan sich den süßen Schmand von meiner Arbeit ab, und als Mutter rief: »Aurelia, setz die Fenster zu! Ich will Lichter holen, wir wollen's doch gleich probieren«, und nach draußen lief, da stand ich mit meinem Transparent unterm Arm im Dunkeln und hörte es vor mir tuscheln und rascheln. Na, denke ich, das ist ja eine schöne Bescherung! Du stehst da mit der Hand voll Schwielen, und er drückt wohl nun schon gar ein kleines weißes Händchen!

In diesem Augenblick trat Mutter ins Zimmer, löblich mit zwei Lichtern in den Händen, und Don Juan stand da, hatte einen Kleiderständer umgefaßt, hatte recht weich und warm Mutterns flanellenen Unterrock im linken Arm und drückte so zärtlich mit der Rechten einen Füßling von Vaterns Strumpf, denn das listenreiche Ding, die Aurelia, hatte ihm statt ihrer Hand ihr Strickzeug gereicht, dieweil sie gerade damit beschäftigt war, für ihr liebes Väterchen noch ein Paar warmer Socken zu Weihnachten zu stricken. Mutter brach denn nun in helles Gelächter aus, denn ich stand neben dem Transparent wie ein Wappenlöwe, und Don Juan neben dem Kleiderständer wie der Vogel Greif, und Aurelia, das kleine Biest, fiel in Mutterns fette Lache so hell und süß mit ein, wie wenn Borsdorfer Äpfel in lauter Schweineschmalz gebraten werden. Diesmal ging es überwiegend auf Don Juans

Kerbholz, aber es dauerte nicht lange, da sollte es mir verdrießlich auf den Leib rücken. Das verflixte Transparent ward auf- und die Lichter wurden dahintergestellt, und nun ließ sich vollauf würdigen, was ein Mensch durch Geist und Kunst alles zuwege zu bringen vermag.

Ich sah mir die Sache gar nicht an, denn ich wußte ja, wie sie sich ausnehmen mußte. Wie ich aber meinem Kunstwerk den Rücken zuwende und gerade loslegen will, in meiner Eigenschaft als Künstler den Gegenstand gehörig auszudeuten, da hebt ein großes Gelächter an: Mutter lacht fett, Don Juan frech, und der Racker von Aurelia lieblich! lieblich! über die Maßen liebenswürdig, für mich jedoch nichtswürdig und verdrießlich.

Ich sehe von vorn an mir hinunter: hast du was an dir? – Nein! – Ich will mich von rückwärts besehen: haben sie dir im Dunklen einen Zopf angehängt? – Ach du lieber Gott! wie ich mir über die Schulter sehe, fällt mein Blick auf mein Kunstwerk, und meine beiden Posaunenengel blicken mich an mit Jammermienen: jeder von ihnen hatte einen großen, schwarzen Schnurrbart.

Das hatte der Halunke, der Kopernikus, angerichtet! – »Don Juan«, sage ich, »du weißt, was passiert ist. Ist dieser Schnurrbart nicht ein *Nachtusch* vom Kopernikus?« – Ja, sagt er, das wäre wohl an dem. – Ich stürze aufs Transparent los, reiße es herunter und will es denn auch gerade mit beiden Beinen bearbeiten, da herrscht Mutter mich an: »Herr! hab ich's Ihnen nicht gesagt, sie sollten die Engel fortlassen?« – Ich aber drehe mich zu Aurelia um: »Sie lieben ihn? – Sie lachen über mich? – Fräulein, den Vogel, der am Morgen so schön singt, frißt am Abend die Katz! – Ich empfehle mich Ihnen!« – Damit verlasse ich den Raum, und Don Juan und Lewandowsky tragen das Transparent hinter mir her.

Ich komme daheim an, die beiden lehnen das Transparent schön behutsam an die Wand, ich greife gleich nach einem Topf voll Kienruß, tauche meinen Pinsel hinein, da kommt der Franzos dazu: »Na?« fragt er. – »Ja«, sage ich und überstreiche die ganzen Engel mit dem Kienrußpinsel, und will auch schon die beiden Trompeten mit den Troddeln überstreichen, doch das läßt der Franzos nicht zu: »Halt«, sagt er, »*die* laß stehen, die machen sich zu schön.« – »Ach was«, sage ich, »ich bring's fertig und überpinsele die ganze Pastete.« – »Wieso?« sagt er. »Morgen ist die Hochzeit, versprochen hast du's, kriegst du bis morgen ein neues Transparent fertig?«

Er hatte ja recht, und wie ich noch so in gallebitteren Gedanken verloren herumstehe, da kommt Frau Bütow herein, setzt einen Eimer an der Tür ab und sagt, solchen großen Topf hätte sie nicht gehabt, und den Eimer müsse sie auch bald wiederhaben, und hier – und reicht mir einen Zettel – das sei vom Kapteihn.

»Aha«, rufe ich, »Franzos, da rührt sich was! Aber ist das ein Komment, Frau Bütow zum Kartellträger zu machen? – Da!« sage ich, »das ist deine Angelegenheit«, und gebe ihm den Zettel. Der Franzos nimmt ihn, liest und fängt laut an zu lachen. »Na«, meine ich verärgert, »lächerlich ist die Sache nun gerade auch nicht. Lies vor!« – Und nun liest er: »Lieber Charles! Acht Quart täglich, das Quart einen Silbergroschen, macht auf einen Monat grade acht Taler. – Da wir nun anständigerweise beim Herrn Major vorauszahlen müssen, so bitte ich mir das Geld noch heute aus. – Dein u. s. w. – Nachschrift: ich denke, wir fangen mit acht an, wir können ja später bis auf zehn oder zwölf steigern.«

»Himmlischer Vater«, rufe ich, »was ist denn das?«, laufe zum Eimer hin und gucke hinein – nichts wie Milch! – glatt bis obenhin voll Milch! – »Na«, sage ich, »da schlag doch Höppners Deuwel drein! – Und das soll ich alles bezahlen?« – »Ja«, grinst der Franzos, »und austrinken sollst du's auch! Und wenn du mich fragst, dann ist es wohl am besten, du machst dich gleich dran, denn sonst schaffst du's heute nicht.« – »Der Kapteihn ist nicht recht gescheit«, schimpfe ich, »und du auch nicht.« – »Ja«, sagt er, »aber versprochen hast du's. Er hat dich noch ausdrücklich gefragt, ob dies dein letztes Wort ist, und du hast gesagt: »Ja.« – »Aber ich habe doch das mit dem Kopernikus gemeint!« – »Und er hat die Milch gemeint, und das beste ist, du fängst gleich damit an.«

Nein, wie war es nur möglich? Da saß ich nun, sollte einen ganzen Monat lang acht Quart Milch täglich austrinken und acht Taler im voraus bezahlen. Und das alles, weil der vermaledeite Kapteihn sich in die Tochter vom Major Martini verliebt hatte! – Nee – dann doch lieber Pistolen auf drei Schritt in einer dunklen Küche!

Ich holte meinen gottserbärmlich mageren Geldbeutel aus dem Koffer und überschlug mein Vermögen. Je ja, je ja! – alles in allem, den Schurrmurr mit eingerechnet – knapp drei Taler. – »Franzos«, frage ich, »hast du Geld!« – »Ja«, entgegnet er, »aber das brauche ich selber.« – Hm – er braucht es also selber. Da war ich abgeblitzt. – »Franzos«, sage ich wieder, »Milch trinken soll ungeheuer gesund sein.« – »Das bestreite ich gar nicht«, meinte er. – »Wollen wir mit der Milch nicht halbpart machen?« schlage ich vor. – »Nee«, sagt er und grinst mich an, »seitdem ich nicht mehr von deinen vertrackten Gerichten esse, bin ich mit meiner Gesundheit sehr zufrieden.« – Hm! – Ist mit seiner Gesundheit sehr zufrieden. Damit war ich also auch abgeblitzt. – »Sieh mal«, sagt er und lächelt spöttisch, »mit dir ist das was anderes, du hast in letzter Zeit so viele ungesäugte Kälber verzehrt, denen ihr Recht auf Muttermilch nicht geworden ist; wenn du ihnen die Milch nun nachschüttest, dann kommt alles wieder in die Reihe.« – »Was soll ich mich noch viel mit dir herumärgern?« rufe ich. »Aus einem Loch muß der Fuchs raus«, und laufe zum Kapteihn hinunter.

Der sitzt vor einer großen Schüssel mit Milch und löffelt ganz eifrig. Wie ich reinkomme, ruft er mir heldenmütig zu: »Charles, ich bin schon dabei!« – »Das seh ich«, sage ich und setze ihm nun auseinander, daß mir das zu viel Milch und zu viel Geld sei. Aber damit kam ich schön an: er hätte gedacht, sagt er, daß er es mit einem Mann von Wort zu tun habe.

Nun konnte ich ihm aber auch nicht gut auseinandersetzen, daß das Ganze ein Mißverständnis war, denn Kopernikus saß daneben und griente uns an. – Grins' nur, du Miesling! solltest mal ne Milchkur brauchen, auf daß »die Milch der frommen Denkungsart« das »gärend Drachengift« in dir verwandelt. – »Na«, sage ich dann endlich, »denn hilft das nicht. Aber der Major muß pumpen!« und damit gehe ich. – »Das tut er nicht«, ruft der Kapteihn hinter mir her. – »Dann behält er eben seine Milch!« rufe ich durch die Tür, gehe verdrießlich nach oben und quäle mir eine gehörige Portion von dem Zeug in den Leib. Aber, aber, wie sehr ich auch schluckte, ein Ende war nicht abzusehen.

Am nächsten Morgen begann ich schon frühzeitig ins Milchgeschäft einzusteigen, doch dies erwies sich als pure Unmöglichkeit. Die Reste wurden immer größer, und wenn ich dachte: nun zwingst du sie, dann erschien Frau Bütow aufs neue und brachte frischen Nachschub. Alle meine Schüsseln, Töpfe und Teller standen voll Milch. Unten war es genauso, und als ich die Kasematte des Kapteihns aufsuchte, stand dort völlig ratlos Frau Bütow und beteuerte: sie wisse auch nicht, wie das werden solle, denn hier sei es noch schlimmer als oben.

Der Franzos und der Kopernikus, die uns so schön hätten helfen können, ließen sich auf nichts ein und hatten ihren Spaß an unserer Verlegenheit, und Kopernikus soll sogar einmal zum Kapteihn gesagt haben, wenn er nun noch einen großen Topf voll Honig dazukaufte, dann wären wir ganz und gar im gelobten Lande.

Der Kapteihn war verärgert, weil ich nicht bezahlte. Doch das Unglück bringt die Menschen zusammen, und wir saßen beide in der gleichen Patsche. Am dritten Tage, als die Milchbescherung durch Frau Bütow von neuem ihren Anfang nahm und er mir seine Not klagte, hatte ich einen Einfall: »Weißt du was, Kapteihn? Ümmer praktisch, sagte der Teufel. Wir wollen buttern und Käse machen.« – »Wie das?« fragt er. – »Das will ich dir sagen«, sage ich, »aus dem Rahm machen wir Butter und aus dem übrigen Käse. Ein Butterfaß haben wir nicht, aber wir buttern in einer Flasche. Wir schütteln so lange, bis daraus Butter wird, und das Käsemachen ist noch leichter, wenigstens macht es weniger Arbeit.«

Und ich setze ihm das nun nach allen Regeln der Kunst und der Wissenschaft sehr gelehrt auseinander, wie und warum das so und so gemacht wird, wie ich das aus der rationellen Landwirtschaft von Väterchen Thaer und von meiner Tante Christiane gelernt hatte, und fragte dann schließlich: »Bloß die Käsebeutel! Wo nehmen wir zwei Käsebeutel her?« – und gehe an meinen Koffer und begutachte meinen Leinenschatz. Na, das war doch eigentlich alles Prüll, und genäht werden mußte es auch erst noch.

»Halt!« ruft der Kapteihn, geht nach unten und kommt mit einer englischledernen weißen Hose wieder herauf. »Sieh mal! Sie ist ganz heil und rein, aber ich kann sie nicht mehr tragen, weil sie mir unten zu kurz und oben zu eng geworden ist.« – »Prächtig!« sage ich, »und nun brauchen wir nicht zu nähen und nichts: wir schneiden die beiden Beinlinge oben scharf ab, binden sie unten zu, und oben füllen wir ein.«

Kapitel 23

Die weiße Hose

Ja, und so geschieht es denn auch: ich sahne alle unsere Milch sorgfältig ab, fülle den Rahm in ein paar doppelstöckige Flaschen und die aufgekochte Klütermilch in die beiden Hosenbeine, hänge diese säuberlich an die Wand und stelle unter jedes eine Waschschüssel für das Käsewasser.

»So«, sage ich, »nun kann das Buttern losgehen!«, gebe dem Kapteihn seine Flasche, nehme meine, und nun gehen wir auf und ab. Jeder hält seine Flasche in den Händen und läßt sein Püppchen tanzen, daß es nur so eine Lust ist; die Käsebeutel aber laufen von selber. – »Was tun wir aber mit der Butter?« fragt der Kapteihn, »denn vier Wochen lang dürfen wir ja keine essen.« – »Hab' ich alles bedacht«, sage ich. »Die Butter verkaufen wir. Wenn der Erzbischof sie einen Schilling billiger kriegt, dann kauft er sie uns mit Kußhand ab. Und der Käse – na, das hat gute Weile, der muß sowieso erst durchliegen.«

So reden wir denn und buttern, und buttern und reden, als es an die Tür klopft: »Herein!« – Und wer kommt herein? Mein kleines Idachechen mit einem großen Korb: »Empfehlung von Mutter, und sie hätte Sie gern auf der Hochzeit gesehen. Da das aber nicht möglich gewesen, so nähme sie sich die Erlaubnis und schicke Ihnen dies. Und das Transparent wäre auch gar zu hübsch gewesen.« – Ich stelle also meine Butterflasche beiseite und packe den Korb aus: Kuchen, nichts wie Kuchen und vier Flaschen; da war aber was anderes drin als in unseren . . . Ich ließe mich auch vielmals bedanken, sage ich, und wie die kleine Ida wieder gegangen ist, hat auch der Kapteihn sein Buttergeschäft eingestellt und wir besehen uns die Bescherung. – »So«, sage ich. »Dies fehlte noch, doch wir sind gerade beim Buttern, und dabei darf es keinen Stillstand geben«, und greife wieder nach meiner Flasche. – »Ja«, sagt der Kapteihn und greift auch nach seiner Flasche, »und das mitten in unserer Kur! Charles, du wirst doch nicht so unvernünftig sein und sie unterbrechen?« – »Bewahre!« sage ich, und wir buttern weiter, immer rauf und runter.

Wenn wir aber an dem Tisch vorbei kamen, auf dem unsere Herrlichkeiten standen, dann butterten wir dort etwas länger, bis ich schließlich sagte: »Kapteihn, weißt was? In den ersten Tagen der Kur darf man Semmel essen. Wir sind noch in den ersten Tagen, und dies hier ist Biskuit, und der wird öfters für Todkranke auf ihrem letzten Lager noch expreß verschrieben. Der kann uns nicht schaden.« – »Das glaub' ich eigentlich auch nicht«, meint er. Und wir setzen unsere Butterflaschen ab und essen das Biskuit. Und wie wir damit fertig sind, rieche ich an einem anderen Stück Kuchen: »Das riecht mir grade so wie Mandeltorte, und mich dünkt, das paßt genau zu unserer Milch, denn aus Mandeln wird ja auch Milch gemacht.« – »Und das hat seinen Grund«, sagt er, und wir essen auch die Mandeltorte.

»Was wohl in den Flaschen ist?« überlege ich. – »Ja«, grübelt auch er, »was die da wohl zusammengebraut haben?« Und ich ziehe den Pfropfen raus, schenke ihm ein Tröpfchen ein und fordere ihn auf: »Probier mal!« – »Kardinal!« verkündet er, »schöner Kardinal!« – »Das weiß der Deuwel«, sage ich, »wir sind gerade in dieser verflixt dämlichen Kur, und wenn so'n Kardinal vier Wochen steht, dann wird er sauer.« – »Das ist mal gewiß«, sagt er. – »Kapteihn«, frage ich, »hast du schon eine Probe von Butter in deiner Flasche?« – »Nee«, sagt er. – »Ich auch nicht«, sage ich, »aber das ist eine alte Geschichte: wenn's nicht buttern will, denn buttert's auch nicht«, und damit gehe ich an die Käsebeutel und stelle fest: »Die sind schon schön abgetropft, und nun müssen sie unter eine kräftige Presse.« – »Dann müssen wir wohl Steine holen?« sagt er. – »Aber nein«, sage ich, »das können wir auch selber besorgen«, lege das eine Hosenbein auf den Schemel des Franzosen, das andere auf meinen Schemel und auf jedes einen alten Kistendeckel, die ich noch hatte: »So, du setzt dich auf deinen Beutel und ich mich auf meinen.« Und das taten wir und saßen uns gegenüber und butterten und machten Käse, und zwischen uns standen die vier Flaschen mit Kardinal.
»Na«, sage ich endlich, »ich muß ihn doch auch mal probieren, bloß probieren.« – Und ich probiere also. – »Hör mal«, sage ich, »das Zeug ist gut, das hat Aurelia richtig getroffen.« – »Aurelia?« fragt er. – »Ja«, sage ich, »Aurelia! Mutter hat den nicht zusammengebraut, sonst wär er süßer. Je älter die Frauenzimmer werden, um so süßmäuliger werden sie.« – »Also, du meinst wirklich, Aurelia hat ihn gebraut?« fragt er. »Daraufhin muß ich ihn mir doch auch mal ansehn«, und er schenkt sich einen Tropfen ein und mir auch, und wir probieren ihn zum zweiten Male, diesmal jedoch gründlicher, indem wir Aureliens Künste und Kardinaltugenden doch recht genau würdigen wollen.
Als wir dafür Grundlagen – und zwar richtige – gelegt hatten, sage ich: »Kapteihn, sie ist doch ein prächtiges Mädelchen, und ich denke, wir lassen sie hochleben.« – »Das ist sie«, sagt er, »und damit du siehst, daß ich keinen Groll hege . . . «, und damit trinkt er sein Glas aus bis auf den Grund.

Ich stellte mich ihm denn nun mit meinen Ansichten getreulich zur Seite, doch es dauerte nicht lange, da fing ihm das Gewissen an zu schlagen – nicht eben wegen des Kardinals und der Milchkur, vielmehr wegen seiner neuen Auguste: »Charles, weil wir doch einmal dabei sind – es ist noch ein anderes liebenswürdiges Geschöpf hier auf der Festung – du weißt, wen ich meine«, und damit schenkt er wieder ein. – »Halt«, sage ich, »auf deren Gesundheit müssen wir aus der Rahmflasche trinken: Für jeden Vogel seine eigenen Federn!« – »Charles«, ruft er, »willst du mich kränken?«

Nein, das wollte ich nun wirklich nicht, und so nahmen wir denn die Gläser zur Hand und stießen an, und er legte seine Hand aufs Herz und trank in tiefer Andacht sein Glas aus auf die Majorstochter, und unter ihm rann es sanft und still aus dem Käsebeutel und fiel in leisen Tropfen auf den Bretterboden. Es war ein feierlicher Augenblick, und wir saßen ganz still.

Still schenkte ich auch wieder ein, und als ich dann gerade recht wehmütig sagen wollte: »Nun sieh mal einer an, das Fläschchen ist schon leer«, da wurde es unter uns lebendig. Der Franzos und Kopernikus waren nämlich aus der Freistunde gekommen und hatten gemerkt, daß das unschuldige Käsewasser durch die Decke sickerte und unten – gleichfalls in leisen Tropfen – in die Stube rann. – – »Wollen wir ihnen nicht was abgeben?« fragt der Kapteihn, noch ganz in andächtige Stimmung versunken. – »Wozu denn?« sage ich, »haben sie uns nicht bei der Milch geholfen, denn brauchen sie uns jetzt auch nicht beim Kardinal zu helfen«, und nur um zu zeigen, daß ich mich an ihnen rächen will, mache ich die zweite Flasche auf und schenke ein.

Da kommt der Franzos mit großem Halloh heraufgestürmt und fragt, was zum Kuckuck wir denn hier machten. – »Käse«, entgegne ich sehr kühl. – »Käse?« fragt er verwundert. Doch wie er näher kommt und den Kuchen und die Flaschen sieht, wird er ganz ungemein hellsichtig: »Was Teufel!« ruft er und reißt die Augen weit auf. Ja, denke ich, funkle du nur man immer mit deinen dämlichen großen Glotzaugen! für dich ist hier nicht gedeckt. – »Meines Lebens!« staunt er und hält eine Flasche gegen das Licht, »was ist denn das?« – »Kardinal«, sage ich. – »Wie zum Teufel kommt der *hierher?«* – Da aber richte ich mich stolz auf und denke, sollst ihm doch gleich so kommen, daß er's versteht:

»Wer etwas kann, den hält man wert;
Den Ungeschickten niemand begehrt.«

Doch er verstand nicht, und wie er mich und den Kapteihn recht unsicher ansieht, sagt der: »Es ist wegen des Transparents. Die Kunst von Charles hat uns dies eingetragen.« – »Charles, alter Junge, habe ich dir nicht immer dabei geholfen?« – Das stimmte, der Effekt mit den Trompeten und den Troddeln ging auf sein Konto. – »Na«, sage ich, »dann hol' dir auch ein Glas«, und wir stoßen an auf die Kunst.

Und wie ich nun noch ein Glas getrunken hatte, da wurde mir so gerührt ums Herz, und ich erhebe mich vorsichtig von meinem feuchten Sitz und sage: »Komm her, Franzos, du kannst auch was tun, aber setz dich nicht mit einem Ruck!« – und somit gehe ich unbemerkt aus der Tür und hinunter zum Kopernikus, rede ihn freundschaftlich an und gebe ihm die Hand: »Komm, Kopernikus, wir wollen uns wieder vertragen. Nu komm schon rauf, wir machen da Käse und trinken dazu von Aurelias Kardinal.«

Und der kleine kratzbürstige Kerl wurde so weichmütig, daß ihm die Tränen an der krummen Nase herunterliefen, und folgte mir wie ein Lamm. Später hat er freilich behauptet, dies wären keine Tränen, sondern Käsewassertropfen gewesen, die ihm auf die Nase gefallen seien. Doch ich kenne ihn besser: auch er hatte seine schwachen Augenblicke.

Wie ich nun mit dem kleinen Gesellen oben ankam, ging ein lautes Hurrahgeschrei los, denn die beiden Käsebrüter hatten ihre günstige Stunde erkannt und sie inzwischen recht nutzbringend in Kardinal angelegt, der Kapteihn auf seinem Vorsprung gleichmäßig und gelassen voranschreitend, der Franzos im Übereifer, ihm nachzukommen.

Des Kopernikus wegen mußte nun Aurelia noch ein weiteres Mal hochleben, drauf auch Mutter, und es ward eine große Fröhlichkeit, jedoch keine Ausgelassenheit. Und wie kam das? Doch wohl daher, daß wir das Nützliche mit dem Angenehmen zu verbinden wußten, denn es währte nicht lange, da butterten wir beide, der Kopernikus und ich, wieder in der Kasematte auf und nieder, daß es eine wahre Lust war, und die anderen beiden saßen steif und fest auf den Hosenbeinen. Doch der Kapteihn befand sich zu stark im Vorsprung und war allzusehr aus dem Gleichgewicht geraten, und als wir die dritte Flasche geleert hatten, da schlug er sich vor die Brust: »Kopernikus«, sagte er, »von mir hast du sie, ich habe sie dir abgetreten.« Doch der Kopernikus sagte, dies seien dumme Sprüch', und mir wurde himmelangst, daß beim Kapteihn die Großmut wieder durchbrach, denn was damals beim Kaffee noch so glimpflich abgelaufen war, das konnte beim Kardinal schlimm ausgehen.

Ich redete also zum Guten, und mein braver Kapteihn ließ alles über sich ergehen, »denn«, sagte er, »ich habe einen Trost gefunden, einen Ersatz – und was für einen Ersatz: einen *reichen* Ersatz!«

Und nun berichtete er denn auch den anderen in aller Verschwiegenheit von seiner Auguste, und wie das so gekommen war, und wenn er stecken blieb, dann half ich ein. Plötzlich – ich machte gerade die vierte Flasche auf – bekam er den Kopernikus, der ahnungslos an ihm vorbeibutterte, am Schlafrock zu fassen, zog ihn auf seinen Schoß, küßte ihn und beteuerte: »Kopernikus, wir bleiben ewig Freunde.« – »Ja«, sagte der Kopernikus und butterte ruhig weiter. – Und der Franzos und ich betrachteten dies Bild ewiger Freundschaft, *ich* kühl bis ans Herz, und *er* kühl bis an die Knie, wegen des herausspritzenden Käsewassers.

Aus Dankbarkeit wollte nun Kopernikus den neuen Schatz des Kapteihns hochleben lassen: »Auguste Martini!« rief er, fuhr vom Schoß des Kapteihns mit einem Ruck in die Höhe, und »puff« machte es unter dessen Stuhl, und der Kapteihn sackte so etwa vier Zoll tiefer, denn solche Freundschaft und solches Vivat vermochte der Beinling nicht auszuhalten: er war geplatzt, und der Käse war herausgeschossen.

Herrgott von Bentheim! Da lag nun der schöne weiße Käse auf den sandigen Dielen, und was nicht dort lag, das saß in großen Placken auf dem neuen hellgrünen Überzug, den sich der Kapteihn auf seinen Schlafrock praktiziert hatte, und darum herum sah es aus wie ein schönes, grünes Roggenfeld im Frühjahr, wenn noch Schneeschanzen darüber liegen. – »So«, sage ich, »das kommt davon!« – »Ja«, sagt auch der Kapteihn, »das kommt davon!« – Und der Kopernikus sagt: »Oh!« und der Franzos will aufstehen, um sich den Schaden zu besehen, aber ich halte ihn fest: »Franzos«, sage ich, »ich bitte dich um Himmels Willen, bleib ruhig sitzen, du richtest sonst am Ende noch neues Unheil an.« – Doch er läßt sich nicht zurückhalten, und wie er die ganze Bescherung zu Gesicht bekommt, bricht er in völlig unangebrachtes Lachen aus, ergreift sein Glas und ruft: »Die Milchwirtschaft von Charles soll leben!« und wie er gar der Achterseite vom Kapteihn ansichtig wird, lacht er noch unbändiger und wirft sich höchst unbedacht auf seinem Sitz zurück. Paff! sagt auch dieser Beinling, und da liegt die ganze Pastete.

»Süh so«, rufe ich, »mit *dem* Geschäft wären wir nun auch durch, fehlt bloß noch, daß einige von euch auf die Idee kommen, mit den Sahneflaschen auf Augustes Gesundheit anzustoßen. – Willst *du* nicht, Franzos? Willst *du* nicht, Kopernikus?« und damit schiebe ich jedem eine Flasche hin. *Sie* wollten nicht, doch der Kapteihn, der wollte. – »Auguste?« fragt er. »Für Auguste ist nichts zu gut!« – Und er schlägt mit der einen Rahmflasche an die andere, so daß unsere ganze Butter und unsere ganzen Einkünfte aus dem Butterhandel sich über Tisch und Stuhl ergießen. – »Oh, hier ist noch eine Flasche Kardinal«, sage ich, »willst du die nicht lieber auch entzwei-

schlagen?« – Und er hätte es getan, er hätte es wahrhaftig getan, hätte Kopernikus nicht so viel Mitgefühl und kaltes Blut aufgebracht festzustellen, dies wäre doch eigentlich schade, und ihm in den Arm zu fallen.
Da stand ich nun und blickte wie ein betrübter Lohgerber auf meine in die Brüche gegangene erste ökonomische Unternehmung. Der Franzos und der Kopernikus beschäftigten sich angelegentlich mit der letzten Flasche Kardinal und mit vielen schlechten Witzen über die Milchwirtschaft, mit denen sie mich möglicherweise aufmuntern wollten. Der Kapteihn schritt nach seiner letzten Heldentat und nach dem großen Butteropfer, das er seiner Auguste dargebracht, in einer Art militärischen Hahnentritts auf und ab und hielt eine laufende Standrede an seine Hosenbeinlinge: daß sie ihm Jahre hindurch treu gedient, daß sie immer gehalten hätten und daß sie auch ihren letzten Dienst wohl versehen haben würden, wenn ihnen menschlicher Unverstand nicht das schlechterdings Unmögliche abverlangt hätte. Wie nun das letzte Glas im Stehen ausgetrunken war – denn mit dem Sitzen war es nirgends mehr was Rechtes –, kam Frau Bütow herein und schlug die Hände überm Kopf zusammen: »Herre Je, und unten ist es ebenso, die ganze Stube schwimmt ja. – Na, Reinlichkeit ist das halbe Leben«, sagte Frau Bütow und säuberte den Tisch mit dem Besen.

So endete die Geschichte von meinem Transparent und von des Kapteihns weißen, militärischen Sommerbeinkleidern. Oder vielmehr – besser gesagt – sie war noch *nicht* zu Ende, denn in der Nacht wurde ich krank, *so krank,* daß es selbst den Franzosen zu jammern begann und er die ganze Nacht mit unserer einzigen Medizin, mit einem Topf voll Kamillentee, vor meinem Bett Wache hielt. Und als Frau Bütow am nächsten Morgen eintrat und meinen erbärmlichen Zustand gewahrte, da schlug sie wieder die Hände überm Kopf zusammen und rief: »Herre Je! und unten ist es genauso. Der Herr Kapteihn weiß auch seinem Leibe keinen Rat.«
Also der auch! So wußte ich denn nun Bescheid, und als die anderen in die Freistunde gegangen waren, kroch ich hinunter zum Kapteihn. Und da sitzen wir nun beide und betrachten einander wie Kummer und Herzeleid, und ich sage: »Das kommt davon!« Und er sagt: »Ja, das kommt davon, von dem Kardinal.« – »Nee«, sage ich, »von der Milch.« Und wir streiten uns darüber, doch man nur schwach, und schließlich sage ich: »Kapteihn, laß das! Soviel ist gewiß: Kardinal und Milch vertragen sich nur schlecht im menschlichen Leibe, und in den nächsten drei Tagen können wir weder das eine noch das andere zu uns nehmen. Sieh mal, hier hinter deinem Bett stehen schon wieder acht Quart, meine hab' ich heute morgen schon an Frau

Bütow gegeben, denn auf Milchwirtschaft lasse ich mich nicht mehr ein. Wie wär es denn, Kapteihn, wenn du dich – sobald du dich ein bißchen erholt hast – fein machen würdest und zum Major gingst, um den Milchhandel aufzukündigen?«

Das könne er nicht, sagt er, was sollten der Major und seine Tochter von ihm denken? – »Kapteihn«, sage ich, »du bist ein alter Hasenfuß, du verstehst deinen gewaltigen Vorteil nicht wahrzunehmen. Überleg mal: der General wird dir das gerne erlauben, du kommst mit dem dicken Major in einen sehr angenehmen persönlichen Verkehr, und wenn du eine genaue und ausführliche Beschreibung von unserem augenblicklichen Gesundheitszustand abgibst, dann müßte es ja mit dem Teufel zugehen, wenn sich bei Auguste nicht das Mitgefühl regen sollte. Mitleid im Frauenherzen, sage ich, Kapteihn, ist schon die halbe Liebe.«

Und richtig! – Nach drei Tagen begab sich der Kapteihn zum Herrn Major, und während dieser ganzen Zeit tränkte Frau Bütow ihre fünf kleinen Gören tagtäglich mit sechzehn Quart süßer Milch auf.

Kapitel 24

Das Honigpüppchen

Der Kapteihn war zum Herrn Major hineingegangen, und ich stand auf der Lauer, mit welchem Gesicht er wohl wieder herauskommen würde. – Und wer kommt da einherspaziert? Aurelia!
Ich schlängele mich also ein bißchen an sie heran, denn ich habe auch meine Bildung, und fange an, mich bei ihr für Kuchen und Kardinal zu bedanken, und dieweil sie es wohl nicht so besonders eilig hatte, so schwätzten wir an der Ecke vom Speckräucherer einen ganz schönen kleinen Stremel zurecht. Nun, ich ahne noch nichts Böses. Doch wie sie mich verlassen hat, stürzt Kopernikus auf mich zu und wirft mir vor, er halte es für sehr unpassend, daß ich eine Dame auf der Straße angesprochen hätte. – Nun, eigentlich hätte sie mich angesprochen, sage ich. Das sei ganz einerlei, sagt er, dann hätte ich mich darauf nicht einlassen dürfen.
Darüber kommt auch noch der Kapteihn hinzu, macht ein Gesicht wie Pique-Bube im Kartenspiel und wirft mir vor, ich hätte ihm einen heimtükkischen Rat gegeben, und damit wäre er ganz schön hereingefallen. Der alte Major sei nämlich unangenehm spitz geworden, und von Auguste habe er nur noch einen Zipfel von ihrer Nachtjacke gesehen, wie sie aus der Tür flitzte, und sonst gar nichts.
Und weil sie nun alle beide ihren Liebsten nicht den Hof hatten machen können, machten sie ihn mir, bis ich schließlich ärgerlich wurde und sie fragte, ob ich für sie nur noch ein Blitzableiter sei, wenn an ihrem Liebeshimmel die Gewitter aufziehen.
So knurrte und nörgelte es also um mich herum, denn mit den reichlichen Liebesfreuden waren auch Donner und Ungemach eingetroffen, die ja überall damit verknüpft sind. Und wenn das schöne Frühjahr nicht gekommen wäre, so wäre ich darüber wohl ganz »musikalisch« geworden, wie die alte Frau Jacob in Stavenhagen es nannte, als sie ihren Mann wegen der Schaffelle eingesperrt hatten.
Doch der Frühling bringt den Menschen wieder auf die Beine, und solange ich nur irgend konnte, flanierte ich unter den grünen Linden hin und her. Und wie ich dabei wieder einmal an der kleinen Quergasse zwischen dem Haus von Schmied Grunwaldt und dem des Bäckers vorüber will, wen sehe ich da? – Meinen guten Kopernikus und Aurelia! Und sie haben es auch gar zu hitzig und reden und drücken sich die Hände, und – hol's der Kuckuck!

– das schmächtige Kerlchen, der Kopernikus, wippt auf den Zehen in die Höhe und gibt ihr – schwapp! – einen Kuß mitten ins Gesicht. – Na, denke ich, dies ist mir eine schöne Bescherung! Mir will er das Reden auf der Straße verbieten, und er fängt hier an zu küssen? Komm *du* mir mal her! Und da kommt er auch schon. »Kopernikus«, sage ich, »ich halte es für sehr unpassend, wenn einer mit einer Dame auf der Straße spricht.« – Er blickt mich ein bißchen unsicher an und fragt endlich: »Wieso?« – »Doch noch unpassender ist es, wenn einer eine Dame auf der Straße küßt.« – »Charles«, fängt er an, halblaut, aber überaus eindringlich zu flüstern, »ich bitte dich! Sag nichts davon, wir haben uns eben verlobt.« – »Dies ist ja lustig«, sage ich, ebenso verdutzt wie der Schmied von Klocksin, als der Herr von Frisch ihm mitteilte, er sei ein Esel. – »Ja«, sagt er, »und alles ist in Richtigkeit, denn Mutter weiß es.« – »Dies wird immer lustiger«, erwidere ich, wie der Schmied von Klocksin, als ihm der Herr von Frisch ein paar Maulschellen verabfolgte und ihn danach zur Tür hinausbeförderte. – »Charles«, fängt er wieder an, »ich mache dich zum Vertrauten unserer Liebe, *du* kannst uns helfen.« –Schon wieder ein neuer Posten bei diesem Geschäft, denke ich mir: »Dann soll ich bei euch wohl eine Art von Vaterrolle übernehmen?« – Nein, sagt er, Vater käme in den nächsten Tagen sowieso an den Baß. Morgen aber sei Sonntag, und der Kapteihn, der Erzbischof und ich seien dann zum Kirchgang in die Stadt eingeteilt, und ob es sich nicht machen ließe, daß der Kapteihn mit ihm tausche und der Erzbischof verzichte. Dann wolle er die Gelegenheit nutzen und mit Aurelia auf dem Kirchgang das Notwendige besprechen. Ich müsse ihm dann aber den Unteroffizier vom Leibe halten.

Also »Vertrauter unserer Liebe«, sage ich zu mir, wie ich in die Kasematte zurückkehre, »das bist du noch nie gewesen«, und ich überlege mir die Sache und komme zu der Einsicht: »Ohne greuliche Lügen geht die Geschichte nicht ab«, aber ich fange doch auch gleich damit an.

Ich gehe hinunter zum Kopernikus und zum Kapteihn: »Kopernikus, du hast doch neulich was von einem Schinken erzählt. Ich weiß einen, in der Stadt ist ein schöner Schinken zu verkaufen.« – »Ja«, erwidert der kleine durchtriebene Kerl, »aber ich muß ihn selber sehen.« – »Na«, sage ich, »dann komm doch morgen mit rein in die Stadt, der Kapteihn wird dir sicher seinen Platz beim Kirchgang überlassen.« – Der brave, gute Kapteihn ahnte nichts Böses, dachte möglicherweise auch selber an den Schinken und war mit dem Tausch einverstanden.

Nun aber der Erzbischof! – Ich klopfte den ganzen Nachmittag auf den Busch. Aber nein! er wollte erst einmal Pastor Salm-Salm hören und sich danach ein paar Pfund grüne Seife kaufen, denn er sei gerade beim Waschen, sagte er. Ich redete alles mögliche Zeug zusammen, half mir alles nichts, seine geistliche und ökonomische Natur kam immer wieder zum Durchbruch. Schließlich hatte ich eine Idee: Wie wir gerade beim Bäckerhaus vorbeigehen, sage ich: »*Der* wird auch nicht wieder.« – »Wer?« fragt er. – »Der Bäcker«, sage ich, »den hat's doch wohl mit nem Schwindelanfall erwischt. Heut morgen stand die Frau ja ganz trostlos in der Tür.« – »Was?« fragt er, »was? die arme Frau!« – »Ja«, sage ich, »und sie hat keinen Menschen um sich, der ihr ein bißchen an die Hand gehen kann, und er ist auch sehr korpulent und hat Asthma.«

Nun waren die Freistunden zu Ende, und wie Frau Bütow abends kommt, sage ich: »Frau Bütow, einem einzelnen Menschen fällt das Lügen doch sehr sauer, Sie müssen mir ein bißchen helfen, ich habe Ihnen damals ja auch alle die Milch besorgt. Wenn morgen der Erzbischof nach dem Bäcker fragt, dann sagen Sie nur, mit ihm ist es schlimmer geworden, weiter nichts.« Frau Bütow versprach dies denn auch und besorgte es, und als wir am nächsten Morgen bereitstanden, um mit dem Unteroffizier zur Kirche zu wandeln, da stand der Erzbischof beim Bäckerhaus, sah über den Zaun und wollte nicht mit, dieweil er die Bäckersfrau trösten wollte.

So gehen wir beide also alleine den Kirchweg hinunter, und ich sage: »Kopernikus, den Schinken mußt du aber auch kaufen, denn ich weiß wirklich einen, und wenn du ohne Schinken ankommst, so merken sie den Schwindel.«

In der Kirche saß uns Aurelia schräg gegenüber, und wenn ich den Herrn Unteroffizier ausnehme, so war ich an diesem Tage wohl der frömmste von uns dreien. Kaum war nämlich die Predigt zu Ende, da ging es zwischen den beiden auch schon wieder mächtig mit der Telegraphiererei los. Wir verließen die Kirche, der Kopernikus kaufte den Schinken, und als wir die Chaussee zur Festung hinaufgingen, trippelte Aurelia vor uns her, mit ganz kleinen Schrittchen und das Gesicht meistenteils auf dem Rücken. »Nun halt' uns aber den Unteroffizier vom Leibe«, rief Kopernikus, und seine kurzen Beine fingen an, mit ihm durchzugehen, und ich wurde mit einemmal so kurzatmig, daß ich stehenbleiben und mich verschnaufen mußte. Auseinander waren wir nun. Doch der Unteroffizier drängelte, daß wir wieder zusammenkommen sollten, und dies gerade sollte ich ja verhindern. Ich fing also an, die Gegend zu betrachten, ich pflückte Blumen am Wegesrand, und als er immer weiter vorantrieb, sprang ich unversehens über den Chausseegraben und rief ihm von drüben zu: »Wenn ich Ihnen nun weglie-

fe?« – Oh, das würde ich doch wohl nicht tun, meinte er. – Na, imstande wär' ich dazu, rief ich zurück. – Als ich mir nun ziemlich sicher war, ihm einen Floh ins Ohr gesetzt zu haben, sprang ich wieder zurück und genoß nun das Vergnügen, daß er sich immer enggeschlossen an *mich* hielt und daß Kopernikus seine Liebesgeschäfte in Ruhe abmachen konnte. Kurz, ich spielte so eine Art von Schutzengel und hatte meine Freude an den beiden, wie schlank und rank Aurelia einherging, wie frisch und rot ihr die Wangen leuchteten von Hoffnung und vom Frühjahrs-Morgenwind, und wie der kleine Wicht von Kopernikus mit seinen kurzen Beinchen neben ihr herhüpfte, im Herzen die frische Liebe und unterm Arm den Räucherschinken.
So ist es richtig, sagte ich zu mir, denn was nützet uns die Liebe und hätte der Zehrung nicht! Und seit damals stehen mir immer Kopernikus, Aurelia und der Schinken vor Augen, wenn ich an eine rechtschaffene Liebe denke. Und daß sie über dem Nützlichen die Annehmlichkeiten nicht vergessen haben, kann ich ebenfalls bezeugen. Denn als wir an die Stelle zwischen den Festungswerken kamen, wo der Weg eine Biegung macht, da waren sie nicht zu sehen, und als wir ein Stückchen weitergegangen waren, da kamen sie auf einmal *hinter* uns her, hinter dem Kugelfang heraus, und hatten ebenfalls sich Blumen gepflückt, wie sie behaupteten: und ich will ihnen das glauben. Der Kopernikus hatte sich rote Feldnelken gepflückt und sie gelbe Butterblumen, denn ihre Lippen glühten rot, und er war wieder mal gelb.

»Charles«, gestand mir das Kerlchen von Bräutigam, als Aurelia beseligt entschwunden war, »Vater weiß es auch schon und hat seine Einwilligung gegeben.« – »Ja«, war meine Antwort, »das ist alles recht gut und schön, doch paß auf! Jetzt krieg ich wieder mein Teil«, denn ich sah den Erzbischof unter den Linden herumschnaufen. Kaum waren wir bei ihm, da schnob er auf mich ein: »Lauter Lügen, lauter ausgestunkene Lügen! Der Bäcker ist ganz gesund.« – »Das freut mich«, sage ich, »freut mich um der Frau willen. Also hat er sich wieder erholt?« – »Er ist gar nicht krank gewesen!« – »Nicht?« sage ich, »desto besser.« – »Aber denk dir nur«, sagt da Don Juan, der neben uns stand, »da schleicht sich der Erzbischof nun aus Mitgefühl für die Frau ins Haus hinein, und wie er in die Stube kommt, sitzt da der Bäcker, hat Spickaal, Sauerbraten und die Kümmelflasche vor sich stehen und frühstückt ganz wie ein Gesunder. Und wie der Erzbischof darüber erschrickt und von Tod und Teufel zu reden anfängt, komplimentiert ihn der Bäcker zur Tür hinaus, denn Grunwaldt seine Emilie sagt, er kann das Wort ›Tod‹ auf den Tod nicht vertragen.« – Dabei faßt er mich unter den Arm, geht mit mir allein voraus und fragt: »Du? Ist denn nun alles in Ordnung?« – »Was?« frage ich. – »Ach, ich meine ja bloß! Mit dem Kopernikus und Aurelia. Grunwaldt seine Emilie sagt, das ist schon lange im vollen Gange.« – So! Nun wußte *die* es auch schon, und ich kam mir als »Vertrauter unserer Liebe« reichlich überflüssig vor.

Ich begebe mich also zum Kopernikus: »Kopernikus, du weißt es, Mutter weiß es, Vater weiß es, und Aurelia weiß es erst recht; ich weiß es, Don Juan weiß es, Grunwaldt seine Emilie weiß es auch: entbinde mich von dem Vertrauensposten, denn mit dem Erzbischof steh ich nun auch schon wieder auf gespanntem Fuß. Sieh mal, heute ist Sonntag, und heute nachmittag beim Kaffee, wenn wir alle beisammen sind, ist doch die beste Gelegenheit, die anderen mit deinem Bräutigamsstand bekannt zu machen.«

Und so geschah es. Und als Kopernikus von seinem Glück erzählt hatte, war mein alter Kapteihn der herzlichste beim Gratulieren, denn er dachte sicherlich an seine Auguste. Als alles etwas ruhiger geworden war, kam die Frage hoch, was nun zu geschehen habe, und sehr bald waren wir uns alle einig: Kopernikus müsse dem General seine Verlobung anzeigen und müsse den Antrag stellen, seine Braut besuchen zu dürfen. Dies ging durch, und Kopernikus ließ sich am nächsten Tag beim Herrn General melden, und er erhielt die Antwort, der General wolle ihn am Tage darauf sprechen, wenn er vom Wassertor zur Parade aufbreche.

Am nächsten Morgen, pünktlich um elf, als die Zeit für die Parade gekommen war, gab ich Kopernikus das Geleit auf seinem schweren Gang. Er mußte sich beim Lindenbäumchen aufstellen, und ich versteckte mich hinter einer dicken Pappel. Er lauerte auf den *General,* und ich lauerte auf *ihn* und war gespannt, wie er sich wohl bei der Sache anstellen würde. Ab und an rief ich ihm ein ermunterndes Wörtchen zu, wie: »Immer feste druff! Kopernikus!« und »Halt die Ohren steif, Kopernikus!« und »Laß dich nicht verblüffen, heißt das elfte Gebot!«

Endlich kam der alte Herr, groß und stattlich, mit Dreimaster und Federbusch, langsam angestiegen, und unser kleiner Bräutigam trippelte ihm dreist entgegen. Aber ich sah doch gleich, daß ès ein schweres Stück für Kopernikus werden würde, denn der alte Herr sah anderthalb Fuß auf ihn hinunter und sprach mit ihm bergab, und Kopernikus sollte bergauf reden. »Was wünschen Sie?« fragte der General ganz freundlich. Mir hinter der alten Pappel klopfte das Herz. »Herr General«, sagte der Kleine mit Würde, stellte sich aufs linke Bein, hielt den Kopf ein bißchen schief, wahrscheinlich, um seinen naseweisen Schnabel ins recht Licht zu rücken, »ich komme

her, um Ihnen meine Verlobung anzuzeigen.« – »Was zum Deuwel . . . « rief der alte Herr, und es hatte wirklich den Anschein, als sei ihm der Schreck in seine weiße Perücke gefahren, denn der Federbusch schoß noch anderthalb Zoll höher. – »Ja«, sagte unser Bräutigam richtig unerschrocken und machte durch seinen Freimut seinem neuen Stande alle Ehre, »ich habe mich gestern mit der Tochter des Herrn Proviantmeisters Lucke verlobt!« – »Den Deuwel haben Sie!« rief der alte Herr. – Den habe er nicht, erwiderte Kopernikus, tollkühn wie ein Vollblutpony, er habe bloß eine Braut. – »Un dat sagen Sie mir? Un dat soll ich nach Berlin melden? Himmel-Kreuz-Donnerwetter, was würden die in Berlin für Augen machen, wenn sie zu hören kriegten, daß sich die Demagogen hier schon verloben!«
Aber Kopernikus ließ sich nicht verblüffen. Er stellte sich nur zur Abwechslung aufs andere Bein und stemmte die Arme in die Seiten: »Herr General, gegen die Verlobung selbst können Sie gar nichts einwenden, das ist *meine* Sache. Ich komme auch bloß her, um Sie um die Erlaubnis zu bitten, meine Braut besuchen zu dürfen.« – »Und Sie meinen, ich bin so dumm und soll Ihnen die Erlaubnis geben? Nee! Wenn das die andern erst zu wissen kriegen, daß sie dadurch in die Häuser hinein kommen können, sie verloben sich morgen im Tage allzusammen. Nee, auf solche Geschichten wollen wir uns doch lieber nicht einlassen«, sagte der General und damit ging er ab und legte nicht einmal die Finger an den Dreimaster.
»Charles«, sagte Kopernikus zu mir, als ich hinter der dicken Pappel hervorkam, »Charles . . . «, sagte er und war völlig niedergeschmettert. – »Beruhige dich nur«, tröstete ich ihn, »auf den ersten Hieb fällt der Baum nicht um.« Ich spreche ihm allerlei Trost zu, und wie wir zu den anderen zurückkommen, fangen die auch damit an. Jedoch waren wir alle sehr niedergeschlagen, denn der Kopernikus war *unser* Bräutigam, und was ihm zugestoßen war, war *uns* zugestoßen. Schramms Verlobung nämlich zählte nicht, die war vor unserer Zeit zustande gekommen.
Wir zerbrachen uns den Kopf auf der Suche nach einer Lösung. Doch alles, was sonst bei derartigen Anlässen angebracht und schicklich erscheint, zum Beispiel eine Entführung, die Don Juan sehr ernsthaft in Betracht ziehen wollte, konnte keine Billigung finden, denn Kopernikus hätte seine Braut auf der Festung immer nur im Kreise herum entführen können.
Der Erzbischof schlug eine heimliche Ehe vor. Die freilich hätte sich bewerkstelligen lassen: Kopernikus hätte wieder seine gelbe Tour kriegen müssen, und während Lewandowsky annahm, er spiegele sich in Grunwaldts Teertonne, hätte er sich im Torweg trauen lassen können. Doch wo-

her den Priester nehmen? – denn der Erzbischof war zwar katholisch, nur hatte keiner von uns zu seinem geistlichen Stande so ganz das richtige Zutrauen. Die Sache stand alles in allem sehr übel. Schließlich kamen wir jedoch überein, der Kopernikus habe sein Möglichstes getan, nun müsse *sie* auch etwas tun, nämlich Aurelia.

Sie erhielt also diesen Auftrag, und damit wurde die Angelegenheit etwas hoffnungsvoller. Aurelia war nämlich eine intime Freundin der Adoptivtochter vom General; der alte Herr mochte sie leiden und spaßte gern mit ihr herum. Wie er nun an einem der nächsten Tage zum Wassertor hinunterging, und sie – ganz zufällig – an der Brustwehr der Rampe lehnte und ins Weite blickte, drohte er ihr mit seiner biederen alten Faust: »Warten Sie man, Sie haben mich einen Demagogen verführt.« – Ja, sagte sie, das habe sie wohl. Aber sie habe keinerlei Vorteil davon, denn ihr Bräutigam dürfe sie nicht besuchen. Da hatte der alte Herr seinen weißen Schnurrbart gezwirbelt, an der weißen Perücke herumgekratzt und endlich halb gutmütig, halb verdrießlich gesagt: »Na, schicken Sie mich heute mittag den Papa mal zu.«

Vater war auch hingegangen, und der alte Herr hatte ihn gefragt, ob er dafür einstünde, daß Kopernikus nicht wegliefe. Und Vater hatte erwidert, das könne er nicht, dieweil er nicht in der Haut des Kopernikus stecke, hatte aber sehr verständig hinzugefügt: er habe noch nie in seinem Leben gehört, daß einer deswegen weggelaufen sei, weil er eine Braut habe. – Dies hatte dem alten Herrn denn auch eingeleuchtet, und am Nachmittag mußte der Bräutigam bei ihm antreten.

»Nun kommt's zum Schwur«, meinten wir, als wir alle auf einem Haufen am Lindenbäumchen standen und den kleinen Kopernikus erwarteten. – Schließlich kam er denn auch, und wie warf er seine kurzen Beinchen! Er ging so auswärts wie nur möglich, und als er sich der Linde näherte, da schwenkte er dreimal sein weißes Schnupftuch gegen Aurelias Fenster, und die schwenkte dreimal zurück, und Lewandowsky sagte: dies sehe er nun, der Herr Kopernikus könne jetzund mit gepacktem Tornüster, mit Ober- und Untergewehr, in seinen Brautstand hineinmarschieren. Und wie wir wieder in unserer Kasematte waren, griffen der Franzos und ich uns den Kopernikus und stellten ihn auf den Tisch, denn er war unser ganzer Stolz, weil er es für uns alle zusammen durchgefochten hatte.

Kopernikus aber hielt eine Rede, und die fing so an: wie Aurelia das schönste Frauenzimmer auf der ganzen Welt sei, so sei auch der alte General das beste Mannsbild auf der ganzen Welt. Und er schloß: wie der General das beste Mannsbild auf der Welt sei, so sei Aurelia das schönste Frauenzimmer auf der ganzen Welt. Und wir stimmten ihm darin bei, aus Ehrlichkeit gegen den alten General und aus Höflichkeit gegen Aurelia. Doch als wir glaubten, nun sei Schluß mit der Veranstaltung, da kam das dicke Ende erst nach: denn Kopernikus griff in seine Brieftasche, zog ein Schriftstück hervor und bedeutete uns, dies müßten wir alle unterschreiben, um sein Glück vollständig zu machen. Und wie er es vorlesen mußte, da hatte der General schreiben lassen: wir übrigen sollten uns alle hier unterzeichnen, daß keiner von uns sich hier weiterhin zu verloben beabsichtige, denn an *einer* Verlobung habe er genug.

Das war ja nun ein starkes Stück! Die Gesichter zogen sich denn auch sehr in die Länge, aber was half es schon? Ich überschlug in Gedanken die Frauenzimmer, die auf der Festung noch zu haben waren, und als ich für mich darunter nicht recht etwas Passendes fand, unterschrieb ich mich:

Charles douze.

Nach mir kam der Franzos an die Reihe. Er bekundete, solange er sitze, denke er nicht ans Heiraten, und wenn er freikomme, so sei er wieder preußischer Leutnant, und dann müsse er, wenn er heiraten wolle, 12000 Taler vorweisen, und die habe er nicht, also:

Franzos, königlich preußischer
Leutnant, augenblicklich a. D.

Danach kam der Erzbischof. Der sagte, vor ein paar Tagen hätte er es *nicht* getan, nun aber, da er den Bäcker beim Frühstück gesehen habe, wolle er es tun, denn der Mann könne noch lange leben:

Franz Witte, Erzbischof.

Don Juan sagte, er wolle kein Narr sein und sich festlegen, er sei noch jung, ihm gehöre noch die ganze Welt, doch tue er es dem Kopernikus gerne zu Gefallen:

Don Juan, Dichter.

Nun war die Reihe am Kapteihn, aber der wollte nicht. – »Ih, Kapteihn«, sage ich, »du wirst doch vor allem wohl dem Glück der jungen Leute in den Sattel helfen wollen.« – Nein, das wolle er keinesfalls! – Und als wir ihm schärfer zu Leibe rücken wollten, sagte er, wir sollten Gerechtigkeit gegen ihn walten lassen: er habe doch gewiß und wahrhaftig genug für Kopernikus getan. Er habe ihm eine komplette Braut abgetreten, und was ihn das gekostet habe, das wisse nur *er* allein. Aber seine Zukunft könne er dem Kopernikus nicht verschreiben, denn an seiner Zukunft hinge das Glück eines anderen Wesens, und für das müsse er einstehen, denn dies sei ein schwaches Frauenzimmer.

Da saßen wir nun wieder und hatten dicke Köpfe. Ich ärgerte mich nicht schlecht und nahm mir den Kapteihn allein vor: »Na, bist du denn mit deiner Auguste überhaupt schon wieder im reinen?« – » Nein«, gestand er, »ganz so weit ist's noch nicht.« – »Na«, sage ich, »dann mußt du dich beeilen, denn was schon seit einem Vierteljahr gemunkelt wird, hat seine Richtigkeit: der alte Major ist zur Disposition gestellt und zieht diese Woche noch weg, und der neue Major vom Platz ist schon hier.« – Das wollte und konnte er nicht glauben. Aber als er Lewandowsky befragt hatte, und als am Morgen darauf das Plappermaul von Erzbischof den Schwätzer von Platzmajor in seiner Gegenwart befragte, wie die Sache stände, und als der Platzmajor in aller Ausführlichkeit berichtete, daß der brave Major noch diese Woche fortzöge und daß Auguste schon vorausgereist sei, um die neue Wohnung auf der anderen Seite des Flusses einzurichten, da ging am Himmel des Kapteihns ein Stern nach dem anderen unter. Und als es nun ganz stockfinster um ihn geworden war, da verschrieb auch er seine Zukunft dem Glück des Kopernikus. »Aber«, gestand er mir ein, »Charles, ich habe mit meinem Herzblut unterschrieben.«

Am nächsten Tag ging das Schriftstück an den General zurück, und dafür kam ein Kommandantur-Befehl, der ins Wachbuch eingetragen wurde: Da das Unglück nun doch einmal geschehen sei, so könne der Kopernikus seine Braut alle drei Tage besuchen, und es könne gleich am heutigen Tage losgehen. Lewandowsky solle ihn aber immer bis zur Tür begleiten. Mit uns übrigen bliebe es beim alten. Wir zogen nun unseren kleinen Bräutigam schmuck an, und wie er so vor uns stand in seinem ganzen Aufputz, sah er so allerliebst aus wie eine Christkind-Puppe, freilich eine im blauen Frack, denn er hatte sich für diesen Gang einen neuen machen lassen. Und nun stolzierte er unter uns einher, bedankte sich bei allen, daß wir ihm zu seinem Glück verholfen hätten, ging an seinen Koffer, holte den Schinken heraus und warf ihn auf den Tisch: »Da, den stifte ich!«
Und nun nahmen wir ihn in unsere Mitte und gaben ihm das Geleit – nur der Kapteihn wollte nicht, dies sei ihm zu angreifend, sagte er – und begleiteten ihn bis ans Lindenbäumchen. Von dort schoß er, ohne sich nach uns umzusehen, auf seine Liebste los, die ganz rosenrot übergossen in der Haustür stand, als sei er ein kecker blauer Käfer, der pfeilgerade auf eine Rosenblüte losschwirrt und im Handumdrehen darin verschwunden ist, denn unversehens schlug die Haustür zu, und was Käfer und Rose sich dort erzählt haben, das bekam zumindest Lewandowsky nicht zu wissen, denn der kam nun erst mit seinem Seitengewehr an die Tür herangeklappert. Und

wir standen nun da und lauerten, denn die beiden mußten sich ja doch am Fenster zeigen, und wie die erste, hitzige Begrüßung zwischen den Liebesleuten vorüber sein mochte, da kamen sie auch wirklich Arm in Arm ans Fenster und dienerten und nickten mit den Köpfen. Und der Wicht von Kopernikus sah so vornehm aus wie ein zwölfjähriger Graf, und Aurelia verbeugte sich geschmeidig wie ein Lilienstengel, auf dem rote Rosen wachsen, und vor die beiden hatte sich Klein-Idachechen gedrängt und klatschte in die Hände und winkte und lachte und zeigte auf ihren kleinniedlichen, neuen, gelben Schwager, als sei er ein Honigpüppchen, und hinter dem Ganzen stand »Mutter« und tauchte knicksend auf und nieder, so daß der Franzos mir zuraunte: »Du, da hinten wird gebuttert.«
Don Juan, der barhäuptig ging und nichts zum Schwenken bei der Hand hatte, riß dem Erzbischof seinen Kürbisstengel vom Kopf, schwenkte ihn hoch in der Luft und rief: »Hurrah für die beiden!« und wir anderen riefen auch »Hurrah« und schwenkten die Mützen – nur der Erzbischof nicht, der grabbelte sich verlegen auf seinem kahlen Kopf herum.
Der alte Herr General aber hatte das Hurrah ebenfalls gehört und soll später zu Lewandowsky gesagt haben, es sei zwar nicht ganz in der Ordnung gewesen, aber gefreut habe er sich doch, daß wir so kameradschaftlich zusammenhielten.

Als wir nun unter Späßen und Gelächter wieder zu unseren Kasematten zurückkehrten, da saß unser braver Kapteihn in seiner tiefen Betrübnis am Tisch, hatte den Schinken angeschnitten und fütterte seinen Herzenskummer und seine Liebesnot mit Speck und Brot zu einem wahren Riesen in sich groß. Als wir heiter und lachend um ihn herumstanden und uns wunderten, daß Schinken gegen Traurigkeit gut sein solle, sagte er mit gottsjämmerlicher Meine, er habe das Bedürfnis in sich verspürt, sich nützlich zu betätigen, um seiner schwarzen Gedanken Herr zu werden, und in diesem Zustand sei ihm der Schinken in die Hand gefallen und er habe ihn uns nur mundgerecht zubereiten wollen. »Und das hat er getan«, rief Don Juan, »und nun wollen wir zulangen. Aber wartet noch einen Augenblick, ich hol' auch noch was.«
Er gab dem Erzbischof einen Wink, sie gingen und kamen wieder, aber mit einem ganzen halben Anker Wein. Und Don Juan bekundete, der hätte eigentlich erst an *dem* Tage getrunken werden sollen, an dem er freikäme – denn er hatte seine Zeit demnächst abgesessen –, aber heute sei auch ein Tag, und ein schöner Tag dazu. Ja, sagte ich, denn eigentlich sei es doch für uns alle ein Ehrentag. – Und der Kapteihn erhielt wegen seiner Betrübnis

das erste Glas, und er trank es auch auf einen Zug aus, in der richtigen Erkenntnis; Schinken allein tue es bei ihm nicht.

Und als wir nun alle so recht schön im Zuge waren, da spazierte der Feuerwerksleutnant mit ein paar anderen Leutnants, die wir kannten, am Fenster vorüber. Sie mußten hineinkommen, und der Herr Unteroffizier von der Wache wollte nicht hereinkommen, aus Respekt vor seinen Vorgesetzten, stand aber hinter der Tür und trank ein Glas nach dem anderen, und als Lewandowsky mit unserem kleinen Bräutigam endlich wieder angezogen kam, da stellte er sich zu dem Herrn Unteroffizier, und sie unterhielten sich dort beide gemeinsam aus *einem* Glase.

Doch unser kleiner Bräutigam wurde obenan gesetzt, und auf seine und die Gesundheit seiner Aurelia wurde immer abwechselnd der Reihe nach und dann auch wieder gemeinsam getrunken. Don Juan aber machte auf die Verlobung ein Gedicht aus dem Stegreif, so wie er ging und stand. Doch alle sagten, es passe wegen der Anspielungen mehr zu einer Hochzeit als zu einer Verlobung. Der Franzos nannte sich mit den Leutnants immer nur »Herr Kamerad«, und der eine Leutnant platzte spaßeshalber damit heraus, daß der Feuerwerksleutnant und der Kapteihn eigentlich Nebenbuhler bei Auguste Martini seien, so daß die beiden ganz wehmütig wurden und sich danach in der dunkelsten Ecke der Kasematte ewige Freundschaft schworen. Der Erzbischof seinerseits erzählte den anderen beiden Leutnants von seiner Gefangenschaft auf der Hausvogtei und zeigte ihnen seinen kahlen Kopf: den habe er davon bekommen, sagte er, daß sie ihm eine zu kurze Bettstelle gegeben hätten, wo er oben und unten angestoßen sei, und da habe er sich oben das ganze Haar abgescheuert.

Und so nahmen denn die Verlobungsfestlichkeiten ein Ende, als der halbe Anker Wein ein Ende nahm, und der kleine Kopernikus blieb ein Bräutigam, bis er ein Ehemann wurde, und der Kapteihn blieb ledig und allein, bis er ein Bräutigam wurde. Und wenn sie beide noch leben, dann wünsche ich ihnen viel Glück, viel Glück, denn sie waren ein paar brave Kerle und haben mir mancherlei Gutes erwiesen.

Kapitel 25

Urfehde

Don Juan war freigekommen, und wir anderen machten immer lustloser langsam so weiter. Sechs Jahre hatte ich nun schon abgesessen, und nur noch vierundzwanzig blieben mir vorbehalten. Meine mecklenburgische Landesregierung hatte mich zurückgefordert, dreimal hatte sie meine Auslieferung verlangt. Doch die Preußen lehnten sie ab, obwohl ich kein Preuße war, mein Lebtag nicht in Preußen studiert und also mein entsetzliches Verbrechen auch nicht in Preußen begangen hatte.

Die Schleswiger und Holsteiner waren auf dänisches Verlangen hin nach dort ausgeliefert worden – warum *die?* Wahrscheinlich, weil Dänemark gegen Preußen eine Lippe riskiert hatte, nicht anders wie heute, im Jahre 1862.

Meine mecklenburgischen Kameraden von Jena her waren mit einem halben, mit einem dreiviertel, allerhöchstens mit einem Jahr davongekommen, und wie ich noch auf der Hausvogtei in Untersuchungshaft saß, studierte einer von ihnen schon wieder lustig in Berlin, und der war tiefer in die Sache verwickelt gewesen als ich.

So ging es dazumal in Deutschland her. – Gott gebe, daß es besser wird! – Sie sagen ja, Preußen habe gegenwärtig die Führung in Deutschland übernommen – in Gottes Namen! sage ich –, doch dazumal hatte es auch die Führung, wenigstens in Norddeutschland, und wo hat es uns damals hingeführt? Die Karre, die das Volk vorzeiten einmal mit aller Kraft und Gewalt, unter Einsatz von Hab' und Gut, mit Tränen und Blut aus dem französischen Sumpf herausgerissen, die hatte Preußen alsdann aufs neue in den Graben gefahren und den einzelnen mit Ungerechtigkeit und Grausamkeit verfolgt.

Aber lassen wir das! der Wind hat darüber hingeweht, der Vogel ist drüber weggeflogen, und von der schwarzen Tafel, auf der die bitteren Gedanken eines jeden von uns verzeichnet sind, ist die Schrift nahezu gelöscht – und soll gelöscht bleiben, wenn die großen Herren jene Schrift nur lesen wollten, die einst für ewige Zeiten in Stein gehauen wurde.

Alles ist heute wieder voller Hoffnung, alles politisiert um mich herum – und bei fast allen kommt es auf ein schäbiges Rechenexempel heraus. Der eine rechnet seinen Vorteil so herum, und der andere anders herum. *Sie* politisieren mit dem Kopf, *unsereiner* auch mit dem Herzen. Und stehen in ihrem Kopf die Zahlen auch hell und klar, fein säuberlich in einer Reihe, was uns ins blutende Herz geschrieben wurde, das hält doch länger stand und strömt feuriger durch alle unsere Adern als die ganze hochheilige Zins- und Zinseszinsrechnung . . .

Nun aber sollte es anders werden, und der mir dies als erster verkündete, war mein Franzos. Ich habe schon erzählt, daß er ein groß Gewese ums Prophezeien und auch ums Träumedeuten machte. Und so wachen wir denn eines Morgens auf, und er fragt mich: »Weißt du, was mir geträumt hat?« – »Nee«, sage ich. – »Mir hat geträumt«, sagt er, »du kriegst heute einen Brief von deinem Vater.« – »Das ist schon möglich«, sage ich kurz angebunden, denn wenn man auf seine Geschichten einging, dann hörte es den ganzen Tag damit nicht mehr auf.
»Du kriegst auch Geld«, sagt er. – »Nee«, sage ich, »mein Vater hat mir erst vor vierzehn Tagen Geld geschickt, so fix geht das nicht.« – »Du kriegst Geld«, beharrt er, »und du kriegst auch noch eine andere frohe Nachricht.« Nun, ich achte nicht weiter darauf und gehe, wie es Zeit dazu ist, hinunter zur Freistunde. Und wie ich mit den anderen vor der Tür stehe, die eben aufgeschlossen wird, geht gerade der Kaufmann Schwarz vorbei, bei dem ich durch meinen Vater akkreditiert war und der meistens meine Briefschaften besorgte, freilich, nachdem der alte General sie gelesen hatte. »Schön, daß ich Sie treffe«, sagt er, »Sie haben einen Brief unten auf der Post.« – »Siehst du«, sagt der Franzos, der hinter mir stand. – »Aber der Brief enthält Geld«, sagt der Kaufmann weiter, »und ich muß erst den Postschein runter schicken.« – »Siehst du«, sagt der Franzos wieder. – »Sonderbar!« Nun, wir gehen in die Freistunde, und es passiert weiter nichts. Doch wie wir am Nachmittag unter den grünen Linden sitzen und ich mit dem Kapteihn eine Partie Schach spiele, steht der Franzos daneben und guckt zu. Und wie ich denn einmal so gedankenverloren die Allee hinunterblicke, da sehe ich den Kaufmann herankommen, mit einem weißen Schnupftuch in der Hand, und er schwenkt es andauernd in der Luft. – »Was hat *der* denn?« sage ich, »so warm ist es doch noch gar nicht, daß er sich Luft zufächeln muß.« – »Er bringt dir die gute Nachricht«, sagt der Franzos, und wie der Kaufmann näherkommt, ruft er mir zu: »Sie kommen von hier fort. Sie werden an Ihr Vaterland ausgeliefert!« – »Sonderbar!« entfährt es dem Franzosen, und er geht ganz verdutzt beiseite, wie über seine eigenen Künste erschrocken.
Und sonderbar war es in der Tat, daß seine Prophezeiung wirklich einmal so genau eingetroffen war, denn dies ist die reine Wahrheit. Freilich wäre es

noch viel sonderbarer gewesen, wenn alle seine Wahrsagungen eingetroffen wären, denn er hat die wunderlichsten Dinge vorhergesagt, und wenn dies alles wirklich geschehen wäre, so hätte es die ganze Welt durcheinander gebracht, und es hätte nicht viel daran gefehlt, daß wir heute alle auf dem Kopf herumlaufen müßten.

Mir wenigstens wurde dabei fast so zumute, als müsse ich zuallererst einmal ein paar kräftige Purzelbäume schlagen, um das Gehirn wieder in seine richtige Lage zu bringen, als ich diese Nachricht erhielt, und es dauerte geraume Zeit, bis ich mit klarem Kopf den Brief meines Vaters lesen konnte. Doch da stand es ja unmißverständlich zu lesen, daß ich an mein Vaterland ausgeliefert werden sollte, freilich nur in seinen äußersten Zipfel und in keine angenehme Gegend, nämlich nach Dömitz. Doch es stand ja unmißverständlich zu lesen, daß ich diese Versetzung der persönlichen Fürsprache meines Großherzogs Paul Friedrich beim alten König von Preußen, der sein Schwiegervater war, zu verdanken hatte. Leider mit dem Zusatz: der König von Preußen behalte sich das Begnadigungsrecht vor, und was mein eigener Großherzog war, der dürfe mich nicht freilassen.

Dies war alles recht betrüblich, aber es war nun einmal nicht zu ändern . . . Jede Gabe ist nützlich, sagte die Mücke, und spuckte in den Rhein. Und ich dachte bei mir, wenn du nur erst dort bist, dann wird es wohl auch nicht so heiß gegessen werden, wie es angerichtet wurde.

Solches aber hat Paul Friedrich für mich bewirkt. Und komme ich nach Schwerin, dann besuche ich ihn auf seinem Postament vorm Schloß, dann grüße ich ihn in seiner stillen Gruft, und die Worte, die dann aus meinem Herzen sprechen, sind ein einziger Dank dafür, daß er einmal eine arme, gequälte Menschenseele zu einer großen Freude auferweckt hat.

Vierzehn Tage vergingen nun noch, bis alles »offiziell« geregelt war. Dann wurde ich zum Auditor befohlen und mußte »Urfehde« schwören, daß ich niemals wieder einen Fuß auf preußisches Gebiet setzen wolle, sonst würden die Gendarmen mich aufgreifen und etwas ganz Fürchterliches – ich weiß nicht mehr was – mit mir anstellen. – Du lieber Gott! wie sich doch alles ändert! Jetzt bin ich Preuße – hat mich siebenundzwanzig und einen halben Silbergroschen gekostet – und wohne als Einlieger in Mecklenburg, und wer weiß, ob mich nun die Mecklenburger nicht wieder »Urfehde« schwören lassen, denn »Was ist des Deutschen Vaterland?« ist ein schönes Lied, und ich habe es oft gesungen und doch bisher noch nie eine Antwort darauf gefunden, und bin doch nun schon beinah zweiundfünfzig Jahre darin umhergewandert, auch darin herumgestoßen worden.

Als der Festakt mit dem »Urfehde«-Schwören vorüber war, als ich von meinem braven alten General und von meinen treuen Kameraden Abschied genommen, mußte ich den Herrn Landrat aufsuchen. Der Mann behandelte mich freundlich und schrieb ausdrücklich in meinen Paß: »Der Flucht nicht verdächtig, weil er in sein Vaterland ausgeliefert wird.« Aber einen Gendarmen bekam ich doch mit auf den Weg, und so reiste ich denn abermals mit einem solchen Klotz am Bein einhundertzwanzig Meilen durchs freie deutsche Vaterland.

Am ersten Tage hatte ich das Glück, auf der anderen Seite des Flusses Auguste von Martini vor ihrer neuen Wohnung zu treffen; ich überbrachte ihr einen Gruß von meinem braven Kapteihn. – »Herr Reuter, was soll denn das heißen?« rief sie mir in den Wagen hinein – wir hatten noch nie ein Wort miteinander gesprochen. – »Ich werde ausgeliefert«, rief ich zurück, »und Albert läßt vielmal grüßen!« – »Kommt er auch frei?« fragt sie. – »Bald«, sagte ich, »bald!«

Und der Postillon blies, und sie winkte mir noch zu, und ich ihr auch, und kannten uns doch gar nicht! Aber wenn das Leid auch die Herzen zusammenschmiedet, fest wie Eisen –, von einer großen Freude geht etwas aus wie ein Blitzstrahl und schlägt hier und dort ein, wo man es nicht erwarten sollte, und wer sonst fremd und kalt vorüberging, dem wird es warm, wenn er die Freude eines anderen Menschen verspürt, denn eines jeglichen Menschen Herz wurde von unserem Herrgott nicht für sich allein, sondern für alle Menschen gemeinsam erschaffen.

Am nächsten Tage kamen wir durch ein Waldstück, es war ein Eichengehölz: seit sechs Jahren hatte ich keinen Wald gesehen. – »Ach«, sagte ich zu dem Gendarmen, »wollen Sie mir eine Freude machen? Lassen Sie uns durch das Wäldchen *gehen.*« – Und der Gendarm erlaubte es, und der Postillon blies sein lustig Stücklein, und das Holz roch wie eitel Waldmeister, und die Brust dehnte und weitete sich, und die Schmetterlinge spielten in der Sonne – hier ein Schwalbenschwanz, da ein Schillerfalter, dort ein Silberstrich! – man konnte zum Kinde werden, wirklich zum Kind! Und als wir aus dem Gehölz heraustraten, da lag links von uns ein weißes Kleefeld, es war Saatklee, und das roch so süß, so süß wie eitel Honig, und die Bienen, die trugen so fleißg ein wie Hausfrauen und summten vor sich hin wie junge Mädchen, wenn sie ein Lied anstimmen wollen, das Herzen rühren und gewinnen soll, und über allem leuchtete Gottes Sonne im Johannismond.

Ich warf mich hin an den Grabenrand, und die hellen Tränen rannen mir in den Bart, und der Gendarm stand daneben und sagte, wir müßten weiter, und der Postillon warte schon. – Und was war es denn auch? In acht Tagen war das Kleefeld ein Stoppelacker, und die Bienen trugen anderswo ein, und das Eichenwäldchen lag hinter uns, und dann sah ich Dömitz. – Doch in sechs Jahren zum aller*ersten* Mal! – Und daneben stand der Kriminalrat Dambach und sagte: Sitzen müssen Sie, und der Herr von Tzschoppe: Sitzen müssen Sie, und der Präsident des Kammergerichts, der Herr von Kleist, der blutige: Sitzen müssen Sie, und Friedrich Wilhelm, der Gerechte: Sitzen müssen Sie!

Am Tage darauf gelangten wir nach Berlin, wo ich wiederum drei Tage bleiben mußte, dieses Mal aber zu meinem großen Glück auf der Stadtvogtei, wo sonst doch wohl nur Spitzbuben eingesperrt werden. Aber das schadete nichts, es war doch besser als bei Herrn Kriminaldirektor Dambach. Überhaupt habe ich die Beobachtung gemacht, daß zu jenen Zeiten die wirklichen Spitzbuben, zumal wenn sie vornehmen Standes waren, es auf preußischen Festungen *viel besser* trafen als wir:
In Silberberg, wo ich zuerst einsaß, hatte ich Gelegenheit, diese Sorte kennenzulernen: ein Herr von B., der mit der ganzen Steuerkasse von Grüneberg durch die Lappen gegangen war, der seine Frau und sein einziges Kind verlassen und sich dafür ein Schätzchen mit auf die Reise genommen, der, als er an die 40 bis 50 000 Taler in Italien verjubelt hatte, in Frankfurt am Main als Falschspieler gefaßt, zu fünfzig Jahren Festung, Ausstellung am Pranger, Staupenschlägen, Verlust von Adel und Ehrenzeichen usw. verurteilt worden, der wohnte recht gemütlich in der Stadt. Ein Herr von Sch., der eine ganze königliche Kasse in Champagner rosé und feinen Bordeaux umgesetzt hatte, lebte wie andere ehrliche Leute gleichfalls mit Frau und Kindern in der Stadt. Sie konnten beide die Luft auf Festung nicht vertragen, für uns war sie gut genug. Ein Herr von O. – die Kanaille hatte eindeutig schamlos gestohlen – konnte gehen, wohin er wollte, spielte den Galan in der Stadt und auf den nächstgelegenen Dörfern, und wenn wir armen Schweine zum Frühstück Kommißbrot mit Schweineschmalz hinunterwürgten und am Ende noch mit einem verheirateten Herrn Leutnant halbpart machen mußten, dann saß Herr von O. im ersten Gasthaus der Stadt, hatte ein warmes Frühstück vor sich und spülte mit Ungarwein nach. – Dieser Art von Halunken mußte ihr kostbares Leben erhalten bleiben, an uns Hochverrätern und Königsmördern war ja nichts gelegen. Unser Pech, daß wir nicht auch von Adel waren und gestohlen hatten.
Dies gehört möglicherweise gar nicht hierher. Doch mich kratzt es, wenn

ich daran denke, wenn ich an das Preußen von dazumal denke und nun einsehen muß, daß alle diese Halunkenstreiche und Bübereien eigentlich nur dazu dienten, den Karren nach rückwärts zu schieben, und daß seine Räder dabei mit unserem Fett geschmiert worden sind . . .

Doch nun war es ja vorbei – zumindest für mich –, ich kam ja in mein Vaterland, nach Dömitz. Und als drei Tage um waren, saß ich mit einem neuen Gendarmen in einer Extrapost und fuhr der mecklenburgischen Grenze entgegen. – Leb' wohl, Preußen! – Doch bevor ich zu Warnow dies ausrufen konnte, mußte mir noch etwas widerfahren, das mir ins Herz schneiden sollte. Ich sollte noch zu wissen bekommen, daß sie mit unserem Todesurteil nicht nur uns allein, sondern daß sie mit dem Beil, das man für uns geschliffen, auch Eltern, Verwandte und Freunde getroffen hatten.
Ich stehe unterwegs in einem Posthaus und besehe mir die Bilder an der Wand, wie es meine Gewohnheit ist – und es ist eine gute Gewohnheit, denn man kann meistens von den Bildern auf die Leute schließen, die sie aufgehängt haben –, da höre ich hinter mir jemanden leise vor sich hin weinen. Und wie ich mich umdrehe, sehe ich dort eine Frau auf einem Stuhl sitzen, die verdeckt mit beiden Händen ihr Gesicht, während ihr die Tränen durch die Finger rinnen. Lieber Gott! und ich denke an ein plötzliches Unglück, das die Frau getroffen hat. »Was ist Ihnen?« frage ich. – »Ach«, ruft sie, »ich habe auch einen Sohn dabei!« – und damit steht sie auf, legt mir die Hand auf die Schulter und blickt mich so trostlos traurig aus ihren nassen Augen an, daß es mir durch Mark und Bein ging und sie mir vorkam, als sei sie meine eigene Mutter, die schon lange den letzten Schlaf schläft.
»Wer«, fragte ich, »wer ist Ihr Sohn?« – »Wuthenow, er sitzt in Silberberg . . . «, sagte die Frau leise – und mochte wohl denken, ich kenne ihn nicht.
Aber ich kannte ihn sogar sehr gut, und mir wurde richtig warm ums Herz, weil ich ihr etwas Schönes und recht Gutes erzählen und berichten konnte, denn er war an Leib und Seele gesund geblieben. Und es dauerte nicht lange, dann saßen sein Vater bei uns und seine Schwester, ein liebliches Kind von siebzehn Jahren, und ich mußte vom Sohn und vom Bruder erzählen und immer wieder erzählen, bis der Gendarm kam und sagte, nun sei es die allerhöchste Zeit. – Ach, du lieber Gott! so hatte es in meinem Vaterhaus wohl auch ausgesehen, womöglich noch schlimmer.

Und als wir bei Warnow die Grenze passierten – leb' wohl, Preußen! –, da war es dunkel geworden, und als wir nach Grabow kamen und vorm »Ratskeller« vorfuhren, wo wir die Nacht bleiben wollten, da sagte eine Stimme auf der Rampe vorm Haus: »Gute Nacht, und morgen wollen wir das Nähere besprechen.« – Und diese Stimme hatte ich vor acht Jahren zum letzten Male gehört, als sie mit meiner zusammen im mündlichen Schulexamen Antwort gab, wie uns der alte Konrektor fragte: »Wieviel mal ist Konstantinopel erobert worden?«

Und ich erkannte diese Stimme im Dunkeln wieder, und wer mir das nicht glauben will, der frage nach beim Hofrat Franz Floerke in Grabow. – »Guten Abend, Franz«, rief ich aus dem Wagen, »wart' noch ein bißchen!« – Und wie ich nun mit meinem Gendarmen zum Vorschein und ans Licht kam, da freute sich der alte Knabe gewaltig und vergaß darüber ganz, daß er Bürgermeister war, und ich Delinquent.

Die acht Jahre hatten einen gehörigen Schlagbaum zwischen uns aufgerichtet, und inzwischen ist der Zaun sogar noch höher geworden: durch einen Hofratstitel. Aber paßt auf! dabei wird es nicht bleiben, denn auf den Zaun wird mit der Zeit noch ein richtiges Hakelwerk draufgesetzt, denn wie lange wird es dauern, dann muß er ja doch was »Geheimes« werden, und darüber würde ich mich sehr freuen, denn dann hätte ich auch einen *geheimen* Duzbruder.

Über *diesen* Abend aber geriet der Gendarm ganz aus dem Häuschen, als er hörte, daß der Bürgermeister sich mit dem Vagabunden duzte, und als er sah, daß er mit ihm zusammen eine Flasche Wein trank. Er bekam eine schlechte Meinung von den mecklenburgischen Beamten, aber mittrinken tat er doch. – Franzing, weißt noch?

Kapitel 26

Heimkehr

Am Morgen darauf ging es nun nach Dömitz.

Wer dazumal in Mecklenburg das Wort »Dömitz« hörte, dem ging es dabei wie manchem, wenn er von der Krätze hört – er machte sich eine ganz falsche Vorstellung davon, denn ich habe in Dömitz eigentlich fast nur ehrliche Leute angetroffen.

Die Festung Dömitz war dazumal sozusagen der Kinderschreck von ganz Mecklenburg, aber zu Unrecht. Freilich hatte Dömitz auch schwache Seiten wie nun einmal jede menschliche Einrichtung. Als Festung hatte Dömitz nur starke Seiten aufzuweisen, wenngleich man sich erzählte, daß der bekannte Spiegelberg, ein großherzoglicher politischer Häftling mit besonders langen Beinen und ausdrucksvollen Augen, in den Jahren um 1830 Dömitz des öfteren habe bezwingen können, indem er nämlich statt unten durch das Tor einfach über das Tor hinweg in die Festung hineinspaziert sei.

Dömitz wurde auf der *einen* Seite durch die Elbe verteidigt: große Elbe, kleine Elbe, alte Elbe, Elbegraben; sodann durch die Elde: große Elde, kleine Elde, alte Elde sowie sieben Eldegräben; ferner, auf der *anderen* Seite, durch die Gunst seiner natürlichen Lage auf dem Sande zwischen Bokkup und Eldena – für eine Festung ganz unbezahlbar. Da war nichts als große Gegend, und Füchse und Hasen sagten sich dort »Gut Nacht«. Menschen wohnten dort nicht, und wie man sich erzählte, sei sogar der Franzose seinerzeit dort umgekehrt, als ihm der Sand bis übers Knie ging.

Zu alledem aber wurde Dömitz auch noch durch einen Brückenzoll verteidigt. Der Magistrat hatte ihn wohlweislich für das einzige Tor der Festung eingerichtet, woselbst man für jedes einzelne Pferd einen Groschen zu erlegen hatte. Dies wurde für den Feind zu kostspielig, und so zog er es vor, zum »Roten Haus« vorzurücken, um im dortigen Amtsbereich sein Geld nutzbringend in gebratenem Aal und Gurkensalat anzulegen.

Wem Dömitz dazumal gehörte, das wußte kein Mensch. Die Festung gehörte dem Großherzog. Solches behauptete nicht allein dieser selbst, son-

dern außerdem noch der Oberstleutnant, den er als seinen Kommandanten dort eingesetzt hatte, und darüber gab es eigentlich auch keinen Streit. Wem aber gehörte die Stadt? – Der Oberstleutnant behauptete, er sei nicht allein Kommandant der Festung, sondern auch Gouverneur der Stadt, und *seinem* Großherzog gehöre demzufolge auch die Stadt, und wenn *er* die Festungsuhr stellen lasse, dann müsse der städtische Küster sich danach richten. Der Küster aber bekundete, er richte sich nach der Sonne, und in dieser Hinsicht hätten ihm der Oberstleutnant und der Großherzog nichts zu befehlen.
Als dieser Streit richtig in Gang gekommen war, tauchte mit einmal noch ein dritter Prätendent auf. Dies war der Stadthauptmann Zachow, und der leitete seine Ansprüche aus der »superficies« ab, dem dinglichen Recht an der räumlichen Erstreckung. Er wies nach, daß ihm von rechtswegen der ganze städtische Straßendreck zustehe und daß jedermann des Abends an seinen Stiefeln ablesen könne, auf wessen Grund und Boden er sich bewegt habe. Nach meiner unmaßgeblichen Meinung und ohne deswegen einer hierfür zuständigen hohen bundestagsseitigen schiedsrichterlichen Entscheidung zwischen Fürstlichkeiten vorgreifen zu wollen, hatte der Mann recht: Dömitz war sein Eigentum. Auch war er bis an sein seliges Ende ein gerechter und zudem auch billiger Regent, denn er regierte still vor sich hin, und jedes Loch in seiner Regierung ward mit Straßendreck zugeworfen. Einzig und allein gegen den Stadtmusikanten erwies er sich als hart, denn er konnte keine Musik vertragen, und hätte er länger regiert, so wäre Dömitz vielleicht die einzige Festung geblieben, die der Musikteufel nicht erobert hätte.
Dem Stadthauptmann aber erging es nicht anders wie dem König Louis-Philippe von Frankreich: den hatten der Herzog von Modena und der Buchdrucker Pompejus zu Glatz zeitlebens nicht anerkannt – ihn erkannte der Oberstleutnant nicht an. Doch sein größter Feind war sein Nachbar, der Leutnant Lange, der die widerwärtige Angewohnheit besaß, nachts auf der Geige zu spielen. Und es ging sogar davon die Rede, er habe den Stadthauptmann schließlich mausetot und die Stadt Dömitz wieder in den Besitz des Großherzogs zurückgespielt, was übrigens keine besondere *Kunst* war, denn der Stadthauptmann hinterließ keinen Erbprinzen.

So sah es in Dömitz aus, als ich nachmittags um drei im Johannismond des Jahres 1839 über die Stadtbrücke fuhr und der Gendarm den Brückenzoll erlegte. Als ich im Gasthaus angekommen war, zog ich einen nagelneuen schwarzen Frack und schwarze Hosen an – die hatte ich mir in Graudenz

zuguterletzt noch machen lassen, um meinem Großherzog Paul Friedrich keine Schande einzutragen und damit er doch keinen Lumpen ins Land bekam – und lief meinem Gendarmen weg, zu einer Tante von mir, die als Witwe dort wohnte und mich aufs allerfreundlichste aufnahm.
Donnerwetter! was war ich doch für ein Kerl geworden! Einen schwarzen Frack hatte ich auf dem Leibe, in der Tasche hatte ich Geld – Franzing, weißt noch? –, im Gewissen trug ich die königlich preußische Urfehde, und nun hatte ich sogar noch eine gute Tante für den Notfall. Aber den preußischen Gendarmen hatte ich doch noch auf den Hacken: Er holte mich dort wieder heraus, und nun half alles nichts: ich mußte wieder mit auf Festung.
Nun begab es sich aber, daß des Stadtküsters Uhr gerade vier schlug und daß die kleinen Schuljungen aus der Schule kamen. Und wie sie den preußischen Gendarmen zu sehen bekamen, erregte er ihre Neugierde so sehr, daß sie uns zu Gefallen wieder umkehrten, und als wir uns verlaufen hatten und anstatt nach rechts nach links gegangen waren, luden wir uns alle die anderen kleinen, netten Gören aus der Elbestraße und der ganzen Umgebung auch noch auf den Hals, und nun gaben sie uns unter mancherlei Jubelgeschrei das Geleit auf die Festung.

Ich aber ging mit Weinen
Zu Dömitz auf den Steinen
Vor's Kommandantenhaus.
»Gu'n Tag, Herr Kommandant, gu'n Tag!
Eine Bitt' ich an Sie hab':
Wollt ihrer wohl gedenken,
Mir Eure Gnade schenken,
Dazu ein frei Quartier.«

Als wir beim Kommandanten vorsprachen, saß er gerade in einer grünen Sommeruniform vor einem schwarzen Schrank, den er seinen Arbeitstisch nannte, und las in den »alten verfluchten Weibergeschichten« der Henriette Hanke, und als ich ihm »Guten Tag« bot, warf er Henriette Hanke beiseite und fragte mich: »Ach, das sind Sie wohl?« – Ja, sagte ich, das wär *ich*. – »Na, hören Sie mal«, sagte er, »wir haben schon lange auf Sie gelauert, ich habe Ihnen ein gutes Quartier angewiesen, und Ihre Frau Tante ist hier gewesen und hat alles gut für Sie eingerichtet.«
Damit stand er auf, öffnete die eine Tür seines Schranks, holte eine Flasche und ein Bierglas heraus, schenkte eine tüchtige Portion Rotspohn ins Glas und hielt es mir hin: »Na, da trinken Sie man mal.« Als ich dies in allem Re-

spekt abgeleistet hatte, schenkte er für den Gendarm ins gleiche Glas ein: »Da! Wollen Sie auch mal?« Und der Gendarm wollte auch.

»Na«, wandte er sich darauf wieder an mich, »wie ist Ihnen denn das bei den Preußen gegangen?« – »Je«, war meine Antwort, »man sehr mäßig.« – »Ja«, lachte er, »das glaub' ich, die Preußen, die fackeln nicht lange«, und musterte dabei den preußischen Gendarmen von oben bis unten und wurde bei dieser Gelegenheit auch dessen Portepees ansichtig. »Was Dausend«, fragte er, »wie ist das jetzt bei den Preußen mit dem Portepee?« Der Gendarm mußte ihm nun zeigen, wie es durchgezogen und geknüpft werden mußte, und als ihm dies zu gefallen schien, sagte er: »Nun will ich Ihnen was sagen. Nun gehn Sie mal hin zum Hauptmann von Hartwig und sagen Sie ihm, ich hätte mir das angesehn und es hätte mir gefallen. Er solle sich das auch ansehn, wir wollten das hier bei unseren Truppen auch so einführen. Und Sie«, wandte er sich zu mir, »können nu rüber gehn und es sich bequem machen, und dann kommen Sie man wieder her, dann sollen Sie mir und meiner Familie erzählen, wie's Ihnen in Preußen gegangen ist.« Die Sache, die konnte mir gefallen. Der alte Herr war reineweg freundlich, und wenn er auch so aussah, als hätten sich bei ihm schon manche Eigenarten einquartiert, so hatte er nachgerade auch ein Recht darauf, denn er war nahe an die achtzig und schon lange Kommandant in Dömitz, und das macht den Kopf eigenwillig.

Ich begab mich denn in mein Freiquartier, das über der Wache lag. Doch als ich mir nichts dir nichts die Treppe hinaufsteigen wollte, stellte sich ein alter, lange ausgedienter Herr in einer alten, lange ausgedienten Leutnants-Uniform mir in den Weg: »Um Vergebung zu fragen, sind Sie nämlich der Herr Reuter?« – Ja, entgegnete ich, dies sei mein Name. – »Denn muß ich Ihnen sagen, daß Sie einen großen Verstoß nämlich gegen die hiesige Wachordnung begangen haben: Sie hätten sich nämlich erst hier melden müssen, bevor Sie zum Herrn Kommandanten gingen, nämlich zum Herrn Oberstleutnant.« – Je, sagte ich, das täte mir leid, aber ich hätte hingehen müssen, wo der Gendarm hinginge, und wenn jemand ein Versehen begangen hätte, dann hätte der es getan. – »Oh, es macht auch gar nichts aus«, sagte der alte Herr, »treten Sie gefälligst näher – nämlich hierher«, und nötigte mich in die Offiziers-Wachstube hinein.

Nun, schon wegen der Höflichkeit mußte ich ihm denn also folgen und fragte dann, mit wem ich die Ehre habe. – »Ich bin nämlich der Premier-Leutnant König«, sagte er, »Seine Königliche Hoheit, der hochselige Großherzog Friedrich Franz nämlich, haben die hohe Gnade gehabt, mich bei meinem fünfzigjährigen Dienstjubiläum zum Premier-Leutnant zu ernennen.« – Nun, der Mensch will doch auch höflich sein – ich fragte also: »Wohl nicht wegen der langjährigen Dienste, sondern wegen der *Ver*dienste?« – »Ach nein«, meinte der gute alte Mann, »*Ver*dienste habe ich keine.« – »Nun, dann wegen Ihrer Dienste in den Feldzügen?« – »Feldzüge«, sagte er ganz ruhig, »habe ich gar nicht mitgemacht. Bloß 1812 habe ich mal ne Partie Ochsen nach Polen geleiten müssen. Denn Sie müssen wissen, ich stand bei den Reutern zu Pferde in Ludwigslust, wir hatten Blau mit Gelb und waren nämlich unserer fünfzig, hatten aber nämlich nur fünfundzwanzig Pferde, die mußten wir immer umschichtig gebrauchen, und weil sie nämlich nicht reichten, riefen die bösen Buben immer hinter uns her: Ledderbom! Ledderbom! womit sie nämlich sagen wollten, die Hälfte von uns müßte auf dem Leiterbaum reiten.«

Die Sache fing an, mir Spaß zu machen. Ich ließ mir von dem alten Herrn noch mehr erzählen: »Ja«, sagte er, »meine Stellung bei den Reutern zu Pferde in Ludwigslust war einträglicher als meine jetzige. Ich war nämlich Feldwebel und hatte außer meinem Traktement noch all die Bittschriften an Seine Königliche Hoheit, und da hatte ich einmal das Glück, einer alten Frau eine sonderbare Pension zu verschaffen. Seine Königliche Hoheit hatten nämlich die Gewohnheit, die alten ausrangierten Jagdhunde gegen einen Taler monatlich in Kost zu geben, und die alte Frau hatte die Anwartschaft auf die nächsterledigte Pension. Nun hatte ich aber in Erfahrung gebracht, daß einer der großherzoglichen Jagdhunde aus dieser Welt geschieden war und kam für die alte Frau nämlich um die Hundepension ein, und – richtig! – sie erhielt sie.«

Na, meinte ich, da hätte er sich doch um die Welt sehr verdient gemacht. – »Ja«, antwortete er, »*das* wohl, aber es waren auch mancherlei Verdrießlichkeiten dabei. Zum Exempel nämlich war mal der Hochselige Erbgroßherzog Friedrich gestorben, und ich hatte die Leichenwache; es war nämlich Befehl, keine Kinder und keine Dienstmädchen zuzulassen. Nu denken Sie sich, nu kommt der Obermedizinalrat Sachse mit seiner kleinen Tochter anzugehen. Ist sie ein Kind, ist sie's nich? Ich kann nun doch nicht fragen, nämlich wie alt sie ist; das würde nämlich ungebildet herausgekommen sein. Aber ich faßte mich und fragte nämlich: ›Um Vergebung, mein Fräulein, haben Sie schon das heilige Abendmahl genossen oder nicht?‹ Und wenn ein Mädchen kam, was mir nämlich als Dienstmädchen vorkam, fragte ich: ›Um Vergebung zu fragen, sind Sie ne Jungfer oder sind Sie ne Mamsell?‹ Damit bin ich durchgekommen.«

Das sei schön, sagte ich, aber jetzt, hier in Dömitz, habe er denn doch auch wohl ruhige Tage. – »Ärger«, sagte er, »und böse Buben gibt's allenthalben,

und hier erst recht . . . Seh'n Sie«, und damit zeigte er auf seinen alten, ehrlichen Mund, »ich bin ein alter Mann, und die Vorderzähne sind mir ausgefallen, und ich kann das ›R‹ nicht mehr deutlich aussprechen. Wenn ich nun des Abends die R-hunde gehe, und die Schildwache ruft: ›Wer da?‹ dann antwort' ich: ›R-hunde‹, und dann rufen diese bösen Menschen immer: ›Hunde vorbei!‹«
Ach, der gute alte Mann! Er hatte schon einige siebzig Jahre gelebt und war doch noch wie ein Kind. Er erzählte in der ersten halben Stunde einem wildfremden Menschen seine ganze Lebensgeschichte. – »Nee«, sagte ich zu mir, wie ich die Treppe in mein neues Quartier hochstieg, »tausendmal lieber in Ketten und Banden, als mit sechsundsiebzig Jahren Premierleutnant.«

Gott sei Lob und Dank! meine Stube hatte keine eisernen Gardinen. Ich räumte meine Habseligkeiten ein bißchen ein und ging wieder hinüber zum Herrn Oberstleutnant.
Hier hatte sich nun alles sehr zum Vorteil verändert. Mein Herr Oberstleutnant hatte ein ganzes Nest voller Töchter, *eine* immer schöner als die *andere*. Die Frau Oberstleutnant war eine gute, freundliche Frau, und manchen fröhlichen Nachmittag und gemütlichen Abend habe ich in diesem gastfreundlichen Hause verbracht, und noch heute denke ich daran und danke dafür recht aus Herzensgrund.
Nur mit dem alten Herrn mußte man sich ein wenig in acht nehmen, denn, wie ich schon berichtet habe, er hatte seine Eigenheiten, und weil er nur wenig Umgang hatte und ihm zuweilen die Zeit lang wurde, war er auch manchmal etwas übelgelaunt. Mir seinen Offizieren konnte er sich nicht recht vertragen. »Lauter blöde, neunmalkluge Feldwebels«, sagte er, »schicken sie mir her, und das sollen denn Offiziers sein! – Was weiß so'n Leutnant L. von Kriegskunst? Damals, als Diebitsch in der Türkei war, da sagte doch dieser Leutnant L., Diebitsch könnte nicht über den Balkan kommen, aber Leutnant Th. sagte ihm, er käme rüber, und er ist auch rüber gekommen, aber Th. war auch ein wirklicher Offizier.«
Recht hatte mein alter Herr Oberstleutnant: eine sonderbare Versammlung von Kriegshelden hatte sich in Dömitz zusammengefunden, und es wurde ihm schwer, aus diesem verworrenen Knäuel das Ende herauszufinden, an das er seine Untergebenen hätte anbinden können. Ich meine damit, er konnte unter ihnen kaum je einen geeigneten Adjutanten finden. Ich denke noch daran, wie es ihm erging, als einmal ein Neuzugang von Offizier für ihn in Wismar herausgefunden worden war, den sie ihm als etwas ganz Be-

sonderes präsentierten. Er beschloß, dieser solle von nun an sein Adjutant sein, und um ihn gleich mit tunlichster Liebenswürdigkeit zu empfangen, gab er ein feierliches Abendessen, zu dem der neue Adjutant und die Frau Adjutantin eingeladen wurden. Mit Essen und Trinken wußten denn die beiden Ehrengäste sich auch ganz gut zu behelfen, doch als es nach Tisch mit der Unterhaltung losgehen sollte, da wollte es nicht so sehr, da haperte es ziemlich.

Eine der jungen Damen kam denn nun auf den Einfall, den Quartiermeister Plötz, der sich dort auf der Festung befand und sich in allerlei Hokuspokus mit Taschenspielerstückchen auskannte, kommen zu lassen. Nun, der Mann betrieb denn also sein Handwerk, und als er einmal unter einem Hut einen Ball in einen Kanarienvogel verwandelt hatte, sagte der neue Herr Adjutant: »Herr Oberstleutnant, das Stück habe ich schon mal gesehen, das war aber dunnemals kein Karnallenvagel, das war eine Pag'.« – »Nein, lieber Mann«, ruft die Frau Adjutantin, »es war keine Pag', es war eine Maus.« – »Nein«, beharrte er, »es war eine Pag'.« – Der alte Herr, der schon etwas schwerhörig war, glaubte wohl, er habe sich verhört, und fragt mich: »Was meint er mit ner Pag'?« – »Ich glaube, Herr Oberstleutnant, er meint einen Frosch.« – »Und dazu sagt er ne Pag'? Mein Adjutant sagt zu einem Frosch ne Pag'? – ne Pag?« und damit verließ der Alte das Zimmer. – Ja, für Adjutanten war Dömitz damals keine gute Gegend. – Aber damit mag es sich wohl auch gebessert haben.

Ich saß hier in Dömitz nun noch über fünfviertel Jahr, und viel ließe sich davon noch erzählen. Doch es wäre im Ganzen darauf hinausgekommen, daß mir die mecklenburgische Regierung alles mögliche Gute erwies und daß ich es bei meinem alten braven Kommandanten so gut hatte wie das Kind im Hause. Doch was half das schon? Die Freiheit fehlte, und wo die fehlt, da sind der Seele die Sehnen durchschnitten.

Friedrich Wilhelm III. verstarb im Jahre 1840, und sein Sohn Friedrich Wilhelm IV. ließ eine Amnestie für alle Demagogen ergehen, und in den Zeitungen stand zu lesen, wie sie allerwärts freigekommen waren. Aber mich hatten sie vergessen, ich mußte still weitersitzen. Die Preußen dachten nicht an mich, und die Mecklenburger durften mich nicht laufen lassen. Ach, wie sind mir die vier Wochen lang geworden!

Eines Tages aber – ich war ein wenig ausgegangen – kam ein Unteroffizier mir nachgelaufen: »Herr Reuter, Sie sollen fix zum Herrn Gerichtsrat Blankenberg kommen, für Sie ist was angekommen, Sie kommen frei.« – Ich ging zurück, ich ging an einem schwarzen Staketengeländer vorüber, die tiefe Nachmittagssonne schien grell durch die schwarzen Stäbe, mir begann es vor den Augen zu flimmern; ich mußte mich festhalten. Ich kam zum Gerichtsrat, er übergab mir ein Schreiben: »Hier, Sie sind frei, Sie können, wie Sie gehen und stehen, die Festung verlassen, keiner hat Ihnen was zu befehlen.«

Und da stand es: Paul Friedrich hatte es auf eigne Faust angeordnet, ohne die Preußen zu fragen, und wie ich nach acht Tagen schon bei meinem Vater am Tisch saß, da traf ein schöner Brief vom Herrn Justizminister Kamptz aus Berlin ein, worin er ihm mitteilte, ich würde nun auch bald nach Hause kommen. Ja, das war recht freundlich von ihm, nur daß es ein bißchen zu spät kam.

Ich verabschiedete mich von meinem Herrn Oberstleutnant und anderen guten Leuten in der Stadt, packte meine sieben Sachen und gab sie per Fracht nach Hause auf. Am nächsten Morgen, pünktlich um vier Uhr, nahm ich ein kleines Ränzel auf den Rücken, band mein Hündchen an eine Leine, damit die Soldaten es mir nicht weglockten, und ging als freier Mensch zum Tor hinaus auf die Fenzirsche Mühle zu.

Als ich hinter der Mühle war, begann die Heide – eine trostlose Gegend! Sand und Tannenbusch, Heidekraut und Wacholdergestrüpp, soweit das Auge reicht. Viele Wege liefen nebeneinander her, doch welcher war der richtige? Ich wußte nicht Bescheid. Ich setzte mich hin, und mir kamen allerlei Gedanken.

So! Sieben Jahre lagen hinter mir, sieben schwere Jahre, und wenn ich nun auch im Ganzen lustig davon erzählt habe, damals lagen sie mir schwer wie Zentnersteine auf dem Herzen. In diesen Jahren war nichts geschehen, mir in der Welt voranzuhelfen. Und was sie mir vielleicht doch genützt haben, das lag tief unten im Herzen, begraben unter Haß und Fluch und Grauen; ich mochte nicht daran rühren. Es war, als sollte ich Gräber aufreißen und mit den Gebeinen der Toten meinen Scherz treiben.

Und was lag vor mir? – Heide, Sand und Tannenbusch! – Wege? – Oh, viele Wege führten da hindurch – doch gehe nur einer einen solchen Weg, er sollte wohl müde werden. – Und welcher war der rechte? – Ich bin nach rechts gegangen – nichts wie Sand und Tannenbusch – ich bin nach links gegangen – das gleiche! – Wo ich auch hin gelangte – kein Ausweg! Auch die Menschen waren anders geworden. Manch einer hat mir freundlich die Hand entgegengestreckt, aber im ganzen stimmte ich nicht mehr mit ihnen zusammen. Mir war zumute, als sei ich ein Baum, den man gekappt hatte,

und um mich herum standen die anderen und grünten und blühten und nahmen mir Licht und Luft weg.
Das Kappen hätte ich mir wohl noch gefallen lassen, denn ich verspürte in mir noch einen kräftigen Drang zum Treiben und Ausschlagen – doch in jener Zeit waren mir auch noch die Wurzeln abgeschnitten worden.
Mein guter Vater war nach Dömitz gekommen und hatte mich besucht. Er war derselbe gute, alte Vater von ehedem, doch in den sieben Jahren waren mit meinen Hoffnungen auch die seinen verdorrt. Er hatte sich daran gewöhnt, mich so anzusehen, wie ich mich selber ansah: als einen Versager. Er hatte sich für die Zukunft einen anderen Plan gemacht, und ich stand in seinem Rechenexempel nicht mehr obenan. Wir waren uns fremd geworden, die Schuld lag mehr bei mir als bei ihm. Die Hauptschuld aber lag dort, wo meine sieben Jahre lagen.
Ach, was waren das für Gedanken! – Was war ich? Was wußte ich? Was konnte ich? – Nichts. – Was hatte ich mit der Welt zu schaffen? – Rein gar nichts! Die Welt war ihren alten, schiefen Gang ruhig weitergegangen, ohne daß ich ihr gefehlt hätte; ihretwegen konnte ich immer noch weiter sitzen, und – wie ich so unter dem Tannenbusch saß – meinetwegen auch. Aber du bist frei! Du kannst gehen, wohin du willst! Die Welt steht dir offen! – Ja, aber welcher Weg ist der richtige?
»Schüten, komm her!« und ich band mein Hündchen von der Leine los. »Allons! Voran!« Ich spielte ein bißchen Blindekuh mit der Welt. – Zufall und Instinkt, das waren die beiden einzigen Haken, die ich in ihre kahlen Wände noch einzuschlagen vermochte. Auf den Festungen hatten sie mich geknechtet, aber sie hatten mir ein Gewand verpaßt, das feuerfarbene Kleid eines grimmigen Hasses. Nun hatten sie es mir ausgezogen, und ich stand nun da – frei! –, doch auch splitterfasernackt, und so sollte ich in die Welt hinein.
Es gab noch etwas – das fühlte ich –, das mich wieder heimisch werden lassen konnte in der Welt: das war die Liebe. Doch sie war mir abhanden gekommen, sie lag weit ab von dem Sand und dem Tannengestrüpp, auf die mein Auge fiel.
»Schüten, mein lieber, alter Hund, lauf voran!« – Er lief voran und ich folgte. Er war in diesem Augenblick die einzige Kreatur, die mit Liebe an mir hing. Er war los von seiner Leine, und er sprang lustig hin und her, er sprang an mir hoch – dies war Liebe –, und über mein Hündchen und mir schien Gottes Sonne hell und warm, und wo die scheint, bleibt es nicht lange dunkel. In mir ward es heller.

Schüten hatte den richtigen Weg eingeschlagen, ich kam nach Grabow und zu alten Freunden – Franzing, weißt noch? – Aber wie kam alles mir vor? Keiner mag's gemerkt haben, doch in mir war es, als stünde ich inmitten all des Grünens und Blühens, und sie hatten mir die Äste abgeschlagen. Franz hatte mit mir zusammen sein Schulexamen gemacht, sein Onkel Höse hatte ihm dazu eine halbe Flasche Champagner spendiert. Er hatte sie ehrlich mit mir geteilt, als wir glücklich durchgekommen waren. Nun war er Bürgermeister in einer hübschen kleinen Stadt und hatte sich eine liebe freundliche Frau erheiratet, und sein Haus sah von oben bis unten so aus, als könne er zeitlebens glücklich darin wohnen. – Er hat es mir wohl nicht angemerkt, wie mir zumute war – Neid war es bei Gott nicht! –, aber ich hatte doch das Gefühl, als sei ich mit schmutzigen Stiefeln in ein reinliches Stübchen getreten.

Ich besuchte einen anderen alten Schulfreund von mir, den Amtsverwalter Prehn. Die gleiche freundliche Aufnahme! – Ja, sie war so freundlich und herzlich, daß dieser alte brave Freund mir noch bis Ludwigslust das Geleit gab. Dort traf ich meinen guten Vetter August. – Er wollte mir etwas Gutes tun und brachte mich zum Hofmaler Lenthe, der zeigte mir seine Bilder, und als ich *die* sah, sagte ich zu mir: »*So*, das ist nun auch ausgestanden! Sieben Jahre lang hast du gezeichnet und gemalt, und nun ist das auch nur ein Quark!« – Da fiel wieder ein Ast zu Boden.

Ich kam nach Parchim, wo ich auf der Schule gewesen. Meine Lehrer von damals nahmen mich freundlich auf – sie sind vordem und danach immer freundlich zu mir gewesen –, der Direktor nahm mich mit in die Prima zum Unterricht. Die Primaner kamen mir vor wie die richtigen Kinder, und doch, wenn ich es mir recht überlegte, dann stand ich mit meinen dreißig Jahren genau an dem gleichen Punkt, wo sie mit ihren achtzehn standen – freilich bis auf das, was ich vergessen hatte. – Wo waren meine schönen Jahre geblieben?

Ich kam nach Hause. Als ich mit meinem Felleisen auf dem Rücken aus den Pribbenowschen Tannen trat und nach meiner kleinen Vaterstadt hinüberblickte, erkannte ich sie beinahe nicht wieder. Das alte Bild, das mir in der Ferne immer vor Augen gestanden, war entschwunden: neue Straßen waren angelegt worden, und die Stadt hatte sich nach allen Richtungen hin erweitert.

Ich betrat meines Vaters Haus – es war ein fröhlich-trauriges Wiedersehen! –, denn über die Freude legte sich bei mir schwer wie Blei die Frage: was nun?, und meinem Vater erging es nicht anders, ich konnte es ihm ansehen. – Ich sagte meinen Schwestern und meinem Schwager guten Tag; auch in unserer Familie hatte sich allerlei erweitert, doch mir kam es ebenso fremd vor wie die neuen Straßen. Stadtmusikant Berger brachte mir ein Ständchen; die Leute sagten zwar, es sei eigentlich nichts Rechtes gewesen, aber gefreut habe ich mich doch darüber: die Menschen dachten doch noch an mich.

Als ich am nächsten Morgen aufwachte, fragte ich mich: was nun? und als ich zu meinem Vater kam, fragte der auch: was nun? Und unter dieser schrecklichen Frage bin ich jahrelang umhergeirrt. Ich griff hierhin, ich griff dorthin, nichts wollte mir glücken. Ich weiß, ich hatte schuld – die Leute sagten es ja ebenfalls –, doch was half es schon? Ich war sehr unglücklich, viel unglücklicher als auf der Festung.

Mein Vater war gestorben, und nun hatte ich mir die schlimme Frage nur noch allein vorzulegen. Ich war Landmann geworden, und es hatte mir Freude gemacht, aber mir fehlte die Hauptsache zum Landmann – das Geld. – Ich hatte viele gute Freunde und *einen* guten Freund. Die guten Freunde zuckten die Achseln, und der gute Freund konnte mir nicht helfen, er hatte selber nur knapp Geld.

Da sagte ich eines Tages zu mir: dein Kahn liegt zu tief, du hast ihn überladen. Du hast all das Gesindel im Kahn, das dir einmal mit Hoffnungen, Wünschen und Aussichten untergekommen ist, und keiner von den Kerlen rührt Hand oder Fuß, und du sollst den Kahn alleine rudern? Raus mit dem Ballast! – Und ich kriege den ersten beim Kragen: »Wer sind Sie?« – »Advokat«, antwortet er. – »Nu, sieh den Teufel an, was der für Schuh verträgt!« sage ich. »Hab' *ich* dich gerufen?« – Und – plumps – lag er im Wasser.

Nun krieg' ich den zweiten zu fassen: »Wer ist das?« – »Ein Verwaltungsbeamter«, sagt er, »zu dienen.« – »Als was?« frage ich. – »Oh«, sagt er, »man bloß als Ratsherr oder Kamerarius oder Stadtprotokollist in ner kleinen ungebildeten Stadt.« – »Und du meinst, ich soll mich mit solch nem Schubjack noch länger herumschleppen?« – »Aufzuwarten«, sagt er. – »Ja, ich will dir *aufwarten!*« rufe ich, und dann lag auch *der* im Wasser.

Nun kam der dritte an die Reihe. »Wer bist du?« frage ich. – »Ein Künstler«, ist die Antwort. – »Wieso?« frage ich. – »Ein Maler«, versetzt er. – »Ja«, sage ich, »das hätte ich dir gleich an deinem verdrehten Gebahren ansehen können: Was schneidest du dein Brot längs, wenn andere es quer schneiden? Solch verdrehte Art kann ich hier nicht brauchen: rein mit dir!« Nun, der zappelte noch ein Stückchen weiter, der wollte noch nicht aufgeben, aber schließlich mußte er doch Wasser schlucken.

»Also nun der Vierte!« rufe ich. – Da wuchtet sich doch was in die Höhe, das hatte nicht gerade viel Schick und Schliff, aber ein schönes Gewicht, und darum war's mir zu tun. – »Woher des Landes?« frage ich. – »Aus dem Domanium«, ist die Antwort. – »Und was für einer?« frage ich. – »Ein Pächter«, sagt er. – »Kann dich hier nicht länger brauchen, Brüderchen«, sage ich. »Kann nicht in deine Haut kriechen, deine Haut ist mir zu weit. – Rein mit dir!« – Na, Fett schwimmt oben, *der* schwimmt vielleicht noch heute herum.

Als ich den Fünften beim Kanthaken erwischte, klagte der gottsjämmerlich: »Verschonen Sie mich! – Ich bin ein Inspektor und muß mir viel gefallen lassen und krieg nur zweihundert Taler und ein Pferd frei und dann das bißchen Lastengeld.« – »Lastengeld hast du auch noch?« rufe ich. »Racker! und dann willst du mir hier noch Sperenzien machen?« Er wollte sich noch wehren, doch half kein Wehren und kein Beten – hinein mit ihm!

Und nun kam der Letzte an die Reihe, ein kleines, altes, zusammengeschnurrtes Männchen: »Na, Bruder, was bist du für einer?« – »Nehmen Sie es nicht für übel«, sagt er, »ich bin ein Schulmeister, kriege neunzig Taler Gehalt und frei Wohnung in der Schulstube, mache alle Schreiberei für unsern Herrn Pastor und hab' dafür noch frei Kartoffelland. Mir geht es genauso wie Ihnen: Ich hab auch mal studiert. *Sie* stimmen nicht mit der Welt überein, und *ich* nicht mit dem Oberkirchenrat. Mich können Sie ruhig leben lassen.« – »Ja«, sage ich, »alter Junge, deine Hoffnungen, Wünsche und Aussichten werden meinen Kahn nicht gerade allzusehr beschweren. Doch wenn wir an Land kommen, dann borgst du mir deinen Rock.« – »Der ist geflickt«, sagt er. – »Schadt ihm nicht.« – »Er ist Ihnen zu eng«, sagt er. – »Schadt ihm auch nicht, ich muß mich in ihm einrichten.«

Und als wir an Land kamen, zog ich des Schulmeisters Rock an. Und war er auch eng, so hielt er mir doch Wind und Wetter vom Leibe, und wenn ich auch Jahre hindurch die Stunde zu zwei Groschen geben mußte, habe ich mich in ihm eigentlich doch ganz wohl gefühlt. Und hatte ich für den Herrn Pastor auch keine Schreiberei zu erledigen, so schrieb ich des Abends doch »Läuschen und Rimels«, und *das* wurde *mein* Kartoffelland, und unser Herrgott hat seine Sonne darüber scheinen lassen und Tau und Regen nicht verwehrt – und die dümmsten Bauern kriegen die meisten Kartoffeln.

DREI AUFSATZENTWÜRFE AUS DER ZEIT UM 1848

Über die politische Parteisucht

Jedes Feld, auf dem der menschliche Geist sich auszubilden strebt, auf dem er seine Tätigkeit übt und seine Siege erringt, ist der Tummelplatz von Parteien. In der Kirche, in der Wissenschaft, im Staate, auf diesen Hauptfeldern menschlicher Bestrebungen, ist das Parteiengedränge am lebhaftesten, der Kampf am ernstesten, die Entscheidung am wichtigsten. In der neuesten Zeit hat aber der Kampf im Staate das Interesse an allem übrigen gänzlich verschlungen. Und wenn auch die Kirche ihre inneren Fehden ungesühnt fortführt und die Wissenschaft nach erfochtenen Siegen stets neue Streitpunkte auf den Kampfplatz wirft, so kann dies doch nicht die Aufmerksamkeit eines Volkes fesseln, das, teils von der Unfruchtbarkeit eines Kampfes überzeugt, teils ihm zu ferne stehend, zu gewaltig in seinem innersten Hoffen und Fühlen von dem Kampfe im Staate getroffen ist, als daß es seine Blicke von einer so neuen und folgenschwangeren Erscheinung abwenden sollte.

Erwartungsvoll drängt es sich an die Schranken, jubelnd begrüßt es die Kämpfer, die, mit seinen Farben geschmückt, einreiten in die Bahn, um für ihn die Lanze zu brechen, den Sieg zu erringen. Stolz und hehr reiten seine Gegner in die Schranken, sie gedenken der Siege ihrer Ahnen, und ihren eigenen Hochmut auf ihrer Stirn und Verachtung auf den Lippen, lassen sie die Augen umherschweifen in der Runde, als wollten sie den Tribut eines gewohnten Beifalls einsammeln. Aber dahin ist ihr Stolz, dahin ist ihre Sicherheit, statt der dumm-schlaffen Neugier sehen sie leuchtende Augen in den braunen Gesichtern und zuckende Fäuste, die deutlich ein anderes mächtiges Gefühl aussprechen; der Hochmut flieht von ihrer Stirn, nur die Verachtung wird mühsam auf der Lippe von den Halbbesiegten festgehalten. Sie ist aber eine Lüge: das Volk ist für die Verachtung zu jugendkräftig, zu mächtig und zu zornig.

Wolltet ihr, daß es anders wäre? Ich nicht! Ich sehe in dem zürnenden die Gerechtigkeit des Zorns, in dem mächtigen die Macht des deutschen Vaterlandes und in dem jugendkräftigen die Hoffnung und die Tat.

Über die politische Dummheit

Hätte ich Feinde, die ich aber, soweit mir bekannt, Gott sei Dank, nicht habe, so würden dieselben obenstehende Überschrift zu allerlei Verdächtigungen benutzen und mir Absichten unterschieben können, die mir durchaus fremd sind.

Um aber jeder böswilligen Auslegung von vorneherein den Weg abzuschneiden, will ich hier feierlichst erklären, daß ich unter politischer Dummheit durchaus nicht die Unkenntnis in politischen Dingen und Staatsangelegenheiten verstehe, an der wir ja leider alle gar sehr leiden; namentlich will ich aber auch noch erklären, daß dieser Aufsatz *nicht* gegen den Teil der Bevölkerung gerichtet ist, den ich unter dem ehrenwerten Namen Volk verstehe und der, auf der einen Seite der Verachtung der Aristokratie, auf der andern dem Neide des Proletariats ausgesetzt, alle Ursache hat, eng zusammen[zu]halten, und der deshalb aus seiner Mitte alle schädlichen Auswüchse, die seine Einigkeit gefährden, unerbittlich ausmerzen muß, um nicht gerechte Vorwürfe und unausbleibliche Nachteile sich zuzuziehen, die nicht von ihm als Ganzem, sondern nur von einzelnen Personen aus seiner Mitte hervorgerufen sind.

Diese Erklärung glaubte ich jenen ehrenwerten Männern schuldig zu sein, welche auch bei mangelnder politischer Ausbildung das Gefühl für Ordnung und Recht als die Grundlage ihres Handelns anerkennen; aber weit entfernt, die neue Zeit zu verdammen, in ihr die Möglichkeit erblicken, zur wahren Freiheit zu gelangen und kein *gerechtes* und *vernünftiges* Mittel scheuen, ihr zu dienen. Den Personen aber, die sich von meinen folgenden Worten irgendwie getroffen fühlen sollten, gilt diese Erklärung nicht; sondern sie sollen das Recht haben, die etwaigen Bemerkungen und Anzüglichkeiten des Folgenden im vollsten Maße auf sich zu beziehen, wobei sie noch außerdem berechtigt sein sollen, sich zu ihrem feinen Gefühl zu gratulieren, daß sie diese meine Absicht gemerkt haben, ihnen einen Spiegel vorzuhalten.

Wie die Dummheit im allgemeinen, so kann man auch die politische in den passiven und aktiven Teil sondern, wo dann der passive die politische Unempfindlichkeit, Trägheit und »Dickhäutigkeit«, der aktive diejenige politische Richtung umfaßt, die sich bestrebt, vorgefaßte unbegründete Meinungen, verschrobene Ansichten und unlautere Absichten durch zweckwidrige Mittel ins Werk zu setzen, und die wir am besten mit dem Ausdruck der politischen »Dummdreistigkeit« bezeichnen können.

Die politischen Dickhäuter (Pachydermen, wozu auch das Rhinozeros gehört) sind im ganzen harmlose Leute, die nicht leicht aus ihrer Ruhe gebracht werden können; sie schlafen den Schlaf der Gerechten und grasen auf der grünen Weide des materiellen Lebens; ihr Gesichtskreis ist beschränkt, ihre Wünsche erstrecken sich nur auf den unmittelbar vor ihnen liegenden Nutzen, und ihre Anstrengungen gehen nicht über das Maß hinaus, welches nötig ist, ihnen einen gesunden Schlaf zu verschaffen.

Dies alles würde nun eine glückliche Existenz bedingen; aber gewöhnlich tritt in Form irgendeiner Idee ein feindliches Prinzip ein in ihr ruhiges Leben, meistens nach einem heftigen Ärger, die sie gänzlich aus den Fugen der Gemächlichkeit reißt. Früher, als die Politik in Mecklenburg nur ein exotisches Gewächs war, waren es andere Veranlassungen, die ihnen eine Idee zu verschaffen imstande waren; etwa ein verlorner Prozeß, die dann in ihnen auftauchende Idee war dann: alle Advokaten seien Spitzbuben; oder eine lästige Abgabe an den Prediger, dann setzte sich bei unsern Dickhäutern die Meinung fest, die Prediger seien Blutsauger usw.

Jetzt aber ist die Politik diesen Leuten wie das Podagra in den Magen getreten, vorbei ist's mit ihrem behaglichen Grasen, mit ihrer ungestörten Verdauung und ihrem ruhigen Schlaf; entweder gegen oder für diese neue Zeit gestimmt, ist der feindliche Dämon einer Einzelidee in ihr Leben getreten und beherrscht ihr Empfinden und Wollen ausschließlich. Wie ihr Geschlechtsverwandter, das Rhinozeros, das bekanntlich durch die Stellung seiner Augen nicht zur Seite und nicht rückwärts sehen kann, sondern nur vorwärts, sehen sie nur den einen, sie ganz beherrschenden Gedanken; und blind stürzen sie auf ihn los, wenn sie gereizt sind.

Wenn diese tyrannische Idee den früher schon angeregten politischen Fragen angehört, dann geht es noch, dann treffen sie sogar zuweilen in ihrer angeborenen Gutmütigkeit und Redlichkeit noch das Rechte; entspringt sie jedoch den sozialistischen und kommunistischen Fragen, dann geht sie so ins Ungeheuerliche des Unsinns, daß ich jedem dieser armen Ideensklaven die Ruhe wünschen möchte, mit der ein Bekannter von mir sämtlichen sozialistischen Fragen über den Ursprung und Grund der Armut mit der Bemerkung begegnete: Was redet ihr von Armut, ich will euch sagen, woher die Armut kommt: die Armut kommt bloß von der großen Powerteh.

Aber, meine Herrn, reizen Sie dieselben Leute nicht, lassen Sie ihnen ihre geistige Armut! Sie ist dem Gemeinwohl unschädlich, zumal wir hoffen können, daß durch allgemein angeregten Sinn für Ausbildung in der Politik die Rasse der politischen Rhinozerosse bald unter die vorweltlichen Tiere gerechnet werden wird wie der Mammut.

Ich wollte, ich könnte über die politische Dummdreistigkeit mit derselben Ruhe urteilen und dem Publikum dieselbe Beruhigung bieten wie bei der Dickhäutigkeit. Aber es sei ferne von mir, in einer Zeit zum Schlafe einzuladen, wo Wachsein not tut. Möchte mein Finger diejenigen bezeichnen, die mit frecher Dreistigkeit ihre Dummheit geltend machen wollen, möchte meine Stimme warnend bis zu dem Unbefangenen dringen, der im Begriff ist, sich von der Keckheit täuschen zu lassen, mit der die Dummheit auftritt! Aber möchten meine Worte zur flammenden Lohe werden für die Niederträchtigen, die schamlos genug sind, die politische Dummdreistigkeit als ekelhafte Maske vorzubinden, um unter ihrer Decke den mißfarbigen Neid, den kleinlichen Haß, die lauernde Rache und das ganze verworfene Heer der niedrigen Leidenschaften der Menschenseele zu verbergen!

Wenn der denkende Mann zum ersten Male plötzlich vor der Unendlichkeit des Meeres steht, wenn er das wachsende Wogengedränge zu überschauen trachtet und er sich in der Mannigfaltigkeit und Großartigkeit der Erscheinung einsam und machtlos fühlt, dann glaube nicht, daß unfruchtbares Staunen seine Seele gefangenhält! Unsichtbare Fäden spinnen sich vom freien Meer zur freien Seele, aus dessen Tiefe zur Tiefe der Gedanken, und der Menschengeist wirkt und webt die Fäden, er schafft, er baut, er baut darauf seine Hoffnung, er baut darauf sein Schiff. An dem knabenhaften Unverstand aber rollt Woge für Woge ohne Eindruck vorüber, er sieht nicht die Unermeßlichkeit, er sieht nicht die Tiefe des Meeres, nur die Oberfläche mit dem leichten, aus Wogenkampf geborenen Schaum beschäftigt ihn, kindisch wirft er mit bunten Kieseln hinein und mischt sein albern Geschrei dem Tosen der Brandung.

Dies ist ein Bild unsrer Zeit: der denkende Mann will schaffen, will bauen; der Unverständige, der Dumme ergötzt sich an der Regellosigkeit der Erscheinung, der Verwirrung des Kampfes und seinem Tosen. Es ist ihm gleich, ob eine Änderung der Zustände aus dem Bewußtsein des Volkes hervorgegangen ist oder ob der blinde Zufall die Ursache derselben in den überraschten Kreis des Volkes hineingeschleudert haben, wenn nur die Zeitungen von gestürzten Ministerien, von verjagten Königen erzählen, damit er mit diesen gesammelten Kieseln hineinwerfen kann in die aufgeregte Menge und seine anmaßenden Bemerkungen und Entscheidungen [?], selbst auf offenem Markte, Leuten in den Bart werfen kann, die sie nicht von ihm verlangten. Das aber sind charakteristische Zeichen der Dummdreistigkeit, daß bei ihr die Anmaßung den Verstand vertreten muß, daß sie

ein Zerschneiden des Knotens für ein Lösen hält und daß sie wohl einzureißen, nicht aber zu bauen versteht.
Nun aber zu Ihnen, ehrenwerte Männer, die ich oben angeredet habe, mit der Frage: Haben Sie wohl je ein altes, unbequemes, baufälliges Haus eingerissen, ohne vorher den Plan zu dem neu zu bauenden zu beraten? Haben Sie wohl nicht immer ein oder den andern Stein, ein oder den andern Balken zum Neubau verwenden können? Mußten Sie also nicht die Mängel, die Schäden, die Unbequemlichkeit des alten Gebäudes kennen, um besser zu bauen? Mußten Sie nicht die noch brauchbaren Balken und Steine benutzen, um vorteilhafter zu bauen?
Das alte, baufällige, unbequeme Haus ist unser Staatsgebäude, wer wollte dies leugnen! Aber gehen Sie einmal hin zu der politischen Dummdreistigkeit, und fragen Sie nach dem Plan des neuen Hauses, nach dem Riß, fragen Sie nach den noch brauchbaren Balken und Steinen! Sie werden keine Antwort erhalten, denn sie kennt nicht das alte Gebäude. Und so unwissenden Menschen, so gehaltlosem Scheine wollen Sie Ihren Vorteil, Ihre Bequemlichkeit, Ihre Wohlfahrt opfern? Erst beraten Sie, was an die Stelle des Alten zu setzen sei, bevor Sie an seinen Grundfesten rütteln! Sonst sind Sie in Gefahr, ohne Schutz und Obdach, jedem Sturm der Außenwelt ausgesetzt, auf der Straße zu liegen, ohne daß die Dummdreistigkeit Ihre Lage zu erleichtern versteht.
Das ist schrecklich; aber noch schrecklicher, noch tausendmal schrecklicher ist es, wenn Sie vielleicht nach langer Täuschung einsehen werden, daß Sie die eigene Ruhe und Wohlfahrt, in der Meinung, dieselbe auf dem Altar der Freiheit und des Vaterlandes niedergelegt zu haben, den schmutzigen Leidenschaften des Hasses, des Neides und der Rachsucht eines einzelnen oder einer ganzen Partei opferten, die die Kunst verstanden, Frechheit für Freimütigkeit, Dummheit für Weisheit und Eigensucht für Tugend geltend zu machen. Es ist eine klägliche Rolle, in der Eigenschaft eines Verführten dazustehen, aber eine teuflische, in der eines Verführers. Unter dieser Klasse ist aber der politische Verführer der niederträchtigste und der gefährlichste.
Hüten Sie sich vor den Menschen, die mit dummdreister Anmaßung über Sachen urteilen, die sie nicht verstehen, hüten Sie sich vor solchen, die entscheiden, ohne verständliche Gründe anzugeben! Und sollte ein solcher Ihnen unberufen sich nahen, oh, so haben Sie der Dummdreistigkeit gegenüber den Mut, ihm mit der verdienten Verachtung zu begegnen!
Die politische Dummdreistigkeit verdient die Verachtung des einzelnen und den Fluch des ganzen Volkes.

Über die politische Eitelkeit

Unsere Zeit ist reich an Ereignissen, aber arm an Gesinnung. Die Donner von Staatsumwälzungen, wie sie die Welt nicht gesehen, rollen über unsern Häuptern, und die Blitze der neuen Zeit fahren zündend zur Erde; selten treffen sie aber die erhabenen Punkte der Humanität, damit sie, glühend im Freudenfeuer der aufopfernden Begeisterung, ein Feuerzeichen werden den sich erhebenden Völkern und ein leitender Leuchtturm dem nach Rettung ringenden Schiffer durch die Brandung eines schrecklichen, großartigen Interessenkampfes. Ach wie selten! Sie zünden, ja, aber in dem Kothaufen des Egoismus.

Keine helle Flamme schlägt aus diesem, sondern nur der verfinsternde, erstickende Brodem des Sonderinteresses, des Eigennutzes, der Gehässigkeit gegen Andersdenkende. Und dazwischen tanzen wie Irrlichter die trügerischen Flammen einer verdammungswürdigen Eitelkeit, die nicht leuchtet, sondern täuscht, die nicht aufklärt, sondern verwirrt, die durch hohle Redensarten und Parteistichwörter die Blöße ihrer Geistesarmut und Charakterlosigkeit zu bedecken strebt und ihre Genugtuung in dem Beifall einer irregeleiteten Partei findet, vor der sie in allen möglichen Gestalten auf- und abtanzt und mühsam den Schein von Begeisterung festzuhalten strebt, von der sie so weit verschieden ist wie die Tranlampe vom Sonnenlicht.

Dieser politischen Eitelkeit muß jeder, der es gut mit seinen Mitbürgern meint, entschieden entgegentreten. Wer dieser Weihrauch streuet, opfert einem albernen Götzen, dem stets der Fluch anklebt, sich lächerlich zu machen, sei's durch Wort oder Schrift, durch äußeres Erscheinen und Auftreten oder gar durch Ansprüche auf Dank und Verehrung, die am Ende noch die Frechheit haben, sich in den Mantel der Unentbehrlichkeit zu hüllen.

Wie lächerlich nun auch so eine aus dem Mistbeete des Eigendünkels aufgeschossene, vom Tau ihrer eigenen Partei genährte Eitelkeit ist, so ist sie doch der guten Sache keineswegs ungefährlich: sie ist die ärgste Feindin der wahren Freiheit, von der sie verlangt, daß sie als Magd ihr die Laterne vortragen soll, damit nur sie gesehen werde; sie ist die ärgste Feindin der wahren Gleichheit, denn sie ist unersättlich in dem Begehren nach Auszeichnung; sie drängt sich vor, nicht etwa, um zu nützen und zu helfen, nein, um neuen Glanz auf ihren hohlen Scheitel zu häufen und zu sprechen:

Ich nur bin wach, ihr andern ruht im Schlafe,
Ich bin der Hirt, ihr andern seid die Schafe.

Ich bin der Mann [?], an mich müßt ihr euch wenden,
Des Volks Geschick, es ruht in meinen Händen.

Außerdem begeht sie noch die Sünde, die Köpfe durch Redensarten zu verwirren, anstatt sie durch vernünftige Auseinandersetzungen aufzuklären, die Leidenschaften durch hingeworfene, aus Zeitschriften aufgeschnappte Stichwörter anzufachen, anstatt sie zu sänftigen, und vor allem, [anstatt] Persönlichkeiten vorzubringen, Personen anzugreifen und ihnen den guten Namen zu rauben, um mit deren Glanz den eigenen Schmutz zu verklären.

Weil ich noch nie gehört habe, daß einer mit Glück einen Kothaufen vergüldet hat, so glaube ich auch, es für ein undankbares Bestreben der Eitelkeit halten zu müssen, die eigene Gemeinheit mit einer Strahlenglorie zu umgeben. Höchstens bedeckt sie sich mit den bunten erborgten Flittern und Lappen einer Harlekinsjacke, die nur in den Augen gänzlich Ungebildeter etwas Bestechendes haben können.

Wir haben uns über Willkür im Lande zu beklagen gehabt und haben so viel erlangt, daß die beste Aussicht dazu da ist, selbige für immer zu verbannen. Aber wie gehässig die Herrschaft einzelner und ganzer Stände auch aufgetreten sein mag, sie hat doch bei weitem nicht das verächtlich Gehässige an sich gehabt, welches der Tyrannei der persönlichen, sich breit machenden Eitelkeit anklebt, die ohne Überlegung einreißt und ohne Kenntnisse bauen will, die der schönen, beruhigenden Überzeugung lebt, daß ihr umfassendes Genie tausendfältig die mit Anstrengung errungene wissenschaftliche Bildung aufwiegt, stets bereit ist, jede verwickelte Frage mit dem Alexanderschwert ihrer bodenlosen Anmaßung zu durchhauen, unbekümmert, ob es dem einzelnen oder dem Ganzen unberechenbaren Nachteil bringt, wenn nur sie ihr Genügen findet, und bei ihrer Selbstgenügsamkeit nie daran denkt, daß die Eselsohren aus der Löwenhaut hervorgucken.

Und so eine unfruchtbare, gehässige Tyrannei sollte von Männern geduldet werden, die ernstlich von einer so großen Zeit ergriffen sind und mit Eifer sich bestreben wollen, ihr würdig zu dienen? Die darnach ringen wollen, sich die Kenntnisse zu verschaffen, die nötig sind, um dereinst ein Wort in Staatsangelegenheiten mitsprechen zu können, und zwar ein gehaltvolles? Ich wende mich an Sie, Männer, die ihrem Vaterlande ohne Vorurteil, ohne vorgefaßten Haß dienen wollen, nicht an hohlköpfige Schreier, und frage Sie: Können Sie ein Urteil fällen in Sachen, deren Sie unkundig sind? Ist es nicht Ihre Pflicht, sich zuvor zu belehren über Fragen, die in Ihr bürgerliches Leben eingreifen, bevor Sie darüber entscheiden? Und werden Sie belehrt durch abgerissene hochtönende Redensarten, die aus dem Zusammenhang eines überschwenglichen Zeitungsartikels gerissen sind und mit mehr Anmaßung als Verstand vorgetragen werden? Werden Sie belehrt durch Angriffe auf ehrenwerte Leute und Verdammung von Personen, die früher Ihre Achtung genossen haben und derselben trotz aller Angriffe noch jetzt wert sind?

Glauben Sie, daß Sie zu Richtern über Ihre Mitbürger gesetzt sind und sich versammeln, über dieselben Recht zu sprechen? Dann befinden Sie sich in einem betrübenden Irrtum, und Ihr Erwachen aus demselben wird schrecklich sein; Sie werden sprechen wie die Tagelöhner zu Torgelow nach dem Brande: Ja, das haben wir nicht gewollt!

Sie sind nicht da, um zu richten, sondern um gerichtet zu werden, und zwar von dem unerbittlichsten Gerichte, von dem der Öffentlichkeit. Das wird bestimmen, ob Sie die neue Zeit im Dienste Ihres Vaterlandes nützlich verwendet oder ob Sie dieselbe im Dienste einer verächtlich-lächerlichen Eitelkeit, die Sie selbst in den Fluch des Lächerlichen mit hineinziehen wird, nutzlos vergeudet haben.

Sie haben ein gutes Mittel, die Flachheit und Unbedeutendheit solcher Herrn zu erkennen, wenn Sie dieselben zu einer verständigen und verständlichen Erklärung ihrer geschraubten Redensarten gefälligst auffordern wollten. Sie würden dann sehen, daß entweder nur ein sehr mittelmäßiger Gedanke sich dahinter verkrochen hat oder, was noch vielleicht öfter der Fall sein kann, daß gar keine Gedanken dahinter sind und das Ganze nichts ist als eine Art politischen Abrakadabras.

Freiheit ist ein heiliges Wort; aber es erhält nur seine wahre Bedeutung, wenn das Wort »Wahrheit« mit ihm zusammen genannt wird. Die Eitelkeit ist aber Lüge, und der Eitle trägt die Freiheit wohl auf der Zunge, nicht aber im Herzen; die Wahrheit will er nicht, nur den Schein will er, die Wahrheit kann er nicht vertragen, nur die Schmeichelei und Lobhudelei; stets ist er ängstlich besorgt, ob ihm das, was er seine Ehre nennt, auch hinreichend gegeben wird, stets ist er empfindlich, stets ist er in Aufregung, stets beleidigt er und will nicht wieder beleidigt werden.

Ober er von diesem Aufsatz auch wohl beleidigt ist?

ANHANG

Anmerkungen

Aus der Franzosenzeit

S. 9 *Amtshauptmann Weber* – Johann Joachim Heinrich Weber (1757–1826), zweiter Sohn des Syndikus Dr. Weber in Rostock, wurde nach vollendetem Jurastudium in Jena als Amtsverwalter nach Stavenhagen versetzt. Ab 1810 stand er dem Herzoglichen Amt als Amtshauptmann vor.

S. 10 *Mamsell Westfalen* – Sophia Dorothea Westphal (1760–1835), Kind des Gutspächters W. in Neuhof bei Penzlin. Von 1785–1805 und von 1815–1826 Wirtschafterin beim Amtshauptmann Weber in Stavenhagen
Johanni – Johannistag = 24. Juni

S. 13 *Chasseur* – Jäger in der französischen Armee
Fritz Sahlmann – seit 1816 Kopist und seit 1823 Gehilfe auf dem Stavenhagener Amt. Während der Franzosenzeit war nicht Fritz Sahlmann, sondern sein Vater Landreiter und Amtsgehilfe beim Amtshauptmann Weber. Nach dessen Tod übernahm Fritz das Amt des Landreiters.
dictionnaire de poche – (frz.) Taschenwörterbuch

S. 14 *Exekution* – (lat.) Zwangsvollstreckung, geregelt durch die Exekutionsordnung

S. 16 *Marodeur* – (frz.) plündernder Nachzügler, auch Lump, Räuber
Uhrmacher Droz – Pierre Humbert Droz, geb. 1759 in Locle, Kanton Neuenburg, Schweiz, aus einer Uhrmacherfamilie, ging nach seiner Desertion aus französischem Militärdienst als Kammerdiener einer Geliebten des Prinzen Louis Ferdinand von Preußen nach Berlin. Ab 1806 lebte er als Uhrmacher in Stavenhagen, wo er auch Reuters Privatlehrer im Französischen war.
la grande nation – (frz.) die große (glorreiche) Nation (Frankreich)
le grand empereur – (frz.) der große Kaiser (gem. Napoleon)
A vous – (frz.) Auf Ihr Wohl!
Serviteur – (frz.) ergebenster Diener!

S. 17 *Monsieur le bailli* – (frz.) Herr Amtmann

S. 18 *Plaît-il?* – (frz.) Ist es gefällig?
Vin de Valangin – Wein aus Valendis, einer kleinen Stadt im Neuenburger Jura/Schweiz
Fierté! Oui, je suis fier – (frz.) Stolz! Ja, ich bin stolz.

S. 19 *Dümurrjöh* – Charles-François Dumouriez (1739–1823), seit 1788 Brigadegeneral, ging nach der verlorenen Schlacht bei Neerwinden (1783) zu den Österreichern über, wurde dann unter Napoleon wieder General der französischen Armee.

S. 20 *Rockelor* – Rock, hier Schlafrock
diable – (frz.) Teufel!

S. 21 *camarade* – (frz.) Kamerad

cheval – (frz.) Pferd
Logis – (frz.) logis = Unterkunft, hier Stall
poules – (frz.) Hühner

S. 22 *Patriotten* – Seit 1760 waren die holländischen »Patrioten«, spätere Parteigänger der Französischen Revolution, Gegner des Erbstatthalters Prinz Wilhelm v. Oranien, der sie 1787 mit Hilfe preußischen Militärs besiegte. Ein 1000 Mann starkes Hilfskorps blieb jedoch bis 1796 zu seinem Schutz in Holland. Seit 1792 wurde dieses Korps infolge der Interventions- und Koalitionskriege gegen die Französische Revolution in Gefechte mit den Revolutionsarmeen verwickelt.

... unterm Herzog von Braunschweig in den neunziger Jahren – Als Oberbefehlshaber des österreichisch-preußischen Koalitionsheeres kämpfte der Herzog von Braunschweig gegen das revolutionäre Frankreich.

S. 25 *Schütze* – Vorrichtung zum Absperren und Aufstauen des Wassers bei Wassermühlen, Wehren, Schleusen und Wasserkraftanlagen

S. 26 *Allemagne* – (frz.) Deutschland
patrie – (frz.) Vaterland
garçon – (frz.) Junge
bon – (frz.) gut, in Ordnung

S. 27 *lui-même* – (frz.) selbst, persönlich
Attendez, du tonnère! – (frz.) Geben Sie acht, es donnert!
Pommdetähr – gem. (frz.) pommes de terre = Kartoffeln
des tambours – (frz.) Trommelschläger
grenadiers – (frz.) Grenadiere
grands canons – (frz.) große Kanonen, schwere Geschütze

S. 28 *diable* – (frz.) Teufel!
diantre – (frz.) Teufel!

S. 31 *silence* – (frz.) Ruhe
Que faire? – (frz.) Was tun?
Parbleu! – (frz.) Bei Gott!

S. 32 *Bon soir, mon colonel!* – (frz.) Guten Abend, Herr Oberst!
Marengo – Dorf in der italienischen Provinz Alessandria, wo Napoleon 1800 den entscheidenden Sieg über die Österreicher errang
Jena – Am 14. Oktober 1806 wurde das preußische Heer in der Doppelschlacht bei Jena und Auerstedt von Napoleon vernichtend geschlagen.
lateinischer Vers – Unter dem preußischen Adler steht der Vers: *suum cuique* = Jedem das Seine.

S. 35 *Vadder* – freundliche plattdeutsche Anrede, »Gevatter«

S. 43 *lieue* – (frz.) Meile

S. 44 *Herrenbrot* – Semmeln oder Hörnchen aus Teig, dem außer Milch, Butter und Zucker auch Zimt beigegeben wurde

S. 45 *Falbe* – gelbliches Pferd, Mähnen- und Schweifhaare und die Haare am Unterfuß sind stets schwarz

S. 46 *Ghinghan* – dichtes, gestreiftes oder gewürfeltes Baumwollgewebe

S. 49 *amtssässig* – unterstand als Bürger von Stavenhagen dem Magistrat, nicht dem herzoglichen Domanialamt

S. 51 *Amtsgefängnis* – Für städtische Bürger und Amtsangehörige gab es getrennte Gefängnisse, für die Bürger das Bürgergewahrsam im oberen Stockwerk des Rathauses.

S. 52 *Ratsherr Herse* – August Friedrich Herse wurde 1773 in Ivenack bei Stavenhagen geboren. Nach seiner Lehre in der Teterower Apotheke pachtete er die Apotheke in Stavenhagen. Nachdem er 1810 zum Ratsherrn ernannt worden war, legte er 1814 das Notariatsexamen ab und war bis zu seinem Tode 1829 in Stavenhagen als Ratsherr und Notar tätig. Herse war Reuter ein väterlicher Freund, dem er in mehreren seiner Dichtungen ein Denkmal gesetzt hat.

S. 53 *Tugendbund* – 1808 gründeten Vertreter der Adels und der bürgerlichen Intelligenz in Königsberg den sog. »Tugendbund« als Geheimorganisation gegen Napoleon; angebliches Ziel war die Förderung der Volkserziehung. Ein Jahr nach seiner Gründung wurde der Bund von Napoleon aufgelöst.

Kopf für's Vaterland hatte scheren lassen... – Patriotische Frauen opferten ihr Haar, das für Militärbedürfnisse Verwendung fand.

eiserner Ring – Goldene Ringe wurden für's Vaterland geopfert: »Gold gab ich für Eisen« war die Inschrift der Ringe, die man im Austausch erhielt.

Kutusow und Tschernitschew – befehligten als russische Generale die Vorhut der verbündeten russischen Truppen im Feldzug 1812–1815

Yorck – Ludwig, Graf Yorck von Wartenburg (1759–1830) führte im russischen Feldzug das preußische Hilfskorps Napoleons und schloß beim Rückzug auf eigene Faust am 30.12.1812 mit dem russischen General Diebitsch die Neutralitätskonvention von Tauroggen.

Bülow – Friedrich Wilhelm, Graf von Bülow und Dennewitz (1755–1816) schützte in den Freiheitskriegen Berlin durch die Siege bei Großbeeren und Dennewitz vor den Franzosen. Bei Leipzig und 1815 bei Belle-Alliance griff er entscheidend ein.

S. 54 *sur Swinfleisch* – zur Konservierung unter einer dicken Fettschicht eingesäuertes Schweinefleisch

S. 55 *Monsieur le maire* – (frz.) Herr Bürgermeister

Stadtviertelsbeauftragter – als Sprecher für die kleinen Leute vom Magistrat eingesetzte Repräsentanten der einzelnen Stadtviertel

S. 57 *Bileam, als sein Esel zu reden anfing* – s. 4. Moses 22, 28, 29

Lots Weib – s. Moses 19, 26

S. 61 *conseiller d'état* – Staatsrat

S. 62 *Mark Aurel* – römischer Kaiser, 121–180, schrieb seine »Selbstbetrachtungen« in griechischer Sprache

S. 75 *Murat* und *Bernadotte* und *Davoust* – Nach der verlorenen Schlacht bei Jena und Auerstedt flüchteten die preußischen Truppen nach Norden. Blücher wurde auf dem Rückzug von französischen Truppen unter Murat, Bernadotte und Soult (hier irrtümlich Davoust) verfolgt. Ende Oktober 1806 gelang ihm die Vereinigung seiner Truppen mit denen Yorcks bei *Speck* und Kratzburg, die dann über Klockow und Federow nach *Waaren* zogen.

»Ruhe ist die erste Bürgerpflicht« – Unter dem Eindruck der Niederlage bei Jena und Auerstedt und dem Heranrücken der Napoleonischen Heere auf Berlin (1806) erließ der Gouverneur Berlins, Graf von der Schulenburg, die folgende berüchtigte Proklamation: »Der König hat eine Bataille verloren. Jetzt ist Ruhe die erste Bürgerpflicht. Ich fordere die Einwohner Berlins dazu auf. Der König und seine Brüder leben.«

Schill – Major Ferdinand v. Schill, 1776–1809, wollte 1809 ganz Norddeutschland zum Aufstand gegen Napoleon führen. Er zog mit seiner Truppe durch Mecklenburg nach Stralsund. Bei *Damgarten* und *Triebsee* stieß er auf das mecklenburgische Rheinbundkontingent, das jedoch kaum Widerstand leistete und vertrieben oder gefangen genommen wurde.

S. 76 *im russischen Winter* – Im strengen Winter 1812/13 war Napoleons Große Armee beim Rückzug aus Rußland aufgerieben worden.

S. 78 *auditeur* – (frz.) Beisitzer bei Gericht

bougres – (frz.) von »Bolgare« (Bulgare = Ketzer) abgeleitetes Schimpfwort

sacre – (frz.) verflucht

S. 84 *Amicistenorden* – Orden der »Freundschaftsbeflissenen«; Studentenverbindungen im 18. Jahrhundert nannten sich »Landsmannschaften« oder »Orden«.

S. 93 *Turn-Jahn* – Friedrich Ludwig Jahn, 1778–1852, war von 1803–1805 Hauslehrer in Neubrandenburg und Torgelow. Er heiratete 1814 die Tochter des Pächters Kollow. 1811 eröffnete er den ersten deutschen Turnplatz in der Hasenheide bei Berlin, um durch die Turnkunst zur inneren Erneuerung Preußens beizutragen. Auch an der Gründung der Burschenschaft war er beteiligt. 1819 zu einer Festungsstrafe verurteilt, lebte er bis 1840 unter Polizeiaufsicht. 1848 wurde er in die Frankfurter Nationalversammlung gewählt.

S. 95 *»licentia poetica«* – (lat.) dichterische Freiheit

Prinz Eckmühl – Louis-Nicolas Davoust, 1770–1823, Herzog von Auerstedt, Fürst von Eckmühl, besiegte die Preußen bei Auerstedt und die Österreicher bei Eggmühl.

»mein Bruder muß davon leben« – Napoleons Bruder, Jérôme Bonaparte (gen. »König Lustik«), war von 1807–1813 König von Westfalen.

S. 102 *Lehmtrad(e)* – Saumpfad, auf dem der Lehm für die Ziegelei herangeschleppt wurde

S. 103 *Kuckuck und Siebengestirn* – Sprichwort, Unmögliches bezeichnend: Wenn das Siebengestirn aufgeht, singt der Kuckuck nicht mehr.

S. 104 *Ur tau Enn* – von Anfang bis zum Ende

Äuwer – Hügel

bädelte – jagte

plängschaß – (frz.) pleine-chasse, gem. in voller Jagd

hendal – hinauf
wat 't Tüg hollen wull – was das Zeug halten will
verklamt – erfroren, erstarrt

S. 123 *Nil admirari* – sich über nichts wundern (Horaz, Epistularum I, VI, 1)

S. 133 *Notarius Publicus Im. Caes.* – (lat.) Notarius Publicus Immatriculatus Caesareus: kaiserlich eingetragener öffentlicher Rat

S. 134 *Vive l'Empereur!* – (frz.) Es lebe der Kaiser!

S. 141 *Scheffel* – ca. $38^1/_2$ l
Metze – $^1/_{12}$ Scheffel

S. 142 *Lübsche Recht* – (nach der Stadt Lübeck), nach dem Magdeburger das wichtigste mittelalterliche deutsche Stadtrecht, das im ganzen Ostseeraum Geltung hatte. Die letzte amtliche Fassung von 1568 galt z. T. noch bis 1900.
»beati possidentes« – (lat.) Glücklich die Besitzenden

S. 147 *Der Landsturm brach los.* – »In einer Zeit, wo allenthalben Krieg die Losung ist, halte ich es für notwendig zur Sicherheit des Vaterlandes, nach dem Beispiel aller Meiner Nachbarn, auch in Mecklenburg eine Landwehr, und demnächst einen Land-Sturm einzurichten«, verfügte am 8. April 1813 der Mecklenburg-Schwerinsche Herzog Friedrich-Franz. Im Juni ds. Jahres versammelte sich darauf die »gesamte waffenfähige Mannschaft vom 18. bis 60. Lebensjahr inclusive unter der Leitung der Obrigkeit.«

S. 160 *Oberst Warburg* – von Warburg, Ordonnanzoffizier Blüchers, später Kommandeur des Strelitzschen Husarenregiments
Blücher – Gebhardt Leberecht v. Blücher, 1742–1819, stand seit dem Siebenjährigen Krieg in preußischen Diensten, wurde 1801 General und focht im Krieg v. 1806 bei Auerstedt. Wegen seines Drängens auf eine tatkräftige Kriegsführung wurde er »Marschall Vorwärts« genannt. In den Freiheitskriegen übernahm er 1813 die Führung der schlesischen Armee und siegte an der Katżbach, bei Wartenburg und Möckern (Leipzig). Zusammen mit Wellington erfocht er 1815 den entscheidenden Sieg von Belle-Alliance. Er war der volkstümlichste Feldherr der Freiheitskriege.

S. 164 *Die heilige Cäcilie* – christliche Heilige der Musik
Wehr – in guten Verhältnissen

Meine Vaterstadt Stavenhagen

S. 167 *Korporal Nym* – Figur aus Shakespeares »Die lustigen Weiber von Windsor«
»Hamburger Korrespondent« in Quarto – Hamburger Zeitung im Quartformat
Professor Wehnerts sinniges Tee- und Kaffeeblatt – »Mecklenburgische gemeinnützige Blätter«, 1789–1803
»Abendblatt« – das kritisch-liberale »Freimüthige Abendblatt«, 1818–20
Pastor Reinhold, Hans Göden, der kleine Bahrdt – Prediger in Wildegk, Arzt

und medizinischer Schriftsteller in Friedland; sowie Apotheker und Schriftsteller Johann Friedrich Bahrdt, gestorben 1842 in Neustrelitz

Probenreiter – Handlungsreisender

S. 168 *Sebastopol und die ganze Mincio-Linie* – die russische Festung Sebastopol im Krimkrieg; der Durchbruch durch die Mincio-Linie im italienisch-österreichischen Kriege von 1859

Muratisten – italienische Anhänger Joachim Murats, Schwagers von Napoleon und Königs von Neapel (1808–14), sowie von dessen Sohn Lucien, seit 1853 Fürst Murat, 1849 französischer Gesandter in Turin

S. 169 *Priesterkoppel* – Acker und Weiden, die den Stadtpfarrern gehörten

Bullenwinkel – Teil des früheren Mühlenholzes vor der Stadt

Hautevolee – (frz.) die feine Welt

Emporium – (griech.-lat.) bedeutender Markt- und Handelsplatz

»Perdukten-Handel« – (jiddisch) Materialwarenhandel

S. 170 *Heimatgesetze und Zuzugshinderungen* – Die Niederlassung von Juden und Nichtbesitzenden war in Mecklenburg im 18. Jahrhundert, wie fast überall im Reich, an behördliche Genehmigung gebunden; Tagelöhner waren nur im Gutsbereich, zu dem sie gehörten, heimatberechtigt.

Komitat – feierliches Geleit für einen von der Universität abgehenden Studenten

awer dor is sei tau Senk drewen – aber da ist sie steckengeblieben

Böcke – nichtzahlende Passagiere, die zumeist auf dem Kutschbock saßen

Vexationen – Beschwernisse, Neckereien

S. 171 *Leibrock* – Gehrock, auch Frack

Vizinalwege – Gemeindewege, von (lat.) vicinus: benachbart

S. 172 *Wirtschafter* – Landwirtschaftseleve, Gehilfe des Inspektors

La Trappe – Mutterkloster des Trappistenordens, in der Nähe von Alençon (Orne)

S. 173 *Dreisch* – ungepflügtes Feld, Brache

Domanial-Amt – verwaltete das großherzogliche, zumeist verpachtete (»Domäne«) Grundeigentum

S. 174 *steeple chase* – Querfeldeinrennen

Okular-Inspektion – Untersuchung mit eigenen Augen

Botting – Butterbrot

S. 176 *Hydrostatik* – Wissenschaft vom Gleichgewicht in Flüssigkeiten

Kükewihspiel – Greifspiel

Rinaldo Rinaldini – Titelfigur des berühmten Räuberromans (1798) von Goethes Schwager Christian August Vulpius

Kollege Risch – R. war Stadtverordneter in Stavenhagen, wie Reuter in Treptow.

früheres herzogliches Jagdschloß – als solches 1740 erbaut, diente es jedoch von Anfang an als Sitz des Domanialamts

S. 177 *meiht* – mäht

Swinkaben – Schweinekoben

Snuwdäuker – Schnupftücher

de Haufisen ümmer verkihrt unner de Mähren – Die Raubritter sollen, um ihre Verfolger zu täuschen, die Hufeisen ihrer Pferde verkehrt haben annageln lassen.

Poggen un Qualduxen – Frösche und Kröten

Kommers – (lat.) commercium = Umgang

buren un tagen – geboren und aufgezogen

S. 178 *»Und so saß er viele Tage...«* – ungenau aus Schillers Ballade »Ritter Toggenburg«

S. 179 *Bandelier* – Leibgurt, Wehrgehänge

Ribnitzer Nonnenkloster – lutherisches, allein den Töchtern adliger Gutsbesitzer vorbehaltenes Fräuleinstift

Kantergaß – Kantorengäßchen

S. 180 *unehrlich durch sein Amt* – Weil sie mit dem Strafvollzug zu tun hatten, galten die Gerichtsdiener früher als unehrenhaft.

S. 181 *subsequens matrimonium* – (lat.) als Folge der Eheschließung

Farken – Ferkel

S. 182 *Cicerone* – (ital.) Fremdenführer; wegen ihrer Redseligkeit scherzhafterweise mit Cicero verglichen

Samojeden – Nenzen, sibirischer Volksstamm

neu versohlen – Schwellen und Grundbalken eines Fachwerkhauses erneuern

S. 183 *Kreller* – (von krellen = drehen); Spiel zu zweien, bei dem beide versuchen, mit einem Schlagholz einen Pflock in den Kreis des Gegners zu schlagen.

Knull – Fangspiel mit fünf Steinchen oder Kügelchen

S. 184 *Solt* – Salz

Utlagen – Auslagen

Win – Wein

Pegel – altes Raummaß, etwa 1/5 l

Achtel – gem.: 1/8 Anker; ein Anker etwa 35 l

lymphatisch – von Lymphe (Gewebeflüssigkeit): wässerig

merkurialisch – quecksilbern

S. 185 *»Der Kaiser und der Abt«* – Ballade von Gottfried August Bürger (1747–1797)

S. 186 *Growwbrot* – grobes (Schwarz-)Brot

S. 187 *Lockstuten* – gem. Lochstuten: Butterteiggebäck mit einem Loch in der Mitte

S. 188 *Bombasin* – (frz.) über Kreuz gewebter Baumwollstoff oder Gemisch aus Wolle und Seide

Flachsknocken – an den Enden verknotete Flachssträhnen

S. 189 *Krallen* – Korallen

wider – weiter

S. 190 *knipen* – hart anfassen, kneifen

S. 191 *neger* – näher
Bli – Blei
Sangbauk mit en Herz – Zur Verlobung wurde der Braut vom Bräutigam oft ein mit einem eingepreßten Herzen versehenes Gesangbuch geschenkt.
S. 192 *der blinde Gott* – Amor
er dingt nicht – er feilscht nicht
verdrögt – eingetrocknet
S. 194 *»Der Onkel als Neffe«* – Anspielung auf das von Schiller bearbeitete Lustspiel »Der Neffe als Onkel«
aufmalocherte Zähne – (jiddisch) Die Zähne alter Pferde werden mit Grabstichel und Brenneisen bearbeitet, so daß sie wie neu aussehen.
homines minorum gentium – (lat.) Menschen niederen Standes
Neophyten – (griech.) »Neugepflanzte«, gem.: Neugetaufte, Neulinge
»Dreikart«, *»Fünfkart«* – Siebzehn und Vier sowie »Gottes Segen bei Cohn«
»Zerbrecht mir ja die Flasche nicht...« – aus dem Gedicht »Die Feldflasche« von J.E. Veith (Fliegendes Blatt von 1814)
S. 195 *König Pharao* – gem.: Pharo, Kartenglücksspiel
Bischof – kaltes Rotweingetränk, vgl. Thomas Mann »Die Buddenbrooks«
Corduroi – Rippelsamt
mit hierophantischer Heimlichkeit – Hierophant (griech.) Weihepriester, besonders der eleusinischen Mysterien
Kläterpuppen – mit Erbsen gefüllte hölzerne Klapperpuppen
S. 196 *Charitinnen* – (griech.) Dienerinnen des Apollo und der Aphrodite, entsprechen den römischen Grazien.
Justizrat Schröder – Freund und Förderer Reuters in Treptow
Hilgendorf – Mitschüler Reuters, Besitzer des Gutes Klein-Tetzleben, wo Reuters Frau vor ihrer Ehe als Erzieherin in Stellung war
nates natorum – (lat.) die Sitzpartien der Nachkommen
S. 197 *species facti* – (lat.) die Umstände des Geschehenen
Usucapio – (lat.) römisch-rechtlich für »Ersitzung«: Eigentumserwerb durch längeren Gebrauch
Assekuranz – sichere Verwahrung
bal champêtre – (frz.) ländlicher Ball
S. 198 *Katzen-Läuschen* – heitere Geschichte (»Erlauschtes«) über Katzen
S. 200 *rot perlustriertes Exerzitium* – schriftliche Übungsarbeit, in der die Fehler rot angestrichen sind
Klimax – (griech.) Steigerung
Einspringe-Geld – war vom Studenten beim Eintritt in eine Verbindung zu erlegen
S. 201 *Goren* – Garten
Stockhaus zu Dömitz – Strafgefängnis der mecklenburgischen Festung Dömitz, wo Reuter einen Teil seiner Festungshaft absaß
S. 202 *wi willen seihn, wo de Voß de Egt treckt* – Wir wollen doch sehen, wie der

Fuchs die Egge zieht. Sprichwort: Mal sehen, wie die Sache abläuft.
wrampig, wormmadig – mißgestaltet, wurmstichig
embryonisch – keimhaft entwickelt
Klavizimbel – Cembalo

S. 203 *Peregrinus Syntax* – Pseudonym für Hempel, Verfasser eines Reimlexikons
»Vossische« – die liberale Berliner »Vossische Zeitung«
Karl V. – römisch-deutscher Kaiser, 1519–1556; leidenschaftlicher Uhrensammler, welcher Liebhaberei er sich besonders nach seiner Abdankung (1555) im spanischen Kloster San Yuste hingegeben haben soll
Acheron – (griech.) Fluß, über den die Gestorbenen in die Unterwelt gelangen
Obolus – kleine Geldmünze, auch als Fährpreis über den Acheron
Cranium – vollständiger Schädel, mit Unterkiefer

S. 204 *Comment suspendu* – (frz., Studentensprache): (zeitweilig) aufgehobener Brauch
Tenor – die die Hauptmelodie im mittelalterlichen Cantus firmus anführende Stimme
leve ac non satis dignum – (lat.) gewogen und zu leicht befunden; Dan. 5, 27

S. 205 *De Furcht wohrt de Heid* – sprichwörtlich: Die Furcht schützt den Wald.
Primus (ultimus) scholae – (lat.) der beste (schlechteste) Schüler
cum infamia in perpetuum – (lat.) mit immerwährender Schande
die vier Spezies – die vier Grundrechenarten

S. 207 *Reguladetri* – Dreisatz
Regula quinque – Methode, aus fünf bekannten eine sechste unbekannte Größe zu errechnen
Regula falsa – gem.: Regula falso oder Falsorechnung. Mit ihrer Hilfe können ohne Kenntnis der Algebra durch beliebig angenommene Zahlen die gesuchten Größen einer Gleichung gefunden werden.

S. 208 *Bocher* – jüdischer (Religions-)Lehrer, Talmudschüler

S. 209 *Ariadnefaden* – Ariadne, Tochter des Minos, half dem Theseus mit Hilfe des von ihr geschenkten Knäuels aus dem Labyrinth zurückzufinden.
Est bellum bellum, bellis bellare puellis – (lat.) Schön ist der Kampf, der mit schönen Mädchen gekämpft wird.

S. 210 *je suis été* – (frz.) richtig muß es heißen: J'ai été.
»Olle Kamellen« – Buchobertitel, unter dem Reuter u. a. »Ut de Franzosentid« herausgab

S. 211 *Augereau* – Pierre François Charles A., Herzog von Castiglione, Marschall und Pair von Frankreich (1757–1816), Parteigänger Napoleons beim Staatsstreich vom 18. Brumaire (November) 1799, gebürtiger Pariser
Ce coquin-là – (frz.) Dieser Gauner!

S. 212 *Spolien* – (lat.) Waffenbeute, im Mittelalter auch Nachlaß eines Geistlichen

S. 213 *daß Kalif Omar die Alexandrinische Bibliothek verbrannt hat* – Die Bibliothek von Alexandria war die bedeutendste Bibliothek des Altertums. Ein Teil

ging 47 v. Chr. durch Brand verloren, der Rest 391 n. Chr.
nach Homannii Atlas – »Atlas methodicus explorandis juvenum profectibus in studio geographico«, Nürnberg 1719

S. 214 *Linné* – der schwedische Naturforscher Karl von L., 1707–1778
Couleur – (frz.) Farbe
Gouache – Malerei mit deckenden Wasserfarben
Riepenhausen – Universitätskupferstecher in Göttingen (1765–1839)

S. 215 *die jetzt beliebten Romane* – gemeint: John Fenimore Coopers »Lederstrumpf«-Erzählungen
Crimen laesae majestatis – (lat.) Majestätsbeleidigung

S. 216 *swarten Deg'* – Bilsenkraut
vergeben – vergiften
Rupen – Raupen
Viktriolöl – Vitriolöl
Hauschuer – Werkstattschuppen
Frittbohrer – Fräsbohrer

S. 217 *Familie Jahns bekannt* – Friedrich Ludwig Jahn (1778–1852) war 1803–05 Hauslehrer in Neubrandenburg und Torgelow
von meines Vaters Justus – der von der Tabakfirma Justus in Hamburg gelieferte Tabak
Knaken – Knochen
dat Tüg taunicht rangen – die Sachen ruinieren

S. 218 *salarierter candidatus theologiae* – bezahlter Theologiekandidat

S. 219 *Schellers Lexikon* – »Lateinisch-deutsches und deutsch-lateinisches Handlexikon«; 3. Auflage, Leipzig 1816, 3 Bd.
verzahnter Träger – durch Verzahnung verbundene, horizontal liegende Doppelbalken

S. 220 *Dreyschock und Catalani* – Pianist, Komponist Alexander D. (1818–1869); Opernsängerin Angelica C. (1779–1849)
Rabbi Akiba – In seinem Drama »Uriel Acosta« (1846) legt Karl Gutzkow (1811–1878) dem Rabbi jene Redensart in den Mund.

S. 221 *einen roten Knopf* – Ein roter Knopf gehörte zum Forte-Zug eines Cembalos.
der alte Zoch – ein Stadtmusikant aus Stavenhagen
im Domanio – Der alte Bauhof gehörte zum Domanialamt.

S. 222 *crève-coeur* – (frz.) großes Ärgernis
teigen – zehn
negen – neun
afschaten – abgeschossen
halben Mond – Schellenbaum bei der Militärmusik

S. 223 *Flanqueurs* – Plänkler, leichte Schützen
Auf (den) Flügeln des Gesanges – Gedicht von Heinrich Heine (1797–1856) (»Auf Flügeln des Gesanges, Herzliebchen, trag ich dich fort...«), im »Buch der Lieder« (1827)

»Komm, Lina, komm ...« – Die bruchstückhaft wiedergegebenen Szenen stammen aus dem Singspiel »Der Offizier im Nonnenkloster«, zweite Hälfte des 18. Jahrhunderts.

fin un groww – fein und grob, gemeint: Sopran und Baß

S. 225 *Kantor Richter* – an der Marien- und Johanniskirche in Neubrandenburg

S. 226 *»Susemihl kickt ut de Luk ...«* – Susemihl war Ratsherr, Sparmann Arzt, Bank Schumacher, Sohst der Schwiegervater von Amtshauptmann Weber.

Kazike – indianischer Stammeshäuptling

Terpsichore – (griech.) die Muse des Tanzes

S. 227 *tempête* – stürmischer, der Quadrille ähnlicher, von acht Paaren getanzter Tanz

Stadtsprecher, Viertelsleute, Ausschußbürger – Vertreter der Bürgerschaft

Petenten – Bittsteller

S. 229 *legen Kirl* – schlechter Kerl

S. 230 *Däsbartel* – Dummkopf

Hans Quast – Narr, Einfaltspinsel

Graf Richard in der Normandie – Anfangsverse von Uhlands »Graf Richard Ohnefurcht«

S. 231 *Kuhnhahn* – Truthahn

S. 232 *Petersilien-Nöten* – Von einem Mädchen, das ohne Tänzer blieb, hieß es, sie sei in Petersilien-Nöten.

Ecossaise – (frz.) ursprünglich »schottischer« Tanz

Figaro – gem.: Ecossaise à la Figaro

S. 233 *Mandelmuscheln* – Mandelgebäck

S. 234 *Hauptpaziszenten* – Haupt-Vertragspartner

fidus Achates – (lat.) sprichwörtlich für »getreuer Gefährte«; Achates ist eine Figur aus Vergils »Aeneis«.

S. 235 *Karaibe* – im nördlichen Südamerika, vor ihrem Aussterben auch auf den Antillen heimische Indianer

S. 236 *Vierlanderin* – Bewohnerin der »Vierlande« bei Hamburg; Volkstracht.

ihre – eher

S. 238 *Neg'* – Nähe

Domina – gem.: Domino, Faschingskostüm

Taftschört – Taftschürze

»unter Larven die einzig fühlende Brust« – aus »Der Taucher« von Schiller

wis mi mal – zeig mir mal

S. 239 *Graf Tassilo* – Held zahlreicher Ritterromane und Dramen

S. 240 *Kuno von Kyburg* – Held eines Ritterromans von Heinrich Zschokke

Antog tausam prünt hewwen – den Anzug (mühsam) zusammengeschneidert
S. 241 haben

der Perücken bedienen müssen – Das eigene Haar einer Frau gilt nach ortho-
S. 242 dox jüdischer Auffassung als Blöße; deshalb müssen Ehefrauen Perücken tragen.

S. 243 *Venus Amathusia* – Beiname der Venus nach der antiken Stadt Amathus auf Zypern
Mahomets Gebot – Der Islam verbietet den Genuß berauschender Getränke.

S. 244 *Ölpken* – Kosename für Reuters Tante Christiane; mit Nachnamen hieß sie Ölpke.

S. 245 *mêlée* – (frz.) Handgemenge, Getümmel

S. 246 *Ich bin liederlich* – nach einem berühmt gewordenen Lied aus Scotts »Guy Mannering«

S. 247 *Qui dormit, non peccat* – (lat.) Wer schläft, sündigt nicht.

S. 248 *»Der arme Poet...«* – Lustspiele von Kotzebue: »Die Rosen des Herrn von Malesherbes«, »Schneider Fipps«

S. 251 *Soccus und Kothurn* – Soccus (lat.) leichter, niedriger Schlüpfschuh, Fußbekleidung des Komödienschauspielers; Kothurn (griech.): der dicksohlige, überhöhte Schuh des Tragöden
schörlaken – scharlachen

S. 252 *Entrechats* – (frz.) Kreuzsprünge beim Ballett

S. 253 *du rohrst jo as en Roggenwulf* – du heulst ja wie verrückt
Klutentreten – Schollen treten; die Landwirtschaft betreiben
»Das Landhaus an der Heerstraße« – Lustspiel von Kotzebue

S. 254 *Küster Suhr* – nach dem Leben gezeichnete und benannte komische, missingsch sprechende Figur Reuters; kommt vor in »Läuschen un Rimels«, der »Reis' nah Belligen« und in »Hanne Nüte«

S. 258 *Fitzelbänder* – Garnfäden, die um die Docken des abgehaspelten Garns gebunden wurden
Jubal – Mos. 4, 21: »Und sein Bruder hieß Jubal; von dem sind gekommen die Geiger und Pfeifer.«
Bis'wurm – Ochsenbremse, Fasselfliege
Rusch – langes Gras oder Rohr

S. 259 *Panners* – Feldhüter
»dat litt jo de Ridderschaft nich!« – Redensartlich gebrauchter Hinweis darauf, daß die Ritterschaft, d.h. die Großgrundbesitzer, im mecklenburgischen Landtag Neuerungen nicht besonders zugetan war.
Albansche Säemaschine – vom Augenarzt Ernst Alban aus Neubrandenburg (1791 geb.) erfunden

S. 260 *Weinberge in Crivitz* – im 18. Jahrhundert, und nach 1826, mit mäßigen Ergebnissen
Der Herr vom Rhein – Lied »Es war ein Edelmann vom Rhein«, von Wollheim
Blauer Zwirn – gemeint: Kartoffelschnaps
»Der Mensch ist, was er ißt« – geflügeltes Wort nach Ludwig Feuerbach (1804–1872)

S. 261 *Notjahre und die schlimmeren Armutsjahre der ersten Zwanziger* – 1822 sanken nach Englands Getreideeinfuhrverbot die Getreidepreise, um erst nach

15 Jahren wieder zu steigen. Viele schwache Wirtschaften gingen damals bankrott (vgl. »Das Leben auf dem Lande/Ut mine Stromtid«).

Weberkarde – hellviolett blühendes Distelgewächs; wurde zum Aufrauhen von Wollstoffen verwandt

S. 263 *philiströse dehors* – kleinliche, gesellschaftliche Äußerlichkeiten

Korduan – Ziegen- oder Schafsleder

Glas Schurr-Murr – Gemisch aus Rum, Bitterem, Kirsch, Kümmel und Cognac, das in der Grischowschen Apotheke in Stavenhagen zusammengebraut und Schurr-Murr genannt wurde. Der Name wurde dann von Reuter als Titel für eine Sammlung kleinerer platt-, hochdeutscher und missingscher Erzählungen verwandt (1861).

Aus meiner Festungszeit

S. 269 *Glogau* – Stadt und Festung in Niederschlesien, heute: Glogów

Friedrich Schulz – vgl. »Aus der Franzosenzeit«

S. 270 *Platzmajor* – oberster, fürs Verwaltungswesen auf Festung zuständiger Militär

großen Namen – v. Lützow, Bruder des Freikorpskommandeurs in den Freiheitskriegen 1813–1815 (»Lützows wilde, verwegene Jagd«)

General-Auditoriat – oberste (Vernehmungs-) Militär-Gerichtsabteilung

S. 275 *Höppners Institutionen...* – Höppner: Kommentar über die Heineccischen Institutionen. Thibaut: System des Pandektenrechts, Ohm: Die reine Elementar-Mathematik, G.A. Fischer: Anfangsgründe der Hydrostatik und Hydraulik. Zum Selbstunterricht für angehende Architekten.

Institutionen – Lehrbücher zur Einführung in das römische Recht

Pandekten – (griech.: alles enthaltend), Hauptteil des Corpus iuris civilis

S. 279 *Schnabel* – war zum Tode verurteilt, weil er als Einbrecher einen Verfolger getötet hatte

S. 282 *Sprenger* – Fußschellen

Weife – Eisenstange mit Ringen, die die Arme auseinanderhält

S. 283 *die Yorckschen* – Yorck v. Wartenburg (1759–1830), preußischer General, Kommandeur des preußischen Hilfscorps im Rußlandfeldzug Napoleons, Unterzeichner der Konvention von Tauroggen (preußisch-russischer Neutralitätsvertrag), 30.12.1812

S. 284 *Zieten* – Preuß. Generalfeldmarschall, kommandierender General in Schlesien

S. 285 *Justizrat Schröder* – Reuters Freund soll über diese Erwähnung nicht besonders glücklich gewesen sein.

Heinrich VIII. – englischer König (1509–1547), ließ u.a. seinen Kanzler Thomas Morus und seine Frauen Anna Boleyn und Catherine Howard hinrichten *russischer Peter* – Peter der Große (1689–1725), ließ den Zarewitsch Alexej foltern, so daß er an den Folgen starb

Nikolaus I. – (1825–55), unterdrückte blutig den Dekabristen- (1825) und den polnischen Aufstand (1830–32)

Karl v. Braunschweig – Der sog. »Dimantenherzog« wurde wegen Arroganz und Mißwirtschaft 1830 vertrieben. In Genf, wo er verstarb, ist noch heute sein pompöses neugotisches Denkmal zu bewundern, das ihm die dankbare Stadt als Universalerbin errichtete.

Conat – Versuch eines Verbrechens

S. 286 *v. Tzschoppe* – (1796–1842), Referent in der preußischen Ministerialkommission gegen demagogische Umtriebe, starb in geistiger Umnachtung

Onkel Dambach – Heinrich Rudolf Dambach, Richter in Querfurt, seit 1833 Direktor des Inquisitoriats (Untersuchungsbehörde) in Berlin

S. 288 *Exner* – berüchtigter schlesischer Einbrecher

Pitaval – ursprünglich von dem französischen Juristen Pitaval herausgegebene Sammlung berühmter Kriminalfälle, immer wieder übersetzt und neu aufgelegt, so auch mit einem Vorwort von Schiller

Prag und Leuthen – Schlachten im Siebenjährigen Kriege, Siege Friedrichs II. über die Österreicher

S. 291 *Kulm* – Niederlage Napoleons gegen die preußischen Truppen am 29. und 30. August 1813 bei Kulm und Nollendorf

S. 294 *Schuster Bank* – Schuhmachermeister Johann Bank aus Stavenhagen; tritt auch in der »Stromtid« im Rahnstädter »Reformverein« auf.

Landwirtschaft – Nach seiner Haftentlassung und einer mißglückten Wiederaufnahme des Jurastudiums war Reuter ab 1842 als »Wirtschafter« auf Gütern tätig.

S. 295 *General Kalckreuth* – Friedrich Adolf v. Kalckreuth (1737–1818), preußischer Heerführer der Freiheitskriege

Monturenkarte – Uniformübersicht

S. 296 *Striemer* – hat auf dem Rücken einen Streifen

Bläß – hat auf der Stirn einen weißen Fleck

S. 209 *grundklar* – eigentlich: durch gründliches Auseggen gesäubert

ein Korn mehr – Die »grundklar«-Methode sollte anstelle des üblichen Sechsfachen das Siebenfache der Aussaat erbringen.

S. 299 *General v. Schuckmann* – Wilhelm Ludwig Diedrich v. S. (1785–1856), zuletzt Oberst in Glogau, Besitzer von Mölln bei Stavenhagen

Ivenacker Tiergarten – Park des dem Grafen Hahn gehörigen Ritterguts Ivenack bei Stavenhagen

S. 300 *Herrenhuterin* – Angehörige der 1722 von Graf Zinzendorf in Herrnhut (Lausitz) begründeten pietistischen Brüdergemeinde (mährische Exulanten)

Silberberg – vgl. »Zu dieser Ausgabe«

Sohn Ihres Justitiars – Reuters Vater, Bürgermeister von Stavenhagen, war zugleich Treuhänder der privaten Gerichtsbarkeit der Gutsherren auf mehreren Gütern der Umgebung.

S. 302 *Wasserpollack* – Oberschlesier mit überwiegend polnischer Muttersprache
deutsch predigen – Die Auseinandersetzungen mit der katholischen Kirche führten in den z. T. polnisch besiedelten preußischen Ostprovinzen auch zu nationalen Spannungen in den 30er Jahren.

S. 303 *König umbringen* – vgl. »Zu dieser Ausgabe«

S. 304 *Herr Bohlchen* – Carl August Bohl, Burschenschafter, 1834–40 auf Silberberg, später Leiter einer Privatschule in Stralsund
frère Braun – August Braun, Burschenschafter, 1811–1872, Beustrin bei Schivelbein (Pommern), später Rittergutsbesitzer auf Grössin
der Bauer – Adolf Döhn (?), Burschenschafter, 1811–1864 (?), später Gutsbesitzer bei Pyritz
»Die weiße Dame« – Erfolgsoper von Charles Auguste Boieldieu, 1825

S. 305 *Adelheid* – Reuters Schülerliebe Adelheid Wüsthoff
Amtshauptmann Weber – großherzoglicher Beamter in Stavenhagen, vgl. »Aus der Franzosenzeit«
anderes deutsches Vaterland – Königreich Sachsen

S. 307 *von Massow aus Kolberg, Bönniger aus Silberberg und Wagner und Reinhardt aus Magdeburg* – Ewald v. Massow, Jenenser Burschenschafter, geb. 1810 zu Tankow (Neumark), Neffe des Ministers v. Kamptz, soll noch um 1865 im Westen der USA gelebt haben; Ernst Gustav Bönniger aus Duisburg, Burschenschafter, starb 1848 in Baltimore (USA), Julius Wagner aus Halle, Burschenschafter, Carl Reinhardt aus Kamen, Burschenschafter (vgl. S. 338 ff.)

S. 308 *Burschenschaft* – vgl. »Zu dieser Ausgabe«, S. 512 ff.

S. 310 *Inquisitoriat* – hier: Untersuchungs- und Zellengefängnis

S. 312 *Minister v. Rochow* – richtete als preußischer Innenminister 1838 an Einwohner von Elbing, die sich öffentlich dem Protest der sieben Göttinger Professoren gegen die Aufhebung der hannoveranischen Landesverfassung angeschlossen hatten, die Rüge: »Es ziemt dem Untertanen nicht…, die Handlungen des Staatsoberhauptes an den Maßstab seiner beschränkten Einsicht anzulegen.« Daraus schmiedete der politische Lyriker Georg Herwegh 1842 das Wort vom »beschränkten Untertanenverstand«.
Schild des Achilles – nach Homer war es der Schild des Ajax

S. 315 *Grashof* – Hermann G. (1808–67), später Beamter der Deutschen Lebensversicherungsgesellschaft in Lübeck

S. 316 *Oberst v. Busse* – nur noch kurze Zeit zweiter Kommandant

S. 320 *Pfarrer Ernst* – Johann Liberius Ernst, Pfarrer und bischöflicher Kommissar in Magdeburg
Homilie – Predigt in engem Anschluß an einen Bibeltext
Rückenmarksdarre – wenn nicht tuberkulös, eine mit Lähmung verbundene Spätform der Syphilis

S. 321 *Müller und Weichsel* – Reuters Vater hatte an dies Handelshaus Geld geschickt

S. 327 *Heintzmann* – Alexis H. aus Bochum, Burschenschafter, mußte nach der Revolution 1848/49 fliehen und starb 1865 als Kaufmann in London

Messerich – August M. aus Bitburg, Burschenschafter, starb 1876 als Rechtsanwalt in Trier

S. 329 *funditus trinken* – ex –, das Glas ganz austrinken

S. 331 *Stabsarzt Reiche* – Carl Friedrich Wilhelm R. aus Stettin (1786–1856), ab 1850 Arzt im Magdeburger Krankenhaus

Kapteihn – Albert Schultze aus Berlin (1808–77), Burschenschafter, 1848 Abgeordneter der Preußischen Nationalversammlung, seit 1850 Rechtsanwalt in Meseritz (Posen), heute: Międzyrzecz

S. 332 *Guittienne* – Johannes G. aus Niederaltorf (Saarlouis) (1809–89), Burschenschafter, später Bürgermeister von Niederaltorf, war Mitglied der Frankfurter Nationalversammlung 1848/49.

Karl v. Mecklenburg – (1785–1837), seit 1827 Präsident des Preußischen Staatsrats, Anhänger rücksichtsloser absolutistischer Machtpolitik

S. 334 *Cholera* – Seit 1831 gab es in Europa mindestens acht schwere Cholera-Epidemien; die Sterblichkeit schwankte zwischen 50 und 80 Prozent.

S. 335 *Peter Haßlacher* – aus Koblenz (1810–76), wegen Beteiligung an »demagogischen Umtrieben« 1833–40 in Berlin, Magdeburg und Ehrenbreitstein inhaftiert, später Jesuit, Domprediger in Straßburg, Missionsprediger, Pater – starb in Paris

Breyer – Albert B. aus Berlin (1812–76), ging nach seiner Flucht nach Belgien, starb als Arzt in Brüssel: »weitbekannter und geschätzter Arzt und namhafter Naturforscher«

Charles douze – Spitzname Reuters aus seiner Schülerzeit: Er wollte, trotz schwacher Elementarkenntnisse, beim Schuleintritt in Friedland Voltaires Biographie Karls XII. von Schweden gelesen haben.

Reinhardt – Carl R. aus Kamen, Burschenschafter

S. 336 *Herr Rolack* – plattdeutsch sprichwörtlich für: bester Herr

v. Langen – Carl Johann v. L., zuletzt Generalmajor, Kommandant von Silberberg

S. 338 *Cornelius* – Wilhelm, aus Stralsund, geb. 1809, verschollen nach seiner Auswanderung in den sechziger Jahren nach USA, nach seiner Entlassung 1839 als Schriftsteller in Greifswald und Stralsund lebend

S. 341 *Auditeur* – Militärgerichtsbeamter

S. 342 *Quassia-Tee* – heute nicht mehr gebräuchliches Magenmedikament aus Holz und Rinde des südamerikanischen Quassiastrauchs, Hopfen- u. Chininersatz

S. 343 *Der Herrn Minister Regiment...* – aus Hans Ferdinand Maßmanns (1797–1874), des Burschenschaftdichters, »Weinlied«

Generallt. v. Thile – unter Friedrich Wilhelm IV. preußischer Kabinettsminister, von den Berlinern »Bibel-Thile« genannt, »menschenfreundlicher Mann« (Reuter in Briefen)

S. 349 *Karl Krüger* – Freund Reuters seit der Friedländer Schulzeit, später Senator in Malchin

Fritz Peters – Reuters bester Freund, bot ihm auf seinem Pachtgut Thalberg in den vierziger Jahren eine Heimstatt

S. 350 *graue Jacken, weite Hosen* – die durch Friedrich Ludwig Jahn eingeführte Turnerkleidung

von Schwarz-rot-gold nach Spandau – auch auf der Festung Spandau saßen »Demagogen« ein; sie wurde berühmt, als 1850 der Student Carl Schurz den wegen Teilnahme an der 1848er Revolution zu lebenslänglicher Haft verurteilten Dichter Gottfried Kinkel aus Spandau befreite.

S. 352 *Tochter Jephtas* – aus Byrons »Hebrew Melodies« (nach Richter 10, 17 – 12, 7); die letzte Zeile von Reuters Text lautet: »und vergiß nicht, daß lächelnd ich starb.«

S. 354 *Heubold* – Der Mann soll in Wirklichkeit Heyboldt geheißen haben.

S. 359 *Graudenz* – an der Weichsel, heute: Grudziądz

S. 360 *sagt Trohls* – plattdeutsche Redensart

S. 364 *v. Toll* – Ludwig Johann Philipp v. T.; (1776–1851), vgl. »Aus der Franzosenzeit«

S. 365 *Schramm* – Carl S. aus Hückeswagen (Rhld.) (1810–88), Vorstandsmitglied der Jenenser »Germania«. Nach seiner Entlassung Konrektor in Langensalza, Abgeordneter der Preußischen Nationalversammlung, kämpfte im badischen Aufstand mit, emigrierte erst in die Schweiz, dann nach USA, war Prediger in New York und St. Louis, kehrte 1878 nach Deutschland zurück, zuletzt Prediger der Freireligiösen Gemeinde in Nordhausen. Reuters Vorwürfe gegen ihn halten nicht in allen Einzelheiten stand.

S. 370 *Hexameter von Voss* – Die Verse stammen von Christian Fürchtegott Fulda (1768–1854).

S. 375 *Victoria und Albert* – Victoria hatte 1837 den englischen Königsthron bestiegen und verlobte sich bald danach.

S. 377 *Kopernikus* – Friedrich Wilhelm Vogler, aus Könnern an der Saale (1811–54), Burschenschafter, 1851 Bürgermeister seiner Heimatstadt

S. 378 *Anton Witte* – aus Marwitz (Landsberg a. d. Warthe) (1805–49), Buchdrukker, hatte sich auf der Wanderschaft in der Schweiz 1835 dem Jungen Deutschland angeschlossen und wurde deshalb nach seiner Rückkehr nach Preußen verhaftet. Nach seiner Entlassung Buchdruckereibesitzer in Landsberg.

Putenei... – sprichwörtlich für Sommersprossen

S. 379 *Martin v. Dunin* – Der Posener Erzbischof Martin v. D. war wegen Streitigkeiten mit dem preußischen Staat in der Mischehenfrage zu 6 Jahren Festung verurteilt worden; die strenge Auffassung der Kirche in der Mischehenfrage widersprach der liberalen preußischen Rechtsauffassung.

S. 380 *derart abscheuliches Verbrechen* – Laut Bundestagsbeschluß von 1835 war das Studium in Zürich und Bern für Bundesangehörige verboten, Handwerksburschen durften nicht in Länder gehen, in denen es politisch aktive Arbeitervereine gab.

S. 381 *Tirailleurkette* – Schützenkette

S. 392 *du jour* – Offizier vom Dienst

S. 398 *ne Eule gesessen* – sich geirrt haben

S. 400 *homo sui iuris* – rechtsverfügungsfähig

majorenn – mündig

Auskultatoren-Examen – das 2. juristische Staatsexamen

S. 401 *Hering im Regenmantel* – redensartlich für: schlecht zusammenpassend

S. 403 *Hesperus* – der Abendstern

S. 405 *Bildung* – Schramms Braut war eine Bäckerstochter, die ihn während einer schweren Krankheit gepflegt hatte

S. 409 *obstinatsch* – widersetzlich

colonel – (frz.): Oberst

S. 411 *Löff* – Klempner Löff hatte eine von ihm erfundene Kaffeemaschine patentieren lassen.

S. 413 *Jungkälber* – im Frühjahr werden viele Kälber gleich, »nüchtern«, geschlachtet.

Rotaugen – Plötz: Weißfisch mit roter Iris und weißen Flossen

S. 422 *Sau im Judenhaus* – sprichwörtlich für unpassend; die jüdische Religion verbietet den Genuß von Schweinefleisch.

S. 423 *Bête mit Codille* – Verlierer, »mit Pauken und Trompeten« im L'Hombre

S. 426 *Mittelweg* – juste-milieu, das gemäßigt liberale System des französischen Bürgerkönigs Louis-Philippe (1830–48), dessen führender Staatsmann Guizot war

S. 434 *Nachtusch* – eine dem Komment widersprechende zweite Beleidigung, zugleich Wortspiel: die Bärte wurden nachge*tuscht*

S. 436 *Milch der frommen Denkungsart* – eigentlich »Denkart«, aus Schillers »Tell«-Monolog

S. 437 *rationelle Landwirtschaft* – Albrecht Thaer (1752–1828): Grundsätze der rationellen Landwirtschaft (1809–12)

S. 439 *Kardinal* – kalt genossener Weißweinpunsch, als Rheinwein-Champagner-Mischung angeblich von E. Th. A. Hoffmann erfunden

S. 442 *Herrgott von Bentheim* – bei Bentheim stand ein wundertätiges steinernes Christusbild

S. 446 *Pastor Salm-Salm* – langweiliger Pastor, Salm von: Psalm

S. 456 *Dänemark und Preußen* – Anspielung auf die schleswig-holsteinische Krise

Preußen die Führung – Anspielung auf Bismarcks Übernahme der preußischen Ministerpräsidentschaft 1862

aus dem französischen Sumpf herausgerissen – Anspielung auf die Freiheitskriege 1813–15

S. 458 *Paul Friedrich* – Großherzog von Mecklenburg-Schwerin (1832–42)
Urfehde – Die Rückkehr nach Preußen wurde bei einer Zuchthausstrafe von 2 Jahren verboten.
Preuße – Um nicht ausgewiesen werden zu können, erwarb Reuter als Bürger der vorpommerschen Stadt Treptow (heute Altentreptow) 1851 die preußische Staatsbürgerschaft.
»Was ist des Deutschen Vaterland« – Lied aus dem Jahre 1813 von Ernst Moritz Arndt (1769–1860)

S. 460 *der blutige Kleist* – Präsident des preußischen Kammergerichts
Herr v. B. – Über die von Reuter angeführten Fälle hat sich nichts nachweisen lassen.

S. 461 *Wuthenow* – Ferdinand W. aus Brandenburg (1812–82), Burschenschafter, 1855 Kreisgerichtsrat in Greifswald

S. 462 *Franz Floerke* – aus Ludwigslust (1811–89), seit 1839 Bürgermeister von Grabow

S. 463 *Spiegelberg* – Wilhelm S. aus Damm bei Parchim (1812–88) gehörte zu den neun Mecklenburgern, die im Zusammenhang mit der »Demagogen«-Verfolgung in Mecklenburg zu kleineren Freiheitsstrafen verurteilt wurden; er saß 1836 auf Dömitz ein. Rechtsanwalt und Notar in Rostock.

S. 464 *Stadthauptmann Zachow* – war bis 1835 Stadthauptmann
Herzog von Modena – Franz IV., der einzige europäische Fürst, der Louis-Philippe nicht anerkannte

S. 465 *Ich aber ging...* – freie Umdichtung eines Volkslieds
Henriette Hanke – (1784–1862) Verfasserin vielgelesener Unterhaltungsromane

S. 466 *Portepee* – (frz.) Degenträger, Seitengewehrtrageeinrichtung mit versilberter Quaste
Kommandant – Oberstleutnant Christian Dietrich Karl v. Bülow (1767–1850)

S. 467 *Erbgroßherzog Friedrich* – (1757–1826) hat in M.-Schwerin die Folter abgeschafft

S. 468 *Diebitsch in der Türkei* – russischer Feldmarschall (1785–1831), erzwang im Türkenkrieg 1829 den Übergang über das Balkangebirge

S. 469 *eine Pag* – vorpommersch platt für: Frosch (Pogg)

S. 470 *Kamptz* – vgl. »Zu dieser Ausgabe«
Fenzirsche Mühle – ehemalige Papiermühle beim Dorf Fenzir

S. 472 *Prehn* – Schulfreund Reuters, später Amtshauptmann in Bützow
Schuldirektor – Johannes Zehlicke
Pribbenowsche Tannen – Gehölz in der Nähe des Dorfes Pribbenow bei Stavenhagen

S. 473 *einen guten Freund* – Fritz Peters

S. 474 *Domanium* – der in Erbpacht vergebene Teil des Landes, der dem Großherzog gehörte *des Schulmeisters Rock* – Reuter wirkte ab 1851, nach seiner Verheiratung, als Privatlehrer für Französisch und Turnen, seine Frau gab Klavierunterricht. *»Läuschen un Rimels«* – Titel der ersten, im Privatverlag 1853 erschienenen »plattdeutschen Gedichte heiteren Inhalts in mecklenburgisch-vorpommerscher Mundart« von Fritz Reuter

Drei Aufsatzentwürfe aus der Zeit um 1848

S. 484 *Wie die Tagelöhner von Torgelow nach dem Brande* – Wie an manchen Stellen im Revolutionsjahr 1848 in Mecklenburg, war es am 22. Mai 1848 auf dem Gute Torgelow bei Waren zu Ausschreitungen von etwa 700 Tagelöhnern und Chausseearbeitern gekommen, die sich gegen die Gutsherrschaft richteten. Zu ihrer Niederschlagung wurde Militär eingesetzt.

Zu dieser Ausgabe

Das Leben Fritz Reuters (1810–1874) reichte vom Höhepunkt napoleonischer Machtausübung bis zum Anfang des durch Bismarck errichteten Deutschen Reichs. Reuters zusammengehörige Schriften autobiographischen Charakters, die wir in diesem Bande gesammelt vorlegen – die romanhafte, in Kleinstadt- und Bauernleben angesiedelte, humoristisch-historische Szenenfolge »Ut de Franzosentid«, der hochdeutsch geschriebene Rückblick auf die Kulisse seiner Kindheit »Meine Vaterstadt Stavenhagen« sowie seine Erinnerungen an seine politische Haft von 1833 bis 1840 »Ut mine Festungstid«, auf die, nach Fontanes Vorbild (in den »Kinderjahren«) die Bezeichnung »autobiographischer Roman« am ehesten zutrifft – umfassen freilich einen weitaus engeren Zeitabschnitt: die Zeit seiner Kindheit und Jugend. Sie spielen in der aus der Erschöpfung nach den napoleonischen Wirren geborenen, von den fürstlichen Obrigkeiten, deren zeitweiliges Opfer Reuter dann wurde, den Untertanen nachhaltig eingeschärften Biedermeier-Idylle des »Vormärz«, jener von den Freiheitskriegen bis zur fehlgehenden Märzrevolution von 1848 sich erstrekkenden Epoche des Hoffens und Harrens.

Durch sein Schicksal als politischer Häftling beglaubigt, hat Reuter an der Revolution in Mecklenburg teilgenommen, um danach, zwar nicht wie viele seiner Generation auszuwandern, sich aber doch enttäuscht in einer Art innerer Emigration zurückzuziehen. Gewisse Wesenszüge des bei allem Enthusiasmus durchaus besonnenen, kritischen und realistischen Revolutionärs von 1848 vermitteln die 1960 aus dem Nachlaß erstmals veröffentlichten, mit Erlaubnis des Inhabers der Rechte hier vorgelegten drei politischen Aufsätze »Über die politische Parteisucht«, »Über die politische Dummheit«, »Über die politische Eitelkeit«. (Aus: Fritz Reuter. Eine Festschrift zum 150. Geburtstag. Herausgegeben vom Reuter Komitee der Deutschen Demokratischen Republik, VEB Hinstorff Verlag, Rostock.) Diese Aufsatzentwürfe sind geeignet, das überlieferte, allzu harmlose Bild des unpolitisch naiven, bloßen »Humoristen« Reuter entschieden zurechtzurücken. Seine auch heute noch bedenkenswerten Bemerkungen zur »politischen Dummheit« rühren an tiefsitzende Wurzeln eines noch oft zu beobachtenden, zumeist ideologisch legitimierten Fehlverhaltens, das man heute vielleicht Vernachlässigung antizipatorischen Folgedenkens nennen würde – eine handgreifliche Nutzanwendung aus den Lehren, die Reuter durch seine sonst so wenig imponierend geratene »politische Vergangenheit« erteilt worden sind, und wie sie, leise und eindringlich, ebenfalls sein

Bericht und Roman darüber, »Aus meiner Festungszeit«, vermittelt.
Es sind vor allem Reuters Romane der Erinnerung, die »autobiographischen« Partien aus seinem Werk, die, weil sie von einem zugleich innerlich *teil-* wie präzise *auf*nehmenden Beobachter kommen, der zudem genau hinzuhören verstand, ein ungemein scharfes, farbiges, pralles und lebensdichtes Bild vom »Vormärz« im kleinstädtischen und ländlichen Mecklenburg geben, übrigens aber auch von den lähmenden Auswirkungen der »Reaktions«-Zeit im preußischen Herrschaftsbereich.
Diese bunten Szenen aus der kleinen Welt unserer Ur- und Ururgroßeltern mögen den heutigen Leser vor allem nostalgisch anrühren: als etwas Entlegenes, Sonderbares, nur sehr entfernt Verwandtes. Vielleicht aber geht ihn, selbst wenn ihn mit Mecklenburg und Norddeutschland nicht das geringste verbindet, diese ferne Welt doch auch etwas an. Denn in ihren liebenswerten wie in ihren lächerlichen Seiten sind die Menschen, die in ihr auftreten, im Guten freilich mehr als im Bösen gesehen, von den Menschen unserer eigenen Tage wohl doch gar nicht einmal so sehr unterschieden.
Jene Epoche nämlich, bis über die erste Jahrhunderthälfte hinaus – besonders aber jene langen, stillen Jahrzehnte des »Vormärz« – war eine Art Inkubationszeit. In ihr haben sich Einstellungen und Wertungen, Lebensformen und Verhaltensweisen, Klima- und Seelenlagen, hat sich Typisches und Archetypisches angebahnt und auskristallisiert, das, obwohl von den Ereignissen der bewegteren Folgezeiten und deren seelischen Auswirkungen vielfach überlagert und zurückgedrängt, gleichwohl für uns heute noch eine gewisse geheime, unangefochtene Geltung bewahrt zu haben scheint. Damals befand sich Deutschland auf der Suche nach seiner nationalen Identität. Was hierzu beobachtet und, mit der Klassik beginnend, in Wort und Lied dann gleichsam »festgestellt« wurde, blieb bis auf den heutigen Tag nicht ohne Folgen. Es wurde zum Bilde, das wir selber und namentlich die anderen Völker sich von uns machen; es wirkt immer noch, gewissermaßen untergründig, auf uns selbst, unsere Wertungen, unser eigenes Verhalten zurück. Es ist die Vorstellung von dem schlichten, gewissenhaft zuverlässigen, so lebenstüchtigen wie gefühlsbetonten, dabei recht arglosen »guten« Deutschen; man findet sie festgehalten etwa in Tolstois »Kindheit«, in der Figur des Hauslehrers Karl Iwanowitsch, oder in Thomas Manns Serenus Zeitblom. Der Typus des anderen, des »häßlichen« Deutschen, dem, nach Thomas Manns Auffassung, das in ihm angelegte Gute zum Bösen ausschlug, läßt sich allerdings weniger aus unserer Literatur als vielmehr aus den Fakten einer zwölfjährigen Epoche unserer jüngeren Geschichte belegen.

Jene »Versuche zur Selbstbestimmung« – und die Typenmuster, auf die man sich dabei berief – sind freilich der Gefahr der Verfestigung und Verfälschung zur »Deutschen Ideologie« nicht immer entgangen. Reuter hat zwar in den Gestalten seines Werks ebenfalls zum Erfassen deutscher (norddeutscher) Eigenart sehr wesentlich beigetragen. Doch lädt sein Anteil, im Gegensatz etwa zum Beitrag Gustav Freytags, zu täuschender Idealisierung wenig ein. Davor blieb Reuters Menschenschilderung durch die genaue Kenntnis des ländlichen Lebenskreises, durch unprätentiöse Nüchternheit und den wachen Sinn fürs Lächerliche bewahrt, das sich am Übertriebenen und Unechten entzündet. Doch spiegelt sie in hohem Maße »Wesensart«. Reuters Gestalten, vorab in den Werken dieses Bandes, im »Leben auf dem Lande« (der »Stromtid«), aber auch sonst, sind alles andere als erklügelte Kunstfiguren. Sie ermangeln durchaus des Beigeschmacks absichtlicher Bemühung, von Studierzimmerbegeisterung und Schreibtischarbeit, die den Figuren Wilhelm Raabes mitunter anhaftet, oder der tiefsinnigen »Husumerei« (Fontane) Theodor Storms. Aus sinnlicher Erfahrung ans Licht gebracht, leben sie einfach daher, sind sicher aus eigenem da, und haben doch, in ihrer Schlichtheit und in ihren häufig ein wenig lächerlichen Zügen, oft etwas eigenartig Archetypisches. Solche und ähnliche kleine Leute wie der Schlingel Fritz Sahlmann, Mamsell Westfalen, die Familie Besserdich oder Friedrich Schultz sind dem Leser vermutlich auch außerhalb der Bücherwelt, in seinem eigenen Lebensumkreis, schon mehr als einmal begegnet. Mitunter stehen Reuters Menschen aber repräsentativ für eine ganze Epoche. So spiegeln sich im Joachim Weber der »Franzosenzeit« und der »Vaterstadt«, der Gestalt des Stavenhagener Amtshauptmanns und Mark-Aurel-Liebhabers, die guten Seiten des aufgeklärten, aus dem 18. Jahrhundert überkommenen, altständisch-patriarchalischen Regiments wider, die diesem gewiß ebenfalls zu eigen waren. Zudem ist diese Figur auf unaufdringliche Art exemplarisch: sie verkörpert Gerechtigkeit, Weisheit und Würde so, wie man das Alter sich auf gute Art vorstellt.

In der gleichen, genauen und leisen, auf grobe Mittel verzichtenden Weise gelingt Reuter die Zeichnung des Atmosphärischen: der verschlafenen, vorindustriellen Idylle seines Vaterstädtchens, des schweigenden, geduckten Unbehagens in der preußischen Reaktionszeit (in der »Festungszeit«), der turbulenten Auswirkungen der zur Neige gehenden französischen Herrschaft auf das friedliche, im politischen Windschatten vor sich her dämmernde Land Mecklenburg (in der »Franzosenzeit«). Es spricht für Reuters Takt und Menschlichkeit, daß er sich dabei chauvinistischer, franzosenfeindlicher Töne gänzlich enthält – eine Versuchung, die in den außenpolitisch bewegten sechziger Jahren immerhin nahelag und der er später, der Zeitstimmung entsprechend, gelegentlich auch nachgegeben hat. Der Kunstgriff, mit dessen Hilfe es dem Erzähler gelingt, die Fülle seiner sinnlichen Erfahrung im Werk sichtbar zu machen, ist der Bericht in der Ich-Form. Vielleicht, weil es mit dem Erzählen im Kreise der Freunde seinen Anfang genommen hatte, ging es Reuter mit der Ersten Person Singularis leicht von der Hand. So stark damit Autobiographisches sein Werk prägt, eigentlich Autobiographie ist es darum aber nicht. Abgesehen, daß geglückte, aufrichtige Selbstdarstellung überhaupt zu den literarischen Seltenheiten zählt, war Reuter, so sehr sein Leben im Auf und Ab und Auf des Gezeitenstroms und in seinen zeitgeschichtlichen Verstrickungen nach Erzählung verlangt, sich selber auch wohl nicht interessant genug, als daß es seine Sache gewesen wäre, sich kunstvoll autobiographisch zu stilisieren. Vielleicht aber hielt er auch sein Leben, der mannigfachen Fehlschläge und unbewältigten Widersprüche wegen, einer Selbstdarstellung nicht eigentlich für würdig. Überhaupt war sein Interesse, wie das seiner Zeit, wohl mehr auf die Darstellung der eigenen Welt als die des eigenen, inneren Lebens gerichtet. So ist das Autobiographische für Reuter nicht eigentlich Gegenstand, sondern nur unterschwellig beherrschendes Moment seines Schaffens geworden.

Doch was für Proust Combray, für Thomas Wolfe Altamont, für Günter Grass Danzig-Langfuhr und -Neuschottland, ist für Reuter Stavenhagen und die seine Vaterstadt umgebende Landschaft, von Neubrandenburg nach Teterow, von Demmin bis nach Waren. Sie ist der Schauplatz seiner Kindheit und Jugend sowohl wie seiner lang sich hinziehenden Versuche, nach seiner Haftzeit sich im bürgerlichen Leben wieder anzusiedeln. Und was für Proust und Wolfe, als geheimer Bezugspunkt, das Verhältnis zur Mutter, wurde für Reuter das gestörte Verhältnis zum Vater: im vorliegenden Bande erscheint, immer wieder, in Verklärung, die Gestalt dieses Vaters, und das Thema Vater und Kind wird untergründig, in mannigfaltigen Brechungen, zu einem Leitmotiv der »Franzosenzeit«. Der Präokkupation aber mit »Stavenhagen«, seiner Landschaft, seinen Menschen, verdankt Reuters Werk, wie entsprechend das von Proust oder Wolfe, seine einzigartige sinnliche Dichte, seine gleichsam magische, authentische Präsenz, die geglückte Beschwörung von Wirklichkeit.

»Meine Vaterstadt Stavenhagen« ist Reuters erste größere Prosaarbeit. Sie erschien, noch ohne den Schlußteil, 1856 in dem von Reuter für ein Jahr herausgegebenen »Unterhaltungsblatt für beide Mecklenburg und Pommern«, vollständig dann 1861 in der Sammlung »Schurr-Murr«.

Mit »Ut de Franzosentid«, 1859 erschienen, unternimmt es Reuter, die Form des Romans für seine niederdeutsche Sprache zu erschließen. »Ut mine Festungstid« aber (1862), Reuters persönlichstes Buch, ist eine Art Rechenschaftslegung. Es bringt die preußische Reaktionszeit und die niederdrückenden Erfahrungen seiner Häftlingszeit ins Bild. Aber nicht darum allein war es Reuter zu tun.

Schon 1855 schrieb er rückblickend: »Wie lebhaft mir noch jene Zeit vorschwebt, in welcher unser ganzes Glück in gegenseitigen Liebeserweisungen wurzelte und wir der rauhen Hand des Schicksals... nichts entgegenzusetzen hatten als eine hülfreiche Freundschaft, welche die Fesseln der anderen trug, während sie selbst mit Mühe und unter Schmerzen die eigenen schleppte.«

Den Kräften, die ihm das Überstehen erleichtert hatten, den Gemeinsamkeiten der Haftgenossen, wollte er ein Denkmal setzen. So mischte der Erzähler sich ein und verwob in der zweiten Hälfte des Buchs die Geschehnisse zu einer märchenhaft belustigenden, die triste Wirklichkeit heiter überspielenden Fabel, die wie ein später Nachklang, ganz von fern, an Eichendorffs »Taugenichts« erinnert. Sonst aber ist in diesem Buch genug der unerfreulichen Wahrheit enthalten. Zu deren Verständnis ist aber doch wohl die Kenntnis des biographischen und historischen Hintergrunds vonnöten:

In der Morgenfrühe des 31. Oktober 1833 wird der 22jährige Jurastudent und mecklenburgische Untertan Reuter in der preußischen Haupt- und Residenzstadt Berlin in der Schützenstraße 26 in der Wohnung eines leichten Mädchens festgenommen und in die Stadtvogtei, das Polizeigewahrsam für das gewöhnliche Volk, eingeliefert. Zu Neujahr 1834 wird er in die Hausvogtei, die Abteilung für gehobene und politische Verbrecher, überstellt. Es geht um Hochverrat. Die Vernehmungen ziehen sich hin.

Im Sommer 1834 kommt Reuter auf die hochgelegene Bergfestung Silberberg (heute Srebna Góra) im niederschlesischen Eulengebirge. Am 28. Januar 1837 wird ihm und 7 Mitgefangenen im Rathaus des gleichnamigen Städtchens das vom Kammergericht in Berlin gefällte Urteil verkündet. Es lautet für Reuter auf Tod durch das Beil; vom König ist es gnadenhalber in 30jährige Festungshaft umgewandelt worden. Diese wird am 10. September 1837 auf 8 Jahre herabgesetzt, unter Nichtanrechnung der Untersuchungshaft und Nichtauslieferung an Mecklenburg. Festungshaft bedeutet strenge, beaufsichtigte, nicht entehrende Freiheitsstrafe.

Reuter war bereits 1836 wegen seines angegriffenen Gesundheitszustands, besonders wegen seiner Augenschwäche, beim Kammergericht um Verlegung in eine andere Festung eingekommen. Dieses Gesuch wurde im Februar 1837 genehmigt. Hier – nach dreieinhalb Jahren Vorgeschichte – setzt die Erzählung ein.

Weshalb konnte Reuter für ein Verbrechen, das er als Mecklenburger im weimaranischen Jena begangen hatte, in Preußen verhaftet und verurteilt werden? Das lag an den verwickelten Verhältnissen im schwerfälligen Gebilde des »Deutschen Bundes«, den nach 1815 die souveränen deutschen Fürsten in der Nachfolge des Heiligen Römischen Reiches Deutscher Nation errichtet hatten und der an die Stelle des von der jungen Generation erhofften politisch geeinigten Deutschland getreten war. Dort war es, zur »Demagogen«-Bekämpfung, 1834 rechtens geworden, daß jeder Souverän die innerhalb seiner Landesgrenzen aufgegriffenen Hochverräter gegen den Bund festsetzte und verurteilte. Demgemäß beschied der preußische Justizminister die für Reuter gestellten Auslieferungsanträge nach Mecklenburg dahingehend: der Beschuldigte »habe sich in hochverräterische Umtriebe gegen die Sicherheit des Deutschen Bundes, mithin auch der preußischen Staaten eingelassen« – formal hinreichende Rechtsgrundlage für eine Verurteilung.
Bis Januar 1833 hatte Reuter der radikalen Jenaer Burschenschaft »Germania« angehört. Deren Absichten mußte er, wie das Kammergericht unterstellte, gekannt haben (was Reuter hinsichtlich ihrer Tragweite bestritt). Sie liefen auf Umsturz hinaus. Er hatte öffentlich die Farben Schwarz-Rot-Gold getragen, den polnischen Revolutionstag mitgefeiert und mit anderen zusammen das Lied »Fürsten hinaus« gesungen (was er alles zugab), wollte jedoch dessen zweiten Vers:

Erst hängt den Kaiser Franz,
Dann den im Siegerkranz,
Auf! Auf!

weder gesungen noch gekannt haben, was ihm das Gericht nicht abnahm. Dies reichte aber zur Verurteilung aus.
Bereits 1819 hatte der Berliner Kammergerichtsrat, Komponist und Schriftsteller E. T. A. Hoffmann, als Mitglied der einschlägigen Untersuchungskommission in der Materie nicht unbewandert, im Manuskript seiner Erzählung »Meister Floh« die »Demagogen«-Verfolger und ihre Methoden satirisch angeprangert: in der Figur des Geheimen Hofrats Knarrpanti und ihren Ansichten.
Das Modell für Knarrpanti war der damalige Berliner Polizeidirektor, spätere preußische Justizminister Carl Christoph v. Kamptz, ein geborener

Mecklenburger, der übrigens später Reuters Vater über die Prozeß- und Begnadigungsaussichten seines Sohnes beriet und sich für diesen wohlwollend, wenngleich erfolglos, verwandte. Hoffmann selber hatte, obwohl er die Knarrpanti-Episode vom Druck zurückzog, ein Verfahren zu gewärtigen, dem er sich jedoch durch rechtzeitiges Ableben entzog.

Hoffmanns Knarrpanti vertrat die Ansicht, »daß, sei erst der Verbrecher ausgemittelt, sich das begangene Verbrechen von selbst findet. Nur ein oberflächlicher, leichtsinniger Richter sei, wenn auch selbst die Hauptanklage wegen Verstocktheit des Angeklagten nicht festzustellen, nicht imstande, dies und das *hineinzuinquirieren*, welches dem Angeklagten doch irgendwie einen kleinen Makel anhänge und die Haft rechtfertige.«

»Onkel Dambach«, wie ihn ironischerweise die Häftlinge nannten, Reuters Untersuchungsrichter, wandelte in Knarrpantis Spuren. Da die Untersuchung nicht allzuviel hergab, wurde dem wenig geständnisfreudigen Reuter ein kleiner Makel in Gestalt einer sorgfältig formulierten »Bemerkung« zu den Akten angehängt. Sie ließ an dem als »rohen Gesellen« charakterisierten Delinquenten kein gutes Haar, weder in moralischer noch in intellektueller Hinsicht: eine gescheiterte Existenz, »gefährlich... nicht als Anhänger gefährlicher Ideen, sondern als Taugenichts.«

Die Charakteristik wirft zwar ein Schlaglicht auf menschenverachtende Arroganz und Willkür, auf den Geist der Reaktionszeit; verständlicher aber wird das Strafmaß, das Reuter und seine Schicksalsgenossen traf, erst auf dem Hintergrund der Zeitereignisse.

Als nach 1815 in Deutschland Freiheit und Gleichheit ausblieben, als Artikel 13 der Bundesakte: »In allen Bundesstaaten soll eine landständische Verfassung stattfinden«, namentlich in Preußen keine Folgen hatte, als im nachhinein aus den Freiheitskriegen Befreiungskriege wurden, war die Radikalisierung der bürgerlichen Jugend unausbleiblich. Auf dem Wartburgfest, das im Jahre 1817 am Jahrestag der Schlacht von Leipzig von der 1815 im Zeichen Schwarz-Rot-Gold gegründeten Burschenschaft begangen wurde, verbrannten die Studenten Korporalstock, Schnürleib und Haarzopf als Sinnbilder der Reaktion, übergaben den Flammen aber auch unliebsame Bücher. Das war symbolisch. Im Frühjahr 1819 aber erstach der Jenaer »Germane« Karl Ludwig Sand den Schriftsteller und russischen Staatsrat August v. Kotzebue, den er als Feind der deutschen Sache ansah, weil er in seinem »Literarischen Wochenblatt« gegen die Burschenschaft Stellung bezogen hatte – und das war keine bloße Symbolik mehr.

Im Herbst 1819 setzte Metternich daraufhin die »Karlsbader Beschlüsse« durch: Zensur, Einrichtung einer Zentraluntersuchungskommission gegen

»demagogische Umtriebe«, Überwachung der Universitäten, Verbot der Burschenschaft, die sich bereits freiwillig aufgelöst hatte, um in den Untergrund zu gehen. 1829 aber konnte die Zentralkommission ihre Tätigkeit einstellen. Die Lage hatte sich entspannt.

Doch das Jahr 1830 brachte neue Unruhe. Durch die Julirevolution gelangte Louis Philippes liberales Bürgerkönigtum in Frankreich zur Macht, der verrückte »Diamantenherzog« Karl von Braunschweig wurde von den Bürgern, die er durch Anmaßung, Luxus und Ungebühr zur Unbotmäßigkeit gereizt, aus seiner Residenz vertrieben und mußte nach England übersiedeln, in Polen brach der Aufstand gegen die russische Herrschaft los. Anfang 1832 war er gescheitert, aber die ehemaligen polnischen Insurgenten gelangten als Ferment nach Deutschland und in den Westen. Im Mai 1832 vereinigte das »Hambacher Fest« als eine erste Massenveranstaltung an die 25 000 Menschen – Deutsche, Polen, Franzosen –, die im Zeichen eines geeinigten liberalen Europa, der Volkssouveränität, der Republik, der Abschaffung der Zensur fraternisierten. Und im Jahr darauf, am 3. April 1833, ereignete sich der »Frankfurter Wachensturm«, Höhepunkt und zugleich klägliches Ende einer weit und breit angelegten, aber stümperhaften Verschwörung.

Ein gutes halbes Hundert von Studenten, Altakademikern (zumeist Advokaten), polnischen und deutschen Offizieren sowie von Handwerkern, das sich Zuzug von 60 Mann aus dem benachbarten Bauerndorf Bonames erhoffte, den man aber die Stadttore nicht passieren ließ, hatte an jenem Frühlingsabend im Handstreich die wenigen Dutzend Soldaten der »Hauptwache« und der »Konstablerwache« überwältigt. Es gab Verluste: 10 Gefallene, 6 Soldaten der Wachmannschaft sowie 4 Aufrührer.

Offenbar versprach man sich von der Aktion eine Fanalwirkung: mit Unterstützung der sich solidarisierenden Bevölkerung wollte man sich der in Frankfurt residierenden Gesandten des Bundestages bemächtigen und nach dem Muster des Pariser Juliaufstands von 1830, unter Mitwirkung polnischer, über die Westgrenze von Frankreich her einsickernder Insurgenten sowie süddeutscher Truppenteile, in ganz Deutschland die Revolution auslösen.

Doch das ganz und gar Unerwartete trat ein. Die Frankfurter Bevölkerung verhielt sich ruhig, die polnischen Insurgenten wurden nicht gesichtet, und auch die süddeutschen Truppenteile regten sich nicht. Stattdessen regte sich die von Mainz her verstärkte Garnison von Bundestruppen. Und damit nahm die Affäre ein rasches Ende; zudem hatte es angefangen zu regnen: Die Beteiligten suchten noch am gleichen Abend ihr Heil in der Flucht.

Für Metternich und die Fürsten war der Vorfall willkommener Anlaß, eine Neuauflage der Demagogenverfolgung zu veranstalten. »Das Frankfurter Attentat kann Deutschland retten, wenn man sich beeilt, das Ereignis auszubeuten«, schrieb der preußische Außenminister Ancillon. Es kam zu einer Kampfansage gegen die »antimonarchistische Sekte«. Ein geheimes Wiener Schlußprotokoll gab in 60 Artikeln die Richtlinien: verschärfte Zensur, Verbot geheimer Verbindungen, drakonische Strenge.

An die 1800 Fälle von Verhafteten waren zu bearbeiten. Die Jenenser »Germania«, auch andere »germanische« Burschenschaften, waren konspirativ besonders hervorgetreten. Bis 1836 wurden allein in Preußen, das am schärfsten vorging, 204 Studenten z.T. schwer bestraft. 39 Todesurteile wurden gefällt, freilich einzig und allein *nur* in Preußen und nirgends sonst. Hingerichtet wurde allerdings auch in Preußen niemand – »vor solchem Mißbrauch der Gewalt schützt uns die Humanität der Regierung und der Zeit«, zitiert Reuter in der »Festungszeit« einen befreundeten Mecklenburger Juristen. Unter jenen 39 befand sich auch Reuter.

So formal abgesichert jene Urteile auch gewesen sein mögen, sie waren angesichts der Naivität und politischen Ahnungslosigkeit der jugendlichen »Demagogen« ungeheuerlich. Dies gilt besonders im Falle Reuters. Schon die Daten sprechen dagegen, daß er je konspirativ tätig geworden sein könnte, und in seinem ganzen Verhalten, nicht der Politik oder dem Studium, vielmehr scheinbar unbeschwert einer recht handfesten burschenschaftlichen »Fidelitas« hingegeben, war er gewiß alles andere als ein Verschwörer. So trafen ihn Verfahren, Urteil und Freiheitsstrafe überaus hart. Gleichwohl – schuldlos fühlte er sich nicht. Lange danach, 1862, bekannte er einmal: »Ich hatte Schuld – wiewohl eine andere, als mir das Kammergericht in Berlin aufgebürdet hat – und mußte dafür büßen.«

Das letzte Kapitel der »Festungszeit« kreist um das Motiv des Selbstvorwurfs. Dieser steht in bedeutungsvoller Beziehung zum Vater: »Doch in den sieben Jahren waren mit seinen Hoffnungen auch die meinen verdorrt. Er hatte sich daran gewöhnt, mich so anzusehen, wie ich mich selbst ansah: als einen Versager.« Für »Versager«, ein Wort, das es im Plattdeutschen nicht gibt, steht im Urtext »Unglück«.

»Versager«, »Unglück« – wie das? Als liebebedürftiges, anfänglich zartes, früh mutterloses Kind war Fritz Reuter im Schatten des Vaters, des Bürgermeisters von Stavenhagen, herangewachsen, eines überaus tüchtigen und erfolgreichen, gewissenhaften, aber autoritären, strengen und gemütskarg wirkenden Vaters. Die Freiheit des von ihm nicht geliebten Jurastudiums genoß Reuter wohl auch deshalb, weil es ihn der unablässigen väterlichen Aufsicht entzog. Doch zugleich gingen Schuldgefühle damit einher. Bei kräftiger Körperlichkeit, starken Gefühlen und reizbarer Sensibilität litt Reuter doch unter einer Veranlagung, die man heute manisch-depressiv nennen würde. Durch die feuchtfröhlichen Studentensitten der Zeit wurde sie nicht gerade eingedämmt, bis sich in der Haft daraus eine sich als unheilbar erweisende Dipsomanie, ein zwanghaftes, periodisches Alkoholbedürfnis entwickelte. So hat Reuter sich denn lange schwer getan, im bürgerlichen Leben Fuß zu fassen.

Nach mißglückter Wiederaufnahme des Jurastudiums wirkte er 8 Jahre hindurch, erst als »Strom« (landwirtschaftlicher Eleve), dann als »Wirtschafter« (Inspektorenassistent) auf Demzin, später auf Thalberg, dem Gut des besten Freundes Fritz Peters. Sodann, als sich erwies, nicht zuletzt infolge der testamentarischen Verfügungen des 1845 verstorbenen Vaters, daß es für ihn unmöglich war, eine eigene Gutsherrschaft zu erwerben oder zu pachten, übersiedelte er, jungverheiratet und als Privatlehrer für Turnen, Zeichnen und Fremdsprachen, ins preußische Treptow (heute Altentreptow) nahe der mecklenburgischen Grenze. Dort erschien, mit geliehenem Gelde und noch im Selbstverlag, 1853 der erste Band seiner »Läuschen un Rimels – Plattdeutsche Gedichte heiteren Inhalts in mecklenburgisch-vorpommerscher Mundart«. Sie fanden Leser und Resonanz weit über Mecklenburg und Vorpommern hinaus. Weitere Erfolge stellten sich ein. Reuter war zum »auserwählten Volksdichter« (Bismarck) geworden.

Daß aus dem »Versager«, dem durch Haft und zerrüttete Gesundheit Gezeichneten, der »verkrachten Existenz« sich ein bedeutender Schriftsteller entwickelte, dessen Werk aus allen Belastungen die Qualitäten der Menschenliebe, der Weisheit und Heiterkeit zuwuchsen und das dabei so gut wie keinen trüben Rest der sonst fast unausbleiblichen Verkrustungen wie Ressentiment, Duckmäuserei oder Arroganz enthält, mag als exemplarisch gelten. Es ist dies der seltene Fall der geglückten Bewältigung einer lastenden Lebensbürde.

Die »Festungszeit« ist ein Dokument solcher »Vergangenheitsbewältigung«. Reuter mußte sie plattdeutsch schreiben, obwohl vom Sujet her nur wenige Beziehungen zum niederdeutschen Lebenskreis bestehen. Wie ihre hochdeutsche Vorform von 1855 – »Eine heitere Episode aus einer traurigen Zeit« – erkennen läßt, war die Unmittelbarkeit der persönlichen Aussage, die plattdeutsch gelang, für Reuter zumindest, hochdeutsch nicht möglich. Man darf aber bezweifeln, ob die dem »inneren Monolog« sich annähernde sprachliche Spontaneität und Direktheit der »Festungszeit« hochdeutsch damals überhaupt schon zu leisten waren – auch in anderen Literaturen der Zeit findet man wenig Vergleichbares, allenfalls bei den Russen. In den gleichen Jahren, 1860–62, wie Reuter die »Festungstid«, schrieb Dostojewski seine »Aufzeichnungen aus einem Totenhause«; 40 Jahre zuvor waren Silvio Pellicos noch klassisch gebändigten »I miei Prigioni« (»Meine Gefängnisse«, deutsch 1837) erschienen. Diese Bücher sind Vorläufer einer Gattung von »Gefängnisliteratur«, die in unserem Jahrhundert, mit Kogons »SS-Staat« und Solschenizyns »Archipel Gulag«, dank des Rückgangs von Humanität und der Ausbreitung der Unfreiheit an manchen Stellen der Erde, zu einer gewissen Blüte gelangt ist.

Während Reuter Anklage gegen das Preußen des Vormärz erhebt, geht Pellico mit dem anderen deutschen Staat, mit Österreich, ins Gericht. Beide gaben sich, was Willkür und Härte der Urteile angeht, wenig nach. Wie der »Demagoge« Reuter, so wurde der jugendliche »Carbonaro«, der Geheimbündelei und der Gesinnung wegen, zum Tode verurteilt und zu 10 Jahren Haft begnadigt, die er auf dem Spielberg bei Brünn unter unmenschlichen Bedingungen absaß: Einzelhaft, die Füße angekettet. Ein Unterschied aber zwischen Preußen und Österreich gibt zu denken: »Die Wahrheit zu sagen, hatten wir, obschon unsere Strafe sehr hart und zu erbittern geeignet war, zu gleicher Zeit das goldene Glück, daß alle Diejenigen, die wir sahen, gut waren. Sie konnten zwar unsere Lage nur durch wohlwollende und achtungsvolle Behandlung erleichtern, diese aber wurde uns allen zu Theil«, berichtet Silvio.

Demgegenüber sind die Partien der »Festungszeit«, die am meisten unter die Haut gehen, gerade jene, die von menschlicher Niedertracht handeln, von den Schikanen, denen die Häftlinge wehrlos ausgesetzt waren. Ist dieser Unterschied Zufall? Vielleicht hilft eine Reflexion von Pellico weiter, die er an ein Wort von Leibniz knüpft: Es lautet: »Cave a consequentiariis«, zu deutsch: »Man hüte sich vor den Konsequenzmachern.«

Konsequenzmacherei scheint in der Tat mehr eine preußische als eine österreichische Schwäche gewesen zu sein – es mag sich um mißverstandenes Preußentum handeln. Sofern die Tugend der Konsequenz ihre Eingrenzung durch die Kriterien der Menschlichkeit aufgibt, sofern sie, was unter ideologischem Vorzeichen leicht eintritt, etwa zur »Rationalisierung« herhalten darf, als legitimierender Vorwand für einen ungestörten Genuß, der sich aus Gemeinheit und Niedertracht, ausgeübt an Unglücklichen und Wehrlosen, möglicherweise gewinnen läßt, entartet sie zur Inhumanität, zur Barbarei schlechthin.

Vielleicht wird man sagen dürfen, daß ein nicht geringer Teil der Bezauberung, die von Reuters Werk ausgeht, und vielleicht sogar dessen bleibende Bedeutung – dies gilt für Reuters ganzes, umfangreiches, scherzhaftes und ernstes Oeuvre –, nicht zuletzt auch darauf zurückgeht, daß in ihm bei allem prallen Detail, allem Vergnügen an Schnurre und Posse, doch durchgehend, konsequent, die Gegenposition zu eben jener menschenverachtenden Konsequenzmacherei eingehalten wird. Es gehört zur bedeutenden Leistung des realistischen, sinnliche Erfahrung vermittelnden großen Erzählers, des »Humoristen« Fritz Reuter, daß er die Orientierung an Humanität und menschlichem Maß niemals verliert – vielleicht, weil er Menschenliebe besaß.

Das erfreuliche Echo, das unser Versuch gefunden hat, Reuters Roman »Ut mine Stromtid« eine »adäquate schriftdeutsche Fassung« zu geben, hat uns ermutigt, die gleichen Grundsätze auf die vorliegende Übertragung von »Ut de Franzosentid« und »Ut mine Festungstid« anzuwenden: so nahe wie möglich beim Text zu bleiben und dort, wo Wörtlichkeit zu Mißverständnissen führen könnte, unter tunlichster Anwendung von Reuters eigner hochdeutscher Diktion, sorgfältig ins Hochdeutsche zu übertragen. Der Purist, den wir achten und ehren und dem wir uns innerlich nahe fühlen, wird nicht umhin können, hier und dort Anstoß zu nehmen. Der unbefangene Leser wird, so hoffen wir, vielleicht dankbar sein, den Zugang zu einem großen deutschen Erzähler erleichtert zu finden.
Für kritisch-hilfreiche Bemerkungen zur definitiven Textgestaltung – dies gilt vor allem auch für das bereits vorliegende »Leben auf dem Lande« (»Ut mine Stromtid«) – haben wir Irmgard von der Lühe (Frankfurt), Leopold Goldschmidt (Frankfurt) sowie insbesonders Helmut de Voss (Paderborn) sehr herzlich zu danken.

Bad Häring, Tirol, Mai 1976 Friedrich Minssen

Inhaltsübersicht

AUS DER FRANZOSENZEIT

AUS MEINER FESTUNGSZEIT

Erstes Buch: Die Festung Glogau

20 Feuerwerk

21 Auguste

22 Nachtusch

23 Die weiße Hose

DREI AUFSATZENTWÜRFE AUS DER ZEIT UM 1848

Klassische Romane und Erzählungen

dtv

2001 Honoré de Balzac: Tolldrastische Geschichten. Mit 425 Illustrationen von Gustave Doré. Dünndruck-Ausgabe
2003 William M. Thackeray: Jahrmarkt der Eitelkeit. Mit 185 Illustrationen des Autors. Dünndruck-Ausgabe
2004 Hans Jakob Christoffel von Grimmelshausen: Der Abenteuerliche Simplicissimus Teutsch. Dünndruck-Ausgabe
2005 Stendhal: Rot und Schwarz. Dünndruck-Ausgabe
2006 Honoré de Balzac: Verlorene Illusionen. Dünndruck-Ausgabe
2007 Maxim Gorki: Autobiographische Romane. Dünndruck-Ausgabe
2008 Emile Zola: Nana. Dünndruck-Ausgabe
2009 Alexander S. Puschkin: Erzählungen. Dünndruck-Ausgabe
2010 Charles de Coster: Thyl Ulenspiegel. Mit 150 Holzschnitten von Frans Masereel
2011 Fjodor M. Dostojewskij: Der Idiot. Dünndruck-Ausgabe
2012 Honoré de Balzac: Szenen aus dem Privatleben. Dünndruck-Ausgabe
2013 Daniel Defoe: Robinson Crusoe. Dünndruck-Ausgabe
2014 Robert L. Stevenson: Der Selbstmörderklub und andere Erzählungen. Dünndruck-Ausgabe
2015 Mark Twain: Tom Sawyer und Huckleberry Finn. Dünndruck-Ausgabe
2016 Honoré de Balzac: Glanz und Elend der Kurtisanen. Dünndruck-Ausgabe
2017 Maxim Gorki: Drei Menschen. Die Mutter. Dünndruck-Ausgabe
2018 Adalbert Stifter: Der Nachsommer. Dünndruck-Ausgabe
2019 Fritz Reuter: Das Leben auf dem Lande (Ut mine Stromtid). Dünndruck-Ausgabe
2020 E. T. A. Hoffmann: Die Elixiere des Teufels. Lebens-Ansichten des Katers Murr. Dünndruck-Ausgabe
2021 Alessandro Manzoni: Die Verlobten. Mit 440 Illustrationen. Dünndruck-Ausgabe.
2022 Charles Dickens: Die Pickwickier. Mit 42 Zeichnungen von Seymour und Phiz. Dünndruck-Ausgabe
2023 Maxim Gorki: Ein Sommer. Das Städtchen Okurow. Matwej Koshemjakin. Dünndruck-Ausgabe
2024 Fjodor M. Dostojewskij: Schuld und Sühne. Dünndruck-Ausgabe